4 Lk 2 3286 3

Grenoble
1881

Lesdiguières, François de Bonne, connétable de

Actes et correspondances

Tome 2,1

DOCUMENTS HISTORIQUES

INÉDITS

POUR SERVIR

A L'HISTOIRE DU DAUPHINÉ

TIRÉ A 375 EXEMPLAIRES

dont 250 sur papier ordinaire
et 125 sur papier hollande teinté.

ACTES ET CORRESPONDANCE

DU CONNÉTABLE

DE LESDIGUIÈRES

PUBLIÉS SUR LES MANUSCRITS ORIGINAUX

PAR

le Cte DOUGLAS et J. ROMAN

MEMBRES DE PLUSIEURS SOCIÉTÉS SAVANTES.

TOME II.

GRENOBLE
ÉDOUARD ALLIER, IMPRIMEUR
GRANDE-RUE, 8.

1881

ACTES ET CORRESPONDANCE

DU CONNÉTABLE

DE LESDIGUIÈRES

ACTES ET CORRESPONDANCE

DU

CONNÉTABLE DE LESDIGUIÈRES

I. 1611 — 11 Janvier.

Autog. — Bibl. nat. MS. F. 3789, p. 29.

A MONSIEUR, MONSIEUR LE DUC DE NEMOURS.

Monsieur, c'est la verité que Monsieur de Sainct Forgeux me devoit garder plus de respect au passage qu'il a fet par cete province; mais puisque le commandement de son Altesse et le vostre m'oblige à ne me plus souvenir de ce manquement, je n'y penseray iamais pour en avoir ressentiment. Vous aves trop de pouvoir sur moy pour me voir manquer à l'asseurance que ie vous en donne, ny au devoir que i'ay d'estre, comme ie suis, Monsieur,

Vostre tres humble et tres obeissant serviteur,

LESDIGUIÈRES.

A Grenoble, le XIe janvier 1611.

II.   1611 — 13 Février.

Orig. — Arch. de la Drôme. EE. 2821.

A MESSIEURS LES CONSULS ET HABITANS DU BUYS.

Consuls du Buys, j'ay veu icy un de voz colègues et appris de luy toutes les difficultez que vous opposez au payement de la partye que vostre communauté doit à Monsieur Bar; j'ay aussi voulu scavoir ses mouvemens et raisons la dessus, lesquelles aussi considérées avec les vostres, j'ay ordonné que vous le payerez, assavoir la moitye à Pasques prochaines et le reste à la Toussains suyvant. Pourvoyez-y de bonne heure affin que vous y puissiez satisfaire sans vous constituer en depence; vous obligerez ce galant homme et me ferez un singulier plaisir que je recognoistray aus autres occasions ou vous m'employerez, d'aussi bon cœur que je suis

Vostre entier et parfait ami,

LESDIGUIERES.

Ce XIII fébvrier 1611.

III.   1611 — 15 Février.

Orig. — Arch. de la Drôme. EE. 2821.

A MESSIEURS LES CONSULS ET COMMUNAUTÉ DU BUYS.

Consuls du Buys, vous devez à Monsieur de Vercoyran une partye de laquelle il n'a encores sceu tirer payement quoyqu'il vous y ayt solicité, voyre par sommations en justice. Et d'autant que ses affaires ne peuvent permettre de vous laisser plus longuement entre les mains ces deniers, je vous ay fait ceste-cy expressement pour vous dire qu'il vous en arrivera de la despence si vous n'y pourvoyez incontinent; il ne faut point que vous mettyez en difficulté cela. Je scay la nature de ceste debte et d'ou elle est provenue n'estant sugette à aucune sorte de reiglement[1] ou reduction soit de messieurs les commissaires ou de messieurs de la Cour, ce qui vous doit oster toute sorte d'esperance de la faire diminuer. Vostre meilleur est d'en sortir le plus promptement que vous pourrez et vous conserver ce voysin pour bon amy, en ce faisant vous me trouveres tousiours,

Vostre entier et parfet ami,

LESDIGUIÈRES.

Ce XVe febvrier 1611, à Valance.

IV.   1611 — 23 Février.

Broch. imp. — A M. Eugène Chaper, à Grenoble.

[ORDONNANCE INTERDISANT AUX GARDES DE LESDIGUIÈRES DE FAIRE RÉPARER LES CHEMINS PAR LES COMMUNAUTÉS]

Le Seigneur de Lesdiguières, mareschal de France et lieutenant général pour le Roy au gouvernement du Dauphiné : Sur les remonstrances et requisitions à nous verballement faictes, par les Deputez & Procureurs des Estatz assemblez en ceste ville de Vallence, concernant les plaintes & doléances des communautez sur les foulles, oppressions & despences qu'elles ont cy devant souffertes, & souffrent encores ordinairement, à l'occasion des chevauchées, que font tant ceux de noz gardes que autres, en divers endroicts de ceste Province, mesme pour la réparation des chemins, commettans soubz ce prétexte vne infinité d'abus, au préjudice des reglemens de la Cour, et de la suppression faicte aux derniers Estats des commissaires desdits chemins, par l'assemblée desquels Estats, nous aurions esté requis pour le soulagement du pauvre peuple, de faire cesser telles oppressions & toutes autres, procedans de nouvelles commissions, qui pourroient apporter de la despence ausdites communautez. A ceste cause, désirant le soulagement d'icelles, conformément aux edicts de sa Majesté, arrests & reglements de la Cour, nous avons

---

[1] Par un édit rendu sur la proposition de Sully, Henri IV avait décidé que les dettes contractées par les communautés pendant les derniers troubles seraient réduites d'un tiers et que les intérêts payés jusque là seraient imputés sur le capital. Cet édit donna lieu à une foule de procès et de discussions dont on verra plusieurs fois les traces dans les lettres de Lesdiguières.

deffendu & deffendons très-expressement, tant à nos gardes, que autres qu'il appartiendra, de faire par cy-après aucune chevauchée sur lesdites communautez, soubs quelque occasion & prétexte que ce soit, et mesmes pour lesdits chemins, à peyne de la vie. Enjoignant aux Chastellains & Greffiers, de faire informer de tout ce qui se passera, au prejudice de ceste nostre ordonnance, et inhibant ausdits Chastellains, Consuls & habitans desdites communautez, de leur fournir aucun argent ny vivres. A la charge toutesfois, que les officiers ordinaires d'icelles communautez, auront le soing de faire réparer lesdits chemins, chacun en son endroict, à peine d'en respondre en leur propre et privé nom; sans toutesfois, que pour leurs salaires, ils puissent excéder les frais qu'ils ont accoustumé de prendre de toute ancienneté, pour lesdites reparations. Cassant et revoquant par ces présentes, toutes les commissions que nous pourrions cy-devant avoir faict expedier pour ce regard, & celles qui pourroient estre obtenues cy après par surprinse contre la teneur de la presente, que nous avons signée & à icelle faict mettre le cachet de noz armes. A Vallance le vingt-troisième jour de Febvrier, l'an mil six cens & onze.

LESDIGUIÈRES.
Par mondict seigneur,
BREMOND.

(Sceau.)

V.   1611 — 25 MARS.

Orig. — Arch. munic. de Briançon.

[ORDONNANCE INTERDISANT AUX MAGISTRATS DU BRIANÇONNAIS D'EMPÊCHER LES VOITURIERS DE CIRCULER LES DIMANCHES ET JOURS DE FÊTE.]

Le Seigneur des Diguières, mareschal de France et lieutenant général pour le Roy au gouvernement du Dauphiné : Sur diverses plaintes que nous recepvons journellement par plusieurs marchands et voituriers du Briançonnois des oppressions qu'ils reçoivent au moyen des Châtelains, Greffiers et autres officiers de justice, soubz pretexte de ce qu'ils sont trouvés marcher les jours de dimanche et autres festes, se retirant des foires et marchés des viles voisines ou autrement, ce qui retourne au grand préjudice du trafic et commerce; nous avons défendu et défendons à toutes personnes, de quele qualité et condition qu'elles soint, de dores en avant troubler et molester lesdictz marchandz et voituriers, soubz tel prétexte, à peyne de concussion, et à tous juges tant royaulx ecclesiastiques que autres, de les mettre en prévention, ains les laisser paisiblement négotier et traficquer partout sans abus ny scandale, à peyne de nous en respondre en leur propre et privé nom. Et parce que on peut avoir à faire usage de ceste nostre ordonnance, en plusieurs et divers lieux, nous volons que foy soit adjoustée aux coppies deuement collationnées et signées, comme à cest original que nous avons signé. A Grenoble le vingt cinquiesme jour de mars mil six cent onze

LESDIGUIERES.

Par mondit seigneur,
BREMOND.

VI.   1611 — 30 MARS.

Orig. — Arch. munic. de Lyon, AA 46, p. 31.

A MESSIEURS LES PRÉVOST DES MARCHANDS ET ESCHEVINS DE LA VILLE DE LYON.

Messieurs, le sieur Huvet m'a faict entendre comme il vous avoit demandé, de ma part, quelques extraits que je désire recouvrer de vostre Maison de Ville, pour m'en servir en un procès que j'avois commencé du vivant de monsieur le comte de Carces, et que je poursuis encore contre ses héritiers. Je vous prie me faire cette faveur que de me faire avoir lesdicts extraits, ce qui vous est chose extrémement indifférente autant comme elle m'importe pour ladicte affaire. En quoy vous m'obligerez bien fort, ainsi que vous fera entendre ledict sieur Huvet; sur lequel m'en remettant, je demeureray, Messieurs,

Votre bien humble pour vous faire service,

LESDIGUIÈRES.

A Grenoble, le 30e mars 1611.

VII.   1611 — 12 Avril.

Orig. — Arch. munic. de Briançon.

A MESSIEURS LES CONSULS DE LA VILLE ET BAILLIAGE
DE BRIANÇONNOIS.

Messieurs, s'estant le sieur Videl plaint à moy de ce que le sieur Brosse[1], commis des villages, en vertu des patantes du Roy, vériffyées en la Cour de Parlement vous vouloit faire payer deux tailles, l'une de quatre, l'autre de huit escus pour feu, cy devant faites pour les frays du procez qui a esté intenté entre le tiers estat et les deux premiers ordres, bien que vous en feussyez deschargez par sa Majesté, qui a fait[2] que j'ay voulu prendre cognoissance de cest affaire et éviter les despens ausquelz vous vous allyez consumer par un procèz duquel l'yssue estoit douteuse et incertaine. Et ayant ouy les remonstrances qui m'ont esté faites de vostre part par ledit sieur Videl, et celles dudit sieur Brosse qui n'ont esté pas moins considérables, j'ay rendu l'ordonnance que vous fera voyr ledit sieur Videl, laquelle j'ai faite tant à vostre advantage que j'ai peu, ayant réduit les douze escus pour feu qu'on vous demandoit à huit, lesquels j'ay ordonné que vous payeryez à la Sainct-Michel et la Noël prochain. N'apportez donc aucune difficulté à cela, mais vous disposez au payement de ces deux tiers auxdits termes, tant pour ne deschoir de la grâce que je vous ay procurée sur les remonstrances et supplications que m'en a faites ledit sieur Videl, que pour me donner sujet, en autres occasions, de vous continuer le désir que j'ay de demeurer tousiours

Vostre entier et parfet ami

LESDIGUIÈRES.

Ce XII avril 1611, à Grenoble.

[1] Claude Brosse, syndic des communautés villageoises, dont nous avons parlé dans notre premier volume, à propos des discussions survenues entre le tiers état et les deux autres ordres pour savoir si la taille serait réelle ou personnelle (Voy. vol. I, p. 344 note), avait obtenu un arrêt du conseil du 15 avril 1602 qui, tout en laissant les choses dans le *statu quo*, déchargeait les roturiers d'une partie des arrérages échus jusqu'en 1597. C'est probablement pour les frais de cette instance qu'il réclamait douze écus par feu aux Briançonnais. Ceux-ci refusaient de payer parce que chez eux, de toute ancienneté, les nobles payaient impôt comme les roturiers, et les tailles étaient fixées à la somme annuelle et irrévocable de 4,000 ducats, également répartis sur tous; ils n'avaient donc aucun intérêt au procès soulevé entre les trois ordres du reste de la province.

[2] Ce qui a fait.

VIII. 1611 — 7 Mai.

Autog. — B. N. MS. Dupuy. 801, p. 249.

A MONSIEUR, MONSIEUR DE THOU, CONSEILLER DU ROY EN SON CONSEIL D'ESTAT & DE SES FINANCES & PRESIDENT AU PARLEMENT.

Monsieur, je connois trop la bienveillance dont il vous a tousiours pleu m'honnorer pour laisser partir le sieur de Belluion sans vous tesmoigner comme je suis sans varier votre serviteur; je l'ay chargé de vous en asseurer de ma part, vous fere entendre le fruict de son voiage et les nouvelles que nous avons de deca.[1] Ce me sera un bien grand contentement d'aprendre que ie suis conservé en l'honneur de vostre bonne grace; continues-la moy, s'il vous plet, Monsieur, et ie seray tousiours,

Vostre bien humble et tres affectionné serviteur,

LESDIGUIERES.

A Grenoble le VIIe may 1611.

IX. 1611 — 7 Mai.

Imprimé. — *Mémoires de Duplessis-Mornay.* Paris, Treuttel 1825, t. XI, p. 202.

[A MONSIEUR DU PLESSIS, CONSEILLER DU ROY, CAPITAINE DE 50 HOMMES D'ARMES, GOUVERNEUR DE SAUMUR.]

Monsieur, j'ai satisfaict à tout ce que vous avès desiré de moi pour ceste heure. Je ramenerai aulx effects ci-après et aultres occasions, la certitude de mes paroles et de mes escrits, aidant Dieu. Demeurés-en bien persuadé, je vous supplie, et que nul au monde ne faict plus devotion comment honorer[2] vos vertus, que moi qui contribuerai tousjours avec toute franchise tout ce que j'ai de vie et de moyens pour vostre service, sans réserve ni restriction, tout ainsi que pour l'affermissement de la condition de nos Eglises, afin de rendre (en tant

[1] D'Italie.
[2] D'honorer.

qu'à moi sera) à ceulx qui nous suivent la liberté et la vraie relligion bien asseurée, estant le seul but où je vise, comme je sçais que vous faictes aussi. Ie prye Dieu de tout mon cœur qu'il nous fasse la grace d'y atteindre et de mesnager si bien le temps et l'occasion qui s'offre, qu'en donnant tesmoignage certain à tout le monde de l'intégrité de nos intentions et de nostre fidélité au service de nostre Roy, nous puissions meriter la gloire d'avoir dissipé par nostre union tous les mauvais desseings des ennemis estrangers et domestiques de cet estat, et nous acquerir quand et quand[1] en la bienveillance de nostre prince, un repos asseuré à nous et à nostre postérité. Le sieur de Bellujon, qui vous rend ceste ci, Monsieur, n'a rien obmis à me representer de vos intentions et prudens advis, et mesmes sur les moyens d'estendre les amitiés tousjours necessaires, mais principalement en ce temps. Je les loue et approuve, et comme je me confie pleinement en lui, je ne lui ai rien caché des miens pour les vous communiquer. Croyez le donc, je vous supplie, comme moi mesmes car je suis asseuré qu'il manquera plustost de vie que de fidélité. Donnes lui aussi, s'il vous plaist, les mouvemens que vous juges qu'il doibve avoir en vostre assemblée[2] selon les occurrences; car les principaulx mémoires que je lui ai donnes pour y assister de ma part, consistent à suivre ce que vous aures à gré de lui prescrire. Si quelque chose se rencontre qui lui puisse estre propre[3], je vous supplie de lui donner vostre faveur et celle de vos amis, et je la reputerai comme à moi mesmes, etc.

[LESDIGUIERES.]

A Grenoble ce 7 mai 1611[4].

[1] En même temps.
[2] L'assemblée de Saumur, réunie dans cette ville le 27 mai 1611. Voir plus loin la note de la lettre du 18 juillet 1611.
[3] S'il a quelque affaire particulière.
[4] Cette lettre et la plupart de celles adressées par Lesdiguières à Duplessis-Mornay sont extraites de la correspondance de cet homme d'Etat, nous n'en avons pas vu les originaux. Nous déclinons donc d'avance la responsabilité des erreurs que nos lecteurs pourraient y trouver; elles seront assez nombreuses, nous n'en doutons pas, l'édition de la correspondance de du Plessis de Treuttel (1825) étant célèbre par la multitude de fautes qu'elle contient.

X.   1611 — 10 Mai.

Orig. — Arch. de M. le Mis de Florent, à Tain.

A MONSIEUR DE LA ROCHE.

Monsieur de la Roche, se porteur, qui est le sieur Ponchoud, m'a rendu la lettre de monsieur de Montespier, que vous m'avez addressée; je luy fays response et vous prye de la luy faire tenir bien seurement, et faire au reste tousjours estat de moy comme de la personne du monde qui vous affectionne le plus et qui vous rendra des effects de ceste vérité, aux occasions où vous l'employeres, de tres bon cœur, estant entierement comme je suis, Monsieur,

         Vostre bien humble pour vous faire service,

                                               LESDIGUIERES.

Ce X may 1611 à Grenoble.

XI.   1611 — 25 Mai.

Autog. — Arch. de M. Paul de Faucher, à Bollene.
Imprimé : *Bulletin de la Société de Statistique de la Drôme.* Année 1875.

A MONSIEUR, MONSIEUR DE LA CROIX [1], GOUVERNEUR POUR LE ROY, A PIERRELATE.

Monsieur, les témoignages que vous me rendez de la continuation de vostre affection m'obligent toujours davantage à vous, et je serais bien ayse qu'il se recontrat quelque occasion pour vous faire voir le ressentiment que j'en ay. Si ce n'est à cette heure, ce sera quelqu'autre fois où j'auray le moyen de vous rendre plus certain du pouvoyr que vous avez sur mes affections. Vous verrez madame de Créquy, et par monsieur Blagier qui l'accompagne, vous sçaurez toutes nos nouvelles. Je me remets donc à eux et me recommande à vos bonnes graces, Monsieur, comme

         Votre bien humble pour vous faire service

                                               LESDIGUIERES.

Ce XXVe may 1611 à Grenoble.

[1] Dans l'*Index* de notre premier volume nous avons nommé par erreur le capitaine de la Croix *Jacques de Suffise*, son nom était *Joachin de Suffise*.

XII.   1611 — 18 Juillet.

Cop. — B. N. MS. F. 15817. p. 176.

[A MONSIEUR LE DUC DE BOUILLON] [1].

Monsieur, voicy la responce que je dois aux deux lettres que vous m'avez faict l'honneur de m'escripre, l'une du second & l'aultre du 10 du mois passé; elles m'ont appris en quel estat sont noz affaires

[1] Cette lettre et plusieurs des suivantes sont relatives à l'assemblée de Saumur qui fut l'une des premières où se montra à découvert l'antagonisme entre les protestants et la cour qui remplit de troubles la plus grande partie du règne de Louis XIII. Cette assemblée fut convoquée d'abord à Chatellerault par brevet royal du 15 octobre 1610, un nouveau brevet du 2 mai 1611 en autorisa le transfert à Saumur. Les députés envoyés par la province du Dauphiné furent Montbrun, Champoleon, Chamier, Parat, Vulson et Bellujon, comme mandataire de Lesdiguières porteur de sa procuration. L'assemblée se réunit le 27 mai 1611, Duplessis-Mornay fut nommé modérateur, Chamier adjoint et des Bordes secrétaire et on signa un pacte d'union entre les églises réformées. Le 5 juin MM. de Boissize et de Bullion furent délégués par le roi pour le représenter et surveiller l'assemblée. Ils présentent le 7 juin des lettres du roi montrant les preuves de son attachement aux réformés par les secours qu'il a donnés aux Genevois, aux princes allemands et par son traité d'alliance avec le roi d'Angleterre. L'assemblée demande justice de certaines violences commises contre ses coreligionaires ; elle demande qu'on n'accepte plus à l'avenir de résignation de la part des membres des chambres de l'édit et des gouverneurs des places de sûreté et qu'on ne les remplace pas sans en référer à l'assemblée. Le 8 juin, le roi est prié d'interdire les processions catholiques dans les villes de sûreté. Le 25 juin, les députés du Béarn présentent leurs cahiers. Les églises protestantes du Béarn jouissaient des biens ecclésiastiques qui leur avaient été donnés dès l'établissement de la réforme par les rois de Navarre, souverains de Béarn ; de plus le culte catholique avait été supprimé dans cette province par ordonnance des mêmes princes. Les protestants craignaient avec raison que le roi de France ne détruisit ce qu'avaient fait ses ayeux en rétablissant le culte catholique et en rendant au clergé les biens qui lui avaient été enlevés. Ils demandaient à la cour des garanties à cet égard. Le 26 juillet l'assemblée pria la reine de ne pas exiger la nomination des députés généraux avant d'avoir eu réponse aux cahiers de l'assemblée et spécialement à ceux du Béarn. Le 3 août l'assemblée prie Bellujon de se départir de l'instance qu'il faisait au nom de Lesdiguières pour avoir évocation au grand conseil de toutes les affaires relatives à sa baronnie de Villemur. Bellujon refuse et l'assemblée décide d'écrire à Lesdiguières à ce sujet. Le 15 août la reine écrit qu'elle refuse de s'engager en ce qui concerne les affaires du Béarn. Les députés de cette province partent pour la cour. Bullion demande qu'on procède à la nomination des députés généraux. Le 16 l'assemblée demande qu'avant tout on lui donne une réponse à ses cahiers Le 1er septembre Bullion insiste de nouveau, au nom du roi, pour la nomination des députés généraux. Il lit une lettre de la reine du 27 août à ce sujet ; il ajoute que c'est ainsi qu'on a toujours procédé aux assemblées précédentes. L'assemblée se décide enfin à procéder à cette nomination. Bullion fait lecture d'un brevet du 23 juillet accordant continuation des villes de sûreté. Bientôt après l'assemblée est dissoute.

Tel est le bref résumé des actes de l'assemblée de Saumur.

public, et pour vostre particulier les bonnes résolutions que vous prenez en ces occurrances. Je ne puis que les louer & estimer beaucoup, puisqu'elles tendent à nostre bien commun, à cellui de l'estat & du service du Roy. Je souhaiterois que vostre exemple peut faire connoistre à chacun d'entre nous à quoy ils doibvent [se] disposer pour s'y conserver, comme je fais entierement de ma part. Monsieur de Sully me proteste la mesme chose par deux de ses lettres & je m'asseure qu'il se rangera, sy desja il n'a tesmoigné de le voulloir faire; c'est ce que je desire de tout mon cœur, et ainsi qu'il vous plaist de m'escrire de la franche vollonté que vous voullez tousjours apporter à nostre particulière union, je vous supplie aussy de croire qu'en ce qui deppendra de moy il [n']en arrivera aucun manquement, non plus qu'à vous rendre mon service bien humble en toutes les occasions ou il vous plaira d'user du pouvoir qui vous est acquis sur moy. J'attends en devotion le succez de vostre assemblée & demeure cependant, etc.

A Grenoble le XVIIIe juillet 1611.

[Lesdiguières.]

XIII.   1611 — 19 Aout.

Cop. — B. N. MS. F. 15817, p. 176.

[A MONSIEUR LE DUC DE BOUILLON].

Monsieur, c'est à mon très grand regret & desplaisir que j'ay apprins par vostre lettre du premier de ce moys les maux qui vous ont assaillis, je les croy certe proceddés du travail de corps & d'esprit que vous avez supportés en voyant tant de désunion parmy ce qui deust estre uny. J'ay asses & trop de connaissance de l'homme que vous rencontres en Monsieur de Sully; je le desirerois tout aultre mais c'est un esprit qui ne se ployera que par la douceur du vostre qui le scaura mieux manier que nul aultre pour le bien des occasions presentes [1].

---

[1] Le duc de Bouilllon s'était montré depuis l'assassinat de Henri IV l'un des ennemis les plus acharnés de Sully; après avoir encouragé la reine mère à l'exclure du conseil, il faisait encore tous ses efforts pour lui faire enlever la grande maistrise de l'artillerie et le gouvernement du

J'ay escript & escrips encore à monsieur de Champoleon & aux aultres qui sont avec luy, de suivre voz prudens advis, mais parmy cette besongne publicque pleine d'espines et difficultés ayez soing de l'entiere recommandation de votre santé, dont il vous a pleu me donner quelque esperance. Je la vous souhaite toute entiere et à moy le moyen de vous fere tousjours paroistre que je suis, je le dis en verité, etc.

A Vizille le XIXe d'Aoust 1611.

[LESDIGUIÈRES].

XIV. 1611 — 21 Aout.

Cop. — B. N. MS. F. 15817, p. 197.

[A MONSIEUR LE MARESCHAL DES DIGUIÈRES] [1]

Monsieur, nous avons résolu des le commencement de ceste assemblée de vous escripre pour vous remercier très humblement de l'honneur que vous aves fait à ceste compagnie de nous tesmoigner le desir que vous avies eu de vous trouver en icelle, comme nous eussions grandement désiré, pour estre fortiffié de voz sages & prudens advis es affaires que nous avons eues. Mais pour le bien des eglises de Dieu & comme vous avies esté supplyé par lesdictes eglises & estant retenu par le deub du service du Roy, nous avons [2] renvoyé ung procureur avec tres ample procuration pour adherer aux resolutions qui seroyent prinses entre nous pour l'honneur de Dieu, l'avancement desdictes églises et le repos de l'estat, dont nous recongnoissons vous estre grandement obligés avec toutes lesdictes eglises, que de longtemps vous sont redevables pour tant de grandes signallés assistances qu'elles ont receu par vostre sage & heureuse conduite. L'espérance que nous avions de jour à autre de voir la résolution de nos affaires nous a fait manquer à ce debvoir jusques à ceste heure, estimant que par le retour de Messieurs les depputés de

---

Poitou. Sully se rendit à l'assemblée de Saumur et sut tellement l'intéresser en sa faveur que par une délibération solennelle, elle le pria et lui enjoignit de ne pas se défaire de ses charges, lui promettant de l'assister de tout son pouvoir. Tous les efforts de Bouillon furent vains pour contrebalancer l'influence puissante de Sully; il donna à la régente les conseils les plus violents contre cet homme d'Etat, mais sans plus de résultat.

[1] Cette lettre de l'assemblée de Saumur pour demander à Lesdiguières son avis dans les circonstances difficiles où elle se trouvait fut envoyée le 21 août, comme il résulte des procès-verbaux de l'assemblée conservés à la Bibl. nat. La veille Duplessis-Mornay avait également demandé l'avis de Lesdiguières par une lettre que l'on trouvera au vol. XI de sa correspondance (Paris 1825) à la p. 271.

[2] C'est *vous nous avez* qu'il faut lire.

Dauphiné et du sieur de Bellujon vostre procureur, nous vous pourrions donner advis plus asseuré de l'estat de noz affaires qui n'ont encores receu grand advancement, quoyque le soin que nous avions pris à retrancher des demandes des provinces beaucoup d'articles moins importans & la resolution que nous avions de n'incister que sur les choses totallement nécessaires pour nostre preservation nous eussent fait espérer que nous aurions plus prompte expedition de noz cahiers; lesquelz premierement ayant esté mis en mains de messieurs de Boissize & de Bullion, envoyés par leurs Magestés vers nous, & par eux randus sans aucune responce par escript, d'autant que leur pouvoir ne s'estandoit pas à traiter avec nous, et depuis presentés à leurs Magestés par les sieurs de la Caze & de Costonné, Ferrier, Mirande et Armet & examinés avec eux par plusieurs conférences, ont enfin esté levés & resolus en plain conseil. Mais comme lesdicts sieurs noz depputés s'attendoyent qu'on les leur delivrast, la Royne leur fist dire par monsieur le Chancelier en presence du Roy & messeigneurs les princes & principaulx officiers de la couronne qu'elle les avait traité le plus favorablement qu'il luy estoit possible, et nommement, continue les places de sureté pour cinq ans avec le mesme estat et appoinctemement qui estoyent establis du temps du feu Roy, augmente les deniers destinés à l'entretenement des pasteurs & ceux du petit estat des pentions, comme il se verroit par la responce des cahiers, qu'elle nous feroit delivrer [des] que nous aurions proceddé à la nomination de six depputtés, qu'elle entendoit que nous fissions au plus tost, pour en choisir deux qui résideroyent près la personne du Roy & séparer l'assemblée qui estoit en ombrage & scandalle à tout le Royaume. Dont ayant eu advis par lesdictz sieurs depputtés nous leur fisme en dilligence suivre despesche pour les charger de supplier sa Magesté de ne nous point commander de nommer lesdicts depputtés, qu'elle ne nous eust fait voir lesdictes responces, en ayant mesme dans lesdicts cahiers ung article par lequel nous la supplions de se contenter de la nomination de deux. Mais ayant fait lesdictes remonstrances & fait voir nos lettres, on nous les a renvoyés avec lettres pourtant déclaration de la mesme volonté de nommer ses depputés avant que de voir lesdicts cahiers & separer l'assemblée incontinant apprès; renvoyé ledict sieur de Bullion vers nous que nous a dit que c'estoit une volonté fort absolue de laquelle la Royne ne se pouvoit departir et qu'en y satisfaizant de nostre part il avoit charge de nous bailler les brevés de la continuation de noz places et lesdicts cahiers favorablement respondus. Desquelles responces nous n'avons aulcune assurance pour n'en avoir esté baillé aulcune communication à noz depputes; ce qui nous met en grand peyne, voyant d'une part la volonté de la Royne qui nous est sy precisement déclairée et de l'aultre les inconveniens que nous redoutons sy nous nommons avant que d'estre asseuré d'avoir le consentement que les provinces attendent sur leurs demandes et sy nous en nommons six au lieu de deux, n'ayant appres aulcun subject de demeurer ensemble; veu mesme que ledict sieur de Bullion nous declaire absolument que la Royne est resolue de ne traiter nullement avec nous. En ces doubteuses perplexittés nous avons estimé debvoir prier ledict sieur de Bullion d'escripre à sa Magesté très humbles prieres que nous luy redoublons de nous faire voir lesdicts, cahiers avant que procedder à la nomination & les raisons sur lesquelles nous estimons estre fondé, que luy avons baillées par esprit qu'il a envoyé à sa Majesté du vendredi dernier, dont nous attendons la responce; & sur ceste occurrence nous avons estimé ne debvoir tarder plus longuement à vous rendre ce debvoir, tant pour vous faire entendre au vrey l'estat auquel nous sommes, que pour vous supplier bien humblement de nous donner sur ce subiect les saiges & salutaires conseilz que toute ceste compagnie, tout asseurée de vostre affection au bien général des eglises, attand de vostre prudence, et lesquels elle vous supplye nous faire ce bien de nous envoyer par escript comme monsieur de Champoleon vous en priera de nostre part. Lequel nous avons estimé debvoir prier de prendre ceste peyne, nous asseurant que nous ne pourrions choisir personne que vous fust plus agréable ne qui recust ceste charge avec plus d'affection. [21 août].

[PHILIPPES DE MORNAY, président;
CHAMIER, adjoint au président;
JOSIAS MERCIER, scribe.]

XV. 1611 — 27 AOUT.

Cop. — B. N. MS. F. 15817, p. 172.

A MESSIEURS DE L'ASSEMBLÉE DE SAUMUR [1].

Messieurs, trouvez bon, je vous supplie, que sur l'advertissement qui m'a esté donné de la diversité de voz oppinions à la proposition du commandement que vous avez eu de la Reyne régente de nommer les depputez généraulx avant que voir la response qu'elle a faict à voz demandes, je vous donne mon advis, & y faictes, s'il vous plaist, la consideration necessaire au temps & à l'occasion qui se presente. Je l'ay séparé de cette lettre, et pour la finir je prie Dieu, Messieurs, qu'il préside au milieu de vous & vous aye en sa saincte garde.

A Vizille le 27 aoust 1611.

Vostre très humble & très obeissant serviteur

LESDIGUIÈRES.

---

[1] Cette lettre fut envoyée à l'assemblée avec la pièce suivante, en réponse à la lettre de l'assemblée qui précède, dans laquelle on lui demande son avis.

XVI.   1611 — 27 Aout.

Cop. — B. N. MS. F. 15580.

ADVIS DE MONSIEUR LE MARESCHAL DES DIGUIÈRES SUR LE FAICT DE L'ASSEMBLÉE [DE SAUMUR].

Monsieur le Mareschal des Diguières ayant sceu avec beaucoup de desplaisir la division d'entre ceux de la religion reformée assemblés suivant la permission du Roy à Saulmur, par la contrariété d'opinions intervenue sur la proposition faicte parmon sieur de Bullion, du commandement que la Royne regente leur a faict, de nommer leurs deputés généraux avant que voir la response faicte par sa Magesté au cahier des demandes de ladicte assemblée, la supplie de toute son affection de prendre en bonne part l'advis syncere qu'il donne en ceste occasion. Pour le fonder il considere le commandement, le souverain qui le faict & le suiet à qui il est faict. Ce suiet, veritablement de la religion reformée, ne s'est jamais soustrait à l'obeissance par luy deue à son souverain, sinon quand il l'a voulu forcer au faict de sa conscience et le commandement qui se presente n'y faict ny force ny violence. Ceux de ladicte assemblée qui apprehendent la conséquence qui suit l'obéissance à ce commandement, disent qu'après ceste nomination des deputés il y aura un autre commandement de sa Majesté de se séparer, et ainsi nul moyen de se pourvoir en corps sur la defectuosité qui pourroit estre à la responce dudict cahier. Sur quoy il faut considerer que comme l'assemblée est faicte par la permission de sa Majesté elle la peut quand il luy plaira faire separer, voire avant ladicte nomination; veu mesmes qu'elle devoit avoir desia esté faicte, puisque c'estoit le principal suiect de l'assemblée. Et quand ce commandement de separation tant apprehendé seroit donné, il se doibt croire que sa Majesté ne fermera pas l'oreille aux très humbles remonstrances et requestes qui luy seront faictes de pourvoir aux articles dont les responces donneront contentement. A quoy sans doubte elle aura esgard si lesdictes demandes sont autant justes qu'elles le doibvent estre pour ce qu'ils doibvent tousiours faire paroistre par effect avec l'affection qu'ils ont à leur Roy et à la tranquillité de son estat, autrement ils seroient indignes de la grace de sa Majesté, qui avec quelque espèce de justice leur pourroit oster les choses les plus justes qu'elle leur a octroyées. Ne consistant donc le commandement qui se presente qu'en une simple formalité, qui n'est point nouvelle puis qu'elle s'est observée du vivant du feu Roy aux assemblées de Chastellerault & de Gergeau, ledict sieur Mareschal est d'avis qu'il y doibt estre rendu une bien volontaire obeissance sans s'arrester à ce qui en doibt advenir. A quoy la prudence humaine pourra remedier par les voyes du suiect à son souverain prince.

Faict à Vizille le XXVIIe jour d'aoust 1611.

LESDIGUIÈRES.

TONNARD [1].

XVII.   1611 — 28 AOUT.

Imprimé. — *Mémoires de Duplessis-Mornay*. Paris, Treuttel, 1825, T. XI, p. 280.

[A MONSIEUR DUPLESSIS, CONSEILLER DU ROY, CAPITAINE DE 50 HOMMES D'ARMES, GOUVERNEUR DE SAUMUR.]

Monsieur, je ne vous sçaurois bien vous representer l'estonnement qui m'est arrivé, quand j'ai entendeu que sur l'occasion du commandement que la Royne a faict à l'assemblée de nommer des députés généraulx, avant que voir sa response aulx cahiers, vos advis ne se sontconformés à ceulx de monsieur le mareschal de Bouillon. Ce n'est qu'une formalité desjà observée, et l'obeissance qui y est deniée ou retardée sent (à mon opinion) tres-mal, et importe en ce temps, autant que vous le pouvés mieux juger par vostre prudence. J'appelle d'elle à elle mesmes, et vous supplie, Monsieur, de vous reunir et rejoindre à mondict sieur le Mareschal, suivant la promesse que vous m'avez faicte de n'en estre jamais divisé, afin qu'à l'exemple de vous deux,

---

[1] Les partisans de la cour attendaient avec impatience cet avis de Lesdiguières, dont l'influence était connue : « Si nous avons assez à temps des nouvelles de Monsieur le Mareschal des Diguières, écrit Bullion à la date du 22 août, nous espérons avoir le Dauphiné. (C'est-à-dire avoir pour nous le vote des Députés du Dauphiné.) Monsieur de Champoléon s'y en va. » (B. N. MS. Brienne, vol. 267. p. 129 Copie).

qui servez de flambeaux éclairans tout le reste, il soit amené à la raison pour contenter sa Majesté, qui sera incitée par une prompte obeissance à bonifier nostre condition. Ayés ceste pryere agréable, Monsieur; elle procede du meilleur endroict du cœur de

Vostre bien humble et tres affectionné serviteur.

LESDIGUIERES [1].

A Vizille ce 28 aoust 1611.

XVIII.   1611 — 6 SEPTEMBRE.

Imprimé. — *Mémoires de Duplessis-Mornay*. Paris, Treuttel, 1825. T. XI, p. 289.

[A MONSIEUR DUPLESSIS, CONSEILLER DU ROY, CAPITAINE DE 50 HOMMES D'ARMES, GOUVERNEUR DE SAUMUR.]

Monsieur, puisqu'il a pleu à l'assemblée me faire cest honneur que de désirer mon advis sur les occasions qui s'y presentent, je le lui

---

[1] Duplessis-Mornay répondit à cette lettre par une autre datée du 6 septembre que l'on peut lire dans sa correspondance, T. XI, p. 258. Champoléon en fut porteur. Mornay y annonce que la reine sera obéie. Ce ne fut pas sans difficulté que fut emportée la nomination des commissaires généraux avant d'avoir reçu la réponse de la reine aux doléances de l'assemblée; voici ce qu'en dit Bullion dans une lettre à Villeroy datée de Saumur du 5 septembre 1611 :

« A MONSIEUR MONSIEUR DE VILLEROY, CONSEILLER DU ROY EN SES CONSEILS ET PREMIER SECRÉTAIRE DE SES COMMANDEMENTS.

« Monseigneur, je vous envoie la nomination de six deputés; cette affaire s'est passée avec beaucoup de peine, Monsieur de la Varenne vous en dira les particularités. Je desire avoir l'honneur d'estre auprès de vous pour vous dire ce que j'ay peu aprendre avec ces gens cy, et en un mot ils ont obey plustost par contrainte qu'autrement et vous jure qu'il y a des esprits très malicieux et passés à l'humeur demoeratique. Dieu ne leur en fera la grâce et renversera touts leurs maulvais desseins par la bonne et heureuse conduitte qu'il vous plaist aporter au maniement des affaires. Monsieur de Bouillon est toujours malade, il désire que la reyne soit contante de ses services, il est fort contant de ce que vous l'authorises parmy ceulx de la religion; il a rendu en ceste action une preuve de sa fidelité, il sera bien de le flatter un peu et vous supplie de luy escripre un mot du contantement que leurs Maiestés ont de ses deportements. Il desire qu'on prenne Rouvré et la Milletrie pour députés, il croit qu'il serviront très bien et les engage particulierement à ne faire chose qui puisse deplaire à la Royne. Les autres sont très mauvais serviteurs et confederés de ceux qui veulent le trouble. Montbrun et Chamier ont esté flambans de sedition, mais j'espère que monsieur des Diguières les contiendra dans le debvoir et que leurs fougues n'auront point de lieu en Dauphiné. J'escrips à monsieur Phelipeaux pour les depeches qui me sont necessaires pour faire separer cette compagnie...

« A Saumur ce V septembre (1611).

« BULLION. »

(B. N. MS. Brienne, vol. 267, p. 145. Copie.)

donne fort franchement, selon Dieu et en bonne conscience, par la lettre que je lui escris en response de celle que monsieur de Champoléon m'a apportée de sa part[1]. Je ne fais que confirmer le mesme advis que j'y ai desjà mandé par ung gentilhomme exprès que vous aurés, je m'asseure, veu[2]. Certes, Monsieur, comme nostre mal ne procede que de nostre seule division, il ne nous en fault plaindre ni prendre qu'à nous mesmes; sans penser qu'une plus longue teneue de ladicte assemblée nous puisse faire esperer d'advantage que ce qui nous aura esté accordé, et tant s'en fault qu'en l'estat qu'elle est la continuation soit utile, qu'elle ne servira qu'à mieulx faire recognoistre les defaults qui sont parmi nous, desquels vous pourres faire ung plus clair jugement que moi. Il se fault donc arrester au bien et à ce qui est propre à nostre conservation, en fuyant leur contraire. Ayés agreable, je vous supplie, que je vous en parle avec ceste liberté qui procede de la franchise de mon cœur sans ambition, et avoir aultre object que celui du bien de nos eglises. Si le sieur de Bellujon a faict chose dont l'assemblée se puisse plaindre, c'est à lui à s'en justifier[3]. Bien vous assurerai je que je l'ai veu jusques ici fort homme de bien; mais lorsque je le cognoistrai aultre, je ne suis pas resoleu de l'endurer ni supporter en aulcune façon, etc.

[LESDIGUIERES.]

A Grenoble ce 6 septembre 1611.

---

[1] Nous n'avons pas retrouvé ce document.

[2] Voir l'avis à l'assemblée du 27 août précédent.

[3] « Ledict Bellujon duquel la compaignie en auparavant le voyage [vers Lesdiguières] avait eu beaucoup de mescontentement pour les grandes plaintes faictes contre luy par l'esglise de Villemure et les insolentes et outrageuses procédures qu'il avait tenues sur le subject de ces plaintes au mespris de toute l'assemblée, avait depuis son voyage esté sensuré par acte portant qu'il s'estoit rendu indigne de rentrer en l'assemblée, mais qu'à cause de l'honneur qu'il avoit d'être procureur de Monsieur des Diguieres ou luy en remettoit le jugement. Cette censure fascha Monsieur le Mareschal [de Bouillon] qui fit tout son possible pour la faire lever » (*Mémoires du duc de Rohan*. Amsterdam 1646).

XIX.   1611 — 6 Septembre.

Autog. — A M. le baron Schickler, à Paris.

A MONSIEUR, MONSIEUR DE LA FORCE.

Monsieur, l'assemblée m'a fet beaucoup d'honneur en ayant remis à mon iugement le reglement de nos assemblées en ceste province et desiré scavoir mon avis sur l'obeissance que leurs Maiestés demandent à vostre compagnie; je le leur donne en toute franchise et selon que i'estime estre le meilleur pour le bien de nos églises ainsi que vous le verres par la response que ie fes a la lettre que l'assemblée m'a envoyé par monsieur de Champoléon. J'eusse bien souhetté de m'y pouvoir estre trouvé pour le service particullier de mes amis, mais pour celuy du général j'ayme mieux en estre esloigné que d'avoir esté parmy les divisions qui s'y sont rencontrées à nostre honte, à quoy ma presence n'eust rien remedier. Il vaut donc mieux prendre ce que pour le present l'on nous offre que de fere davantage cognoistre nostre foyblesse et nos deffans. Je vous remercie bien humblement de l'asseurance que vous me donnes de vouloir assister monsieur le conseiller Vulson en son affere autant que vous le pourres[1], je vous offre en revenche une semblable faveur pour ce gentilhomme que vous m'aves recommandé qui a une grace à interiner à ce parlement. Honores-moy tousiours, ie vous suplie, de la continuation de vos bonnes graces et ie vous serviray fort fidellement en la qualité, Monsieur, de

Vostre bien humble et tres affectionné serviteur.

LESDIGUIÈRES.

A Grenoble le VI septembre 1611.

---

[1] Marc Vulson, conseiller à la chambre de l'édit de Grenoble, avait tué à coups d'épée sa femme et son amant qu'il avait surpris en flagrant délit d'adultère. Cette affaire pour laquelle Lesdiguières le recommandait ne serait-elle pas la poursuite des lettres de grâce qui lui furent en effet accordées par le roi après cet assassinat?

XX.   1611 — 6 Septembre.

Cop. — B. N. MS. F. 15817, p. 176.

[A MONSIEUR LE DUC DE BOUILLON]

Monsieur, les deux lettres qu'il vous a pleu m'escripre par monsieur de Champoleon, m'ont appris la perseverance qu'il y a au mal en s'esloignant du bien en l'assemblée; je ne puis avec vous que regretter les deffaulx qui sont en ce corps la, en y apportant les plus salutaires remedes qui sont en ma puissance. J'y avois desja faict porter mes advis par un gentilhomme exprès que vous aurez, je m'asseure, veu et qui ne faisoit que partir quand ledict sieur de Champoleon est arrivé par son retour. Et pour responce à la vostre, que l'assemblée me faict l'honneur de m'envoyer par luy, j'ay estimé ne pouvoir ny debvoir leur donner autre advis que celluy que je leur ay desja mandé qui n'est austre que le vostre, tant juste et raisonnable je l'ay trouvé. Notre estat presant, nostre conservation et ce que nous sommes, nous doibvent tous porter à l'obeyssance qui est demandée de nous, sy en effect nous n'aymons le trouble, trop dangereux en ce temps iscy pour plusieurs considerations que vous cognoissez mieux, Monsieur, que je ne scaurois les vous representer. Il faut donc aultant que nous pourrons destourner l'orage qui nous menasse de ruyne, à quoy nostre prudence & sage conduite ne peuvent qu'avancer beaucoup de gens de bien, sinon le tout, à vostre exemple. J'ay parlé au sieur de Champoleon ainsy que j'ay estimé qu'il fallait pour le ramener à bon chemin; je m'asseure que vous le trouverez changé en son retour de dela, ou j'ay pensé qu'il estoit plus à propos de le renvoyer que de le retenir icy. Je me resjouis de ce que monsieur de Sully s'est rangé cette fois à la raison, je l'en loue & l'y porte aultant que je puis par mes lettres et surtout à demeurer bien uny & intelligent avec vous comme chose tres necessaire pour nostre bien général et pour le sien particullier[1]. Et

---

[1] Il y avait eu une sorte de réconciliation entre Sully et Bouillon faite par l'intermédiaire de du Plessis-Mornay. Il y avait trop de dissemblance entre ces deux hommes pour qu'elle pût durer.

moy, Monsieur, je vous supplie bien humblement de croire que je ne m'esloigneray jamais de cette société en toutes les occasions qui se rencontreront favorables au dessin, etc.

A Grenoble le VIe septembre 1611.

[Lesdiguieres]

XXI. 1611 — 19 Septembre.

Cop. — Arch. de la Drôme. EE. 2821.

A MONSIEUR, MONSIEUR LE CARDINAL LEGAT D'AVIGNON.

Monsieur, quelques habitants du baillage du Buys en ceste province se sont plaincts à moy de ce qu'ils sont journellement troublés, allans au Comptat, en leur liberté de commerce, tant en leurs marchandises, bestial, qu'en leurs personnes, pour raison des debtes de leur communauté, quoiqu'ils ne soient pour elles aulcunement obligés, ce qui ne pourroit qu'amener du trouble et interrompre la bonne intelligence qui est entre ces deux estats, si ce desordre continuoit. De quoy, Monsieur, j'ay bien desiré vous donner advis affin que prudemment vous y aporteres le remede necessaire; & parceque ceux dudict Comptat estiment ne devoir estre obligés à la réduction et verifification de leurs obligations sur lesdictes communautés, selon les édicts et intentions du Roy, je despeche exprès à leurs Maiestés pour avoir en ceste occasion leur volonté et particuliers reglements. Cependant je vous supplie, Monsieur, de faire relacher trois habitants du Buys avec leur bestial et marchandises qui furent arrestés à Malaucène le 18 du mois dernier, veu qu'ils ne doibvent aulcune chose à ceux qui les les ont faict saisir, qui peuvent, par les voies de la justice ordinaire qui s'exerce parmi les sujets de sa Majesté, se prouvoir ailleurs que sur ces pauvres gens. A quoy je m'asseure que vous feres consideration comme en chose bien importante à la conservation de la paix et libre communication entre ceste voisinance. Sur ce, et après vous avoir continué l'offre de mon service, je demeure, Monsieur,

Vostre bien humble & plus affectionné serviteur.

Lesdiguières.

A Vizille le 19 septembre 1611.

XXII. 1611 — 21 Septembre.

Cop. — B. N. MS. F. 15817, p. 177.

[A MONSIEUR LE DUC DE BOUILLON.]

Monsieur, je me resjouis grandement de ce que le esposés que je fis à l'assemblée y porta coup pour faire obeyr leurs Magestés, que ay sceu depuis en avoir reçeu du contentement. Je suis bien desplaisans qu'ils n'ayent eu pareille satisfaction de ceux qui composent ladicte assemblée, qui en auroyent elles mesmes receus dadvantage de leurs Magestés aux justes demandes qui leur ont faictes. Mais encores, Monsieur, il me semble que la Royne doibt faire consideration sur ce que ladicte assemblée s'est sepparée avec du mescontentement qui s'estend generallement partout pour pourvoir aux particulières plaintes de chasque province. Puisque sa Magesté ne l'a voullu fere à la consideration de ladicte assemblée, ceux qui luy donneront [ce] conseil feront bien sagement pour le repos de l'estat & service de leurs Magestés, et moy sy je va à la cour j'y porteray ces mesmes advis[1]. J'espère d'avoir l'honneur de vous veoir & de vous asseurer de vive voix qu'il n'y a personne en ce royaume sur qui vous ayez une plus absolue puissance que sur moy et sur tout ce qui en deppend, ce qui vous sera confirmé par les veritables offres de celluy qui, après vous avoir demandé la continuation de vostre bonne grace, se dict pour tousjours, etc.

[LESDIGUIÈRES]

De Grenoble le XXIe septembre 1611.

---

[1] Il résulte de cette lettre que la cour, quand elle eut appris la nomination de délégués généraux, se hâta de proroger l'assemblée, sans répondre à ses doléances. Lesdiguières, qui avait si vivement engagé l'assemblée à obéir, fut très mécontant de ce procédé; Duplessis-Mornay, qui également avait tenu dans une certaine mesure le parti de la cour, vit qu'il avait été joué par elle, ainsi qu'il ressort d'une lettre qu'il écrit à Lesdiguières le 6 septembre et qu'on trouvera au vol. XI de sa correspondance à la page 288.

XXIII. 1611 — 24 Octobre.

Orig. — B. N. MS. F. 15580.

A LA ROYNE REGENTE.

Madame, il ne fault point que vostre Magesté doubte que le consentement qu'il luy a pleu donner au mariage de monsieur de Nemours avecq la princesse Catherine de Savoye n'en ayt fortiffié le dessin & causé la resolution qui y a esté prinse par le Duc son père; mays je croy que vous avez sceu, Madame, que depuis quelque moys en ca le roy d'Espaigne par son agent a faict paroistre de n'agreer ce mariage; et encores que le duc de Savoye ayt faict responce assez claire pour monstrer qu'il y veult passer oultre, j'estime, Madame, qu'il ne sera que bon que vostre Magesté par ses lettres l'acourage & persuade d'en accelerer la perfection veu que cet effect donne tousiours plus d'asseurance de la bonne volonté de ce prince envers la France, l'incitant autant que vostre Magesté le jugera à propos de ne s'arrester aux considerations de l'Espaigne puisqu'il s'est déclairé si avant. Il m'a faict cognoistre qu'il desiroit cete depesche de vostre Magesté qui en la luy faisant obligera beaucoup monsieur de Nemours, lequel avecq raison languit en la longueur de cet affere, que la grace & faveur de votre Majesté peut avancer. Je prie Dieu, Madame, qu'il vous donne tout le contentement que vous souhaité par

Vostre tres humble, tres obeissant, tres fidelle suget et serviteur

A Grenoble le XXIIIIe octobre 1611.

LESDIGUIERES.[1]

[1] La reine avant même d'avoir reçu cette lettre de Lesdiguières lui envoyait Bullion avec des instructions très détaillées lui indiquant la marche à suivre désormais dans ses rapports avec la cour de Savoie. Ces instructions étaient la destruction de la politique suivie par Henri IV ; comme elles sont très longues, nous nous contenterons d'en donner l'analyse.

La reine y annonce à Lesdiguières que le duc de Savoie doit renoncer à voir son fils le prince de Piémont épouser la sœur du roi, comme il en avait été question, qu'il doit également renoncer à faire épouser sa fille à Louis XIII comme il s'en était flatté; que la mort de Henri IV force l'État à chercher des alliances plus puissantes ; qu'on s'est adressé au roi d'Angleterre pour savoir s'il donnerait sa fille en mariage à Louis XIII, mais qu'on n'a obtenu que des réponses ambigus, dues surtout à la diversité de religion entre les deux cours; qu'on a dû alors se retourner du côté de l'Espa-

XXIV.   1611 — 5 Novembre.

Orig. — Arch. de M. le Vte de Sallemard, à Peyrins.

A MONSIEUR DE LA ROCHE DE GRANE.

Monsieur, il a pleu au Roy et à la Royne régente de me faire entendre par leurs lettres que l'intention de leurs Majestés est non-gne qui paraît approuver cette recherche; quant au mariage du prince de Piémont avec la fille du roi d'Angleterre pour lequel le duc de Savoie demande la faveur de la cour de France, on est obligé de lui avouer que déjà cette cour est engagée avec l'électeur palatin qui recherche cette princesse pour lui-même; qu'on engage le duc à marier son fils avec une princesse de Florence, alliance qui plaira à tous; quant au mariage du duc de Nemours avec la princesse Catherine de Savoie, la France ne peut y être favorable voyant combien l'Espagne y est opposée et qu'il serait le signal d'une guerre qui troublerait la paix de l'Europe; si le prince de Piémont se marie d'une manière qui convienne à la France le duc peut compter sur la faveur de la cour et de nombreux bienfaits; la France prendra sa défense dans toutes les circonstances; on engage le duc à renoncer à ses prétentions sur le pays de Vaud; s'il exige l'assistance de la France qui lui a été promise jadis, on verra ce qu'on aura à faire. Le duc, dit-on en terminant, sera probablement mécontent de ces déclarations, mais elles sont impérieusement exigées par les circonstances et on prie le maréchal de les faire accepter.

A ces instructions est jointe la lettre d'envoi, suivante :

A MON COUSIN LE SIEUR DES DIGUIÈRES, MARESCHAL DE FRANCE ET LIEUTENANT GÉNÉRAL POUR LE ROI MONSEIGNEUR MON FILS AU GOUVERNEMENT DU DAUPHINÉ.

Mon cousin, l'instruction de laquelle j'ay rendu porteur le sieur de Bullion, conseiller au conseil d'estat du Roy monseigneur mon fils, est bien ample et particuliere, et toutesfois ce que je luy ay confié pour vous estre par luy représenté à bouche, sur les affaires qui se presentent, est encores plus particulier et considerable; au moyen de quoy je vous prie luy ajouter entière foy et créance, et continuer à nous assister en ces occurences de vostre sage conseil, et de vostre bonne aide, car nous avons besoin de l'un et de l'autre pour conduire ce navire de France à bon port; les routtes sont diverses et sujettes à divers accidens plus périlleux que salutaires, mais comme nos intentions et fins sont droites et justes, j'espère qu'elles prospereront avec l'aide Dieu et de la vostre, et de ceux qui vous ressemblent. D'une chose je veux que vous soyés assuré par la presente, c'est que quelque allyance que nous fassions et party que nous prenions, nous conserverons et maintiendrons constamment la foy à nos anciens amys avec le repos du royaume par preference à toute autre consideration, comme nous avons donné charge au dit sieur de Bullion de vous declarer plus expressement, et mesme vous prier de nostre part de repondre pour nous partout où besoin sera; il vous dira aussy nostre déliberation pour ce qui concerne vôtre particulier avec le plaisir que ce me sera de vous revoir après ce voyage et de vous temoigner en toutes occasions le contentement que nous avons de vos actions et ma bienveillance. Je prie Dieu, mon Cousin, qu'il vous ait en sa sainte et digne garde.

Escrit à Fontainebleau le XXVIe jour d'Octobre mil six cents unze.

Vostre bonne Cousine.

MARIE.
BRULART.

(British museum. Additional MS. 5458, fol. 235. Copie.)

Voir à ce sujet la lettre de Lesdiguières à la reine imprimée plus loin sous la date du 20 novembre 1611.

seulement de faire jouir entierement ceux de la religion de tout ce qui leur a esté accordé par le feu Roy d'immortelle mémoire par son edict, de Nantes, articles secrets, brevets et responces aux cayers et requètes qui ont esté depuis presentées tant au dit feu Roy qu'à leurs Majestés mesmes par la derniere assemblée tenue à Saumur par leur permission, mais aussy de les gratiffier de tout ce qu'il leur sera possible. Et ensuite de ce leursdites Majestés m'ont ordonné et commandé de convoquer une assemblee de ceux de ladite religion en cette province, pour en icelle aviser ce qui reste à exécuter dudit Edit et concessions, et ce qu'ils ont encore à remonstrer et demander, affin d'en poursuivre l'execution par devant les commissaires que sadite Majesté a de nouveau desputés à cet effet, ausquels elle a donné plain pouvoir d'y pourvoir et faire cesser toutes les plaintes de sesdits sujets de la religion. A cette cause j'ay avisé de convoquer ladite assemblée en cette ville de Grenoble au vingt-six de ce moys de novembre; partant je vous prie de vous disposer d'y venir pour y contribuer ce que vous jugerez necessaire pour le bien de nos Eglises; ce que me voulant prometre de vostre zèle à l'avancement et la gloire de Dieu je le supplieray, Monsieur, qu'il vous aye en sa sainte garde.

A Grenoble le 5 novembre 1611.

Vostre bien humble à vous fére service

(Sceau.)

LESDIGUIERES.

XXV.   1611 — 11 NOVEMBRE.

Orig. — Arch. munic. de Briançon.

[DÉFENSE FAITE AUX HABITANTS DU BRIANÇONNAIS DE FRÉQUENTER LES TAVERNES DES LIEUX OU ILS HABITENT ET ORDRE AUX GENS SANS AVEU DE QUITTER LE PAYS DANS LE DÉLAI DE TROIS JOURS.]

De par le Roy et monseigneur Des Diguières, duc, pair et mareschal de France, lieutenant général pour sa Majesté au gouvernement de Daulphiné, sont faittes inhibitions et deffences à toutes personnes, de quele qualité condition et aage qu'eles soint, d'hanter et fréquenter, aler manger ou boire en hostelcries, cabarets et tavernes des lieux de leurs domiciles ny à deux lieues à l'entour, à peyne de prison et amande, voire de punission corporele, s'il y eschoit, et à tous hosteliers et cabaretiers de leur fournir aucuns vivres chez eux ou dans leurs jardins, sur les mesmes peines. Est aussi enjoinct à tous faynéantz, gueux et vagabondz n'ayant aucun art, mestier, ou proffession ny moyen de vivre de leurs revenus, d'absenter ce lieu et baillage dans trois jours, à peine du fouet et bannissement.

Faict à Briançon le unziesme novembre mil six cent unze

LESDIGUIÈRES.

(Sceau.)

XXVI.   1611 — 13 NOVEMBRE.

Autog. — B. N. MS. F. 3651, p. 99.

A MONSIEUR, MONSIEUR LE DUC DE NEVERS.

Monsieur, vous me feries beaucoup de tort, si vous ne croyes qu'en l'ocasion qui se presente et en toutes celles qui s'offriront à moy pour vostre service, je ne vous y tesmoignois, avec ma très humble obéissance l'affection que i'ay à tout ce qui regarde vostre contentement et particullier intérest. Je vous suplie donc très humblement, Monsieur, de prendre cette créance de moy en laquelle vous ne serès jamais desceu, car il est véritable que ie suis, Monsieur

Vostre très humble et plus obeissant serviteur

LESDIGUIERES

A Exilles[1] le XIIIe novembre 1611.

---

[1] Lesdiguières avait été à Suze s'aboucher avec le duc de Savoie et lui faire part des résolutions si défavorables de la cour à son égard. « Monsieur, écrit Mitte de Chevrières à Villeroy le 12 novembre 1611, nous n'avons pas en ce pays beaucoup de nouvelles; Monsieur le maréchal de Lesdiguières est allé à Suze en Piémont voir son altesse de Savoye, qui a demandé ceste entrevue. » B. N. MS. F. 15580. Original.

XXVII.   1611 — 20 Novembre.

Orig. — B. N. MS. F. 15582, p. 81.

A LA ROYNE RÉGENTE.

Madame, j'estois à Ambrun pour commencer mon voyage de Piedmont quand j'en donné adviz à vostre Majesté. Maintenant je la puis asseurer que (graces à Dieu) j'en suis de retour avecq monsieur de Bullion et que luy & moy nous sommes fidellement acquittez de la charge que vous nous aviez commise. Madame, le duc de Savoye a honoré vostre Majesté en noz personnes autant qu'il a peu & sans y épargner aucun compliment, mays il n'a pas eu tout le contentement qu'il atendoit de nous mesmes, quand il s'est veu excluz du mariage qu'il monstroit esperer de Madame avecq le Prince son filz. Il a prins céte exclusion avecq regret, encores que nous la luy ayons déclarée assez dextrement, et se voyant en pleine liberté d'élire autre party qui fust agréable à vostre Majesté, il s'est plustôt porté à Mantoüe qu'a Florence, non tant, à mon aviz, pour la contrariété d'entre ces deux maisons, aisée à effacer par le moyen de vostre Majesté que par l'oppinion que le comte Prato, ambassadeur du duc de Mantoue, luy a faict concevoir que ce mariage augmentera ses estatz[1]. Et considerant que vostre Majesté ne rejeteroit point ce mariage, nous n'avons pas monstré d'affectionner d'avantage celuy de Florence qui pourra encores se remettre en propos si le duc de Savoye amoindrit les espérances qu'il a conçues pour celluy de Mantoue, à quoy il se tient de tant plus affectionné, qu'il voit que le Prince son filz y encline. C'est en substance ce que je puis dire à vostre Majesté du succez de ce voyage, en attendant que je luy en declare les particularitez. Lors que j'auraye l'honneur de la voir, ce sera (s'il plaist à Dieu) après la tenue

---

[1] Probablement par l'annexion du Monteffrat que le duc de Savoie convoitait depuis longtemps, et qui aurait été donné en dot à la princesse de Mantoue.

de l'assemblée de ceulx de la religion en cete province dont vostre Majesté a sceu la convoquation. Cependant & pour tousiours, je demeure, Madame,

Vostre tres humble et tres obéissant serviteur

Lesdiguieres.

A Ours le XXe novembre 1611 [1]

---

[1] Nous joignons à cette lettre une missive de Bullion à Villeroy qui donne des détails intéressants sur la manière dont Lesdiguières reçut les ordres de la reine et s'y conforma.

« A MONSIEUR, MONSIEUR DE VILLEROY, CONSEILLER DU ROY ET PREMIER SECRÉTAIRE DE SES COMMANDEMENTS.

« Monseigneur, je suis arrivé en cette ville le premier de ce mois, ou j'ay trouvé le colonel Allard de la part du Duc près de monsieur le mareschal des Diguières lequel pressoit infiniment mondit sieur de s'aboucher avec le Duc son maistre; mondit sieur le Mareschal a veu les instructions, les a fort considérées et nettement approuvées en ce qu'elles parlent franchement et nettement, estime que le Duc se doibt résoudre d'acquiescer à la volonté de la Royne. Mondit sieur des Diguières estant engagé comme il estoit de parole sur la lettre de la Royne envers le Duc s'est résolu de se rendre le XV de ce mois à Suze ou son altesse de Savoye se trouvera. Il parlera franchement au Duc et lui fera cognoistre le bien et le mal qu'il doibt attendre, soit qu'il se mette à la raison ou qu'il se veuille repaistre de ses fantasies et nouveaultés acoustumées. J'ay faict ce qui m'avoit esté commandé envers ledit sieur Mareschal en ne luy deguisant chose quelconque de la marchandise que je luy portois et craignant qu'elle ne fust agréable à ce prince. Mon discours ne l'a point diverty de sa resolution, ayant estimé qu'il importoit au service de leurs Majestés de scavoir la resolution de ce prince sur les propositions contenues dans mes instructions. Il a escript à monsieur Gueffier et moy aussi, affin qu'il se rende le douziesme à Ours ou à Briançon; nous ferons du mieux qu'il nous sera possible pour rendre le service qui est deub à leurs Majestés. Il faict estat de ne seiourner que deux jours à Suze et dans le XXIIII de ce mois estre de retour à Grenoble et partir incontinent après pour se rendre à la court. J'ay sceu que le comte de la Roche perdoit du tout sa créanse auprès du Duc; il a déguisé par plusieurs fois les advis de monsieur le Mareschal au Duc et sur le faict de l'entreprise des pais de Vau et sur celle de Gennes, couverte du voyage qu'on faisoit courir vouloir faire contre les infidèles. Monsieur le Mareschal a faict scavoir au Duc par le colonnel Allard qu'il estoit à propos de le renvoier en sa maison et croy que cela sera exécuté. Toutes choses sont fort paisibles en cette province pour le service de leurs Maiestés; l'assamblée remise au XXVI du present ou monsieur le Mareschal est resolu d'abolir du tout l'authorité des ministres et d'empescher que par cy après ils ne fassent plus corps dans lesdites assemblées. J'oubies à vous dire que le mariage de l'Espagne ne le met point en umbrage.......

..... Il aprouve ce conseil, lequel il estime très salutaire au general du royaume. Je ne vous diray rien du reste des affaires lesquelles néantmoins se conduiront au contantement de leurs Maiestés, ayant pris resolution de ne s'engager plus avant jusques à ce qu'il aye esté à la court, où il espere voir et entendre ce qu'il sera nécessaire qu'il fasse pour n'avoir autre volonté et affection que celle qui luy sera commandée par la Royne. J'espère avoir l'honneur de vous voir dix ou douze jours avant luy et vous faire entendre toutes les particularités que je ne peus vous escripre. Je vous supplie très humblement me continuer l'honneur de vos bonnes graces et croire que je desire vivre et mourir, Monseigneur, vostre très humble, très obeissant et très obligé serviteur.

« Bullion.

« A Grenoble ce IIIe de novembre. »
(B. N. M.S. Brienne, vol. 267, p. 161. Copie.)

XXVIII. 1612 — 10 Janvier.

Imprimé. : *Lettres et Mémoires de Duplessis-Mornay.* Paris, Treuttel, 1825, T. XI, p. 381.

[A MONSIEUR DU PLESSIS, CONSEILLER DU ROY, CAPITAINE DE 50 HOMMES D'ARMES, GOUVERNEUR DE SAUMUR.]

Monsieur, estant arrivé en ceste court accompaigné de bonne santé, et en une saison asses fascheuse et ennemie de mon âge, j'ai bien voulleu vous en donner advis, et vous asseurer qu'ung de mes plus grands desirs est de vous pouvoir servir partout où je me trouve. Il me desplaist de voir continuer la désunion des principaulx de ceulx de nostre relligion; s'ils s'unissoient ils seroient plus considérables, et asseures dedans l'estat des choses presentes. Je vous supplie et conjure de de m'enseigner le moyen de rejoindre toute ces pieces, et si j'y puis quelque chose, je ne l'y espargnerai poinct, sçachant combien cest œuvre est utile et nécessaire, non seulement à nostre propre conservation, mais encores au service de nostre Roy et au bien de son royaulme. Donnes moi donc, s'il vous plaist, vos sages advis sur ce subject, et en ce qui regarde vostre particulier, usés du pouvoir qui vous est de si longtemps acquis, Monsieur, sur

Vostre bien humble et tres affectionné serviteur.

[Lesdiguieres] [1]

A Paris ce 10 janvier 1612.

XXIX. 1612 — 3 Mars.

Cop. — Arch. de M. le Vte de Sallemard, à Peyrins.

A MONSIEUR LE COMMANDANT DE BURCIN.

Monsieur, la lettre que vous avez pris la peine de m'escrire dattée du jour d'hyer m'ayant faict scavoir qu'il est arrivé quelque mauvais

---

[1] Duplessis-Mornay répondit à cette lettre par celle datée du 27 janvier 1612, qui se trouve au tome XI de sa correspondance, p. 382. Il s'y plaint amèrement de la conduite de la reine à l'égard de l'assemblée de Saumur.

mesnage entre les maisons des seigneurs d'Eidouches et de Blainville, j'escris à l'un et à l'autre, les priant de se rendre en nostre ville affin que je puisse travailler à leur accommodement. Mais je ne leur envoye point de mes gardes, n'ayant pas jugé par ce que vous m'avez marqué que ce fut querelle formée mais seulement quelques differens de maison, Cependant je vous remercie de tout mon cœur du soin qu'il vous a pleu de prendre pour cela, et de l'affection dont vous me favorisé don j'aurai tousjours beaucoup de ressentiment comme j'ay beaucoup de desir de vous faire cognoistre que je suis, Monsieur,

Vostre tres humble serviteur.

LESDIGUIÈRES.

Monsieur, je vous adresse les lettres que j'escris à messieurs D'Eydouches et de Blainville, auxquels je vous prie de les faire tenir.

A Grenoble 3 mars 1612.

XXX.   1612 — AOUT.

Cop. — A M. Eugène Chaper, à Grenoble.
Publié inexactement. — *Mémoires et Correspondance de Duplessis-Mornay.* Paris, 1825.
T. XII, p. 509.

[ACTE DE RÉUNION ENTRE MM. DES DIGUIÈRES, DE ROHAN ET DUPLESSIS MORNAY].

Nous soubzsignés sur la proposition qui nous a esté faicte par messieurs de Rouvray, de la Milletière, du Moulin, Durant, et de l'Isle-Groslot, de la part du synode national dernier tenu à Privas, de voulloir entendre à une sincère réunion, et donner au bien commun de nos Eglises nos inthéréts particuliers, par un oubly de toutes injures passées, promettons devant Dieu de nous départir de tous ressentimens, aigreurs, et animosités envers quelques personnes et pour quelques causes que ce soit, les aymer, honorer et chérir chacun selon son degré, sans avoir aucune souvenance du passé, et aux occasions qui s'en présenteront leur rendre toutes sortes de tesmoignages et d'éffects de bienveillance et d'amityé autant que le debvoir de vray chrestien et fidelles subjects du Roy le requiert; protestans ne désirer rien plus que de voir par une bonne union et concorde de tous le règne de Dieu advancé et nos Eglises jouir d'un bon repos soubz la très humble obeissance de leurs Majestés et observation des édictz de pacification. Promettons en outre de nous employer de tout nostre pouvoir à ce que l'authorité de nos synodes ne soit infirmée ny notre discipline enfrainte, et ne favoriser ny prester aucune assistance aux personnes ou Eglises particulières qui vouldraient par moyens inusités et préjudiciables s'exempter de l'union et conformité de ladite doctrine et discipline receue en nos dites Églises ecclésiastiques.

En foy de quoy nous avons signé la présente; fait à Paris ce[1]..... jour d'aoust 1612.

HENRY DE LA TOUR. LESDIGUIÈRES[2].

XXXI. 1612 — 19 novembre.

Cop. — Arch. munic. de Nyons.

[A MESSIEURS LES CONSULS DE NYHONS]

Consuls de Nyhons, j'ay seu par les cappitaines Bernard et Granatier que vous estiez en volonté de me despecher expressement pour estre acquictés des dernyers intérets de la partye que vostre communauté me devoyt; ceste cy sera pour vous relever de ceste peyne et vous dire que je ne vous accorde pas seulement vostre acquist, mais encores pour vous tesmogner davantage la continuation de mon affection je remets aux cattolyques 2336 livres du principal, qui est tout ce qui en peuvent avoir payé, pour le convertir à leur usage et affaires communs et autrement comme bon leur semblera. Et quand aux 6664 livres restants j'en fays de mesme à ceux de la religion afin que cette somme leur serve de fonds pour l'entretenement de leur pasteur, enjoignant au cappitaine Moreau de s'en venir à Nyhons pour procéder à ladite restitution selon que ce fonds se trouvera en

---

[1] Lacune dans le texte.
[2] Duplessy-Mornay par une lettre du 17 février 1612 (T. XI de sa correspondance, p. 304). déplorait la désunion qui régnait entre les principaux seigneurs réformés; cet acte d'union fut probablement le résultat des conseils de Mornay.

estat en huylle ou argent, et retirer de vous tous, ou de chascun separement, un acte de la reception que vous en ferez. Ainsi vous aurez juste subject de louer ceste lyberalité que je vous fays pour vous donner subjet de me continuer aussi longtemps vostre bonne volonté que j'ay faict et espere de faire encore la myenne, et aussy pour vous convier à vous aymer les uns les autres et vivre en paix et en repos aussi longuement que je desire pour l'affermissement du bien de vos affaires communs et particuliers. Qui est tout ce que j'ay à vous dire par le retour de ce pourteur sur ce subjet, et pour ce qui est de la garde de vostre ville dont vous les advez chargés [1], j'y pourvoiray en passant au Monthelymar; demeurant cependant,

  Votre meilheur et parfaict ami.

LESDIGUIÈRES.

A Beaucaire le 19 novembre 1612.

XXXII.   1613 — 5 FÉVRIER.

Orig. — Arch. de l'état de Genève.

A MESSIEURS LES SCINDICS ET CONSEIL D'ESTAT DE L'ILLUSTRE RÉPUBLIQUE DE GENÈVE.

Messieurs, c'est en faveur de la pitié & non de la mauvaistié qui est en la personne d'un nommé Scipion Volland de Belley, que j'implore vostre grace, scachant bien que l'arrest que vous luy avez fait prononcer est plain de justice & d'équité, mais la misère et pauvreté, que j'ay aprins par des personnes de qualité que j'affectionne, ou sera reduitte sa désolée famille composée de huict enfant & une femme grosse, si l'admende de deux cent escus que vous avez déclaré contre luy est exécutée, fait que je vous supplie bien humblement, Messieurs, de la vouloir moderer, et garantir de l'ausmone et de l'hospital ces pauvres gens. Vous exercerez en cest endroit beaucoup de charité et m'obligerez en particullier, si mon intercétion est receüe de vous en la sorte que je me le prometz. Promettez-vous aussi la

---

[1] Dont vous avez chargé les capitaines Bernard et Granatier.

continuation de mon service aux occasions ou j'aurey moyen de le vous produire. Sur ce je prierey Dieu, Messieurs, qu'il vous ayt en sa saincte garde.

C'est à Grenoble le Ve février 1613.

Vostre bien humble et très affectionné serviteur.

LESDIGUIÈRES.

XXXIII. 1613 — 22 MARS.

Autog. — B. N. MS. Clairembault, 362, p. 1079.

A LA ROYNE REGENTE

Madame, j'avois cy devant eu la promesse de vostre Magésté pour l'admininistration du gouvernement de cete province de Dauphiné[1] et i'en ay receu l'effet à l'arrivée du sieur Tonnard. Il n'a pas manqué, Madame, à me représenter les raisons qui vous ont fet désirer qu'après avoir receu les provisions qu'il m'a apportées je les renvoyasse à vostre Magesté pour fère paroistre que je retirois mon affection d'une chose qui ressemble mieux à l'umbre qu'au corps, et que en ce faisant vostre Magesté me donneroit dedans la mesme close plus que ie ne quitterois. Je vous suplie très humblement, Madame, de trouver bon que ie retienne ce qu'il vous a pleu me donner sans perdre l'esperance de vos bienfetz pour l'avenir. Je retiens fort peu ie l'avoue et chacun le voit mais ie l'estime beaucoup puisqu'il a tant cousté à vostre Magesté, laquelle n'a receu que de l'ennuy que ie n'avoy point préveu, et des traverses si hardies qu'elles se sont quasi voulu atacher à son autorité sacrée. J'estime si sacré ce qui en est procédé, Madame, que pour toutes les espérances du monde je ne le voudrois quitter, car en le quittant ie craindrois de fère ouverture

---

[1] Lesdiguières était seulement lieutenant du gouverneur du Dauphiné, la justice n'y était donc pas rendue en son nom et il était obligé d'obtenir l'agrément du gouverneur pour tous ses actes un peu importants. Les provisions que la régente lui expédia par Tonnard le délivraient de cette sujestion en lui donnant l'administration générale de la province. A partir de cette époque la justice fut rendue en son nom. Après sa mort la plupart des priviléges extraordinaires dont jouissaient les gouverneurs furent supprimés.

au mespris de cète autorité que ie révère par dessus toutes choses; et puisqu'il a pleu à vostre Magesté aiouter cest honneur à ma charge j'en userey comme ie doy et selon vos intentions, Madame, spécialement en la provision des offices qui vacqueront. En quoy ie ne me parcialiseroy ny pour une religion n'y pour l'autre, supliant très humblement vostre Magesté de ne me point astraindre à l'observation du règlement qu'elle m'a envoyé pour ce regard, jusques à ce qu'elle ayt recogneu si mes déportemens seront autres à l'avenir qu'ils n'ont esté par le passé. Ce n'est pas, Madame, que ie ne veuille subir au bon plaisir de vostre Magesté en tout et partout; mais en cecy qui regarde l'edit de Nantes je serois blasmé d'y avoir moy mesmes contrevenu[1]. Je remercie très humblement vostre Magesté, Madame, de la grande faveur que i'ay reçue d'elle par l'octroy qu'il lui a pleu me fère de cette administration. J'y ay esté reçeu avec aplaudissement de tous les suiets du Roy en cete province et sans contradiction d'aucun. J'y serviroy sa Magesté et la vostre en toute sincérité et rondeur; je la suplie très humblement, d'en estre bien asseurée et de croire que ie seray toute ma vie, Madame,

Vostre très humble, très obeissant et fidelle suiet et obligé serviteur.

LESDIGUIÈRES.

A Grenoble le 22 mars 1613.

XXXIV.   1613 — 16 AVRIL.

Orig. — Arch. de l'État, à Turin.

[A S. A. MONSEIGNEUR LE DUC DE SAVOIE]

Monseigneur, je n'eusse peu réçevoir un meilleur office de monsieur l'Abé Scaglia que celuy qu'il m'a fait de vous asseurer de la conti-

---

[1] Il est probable que dans le règlement dont parle Lesdiguières, la régente, suivant sa politique qui consistait à n'exécuter l'édit de Nantes que le moins possible, voulait lui imposer une grande partialité en faveur des catholiques, soit dans la nomination des fonctionnaires qui étaient de sa charge, soit autrement.

nuation de mon service, et vrayment si ce n'est pas là une des meilleures nouvelles qu'il a peu donner à votre Altesse, c'en est bien pour le moins une des plus veritables. En toutes occasions j'en feray paroistre de si suffisantes preuves que vostre Altesse en aura tout sujet de juger de mon affection, qu'il n'en peut estre de plus grande en quelque personne qui se nomme, comme je fay, Monseigneur,

Votre tres humble et tres obeissant serviteur.

LESDIGUIÈRES.

Ce 16 avril 1613 à Fontainebleau.

XXXV. 1613 — 24 AVRIL.

Orig. — Arch. de l'État de Genève.

A MESSIEURS LES SCINDICS ET CONSEIL D'ETAT DE L'ILLUSTRE RÉPUBLIQUE DE GENÈVE.

Messieurs, je vous ay cy-devant escrit en faveur de monsieur le marquis Malateste, général des armées en l'estat d'Avignon et comté Venaissin, pour un procès que madame la Marquise sa femme et madame de Thièm sa belle-sœur, ont à Genève, contre les hoirs de dame Dyamante Pepoli, auquel le lieutenant de vostredicte ville, et messieurs les juges des appellations ont rendu toute la justice qui pouvoit souhaitter; mais elle n'a sceu estre approuvée par les hoirs, qui croyant d'estre grevés[1] ont intergetté appel pardevant vous, Messieurs, à qui je dois ce bien humble remerciment de la conservation du droit de ces dames. Je le vous rendz donc et vous supplye de toute mon affection, que comme les premiers juges ont donné leurs santances equitablement sur ce suget, que vous vueillyez les confirmer par vos arrestz, affin qu'elles sortent à effect, et la bonne reputation de vostre justice soit cogneue partout, et que ces héritiers mal fondez n'ayent cest advantage de tenir une si mauvaise cause que la leur si longtemps indécise par les faites & subterfuges de ceux qui les servent. Je me sentiray fort estroitement vostre obligé, si fézant

[1] Lésés.

considération à la qualité & au merite de ce seigneur & à mes
prieres, vous le contentez en l'expédition qu'il vous demande, et
essayeray en mon particulier de m'en ressentir aux endroits ou vous
aurez agréable d'user du pouvoir que vous avez des longtemps acquis,
Messieurs, sur

Vostre bien humble et tres affectioné serviteur.

LESDIGUIÈRES.

Ce XXIIIIe avril 1613 à Vileneuve d'Avignon.

XXXVI.   1613 — 7 MAI.

Orig. — Arch. de l'etat de Genève.

[A MESSIEURS LES SCINDICS ET CONSEIL D'ETAT DE L'ILLUSTRE
RÉPUBLIQUE DE GENÈVE.]

Messieurs, pour response à vostre lettre du xxe du moy passé je
vous diray que toutes les aparences font cognoistre que le duc de
Savoye tourne pour ceste heure ses dessins du costé du Montferrat[1],
dont il a donné avis à d'autres ses voisins comme à vous, et je ne
crois pas que vous ayez subject de craindre ses armes par la force
ouverte, tant par ce qu'il ne vous peut nuyr par ceste voye que parce
qu'il en sera tousjours retenu à cause de la protection que vous avez
du Roy, lequel il faict demonstration de ne vouloir offenser. Je ne
dis pas que pour cella vous ne deviez continuer à demeurer en éveil
à vostre acoutumé, estant l'un des principaux point et le spécial moyen
de vostre conservation, ce qui empesche les surprises que vous devez
apréhender plus que nul aultre de la part de ce prince, et croire que
tout ce qui viendra à ma cognoissance pour vostre bien et contente-

---

[1] L'attaque que le duc de Savoie dirigeait contre le Montferrat, dépendant du duché de Mantoue, avait pour prétexte, comme nous l'avons dit dans notre Introduction, les procédés et les mauvais traitements du nouveau duc de Mantoue envers la duchesse douairière sa belle-sœur, fille du duc de Savoie. Morges écrivant à cet égard à Villeroy lui dit qu'il a conféré avec l'ambassadeur de Savoie, probablement le marquis de Lens, et « il ne m'a sceu, ajoute-t-il, me fere autre responce sinon que ledit duc de Manthoue a si mal trété et tans offancé la duchesse de Manthoue, infante de Savoye, que le duc son père n'a peu de moings que de s'en ressantir. » 27 avril 1613. (B. N. MS. F. 15580, p. 101).

ment sera soigneusement observé de moy pour vous en donner avis et y prouvoir, si j'en ai autant de moyen que j'ai de désir et de volonté de vous servir en ceste occasion et toutes les autres qui se peuvent offrir. Et sur la verité de ces parolles, je prie Dieu, Messieurs, qu'il vous aye tousjours en saincte protection.

A Grenoble le VIIe May 1613.

Vostre bien humble serviteur.

LESDIGUIÈRES.

XXXVII.   1613 — 7 MAI.

Autog. — B. N. MS. F. 3651, p. 109.

A MONSIEUR, MONSIEUR LE DUC DE NEMOURS.

Monsieur, c'est par le moyen de monsieur le marquis de Lems et des mains du sieur de Lescherene que j'ay reçeu la lettre[1] qu'il vous a pleu m'escrire du troisiesme de ce moys. La nouvelle que vous m'y donnes de la bonne volonté que son Altesse tesmoigne d'avoir, que les différens qu'elle a avec la maison de Mantoue se puissent accommoder doucement, m'a extremement contenté comme chose qui sera bien agréable à leurs Magestez, et que son Altesse mesmes doit désirer, et ces amis et serviteurs luy conseiller. J'ay promptement dépesché à la Royne et envoyé vostre lettre à sa Magesté; j'en attendray la responce en bonne devotion. Vous suppliant tres humblement de croire, Monsieur, que tout ce que ie pourrey raporter pour le bien de ces afferes et au service particullier de son Altesse, sans desservir

---

[1] Nous n'avons pas retrouvé la lettre de Nemours à Lesdiguières; voici par contre celle que le marquis de Lens écrivait à Morges, chargé d'affaires de Lesdiguières en Dauphiné pendant son séjour à la cour, pour lui annoncer la guerre qui se préparait : « Monsieur, par ung courrier que son Altesse m'a depesché il me mande les justes causes qui l'ont meu à fere la guerre à monsieur le duc de Manthoue et de plus il me commande d'en donner advis à tous les gouvernemens voisins de cette province; et saichant que monseigneur le Mareschal n'est encor de retour de son voyage et la charge que vous avez en Daulphiné, est la cause que j'ai bien voullu vous en donner advis par ceste, et vous auvoye ce gentilhomme lequel plus particulierement vous fera antandre de ma part et de son Altesse. Au reste conservez-moy voz bonnes grâces et croyez que le serai à jamais, Monsieur, vostre plus assuré et affectionné serviteur. Chambery, le 27 avril 1613. Sigismond d'Aist, marquis de Lens. (B. N. MS. F. 15581, p. 103, orig.)

leurs Majestez, que ic le feray tousiours avec toute sorte d'affection, comme ie feray aussi aus choses qui vous concerneront. Ayes en, s'il vous plet, cette créance, et que ie suis sans doute, Monsieur,

Vostre tres humble et tres obeissant serviteur.

LESDIGUIÈRES.

A Grenoble le 7 may 1613.

XXXVIII. 1613 — 10 MAI.

Orig. — Arch. de l'État de Genève.

[A MESSIEURS LES SCINDICS ET CONSEIL D'ESTAT DE L'ILLUSTRE RÉPUBLIQUE DE GENÈVE].

Messieurs, il n'y a que fort peu de jours que j'ay fait responce à vostre première depesche, par ou vous avez peu voir ce qui estoit de ma cognoissance sur les mouvemans de monsieur de Savoye; je n'ay depuis rien appris de plus certain. Bien est il veritable que le gouverneur de Millan sachant sa façon de proceder, s'est fasché de voir son entremise mesprisée au traité commensé, et a promis, voyre offert, toute assistance au duc de Mantoue, mais tous ces mouvemans commensent de s'esvanouyr en fumée, estans desja fort allantis et les contandants[1] sur les voyes d'appointement. Si bien ledict duc de Savoye a renforcé ses garnisons de deça, ç'a esté de crainte que la Reyne justement esmue de ces nouvautés ne jettat ses forces de ce costé pour faire diversion. A quoy je ne voy non plus d'apparance qu'aux progres de ceste guerre, le bruit de laquelle neantmoins vous doit tenir en consideration et faire prendre garde à vos affaires. Je me rendray soigneux de vous faire part de ce que je pourray apprendre sur ce suget & vous me croyrez tousjours, s'il vous plait, Messieurs

Vostre bien humble et très affectioné serviteur.

LESDIGUIÈRES.

Ce X^e may à Grenoble.

[1] Les compétiteurs

XXXIX. 1613 — 19 Mai.

Orig. — Arch. de l'État de Genève.

A MESSIEURS, MESSIEURS LE SCINDICS ET CONSEIL DE LA VILLE ET SEIGNEURIE DE GENÈVE.

Messieurs, ce pourteur m'a rendu, avec la lettre qu'il vous a pleu m'escrire, celle que vous a adressee pour me faire tenir monsieur de Leon, ambassadeur pour leurs Majestez à Venize. Je vous en remercie bien humblement, et eusse bien desiré en fere tenir la responce par la voye dont vous l'avez eue; mais puisque vous m'escrivez que c'est par un courrier qui n'a fait que passer par vostre ville, et que vous ne me marquez point de moyen de fere tenir des lettres audit sieur ambassadeur, je me servirey d'une autre voye. Pour des nouvelles il y a pres de huit jours que je n'en ay point eu de l'ageant qui réside pour leurs Majestez pres le duc de Savoye, de sorte que je ne croy rien d'asseuré de tout ce qu'on me dit des progrez et desseins de ce prince; aussy ce que j'en ay aprins de plusieurs endroitz se trouve tout différent, si ce n'est la reddition de Montcalve qu'il tenoit assiegé, et qu'il ne pert point de temps à avancer ses affaires par armes quoiqu'il ne parle que de paix. J'espere dans peu de temps d'en avoir nouvelles certaines, ou s'il y a chose digne de vous estre mandée je ne manquerai pas de vous en fere part, m'asseurant aussi que leurs Majestez ne demeureront sans ressentiment de l'oppression exercée à l'endroit du duc de Mantoue leur allié, et pour cest effet j'en attens leur commandement. Sur ce je prieray Dieu, Messieurs, qu'il vous conserve et continue ses saintes graces.

A Grenoble le XIXᵉ May 1613.

Vostre bien humble et tres affectione serviteur.

LESDIGUIÈRES.

XL.   1613 — 24 Mai.

Orig. — Arch. de l'État de Genève.

[A MESSIEURS LES SCINDICS ET CONSEIL D'ESTAT DE L'ILLUSTRE
RÉPUBLIQUE DE GENÈVE.]

Messieurs, l'affaire que madamoiselle de Casaubon a avecq vous et pour laquelle elle s'adresse maintenant à vous, paroist si juste et equitable, qu'il ne luy fault ny intercesseur ny protecteur que vous mesmes, pour obtenir ce qui luy en est justement deu. Touteffoys elle (sachant que j'en ay quelque cognoissance pour en avoir oy parler au conseil du Roy) a desiré que je la favorisasses de céte lettre, plus pour l'introduire, que pour vous persuader à luy rendre une bonne et brieve justice, à quoy je ne doubte point qu'elle ne vous trouve tres disposez. Je vous diray seullement qu'il est bon que vous l'expediez pour contenter sa Majesté et faciez en sorte qu'il ne se parle plus de cet affaire en son conseil. Je prie Dieu, Messieurs, qu'il vous tienne toujours en sa sainte grace.

A Grenoble le XXIIIIe may 1613.

Votre bien humble et tres affectionné serviteur.

LESDIGUIÈRES.

XLI.   1613 — 30 Mai.

Autog. — Bibl. de l'Institut. MS. Godefroy, vol. 267, p. 75.

A MONSIEUR, MONSIEUR DE VILLEROY, CONSEILLER D'ESTAT
ET SECRÉTAIRE DES COMMANDEMENTS DE SA MAJESTÉ.

Monsieur, je fes responce à la lettre qu'il a pleu à la Royne m'escrire du 24 de ce moys, et ie dois responce à celle que vous y avez iointe. J'y satisfetz par cette cy, en vous asseurant que ie suis de mesme avis que vous, que le duc de Savoye et de fort bonne inteligence avec le gouverneur de Milan, et ç'a esté mon opinion dès le commencement de ces mouvemens. De façon que le tout s'en va à la ruyne du duc¹ Mantoue s'il n'est assité, comme ie m'asseure qu'il le sera par le moyen de leurs Majestés. Il est arrivé en cete ville un nommé le seigneur Ottavio qui m'est venu trouver de la part de mondit sieur de Mantoue attendant d'aprendre par moy quelles seront les résolutions de leurs Majestés pour le secours de son maistre. Celuy qui a esté donné à Nice de la Paille par le prince d'Ascoly avec les troupes du Milanais, n'a esté selon mon iugement qu'à la réquisition du duc de Savoye qui se voyoit contraint d'en lever le siége par le commandement de ceux du canton de Lucerne ont fet à leurs capitaines et soldats qui servent ledit Duc de n'employer leurs armes qu'à la conservation de ses estats, et non pour l'invasion de ceux d'autruy² comme il est porté par leurs traittés, ce qui fet résoudre ledit Duc à fere tous les jours des nouvelles levées, ainsi que vous pourrez aprendre par deux depesches du sieur Gueffier que i'ay fait ioindre à ceste cy. Sur ce je vous suplie de me continuer en l'honneur de vos bonnes grâces et pour, Monsieur,

Vostre très humble et plus affectionné serviteur.

LESDIGUIÈRES.

A Grenoble le 30 May 1613.

Monsieur, je voy par la lettre de la Royne qu'elle se résout d'envoyer deux mil hommes de secours à Cazal par mer; ils ne pourront y entrer si secrètement que l'Espagnol ne les voye, la ialousie le fera ioindre de plus fort au duc de Savoye et pourra deffere ce secours. Ce sera donner atteinte à la réputation de ce grand estat³ duquel la puissance est telle qu'il ne doit rien entreprendre sans en venir à bout; j'en escri ainsi à la Royne, fettes s'il vous plet qu'elle agrée ma liberté en cecy qui regarde l'honneur de leurs Majestés.

---

¹ Suppléer *de* oublié par Lesdiguières.

² La cour de France avait fait tous ses efforts pour empêcher les Suisses de servir dans l'armée de Savoie. Un des agents de France en Suisse dont le nom est inconnu annonce qu'il a écrit à Lucerne et aux cantons amis de l'Espagne dans ce sens et que ces cantons ont « contremandé aussitôt leurs gens avec menace de chastiment et indignation en cas de désobéissance et écrit tant à tous leurs colonels et capitaines, qu'a « son altesse de Savoye lettres fort pressantes. « L'intention des cantons alliés d'Espagne est « que leur gens ne soient employés à autre chose « que, suivant l'alliance, à la conservation dudit « pays. » (B. N. MS. F. 3704, p. 52. Copie. — 22 mai 1613.) En même temps qu'il s'opposait à la levée des Suisses par le duc de Savoie, le gouvernement français laissait toute liberté à Mantoue de recruter son armée en Suisse.

³ La France.

XLII.   1613 — 15 Juin.

Imprimé : *Mémoires de Duplessy-Mornay*. Paris, Treuttel 1825, T. XII, p. 256.

[A MONSIEUR DUPLESSIS, CONSEILLER DU ROY, CAPITAINE DE 50 HOMMES D'ARMES, GOUVERNEUR DE SAUMUR.]

Monsieur, le souvenir qu'il vous a pleu avoir de moi par vostre lettre du 25 d'avril, m'oblige à vous en rendre ce bien humble remerciement, et à vous asseurer que vous n'en aurés jamais pour personne qui vous honore dadvantage et désire plus vous servir que moy. Je n'aurois manqué à ce debvoir il y a longtemps; mais lorsque vostre lettre feut rendeue en ceste ville, j'en estois bien esloigné, et depuis poinct de commodité plus propre que celle-ci ne s'est présentée pour vous faire responce : j'y satisfais maintenant en vous disant que j'ai sceu comme toutes choses se sont passées pour vos affaires de Xaintonge, dont je loue Dieu, puisque leurs Majestés en sont demeurées satisfaictes et nos Eglises contentes. J'ai contribué, comme je fais encores aujourd'hui, pour l'union désirée parmi nous, et si je ne scais encores qu'en espérer, non plus que de nostre guerre de Montferrat, si ce n'est que le duc de Savoye, estant comme il est de bonne intelligence avec les Espaignols, quoique non ouvertement, il est à craindre qu'on ne ruine le duc de Mantoue, s'il n'est assisté de la France; car desjà celui de Savoye tient presque tout le Montferrat, si ce n'est Casal, l'une des meilleures places. Monsieur de Nevers est en ce pays là [1], mais sans y faire beaucoup de fruict, pour n'avoir pas de troupes françaises, fort peu d'italiennes, et mal assisté de ce qu'il en a. On lui envoye deux mille hommes par la mer, sous la conduicte de monsieur le chevalier de Guise et du sieur Dubourg, mestre de camp, mais j'ai bien opinion

---

[1] Le duc de Nevers était un ardent partisan du duc de Mantoue. Dans une lettre à la reine, du 30 mai 1613, datée de Nice de la Paille (B. N. MS. Brienne. vol. 267, p. 77. Copie), après avoir vivement pressé sa Majesté de se déclarer en faveur du duc de Mantoue, il ajoute : « je supplie rès humblement vostre Majesté qu'elle commande à monsieur de Lesdiguières de m'envoyer ung de ses régimens ou bien de luy ordonner de me fere couller jusques à mille soldats de ceulx desquels il aura le moings besoing. » La lettre précédente à Villeroy montre que Lesdiguières était peu favorable à cette combinaison.

que les Genois ne les recevront pas à Savone : aussi n'est ce pas le moyen de secourir le dict duc de Mantoue. Leurs Majestés ont bien pris une meilleure résolution, mais les effects en sont ung peu tardifs, à cause des brouilleries, divisions et jalousies de la court ; c'est d'envoyer dans les estats du dict duc douze mille hommes a pied, douze cens chevaulx et douze canons, sous la conduicte qu'il plaist à leurs Majestés m'en commettre. J'en attends de jour à aultre leurs dernières intentions et résolutions, avec commissions et argent, qui est ce qui nous arreste; car on ne veult toucher à celui de la Bastille [1], et il n'y en a poinct à l'espargne; l'on travaille pour en avoir par le moyen de certain parti des greffes [2], desquels l'on espère retirer 1500 [mil] escus; mais ce n'est pas viande preste, etc.

[LESDIGUIÈRES.]

Du 15 juin 1613.

XLIII.   1613 — 17 juin.

Orig. — Arch. de l'État de Genève.

A MESSIEURS, MESSIEURS LES SINDICQS ET CONSEIL DE LA VILLE ET SEIGNEURIE DE GENÈVE.

Messieurs, ce porteur m'a rendu la depesche qu'il vous a pleu m'envoyer de monsieur de Leon, ambassadeur à Venise. Je vous en remercie bien humblement et vous supplie me fere cette faveur que de luy faire tenir la responce que je luy faiz, par le retour du courrier qui vous a rendu la dicte depesche; comme aussi, s'il vous plait, Messieurs, de fere tenir celle que j'ay mise icy dedans pour monsieur de Castille, ambassadeur en Suisse. Pour des nouvelles, celles du Montferrat disent que le duc de Savoye a assiégé Saint-Damian sans toutesfois le battre encore; il y a eu deux compagnies de ses chevaux legers qui ont esté deffaittes par ceux de Cazac, dont il est extrememment irrité, desirant d'en prendre revenche, quoyqu'il proteste tousjours de ne desirer qu'une suspension d'armes, ou la paix avec le duc

---

[1] Les millions que Sully avait économisés et renfermés dans les caveaux de la Bastille; malgré les sages intentions que Lesdiguières attribue ici à la cour, cet argent ne tarda pas à être dilapidé.

[2] Ventes d'offices de greffiers.

de Mantoue, qui se perdra sans doute s'il n'est assisté, puisqu'il est très asseuré que les Espagnolz son de bonne intelligence avec son ennemy. De la cour on m'escrit qu'on est apres à fere veriffier un credit duquel on espere quinze cens mil escuz qu'on veut employer à la levée et entretenement de l'armée que leurs Majestez destinent en faveur de monsieur de Mantoue, ne voulant toucher à l'argent de la Bastille; l'on fait estat que cette armee sera dispersée en trois parties dont la mienne sera composée de douze mil hommes de pied françois, douze cent chevaux et douze canons. Parmy cela il y a des jalousies et caballes à la cour, qui retardent d'autre part ces bonnes resolutions. J'espère d'en scavoir bien tost la certitude et d'avoir l'honneur de servir sur ce sujet les commandementz de leurs Majestez. Sur ce je prie Dieu, Messieurs, qu'il vous ayt en sa saincte garde.

A Grenoble le XVIIᵉ juin 1613.

Vostre bien humble serviteur.

LESDIGUIÈRES.

XLIV. 1613 — 22 JUIN.

Orig. — Arch. de l'État de Genève.

A MESSIEURS, MESSIEURS LES SINDICQS ET CONSEIL DE LA VILLE ET SEIGNEURIE DE GENÈVE.

Messieurs, puisqu'en considération de la recommandation que je vous ay cy devant faitte pour un nommé Scipion Volland, fils de Pierre, de Belley[1] il vous a pleue de faire modérer l'amende en laquelle il avoit esté condamné en vostre ville pour raison de certaines informations qui furent prises dans icelle contre luy, je me veux tant promettre de vostre courtoysie et bonne volonté envers moy, que vous ne permettiez pas qu'un ennemy dudict Volland les puisse retirer ny aucune formalité de celuy qui en est saisy pour s'en servir au préjudice de cest honnest homme, contre lequel il a un proces scivil pendant par devant la cour de parlement de Dijon, veu même qu'il a sattisffaict à la dicte amende et autres frais de justice.

[1] Voyez la lettre du 5 février 1613 imprimée ci-dessus.

DU CONNÉTABLE DE LESDIGUIÈRES. 47

C'est à quoy j'ay à vous supplier, comme je fais bien humblement, Messieurs, et de faire à ceste fois autant ressentir audict Volland les effets de l'affection qu'il vous plaît avoir pour moy, qu'il se loue de ceux que vous lui en avez fait esprouver en ma première intercession. Cette lettre vous sera rendue des mains du sieur Pillet, gendarme de ma compagnie, qui s'en va exprès vous trouver et implorer en mon nom la même grace dont vous estes requis, Messieurs, par

Vostre bien humble et plus affectioné serviteur.

LESDIGUIÈRES.

A Grenoble le XXII juin 1613.

XLV.   1613 — FIN JUIN [1].

Cop. — B. N. MS. F. 18046, p. 32.

A MONSIEUR LEON BRULART.

Monsieur, depuis la derniere que je vous ay escripte j'ay esté honnoré d'une [lettre] de leurs Majestés par laquelle elles me font l'honneur de se déclarer plus avant de leurs resolutions sur le trouble d'Italye qu'elles n'avoient fait par leur précédente, ce qui me fait croire que vous n'estes maintenant sans exercice [2] et m'oblige à vous donner le compte plus particulier que je puis de ce qui se passe en ces quartiers. Il est venu ordre d'Espagne par lequel il est enjoint au duc de Savoye de restituer ce qu'il a usurpé sans conditionner [3] ladite restitution qu'on entend estre pure et simple; l'on ne scait pas encores quelle sera la resolution et responce dudit Duc, laquelle le gouverneur de Milan a envoyé scavoir par le général de l'artillerye du Milanois, qui est porteur d'une lettre du roy d'Espagne audit Duc contenant mesme substance. Ceux qui congnoissent la dureté et obstination de son esprit conjecturent qu'il trouvera quelque excuse pour s'exempter d'accomplir ce qui luy est ordonné, fondée sur le voiage et négociation du prince de Piedmont en Espagne, se persuadent que

---

[1] Cette lettre n'est ni datée ni signée, mais elle est jointe a une lettre de Brulart du 6 juillet 1613 et elle porte écrit en tête ; Lettre de Monsieur de Lesdiguières.
[2] Sans occupation.
[3] Mettre des conditions.

sa présence et les artificieuses et coulourées raisons qu'il a charge de representer à sa Majesté catholique pourront alterer et changer sa deliberation. Le gouverneur de Milan dit que si ledit Duc n'obeyt promptement qu'il éxécutera le commandement de son maître qui est de le contraindre par voye des armes, et prépare son armée pour cete exécution, laquelle ne passera dix mil hommes de pied au plus et quelque mil chevaulx, y contant les quatre mil Suisses qui y sont joinctz il y a huict jours et quelque huict cens Espaignolz qui sont descenduz à Savonne qui s'y debvront rendre. S'il porte en cete expédition une bonne & franche volonté de laquelle plusieurs doubtent en ces quartiers, joignant ses forces avec celles dudit duc de Mantoue qui ne sont pas moindres, il y a de l'apparence qu'ils pourront reduire en mauvais termes ledit duc de Savoye, lequel accroist tous les jours son armée et, à ce que j'ay appris d'un gentilhomme qui a esté huict jours durant auprès de luy, elle peult monter à quelque quinze mil hommes de pied et quinze cens chevaulx. Il est venu un bruit que la peste s'y est mise; on disoit à Thurin qu'il avoit desseing d'attaquer Sainct Damian, mais toutes ses forces estantz si promptes pour l'infester lui-mesme, il y a apparence qu'il se tiendra plustost sur la deffensive que de s'engager à aucune entreprise. Il ne laisse pour entretenir le monde de se laisser tousiours entendre à quelque traicté d'accord, mais il y oppose artificieusement quelque condition qu'il scait ne pouvoir estre acceptée, pour tirer tousiours la chose en longueur et attendre la responce d'Espagne. Monsieur de Nevers a pris un chasteau & une bourgade nommée Cortemiglio distante de huict mil d'Ast et sur le domaine du duc de Savoye; il avoit attaqué avecq le pétard une autre place nommée Cavelle, mais n'ayant reussy cete entreprise selon son desir, et se retirant vers Casal il rencontra deux compagnies de chevaulx legers du duc de Savoye qu'il tailla en pieces; cette deffaicte luy a donné grande réputation en ces quartiers et commodité et curée a ses gents qui y ont trouvé un bon butin et partie des dépouilles du Montferrat. Le duc de Savoye pendant le siege de Nizze s'estoit rendu maistre du chasteau de l'......[1] distant de Savonne de six mil, pour empescher le passage des françois à Casal. Il a esté pris par Monsieur de Nevers. Tous les princes alliez de nostre

---

[1] Lacune dans le texte.

couronne et interessés en cete querelle ne respirent que nous et ne seront deslivrez des inquietudes et apprehentions qui les travaillent que quant ils nous verront mettre la main à l'œuvre, estimant que de la doibt proceder l'unique et souverain remède des maulx de cete guerre et le retablissement entier du duc de Mantoue en sa dignité, reputation et estatz. Le nonce extraordinaire est parti de Thurin très mal edifié de l'esprit de ce prince[1], qui est tellement plongé dedans la consideration de ses heureux succez, qu'il ne faut esperer de le pouvoir ranger à la raison que quant il aura senty quelque revers de fortune. Le secours du duc de Florence n'a encore peu passer et est empesché par le duc de Modene qui a fortifié les passages et armé tous ses subjectz pour les deffendre. Le Grand Duc est resolu de passer et espere avec le bon nombre d'hommes et d'artillerye qu'il a de se faire le chemin libre, etc.

[LESDIGUIÈRES.]

XLVI.   1613 — 10 JUILLET.

Autog. — B. N. MS. F. 4720, p. 30.

A MADAME, MADAME LA DUCHESSE DE NEVERS.

Madame, mon courrier vient tout maintenant d'arriver de la Cour ou ie l'avois envoyé à mesme temps que le sieur de Belluion. Parmy les lettres qu'il m'a aportées, il s'en est trouvé deux pour vous, Madame, dont l'une est, ie m'assure, de monsieur de Villeroy. Elle vous aprendra toutes les nouvelles de ce qui est des resolutions de leurs Magestez sur les afferes du Montferrat. Je ne laisserez pourtant de vous dire, Madame, que celles qu'on me mande ne sont autre chose que le desarmement des troupes qu'on avoit levées, puisque la paix est fette[2] et que le suiet pour lequel elles avoyent esté mises sus pied cesse auiourdhuy. Cette ocasion de vous escrire, Madame, s'est rencontrée aussi favorable que ie la pouvois désirer, puisqu'elle me

---

[1] Le duc de Savoie.
[2] La nouvelle de la paix était très prématurée; elle ne fut conclue, comme on le verra plus loin, que le 17 novembre 1614 par l'entremise du Nonce et du marquis de Rambouillet, ambassadeur de France.

donne le moyen de vous pouvoir encores confirmer les vœux de mon tres humble service, qui vous sera tousiours aussi franchement et fidellement rendu comme i'y ay du devoir et de l'inclination. Je vous suplie tres humblement, Madame, de me continuer l'honneur de vostre bienveillance, et de croyre que personne ne recevra iamès cette grace de vous qui la chérisse davantage, ny qui desire plus la meriter, Madame, que fet

Vostre tres humble et tres obeissant serviteur.

LESDIGUIÈRES.

A Grenoble, le 10 juillet 1613.

XLVII.   1613 — 29 JUILLET.

Orig. — Arch. munic. de Tallard.

[A MESSIEURS LES CONSULS DE TALLARD.]

Consuls de Tallard, j'ay sceu que depuis quelque temps, vous avez voulu tirer en instance monsieur du Villar, de Gap, pour le réglement d'une debte où il croy avoir de l'intérestz. Voilà pourquoy, avant que de passer outre à ce réglement, je trouve à propos que vous convenyez d'un jour, luy et vous, pour me venir trouver avec chacun un advocat, bien instruit de cest affaire, et je feray aussi représenter le myen pour, toutes les raysons ouyes et papiers veus, essayer de faire tout ce qu'il sera possible pour vostre contantement, le sien et le mien, en justice. C'est de ceste façon que je le désire, et que cependant toutes choses demeurent en l'estat qu'elles sont. Je me promet cela de vous à qui je suis

Vostre entier et parfet ami.

LESDIGUIÈRES.

XXIX juillet 1613, à Grenoble.

XLVIII.   1613 — 3 Aout.

Orig. — Arch. de l'État de Genève.

A MESSIEURS, MESSIEURS LE SCINDICQS ET CONSEIL DE L'ILLUSTRE SEIGNEURIE DE GENÈVE.

Messieurs, il n'y a pas longtemps que je vous ay escrit pour un procès que monsieur le Général de la Comté Venaissin[1] a pandant pardevant vous, et recognoissant la justice de sa cause, Messieurs du conseil des vingt-cinq luy ont fait droit au principal & non en ce qui regarde les despens & interests, qui est ce qu'il affectionne le plus & ou il se sent davantage grevé. Aussi en a-il appellé, ou son homme pour luy, par devant Messieurs des deux cents et c'est la qu'il se promest la justice qu'il pretend luy estre deue. Sa qualité & le rang qu'il tient, avec son mérite, luy doivent moyenner[2] une juste & prompte expédition, et je jouinct, à cela la pryère bien humble que je vous fais d'affectionner son droit, affin que luy estant rendu je vous en puisse demeurer obligé comme si c'estoit pour moy qui honnore ses vertus plus qu'homme du monde. Je m'asseure qu'en ma considéravous ferez pour luy comme je feray pour vous en tout ce qu'il vous plairra user du pouvoir que vous avez, Messieurs, sur

Vostre bien humble et très affectioné serviteur.

LESDIGUIÈRES.

Ce III d'aoust 1613, à Grenoble.

XLIX.   1613 — 10 NOVEMBRE.

Orig. — Arch. de l'État de Genève.

[A MESSIEURS LES SINDICS ET CONSEIL DE L'ILLUSTRE RÉPUBLIQUE DE GENÈVE.]

Messieurs, c'est la verité que monsieur le Général des armées du Comté de Venaissin se loue infiniment de la bonne et prompte justice

---

[1] Voyez la lettre du 24 avril 1613 imprimée ci-dessus.

[2] Préparer.

qu'il a eue de vous en l'affaire pour laquelle je vous avois cy devant ecrit en sa faveur. Je ne vous en suis pas moins obligé, qu'il en est content et satisffait, et par ce que pour y metre une entiere fin, il envoye en vostre ville les sieurs Moret et Gallien, j'ay estimé les devoir accompaigner de la présente, tant pour vous recommander leurs personnes, et specialement celle dudict Gallien à cause de ce qu s'est cy devant passé entre luy et quelqu'un de vostre ville pour raison de quoy je vous supplie qu'il ne reçoive aucune incomodité ny desplaisir, que ce qui reste à parachever en l'affaire qui les mène devers vous. Ce sera acomplir l'obligation que je vous en ay. Priant sur ce le Créateur, Messieurs, qu'il vous tienne tousjours en sa saincte grace.

C'est de Grenoble le Xe novembre 1613.

Vostre bien humble et très affectioné serviteur.

LESDIGUIÈRES.

L.   1613 — 4 DECEMBRE.

Orig. — Arch. de l'État de Genève.

[A MESSIEURS LES SINDICS ET CONSEIL DE L'ILLUSTRE RÉPUBLIQUE DE GENÈVE.]

Messieurs, le duc de Savoye ne peut estre sans entreprinse sur vostre ville, et vostre ville ne peut estre sans estre desirée de luy. J'ay avis certain et dont il ne fault point doubter, qu'il s'en brasse une nouvelle et qu'on asseure ce prince estre infalible pour l'execution. Elle se doibt tanter entre cy et Noél prochain, et ce que vous entendrez remuer de gens de guerre en vostre voisinage, soubz quelque pretexte que ce soit, croyez que ce n'est que pour ce seul effect. Le gros de l'affere se raporte au marquis de Lans et les principaulx negociateurs ce sont le baron de la Perriere et le sieur Le Gros, maistre des comptes et colonel d'infanterie. On leur promet une de voz portes par le dedans, c'est à vous à y veiller, et à ne faire pas seullement faire bonne garde à voz portes, mais par tout. Il est bon qu'aulx jours d'extraordinaire devotion, comme aux jours qu'on celebre la Saincte

Cene, voz meilleurs hommes ne soient pas aux Temples, mays plustot à la garde, et establir un aultre jour pour eulx ; c'est mon avis. Vous devez prendre garde à ceulx des vostres qui frequentent les deux que je vous ay nommez, ou si ces deux n'envoyent point des leurs parmy les vostres. Je ne say pour le present que ce que je vous écry ; si j'en aprens davantage je vous en avertiray. Recevez cependant cecy et soyes de plus en plus confirmez en l'asseurance que vous avez prinse que je suis, Messieurs,

Vostre bien humble et plus affectioné serviteur.

LESDIGUIÈRES [1].

A Grenoble le IIII décembre 1613.

LI. — 1614 — 24 JANVIER.

Autog. — B. N. MS. Dupuy. 801, p. 250.

A MONSIEUR, MONSIEUR DE THOU, CONSEILLER DU ROY EN SON CONSEIL D'ESTAT ET PRÉSIDENT AU PARLEMENT.

Monsieur, estant comme je suis de longue main vostre serviteur je serois marry de tarder davantage à vous en donner une nouvelle asseurance. Je vous suplie de recevoir cette cy d'aussi bon cœur comme franchement et d'affection ie vous la donne. Je vous demande en eschange vos bonnes graces et d'estre continué en l'honneur de vostre souvenir. Accordez-moy je vous suplie ces faveurs la, puisque personne ne les scauroit mieux mériter par affection que moy qui suis, Monsieur,

Vostre bien humble et tres affectionné serviteur,

LESDIGUIÈRES.

A Grenoble le XXIIIIe janvier 1614.

---

[1] Le marquis de Lems avait réuni en Savoie 8000 hommes de cavalerie, non contre Genève, mais pour continuer la guerre du Montferrat. Lesdiguières devait bien connaître la véritable destination de ces troupes, mais peut-être tenait-il surtout à persuader aux Genevois qu'il était leur ami et veillait sur eux.

LII.

..................[1]

Orig. — B. N. MS. Dupuy. 801, p. 251.

A MONSIEUR, MONSIEUR DE THOU, CONSEILLER DU ROY EN SON CONSEIL D'ESTAT & DIRECTEUR DE SES FINANCES.

Monsieur, vous saves mieux que je ne vous saurois representer qu'il importe de beaucoup au service de sa Majesté que ses fidelles serviteurs soient recogneus et recompenses; neantmoins le sieur Bon qui est de ce nombre et pour lequel je vous escry maintenant, a un extreme subiect de plainte, car luy qui a aussy librement que tout autre contribué ses moyens à l'exécution de divers desseings dont le succès à esté heureux pendant les dernieres guerres sur les ennemis de cest estat du costé de mon gouvernement, faict divers voyages, souffert prison, et payé rançon, tant s'en fault qu'il en ayt esté recompencé qu'au contraire il a esté si mal traicté en la taxe des frais et vacations par luy cy devant faictes à la commission des marqueurs de cuirs que le conseil par son arrest ne luy a taxé le tiers de ce que légitimement luy apartenoit. J'en fis sa plaincte au feu Roy la derniere fois que j'eus l'honneur avant son deceds de prendre congé de luy, qui me promit de lui faire suffisamment augmenter ladicte taxe et luy donner un honneste entretenement à l'advenir. Et toutesfois cela n'ayant encores reussy il demeure tousiours extremement incommodé; qui est cause que maintenant j'en escry à leurs Majestés, et vous supply tres humblement, Monsieur, sur les requestes que ledict Bon presentera au conseil sur ce suiect luy vouloir departir la justice et favorable affection que vous avez tousiours tesmoignée aux bons et fidelles serviteurs du Roy et ne point permettre que celuy cy succombe soubs la rigueur de la taxe qui luy avoit esté faicte, ains luy accordant celle qu'il demande luy donner moyen de se relever pour continuer de plus en plus ses fidelles services, du merite desquels j'ay si particulière

---

[1] Nous n'avons pu retrouver la date exacte de cette lettre. D'après l'ordre des documents dans le volume de Dupuy où sont contenues les lettres de Lesdiguières à de Thou, elle serait postérieure à 1613, et elle est antérieure à la mort de de Thou arrivée en 1617. Nous la plaçons à la suite de la dernière lettre datée de Lesdiguières à de Thou.

cognoissance que j'ay affectionné le bon succes de son affaire avec plus d'affection que s'il y alloit de mon interest, de manière que l'obligation et bienfaict qu'il recevra de vous portera sur moy qui m'en resentiray infiniment vostre obligé et redevable et embrasseray toutes les occasions qui se presenteront pour vostre service aultant affectionnement que parfaictement je suis, Monsieur,

Vostre bien humble et tres affectionné serviteur,

LESDIGUIERES.

LII.   1614 — 2 MAI.

Orig. — A M. Raspack, à Eygians.

[AUTORISATION DE CHASSER ACCORDÉE AUX FRÈRES LAGET.]

Le seigneur de Lesdiguieres, mareschal de France, administrateur & lieutenant général pour le Roy au gouvernement de Daufiné, nous permettons à Pierre & Jean Lagets, freres, de Rozans, de tirer à l'harquebuse à toute chasse permise & non deffandue par les ordonnances du Roy, exceptant par exprès le chien couchant & toute sorte de chasse à la perdrix, et deffandant à tous ceux à qui ces presentes seront exibées ne leur donner aucun trouble ou empeschement à peyne de desobeissance, leur octroyant ceste permission pour tout le Rozannoys.

Fait à Dye le second jour de may mil six cens quatorze.

LESDIGUIERES.

Par mondict seigneur,

(Sceau)   BREMOND.

LIV.   1614 — 11 MAI.

Cop. — Arch. de l'hôpital de Gap. *Livres des Annales des capucins.*
Imprimé : *Ephémérides du département des Hautes-Alpes*, par M. l'Abbé Gaillaud, Gap, 1874, p. 207.

[A MONSIEUR LE SUPÉRIEUR DES CAPUCINS DE GAP.]

Monsieur, il a pris envie à l'évesque de Gap d'instituer un couvent de vostre ordre auprès de ladicte ville, ce que j'ay permis volontiers sur l'asseurance que j'ay que vos religieux contiendront les peuples en leur debvoir; à quoy je vous prie de les exhorter afin que je sois toujours bien edifié d'eux, autrement je ne le saurois estre s'ils troublent tant soit peu le repos des subjects du Roy, qu'ils doivent tacher de réunir autant qu'ils le pourront. C'est l'asseurance que j'ay de vostre prevoyance, et vous le devez avoir de la promesse que je vous fais icy d'estre toujours, Monsieur,

Vostre bien humble pour vous faire service,

LESDIGUIERES [1].

Ce 11e jour de may 1614. De Puymore.

LV.   1614 — 30 MAI.

Orig. — B. N. MS. F. 3799, p. 121.

A MONSIEUR DE JEANNIN, CONSEILLER DU ROY, EN SON CONSEIL D'ESTAT, CONTROLLEUR GÉNÉRAL DES FINANCES.

Monsieur, nous avons icy depuis quelques jours le sieur Bourdin, lieutenant de monsieur le Grand maistre de l'artillerie en ceste province qui m'a fait entendre que si je faisois quelque avance pour les choses necessaires à l'arsenal de ceste ville, et feut ce jusques à la somme de deux mil escus, que vous me les feryez randre à la fin de ceste année. Je croys bien veritablement ledict sieur Bourdin, mais encores desiré-ie scavoir plus particulierement sur ce suget vostre intention, affin que m'estant cogneue je puisse continuer soit pour les réparations audict arsenal, remontage d'artillerye & autres choses les plus necessaires pour le service du Roy. J'ay pensé vous devoyr aussi donner advis, Monsieur, de la necessité des poudres qu'il y a aux places frontieres de ceste province en estant entierement depourvues pour n'y

---

[1] Lesdiguières donna aux capucins l'autorisation de construire leur couvent malgré la vive opposition de Montauban du Villar, gouverneur de Gap et zélé protestant. Lorsqu'en 1633 Richelieu ordonna la démolition du château de Puymore, qui appartenait à Lesdiguières et dominait la ville de Gap, on concéda aux capucins les matériaux provenant de cette forteresse et ils s'en servirent pour terminer leur couvent.

en avoyr esté point mis il y a plus de dix ou douze ans, au contraire tousiours osté, et pour en avoir on m'a fait entendre qu'il faut un arrest du conseil ou une lettre de la Reyne adressante à monsieur le Grand Maistre. Aydez nous, s'il vous plait, à obtenir l'un ou l'autre pour soixante ou quatre vingts milliers de poudre à prendre la ou sera le bon plaisir de leurs Magestés affin que nous puissions renouveller les magasins & les tenir en estat de servir en cas de besoin. Vous me ferez l'honneur de me donner de vos nouvelles sur ces sugets & je demeureray tousiours comme ie suis, Monsieur,

Vostre très humble et très affectionné serviteur.

LESDIGUIERES.

Le XXXe may 1614 à Grenoble.

LVI. 1614 — 7 Juin.

Orig. — Arch. de l'État de Berne.

AUX TRÈS HONNORÉS ET PUISSANTS SEIGNEURS, MESSEIGNEURS L'ADVOYER ET CONSEIL DE L'ILLUSTRE RÉPUBLIQUE ET CANTON DE BERNE.

Tres honorés et puissans Seigneurs, me trouvant depuis quelques jours avec un des serviteurs du duc de Savoye et qui participe aux plus secretes intentions de ce prince[1], en parlant de diverses affaires, nous tombasmes sur le propos des differens qui sont entre vos Excellences et son Altesse. Ce sien serviteur m'assura qu'il savoit bien que son maistre avoit resolu en luy mesme d'en traiter amyablement avec vos Excellences et qu'il luy en avoit faict declaration[2]. Je n'ay pas voulu manquer à vous donner cet avis, non pour asseurer aucune chose à vos Excellences de ce costé la (j'ayme beaucoup myeulx vous persuader d'y estre tousjours en defience) mays pour aprendre de vous comme je me doibs comporter si une autre fois il m'estoit plus avant parlé de cet affaire. Car tout mon but ne tend

---

[1] C'est probablement du colonel Allard qu'il s'agit.

[2] Le Duc de Savoie réclamait depuis longtemps le pays de Vaud, ancien fief de sa maison, qui appartenait alors aux seigneurs de Berne. C'est certainement à ce différend que Lesdiguières fait ici allusion.

qu'à vous y rendre mon service, m'y sentant fort obligé, et encore de nouveau par les gracieux acueil, faveur et honneur que j'ay reçu de vos Excellences en la personne de mes enfans. Donc pour ne demeurer ingrat, je remercie tres humblement vos Excellences, suppliant le Créateur vous donner, Trés honorés et puissans Seigneurs, toute la prosperité qui vous est desirée par

Vostre tres humble et plus obeissant serviteur.

LESDIGUIERES.

A Grenoble le VIIe jour de juin 1614.

LVII.   1614 — 30 JUIN.

Orig. — B. N. MS. F. 3799, p. 126.

A MONSIEUR, MONSIEUR JEANNIN, CONSEILLER DU ROI EN SON CONSEIL D'ESTAT ET CONTROLEUR GÉNÉRAL DE SES FINANCES.

Monsieur, cete lettre ne vous pourra être ennuyeuse, je la finiray quasy des son commencement puis que elle prent son ame vivante & mouvement de la bouche de monsieur Frère, premier president de ce Parlement, qui vous la doit rendre. Je l'ay prié de vous dire de noz nouvelles; vous y recognoistrez une grande tranquilité en ceste province qui n'a nullement esté agitée par les mouvemens qui ont menacé cet estat. Ils sont (graces à Dieu) apaiséz par la singulière prudence de la Royne et par l'entremise de son bon conseil[1]. Chascun set ce que vous, Monsieur, y avez contribué; vous en estes loué de tous ceux qui aiment la paix en laquelle consiste maintenant le bien de cet estat. Vostre fidellité ne luy procurera jamais que de l'advantage; pleust à Dieu que tous ceulx qui pensent aussi bien voulussent y agir comme vous faittes. J'ay prié ledict sieur Frère de vous representer le mérite du sieur de La Mothe, lieutenant de ma compaignie des ordonnances du Roy, bien

---

[1] Au commencement de l'année 1614, le prince de Condé et quelques autres grands seigneurs s'étaient retirés dans leurs terres, mécontents du gouvernement de la reine et se préparèrent à prendre les armes. Condé quitta la cour le 17 janvier, les ducs de Bouillon et de Longueville le suivirent bientôt. La reine à cette occasion écrivit à Lesdiguières une longue lettre justificative de sa conduite vis-à-vis des princes et de son administration. Elle a été imprimée sous le titre de *Coppie de la lettre escritte à monsieur Des Diguières par la royne* (s l. n. d. in-8, 8 pp.).

estably et de longue main de predecesseur à successeur estimé en ceste province. Ceulx qui sont en la charge que je lui ay donnée sont pensionnaires de sa Majesté; j'ay fait supplier la Royne de rendre ce gentilhomme egal pour ce regard aux aultres de sa condition. Si sa Majesté m'accorde cette grace, je vous supplye, Monsieur, d'y adiouster aultant de facilité qu'il se peut pour sa perfection. Certes! vous m'obligerez, mays par quelque office que je puisse recevoir de vous, l'affection que je vous ay vouée ne se peut augmenter, elle est au degré de perfection et je suis tousiours tout plein de désir d'en produire des effects qui vous puissent asseurer que vostre vertu & vostre merite vous ont acquis tout pouvoir, Monsieur, sur

Vostre bien humble et plus affectionné serviteur.

LESDIGUIERES.

A Grenoble le XXXe juin 1614.

LVIII.   1614 —   JUIN,

Cop. — Arch. munic. de Vienne (Isère).

A MONSIEUR, MONSIEUR DE BULLION, CONSEILLER DU ROY EN SON CONSEIL D'ESTAT.

Monsieur, l'iniuste poursuite que font au conseil les fermiers du sel en Lionnois et certains secrets partisans, pour abolir ou divertir une petite imposition qui se prend de temps immemoré à Vienne pour l'entretenement du pont qui est sur le Rosne en ladicte ville, m'oblige à rechercher le crédit & la faveur de mes amis pour ne permettre & empescher ladicte abolition parce que sy elle arrivoit la ruyne dudict pont la suyvroit de près pour estre si vieux & assis sur un fleuve sy rapide qu'il y fault rapporter ung soin continuel & y faire ordinairement travailler, comme on faict maintenant à la reparation d'une arcade & d'une arche qui sont en très mauvais estat, et par ce moyen les deniers [sont] très bien employes, ne pouvant les consuls en disposer d'ung sol, car les tresoriers de France en ceste généralité en ordonnent & non aultres. Par ces raisons je vous supplie d'aporter affectionnement vostre ayde & support a ceste affaire contre les iniustes recherches desdicts partisants, qui seroyent bien ayse que despuis Lyon jusques au St-Esprit il n'y heust poinct de pont, comme il n'y en a que celluy de Vienne, et il importe grandement au service du Roy et utillité publicque, particullierement de ceste province, qu'il soyt conservé. Je recevrey à faveur singulière & à obligation expresse les bons offices que vous rendrez auxdits habitants de Vienne; c'est ce que je veux esperer de vous, aussy debvez-vous tousjours croire que je suys, Monsieur,

Vostre bien humble & plus obeissant serviteur.

LESDIGUIÈRES.

A Grenoble le.... juin 1614.

LIX. 1614 — JUIN.

Cop. — Arch. munic. de Vienne (Isère).

A MONSIEUR, MONSIEUR DE SILLERY, CHANCELIER DE FRANCE.

Monsieur, ceulx de Vienne en ceste province, qui sons très fidelles et obeissants subiects de leurs Maiestés, sont contraincts de recourir à elles et à messieurs de leur Conseil d'estat pour les supplier très humblement de ne permettre que la poursuitte et recherche que font les fermiers du sel de Lionnois & certains secrets partisants pour abolir ou divertir une petite imposition qu'ils prennent de tout temps sur la rivière du Rosne pour les réparations & entretenement de leur pont, ayt lieu à leur prejudice, puisque c'est chose sy injuste, qui regarde au service du Roy et l'interest du public; d'aultant que despuis Lyon jusques au Saint-Esprit il n'y a point d'aultre [pont] qu'il moyenne le commerce entre les provinces de Languedoc & Daulphiné en temps de paix, et aultrement sert de passage aux gens de guerre; de sorte que sy l'on privoit ceulx de ladite ville de ladicte imposition, ils n'auroient de quoy subvenir aux frais qu'il fault ordinairement contribuer pour la reparation dudict pont, car il est fort ancien, assis une rivière sy rapide qu'il y fault ung soin continuel qui y est fidellement rapporté par les consuls de ladicte ville, ainsy que les deniers qui proviennent de ladicte imposition deubment employes sellon les baulx à ferme qui en sont donnes par les tresoriers de France en ceste generallité. C'est pourquoy, Monsieur, je vous supplie de faire bonne consideration sur l'ymportance de ceste iniuste poursuitte et protéger ladicte ville de Vienne en ses justes deffences aultant comme vous en aves de pouvoir. Ce sera une œuvre de charité digne de vous & qui particullierement m'obligera à estre tousiours d'avantage, Monsieur,

Vostre tres humble & plus obeissant serviteur.

LESDIGUIÈRES.

A Grenoble, le.. . juin 1614.

LX.   1614 —   JUIN[1].

Cop. — Arch. munic. de Vienne (Isère).

A MONSIEUR, MONSIEUR DE CREQUY, LIEUTENANT GÉNÉRAL POUR LE ROY AU GOUVERNEMENT DU DAULPHINÉ.

Monsieur mon fils, les fermiers du sel en Lionnois & quelques secrets partisans, veulent essayer par des recherches qu'ils font au conseil d'abolir ou pour le moins divertir une petite imposition qui des longtemps s'exige sur le Rosne destinée à la reparation du pont de la ville de Vienne. C'est chose qui importe au service du Roy, au public, au general de ceste province et en nostre particulier au regard de nos charges; car depuis Lyon jusques au Saint-Esprit il n'y a point d'aultre pont, et apporte une grande commodité au commerce du Vivarais avec le Daulphiné, et plusieurs aultres considerations qui font veoir l'importance qu'il y a d'avoir soing de la conservation de ce pont qui infailliblement seroit ruyné dans peu d'années si l'on faisoit perdre ladicte imposition, parce qu'estant fondé sur une rivière rapide comme le Rosne il y fault avoir ordinairement et l'art & la main après, avec ce que ledict pont est d'ailleurs fort ancien. Et quand au maniement et employ des deniers provenants de ladicte imposition il est faict par l'ordre & sellon les ordonnances des tresoriers de France en ceste génerallité. Je vous supplie donc d'avoir agréable de

[1] Cette lettre, quoique sans date, est de la même époque que les deux précédentes.

vous bien instruyre de ce faict par ceulx qui sont à la cour de la part de ladicte ville, affin de soubstenir & deffendre leur droict au conseil l'hors qu'il sera temps d'en parler, de quoy l'on vous advertira. Je me promects tant de vostre affection à l'endroict de ladicte ville et envers moy particullierement, qui la vous recommande, que vous apporteres en ceste affaire tout ce qui dependra de vous & des amis que vous aures au conseil. Sur ce je demeureray, Monsieur mon fils, etc.

[LESDIGUIÈRES.]

LXI. 1614 — 10 JUILLET.

Orig. — Arch. de M. le Vte de Sallemard, à Peyrins.

[AUTORISATION D'AVOIR DES CHIENS COUCHANTS ACCORDÉE A MONSIEUR DE LA ROCHE].

Le sieur Des Diguières mareschal, de France, lieutenant général pour le Roy et administrateur au gouvernement de Daulphiné, etc. Nous avouons le sieur de la Roche de Grane de ce que, suyvant noz permissions verballes, il s'est servy de Paul Arnault, du lieu de Bourdeaux, et de Pierre Tastevin, dudit lieu de Grane, pour dresser et exercer des chiens couchans, luy permetant d'employer doresnavant lesdits Arnault et Tastevin audit exercice, tant à la tirasse [1] que à l'arquebuse, sans qu'ilz puissent, ny pour le passé, ny pour l'avenir, en estre recherchés, ce que nous deffendons pour certaines considerations à tous qu'il appartiendra.

Faict à Grenoble le dixiesme jour de juillet l'an mil six cens quatorze.

LESDIGUIÈRES.

(Sceau.) TONNARD.

[1] La chasse à *la tirasse* a lieu avec un grand filet que l'on traine.

LXII.   1614 — 15 Juillet.

Autog. — B. N. MS. F. 3789, p. 31.

A MONSIEUR, MONSIEUR LE DUC DE NEMOURS.

Monsieur, je reçois à une faveur singulière l'honneur qu'il vous plet me fere en me croyant, comme ie suis, vostre tres humble serviteur, et comme tel de vouloir user du pouvoir qui vous est acquis sur moy. Le sieur de Baronnat m'a exposé la créance que vous luy aviés comise pour me fere scavoir de vostre part; sur quoy ie luy ay représenté ce qu'il vous raportera de la mienne. Monsieur, je vous suplie tres humblement de recevoir comme venant d'une personne sur laquelle vous avés une entière puissance, tout ce que i'ay prié ledit sieur de Baronnat de vous dire, particullierement comme ie suis et veux toujours estre, Monsieur,

Vostre tres humble et tres obeissant serviteur.

LESDIGUIÈRES.

A Grenoble, le XVe juillet 1614.

LXIII.   1614 — 18 Juillet.

Orig. — B. N. MS. F. 3799, p. 130.

A MONSIEUR, MONSIEUR JEANNIN, CONSEILLER DU ROY EN SON CONSEIL D'ESTAT, CONTROLLEUR GÉNÉRAL DE SES FINANCES.

Monsieur, monsieur de Monbrun s'en va de ma part vers leurs Magestés pour leur representer ce qui s'offre maintenant de deça regardant leur service, et ce que j'estime y devoir raporter pour aprendre par son retour les commandement et intentions de leursdictes Majestés [1]. Il vous fera particullierement scavoir ce que ie luy

[1] Peut-être l'envoi d'un personnage aussi considérable que Montbrun par Lesdiguières vers la reine se liait-il à certains projets du Maréchal dont nous trouvons la trace dans les documents contemporains. Il avait en effet en 1614 caressé l'idée d'obtenir le gouvernement du Dauphiné à

ay commis en créance; je vous supplie de le croire comme moy mesme et d'avoir souvenance des pensions que la Royne fait donner aux serviteurs de sa Majesté en cete province, entré lesquelz ledict sieur de Monbrun est l'un de ceux qui sert le mieux et qui mérite le plus ce bienfait de sa Majesté, et toutesfois l'année passée lui est deue aussi bien que cete-cy. Aportez, s'il vous plait, Monsieur, ce que vous pouvez en ce suiet tant pour ledict sieur de Montbrun que des autres gentilshommes de ce pays qui jouissent de la mesme gratiffication, vous asseurant que i'aymeray autant que ma pension demeura en arriere que les leurs. Je me veux promettre vostre assistance pour eux en ce fait lequel ie vous recommande, et moy, en l'honneur de voz bonnes graces, comme estant, Monsieur,

Vostre bien humble et très affectioné serviteur.

LESDIGUIÈRES.

A Grenoble le XVIIIe juillet 1614.

LXIV.   1614 — 21 JUILLET.

Cop. — Arch. de la Drôme. Synode de Pont-en-Royans. D. 70, p. 460.

[A MESSIEURS LES DÉPUTÉS DU SYNODE DE PONT EN ROYANS.]

Messieurs, je m'attendois que vous auries donné pouvoir à vos deputés pour décider et terminer les difficultés qui empeschent l'entière

---

la place du comte de Soissons dont il était seulement le lieutenant et qui était alors en disgrâce. Voici l'extrait de deux lettres sans signature conservées à la Bibl. nation. (MS. F. 18037, p. 96) et relatives à ces menées ambitieuses qui ne réussirent pas.

« Monsieur de Villeroy qui ne cherche que de diviser et mettre mal les uns avec les autres ha fait proposer à monsieur le Mareschal des Diguières de demander le gouvernement du Dauphiné en chef, cella n'est à aultre fin que de mettre monseigneur le prince de Condé à la copelle; car s'il s'y oppose comme parent de monsieur le comte de Soissons il demeurera desuny dudit Mareschal & son ennemy, s'il y consent il aura ledit comte de Soissons pour son ennemy & tous les siens qui sont en très grand nombre, estant resolue madame la Contesse de ne laisser ledict gouvernement quelle offre qu'on luy sache fére de celluy de Normandie. Paris 5 octobre 1614.

« Que Monsieur le Mareschal des Diguières garde bien de ne se laisser amuser des propositions qu'on luy fait de son gouvernement en chef; car quand bien il l'aura obtenu, ce que ne luy sera touttesfois si facile, cella luy servira de bien peu, car il acquerra beaucoup d'ennemis et des plus grands, au lieu que s'accomodant avec le comte de Soissons il l'aura pour amy & tous les siens & demeurera uny avec le prince de Condé & tous les autres; et sans cella ie voys icy une grande division qui enfin tournera au dammage dudict Marechal. Paris 6 octobre 1614. »

et parfaite union de tous les membres des eglises de ceste province suivant la semonse que je vous en avois faicte, et toutesfois aiant veu le contraire, je n'avois laissé de proposer des expediens que j'estimois estre necessaires et croioys que vous les auries embrasses; mais par le retour du sieur Guyon et Alary, qui m'ont faict voir la conclusion que vous avez prinse là dessus, je trouve que les choses sont en mesme estat qu'auparavant à mon grand regret. J'ay pourtant advisé de vous envoier le sieur de Saint-Auban qui vous rend ceste lettre, pour vous faire entendre ce qui est de mon intention et ce que j'estime devoir estre faict, attendant la resolution qui en sera prinse en l'assemblée généralle, puisque nous ne sommes pas si prudents et advises que de remedier nous-mesmes à nos divisions. Je vous prie donc de faire bonne consideration à ce qui vous sera representé de ma part par ledit sieur de Saint-Auban, luy donner entière creance et croire aussi que je ne desire rien tant que le repos et accroissement de nos eglises. Et sur ce je prie Dieu, Messieurs, présider au milieu de vous et vous inspirer des bonnes et saintes resolutions pour sa gloire.

Votre tres humble pour vous faire service.

LESDIGUIÈRES.

A Grenoble, le.... juillet 1614[1]

LXV. 1614 — 8 Août.

Orig. — Arch. de l'État de Berne.

A TRÈS HONNORÉS ET PUISSANTS SEIGNEURS MESSIEURS LES ADVOYER ET CONSEIL DE L'ILLUSTRE RÉPUBLIQUE DE BERNE.

Très honorés et puissans seigneurs, la lettre que vos Excellences m'ont écrite le 22e du moys passé ne faict nullement mention d'une

---

[1] Cette lettre fut lue au synode le 23 juillet; elle fut donc probablement reçue le 22 et écrite le 21. Le ton amer et peu satisfait qui perce dans cette lettre s'explique suffisamment lorsqu'on connait les détails de la vie privée de Lesdiguières à cette époque. Il vivait en concubinage et publiquement avec Marie Vignon, femme d'un marchand de soie de Grenoble, et les synodes provinciaux avaient fait tous leurs efforts pour l'engager à faire cesser ce scandale, jusqu'à le menacer d'excommunication. De là sa colère peu dissimulée. On trouvera dans notre troisième volume une longue et curieuse lettre du pasteur Vulson de la Colombière racontant tous les détails de cette affaire.

precedente que le sieur Bailly de Nyons vous a faict tenir de ma part. Vos Excellences y ont veu que je desirois sauoir d'elles, quelle response je ferois à quelques serviteurs du duc de Savoye, s'il continuoit à me parler (comme il avoit desja faict) de la conciliation des differens d'entre son maistre et vos Excellences [1]. Quand il leur plaira j'en auroy leurs intentions pour les y servir selon leur desir. Cependant il est veritable que ledit Duc remue et arme puissamment, soubs le pretexte de vouloir s'opposer aux desseins que le roy d'Espaigne a sur luy pour le contraindre à des choses qui sont hors de la raison. C'est ainsy que ce prince justifie son armement et veult que ses voisins le croyent. Je ne suis pas pourtant d'avis que vos Excellences se laissent emporter à cette creance, mays plustost qu'elles demeurent sur leur garde en attendant l'éclaircissement de toutes incertitudes. En vous asseurant bien fermement que tout ce qui viendra à ma cognoissance important le service de vos Excellences et la conservation de leur estat, leur sera fidellement ecrit de moy, qui ne manqueray en cete occasion ny en pas une aultre à leur rendre mon devoir et service. Et sur ce je prie le Createur. Tres honorés et puissans Seigneurs, qu'il soit tousjours votre protecteur.

Vostre bien humble et tres affectionne serviteur.

LESDIGUIÈRES.

De Grenoble le 8me aoust 1614.

LXVI. 1614 — 14 Aout.

Orig. — Arch. munic. de Gap.

[REQUESTE DE NOBLES JACQUES DE GRIL, SERGENT MAJOR DE LA VILLE DE GAP].

Monseigneur Des Diguières, duc de Champsaur, mareschal de France, lieutenant général pour le Roy et administrateur au gouvernement du Dauphiné, supplie humblement noble Jacques de Gril, sieur de Chaillol, sergent major de la ville de Gap, disant que ses gaiges luy sont dus depuis de longues années et que les consuls de Gap, malgré vostre ordre, refusent de les luy payer, disant qu'ils doivent l'être par les commis du pays. Vous plaise de faire payer soit par lesdicts consuls soit par les tresoriers du pays [2].

[1] C'est la lettre du 7 juin 1614 imprimée ci-dessus.
[2] Requête seulement analysée.

Veu la presante et les precedantes requestes présantées par le suppliant, les réponses et conclusions sur icelles prinses au conseil de la ville de Gap les 8 juin et 10 juillet de la presante année par les sieurs de Montalquier et Roche premier et segond consuls de ladicte ville, nous ordonnons qu'elle payera au suppliant ou bien luy précomptera sur les tailles tant du passé que de l'advenyr la somme de troys cents livres en consideration de son service depuis la precedhante taxe par nous a luy faicte jusques à presant, sans que par l'advenyr et durant sa charge il en puisse rien prethandre ny demander à ladicte ville de Gap.

Fait à Grenoble le 14 d'aoust l'an mil six cents quatorze.

LESDIGUIÈRES.

LXVII. 1614 — 22 AOUT.

Orig. — Arch. de l'État de Berne.

AUX TRÈS HONNORÉS ET PUISSANTS SEIGNEURS, MESSEIGNEURS L'ADVOYER ET CONSEIL DE L'ILLUSTRE RÉPUBLIQUE DE BERNE.

Très honorés et puissants Seigneurs, les magnifiques seigneurs de Geneve m'ont envoyé par homme expres la lettre qu'il a pleu à vos Excellences m'escrire du quatriesme de ce moys selon votre compte. J'y ai veu que jusques au retour des ambassadeurs que vos Excellences ont envoyé à Baden, elles ne peuvent m'instruire de ce que j'auroy à respondre aux recherches qu'on me pourroit faire de la part du duc de Savoye pour l'accomodement des affaires qui sont entre vos Excellences et son Altesse. J'attendroy sur ce point et sur toutes aultres occasions leur bon vouloir pour les y servir avec l'affectionnée fidelité que je leur doibs. Je n'ay pour le present aucune chose qui merite estre escrite à vos Excellence. Ledit duc de Savoye continue tousjours son armement, soubs le pretexte de s'opposer à l'oppression que le roy d'Espaigne luy prepare pour le contraindre à un desavantageux traité de ce different de Mantoue[1].

---

[1] Le différend de Mantoue et la guerre qui durait depuis plus d'un an furent terminés définitivement par un traité conclu entre les deux états le 17 novembre 1614. Ce traité fut du aux efforts du nonce du pape et du marquis de Rambouillet, ambassadeur du roi de France; il en existe une copie aux MS. de la bibl. nat.. Fonds Brienne, vol. 81, p. 307. La guerre terminée avec Mantoue ne tarda pas à recommencer entre la Savoie et l'Espagne.

Vos Excellences doivent tousjours demeurer sur leurs gardes jusques à ce qu'il se voye plus clair à toutes incertitudes. Je remercie bien humblement vos Excellences des nouvelles dont il leur a pleu me faire part. Je seray soingneux de les avertir de ce qui viendra à ma cognoissance pour leur service et conservation, mays je les supplie, de doresnavant m'écrire en françois par ce que je suis en grande peine de trouver de deca des interpretes pour traduire vos lettres. Je prie Dieu, Très honorez et puissans seigneurs qu'il conserve vos Excellences.

A Grenoble le XXII aoust 1614.

Vostre tres humble et plus affectionné serviteur.

Lesdiguières.

LXVIII.   1614 — 4 Septembre.

Orig. — Arch. de l'État de Berne.

A TRÈS ILLUSTRES, REDOUTÉS ET PUISSANTS SEIGNEURS, MESSEIGNEURS LES ADVOYER ET CONSEIL DE L'ILLUSTRE RÉPUBLIQUE ET CANTON DE BERNE.

Tres illustres, redoutez et puissants Seigneurs, ce peu de lignes ne sont à autre fin que pour asseurer vos Excellences de la reception que j'ai faicte par le moyen de messieurs de Geneve de la lettre qu'il vous a pleu m'escrire du dix septieme du moys d'aoust dernier passé. Je ne manqueroy de representer en temps et lieu ce qui est de voz intentions et resolutions pour les pretentions de son altesse de Savoye sur vostre pays de Vaux, ainsy que déjà vous les avez déclaré[1], j'ai entendu, aux seigneurs assemblez en dernier lieu en la diète de Baden. Vos Excellences doyvent demeurer fermement asseurées que mon service, tout ce qui depend de moy sera tousjours franchement employé pour elles, et que rien n'arrivera à ma cognoissance qui les puisse regarder ou leur estat, que je ne les

---

[1] Les difficultés qui avaient pris naissance entre les Bernois et le duc de Savoie au sujet du pays de Vaud, dont chacun d'eux prétendait être propriétaire, ne furent éteintes qu'en 1617 par le traité de Berne. Le duc céda par ce traité, négocié par Jean Gabaléon, tous ses droits sur les territoires contestés.

advertisse. Ce que je supplie tres humblement voz Excellences de croire puisque veritablement je suis, Tres illustres, redoutez et puissantz Seigneurs',

Vostre tres humble et plus obeissant serviteur.

LESDIGUIÈRES.

A Grenoble le 4e septembre 1614.

LXIX. 1615 — 15 FÉVRIER.

Cop. — Arch. munic. de Gap.

[COMMISSION DE LIEUTENANT DU GOUVERNEUR DE GAP DONNÉE A JOSEPH DE FLOTTE MONTAUBAN DU VILLAR][1].

François de Bonne, duc Des Diguieres, pair, mareschal de France, lieutenant général pour le Roy au gouvernement de Dauphiné, à tous ceulx quy ces presantes verront sçavoir faisons : que pour les bons et louables rapports qui nous ont este faictz de la personne du sieur de **Flotte du Villar**, et de ses sens, suffizance, probité, experiance au faict des armes, et comme il a souvent donné des signalés tesmoignages de sa valleur; à ces cauzes, nous l'avons faict, crée, faisons et créons par ces presantes, lieutenant du sieur de Jarjayes, gouverneur de la ville de Gap, pour jouir et uzer desormais de ceste charge avecq les honneurs, dignités, droicts, esmolumentz, prerogatifves, préhéminances et gaiges qui en deppendent, tout ainsy que les autres lieutenants ont accoustumé; partant à tous qu'il appartiendra de le recognoistre pour tel, et luy obeyr, au faict de sa charge. En foy de ce, avons signé ces presantes, sur icelles faict appozer le cachet de noz armes, et contresignée par l'ung de nos secrétaires.

A Grenoble le quinziesme fevrier mil six cent quinze.

LESDIGUIÈRES.

(Sceau.)

Par mondict Seigneur,

VIDEL.

[1] Joseph de Flotte-Montauban fut lieutenant de Gaspard de Flotte-Montauban, sieur de Jarjayes, son père, jusqu'en 1619, époque ou il lui succéda dans la charge de gouverneur de Gap.

LXX.   1615 — 22 Avril.

Autog. — Arch. de M. le duc de la Tremouille.

A MADAME, MADAME LA DUCHESSE DE LA TRIMOUILLE

Madame, l'honneur que i'ay rendu à monsieur de la Trimouille en son passage par cete ville, n'est pas digne du remerciement qu'il vous plet de m'en fere, ny du mérite qui est en luy, qui certes donne des grandes esperances de son courage, de sa prudence et de son zele à sa religion, de quoy il ne peut estre asses loué; et comme ce sont des fleurs de sa ieunesse, il en faut esperer des fruits en la maturité de son age, semblables à ceux qu'ont tousiours produits ceux de l'illustre maison dont il est sorty. Je le désire ainsi de tout mon cœur, et je prie Dieu qui luy en face la grace, et à moy celle-là, Madame, de vous pouvoir rendre, et à ceux qui ont l'honneur de vous apartenir, mon tres humble service, ce que ie ferez tousiours avec une entiere affection et comme estant, Madame,

Vostre tres humble et plus obéissant serviteur.

                                 LESDIGUIÈRES.

A Grenoble, le XXII avril 1615.

LXXI.   1615 — 9 Mai.

Orig. — A M. Chaper, à Grenoble.

A MONSIEUR, MONSIEUR DE RAMBOUILLET, CONSEILLER DU ROY EN SON CONSEIL D'ESTAT, MAISTRE DE LA GARDE ROBE ET SON AMBASSADEUR EXTRAORDINAIRE EN ITALYE.

Monsieur, en m'ecrivant votre lettre du IIIe de ce moys, qui m'a esté rendue par monsieur Ponat donneur de la presente, vous n'aviez pas encore veu messieurs Gueffier et de la Fare, ilz ne peuvent avoir depuis gueres tardé de vous voir, et vous aurez sceu de la bouche de l'un et veu par la depesche de l'autre en quelle assiete je me tiens pour fere reussir les intentions du Roy sur le fait de la négociation de la paix que sa Majesté desire establir entre le roy d'Espaigne et le duc de Savoye. Il sera, à mon aviz, suyvant le vostre, un peu revesche de premier abord aux propositions de pacification, mays je crois qu'a la fin après avoir pensé à voz sages persuasions il ambrassera les moyens de son repos et par le temps il recognoistra la faveur de sa Majesté et l'utilité du conseil de ses serviteurs; et comme vous me recognoistrez tout nud par lesdictes depesches, monsieur le comte de Verrue s'il vient icy, ne me trouvera point aultrement habillé, il confirmera en ses mains ce que je faiz representer à son Altesse par les memoires dudict sieur de la Fare, et si je puis j'y augmenteray pour induire ce prince à se remetre entre les bras de sa Majesté sans s'oppiniastrer ny avoir des esperences en l'air sur des recours imaginaires dont, en vérité, j'ay tousiours faict ce que j'ay peu pour le desabuser, mays son naturel le porte à suyvre plustost l'umbre que le corps. Je croy avec vous que si ledict sieur Comte vient, ce sera plus pour me taster sur les principaulx affaires de son maistre que pour le fait de monsieur de Nemours, bien que son voiage soit couloré de ce pretexte. Il sera oy et bien tost despesché, et s'il raporte bien la vérité de mes adviz, il aydera à vostre negociation à laquelle je desire un bon succez pour le contentement de sa Majesté et le bien de son Altesse que j'y voy tout aparaitre. Monsieur de Marcieus vous aura dict à quoy il en est pour le subiect de son voiage, je luy ecry de ne bouger jusques à ce que je luy ecrive ce que ledict sieur Comte nous aura aprins des resolutions de son maistre touchant mondit seigneur de Nemours. Cependant s'il peut servir le Roy en ce que vous entreprenez il s'y portera selon voz aviz et pour fin je vous offre tout ce que vous pouvez desirer, Monsieur, de

Vostre bien humble et plus obeissant serviteur.

LESDIGUIÈRES.

A Grenoble le IX may 1615.

LXXII.   1615 — 15 MAI.

Orig. — A M. le Dr Viaud-Grandmaison, à Nantes.

[A MONSIEUR LE MARQUIS DE RAMBOUILLET.] [1]

Monsieur, je pren l'occasion du voiage de ce courrier, qui est depesché à son Altesse de la part de monsieur le comte de Verrue. Vous

---

[1] Quelques unes des lettres de Lesdiguières à M. de Rambouillet ne portent pas de suscription, mais les sujets qui y sont traités indiquent d'une façon non douteuse que c'est au négociateur des traités d'Asti qu'elles étaient destinées.

aurez sçu qu'elle l'a envoyé vers monsieur de Nemours pour parler des affaires qui le touchent, mays sur cette rencontre je ne l'ay point voulu negliger ny laisser perdre sans entretenir ledict Comte du négoce qui vous est commis par le Roy pour l'establissement de la paix en Piedmont et en Lombardie[1]. J'ay apris de luy que son Altesse, pour contenter sa Majesté et luy faire paroistre toute confiance, se portera à ses intentions et les suyvera. Ce sera la finale resolution de son Altesse si le roy de la Grande-Bretagne, la seigneurie de Venise, les estats des Pays-Bas et autres princes uniz en Allemagne la trouvent bonne. Son Altesse se sent obligé à leur en communiquer parcequ'après la rupture du traité d'Ast, ou elle s'estoit si facilement portée, son resfuge a esté vers ces princes qui luy ont faict esperer leur secours et protection, en sorte qu'elle croit qu'ils méritent d'avoir communiquation des propositions de cette pacification; et pour affermir cette bonne résolution en elle, je vous diray qu'il me semble que vous devez un peu l'attendre et ne la point trop presser, estant meilleur de vaincre par un peu de patience que de rompre par précipitation, dont je says bien que vous n'userez pas, car vostre prudent naturel et l'espérence de l'honneur qui vous atten au succez heureux de cette négociation y sont trop répugnans. J'adjouste encore que quand il fauldra procédder au désarmement, je prévoy que son Altesse pour amoindrir ses apréhensions vouldra retenir ses Suisses, non pour les faire paroistre, mais les resserrer en six places frontières, pour les tenir en seurté contre une inopinée surprise par perfidie; cela (à mon aviz) ne luy devra estre desnié, et vous sera d'autant plus facile à y faire condescendre le gouverner de Millan, que cette nation a serment spécial de ne jamais rien entreprendre sur cet estat là ny sur celluy de Mantoue, mays de les conserver quand elle en est requise, et pour une abondente seurté, les chefs de ses Suisses pourront jurer en vos

---

[1] Les difficultés commencèrent entre la Savoie et l'Espagne presque immédiatement après la conclusion du premier traité entre le duc de Savoie et celui de Mantoue (17 novembre 1614). L'intervention du marquis de Rambouillet près du gouverneur de Milan pour l'Espagne et celle de Lesdiguières près du duc de Savoie amenèrent la conclusion du second traité d'Asti le 21 juin 1615 : on trouvera une copie de ce traité aux MS. Brienne de la Bibl. nat. (vol. 81, p. 311). Lesdiguières intervint personnellement dans ce traité et il y fut stipulé que si le roi d'Espagne ne l'exécutait pas en ce qui le concernait, après qu'il aurait été exécuté par le duc de Savoie, Lesdiguières passerait les monts pour secourir le Duc, sans avoir besoin d'attendre de nouveaux ordres du roi de France. Nous verrons bientôt quelle furent les conséquences de ce traité.

mains, tant pour l'un que pour l'aultre estat. Le Roy par le courrier expresse m'a faict l'honneur de vouloir mes aviz sur cette occasion. Je les luy ay donnéz, tels que je vous les représente icy, et assuré sa Majesté que je vous en ay aussy écrit, et c'est à la vérité ce qui me semble le meilleur pour parvenir au parachèvement de ces affaires. Je désire tout contentement à sa Majesté, à vous tout bonheur, et à moy le moyen de vous faire tousiours paroistre que je suis, Monsieur,

Votre très humble et très affectionné serviteur.

LESDIGUIÈRES.

A Grenoble, le 15 mai 1615.

Monsieur, sur le point que cette depesche je fermois, j'ay reçu la vostre du Xe portant le succez de la première audience que vous avez eue de son Altesse. Je n'y voy point de subiet qui m'incite à rien adiouster à la présente. Je vous diray seullement que monsieur le comte de Verrue est encore icy.

Monsieur, j'ay encore eu vottre lettre du XIIe portant avis de l'impudent qui me doibt venir trouver. Il sera reçu comme il mérite, assurez-vous en, je vous prie.

LXXIII. 1615 — 22 MAI.

Orig. — A M. le Dr Viaud-Grandmaison, à Nantes.

[A MONSIEUR LE MARQUIS DE RAMBOUILLET.]

Monsieur, en recevant vostre lettre du 17e de ce moys j'ay reçu du déplaisir, y voyant l'estat des affaires qui vous sont comises prendre un succès plein d'aigreur qui vous donnera plus de peine que je ne vous en désirerois. L'aparance veult que le duc de Savoye ploye plus que jamais aux intentions du Roy; dès votre abord en Piedmont vous l'y avez trouvé ployable et maintenant il ne s'en esloigne point, mays il est bien à craindre que ce peu de prospérité que l'Espaignol voit en ses armes ne l'enfle pour espérer plus, et soubz le prétexte de n'avoir ordre par écrit de son Roy ne veuille passer plus oultre : vous verrez en peu de temps, si mon aprehension me deçoit. Quant au Duc puisqu'avant que d'estre pressé il a offert de subir, et qu'il n'a demandé que le consentement de ses amys, je veux encore croire, comme je vous l'ay desjà écrit, qu'après l'avoir eu il fera tout ce qu'il plaira à sa Majesté; mays si sur ce changement ces deférences honnestes ne se peuvent observer, je seray bien aise que son Altesse ne prenne point de temps et que sans aulcune considération il se resolut à mettre fin à vostre peine et contenter sa Majesté. Quant à moy, j'ay cru que ce consentement n'estoit pas malaisé à avoir, ayant sçu de la bouche de monsieur Gueffier que monsieur le commandeur de Sillery avoit raporté que les ambassadeurs qui sont en Espagne de la part des princes et républiques desquelles son Altesse se promet du support, consentoient à l'avis qu'on luy donnoit, car s'ils en eussent donné avis à ceulx qui résident près sa Majesté c'estoit à eulx à en faire part aux ambassadeurs qui sont en Piedmont et maintenant son Altesse eust eu de ce costé là l'esprit content, ce qu'il n'a pas encore, comme je croy. Mays en ce qui regarde le désarmement, si l'Espaignol y veult consentir, ce que je doubte bien fort, puisqu'il est le plus puissant et désia dedans l'estat de son Altesse, quelle aparance y a-il qu'il luy abandonne ses places desarmées pour les garder jusqu'à ce que par un désarmement ou retraict de ses ennemys, elle se voye hors de déffiance? C'est ce qui m'avoit faict vous escrire qu'il estoit nécessaire de luy faire acorder la retension de ses Suisses, qui font le serment de ne rien atanter sur les estats de Millan et de Mantoue, de quoy aussy en cas de traité son Altesse feroit les promesses requises auxquelles elle se garderoit bien de contrevenir pour n'offenser sa Majesté. Et puis qui empechera le gouverneur de Millan (si ces Suisses demeurent à son Altesse pour un temps), de retenir autant ou plus de forces extraordinaires pour contrecarrer toutes sortes de dessins? Et en ce faisant il me semble que pour oster non seullement ce prince d'apréhension, mays tous les voisins jusques à nous, l'Espaignol doibt congédier ses forces et les renvoyer aux lieux dont elles ont esté tirées. J'en ay ainsy écrit au Roy affin qu'il considérast quelles raisons il y a que celuy d'Espaigne demeure seul armé en Lombardie et du costé de Julliers, si puissamment que le reste de votre monde demeure tout nud. Je says que cela n'est pas à votre charge, mays je crois que sa Majesté vous en écrira sur mes avis et l'instance qui luy en est faicte d'ailleurs. Je vous remercie bien humblement des nouvelles que j'ay eues par votre moyen. Il ne m'en peut venir que de vostre costé; aussi n'y a-il lieu qui soit maintenant agité comme celuy où vous estes. Je désire que vous en sortiez plein d'honneur et de santé, et prie Dieu qu'il vous conserve. C'est le souhait et la prière, Monsieur, de

Votre très humble serviteur.

LESDIGUIÈRES.

A Grenoble le 22e may 1615.

LXXIV. 1615 — 6 JUIN.

Orig. — A M. le Dr Viaud-Grandmaison.

A MONSIEUR, MONSIEUR LE MARQUIS DE RAMBOUILLET.

Monsieur, puisque le sieur de la Fare n'est de delà que pour vous servir et assister, en ce que vous luy ordonnerez pour le service du Roy, ou pour le vostre particulier, je suis bien aise qu'il ayt arresté et serez très content qu'il ne revienne que quand vous le trouverez bon. Bien estimé-je que maintenant vous pouvez estre resolu du fort ou du foible de vostre dernier traitté selon l'opinion que vous mesmes m'en donnez par vostre lettre du dernier de may. En ce cas son séjour ne pourra qu'estre inutile. J'attens des nouvelles de ce qui en aura réussi comme ie fais de celles de la cour par ce retour du sieur de Belluion. S'il y a chose digne d'arriver iusques à vous, vous en aurez vostre part. Conservez-moy, s'il vous plaît, celle que vous m'avez promis en votre bonne grâce puisque ie suis, Monsieur,

Votre très humble et très affectionné serviteur.

LESDIGUIÈRES.

A Grenoble le 6 juin 1615.

LXXV. 1615 — 22 JUIN.

Orig. — A M. Viaud-Grandmaison, à Nantes.

[A MONSIEUR LE MARQUIS DE RAMBOUILLET.]

Monsieur, le Roy m'a fait l'honneur de m'envoyer advis de la depesche que vous avez eue de sa Majesté par le sieur de Poigny, et obeissant au commandement qu'elle m'a donné, j'ay escrit à son Altesse affin qu'elle se porte à la tranquilité qui luy est procurée et désirée par sa Majesté sous les seures et honnorables conditions qui luy sont proposées par vostre entremise et sage conduite. C'est elle qui fait esperer une bonne issue à cette negociation. Dieu le veuille ainsi, et vous conserve, Monsieur, en parfette santé selon vostre desir et le souhait de

    Vostre bien humble et plus affectionné serviteur.

LESDIGUIÈRES.

Monsieur, si les sieurs de Marcieu et de la Fare estoient partis pour revenir de deca, je vous supplie me renvoyer ou suprimer les letres que je leur escris à mesme temps que cette cy.

A Vizille ce 22 juin 1615.

LXXVI. 1615 — 13 JUILLET.

Orig. — A M. le Dʳ Viaud-Grandmaison, à Nantes.

[A MONSIEUR LE MARQUIS DE RAMBOUILLET.]

Monsieur, vous sçaurez de la bouche de monsieur de la Fare le suiet de son voiage en Piedmont, et par cette-cy recevez, s'il vous plaît, un nouvel offre de mon service; je vous supplie d'en faire assuré estat puisqu'il vous est entierement acquis. Je n'ay point apris des nouvelles de la cour depuis le passage du courrier Picault qui méritent vous estre escrites; mais i'en attens de iour à autre, par la venue de monsieur de Créquy. Si i'aprens chose qui soit digne de vous, ie ne manquerez de vous en faire part; continuez-moy, s'il vous plait, celle que je me promets en vos bonnes graces et ie continerez d'estre, Monsieur,

    Votre très humble serviteur.

LESDIGUIÈRES.

A Grenoble ce 13 juillet 1615.

LXXVII.   1615 — 16 Juillet[1].

Cop. — B. N. MS. F. 15818, p. 202.

[A MONSIEUR LE MARESCHAL DES DIGUIÈRES.]

Mon cousin, il y a cinq ou six jours que je feis partir le sieur Frère pour vous aller trouver et vous porter mes instructions & resolutions sur le subject de l'accomodement des affaires de Piedmont, et aussy pour commencer à conferer avec vous de ce qui seroit à fere en cette assemblée que ceux de la religion pretendue refformée tiennent à Grenoble ; et maintenant vous envoie le sieur de Créquy qui vous porte le memoire ou instruction de ce qu'il semble estre advisé de représenter en mon nom en ladicte assemblée, par où vous verrez tout ce que je vous pourrois escripre plus particullierement sur ce subject. Il est seullement question de vous resoudre sy vous acceptez la charge de parler de ma part en ladicte assemblée, ou non ; sy l'acceptant vous trouverez bon que lesdicts sieurs de Créquy & Frère ou l'un des deux tel que vous les veuillez choisir vous assistera ; ou ne l'acceptant pas sy vous approuveres que lesdicts sieurs de Créquy & Frère conjoinctement ou

---

[1] Cette lettre est sans date, mais les instructions qui l'accompagnent sont datées du 16 juillet 1615. Ainsi que plusieurs des pièces suivantes, elle est relative à l'assemblée tenue par les réformés, à Grenoble, qui fut une des principales causes de la scission qui ne tarda pas à se produire entre eux et Lesdiguières.

Cette assemblée fut autorisée par brevet du 17 février 1614 et le lieu de réunion fut fixé à Grenoble par brevet du 12 avril. Un nouveau brevet du 22 mai fixa l'époque de sa réunion au 25 août 1614 ; un autre en ordonna le transfert à Gergeau (4 avril 1615), enfin un dernier brevet royal la fixa de nouveau à Grenoble et au 25 juillet 1615 (24 mai 1615). L'assemblée s'ouvrit le 17 juillet 1615, les députés du Dauphiné furent Morges, du Villard, Vulson de la Colombière, Bouterone et Livache. Le baron de Blet fut nommé président et modérateur ; Durant, pasteur à Paris, adjoint ; Marnal et Boisseul, secrétaires. Lesdiguières se rendit pour la première fois à l'assemblée le 20 juillet et signa le 24 l'acte d'union entre les églises. Créqui et Frère furent chargés de représenter le roi près de l'assemblée et ils l'engagèrent à terminer promptement son travail. Le 3 août, le Béarn renouvela ses plaintes sur les persécutions qu'on lui faisait subir ; l'assemblée promit de le soutenir. Le 29 juillet et le 9 août le prince de Condé envoya deux missives à l'assemblée par lesquelles il se plaignait amèrement de la marche du gouvernement, de ses procédés à son égard et demandait l'aide des réformés. Le 17 août le président Frère, l'un des commissaires du roi près de l'assemblée, se plaint vivement de ce qu'elle a accepté le manifeste du prince de Condé si contraire à la fidélité due au roi. La compagnie, en réponse, prête un nouveau serment de fidélité et d'union et envoie des députés à MM. de Rohan, de Soubise, de Sully, de Bouillon et au prince de Condé. Le 4 septembre le prince de Condé fait proposer à l'assemblé de voter les articles suivants : 1º Union pour la sureté de la vie du roi et conservation de son autorité ; 2º opposition à la réception du conseil de Trente en France ; 3º opposition au mariage du roi avec une infante d'Espagne ; 4º châtiment des mauvais conseillers du roi ; 5º réforme de son conseil privé ; 6º union et correspondance entre les églises ; 7º promesse de se soutenir mutuellement. Ils sont présentés à Lesdiguières qui écrit à ce sujet à la reine. Le 9 septembre nouvelle lettre de Condé qui denonce la

l'un d'eux sepparement, fasse cette office. J'ay remis tout cela sur vostre choix, prudence & jugement et veulx qu'il soit en cela usé en toute la conduite de cette affaire tout ainsy que vous estimerez estre plus à propos, car j'ay une sy entiere et particullière confiance en vostre zele & affection au bien de mes affaires, que je scay qu'elles ne pourront estre que très bien conduictes & addonnées quand vous y mettrez la main et y apporterez avec vostre soing & vigilence la grande expérriance que vous vous y estes acquis. Je remets donc entierement cette affaire soubz vostre direction & vous prie de les ambrasser avec la même intention & bonne devotion que vous avez tousjours tesmoignées & faict paroistre en toutes les aultres qui vous ont esté commises tant par le feu Roy, mon seigneur & père, que par moy depuis son decez. Je vous envoye pour cet effect trois ou quatre diverses lettres que j'escripts au corps de l'assemblée, affin que vous choisissiez celle de laquelle vous ou ceux qui se présenteront de ma part en icelle se debvront servir, et faudra brusler les aultres comme inutiles. Je ne vous escriray rien icy de particullier sur ce subject, seullement je vous prieray de fere prendre garde à deux ou trois choses qui importent; asscavoir qu'il ne soit admis en ladicte assemblée aulcung estranger ny autre ayant charge de prince, seigneur ou republicq estrangere pour quelque cause & pretexte que ce soit; puis après de considerer quelles princes ou grands d'entre mes subgets soit d'une ou d'aultre relligion y envoyeront ou quelles affaires ils y voudront traicter, parce qu'il semble

guerre qui se prépare contre les réformés. On la communique à Lesdiguières. Favas envoyé de l'assemblée à Condé est arrêté. Le 19 septembre lettres du roi et de la reine sa mère refusant d'accepter les remontrances de la compagnie. L'assemblée se décide à changer de résidence, sous le prétexte d'une maladie contagieuse qui sévit, mais en réalité pour éviter la surveillance malveillante de Lesdiguières. Le 21 septembre Lesdiguières engage vivement l'assemblée à rester à Grenoble. La compagnie décide le contraire. Le lendemain un député de la province de Dauphiné vient haranguer Lesdiguières pour tâcher d'apaiser son mécontentement. Le 23 l'assemblée écrit au roi qu'elle change de lieu de résidence mais reste néanmoins ferme dans sa fidélité à son égard.

Dans les instructions qui accompagnent la lettre précédente le roi enjoint à Lesdiguières de faire connaître à l'assemblée que sa politique extérieure a été toujours favorable aux réformés; que ses relations avec le roi d'Angleterre et les cantons suisses sont excellentes; qu'il l'engage à repousser toute proposition contraire à son autorité qui lui serait soumises; que les suretés accordées aux réformés leur seront inviolablement maintenues et l'édit de Nantes exécuté dans sa pleine teneur; qu'il examinera avec soin les cahiers de l'assemblée qui lui seront présentés mais qu'il demande qu'on procède dans le plus bref délai au choix de six députés généraux, principal sujet de l'assemblée; qu'il défend de recevoir aucun ambassadeur des puissances étrangères et de faire aucune union ou ligue entre les sujets du roi. Cest instructions datées du 16 juillet 1615 existent en copie à la Bibl. nat. (MS. F. 15818, p. 197).

Le 14 août le roi, en réponse aux lettres et manifestes du prince de Condé, envoya à Créqui un mémoire destiné à justifier sa conduite à l'égard de ce prince et ses amis; il affirme avoir accepté toutes ses propositions et celles de ses partisans et que cependant le prince n'en a plus été satisfait dès ce moment; il ajoute que c'est dans un but d'ambition personnelle que ces princes préparent un soulèvement et qu'ils les rend responsables des malheurs qu'ils attireront sur le peuple (B. N. MS. Brienne, vol. 223, p. 79. Copie).

Tel est le résumé des actes de l'assemblée de Grenoble.

que les envoyés ne doibvent estre permis ny aux ungs ny aux autres sans mon sceu & congé & ne peuvent que me mettre grandement en umbrage de l'affection, fidellité & bonne intention de ceux qui s'y laisseront porter. Et, pour fin, aurez la main que l'on ne propose en cette assemblée que des choses qui y doibvent estre traictées et que l'on ne se mette en oppinion de la vouloir tenir sur piedz et la prolonger par dela le temps qui est convenu pour la resolution d'icelle. Ce sont les points principaux dont j'ay estimé vous voulloir escripre sommairement, plustost pour vous en remantevoir[1] qu'aultrement, remettant tout le surplus à vostre prudence & bonne conduite. Au surplus je suis tousjours sur les termes de faire mon voyage de Guyenne et ay retardé quelques jours pour essayer de disposer mon cousin le prince de Condé de revenir près de moy pour y prendre le rang & place qui est deub à sa quallité. Le sieur de Villeroy est encore pres de luy pour cest effect, duquel j'attends icy nouvelles et je vous feray scavoir le succès que aura en ceste negociation. Cependant je prie Dieu, etc.

[Louis.]

LXXVIII. 1615 — 14 Aout.

Autog. — B. N. MS. F. 15582, p. 39.

A MONSIEUR, MONSIEUR DE VILLEROY, CONSEILLER AU CONSEIL D'ESTAT DU ROY.

Monsieur, je me sens de nouveau vostre obligé de la souvenance que monsieur de Verdoin m'a tesmoignée de vostre part, et de la lettre qu'il vous a pleu m'escrire le cinquiesme du prézent, qui m'a esté envoyée par monsieur d'Halincourt. J'y ay veu le regret que vous avez de voir les afferes au mauvais estat ou chacun les voit, vostre aprehention d'en voir l'empirement, et le désir que vous avez qu'elles puissent estre relevées iusques au point de l'affermissement de la tranquilité, contraires aus mouvements qui la menacent. Vostre prudence y a travaillé, et veritablement il faut croire que vostre iuste dessin n'a esté traversé que par un malheur qui envie le bonheur de la France[2]. Si ne faut-il pas en cete tourmente abandonner le gouvernail, vous estes le meilleur pilotte qui le puisse tenir. Ledit sieur de Verdoin m'a dit que vous désiriez que je fisse offre au Roy d'y mettre la main.

[1] Faire ressouvenir.
[2] Ces malheurs auxquels fait allusion Lesdiguières sont les soulèvements du prince de Condé, du duc de Mayenne et des autres princes.

Je recognois ma foyblesse pour un si grand affere, mais i'y porteray tout ce que sa Majesté me commandera et que vous trouverez bon sur toutes choses. Avenant que sa Majesté me commande, que i'envoye vers monseigneur le Prince, pour essaier de le fleschir a prendre une doulce voye aux ocasions presentes[1], je vous suplie de toute mon affection et vous coniure par l'inclination naturelle que vous avez au bien de l'estat, m'instruire de ce que i'ay à fere pour y parvenir au contentement de sa Magesté, estant bien asseuré que ie ne me pourroy esgarer si je marche par les brizées que vous avez laissées au chemin de vostre dernière negociation. Vous ne me refuserez point ceste faveur puisque ie le vous demande pour servir sa Magesté et son estat. Ce courrier est despesché pour le sujet de la lettre que monsieur de Pontchartrain vous fera voir. Je vous escry et ie vous suplie de luy dire qu'elle ne soit veue que de peu de personnes, autrement ce seroit oster à ceux qui veulent servir, le moyen de le bien faire. Tenez tousiours en très bonne grace, Monsieur,

Vostre très humble et plus obéissant serviteur.

LESDIGUIÈRES.

A Grenoble le 14 aoust 1615.

[1] La lettre suivante du prince de Condé à Lesdiguières montre combien peu celui-ci avait réussi à le calmer et à modifier ses dessins :

« Monsieur, oultre ce que le sieur de Veneuelle vous aura desia dict de ma part et de l'estat auquel estoyent nos affaires lors de son partement, vous apprendrez par le sieur de Cagny ce que a suivy ma declaration et s'est passé depuis l'extreme mespris et la necessité laquelle me contraint de prendre les armes et de recourir aux remèdes extrêmes après que ma trop longue patience a passé toutes bornes. Il vous dira aussy les moyens que Dieu m'a donné pour deffendre une si bonne cause, dont la justice vous estant connue je ne doubte point que vous ne m'y assisties de vostre pouvoir, ainsy que tous les bons François a qui elle est commune et avec lesquels je joinct l'interest que j'en ay pour le rang que i'ay en ce royaume et l'auctorité que ma qualité m'y donne pour le byen du service du Roy et la conservation de sa couronne & pour la vengeance de la mort du fu Roy qui a esté iusques icy mesprisée. Le sieur de Cagny vous dira d'autres particularités de ma part que je remets a sa suffisance, dont je vous prye de croire et vous asseurer que n'y ayant personne qui vous honnore plus que moy, je suis aussy veritablement, Monsieur, vostre très affectionné serviteur.

« HENRY DE BOURBON.

« Du Camp de Montcornet le XIe septembre 1615. »

(B. N. MS. Dupuy, vol. 323, p. 210. Copie).

LXXIX.   1615 — 25 Aout.

Orig. — B. N. MS. F. 15582, p. 43.

A MONSIEUR, MONSIEUR DE VILLEROY.

Monsieur, je commenceray cette lettre par la satisfaction que ie doibs à la fin de la vostre du XVIIe de ce moys, vous envoyant la coppie veritable de celle que je receuz il y a quelques jours de vous du cinquiesme, par la main de monsieur de Verdoin, et quand il vous plaira l'original je le vous envoieray. Il est veritable, Monsieur, qu'il n'a esté veu que de monsieur le president du Faure et de monsieur Frère; je ne say ce qu'on en peut discourir, ce ne peut estre à vostre preiudice si ce n'est autant que l'envye attaque quelques foys la vertu qui toutesfoys, quoyqu'oprimée, demeure tousiours victorieuse. Je ne voy rien en vostre lettre que la plainte & l'aprehension du mal qui menace cet estat, le desir qu'il y soit remedié avant qu'il empire et le regret que vous avez de n'avoir peu reprendre en cela. Et de vray en communiquant ladicte lettre c'a plustost esté pour fere admirer vostre vertu et vos mouvemens qu'a autre dessin, mays, sans vouloir obscurcir vostre gloire, je seray doresnavant retenu autant que j'ay esté libéral et libre de fere voir ce que j'estimeray devoir retenir à moy seul. Ledict sieur Frère va vers leurs Magestés pour s'y trouver sur le point de la presentation qui leur sera faicte du cahier de l'assemblée; il a tout veu & sceu une partye de tout ce qui s'y est passé. Il vous en entretiendra et donnera compte à leurs Magestés de tout ce qui est venu à sa cognoissance; sa suffisance me gardera de vous faire plus longue lettre, qui sera retranchée² sur le poinct de la nouvelle offre que je vous fay du service qui vous a esté de longue main voué, Monsieur, par

    Vostre tres humble et plus obeissant serviteur.

                                  LESDIGUIÈRES.

A Grenoble le XXVe aoust 1615.

---

[1] De l'assemblée de Grenoble.   [2] Fi: ie.

LXXX.   1615 — 5 Septembre.

Orig. — Arch. de la Drôme. E. 3400.

AUX CONSULS & COMMUNAUTÉ DE PIERRELATTE.

Consulz de Pierrelatte, je vous ay desia escrit que vous ne devez point comprendre ceux de la religion de vostre lieu aux reparations des eglises & payement des prescheurs, en estant entierement exemps par l'edict de paciffication; et cependant on me fait entendre que vous continuez à les presser & pour l'un et pour l'autre, sans avoir egard à tout ce qui vous en a esté representé de ma part. Souvenez-vous que si vous percistez à cela & qu'ils recourent aux commissaires [1], et à moy en particulier, je leur feray rendre si bonne justice en leurs justes plaintes que vous n'aurez plus d'envye de les oppresser. Je m'asseure que vous pourvoyrez à leur solagement sur ce suget & je demeureray

Vostre entier et parfet ami.

LESDIGUIÈRES.

5 septembre 1615, à Vizille.

[So]uvenez vous que si vous ne pourvoyez [à c]e que dessus, à la première requeste que ceux de la religion presenteront vous serez contrains à la restitution de tout ce que vous avez exigé sur eux pour ces deux sugets là.

LXXXI.   1615 — 21 Septembre[2].

Imprimé : *Advis donné par monsieur le Mareschal Des Diguières à l'assemblée de Grenoble.*
s. l. broch. 10 pp. in-12.

ADVIS DU MARESCHAL DE LESDIGUIÈRES A L'ASSEMBLÉE DE GRENOBLE.

Messieurs, les deputez des églises réformées de ce royaume assemblez, par la permission du Roy, en la ville de Grenoble, ont tousiours

---

[1] Commissaires délégués pour l'exécution de l'édit de Nantes.

[2] Cette pièce est datée du 21 septembre dans une édition donnée par le *Mercure de France*,

fait l'honneur à monsieur le Mareschal des Diguières de rechercher ses advis sur les principales occurences de leur députation. Il les leur a donez avec toute sincérité, & autant qu'il a estimé iuste & necessaire à la manutention desdites églises, à la tranquilité de l'estat, & au respect et service deub à sa Maiesté par ses très humbles subiects et serviteurs, faisans profession de la vraye religion : de quoy il prend Dieu pour tesmoin, l'appellant à sa ruine & confusion, s'il n'a en cela procédé droictement, & en équité de conscience.

Cecy se dit par ledit sieur Mareschal, pour ce qui s'est passé en l'assemblée desdits sieurs députez, depuis leur arrivée iusques au dix neufiesme de septembre 1615, que ladicte assemblée a commis et envoyé vers luy un bon nombre de ceux de son corps, pour luy com-

---

t. IV, p. 266. C'est à cette date en effet qu'il fut lu à l'assemblée de Grenoble. Voici comment s'expriment à cet égard les procès-verbaux de cette assemblée.

« M. le Mareschal Des Diguières estant venu en l'assemblée, selon que dès le 19ᵉ de ce mois il avoit faict entendre ce desir, y a desduit les raisons pour lesquelles il jugeait que l'assemblée ne devoit changer de lieu, toutes lesquelles raisons regardoient principallement l'interest dudict seigneur. Après quoy il auroit donné certain escript qu'il auroit dict contenir son discours quoyque beaucoup different d'iceluy, ce qu'il auroit faict en presence des envoyés de nos grands à cette fin appellés; lesquels ayant été requis de donner leur advis sur la proposition, après que le sieur de Hautefontaine pour messieurs de Rohan & Soubize a discertement representé ce qui faisoit à considerer pour & contre, & conclud au changement moyennant que ce ne fust en place commandée par aucuns grands de nostre profession afin que l'assemblée seulle eust l'honneur et la grace de ses resolutions, tous les autres deputtés des grands auroient suivi son advis & tous ensemble de nouveau protesté de despendre absolument des resolutions de l'assemblée. Quoy faict ledit seigneur Mareschal s'estant retiré et lui envoyés des grands, ladicte assemblée auroit remis sa resolution à l'après dinée. Ce mesme jour à l'apres dinée suivant la remise, la question du changement de lieu ayant esté mise en deliberation par voix & par provinces la compagnie a jugé très expédient pour le bien des affaires de nos Esglises, seureté & commodité de nos deputés en icelle à cause de la malladie contagieuse qui est es lieux circonvoisins, rigueur de l'hiver qui commance en ce lieu, esloignement des provinces & plusieurs autres raisons, mais principallement affin qu'elle se retienne la grace de ses bonnes intentions & resolutions au service du roy et bien de l'estat à l'exclusion des particuliers qui voudroient peut-estre s'en advantager au prejudice d'icelle, de se transporter de ce lieu en quelque autre plus commode. Ce que neantmoings désirant faire avec la grace et le gré de monsieur le mareschal Des Diguieres, elle a trouvé bon de desputer vers luy de rechef pour lui faire gouster les raisons dudict changement & le trouver bon suivant les protestations qu'il en a faict avant l'arrivée de l'assemblée en ce lieu & son serment de demeurer en l'union des Eglises & de contribuer pour leur bien tout ce qui seroit de luy............Quelque temps après les depputés susnommés seroient retournés qui auroient rapporté que monsieur le Mareschal Des Diguières les avoit assurés qu'il demeuroit en l'union des Esglises et que pour icelles, nonobstant le desplaisir qu'il a du despart de l'assemblée il employera ses biens & sa vie, mais que d'escrire au roy sur cette occurrance il n'estimoit pas le pouvoir ny le devoir (21 septembre 1615).

(Orig. — B. N. MS. F. 15818 p. 41.)

muniquer des lettres qu'elle a receues du Roy, de la Royne, de messieurs de Rohan, de Sully et des deputez qu'elle a envoyez à la Cour, & le requerir de luy donner conseil sur lesdites lettres : ce qu'il a sommairement fait ausdits sieurs commissaires, ausquels il a néantmoins promis de le donner de sa bouche & par escrit à ladite assemblée.

Satisfaisant à ceste promesse ledit sieur Mareschal, le lundy 21 estant en ladite assemblée, luy a dit que les lettres de leurs Maiestez sont pleines de la démonstration de leur bonne volonté, & que lesdicts sieurs de Rohan & de Sully faisoit paroistre par les leurs l'union & correspondance, qu'ils vouloient avoir aux resolutions de ladite assemblée, ce qui ne se pouvoit assez louer, ny eux en estre trop estimez, mais, que ladite assemblée (qui semble vouloir prendre resolution de retirer de ceste ville, à cause que les lettres qu'elle a eues de ses députez à la Cour, ne luy font pas beaucoup esperer de la response au cayer de ses remonstrances et requestes) ne doit partir de ladite ville, qu'elle n'ayt eu la responce, & les commandemens du Roy. Et si elle n'a le contentement qu'elle desire par ladite responce, il se pourra obtenir en reiterant les très humbles requestes, qui donnent accez à sa Majesté, & qui font qu'elle reçoit & voit ses subjects.

Car, de dire (comme ladite assemblée a fait dire audit sieur Mareschal par lesdits sieurs comissaires) qu'après sa sortie de ceste ville elle se retirera & demeurera en corps, en un autre lieu, ainsi qu'il s'est fait un peu avant l'edit de Nantes : il se respond qu'il n'y avoit nulle paix establie pour ceux de la religion, qui vivoient sous des tolérances ou tresves en ce temps là, & qu'a present se donner ceste licence, c'est manifestement rompre ledit edict, & ruiner les églises : joint que lesdits sieurs deputez ne peuvent faire ce changement de lieu sans le communiquer à leurs provinces & en avoir eu leur advis, quand mesme ils en auroient la permission du Roy, & ne l'ayant point, c'est outrepasser le commandement de sa Majesté, c'est marquer de la deffience où il n'y en a nulle occasion, c'est se faire noter de légèreté par un illicite changement du lieu demandé & accordé, c'est sortir de la reigle, c'est offenser sa Maiesté & donner à croire, que ses suiets de la religion (qui ont de tout temps monstré aux autres l'exemple d'une parfaicte obeyssance) proiettent une rebellion manifeste, sans aucune cause légitime.

L'offense qu'en recevra sa Maiesté, sera sensible, & ne se trouvera que trop de personnes, qui la lui feront sentir plus picquante, spécialement ceux qui se veulent authoriser par les armes, & en avoir la principale & suprême charge, à laquelle ils aspirent.

Il est donc à craindre qu'en voulant faire les mauvais, comme font ceux qui disent qu'on ne donne rien que par crainte à la Cour, & essayans s'affermir par des boutades de feu de paille, on ne se trouve enferré en une guerre non preveue & impourveue, dont les inconvéniens, sont aussi grands qu'inévitables.

On a pensé au retardement des mariages[1] : il n'est plus temps. Le Roy y est trop avancé, & monseigneur le Prince qui est à l'autre extrémité du royaume, ne faict rien qui soit capable pour le différer : mesme il me semble qu'il se départe de ceste instance, pour se contenter qu'il soit pris reiglement suivant les anciennes ordonnances, qui veulent que les estrangers n'ayent point de part au conseil, ny aux offices & bénéfices du royaume.

Ces mariages accomplis, & l'espérance de les pouvoir empescher, perdue, il ne faut point douter que la Royne ne se rende facile à contenter monseigneur le Prince sur le reste de ses demandes : & desia parloit-on à Tours, d'envoyer le sieur de Rignac vers monsieur de Bouillon, & monsieur de Nevers, qui se tient neutre, est tout prest de s'employer à ce traicté; joinct que comme monseigneur le Prince est résolu à ne rien attaquer, monsieur de Bois-Dauphin[2] est commandé de ne s'advancer point : coniecture qui faict croire que de part & d'autre on ne veut rien desespérer. Il faut donc demeurer dedans les termes de la prudence, pour ne point attirer la haine du trouble de l'estat sur lesdictes eglises.

Il faut que l'assemblée, par une singulière prudence, préjuge de ce qu'elle peut obtenir selon la condition presente de l'estat & la nostre. Nous devons nous mesurer à ce que nous pouvons, & non à ce que nous voulons; à ce qui ce peut, & non à ce que nous estimons nous

---

[1] Le mariage du Roi avec une infante d'Espagne.

[2] Urbain de Montmorancy-Laval, marquis de Bois-Dauphin, maréchal de France, avait été mis par la Reine à la tête de l'armée destinée à couvrir Paris; au bout de quelques mois une intrigue de cour lui fit retirer ce commandement. Il n'avait pas su, du reste, atteindre le but qu'on lui avait indiqué, qui consistait à empêcher les petites armées des princes de se réunir et de pénétrer dans le centre de la France. Il faut lire le récit de cette campagne dans les *Memoires de Bassompierre* (Paris, Renouard, 1873, vol. II) qui y joua un certain rôle.

estre deu & serrer le plustost qu'il sera possible, pour ne demeurer en obiect de malvueillance. L'experience fait ainsi parler ceux qui l'ont, comme le dict sieur Mareschal, pour attiédir la chaleur bienseante aux plus ieunes.

Si on chemine tousiours par des pendans, sans doute on tombera au précipice de la guerre. Voicy les inconveniens qui en ensuivront, & qui ne se peuvent éviter.

Nous avons voulu rejoindre & faire paroistre nostre union, & elle se demanchera[1] de plus en plus, car il s'y trouvera un grand nombre de ceux de la religion, qui (sages et bien advisez) ne voudront consentir à leur ruine.

Lesdits sieurs députez de l'assemblée, ausquels la paix a esté surtout recommandée, se trouveront desadvouez à leur retour, & leur sera demandé pourquoy et comment ils auront conclu des choses sur lesquelles ils n'avoient pas seulement charge d'opiner.

Le Roy sera conseillé de prendre le chemin ou de la rigueur, ou de la douceur : si de la douceur, en laissant vivre sous ses edicts ceux qui s'y contiendront, il soustraira à ceux qui auröt pris les armes la pluspart des hommes desquels ils pourroient estre assistez, & ainsi il aura bon marché d'eux, & de la ruine des premières places prises, les fossès des autres seront comblez. Si de la rigueur, en défendant l'exercice, & maltraitant ceux de la religion, qui n'ont point de retraite, il se perdra en un iour deux ou trois cens Eglises, & entre icelles des plus florissantes, que depuis dix huict ans en ça on a (avec beaucoup de peine) retiré de dessous les ruines, en danger de ne les pouvoir iamais relever, les Iesuites leur tiendront le pied sur la gorge, ne perdront pas l'occasion de faire des massacres, trouvans les peuples acharnés contre ceux qu'ils estimeront autheurs de la guerre.

Les bons François (qui nous plaindroient et mesme fraterniseroient avec nous, si on nous persécutoit sans sujet) nous auront en détestation, comme personnes inquiètes, qui cerchent querelle & ne peuvent demeurer en repos & à leur aise.

Les princes et estats estrangers nous condamneront comme turbulens qui courent sus au bas aage du Roy, veulent tirer de l'utilité de toutes les playes du Royaume, & par là affoiblissent autant qu'ils

---

[1] Se dissoudra.

peuvent & les conseils et les forces d'iceluy, seul contrepoids de la chrestienté à la grandeur qu'ils redoutent[1], lesquels, autrement, si on nous vouloit oster nos edicts ou nous seurtez, prendroient nostre defence & soustiendroient notre cause.

Les Eglises mesmes ausquelles on laissera la liberté pour le seur usage qu'ils en retiendront, blasmeront celles qui la mettent en peril, maudiront leurs armes, & de là (quelques temps qui puissent arriver) une division irreconciliable.

De cette guerre, enfin, quels en pourront estre les evénemens? Il faut que ceux qui y ont passé depuis quarante ans & plus, en facent le iugement, ils considéreront la difference qu'ils ont veue entre les armes necessaires & celles de gayeté de cœur, entre les resolutions d'un homme de la religion, pressé et persecuté, & d'un qui peut vivre à son aise; se ressouviendront combien de fois nos pères & nous avons souspiré après une telle liberté, que celle que nous avons; remarqueront qu'il n'y a estat en la chestienté, sous un prince de contraire religion, auquel elle soit telle. L'evangile presché par tout, le sainct Ministère entretenu en partie des finances du prince, nombre de places & de garnisons, pour leur seurté, à ses despens, chambres instituées exprès pour leur rendre iustice. Esquelles choses s'il y a quelque manquemens (comme de faict qu'il n'y a que trop) on peut iustemment se plaindre & requérir qu'elles soient réparées ou supplées pour de tant plus amender & affermir la condition de nos Eglises, mais non iusqu'à sortir des limites, soit de conscience, soit de prudence: de prudence[2] en portant les affaires aux armes, qui ne peuvent estre bénites de Dieu, qu'en tant que iustes, & ne sont iustes qu'en tant que necessaires. De prudence, en hazardant evidemment contre des armes & plus fortes & plus préparées que les nostres, une condition certaine, en espérance mal asseurée de quelque leger advantage.

Ici on repartira, que nostre condition n'est pas asseurée, puisque ces mariages sont faicts & instituez (disent les Iesuites) pour l'extirpation de l'heresie. Sur quoi on peut dire, qu'un prince qui prend la fille de son voisin, n'espouse pas ses conseils, ne despouille pas ses propres interests, & ne mest pas volontiers le feu à son estat pour luy faires plaisir; de quoy on peut donner des exemples. Mais on dira que

---

[1] Celle de l'Espagne.   [2] C'est certainement *de conscience* qu'il faut lire.

c'est une prudence à contre pied, de se jetter dedans le feu, pour fuir la fumée, d'anticiper sa ruine, pour l'éviter; que nous avons le loisir de voir venir l'orage, & nous préparer à nous en garder; que iamais il ne réussit bien d'un combat où on est porté par inconvenient, & non par dessein. Après tout, qu'estans demeurez en nostre devoir, si on nous veut oster nostre religion, ou chose, dont nostre liberté ou seurté dépende, acquise par le sang de nos pères et le nostre, à nous octroyées par ce grand Roy, restaurateur de la France, nous entrerons en ceste carrière, pleins de iustice & de vray zèle, retrouverons en nos poitrines le cœur & la vertu de nos ancestres, serons supportés en nostre iuste défence de tous les bons François, assistez de nous princes et estats, qui ayment, soit la vraye religion, soit le bien de cest estat & (en un mot) favorisez de la benediction de Dieu que nous avons cy devant manifesment esprouvée en nos iustes armes, qu'il fera reussir à la gloire de son nom, & à l'avancement spirituel de nosdites Eglises.

Ces raisons bien prises, comme elles le doivent estre de ceste assemblée, la fera aller au chemin du devoir, allentira les humeurs precipitées et atiedira les courages trop bouillans, pour estre retenus dedans le devoir de bons & pacifiques subjets et serviteurs du Roy, lequel sera, en ceste façon, esmeu de leur accorder plus qu'ils n'ont esperé, & qu'ils ne pouroient obtenir par les voyes extremes, dont ledit sieur Mareschal est d'avis qu'il se faut abstenir, si une iuste necessité n'y porte les plus paisibles, & par ainsi il conseille lesdits sieurs députez d'atendre ici ceux qu'ils on envoyé à sa Majesté, pour avoir son bon plaisir.

Ce n'est pas seulement l'advis dudit sieur Mareschal, c'est aussi celuy de plusieurs seigneurs de ladite religion. Il supplie lesdits sieurs deputez de le prendre, pour son regard, en bonne part, & s'asseurer que iamais il ne manquera de marcher en toute rondeur pour le bien et avantages desdictes eglises, dedans l'union desquelles il demeurera, & dedans l'honneur, et le respect qu'il doit & veut rendre à ladicte assemblée[1].

[1] On pourra lire dans les *Mémoires et Correspondance de Duplessis-Mornay* (Amsterdam, Elzévir 1652, p. 418) une belle lettre écrite par lui à Lesdiguières, dans laquelle il recommande également la prudence et la paix à l'assemblée de Grenoble et où il exprime la crainte que la prise d'armes des princes n'amène dans l'avenir les plus funestes résultats. Elle est datée du 7 septembre 1615.

LXXXII.   1615 — 21 Septembre [1].

Imprimé : *Histoire de la vie du Connetable de Lesdiguières*, par L. Videl. Paris, 1638, p. 266.

[DISCOURS DU MARESCHAL DE LESDIGUIÈRES A L'ASSEMBLÉE DES ÉGLISES RÉFORMÉES TENUE A GRENOBLE]

Messieurs, il vous a pleu jusques icy, de prendre mes avis en vos plus importantes délibérations, & de me communiquer, depuis peu, les lettres que vous avez receues du Roy, de la Reyne sa mère, & de monsieur de Suilly, avec une copie de celle de monsieur de Rohan à leurs Majestez, & de vos deputez à vous mesmes ; de quoy je m'estime d'autant plus vostre obligé, que ce soin me tient lieu d'une preuve particuliere de la confiance que vous prenez en moy. Mais pour ce que je n'ay pu vous y faire encore part de mes sentimens, selon vostre désir, ny repartir[2] sur le champ à vos demandes, je vous ay priez de trouver bon, que je vinsse dans vostre assemblée, pour vous y tesmoigner avec une sincere liberté, le sentiment que j'ay de nos communs interests. Premierement, il me semble que leurs Majestez ne tesmoignent aucun mescontentement de vostre assemblée, & qu'au contraire leurs lettres sont pleines de termes de douceur. Monsieur de Suilly vous asseure de son affection au bien de nostre cause, & monsieur de Rohan y fait hautement paroistre son zèle ; mais pourtant il n'y a rien, d'où l'on puisse inferer, ni seulement soupçonnner, qu'ils se veuillent porter à aucune violente resolution. Et quand à vos deputez, il est bien vray qu'ils n'osent pas se promettre une favorable response, mais aussy m'avouerez-vous qu'ils n'en veulent pas desesperer. Or, Messieurs, pour ce qu'il me semble que prenant un peu trop tost l'alarme, vous meditez de vous transporter ailleurs, appréhendant que monsieur Frère n'arrive & qu'il ne vous porte un commandement de

---

[1] Ce document qui offre une si grande analogie avec le précédent, sinon dans les termes, au moins dans le fond, est-il au nombre de ceux que Videl, qui seul nous l'a transmis, a corrigés et modifiés à sa fantaisie tout en conservant les idées et le plan général ? Est-il au contraire l'original du discours, que Lesdiguières prononça dans l'assemblée et qu'il corrigea et modifia lui-même pour le livrer à l'impression sous la forme de l'écrit imprimé ci-dessus ? Nous penchons pour la première opinion à laquelle la manière habituelle de procéder de Videl donne beaucoup de poids. Nous reproduisons donc cette pièce sous toutes réserves.

[2] Répondre.

vous séparer, j'ay crû que vous me permettrez de vous dire, que ce seroit la plus grande faute que vous pourriez jamais faire; pour ce que, outre la desunion qui arriveroit infailliblement parmy nous, & que vostre resolution ne seroit pas universellement suivie, elle tourneroit au mépris de l'authorité royale, elle nous rendroit indignes de la continuation de ses graces, & la porteroit contre nous à de rigoureux ressentimens. Vostre procédé d'ailleurs, ne seroit authorisé, ny par aucune raison, ny par aucun exemple; car d'alleguer qu'autrefois l'on s'est assemblé sans permission du souverain, cela ne se treuvera point, durant la paix, ny depuis l'Edict sous le bénéfice duquel nous vivons, excepté une seule fois, que pendant une trève faite avant que le feu Roy eût reconnu le Siége Romain, ceux de nostre religion s'assemblèrent à Sainte-Foy, sa Majesté ayant aussitost envoyé un brevet aux députez, pour couvrir cette licence, comme contraire au respect deu par de fidelles sujets à leur prince. Il n'y a plus de raison que d'exemple, qui puisse justifier vostre dessein. Vous devez attendre le retour de vos députez, pour sçavoir ce qu'ils apporteront, & déliberer cependant sur ce que vous aurez à faire, avenant que nous soyons contraints de prendre les armes, pour obtenir la justice que vous pretendez nous estre refusée, ou pour nous deffendre contre ceux qui nous voudront opprimer[1]. Mais vous me direz, que nous sommes menacez de beaucoup de persécutions, si les alliances d'Espagne, resolues par les ennemis de nostre religion, s'accomplissent. Certes, quand cela seroit, nous aurions trop attendu d'y apporter nos remonstrances : or de vouloir l'empescher par les armes, outre qu'elles seroient injustes, l'expérience nous doit avoir appris, la différence qu'il y a d'une guerre que se fait par necessité, à une guerre volontaire, & des résolutions prises durant le trouble, avec celles qui se forment dans le repos. Comparez je vous prie la douceur de celuy dont nous jouissons, aux peines avec lesquelles nos peres nous l'ont acquis, outre que Dieu sera offensé par l'injustice de nos armes, qu'il a tousjours favorisées, quand elles n'ont eu pour but que le soustien de la vérité que nous professons. Pensez combien de malheurs il nous en peut arriver : car si d'un costé il se trouve des provinces, comme il s'en

---

[1] Voilà une phrase qui incontestablement n'est pas de Lesdiguières, elle seule nous ferait juger le document apocryphe ou au moins altéré.

trouvera, qui se contentent de vivre sous le bénéfice de l'Edict, il est certain que le party des autres en sera d'autant plus affoibly, & que nos ennemis en auront une plus grande facilité de les ruiner. Ne sçavons-nous pas aussy, que nous perdrons d'abord plus de trois cents eglises, sans espoir qu'elles se puissent restablir en nos jours. De plus il est infaillible que nous attirerons sur nous, la haine de tout le monde, & nous nous rendrons non seulement odieux à la France, mais à la chrestienté. Pour la fin, Messieurs, vous ne devez pas vous promettre si peu de moy, veu l'interest que j'ay commun avec vous, que je n'attende plus de deux ou trois commandements du Roy, avant que de vous porter de sa part l'ordre de vostre séparation. Mais je vous supplie au nom de Dieu, de considerer sérieusement le malheur qui accompagne les résolutions precipitées, & vous exhorte de prendre si bien vos mesures, que le service que je luy dois, ne m'empesche point de vous rendre celuy que vous pouvez espérer de moy en cette particuliere occasion.

LXXXIII.   1615 — Octobre.[1]

Imprimée : *Extraict de la lettre envoyée au Roy en la ville de Bourdeaux par monsieur le mareschal Des Diguière.* Paris. Jehan Bourriquant, 6 pp. in-12.

[AU ROY.]

Sire, vous n'avez subject ny serviteur qui ayt davantage que moy regretté la perte d'un prince si brave, si juste & si magnanisme qu'estoit le feu Roy mon tres honoré maistre, de la bonté duquel je recongnois tous les plus beaux rayons de ma fortune. Vous n'en avez aussi qui soit davantage que je suis recongnoissant de tels biensfaicts, & qui désire en toutes occasions le tesmoigner à vostre Majesté. Or d'autant que quelques esprits mal informez de ma bonne volonté à vostre service, se sont efforcez de vous imprimer la croyance que je voulois me ranger du costé de quelques uns qui volontiers empesche-

[1] Cette lettre est sans date, mais elle est sans aucun doute de la fin de l'année 1615, puisqu'elle est relative au mariage du Roi qui se traitait et s'accomplissait alors (26 octobre).

roient vostre heureux & désiré mariage; désiré, dis-je, des longtemps de tous les bons & fidels François, j'ai jugé qu'il ne seroit mal à propos de vous delivrer de ceste croyance, & vous asseurer que ces gens là ont fouillé dans la boitte de Pandore, qui leur a mis une taye si espoisse, & sur les yeux & sur la conscience, qu'ils ne peuvent discerner entre ce qui est vray & ce qui ne l'est pas. Pour moy, si par la fidelité de mes services j'ay esté honoré du feu Roy vostre père, je n'en espère moins de vous, attendu que j'ay dedié ce qui me reste de jours au service de vostre Majesté, pour laquelle j'ay à toutes heures avec moy dix mille homme prest de se porter où il luy plaira, n'attendant que ses commandemens. Je ne doubte point qu'ils ne se trouvent quelques uns qui diront que mon aage ne me permet de promettre tant que je faicts à présent de ma personne; mais je veux qu'ils sçachent que la raison et l'affection qui abondent en moy, ne laissent toutesfois d'estre encores si jeunes & si vigoureuses, que tousjours je manieray fort courageusement & sainctement le bien & l'honneur que vous ferez, employant pur vostre service, Sire,

Vostre très humble, très obeissant & tres fidel serviteur & subject.

LESDIGUIERES.

LXXXIV.   1615 — 28 DÉCEMBRE.

Brochure imprimée : *Lettre de monsieur le mareschal Des Diguières envoyée tant à Messieurs de la Rochelle qu'autres chefs de la religion prétendue réformée*. Lyon. Jouxte la copie imprimée à Paris. Avec permission (s. d.).

[A MESSIEURS DE LA ROCHELLE ET AUTRES CHEFS DE LA RELIGION RÉFORMÉE.]

Messieurs, après avoir reçu la vostre, qui m'a esté apportée de vostre part par le sieur du Quesnel, vostre député, le mardy quinziesme de decembre à dix heures de soir, je l'ay chargé des miennes qui respondent principallement à trois chefs. Je vous diray donc premierement que pour ce qui regarde l'interest que vous croyez avoir d'approuver les demandes de monsieur le prince de Condé, dans la conférence de la paix[1], & ce pour la manutention des privileges, franchises & libertez des eglises, je ne croiray jamais que de la vous puissiez honnestement recueillir le fruict de vos prétentions, & qu'il seroit bien plus à propos de vous tenir paisiblement couverts dans l'enclos de vos murailles, que de rendre en ce faisant au Roy vos fidelitez suspectes, & faire croire à leurs Majestez & à tous les catholiques, que vous avez protesté entre les mains dudit sieur Prince, de vos forces, de vos hommes & de vos moyens pour le fortifier davantage à exécuter ses desseins. Secondement sçavoir si le devez recevoir en l'offre qu'il vous faict de protéger les eglises de France; de qui pouvez mieux estre protegez, ou du Roy vostre seigneur ou de luy : avez-vous recogneu depuis la mort du feu Roy qu'on ait seulement pensé à vous oster la moindre de vos franchises? A-t-on molesté le moindre des vostres? Y a il quelqu'un qui soit si téméraire de vous avoir voulu persuader que les alliances d'Espagne ayant esté traictez à dessein de vous perdre & de vous ruiner? Ce sont là les pretextes de ceux, qui les premiers de la religion, ont couru les armes à la main jusques sur les frontières pour s'opposer à l'exécution desdictes alliances comme de vrais ennemis & du Roy & de l'estat, reproche que nul traicté de paix ne pourra jamais éffacer. Estes vous bien fort aveuglez de croire que le prince de Condé ayant posé les armes bas, & s'estant retiré près du Roy, voulut une autre fois assembler ses amis, appeler les estrangers & despendre[2] le sien, pour vous guarantir de la peine que vous pourriez possible[3] encourir, apres que sa Majesté se sera esclaircie de vos bonnes volontez & des bons offices que vous luy rendez auprès le dit sieur Prince? Non, Mes amis, la mémoire des roys est grande pour se souvenir du passé, & quand elle ne le seroit, il n'y a jamais manqué de gens auprès de leurs Majestez pour leur representer l'exemple du passé; par conséquent soit rebelle qui voudra au Roy, mais soyez luy fidelles; luy face la guerre qui voudra, mais maintenant tousjours son party, si vous voulez vivre avec luy en toute liberté; batte la campagne qui voudra pour ruiner ses sujets, mais tenez vous chez vous, & retirez autant qu'il vous sera possible à tout

---

[1] La paix entre la cour et le prince de Condé traitée pendant plusieurs mois ne fut définitivement signée que le 3 mai 1616.

[2] Dépenser.

[3] Peut-être.

ce que vous recognoistrez aller contre son service, & en ce faisant vous ne luy donnerez suject de se plaindre de vous ny ne permettra qu'en façon quelconque on trouble vostre repos. Quant au troisiesme chef pour ce qui concerne les charges qu'on a ostez à quelques uns de la religion depuis ces mouvemens derniers, & qui sont d'importance, & qui vont à l'interest de tout le corps des eglises, je vous diray que quoyque cela ait esté jugé de la sorte en l'assemblée derniere de Saumur, néantmoins le Roy est le maistre, qui dispose de ses biens ainsi qu'il luy plaist, & ne sont lesdits sieurs denommez par la vostre, descheus de leurs estats, dignitez & offices, que pour ce que le Roy les a recogneus rebelles, opposez à ses desseins, contraires à son service, liguez avec ses ennemis, & declarez perturbateurs du repos public; en tel cas sa Majesté n'a fait que son devoir, & telles procédures ont esté approuvées par le Parlement de Béarn, par les communautez de Nismes, de Montauban & Nerac, & mesmes par tous les anciens alliez & amis de ceste couronne. Qu'avez vous donc à vous interesser ? S'il n'y va de la paix vous n'avez que faire avec le prince de Condé, puisque le Roy vous deffend de traiter avec luy : que si de la paix, de vostre costé apportez tous ce qui vous sera possible, comme aussi de ma part je le désire faire, & en ce faisant vous sçaurez comme de longtemps scavez que je suis, Messieurs,

Vostre tres affectionné.

LESDIGUIERES.

Des Granges ce 28 décembre.

LXXXV. 1616 — 26 JANVIER.

Cop. — A M. Arnaud, pasteur à Crest. — Registre des assemblées des protestants en Dauphiné, p. 234.

A MESSIEURS, MESSIEURS LES DEPPUTTÉS DE CEUX DE LA RELIGION REFFORMÉE EN L'ASSEMBLÉE TRANSFÉRÉE PAR LE ROY A MONTPELLIER[1].

Messieurs, encores que je ne puisse approuver vostre assemblée pour n'estre promise ni authorisée par le Roy, si n'ay je voleu laisser

---

[1] Quoique adressée à Montpellier, cette lettre était destinée et fut remise à l'assemblée qui était à Nimes : le roi, par une ordonnance du 12 octobre 1615, lui avait enjoint de se transférer

aller le sieurs de Cagni et du Pas sans faire ceste reponse à la lettre qu'il m'ont randue de vostre part du dix-neuviesme du present[1]. Considerez je vous prie le lieu où vous estes et ce que vous y faites, et quand vous vous serez remis en vostre debvoir, je me joindray à vous pour faire voir avec effect à tous les hommes qui me cognoissent qu'il n'y en a pas ung au monde qui, plus que moy, honore sa voccation en la vraie religion de quoi je fais profession, ni qui de meilheur cœur employe son sang, sa vie et tout ce qui en depand pour la mainctenir en augmantation & nos eglises, soubs le beneffice de nos Roys, en randant une parfaite obeissance à celluy qui règne aujourd'hui sur nous, ainsi que nous debvons sellon recommandemant de Dieu. C'est ce que vous peult maintenant dire, Messieurs,

Vostre bien humble et très affectionné serviteur.

LESDIGUIÈRES.

A Grenoble ce 26 janvier 1616.

LXXXVI. 1616 — 14 FÉVRIER.

Orig. — Arch. de Mme la Ctesse d'Estienne de Saint-Jean, à Aix (Bouches-du-Rhône).

A MONSIEUR D'ASPREMONT CAPPITAINE AU RÉGIMENT DU SIEUR COMTE DE SAULT.

Monsieur d'Aspremont, j'ay fait un nouvel ordre des cappitaines de la recreue du sieur comte de Sault, lequel je vous envoye par extrait; et pour ce que vous en estes le premier, je vous l'adresse affin que vous le faciez observer, desirant que vous m'envoyez l'autre. Et sur ce je demeure, Monsieur d'Aspremont,

Vostre bien humble à vous faire service.

LESDIGUIERES.

A Grenoble le 14 février 1616.

à Montpellier, ce à quoy elle se refusa par une délibération du 18 novembre de cette même année. Lesdiguières feint ici d'ignorer sa désobeissance.

[1] Cette lettre justificative de l'assemblée de Grenoble transférée à Nîmes a été imprimée sous le titre de *Responces de messieurs les députés de Grenoble adressées à monsieur le mareschal Des Diguières et autres de ladite assemblée* (s. l. 1616 in-8°, 16 p.); elle est datée du 16 janvier 1616 et de Grenoble, quoiqu'en réalité écrite de Nîmes; mais l'assemblée se qualifiait toujours d'assemblée de Grenoble.

LXXXVII.   1616 — Février ou Mars.

Cop. — B. N. MS. F. 3786, p. 30.
Imprimé : *Album historique du Dauphiné*, par Champollion-Figeac. Paris, 1846-1847, p. 29.

[A MONSIEUR DE CRÉQUY.]

Monsieur mon fils, je n'ay pas esté trompé en la créance que j'ay eu que la cour de Parlement de cette province ne veriffieroit point l'éedit des triannaux à la première presentation qui luy en seroit faicte; aussy est-il veritable qu'elle a un peu recullé, comme vous verrez par son décret fondé sur une impertinente conclusion du procureur des Estats de ce pais. Il nous fault une commission du Roy à ladicte Cour & lettre de cachet de sa Majesté au receveur général qui est icy en charge, portant commandement de retenir les gages des officiers de ladicte Cour jusques à la verifficatíon pure et simple dudict éedit. C'est le moien d'en venir à bout, ainsy que je l'escry à monsieur de Pontchartrain, n'ayant pas estimé en debvoir ecrire à aultre pour me faire paroistre avec partialité, speciallement à l'endroit de monsieur le Garde des sceaux, ou par mon adveu vous vous debvez tellement mesnager en cet endroit, qu'il ne voye que le seul intérêt du Roy quand la jussion luy sera presentée au sceau, non par autre que par monsieur de Pontchartrain ou par son principal commis. Je suis resolu aussy que quand ladicte jussion sera venue, je n'enployerai que le seul nom de sa Magesté en la presantant. Faictes la expédier durant mon voyage de Piemont affin qu'à mon retour je la trouve icy pour la faire valloir ainsy que vous le desirez. Cependant & pour tousjours je me dy, Monsieur mon fils, comme veritablement je suis,

Vostre très humble père & plus obeissant serviteur.

LESDIGUIERES.

Faictes je vous prie qu'il y ait une lettre du Roy à moy pour la pouvoir monstrer à la cour lorsque la jussion la sera présentée[1].

---

[1] A la suite de cette lettre sont les lettres de jussion adressées par le roi au parlement et datées du 31 mars 1616; elles ordonnent l'enregistrement de l'édit créant un office de finances nouveau sous le nom de Triannal et daté du mois de novembre 1615. Cette lettre a été datée, nous ne savons pourquoi, dans l'*Album historique du Dauphiné* du 1ᵉʳ janvier 1616; la date des lettres de jussion permet de présumer qu'elle doit être du mois de février ou de mars.

LXXXVIII. 1616 — 13 Juin.

Orig. — B. N. MS. F. 15582, p. 275.

A MONSIEUR, MONSIEUR DE VILLEROY, CONSEILLER AU CONSEIL D'ESTAT DU ROY, PREMIER SECRÉTAIRE DES COMMANDEMENS DE SA MAJESTÉ.

Monsieur, encores que le Roy par sa lettre du IIIe se raporte fort à mon jugement pour ce qui est du retranchement du regiment du comte de Sault, si est-ce qu'ayant sceu que ce pays se plaint de la despence, j'ay prié monsieur Frère de s'en aller à la court pour representer à sa Majesté l'ordre qui y est establi, mon avis sur ledict retranchement le temps & l'occasion qui le doibt faire faire & en general l'estat de ceste province. Il vous parlera de tout. J'ay creu qu'il devoit plustost entreprendre ce voiage à l'instante priere que je luy en ay faicte, que de passer les monts avec moy, puisque monsieur de Bethune est de dela[1], & que luy & moy pourrons fort familierement conferer des afferes qui s'y présentent, et regarder aux moyens d'en fere la conduite à l'avantage de l'honneur & de la dignité de sa Majesté. Ce sera le seul poinct ou toutes mes lignes tendront. Pour le faict d'Aymargues, je veulx croire que toutes choses y passeront selon le désir de sa Majesté & que l'exempt qu'il y envoye y sera receu, et puis on verra ce qu'il y aura à fere pour le surplus, mays nous sommes en un temps auquel il semble qu'il fault un peu cedder, ce qu'on ne feroit pas en une aultre saison. Mon voyage en Piedmont ne peult estre que d'un moys; à mon retour il se saura ou les afferes d'Itallie doivent passer. Vous aurez veu le sieur Octaviano Bon, ambassadeur de la seigneurie de Venise, dépêché extraordinairement au Roy; sa Majesté a entre les mains l'honneur de donner la paix de ce costé là, mays on luy

---

[1] Bethune était en Italie pour tenter d'apaiser le différend élevé entre le duc de Savoie et le gouverneur espagnol du Milanais, qui refusait d'exécuter le traité d'Asti. Déjà un an auparavant ce gouverneur avait été mis en demeure par l'ambassadeur de France d'exécuter ce traité. Cette mise en demeure datée du 4 juillet 1615 existe en copie à la Bibl nation. (MS. Brienne, vol. 81, p. 323.)

demande aussy qu'il luy plaise de ne se point parcialiser comme elle faict par ses ambassadeurs qui empêchent le passage aux amys de cete seigneurie qui vouldroient courir à son secours. Ledict sieur Octaviano en parla ainsy à monsieur d'Halincourt & à moy à Lyon, vous verrez, Monsieur, ce que j'en escry au Roy par la main de monsieur de Puysieulx. Je ne me lasseray jamais de servir en toutes occasions monsieur d'Hallincourt; le service que je luy ay dernierement rendu est petit auprès du ressentiment que vous tesmoingnez en avoir par la lettre qu'il vous a pleu m'escrire le cinquiesme. On a icy faict un bruit que la recommandation que j'ay faicte de monsieur Frere pour luy fere obtenir la charge de premier president en ce Parlement luy en retarde les expeditions par ce que nostre inteligence est suspecte; jamais nous ne l'avons bastye que pour le service de sa Majesté, qui luy a faict esperer ladicte charge laquelle il merite; favorisez le je vous supplye bien humblement, Monsieur, & en l'obligeant vous servirez sa Majesté & obligerez aussy

Vostre très humble et plus obeissant serviteur.

LESDIGUIERES.

A Grenoble le 13 juin 1616.

LXXXIX.   1616 — 27 JUIN.

Orig. — B. N. MS. F. 15582, p. 276.

A LA ROYNE.

Madame, par la lettre que i'escris au Roy, vostre Maiesté sera amplement informée, de ce qui s'est passée à mon arrivée en cette ville, près son altesse de Savoye; des honneurs qu'elle m'a faits en la consideration de voz Maiestez, et ce qu'elle désire d'elles, sur les occasions présentes, ce qui me gardera d'en fere icy la repetition à vostre Majesté de crainte de l'importuner. Bien vous direy-ie, Madame, que le plus grand desir que i'aye recogneu estre en ce Prince, c'est l'accomplissement du traitté d'Ast, croyant que voz Maiestés ne peuvent estre satisfaites, ny luy en asseurance, tant qu'il verra le gouverneur de Milan armé comme il est, plus puissamment qu'il n'a encores esté. L'aprehention qu'il a de ces armes est cause, que pour garder ses frontieres de surprinse, il se resoult de les garnir du nombre d'hommes nécessaire à les garder. Il se promet le secours que le Roy luy a promis en cas qu'il soit attaqué du dict Gouverneur. Cependant nous avons resolu que monsieur de Bethune iroit vers ce dernier icy, pour le presser de l'exécution dudict traitté. S'il persiste il sera besoin que vos Maiestés l'exortent à s'acquitter de ce devoir, et reiterent leurs offices pour le mesme effet en Espagne. S'il plait à vos Maiestés prendre soin de l'accommodement des Venitiens & de l'archiduc Ferdinand[1] selon le pouvoir qu'elles y ont, elles en pourront recueillir beaucoup de fruit, et tirer la gloire d'avoir pacifié l'Italie en ce temps icy, qui autrement va recevoir tant de malheurs, que si à leur naissance il n'y est aporté remède, il sera mal aisé apres d'en arrester le cours. Au retour dudit sieur de Bethune voz Maiestés seront informées de ce qu'il aura avancé en ce voiage. Tandis ie demourerey et tousiours comme je dois, Madame,

Vostre tres humble, tres obéissant et tres fidelle suget serviteur.

Lesdiguières.

A Turin le XXVII juin 1616.

---

[1] Voici quelle était la cause de cette guerre entre Venise et l'archiduc Ferdinand. Les Uscoques, peuplade de corsaires, avaient pour principal repaire Saigna en Dalmatie, et ne cessaient de faire des courses contre les Turcs, passant au besoin au travers des terres de Venise et y apportant leur butin. Le Sultan fit menacer les Vénitiens de la guerre s'ils n'interdisaient pas l'entrée de ces pillards. Ils envoyèrent aussitôt pour les chasser l'amiral Christophe Venier, qui se fit battre, perdit ses navires et fut mis à mort. L'archiduc Ferdinand soutenait ouvertement les Uscoques, leur donnait des armes et refusait de livrer ceux qui se réfugiaient dans ses états; il voulait ainsi diminuer la puissance maritime de Venise, qui avait toujours prétendu, dans l'Adriatique, à une suprématie que l'Autriche était loin d'admettre. Au moment où Henri IV fut assassiné, les Vénitiens avaient contracté une alliance avec lui et le duc de Savoie contre la maison d'Autriche. Sa mort n'empêcha pas la guerre d'éclater entre Venise et l'archiduc Ferdinand; les deux partis eurent alternativement des succès et des revers, et enfin la paix fut signée au traité de Madrid (26 septembre 1617), dans lequel l'Autriche abandonne formellement les Uscoques.

XC. 1616 — 28 Juin.

Orig. — B. N. MS. F. 15582, p. 277.

AU ROY.

Sire, il est nécessaire que vostre Magesté sache que pour satisfaire à ses intentions & commandemens je me suis rendu auprés de monsieur le duc de Savoye le XXIIIe du present; j'en ay reçeu tant & tant d'honneurs & de caresses, qu'elles ne se peuvent représenter en peu de parolles, mais j'en dois asseurer vostre Majesté puis que c'est elle qui reçoit ces honnorables complimens & qui ne se font à ma personne que pour le seul respect de la sienne. J'ay conferé avec son Altesse en la presence de monsieur de Bethune, et recogneu par ses expresses parolles, qu'elle à une parfette confiance en la bonne volonté que vostre Magesté luy fait paroistre. Ce prince s'arreste au désir de l'execution punctuelle du traité d'Ast, et jusques à l'entier accomplissement d'iceluy, il luy semble que vostre Magesté ne peut estre satisffaite, ny luy en seurté, d'autant que le gouverneur de Millan ne demeure pas seulement armé fort puissamment, mais encores fait-il paroistre ses armes plus qu'il n'a jamais fait sur les frontieres des estatz de son Altesse, ce qu'elle croit ne pouvoir estre qu'a mauvais dessain. Cela est cause que pour s'asseurer contre toute surprise, elle les veut garnis d'hommes qui les deffandent et empeschent les invasions qu'une armée preparée peut faire contre un voisin desarmé. A la vérité Sire, son Altesse ne doute point du secours que vostre Magesté luy a promis, elle en est fort asseurée et en fait certain estat; mais en l'attendant s'il luy est nécessaire, je la voy resolue de demeurer sur sa garde par l'apprehension qu'elle a qu'une exécution non prévue ne la gette dedans un grand interest, ou elle croit que vostre Magesté n'i voudrait pas qu'elle tumbat. C'est ainsi, Sire, que son Altesse establi ses conceptions & forme ses resolutions, demeurant touiours néantmoins en l'asseurance qu'elle a aux promesses de vostre Magesté. Cependant il a esté résolu en sa presence que monsieur de Bethune yra trouver ledict gouverneur, et part presentement à cet effect affin de fere instance pour l'exécution du dict traitté suivant ses mémoires & voz commandemens, en quoy vostre Magesté doit croire qu'il se portera avec beaucoup de dextérité et non moins d'affection à vostre service. S'il avyent que ce gouverneur se porte à un reffuz ou à des difficultez ou longueurs, il sera bien besoin qu'il plaise à vostre Magesté de luy faire parler en termes un peu pressans et qu'elle reitère ses offices en Espagne pour l'exécution dudict traitté; et quant encore il plairroit à vostre Magesté sans retarder l'effect de ce traitté, qui presse grandement, d'avoir l'œil au fait d'entre les Vénitiens et l'Archiduc selon les moyens qu'elle en a, et y moyenner une pacification, elle se donneroit la gloire d'avoir mis en repoz toute l'Italie, laquelle autrement va souffrir une guerre qui pourra estre de durée si les fers s'eschauffent d'avantage. J'attendray en quelque part que ce soit ce que ledict sieur de Bethune aura fait à Milan, pour y apporter ce que j'estimeray convenable aux volontez de vostre Magesté. Il ne s'entend parler de deça que des offres que font vos principaux sugetz de servir aux occasions de la guerre qu'ils désirent. Si votre Magesté en fait finir l'espérance par l'establissement de la paix, l'honneur luy en demeurera et toute l'Italye luy en aura l'obligation. J'espère d'avoir les commandemens de vostre Magesté par le retour de ce courrier qui lui est despeché exprés, et en les attendant je la supplye tres humblement de tenir tousiours en sa grace, Sire,

Vostre tres humble, tres obeissant, tres fidelle suget et serviteur.

LESDIGUIÈRES.

Le 28 juin 1616 à Turin.

XCI.   1616 — 28 JUILLET.

Orig. — B. N. MS. F. 15582, p. 280.

A LA ROYNE, MÈRE DU ROY.

Madame, j'envoye ce gentilhomme expréssement au Roy pour luy porter une dépesche de monsieur de Béthune, ou sa Majesté trouvera la responce de dom Pedro, si longtemps attendue; elle est telle que nous l'esperions, et n'avons esté aucunement deceus en l'oppinion que nous avions tousiours eue de ce personnage, l'humeur duquel va là, qu'il veut essayer de reffondre entièrement le traitté d'Ast, et par un nouveau affoiblir, voyre du tout éstaindre, la memoyre du Roy en Italye & la créance qu'il y a. Vostre Majesté considérera s'il luy plaist qu'il y va si avant de son honneur & de l'interest de la France que sy on n'y remédye promptement, je voys dans fort peu de jours allumer un grand feu qui suivra toute l'Italye, comme i'escris plus particulièrement à sa Magesté. A quoy me remettant, je pryeray Dieu de tout mon cœur, Madame, qu'il conserve vostre Magesté en parfaite santé heureuse & contente vye.

Vostre tres humble, tres obeissant, tres fidelle sujet et serviteur.

LESDIGUIÈRES.

De Turin le 28 juillet 1616.

XCII. 1616 — AOUT.

Cop. — B. N. MS. F. 3657, p. 94.

ADVIS AU ROY DES SIEURS MARESCHAL DE LESDIGUIÈRE ET BETHUNE

Il semble aux sieurs Des Diguières et de Bethune estre necessaire pour parvenir à la paciffication des troubles d'Italie, tant en ce qui concerne l'acomplissement du traitté d'Ast, que les differents de la republicque de Venise avec l'archeduc Ferdinand, à cause de la liaison qui se treuve en ces deux affaires, qu'il plaise au Roy d'envoyer, si desia sa Maiesté ne l'a faict, personne expresse vers l'Empereur & ledit Archeduc pour les convier à se porter à une suspension d'armes certain temps, durant lequel on pourait traitter des differents arrivez à cause des Uscoques.

Que pour cest effect il faudroit que ledit Archeduc deputat quelqu'un de sa part pour se treuver en certain lieu neutre & dedans une ville qui seroit jugée commode, proche des estats dudict Archeduc & des Venitiens, mais qui n'apartint à aucun d'eux, ny moins au Roy d'Espagne, qui en cette occasion est tenu par les Vénitiens comme partie.

Faudroit que celuy que sa Majesté envoyeroit vers lesdits Empereur & Archeduc les conviat à trouver bon que pendant ladicte suspension les places ou postes que tiennent les Venitiens, et que l'Archeduc a tousiours demandé luy estre rendues avec promesse de satisfaire la republicque de Venise, fussent mises entre les mains du Roy; qui seroit un milieu entre ce qui estoit demandé par l'Archeduc et ce que les

Venitiens soutiennent de devoir garder lesdites places durant la suspention.

Que d'autre part sa Maiesté deputa quelqu'un pour aller à Venise convier ladite republicque d'accorder ladite suspention, ensemble de remettre les places en depost entre les mains de sa Majesté pour y mettre telles gens que bon luy sembleroit pour les garder toutesfois aux despens[1]. Ce n'est pas que lesdicts sieurs Marechal & de Bethune ne croyent qu'ils y pourroient faire de la difficulté, pour n'estre chose ordinaire de se dessaisir de ce que l'on a pris pour le remettre en mains tierces, mais ils jugent par le desir qu'ils cognoissent que les Venitiens ont de sortir de ses brouilleries par l'entremise de sa Majesté qu'ils y consentiroient; à quoy pour les porter plus promptement monsieur le duc de Savoye seroit un moyen propre, ce qu'il a donné à cognoistre qu'il feroit volontiers; c'est de leur faire entendre qu'il s'accommodera sans eux s'ilz ne reçoivent ladicte proposition.

De mesmes seroit necessaire de convier les Venitiens de faire semblablement trouver quelqu'un de leur part au lieu qui sera avizé & jugé le plus propre par sa Majesté, et qu'a pareil temps se trouveroit celuy que deputeroit l'Archiduc; et afin que les parties peussent plus facilement convenir ensemble, il faudroit que le Roy y deputat aussi quelqu'un de sa part, lequel comme personne neutre et exempte d'interest, si ce n'est du bien général de la chretienté, travailleroit en ces affaires avec eux.

Et tandis qu'on traitteroit ledict accommodement, faudroit demander une suspension ou asseurance à monsieur le duc de Savoye & au sieur dom Pedro de Toledo, que ny l'un ny l'autre n'entreprendroient aucune chose tant sur les gens de guerre dependants d'eux que sur les estats de Piedmont & du Milanois.

Ce que pour obtenir plus facilement en ce qui touche ledict dom Pedro lesdicts sieurs Mareschal & de Bethune estiment qu'il est à propos d'en traitter avec le duc de Monteleon comme personne capable d'y disposer.

Faict à Turin le...... jour d'aoust mil six cens seize.

[Lesdiguières. Bethune.]

---

[1] Aux dépens des parties intéressées.

XCIII.   1616 — 24 Septembre.

Cop. — Arch. de l'état de Berne. Livre de Genève, n° IV, p. 7.

[A MESSIEURS LES SCINDICS ET CONSEIL D'ESTAT DE L'ILLUSTRE RÉPUBLIQUE DE GENÈVE.]

Messieurs, vous estes, je m'asseure, bien advertis de l'armée qui se dresse en la Franche-Conté et qui doibt estre commandée par monsieur de Nemours. Vous en devez prendre l'allarme que vous avez accoustumé d'avoir de tous les nouveaux remuements qui vous avoysinent[1]. Je scay pour certain, et n'en doubtez point, que ledit sieur de Nemours a une entreprinse sur vous du costé de Saint-Gervaix, si je ne me trompe, et que La Grange, son confidant, a visité cest endroit, et rapporté qu'il y a moyen de vous prendre ou au moins vous faire courir grande fortune tant par le pétard que par l'escalade. Prenez garde au dedans, affin de descouvrir, s'il se peut, les intelligences, et ayez des hommes advancez du costé de Gex, pour estre advertis du temps certain que ceste armée branslera pour s'advancer; et vous asseurez que si elle passe par le mont des Faucilles, elle voudra tanter l'entreprinse pour faire son passage sur vostre pont du Rosne, et si vous la luy faites faillir, comme je le désire et croy que vous le pouvez faire par vostre accoustumée vigilence, avec l'ayde de Dieu, ladite armée tantera sondit passage entre vous et la Cluze. C'est mon opinion. J'ay creu vous debvoir donner cest advis, et continueray à vous advertir de tout ce que j'apprendray, pour vostre conservation. Dieu vous conserve, etc.

    Vostre serviteur.

                              Lesdiguières.

De Grenoble le 24e septembre 1616,

---

[1] C'est un spectacle assez curieux que de voir Lesdiguières exciter le duc de Savoie à la résistance, faire recruter des soldats pour lui en Dauphiné, puis chercher à effrayer les Suisses de ces préparatifs, comme s'il ne savait pas mieux que tout autre que ce n'était pas contre eux qu'ils étaient faits.

XCIV.   1616 — 17 Octobre.

Cop. — Arch. munic. d'Embrun.

[A MONSIEUR DE BONNE, GOUVERNEUR D'AMBRUN.][1]

Monsieur mon cousin, les Espagnols sont sy proches d'entrer aux estats du Roy du cousté de la Bresse qu'il est grandement nécessaire pour le service de sa Majesté et bien de ceste province de s'i oposer avec toute sorte de dilligence [2]; c'est pourquoy je vous fais ce despeche affin que vous ayes à fere fere levée de cent hommes d'eslite qui vous choisires dans la ville d'Ambrun, equipés de cinquante piques et cinquante mousquets, et fere eslection des membres de ceste compagnie comme vous trouverez plus à propos et des personnes capables de bien servir sa Magesté, soubs la charge du sieur de Belliers, collonel des légionnaires ; et les tiendrez tous prets pour estre employés au premier jour ou il sera nécessaire pour son service. Et s'il c'i rencontre quelque difficulté je vous prie m'en donner vos advis pour les esclaircir et me croire tousiours, Monsieur mon cousin,

Vostre humble cousin à vous fere service.

A Grenoble le XVIIe octobre 16=XVI.

LESDIGUIÈRES.

XCV.   1616 — 17 Octobre.

Cop. — Arch. munic. de Gap.

A MESSIEURS LES CONSULS DE LA VILLE DE GAP.

Messieurs les consulz de la ville de Gap, je donne advis à monsieur du Villar, mon couzin, comme les Espagnolz sont fort proches d'en-

[1] Il existe aux archives municipales de Gap une lettre de la même date et presque semblable adressée à M. du Villar, gouverneur de Gap. Les seuls différences à signaler entre les deux textes sont : au début, *Mon cousin* au lieu de *Monsieur mon cousin* ; plus bas, *faire levée de cent hommes* au lieu de *fere fere levée* ; à la fin *pour le service de sadicte Majesté* au lieu de *pour son service* et le remplacement du nom d'*Ambrun* par celui de *Gap*.

[2] Les Espagnols ne projetaient aucune invasion en France ; mais Lesdiguières colorait de ce prétexte les levées qu'il faisait pour le service du duc de Savoie. Il conseillait du reste au Roi d'user du même moyen. Voir sa lettre à Villeroy du 28 mai 1617.

trer dans les estatz du Roy du cousté de la Bresse et qu'il est necessere de s'y oppozer pour le bien de son service. C'est pourquoy je le prie par ma lettre de fere levée dans vostre ville de 100 hommes d'eslite pour servir sadite Majesté aux occasions qui seront necessaire pour sondict service, soubz la charge du sieur de Belliers, collonel des legionnelles; je vous prie aussy de l'adsister à ceste levée de tout ce qui sera necessere à ceste occazion, tant pour les homes que pour les armes, affin que le service du Roy ne soit pas differé. Ce que me promettant, et qu'ilz seront prest le plustot qu'il sera possible, d'aultant plus que vous affectionnez le service du Roy et la conservation de ceste province, je demeureray, soubz ceste espérance, Messieurs,

Vostre entier et parfaict amy.

LESDIGUIERES.

A Grenoble, le 17 octobre 1616.

XCVI.   1616 — 26 OCTOBRE.

Cop. — Arch. munic. de Gap.

A MONSIEUR DU VILLAR, GOUVERNEUR DE LA VILLE DE GAP.

Monsieur mon couzin, les consulz de Gap m'ont randu ce soir vostre lettre et m'ont representé les difficultés quy se sont rancontrées en l'assamblée de leur maison de ville sur la levée de cent hommes que je leur demande sy le bien du Roy et la conservation de ceste province le requiert. Je leur ay dict mes intantions sur ce subject, et faict cognoistre l'affection que j'ay toujours heue à leur bien et repos; que je ne voullois qu'ils fissent aultre despans quand à presant; qu'ils achestent les armes necesseres pour équiper ceste compagnie; que je ne la ferois mettre sur pied qu'au bezoing et que quand bien elle ne seroit pas amployée par ceste fois, les armes leur seroient toujours necessaires pour la conservation de leur ville; que je desirois aussy qu'ils fissent l'eslection des homes, affin que l'occazion s'offrant j'en puisse fere estat au moindre advis que je vous en donnerez. Ilz me l'ont promis, mais je m'en assure sur vous pour leur faire tenir parolle. Je suis bien ayse que le choix que vous avez faict des membres de ceste troupe soit agreable à tous, car pour moy, je m'en remets à ce que vous trouverez bon. Le sieur de Chaliol est venu ici, mais ne vous ayant esté agréable il s'en est retourné comme il estoit venu. Puisque monsieur de Jarjayes, vostre fils, est blessé[1] et que son lieutenant est prisonnier, il serait à propos d'y envoyer quelque gallant homme, qui heust soing de sa compagnie et de la santé du cappitaine. Mon advis seroit qu'on ne l'esbranle le moings qu'on pourra en chemin, s'il est treuvé à propos de le y mettre. Je vous envoye un passeport bien ample, s'il est de besoing, vous assurant que si je pouvais quelque chose de meilleur pour sa santé et vostre contantement je vous tesmognerois, comme je veux fere, que je suis monsieur mon couzin,

Vostre humble couzin pour vous fere service.

LESDIGUIÈRES.

A Vizille le 26 octobre 1616.

XCVII. 1616 — 14 NOVEMBRE[2].

Cop. — Bibl. de l'Arsenal. MS. Conrard. Vol. V, p. 1203.

AU ROY.

Sire, toutes les lettres que j'ay escrites à vostre Majesté depuis quelques temps l'ont adverty de l'instance pressée que le duc de Savoye me faict de satisfaire à la promesse que je luy ay donnée par vostre commandement, suivant un article particulier du traicté d'Ast, de le secourir en personne contre les invasions [que le] gouverneur de Milan entreprand sur ses estats, ou bien de me faire par luy descharger de ceste mienne promesse. Votre Majesté ne m'a point sur ce donné ses commandements, je les ay longtemps attendu, et mesme depuis que le sieur de Verdun est auprès d'elle; et voyant les reiterées recherches qui me sont journellement faictes par ledict sieur Duc, pressé de sa necessité de deffendre ses estats ou desia est entré le gouverneur

---

[1] Il avait levé une compagnie de volontaires et l'avait conduite au service du duc de Savoie. Ces levées se faisaient avec l'agrément de Lesdiguières, qui tout en ayant l'air du rester neutre comme le roi le lui commandait, prenait les intérêts du duc avec beaucoup d'ardeur.

[2] Cette lettre écrite en même temps que la suivante est, comme elle, du 14 novembre.

de Milan, considerant que vostre Majesté à un grand interest à leur conservation, je me suis resolu (sans m'arreter à l'incommodité de ceste saison) de passer dela les monts, pour en vous y servant, essayer de mettre ledict Duc un petit plus au large qu'il n'est à present, ce que j'espere faire moyennant la grace de Dieu, et encores y conserver un grand nombre de subiects de votre Majesté qui s'y trouveront par leur valleur et le desir de paroistre aux occasions d'honneur, lesquels s'y perderoient sans la presence d'un chef qui les ralie et retienne en debvoir. Je crois aussy, Sire, que par mon arrivée en ces pays là je pourray accourcir la carrière de se gouverneur et retrancher les esperances qu'il a de passer oultre pour se rendre vostre proche voisin de ce costé icy; aussy est-ce à mon advis ce que vostre Majesté et ses plus fideles subiects ne doivent point desirer, mais empescher plus tot en employant leur sang, lequel vous jugerez à l'advenir avoir esté exposé pour vostre service. J'ai estimé estre de mon devoir d'advertir vostre Majesté de mon départ, fondé sur ces considérations que je vous represente icy et qu'il luy seront encores plus au long représentées par le sieur Guillet, que je luy despesche pour cest effect, et pour le supplier très humblement d'avoir agreable ce mien mouvement qui ne procède que du désir que j'ay à son service faire; ce qu'il lui plaira me commander par le retour dudict Guillet, par lui me sera rendu en Piedmont, car je pars presentement pour m'y rendre le plus tot que je pourray. Dieu conserve vostre Majesté ainsy que je l'en prie et souhaite, Sire, etc.

[LESDIGUIÈRES.][1]

[1] Le duc de Savoie, ruiné par une lutte inégale, contre les Espagnols, sollicitait depuis longtemps Lesdiguières de lui porter secours suivant les stipulations du traité d'Asti. La lettre suivante de ce prince montre combien ce secours lui était nécessaire et avec quelle énergie il le demandait.

« Monsieur le mareschal mon Cousin,

« Vous avez sceu par les veritables relations que je vous ay envoyées de temps à autre, ce qui s'est passé par deça, et les actes d'hostilité ausquelles s'est porté dom Pedro contre moy. Après cela, je me tromperois grandement, de croire que ces actions fussent de son propre caprice, comme quelques-uns veulent dire, puisque les ministres de sa Majesté catholique apprennent tout ce qu'il fait, mesme touchant l'inobservation du traité d'Ast, et entre autre, le duc de Monteléon, resident auprés de sa Majesté très-chrétienne, comme vous remarquerez par les avis que mes ministres m'ont envoyez de la cour, tirez de la bouche propre de plusieurs du conseil, qui non seulement disent, que l'ambassadeur d'Espagne presuppose que le gouverneur de Milan ne peut et ne doit désarmer, mais eux-mesmes concurent à cette opinion; de sorte que de là vous pouvez considerer, si ce sont caprices de dom Pedro. Et mettons le cas qu'ainsi fût, n'ayant sa Majesté catholique dans six moys après la venue

XCVIII. 1616 — 14 Novembre.

Cop. — Bibl. de l'Arsenal. MS. Conrard. Vol. V, p. 1205.

A LA ROYNE.

Madame, tant que vostre Majesté retardera de jetter les yeux favorables pour la conservation des estats du duc de Savoye et plus elle se

de dom Pedro à Milan, apporté aucun remède à cela, et luy s'estant depuis trois mois mis en campagne, pour me faire la guerre, dois-je désormais douter qu'ils ne tendent à ma ruyne, et ne dois-je pas m'en garantir par tous les moyens que je pourray? Il y a tantost deux ans que sur la confiance que j'avois en la protection de leurs Majestez, je posay les armes, et me rangeay à tout ce qu'elles témoignèrent désirer de moy pour ce regard; et neantmoins vous avez veu comme l'on m'a manqué, en toutes les promesses que l'on m'avoit faites, encores que monsieur le marquis de Rambouillet m'asseurast tousjours, que le traitté d'Ast seroit infailliblement observé, disant que le commandeur de Sillery estoit en Espagne pour ce sujet, et depuis, qu'il estoit venu avec l'approbation; que leurs Majestez ne manqueroient point de prendre ma deffense, et que les Espagnols n'innoveroient n'y n'entreprendroient rien contre mon estat, bien qu'ils armassent; me voulant persuader que c'estoit pour un autre dessein. Or, Monsieur, vous sçavez qu'à Ast, pour condescendre principalement aux instances qui m'estoient faites de la part de leurs Majestés, et sur la parole que vous me donnastes, de venir en personne m'assister, sans attendre autre ordre de leurs Majestez, au cas que le traitté ne fût observé, je me conformay à tout ce que vous m'escrivites qu'elles desiroient de moy. Ce qui ne fut pas sans le prejudice que je vous laisse considerer, estant lors l'armée espagnole reduitte en tel estat, que par la nécessité d'eau, et par la mortalité qui y regnoit, ils estoient dans quinze jours apres, hors d'espoir de pouvoir resister, et d'autant plus, que je m'estois accomodé, en sorte que j'estois beaucoup plus fort, et avois plus grand nombre de gens qu'auparavant, outre le secours que j'attendois de monsieur le comte de Nassau, desja arrivé près de Berne, avec six cens chevaux, et deux mille hommes de pied, et celuy qui me venoit de la part de monsieur de Mayenne, et d'austres costez de la France, qui estoit peu moins de six mille hommes de pied et de six mille chevaux, dont j'avois desjà fait la despense pour levée, n'en ayant les Espagnols fait aucune, et n'ayant pour lors aucune esperance de prochain secours. D'autre part, l'on ne pouvoit chercher de plus grandes preuves de mon inclination, en ce qui regarde la paix et le repos public, que celles-là, et je ne pouvois davantage monstrer ma devotion et ma confiance envers leurs Majestés, ny donner plus de credit à vos entremises, que par ce que je fis en la premiere capitulation, que monsieur le marquis de Rambouillet refusa, disant qu'il avoit receu ordre de leurs Majestez, de ne l'accepter de la sorte. La dessus, pour leur complaire, je condescendis au traitté qui se fit à Ast, conforme à leur intention, comme il disoit. Cependant, au lieu que la promesse qu'on me fit, ait esté observée, l'on m'abandonne, l'on deffend publiquement en France, de faire aucune levée de soldats, pour les sortir hors de l'estat, ce qui est dire ouvertement, qu'on me veut laisser perir. Pour faire mettre les armes bas aux Espagnols, il suffisoit que leurs Majestés eussent parlé librement au duc de Monteleon, et faire faire le mesme en Espagne, et il ne seroit plus aujourd'huy question que d'effectuer; mais si au lieu de cecy, le conseil de France respond à mes ministres, que les Espagnols doivent demeurer armez, et approuve leurs raisons, comme se peut-il faire que monsieur de Bethune, et puis monsieur le

privera des moyens de les conserver et du pouvoir de luy donner la paix avec le roy d'Espagne, car si les affaires que le gouverneur de Milan a entreprises succedent il voudra donner la loy et ne la recepvra point de vous. Madame, il me semble aussy que pour l'honneur de la representation de la France vous ne debves pas permettre que ledict [Duc] soit exposé en proye à ses ennemis, qui ont deja envahy une grande partie de ses estats que le Roy a tousiours proteges; aussy est-ce la raison qui le meut de m'envoyer le traicté d'Ast et d'y faire article particulier [ou] en cas de l'inobservation d'icelluy de la part dudict gouverneur, il m'est commandé d'assurer ledict Duc et de luy en donner ma promesse, sans attendre autre commandement. Il y a desia longtemps que ledict prince m'a pressé de l'observer; j'en ay adverty vos Maiestés et très humblement supplies de me le permettre ou bien de m'en faire descharger par luy; et voyant que le mal empire et que je n'ay aucunes responses d'elles sur ce point, je me suis resolu de passer les monts sans craindre la rigueur de ceste saison pour empescher comme j'espère, la continuation des progrès dudit gouverneur et le rendre plus facile qu'il n'est à un accommodement et

cardinal Ludovisio, puissent obliger don Pedro à désarmer? Je suis d'ailleurs si bien informé des menées des ministres de sa Majesté catholique de deçà, contre mes estats, que je n'ay besoin d'autres marques, que celles de leur apparens desseins, pour descouvrir leur mauvaise volonté ; car outre qu'ils me font ouvertement la guerre, comme tout le monde voit, ils tachent d'attirer à eux, tous ceux qu'ils croyent estre mal satisfaits de moy, et s'efforcent de faire sousleuer mes vassaux, autant qu'ils peuvent, en retirant auprès d'eux publiquement les rebelles et les traitres, choses qui se pratiquent entre ennemis declarez seulement. Doncques, Monsieur, cela estant, comme personne n'en peut douter je croy devoir desormais penser à bon escient à moy, sans m'amuser plus à negociation , ny à consideration quelconque , par laquelle l'on me voudroit empescher de m'opposer aux armes de ceux qui m'attaquent ouvertement. Je vous supplie donc, et vous conjure, par le service que vous devez à leurs Majestez, et par vostre propre honneur de me tenir la parole que vous m'avez donnée, sur laquelle comme mon vray ami et bon voisin que je vous tiens, j'ay fait

mon plus grand fondement. Il n'est plus question de traitté, vous scavez par les lettres de monsieur de Bethune, en quelle volonté monsieur le cardinal Ludovisio, et luy, ont laissé dom Pedro, et qu'ils n'en esperent plus rien par ces voyes-là. D'ailleurs, il se renforce tous les jours d'hommes, et seroit desjà à Turin, si je luy avoit laissé faire; tellement qu'il faut mettre à bon escient la main à l'œuvre, et ne perdre plus de temps. Obligez-moy donc, d'effectuer le plus promptement qu'il vous sera possible, la parole que vous m'avez donnée, et plusieurs fois confirmée. La gloire et l'interest du Roy joint avec la ferme confiance que j'ay prise en vous, vous y convient, et vous y obligent; aussi ne fais-je point de doute que toutes ces veritables et justes considerations ne vous disposent à me faire parètre en cette conjoncture, combien vous cherissez le service du Roy et la conservation de celuy qui est de tout son cœur, Monsieur le Maréchal mon cousin,

« Vostre affectionné cousin à vous servir.
« C. Emanuel.
« A Turin le 20 d'octobre 1616.
(Arch. de l'Etat à Turin. Copie.)

conserver un nombre de subiects du Roy qui se sont portés au service du Duc. Tant pour la consideration de celuy de votre Majesté que pour y conserver de l'honneur, je supplie très humblement votre Majesté d'avoir agréable ceste mienne resolution appuyée sur toutes les raisons qui lui seront plus au long representées par le sieur Guillet que j'envoye exprès pour cest effect. Il m'apportera vos commandemens en Piedmont ou je me trouveray a son retour. Je supplie le Créateur, Madame, qu'il donne à votre Majesté toute prosperité qui lui est désirée par, etc.

[LESDIGUIERES]

Du 14e novembre 1616.

XCIX. 1616 — FIN NOVEMBRE.

Orig. — B. N. MS. F. 3789, p. 50.

A MONSEIGNEUR, MONSEIGNEUR LE DUC DE NEMOURS.

Monseigneur [1], sur une occasion de grande consequence, je depesche monsieur le baron de Marcieus vers son Altesse. Il vous dira de sa bouche ce qui le mène, sans que je vous ennuye d'une longue & facheuse lettre [2]. Aussy veulx ie retrancher cette cy, et en la commençant luy donner sa fin par la tres humble prière que je vous fays de croire bien asseurement que vous avez tout pouvoir de commander, Monseigneur, à

Vostre très humble & plus obeissant serviteur.

LESDIGUIÈRE.

1616.

---

[1] Voir la note de la lettre adressée à Nemours, le 5 décembre suivant.

[2] L'envoi de M. de Marcieu vers le duc de Savoie avait vraisemblablement pour cause l'opposition indirecte faite par la cour au passage de Lesdiguières en Italie. Nous croyons cette lettre de Nemours écrite vers la fin de novembre.

C.   1616 — 2 Décembre.

Cop. — B. N. MS. F. 2945, p. 68.

[A MONSIEUR LE DUC DE LESDIGUIÈRES MARESCHAL DE FRANCE.]

Mon cousin, j'étais sur le point de vous envoyer le sieur de Verdun lorsque le sieur de Guillet est arrivé qui m'a rendu vos lettres & m'a représenté ce dont vous l'avez chargé, ce qui m'a donné subject de vous despecher ce courrier exprès pour vous dire que je ne puis en sorte quelconque approuver ny agreer que vous passiez maintenant les montagnes pour aller en Piedmont, tant pour la consideration de votre age & des grandes incommodités que vous y recevrez en cette saison, qui pourraient grandement prejudicier à votre santé, qu'aussi pour ce que votre personne et votre presence sont sy necessaires à mon royaume veu l'estat où sont mes affaires, que je m'asseure que vous jugerez bien que tenant la charge que vous y tenez vous estes plus obligé à la conservation d'icelluy qu'à la deffense des estats des princes mes voisins, lesquels leurs seront toujours bien asseurez quand le mien sera en seureté. C'est pourquoi ie désire que vous rompiez et changiez la resolution que vous avez prise d'aller en personne dela les monts, et vous prie de demeurer en vostre charge et vous y preparer pour m'y servir et aux autres occasions qui se presenteront de deça selon que je vous manderay. J'apporterais bien encore d'autres considerations qui vous doibvent mouvoir de ne vous acheminer point par dela, mais je remets cela à vostre prudence & attendray le retour de ledict courrier pour faire partir ledict sieur de Verdun qui vous portera à ce subject tel contentement, que vous aurez occasion de recognoistre combien je vous estime & de la bonne consideration que je faicts de vos merites & services. Cependant je vous prie de vous asseurer de ma bienveillance, sans vous escripre rien de nouveau, n'y ayant aucune chose de particulier qui le merite, tout estant en deçà en bon train, ordonnance, et moy en fort bonne disposition, Dieu mercy, lequel je prie pour fin de la presente qu'il vous ayt, Mon cousin, en sa saincte garde.

Escrit à Paris le IIe dexembre 1616.

                                                  Louis.   Phélippaux.

CI. 1616 — 5 Décembre

Autog. — B. N. MS. F. 3809, p. 53.

[A MONSIEUR LE DUC DE NEMOURS.][1]

Monsieur, c'est avec beaucoup de regret que ie n'ay l'honeur de vous voir avant mon partemant pour Piemont. Monsieur de Marcieus vous en dict les veritables occasions qui m'en ont empêché; mais ie n'estime pas moins, voire mieulx, vous servir étant de la les monts cellon votre dezir, à quoy ie ne manquerai iamais d'affection ny de bonne vollonté en tout ce qu'il vous plerra me comander. Et sur cette vérité, ie vous suplie tres humblement de croire que je serei toute ma vie, Monsieur,

Vostre tres humble et plus obeissant serviteur.

LESDIGUIÈRES.

Ce V^e decembre 1616, à Grenoble.

CII. 1616 —   Décembre.

Cop. — B. N. MS. FF. 2945, p. 69, et Moreau, 775, p. 133.
Imprimée inexactement : *Histoire de la vie du connétable de Lesdiguières*, par Videl. Paris. 1638, p. 291.

[AU ROY.]

Sire, il est veritable que la nature nous enseigne à prevoir et aprehender nos nécessités avant que de pourvéoir à celle de nos voisins, mais quant les unes & les autres ont une telle conionction qu'elles ne se peuvent séparer sans notre esvidant preiudice, nous les devons mettre en mesme rang et consideration. J'ay tousiours creu que vostre Majesté avait un interest notable à la conservation de la maison de Savoye et que le prince qui en est auiourd'huy le maistre vous devoit estre en singuliere recommandation, puisqu'il s'estoit tant déclaré

---

[1] Cette lettre ne porte point de suscription mais toutes les lettres contenues dans le vol. 3809 des MS. F. de la Bibl. Nation. sont adressées au duc de Nemours. Il y a donc de grandes probabilités pour qu'il soit également le destinataire de celle-ci. Quelquefois Lesdiguières le qualifie de *Monseigneur;* d'autres fois, comme dans la lettre du 26 janvier 1617 que l'on trouvera à sa place, il l'appelle seulement *Monsieur*.

serviteur de vostre Majesté qu'il en auroit despitée contre luy ses plus proches alliez. Et de vray il a paru que vostre Majesté a esté bien mue en son endroict quant il luy a pleu, par le sieur marquis de Rambouillet, son ambassadeur, lui acquerir la paix contenue au traicté d'Aast, traicté qui vous donnoit la gloire d'avoir pacifié l'Italye, si la mauvaise volonté de celluy qui est à present gouverneur de Millan n'eust (soubz le pretexte de l'honneur du roy d'Espagne son maistre) attenté à celuy qui est deu à votre Majesté pour vous le ravir furieusement en voulant mettre à néant le traicté, et entendre à tout aultre dont on voudra proposer les conditions, pourveu que vostre Majesté n'y soit ny nommée, ny comprinse. Elle doit avoir sceu par la despeiche du sieur de Bethune, ceste insuportable arrogance qui ne tant qu'a bannir de l'Itallie vostre grand nom et l'en effacer, en sorte que vos fleurs de lis n'y paroissant jamais pour ne donner apprehension à l'oppression qui menace ce pais là et dont il ne peut estre garanty que par vos invincibles armées. Voilla, Sire, l'interest de l'honneur de vostre Maiesté joinct à celuy de la conservation du duc de Savoye pour l'observation dudict traicté d'Aast. Vous avez voulu que j'y fusse nommé et que je promisse, comme j'ay faict, à ce prince, advenant qu'après qu'il l'aurait de bonne foy observé, ledict gouverneur n'y satisfict, j'yrois à son secours avec vos forces pour l'y contraindre. Depuis, vostre Majesté voyant non seulement l'innobservation dudict traicté, mais la manifeste invasion faicte des estatz dudict Duc par ledict gouverneur, vous auriez essayé de le fleschir à l'accomplissement dudict traicté par l'entremise dudict sieur de Bethune, vostre ambassadeur extraordinaire, lequel, après une grande longueur en laquelle l'artiffice a tenu sa negociation, n'en a apporté que le mespris qui reiaillit sur votre royalle face. La picqure de cette offence ne vous peut estre que sansible et doit estre santie par les vrais serviteurs de vostre Majesté, Sire, et c'est à la vérité, je le dis devant Dieu, ce qui m'a le plus incité que l'observation de ma promesse, à la résolution que j'ay prise de passer les monts en l'aspreté de ceste saison, pour y relever votre royal nom ainsy constaminé & abaissé par ceulx à qui il doibt estre aultant honorable que formidable. Sur mon despart pour ce voyage, j'ai escript à vostre Majesté, du XIIII° jour du passé et l'ay humblement suplyée de l'agreer comme entrepris pour la consideration de son seul service & l'acquit de mon debvoir : par la responce qu'elle m'a faict l'honneur de me donner du second de ce mois, je vois qu'elle ne desire pas que j'accomplisse le dessaing de ce voyage pour diverses raisons. Je laisse à part celle qui regarde la conservation de ma personne; vostre Majesté m'oblige grandement en me faisant cognoistre qu'elle l'a en quelque estime, mais la principalle concerne le service que je dois à ma charge, tant dedans ceste province, qu'aux autres endroicts de vostre royaulme où votre Majesté m'appellera pour la servir. A cela, Sire, je confesse que je me dois porter tout entier, aussy l'ay-ie tousiours faict et en telle sorte, que votre Majesté a tesmoigné la satisfaction qui luy en demeure. Sy je me suis ainsi comporté des le commencement et en la suite de mes actions, votre Majesté doibt croire (comme je l'en suplye tres humblement) que pour le temps qui me reste à vivre, je ne m'esloigneray point de ce droict chemin. Ceste province & ses circonvoisines sont toutes tranquilles, elles n'ont mouvement que celuy qui les porte à vous rendre leur obeissance; ceste-cy y peult (veoire vostre royaulme tout entier) souffrir mon absence pour un peu de temps, lequel mon desir est d'employer plus tost à la paix qu'aux occasions de la guerre, estimant que le gouverneur de Millan se pourra rendre plus tolerable qu'il n'a esté pour le passé, qu'il voudra bien cedder à vostre Majesté le rang qui luy est deu en affaire sy importante, et que quant il y aura bien pensé, il trouvera que la manutancion de vostre honneur ne diminue rien à celuy de son maistre. Je vous suplye tres humblement, Sire, de treuver bon que je face ce voyage sy necessaire pour vostre reputation, soubz l'asseurance que je donne à vostre Majesté que les premieres conferances qui seront faictes entre ledict Duc & moy en la presence du sieur de Bethune ne tendront qu'aux moyens d'un accommodement, à quoy ledict gouverneur sera serieusement exorté. Il ne tiendra qu'à lui que les malheurs qui accompagnent la guerre ne cessent et ne prennent fin en Itallye, et s'il advient que les occasions de ma charge et la volonté de votre Majesté m'appellent deça, je n'en seray point sy esloigné que je ne m'y rende en trois jours et rien ne me pourra retenir de dela après y avoir pareu et faict veoir que votre Majesté n'y doibt estre mesprisée et qu'elle est puissante pour soustenir l'esquitté et le droict de ses anciens voisins et alliés. Que vostre Majesté me pardonne donc s'il luy plaict de la licence que je prens pour ce voyage, lequel elle doit avoir agreable, puisque je le fais pour son service; sy ma vie finit en mettant fin à ceste honnorable entreprinse, je m'estimeray heureux et ne desire point un plus glorieux tombeau. Dieu conserve vostre Majesté ainsi qu'il en est très humblement supplié, Sire, par vostre etc.

[Lesdiguieres] [1]

CIII. 1616 — 22 Décembre.

Orig. parch. — A M. Roman, à Gap.

[ORDONNANCE DONNANT AU SIEUR DE VENTEROL LA SURVIVANCE DU GOUVERNEMENT DE PUYMORE.]

François de Bonne, seigneur de Lesdiguieres, duc de Champsur, pair & mareschal de France, lieutenant général pour le Roy au gouvernement de Daufiné. Les longs services que noble François de Philibert, Sr de Montalquier, a rendu à sa Magesté en toutes les occasions qui se sont passées près de nous depuis quarante ans en ça, tant en cette province de Daufiné, Provence, que aux guerres de Piedmont, Savoye et partout aillieurs où il a pleu à sa Magesté vouloir que nous eussions l'honneur de la representer, merite bien qu'elle y aye egard, et sachant que c'est son intention de recognoistre ses serviteurs et mesmes faire ressentir les leurs de ses liberalités & faveurs pour les inviter à bien faire. Considerant aussi le merite, valleur, fidelité et experience aux armes de Henry de Philibert, Sr de Vanterol, fils dudict Sr de Montalquier, qui des longtemps sert sa Magesté près de nous; pour ces causes nous (sous son bon plesir & volonté) avons audict Sr de Vanterol commis & commettons par ces presantes la garde de ceste place de Piemore les Gap à nous appartenant en propriété, où commande à present ledict Sr de Montalquier, son père, à survivance touteffois et pour en jouyr après sa mort et cependant sa vye le representer et commander en ladicte place en cas

---

[1] Cette pièce porte dans le manuscrit 775 de Moreau la date 1613, mais c'est une erreur manifeste que nous avons facilement rectifiée à l'aide de la lettre précédente de Louis XIII et de la copie incorrecte, mais bien datée, qui la suit.

Malgré l'opposition de la cour Lesdiguières partit de Grenoble pour entrer en Piémont le 19 décembre et passa le mont Genèvre le 25 du même mois.

d'absance, maladye ou legitime empechement; sans qu'il soit besoin (le cas de ladicte survivance arrivant) que ledict Sr de Vanterol aye autres lettres que cesdictes presentes, ains en vertu d'icelles jouyr de ladicte charge et des honneurs, gages, fruicts et esmolumens qui y appartiennent tout ainsi qu'en à et aura jouy ledict Sr de Montalquier. Mandons & ordonnons des à presant comme pour lors à la garnizon de ladicte place, presente & à venir, de le recognoistre et luy obeyr tout ainsi qu'à sondict pere, voire à nous mesmes si nous y estions en personne, car ainsi le requiert le service de sa Magesté et nostre. En foy de quoy nous avons signé cesdictes presantes de nostre main et fait contresigner par l'un de nos secretaires et sceller du cachet de nos armes.

A Puymore le vingt deuxieme jour du mois de decembre l'an mil six cens & seize.

LESDIGUIERES.

Par mondict seigneur,

(Sceau.) BREMOND.

CIV. 1617 — 26 JANVIER.

Orig. — B. N. MS. F. 3809, p. 66.

[A MONSIEUR LE DUC DE NEMOURS.][1]

Monsieur, par le contrat de revante des terres de Chasey et Sainte-Julle, que monsieur de La Grange vous a passé, j'ay engagé ma promesse avec la vostre de le faire rambourcer des douze mil escus qui luy sont deubz, en trois payes, dont la première, qui est de douze mil livres, devoit commencer à la Toussains dernier; et n'ayant peu recevoir aucune chose, il m'a depeché homme exprès pour avoir souvenance de ma parole, affin de la faire effectuer, ce que je trouve bien raisonnable. Mais la vostre, Monsieur, y est engagée la première, et c'est d'elle qu'il faut attandre le premier effect. Je vous supplye donc tres humblement luy vouloir donner le contantement qui luy est deu,

---

[1] Voir la note de la lettre au duc de Nemours du 5 décembre 1616.

affin que ie demeure dechargé et hors de peyne de ce costé là, et que i'aye en toute autre occasion suget de vous continuer mon tres humble service, comme ie le desire avec autant de fidelité & de franchise que i'ay d'envye de demeurer, Monsieur,

Vostre tres humble et plus obeissant serviteur.

LESDIGUIERES.

Ce 26 janvier 1617, à Turin.

CV.   1617 — 27 MAI.

Cop. — Arch. munic. de Gap.

[REQUESTE DES ENFANTS DE LA VILLE DE GAP.]

Monseigneur des Diguières, duc, pair et mareschal de France, lieutenant général pour le Roy au gouvernement du Daulphiné, supplient humblement les enfants de la ville de Gap disant que de tout temps ils ont eu la coustume d'eslire parmi eux un conducteur et chef chargé de les surveiller et veiller à ce qu'il n'y eut aucune folie ou indiscretion de commise, lequel ils honnoraient du titre d'abbé [1] : plaise à vostre grandeur leur permettre d'en eslire un nouveau à la place du dernier qui ne se conduisant dignement en sa charge fut congédié par vostre excellence [2].

Sur le rapport qui nous a esté faict de l'ordre et bonne conduitte qui sera observé par cy apprès en l'eslection d'un abbé que les enfants de la ville de Gap desirent nomer, leur avons permins ladicte assamblée ainsin qu'ils avoint cy devant accoustumé, pour l'eslection dudict abbé, à la charge et non aultrement que ladicte assamblée et nomination qui sera faicte soit par l'authorité et permission du sieur du Villar, gouverneur de ladicte ville, lequel nous donnera advis des abus qui se peuvent commettre et les empeschera par son authorité en y apportant les reglements necesseres.

Faict à Grenoble le 27 may 1617.

LESDIGUIÈRES.

Par mondict seigneur,

BERTRAND.

---

[1] L'usage d'élire un abbé dans les fêtes patronales existe encore dans les Alpes. C'est lui qui règle les danses et maintient l'ordre, on le reconnait à une canne ornée de rubans.

[2] La requête est seulement analysée.

CVI.   1617 — 28 Mai.

Cop. — B. N. MS. F. 15583, p, 24.

A MONSIEUR, MONSIEUR DE VILLEROY.

Monsieur, vostre lettre du XIIIe de ce moys me fournit de subject pour vous ecrire cete cy; c'est chose asseurée que si noz brouilleries civiles n'eussent commencé à prendre fin, les Espaignolz n'eussent jamais parlé de finir les leurs dela les montz[1]; vous voyez maintenant qu'ilz font semblant de se mettre au chemin de la paix, prevoyant bien les puissantes interventions & obstacles qu'ilz rencontreront à la continuation de la guerre, laquelle ilz ne font jamais que pour l'experience du proffict & à dessein de passer tousjours plus oultre aux depens & à la perte de que ce soit, sans respect ny aucune retenue. Encores qu'ils vous ayent parlé du desir qu'ilz ont à la paix vous faictes bien de croire qu'ilz grossissent leurs forces; les gens que le duc de Savoye tient auprès du Roy vous le doivent avoir dist & c'est la verité qu'à l'heure que je vous ecry, leur armée est grande & c'est merveille s'ilz n'ont desjà attaqué quelque place[2]. Ledict Duc, qui

---

[1] Lesdiguières était sollicité tour à tour par tous les partis qui, à cette époque, se disputaient le pouvoir en France, de devenir leur allié : au moment même où il combattait en Italie aux côtés du duc de Savoie, il reçut la lettre suivante dont il renvoya une copie au Roi.

« Monsieur, vous avez tousiours tesmoigné vostre affection envers le public et le bien de l'estat et sçavés plus que nul aultre la condition deplorable auquel il est reduit à present, vous en cognoissez la cause et les remedes qu'on y peult apporter. A quoy tous les vrays françois estans obligés de travailler d'une commune main pour le service du Roy et de leur patrie, nous ne doubtons poinct qu'en ceste occasion ou il va du salut ou de la perte du royaulme et conservation de l'auctorité souveraine du Roy et de la maison royalle, vous ne contribuies cy qui est de vostre pouvoir; dont le sieur Guillet retournant de la Cour pour vous aller trouver, aiant desia donné de bonnes asseurances à madame la duchesse de Nevers, nous avons estimé vous debvoir envoyer ce gentilhomme exprès pour vous informer de nos intentions et resolutions; lesquelles desirans conformer aux vostres et les régler selon vos prudens advis et conseils, nous attendrons par luy ce qu'il vous plaira nous en faire cognoistre, et vous recougnoistrez à toutes occasions que nous sommes avec entiere affection, Monsieur,

« Vos bien humbles à vous fere service.

« CHARLES DE GONZAGUE DE CLÈVES.
« CEZAR DE VENDOSME.
« HENRI DE LORRAINE.
« HENRI DE LA TOUR.
« DE SOTRÉE.

« A Mezieres le 15 janvier 1617. »
(B. N. MS. F. 3658, p. 6. Copie.)

[2] La lettre suivante du duc de Savoie à Lesdiguières montre combien ce prince avait besoin de secours et avec quelle ardeur il les sollicitait :

« Monsieur le Maréchal mon cousin la vostre

demeure sur la deffensive, faict de son costé ce qu'il peut pour n'estre point surprins, sachant que l'Espaignol n'entre gueres en traité sans se voir de l'avantage & vous, Monsieur, qui cognoissez son naturel, savez bien que s'il gaingne le montant[1], il sera malaisé de l'amener à un traité, s'il n'est du tout desavantageux à ceulx qui auront à traitter avec luy. Je croy avec vous que si ces afferes se terminent par un traité, ledict Duc ne le fera point sans les Vénitiens ny eulx sans luy, car c'est chose que je say qu'ilz ont arrestée ensemble. Le Roy faict prudemment de vouloir plustost apaiser que faumenter cete guerre; si j'avois l'honneur de luy parler en vostre presence, je ne vouldrois pas penser à luy oster cete volonté, mays je luy ouvrirois des expédiens pour, sur ces occasions, prendre un grand crédit en Itallie & y travailler d'autant celluy de l'Espaignol. Il fault soupçonner que les parolles qu'il vous a tenues ne sont que pour amuser, cependant que sur les lieux il cherche son avantage, mays s'il l'a trouvé vous l'entendrez parler d'un autre ton. Quant à present, on ne desire, pour l'en empecher, qu'une tolerence de levées & passages de gens de guerre, sans depence au Roy ny foule à ses subjects. C'est à cela qu'on travaille acortement[2], soubz créance que sa Majesté n'en aura point de déplaisir, et quant ainsy seroit que soubz main sa Magesté eust agreable que de debris des armées qui naguieres opressoient la France il en passast quelque trouppe dela les montz pour y servir en faveur dudict Duc, considerez, s'il vous plaist, que ce seroient gens separez, sans ordre, sans commandement & sans rendez-vous à quelqu'un qui rassemblast les pieces d'un corps si débisle. Il seroit meilleur, à mon aviz, que le Roy avouast quelques maistres de camp pour rassembler toutes ces pieces sur la frontiere & les tenir prestes à marcher au premier commandement de sa Majesté. Les fraiz de cet

du 22 m'est arrivée en même temps que la nouvelle que l'ennemy avoit attaqué Vesceil, ce qui m'a fait resouldre de vous depécher Cavouret pour vous representer l'estat des affaires de deça et vous prier, non seulement de haster les levées pour lesquelles ie vous ay fait tenir l'argent, mais encores de me fere la faveur de m'assister de vostre personne en l'occasion avec des forces de sa Majesté comme elle y est obligée et s'est daignée de m'en fere asseurer tant de foys. C'est donc la prière qu'il vous fera de ma part, en laquelle ie vous prie de m'estre favorable, et croyes que ie suis véritablement, monsieur le Mareschal mon cousin,

« Vostre très affectionné cousin à vous servir.
« EMMANUEL.

« A Verrue, ce 26 may 1617. »
(B. N. MS. F. 18037, p. 97. Copie.)

[1] S'il obtient un succès.
[2] Vivement.

assemblage ne pourroient estre grandz, sa Majesté le feroit soubz le pretexte de la seureté de ses estatz si proches des armées estrangeres et tiendroit en consideration la partye qui ne se voudroit ranger aux conditions raisonnables d'une paix; et de vray, ce seroit sur celle la qu'il faudroit fere tumber l'orrage comme sur l'ennemy de l'universelle tranquilité, et ainsy sa Majesté conserveroit sa reputation chez ses voisins sans la laisser empieter à ceulx qui se la veullent toute attribuer à son prejudice & au ravallement de l'honneur de la France. Mays il fauldroit un chef à toutes ces trouppes pour les contenir & fere marcher, s'il en estoit besoing. J'avois nommé monsieur de Crequy pour servir en Piedmont & y commander les Francoys, et puisqu'on estime que son passage porteroit trop d'eclat en ce temps, il fault atendre à un aultre. Je say bien qu'il ne fault pas rompre avec noz alliez, mays aussy ne fault-il pas trembler soubz de vaines aparances; plustost est il nécessaire, à l'imitation des Espaignolz, de maintenir la gravité. Voyla, Monsieur, ce qui se faict et ce qu'il me semble qui se deubst fere en ces rencontres. C'est la vérité que le duc de Savoye est fort degousté de l'Espaigne; les raisons en sont manifestes & chascun voit qu'il encline du costé de la France. Je ne doubte point qu'il ne face tout ce qu'il pourra pour le fere paroistre & mesmes par l'envoy de l'un des princes ses infans à la court; non que je sache qu'il en aye dessin et quand il l'auroit je ne croy pas qu'il le meist à effect que sur le poinct de la conclusion d'un traité. Au moins luy donneray-ie cet aviz, s'il me le demandoit. C'est sagement faict je le confesse que de ne voulloir point effaroucher le monde, mays il fault aussy fere, par le temps, que ce monde la nous tienne en autant de consideration que nous le tenons, affin que si nous ne le surpassons nous allions au pair & à l'égal de luy. Dieu donnera à nostre Roy l'acroissement de sa personne & de sa prudence, & par la sagesse de son conseil il apprendra qu'il n'est en rien inferieur à ses voisins et que c'est assez qu'il leur rende autant d'amytié & de respect qu'ilz luy en veullent rendre. Pour fin, je vous offre tout ce que vous pouvez desirer & attendre, Monsieur, de

Vostre très humble et plus obeissant serviteur.

LESDIGUIERES.

Je vous demande pardon si je ne vous escris de ma main, elle me tranble si fort qu'on ne pourroit lire ma lettre.

A Grenoble le XXVIIIe may 1617.

CVIII. 1617 — 7 Juin.

Orig. — Arch. munic. de Gap.

[A MONSIEUR DU VILLAR, GOUVERNEUR DE GAP.]

Monsieur mon Couzin, il est vray que par un décret sur requeste, quy me feust presantée au temps que vous me marquez, j'octroyez à ceulx d'abbaye de Gap[1] de s'assambler, mais puisque vous estes en aprehantion qu'ilz ne se portent sur le désordre, et que cella tient en une grande peyne la pluspart des habitans de Gap, je revocque par ceste cy, que vous leur ferez voir, la permission que je leur ay donnée, et ne veux qu'il y ait aulcune apparence d'assamblée laquelle vous leur deffandrez bien expressement de ma part; et s'ilz s'obtinent en tant que de fere les fous et de n'obeir en ceste vostre deffance et mienne, je vous prie de m'en avertir incontinent, et vous verrez de quelle façon je les traiteray. C'est tout ce que je puis respondre à vostre lettre du troisiesme de ce mois, vous suppliant de me continuer touiours en voz bonnes grâces, et croire que je ne seray jamais aultre, Monsieur mon Couzin, que

Vostre humble couzin à vous fere service.

Ce 7 juing 1617.

LESDIGUIÈRES.

---

[1] Voir la requête imprimée ci-dessus à la date du 27 mai 1617. L'abbaye était la réunion des jeunes gens de la ville; ils se réunissaient pour se divertir et pour donner aux nouveaux mariés, suivant l'occasion, des sérénades ou des charivaris. Au XVIe siècle cette association portaient le nom d'*Abbaye de Malgouvert;* mais ayant causé des abus, elle fut supprimée en 1581 par ordre du duc de Mayenne.

CIX.   1617 — 10 Juin.

Orig. — Arch. de M. le Vte de Sallemard, à Peyrins.

A MONSIEUR DE LA ROCHE DE GRANE ; A GRANE.

Monsieur de la Roche, les partyes[1] que vous devez recevoir à Lyon de messieurs Seve & Pellot ne se peuvent envoyer qu'en vertu d'une vostre procuration ou que vous mesmes n'y veniez ; faites donc incontinent l'un ou l'autre, & si vous ne venez, envoyez une procuration bien ample de laquelle on se puisse servir pour cela sans difficulté. Nous trouverons moyens avant que les deniers partent de vos mains ou de celuy qui les recevra pour vous, de pourvoir à vostre descharge en façon que vous demeurerez satisfait. Et attendant de vos nouvelles, je demeureray, Monsieur de la Roche,

Vostre bien humble pour vous faire service.

                                                                Lesdiguieres.

Ce X juin 1617 à Vizille.

CX.   1617 — 16 Juin.

Orig. — Archives de M. le Mis de Costa de Beauregard.

MÉMOIRES SUR LA CONFERANCE QUE LE SIEUR CAVOURET A FAITE AVEC MONSIEUR LE MARESCHAL DES DIGUIERES, SUR LES OCCASIONS PRESANTES, QUE SON ALTESSE VERRA S'IL LUY PLAIST POUR LE BIEN DE SON SERVICE [2].

Après que ledit sieur Mareschal a veu les depeches et memoires que ledit sieur Cavouret a aportées, et sceu par sa bouche l'estat des affaires de son Altesse concernant le siege de Verceil, il a fait voir audit

---

[1] Cet argent, ainsi qu'il résulte du certificat imprimé à la p. 120, était destiné à des levées faites par Lesdiguières pour le compte du duc de Savoie. Lesdiguières les faisait recevoir par M. de la Roche pour ne point paraître lui-même dans cette affaire.

[2] Cette pièce n'est pas signée, mais elle est sans aucun doute écrite par Cavouret sous la dictée de Lesdiguières et les réponses sont du duc de Savoie. Voir sur la mission de Cavouret la lettre du Duc imprimée en note de la lettre de Lesdiguières à Villeroy du 28 mai précédent.

sieur Cavouret qu'il fait toutes les dilligances qui luy est possible, affin que les quatre mil hommes conduitz par les sieurs de Laugères, Vannes et Lale, ce rendent promptement dans l'armée de son Altesse; que les regiments desdits sieurs de Vannes et de Lale commancent à filler depuis cinq ou six jours, ledit sieur Cavouret ayant rancontré quatre ou cinq cens hommes par la Savoye, et que le reste suit peu à peu de iour à aultre.

Son Altesse est très asseurée que monsieur le Mareschal a faict toutes les diligences pour haster les levées. Mais il faut dire que le malheur de son Altesse a voulu que nonobstant que monsieur le Mareschal à son despart de Piedmond ait fort bien recogneu le besoin que son Altesse avoit d'estre promptement assistée desdictes levées, et qu'elle luy envoyast bien tost après les lettres de change, elles n'ayent peut estre portées sur le lieu que trois mois apprès. De quoy son Altesse craint fort qu'il n'en résulte la perte de Verceil, n'ayant pas à present les forces qu'il faudroit pour le secourir sans lesdictes levées, que son Altesse a tousiours creu estre beaucoup plus prestes, comme si voisines et venant de la main de monsieur le Mareschal.

Et quand à la cavallerie, qu'on use de pareille dilligance, que le sieur de Laugères qui mesne une compaignie de cent maistres, le sieur de Saint-Paoul cinquante, le sieur de Baumetes cinquante, et le sieur de Verdoin cinquante, font leur possible pour s'équiper à trouver d'hommes et de chevaulx; que son Altesse doibt fere estat de ces trouppes et qu'elles ce rendront auprès d'elle dans le Xe ou XIe du moys prochain; que s'il se peult, ilz y seront plus tost et qu'on va depescher promptement au sieur de Laugères affin de faire marcher tousiours ce qui sera prest.

Il semble à son Altesse que pour ceux qui font les recrues, il fut dit que moyennant 9000 livres qu'ils ont receu ils donneroient les compagnies de cent, et cependant l'article ne marque que cinquante.

Mondit sieur le Mareschal languit grandement la résolution que son Altesse aura prinse sur les advis qu'il y a donnés de faire venir promptement le sieur d'Hurre aveq deux cents maistres qu'il a tous prestz et qu'ilz marcheront aussytost que son Altesse aura fait fournir douze mil escus à Lyon. Car ledit sieur le Mareschal, au moyen de ses amys fera tirer ceste somme à Paris en dilligance, et sy on usoit de pareille dilligance cete trouppe se pourroit randre dans le XVe ou vingtième du prochain dans son armée. Ledit sieur Mareschal fera grand estat de ces trouppes et particulierement dudit sieur de Hurre, qui est un des plus braves cavalliers de France, celluy qui cét mieux son mestier, et celluy de tous à qui ledit sieur Mareschal aura plus de confiance, faisant estat que ces deux cens maistres, conduitz par luy, en voudront plus de cinq centz.

Son Altesse y a satisfait par sa lettre.

Son Altesse est très humblement suppliée de mander promptement l'argeant necessaire à Lyon tant pour ces choses que pour le regiment de monsieur le marquis de Villeroy de mil ou quinze cens hommes, sellon qu'elle advisera, et pour plus grande somme, parce que ledit sieur Mareschal a fait connoistre que s'il y eust eu de l'argeant pour fere davantage de levées il eust esté utillement employé, ayant renvoyé beaucoup de seigneurs et gentilshommes, faulte de fondz et de sçavoir l'intention de votre Altesse', laquelle considerera, s'il lui plaist, que les longueurs que monsieur le Mareschal reçoit des advis qu'il donne, portent beaucoup de preiudice au bien des affaires de vostre Altesse soit aux voiaiges ou au seiour qu'on fait au près d'elle, auparavant qu'estre depeché, à quoy votre Altesse pourvoira s'il l'a pour agreable.

Comme dessus.

Ledit sieur Mareschal a jugé à propos envoyer ung courrier exprès à la cour, pour porter les nouvelles que le sieur Cavouret a aportées, et pour les autres affaires qui regardent le bien du service de votre Altesse.

Son Altesse l'avoit desia fait et remercie monsieur le Mareschal de la faveur.

Ledit sieur Mareschal attant d'heure à aultre le retour de son courrier, qui aportera toutes résolutions tant pour son voiaige que pour les trouppes qu'il a demandées au Roy pour aller trouver votre Altesse et qu'à mesme temps de son arrivée, il depechera le sieur de Bosse à votre Altesse, affin de vous faire sçavoir les advis qu'il aura receuz et les intentions de sa Majesté, et gardera auprès de luy le sieur de Cavouret, qui vous tesmoignera de la dilligance que ledit sieur Mareschal fait pour préparer son voiaige et advertira votre Altesse de tout ce qui sera nécessaire.

Son Altesse attendra ses nouvelles avec grande passion, mais si les secours de sa Majesté ne seront prompts, ils ne serviront que pour maintenir la guerre en Piedmont et le ruyner.

Et cependant ledit sieur Mareschal fait ce qu'il peut pour apprester sa compaignie de gens d'armes, estant venue tellement de biffée, des malladies et d'autres incommodités qu'il faut quelques jours pour la remettre. Il escript aux officiers d'icelle de faire tenir prest leurs compaignies affin de faire monstre au premier jour, et les randre en corps prests à repasser les montz, qu'à cellà il usera de toute la dilligance qu'il sera possible et en fera de mesme de ces gardes qui seront bientost prestz.

Son Attesse remercie monsieur le Mareschal de la diligence qu'il fait user pour remettre sa compagnie de gendarmes.

Ledit sieur de Mareschal depeche presantement à monsieur d'Halincour pour le prier de luy prester sa compaignie et de la faire tenir preste à son passaige; que toutesfois il croit qu'il en aura commandement de sa Majesté, et pour sçavoir si monsieur Le Grand est arrivé en Bourgougne et en quel lieu sont aussy arrivés les lansequenets affin de les faire dilliganter, et le temps qu'ils pourront estre en chemin des estatz de votre Altesse, à quoy on ne manquera de donner les advis nécessaires.

Son Altesse croit que monsieur d'Alincourt aura ordre de donner sa compagnie, *et pour le reste son Altesse a fait les mesmes dilligences, mais le point le plus important, est si Verceil le pourra attendre; estant desia un mois qu'il est assiegé et fort pressé.*

Ledit sieur Mareschal attant aujourd'huy des nouvelles de monsieur de Montmorancy par le sieur Despinaux qui vient, et sçaura ce qu'il pourra faire pour le bien des affaires de votre Altesse.

Son Altesse en attendra les nouvelles.

Ledit sieur Mareschal trouve fort à propos qu'à tous evenementz sy Verceil ne peut attandre les forces et assistance que ledit Mareschal fera faire avec les trouppes du Roy, que votre Altesse doibt promtement faire fere provision de munitions de bouche et de guerre pour en remplir les places de Cressentin, Verrue, Saint-Ya et les aultres avec la provision qui est nécessaire aux frontières, et pour les officiers qu'il fault pour l'atirail de l'armée, ledit sieur Mareschal ayant recognu en son precedant voiaige qu'elle n'estoit pas servie en l'estat qu'il fault.

C'est un bon conseil et qui a desià été prins.

Ledit sieur Mareschal est d'advis que votre Altesse doibt fere connoistre à monsieur l'Ambassadeur de Venise le besoing qu'on a à faire les levées, affin de s'oposer aux dessains de vos ennemis et des leurs, et qu'à ceste occasion ils doibvent reconnoistre la necessité qu'on a de gens, et le dessain de l'Espagnol qui regarde aultant la ruine des Venitiens que l'incommodité de vos estatz et que toutes considerations cessantes, ils doibvent faire ung effort et ne faire difficulté de fournir de l'argeant.

Son Altesse a fait toutes ses diligences, et ils ont fourny pour les levées 100^M ducatz, oultre ce que son Altesse i a mis du sien, et tout a esté employé.

Je doibs aussy tesmoigner à votre Altesse l'estreme affetion que je reconnois à mondit sieur le Mareschal pour le bien de votre service, le soing qu'il a de vous continuer ses bons offices, tant envers le Roy, ses ministres et son conseil, qu'envers tous les seigneurs de la cour, qui promect quelque chose pour le bien des affaires de votre Altesse.

Faict à Vizille le XVIe juin mil six cens dix sept.

Son Altesse en est fort asseuré, et au demeurant très obligé à monsieur le Mareschal.

CXI.   1617 — 26 JUIN.

Orig. — Arch. de M. le Vte de Sallemard, à Peyrins.

[ADVEU ET CERTIFFICATIONS POUR LE SIEUR DE LA ROCHE.]

Nous certiffions à tous qu'il appartiendra et à qui le présent sera exibé, que le sieur de la Roche de Granne a mis entre les mains de Brémond, l'un de nos secrétaires, par nostre commandement expres, la somme de huit mil huit cent livres qu'il avoit receue du sieur Velasco, par les mains des sieurs Seve et Pellot, bourgeois de Lyon, par ordre et commandement de son Altesse de Savoye et en vertu d'une lettre de change signée de Georges, adressant audit Velasco, pour la distribution de ladite somme estre faite par ledit Bremond suivant et à la forme de l'estat que nous luy en avons signés. Partant ledit sieur de la Roche demeure bien et deumant déchargé, comme nous le déchargeont par le présent certifficat, de la dite somme de huit mil huit cent livres, sans qu'il puisse estre recherché à l'avenir. Et parce que c'est la vérité nous avons signé iceluy, et fait mettre le cachet de noz armes.

A Grenoble le vingt-sixième juin 1617.

LESDIGUIÈRES.

Par mondit seigneur :

(Sceau.)   BERTRAND.

CXII.   1617 — COMMENCEMENT DE JUILLET.[1]

Orig. — Arch. de M. le Mis de Costa de Beauregard.

POUR SERVIR DE MÉMOIRE AU SIEUR DE BOSSES.

Premierement remercier monsieur le Mareschal tant des bons offices qu'il rend son à Altesse à la Cour pour le bien de ses afferes, que de la diligence qu'il fait user à luy envoyer des troupes. Le prier de continuer à l'un et à l'aultre, mais particulierement à ce dernier, attendu qu'il y a 15 jours au iourd'huy que l'ennemy a mis le siége à Verceil et le bat despuis 12 jours.

Qu'enfin ne le secourant il se perdroit, et que de le fere son Altesse n'a pas maintenant les forces, s'il n'a les levées, qu'il attend de monsieur le Mareschal, lequel donc il supplie d'accourcir tant qu'il pourra le terme qu'il prend pour les fere passer de deça; car si elles retardent iusques au 20ᵉ de ce moys, son Altesse craint fort qu'elles ne seront à temps de sauver Verceil, car l'ennemy s'approche fort de la ville par ses tranchées, et le nombre de l'armée est fort grand.

Le prier, sur les nouvelles qu'il a envoyé à son Altesse par Cavorret qu'il auroit ordre du Roy de passer de deça avec des forces pour l'assister, de le fere au plus tost, et pendant qu'il rassemble ses forces, s'approcher à Chiaumont, envoiant à l'advantage quelque partye de sa maison à Thurin, car cela donnera tousiours grande ialousie aux Espagnolz, qui font gloire de l'avoir fait enaller de ce pays, et cela donnera beaucoup de chaleur aux armes de son Altesse. Luy participer les nouvelles de tout ce qui est succédé à Verceil depuis le siége.

Pendant votre séjour auprès de monsieur le Mareschal, pour solliciter ce que dessus, avoir soing de le prier de fere en sorte que l'on aie quelque raison de l'argent donné aux sieurs d'Andredieu, de Montmaur et d'Assas, lequel on pourroit employer à des nouvelles levées. Le mesme de M. de Chatiglion.

Advertir iournellement son Altesse de l'estat des levées tant de cavalerie que infanterie, et du temps qu'elles iront passant, les pressant tant qu'il pourra, puisque le besoing y est si grand et le temps est si précieux.

CHARLES EMMANUEL.

CROTTI.

---

[1] Le sieur de Bosse était celui dont Lesdiguières annonce l'envoi prochain au duc de Savoie dans la pièce précédente datée du 16 juin : le duc lui donna ses instructions en le renvoyant vers Lesdiguières dans les premiers jours du mois de juillet. Cette date est certaine ; en effet, Verceil fut pris à la fin de juillet et le duc dit dans la pièce ci-dessus qu'il ne pense pas que cette ville pût tenir au-delà du 20 du présent mois : ce mois était évidemment celui de juillet. A ces instructions en sont jointes d'autres pour le sieur de Chatillon, qui devait prendre le commandement de quelques troupes dans l'armée du duc de Savoie.

CXIII.   1617 — 10 Juillet.

Orig. — Arch. de M. le Vte de Sallemard, à Peyrins.

A MONSIEUR, MONSIEUR DE LA ROCHE DE GRANNE.

Mousieur de la Roche, je vous fay ce mot pour satisfaire à la promesse que je vous ay faite et à vostre lettre du VIIe de ce moys, pour vous dire que je viens d'aprandre des nouvelles de son Altesse qui me font résouldre mon départ pour mon voiaige de Piedmont, et pour cet effet fays estat de partir infailliblement le XVe de ce moys[1], Dieu aydant, et prendray mon chemin à Briançon. Si vous voullez estre de la partie et que vos affaires le vous permettent j'en auray beaucoup de contentement, sinon je ne seray pas moing ici et ailleurs prest à vous faire voir que je suis, Monsieur de la Roche,

Vostre bien humble a vous fere service.

LESDIGUIÈRES.

Monsieur de Blacons fet bien de ne venir pas, il ce metroit en peine et ces amis pour avoir trop de haste; s'il est malade il doibt demourer.

A Grenoble le X juillet 1617.

CXIV.   1617 — 18 Juillet.

Orig. — Arch. de M. Paul de Faucher, à Bollène.
Imprimé : *Bulletin de la Société d'Archéologie de la Drôme*, T. IX, 1875, p. 379.

A MONSIEUR DE LA CROIX, GOUVERNEUR DE PIERRELATTE.

Monsieur, c'est icy la response à la lettre que j'ay reçu de vous le XIII de ce moys; ça a été bien fait à vous de détourner vos amys du service d'Espaigne; quelques recherches que l'Espagnol face, les bons Françoys ne l'yront pas servir. Vous verrez s'évanouir toutes ces

---

[1] Lesdiguières passa les monts avec quatorze mille hommes, fit lever le siége d'Asti et sauva le duc de Savoie d'une ruine complète.

menées, car le roy d'Espaigne veult la paix, il s'en est déclaré au Roy, qui m'a commandé estant delà les monts où je m'en vays, d'y entendre plustot qu'à la guerre. Par ainsy les mauvais Françoys ne seront pas employés par l'Espaignol. Il est bon toutefois de remarquer ceux qui se vouldroient laisser aller à ce party afin de ne faire pas grand estats de leur fidélité françoise. Si contre l'oppinion de la paix la guerre continuait, j'auray souvenance du gentilhomme que vous me dittes pouvoir fournir deux mil hommes de pied et deux ou trois cens raytres, pour le prendre avec moi, si on m'en donne les moyens pour les lui donner. Je reçoy et ai toujours reçu de tout mon cœur les offres que vous me faites de votre affection, mays assurez vous aussi que je suis, Monsieur,

Votre humble ami à vous rendre service.

LESDIGUIÈRES.

A Vizille le XVIII juillet 1617.

CXV. 1617 — 3 AOUT.

Cop. — Bibl. de Carpentras. MS. Peyresc. Reg. LVIII, p. 116.

[A MONSIEUR DON PEDRO DE TOLEDE, GOUVERNEUR DU MILANOIS.]

Monsieur, estant le Roy mon maître désireux de veoir les estats de monsieur le duc de Savoye en repos, sa Majesté m'a commandé d'y passer avec forces pour moyenner cette tranquillité ou garder son Altesse d'opression. J'ay sceu que votre Excellence a receu ordre du Roy catholique pour procurer cette mesme tranquillité et que vous vous en etes expliqué au marquis de Caluze, comme a fait aussi à son Altesse le sieur Cid Vendour, général de l'estat de Milan. Cela estant, il ne resteroit que de mettre à bon escient la main à l'œuvre, comme je feray fort volontiers de ma part; et pour estre esclarcy de vostre intention advant que de me porter à autre resolution, j'ay voulu depecher le sieur de Belujon pour me la rapporter; j'ay toute confiance en luy. Je vous supplie me le renvoyer au plustost, et en attendant je prieray Dieu, Monsieur, qu'il bénisse nos desseins pour la paix publique, etc.

C'est à Chivas le IIIe jour d'aoust 1617.

[LESDIGUIÈRES.]

CXVI. 1617 — 9 Aout.

Orig. — B. N. MS. F. 15583, p. 26.

A MONSIEUR, MONSIEUR DE VILLEROY.

Monsieur, la dernière lettre que i'ay receue de vous est du 23 du passé, que monsieur d'Halincourt m'a fait tenir, ou vous me témoignez le contentement que vous avez de nostre alliance. Certes je ne vous scaurois exprimer le myen & l'honneur que i'en reçois; vous nous avez tous obligez et moy en particulier, qui ne cesseray jamais de penser aux moyens de m'en ressentir par toute sorte de services que j'essayeray de vous rendre. Vous aurez sceu par ma dernière que le sieur de Senetere vous aura rendue, la prise de Verseil; elle a apporté tant de perte à ce prince et d'estonnement à ses sujetz, que s'ils n'avoyent quelque esperance à l'assistance du Roy ils croyeroyent d'estre entièrement perduz. Nous les asseurons autant qu'il nous est possible; et pour bien faire le service de sa Majesté selon qu'il luy a pleu me le commander et suivre en tout voz bons aviz, aussitost que j'euz appris cette mauvaise nouvelle, qui fut le mesme jour que j'entris en Piemont, je me resoluz d'avancer jusques à Chivas avec messieurs de Bethune et l'ambassadeur de Venize, pour voir ce prince et résoudre ce qui seroit necessaire de faire pour porter les choses en quelque meilleur estat. Il fut resolu après plusieurs conferances que j'escrirois à Dom Pedro par le sieur de Belluion, ce que i'ay faict & receu la responce dont vous verrez la coppye avec celle de ma lettre. Vous jugerez par la qu'ilz ont quelque envye de venir à la paix, mais c'est avec des nouvelles interpretations sur l'exécution du traicté d'Ast. Ils cherchent des difficultez selon leurs subtilitez acoustumées & nous voudroyent porter autant qu'ilz pourront à la longueur, estimans par ce moyen nous lasser et reduire à quelque necessité. Mais le remede à cela est de faire paroistre au plustost deca les montz les armes du Roy fortes & puissantes, en façon que l'authorité & reputation de sa Magesté soyent conservées; à quoy je travaille tant que je puis, n'estimant pas de pouvoir porter cez gens à une paix bien asseurée qu'en leur fezant voir ce que dessus, ce que nous menagerons toutefois en façon que sa Magesté sera servye selon son intention et ce prince assisté comme elle desire. Monsieur de Bethune s'en va trouver par cet effect ledict gouverneur de Millan à Verseil pour essayer de tirer de luy encore quelque esclaircicement des moyens qui se pourront tenir pour parvenir à cette bonne œuvre, en quoy la célérité est requise et nous y ferons ce que nous pourrons. Cependant je vous veux asseurer icy, Monsieur, des bons & signalez services que le seignor Claudio Marini rend ordinairement au Roy aux occurrances qui s'offrent deça; son zele mérite d'estre mis en consideration & tous les bons serviteurs de sa Magesté luy doivent ayder à sortir de la peyne ou les Espagnolz le tyennent. Et par ce que vous cognoissez son merite mieux que moy, je vous en laisse le soin, vous supplyant de luy vouloir continuer voz bons offices et aussi à monsieur l'Archevesque d'Ambrun dont scavez les vertuz & merites mieux que je ne les vous scaurois representer. Il seroit homme plus propre pour bien servir le Roy en des bons affaires, à Rome ou ailleurs, que pour demeurer en son archevesché. Je vous supplye aussi de vous en souvenir et demeurer fermement asseuré que ie suis & seray autant qui me restera de vye, Monsieur,

Vostre tres humble frere et plus obeissant serviteur.

Lesdiguières.

Ce 9 aoust 1617 à Turin.

CXVII. 1617 — 13 Aout.

Orig. — B. N. MS. F. 15583, p. 28.

A MONSIEUR, MONSIEUR DE VILLEROY.

Monsieur, nul plus que moy en ce Royaume n'a jamais plus passionement desiré l'honneur de vostre amitié, pour la cognoissance acquise par divers rencontres & de fort longtemps que vous avez tousiours esté le plus utile instrument de noz roys au gouvernement de leur estat & le plus ferme à vos amys. Si ces vertus & qualitez exquises m'ont estroittement obligé à vostre service, Monsieur, je me confesse à cette heure, doublement tenu à cela par le contentement & l'honneur que ie reçois de vostre alliance & des assurances reiterées par vos lettres qu'il vous a pleu me donner que vous me voulez aymer dorenavant comme vostre uny frere & serviteur. Je respondray fidellement à ceste affection et m'attachant, comme ie feray tousiours du tout, à vostre interests & des vostres; je vous rendray toute obeissance & service aux occasions presentes & en toutes autres à l'advenir, attendant avec impatience de sçavoir l'issue de vostre combat avec Monsieur de Sainct Chamont [1] et adherants à ses calomnies, non pour doubter de la victoire que ie tiens toute asseurée en vos mains, mais pour voir plustost vostre esprit & de monsieur d'Halincourt à repos par la confusion & honte que ses ennemys recevront de leurs malicieuses inventions. J'ay escript sur ce subiect à Madame la Contesse, y ayant esté convié par le langage qu'elle a tenu au sieur de Verdun, qui vous fera voir, s'il vous plaist, ma lettre, pour la rendre si vous en trouvez bon le stil, n'ayant estimé m'y debvoir estendre davantage. Je vous ay faict sçavoir par ma precedente pourquoy ie me suis rendu depuis avant hier en ceste ville d'Ast avec monsieur de Bethune; il part aujourd'huy pour estre demain à Verseil où il trouvera Dom Pedro et se pressera de venir incessamment à la conclusion, car la longueur acheveroit d'accabler son Altesse. Elle est toute disposée à la paix & resolue de suivre exactement la volonté du Roy. Si les Espagnolz tesmoignent à monsieur l'ambassadeur autant de volonté d'embrasser le repos comme ilz en font contenance, il n'y arrivera aucune difficulté de ce costé. Mais quoy que ce soit après avoir employé tout ce que Dieu me donnera d'industrie & de creance pour faire reussir le dessein & volonté de sa Majesté, je me garderay bien de m'esloigner tant soit peu de ses commandements, vous suppliant très humblement, Monsieur, de luy vouloir donner cette asseurance contre les blasmes de ceux qui s'essayent de jetter des soubçons contre moy d'avoir plus d'inclination à fomenter la guerre qu'a procurer la paix par deça. Mon age et mes deportements passez me doivent garentir de ces blasmes; aussi me persuadé-ie que sa Majesté avec toutes les gens de

---

[1] Voir sur ces différends entre Saint-Chaumont et Villeroy d'Allincourt, plusieurs documents imprimés ci-après à la date de novembre 1618. Lesdiguières et Ventadour furent chargés par le Roi d'apaiser cette querelle et y réussirent non sans peine.

bien les esloigneront de leurs créances. Je vous demande vostre ayde favorable & vostre cautionnement pour cela avec l'honneur de vos bonnes graces. Je prie Dieu, Monsieur, qu'il vous augmente les siennes & prolonge vos jours en bonne santé.

C'est en Ast le XIIIe jour d'aoust 1617.

Votre tres humble frere et plus obeissant serviteur.

LESDIGUIÈRES.

Monsieur, i'ay reçeu la vostre du cinquiesme; ie vous dépécheré au premier iour le sieur de Bellugeon après le retour de mon courrier.

CXVIII.   1617 — 12 SEPTEMBRE.

Orig. — Bibl. de l'Institut. MS. Godefroy, vol. 268, p. 170.

A MONSIEUR, MONSIEUR DE VILLEROY.

Monsieur, je vous ay escrit si au long ce qui se passoit par deça par le sieur de Bellujon, que je ne vous diray maintenant par ce courrier que la prinse de Nom, ville et chasteau, la ville par force et le chasteau par composition, et où il y avoit deux mil cinq cens hommes de guerre; le lendemain, la Rocque d'Aran où il y avoit quinze cens hommes, mais ils gagnarent au pied de bonne heure excepté cinq cens Suisses qui se rendirent à deux mille de là à miséricorde. Tout cecy est pour faire voir aux Espagnolz qu'il ne faut pas tant mespriser les forces du Roy ni son nom, et si on vouloit se servir du temps & des occasions qui s'offrent par deça, il n'y fit jamais plus beau. Mais ie vois bien que sa Majesté désire & veut la paix, laquelle il aura infailliblement, si le dépot de Verseil & des autres places que le Duc tient depuis le traité d'Ast soient entre ses mains. Ce depost est si juste, si raisonnable & honorable pour le Roy, qu'on ne peut dire, si on ne l'accorde, sinon qu'ilz veulent tromper comme ie le crois asseurément. Vous jugerez par vostre prudence & expérience ce qui se peut en ces affaires, et je seray attendant les commandemens de sa Majesté & les vostres avec la continuation de vos bonnes graces que je désire à l'égal de ma vie, laquelle j'employeray volontiers pour vostre service, comme estant, Monsieur,

Vostre très humble frère et plus obéissant serviteur.

LESDIGUIÈRES.

Le XII septembre 1617 à Ast.

CXIX.   1617 — 13 SEPTEMBRE.

Autog. — B. N. MS. F. 15583, p. 34.

A MONSIEUR, MONSIEUR DE VILLEROY.

Monsieur, i'ay eu l'honneur de la votre du 3me de ce moy, vous randant ung million de graces de l'asseurance qu'il vous plet me donner de votre affection et bonne vollonté, dont ie n'ay iamays douté. Il vous plerra en fere de mesme, et que ma vie et tout ce que ie possede en ce monde sera librement emploié pour vostre service et des vostres. Je desirerois infinimant d'avoir l'honneur de conferer avec vous des afferes qui ce presantent et qui sont sur le tapis et lesquels principalement reguardent le service du Roy et la concervation de son état, lequel ie vois estre encore malade des choses passées et les finances entièrement espuizées par ceulx qui le veulent perdre. Je suis de votre advis qu'il faut chercher les moyens pour n'antrer en guerre contre le Roy d'Espagne et sans causes et rezons, et à cest effet disposer le duc de Savoye à prandre les conditions qu'on luy propoze, qui est d'exécuter le tretté d'Ast, à quoy il est resollu, mais il desire qu'on pourvoie au préalable à la restitution de Verceil et luy de restituer ce qu'il tient depuis le tretté d'Ast; et à ces fins il desire le dépost de ces places se face entre les mains de sa Majesté, chose très iuste et honorable pour le Roy, par le moyen de laquelle toutes difficultés cessent. Il me semble que si les Espagnols la reietent il n'y a point de doute qu'il ne marchent pas de bon pied et manquent de parolle au Roy, ils le ietteront insansiblement à la guerre, mais iuste comme il vous plet de dire. Pour eviter tout cecy il faut fere ce depost. Vous asseure que cella estant, la paix et fette, et que vous n'y verrez point de difficulté du cotté de ce prince et de cella i'engage ma vie, mon honeur. Bien vous dirai-je que si les afferes du Roy le portent qu'il n'y a point de doubte que le duché de Milan feroit le saut[1], les Veniciens y aidant à bon esciant comme ils feroient, les etas des Pais-Bas, les Princes protestans et le Roy de la Grand-Bretagne et nostre Roy ou ouvertemant ou tacitement. Vous scavois dire que le feu Roy ne peut iamais assambler touts ces princes et maintenant tout y est dispozé. Je lesse donc à vostre grande prudance et experiance toutes ces choses, resollu de me conformer entierement à voz prudens advis. Je finirai donc ma lettre pour vous asseurer de ma vie et de mon honeur que ces princes veulent la pais et ce mette entre les bras du Roy et de la France avec toute affection et franchise. Il est important de les recevoir et protéger pour l'utilité de la France et pour nous aider à recouvrer ce qu'on nous ocupe iniustement lorsque l'age de nostre Roy le permettra. Je vous ay escrit les exploits qui ce sont fets, qui ne sont pas petits et qui ont mis ung tel efroi par toute la Lombardie que tout fuit et abandone. J'y ay assisté comme personne privée, n'aient que deux compagnies du Roy; maintenant qu'elles arivent ie me tiendrei quoy, et attandrei les commandemants de sa Magesté. Bien vous direi-ie que ie n'empescherei pas les exploits que ces princes voudront fere iusques à la paix; ie serais bien eze que par leurs actions ils ce randent ireconciliables avec l'Espagnol. Voila, Monsieur, ce que ie vous puis dire; pardonez à ma mauvaiz escriture et à mon mauvais stille. La santé de monsieur le Marquis de Villeroy est très bone et ces deportements si sage et advizez que vous en devez avoir contantement, et vous dis sans caiolerie qu'il se rand capable de toute chose pour bien servir le Roy. Donnez-moy, Monsieur, la continuation de vos bonnes graces et me croies s'il vous plet, Monsieur,

Vostre tres humble frere et plus obeissant serviteur.

LESDIGUIÈRES.

A Ast le 13 septembre 1617.

---

[1] Lesdiguières caressa à plusieurs reprises le projet de rendre à la France le duché de Milan; en 1625 dans sa dernière campagne il écrivait encore au roi à ce sujet.

CXX. 1617 — 17 Septembre.

Autog. — B. N. MS. F. 15583, p. 35.

A MONSIEUR, MONSIEUR DE VILLEROY.

Monsieur, nous avons trouvé monsieur le duc de Scavoye plein de bonne vollonté et affection à observer tout ce que j'ai trouvé bon pour la pais d'Italie, proveu que les Espagnols ce trouvent en mesme disposition ce qui est bien à craindre. Nous avons, monsieur de Bethune et moy, suivant les commandemants du Roy donné sa parolle à monsieur le duc de Scavoye à laquelle il s'attand, et si du costé d'Espagne ils ont la mesme vollonté et sur l'exécution du tretté d'Ast, les choses seront bien tost en bon etat. Monsieur de Bethune a donné advis à Don Pedro de tout cecy lequel luy a fet une bonne responce, et à cest effect il part auiourd'huy pour l'aler trouver. Je ne scay si la mort de sa femme ou le coup de foit qu'il a eu ces iours passés [1], l'ont adoucy, mais ie vous puis asseurer que l'echec qu'ils ont reçeu leur avoit donné ung tel effroi qu'ils ne scavoient ou ils en estoient et s'il nous eut esté permis nous eussions bien fet de la besogne. Nous vous envoions le sieur de Monzizet, afin que par luy nous soions advertis des intantions de sa Magesté, lequel, s'il vous plet, il nous faut ranvoier au plus tost. Me remectant du surplus aus memoires dudit sieur de Monsizet, et en attandant son retour, ie vous suplie très humblement me continuer en voz bonnes graces et recevoir l'offre de mon humble service, duquel, s'il vous plet, vous ferez estat come de celluy qui est et sera toute sa vie, Monsieur,

Vostre très humble frere et plus obeissant serviteur.

LESDIGUIÈRES.

Le XVIIe septembre 1617 à Ast.

[1] C'est-à-dire l'échec qu'il a subi par les succès du duc de Savoie.

CXXI.   1617 — 25 Septembre.

Autog. — B. N. MS. F. 15583, p. 36.

A MONSIEUR, MONSIEUR DE VILLEROY.

Monsieur, j'ay receu celle qu'il vous a pleu m'escripre du 16me de ce moys, veu par icelle comme le Roy s'offance de moy dizant que i'ay accompagné monsieur le duc de Scavoye de ma personne et de ces armes aux explois qu'il a fet dans la Lombardie contre les Espagnols. Il est bien ézé de iustifier que les armes du Roy n'y ont esté nullement emploiées; car de toutes les troupes que j'an avois ordonné il n'y avoit pour lors que les deux compagnies de Viriville et conte de Saint-Pol, lesquelles n'ont point esté à ces exploits sauf quarante ou cinquante environ lesquels y sont allé volonterement. Pour moy, Monsieur, voiant que ie n'avois point des forces du Roy i'ay estimé ne me devoir refuzer à la priere de monsieur le duc de Scavoye, mesme le Roy m'i aiant obligé par le tretté d'Ast de l'assister lorsqu'il seroit oprimé par les Espagnols, ce qui estoit veritable car ils avoient bloqué ceste ville d'ung mille loing avec une arrogance incroiable et ung mespris de l'autorité du Roy et de ces forces très grand. Il est donc vray que le duc de Scavoye a fet ces exploits avec ces seules forces sans qu'il y eut ni trevve, ny suspantion d'armes, voire mesme que monsieur de Bethune a touiours protesté aus deux parties qu'ils prissent garde à eus, qu'il ne les asseuroit de rien iusques que la pais fut resolue. Vous scavez aussi, Monsieur, qu'il ce parloit de pais lors du siege de Verceil cella n'a pas empeché qu'ils n'aient fet leurs progrès, de quoy on fit peu d'etat, de façon que leurs pechés sont véniels et les nostres mortels. Monsieur, ie vous dis avec verité que ces progrès ce sont fets sans les forces du Roy et sans qu'il y eut aucun tretté, et, si i'ozois vous dire, bien à propos pour ramener ces gens à la rezon. Pour moy si i'ay falli ie vous en lesse le iuge. Pour le moins y avons nous servi de fere resoudre ledict Duc à ambrasser vollonterement ce que le Roy lui ordonne, comme il vous aperra par la depêche que Monsizet vous porte, et pour empecher que ledit Duc ne suive sa poincte, car l'efroiement estoit si grand que la moitié des villes et quazi tous les peuples vouloient prandre l'enseigne blanche[1]. Vous noteres aussi, Monsieur, s'il vous plet, que ces exploits estoint fets avant qu'on receut les vollontés de sa Magesté, car tout estoit retiré icy ung iour après le partemant du sieur de Bellugeon. Vous iugerez aussi que nous avons fet ce qui estoit portés par vostre billet. Nous continuerons à dispozer monsieur le duc de Scavoye à exécuter le treté d'Ast de point en point, encores qu'il soit plain de grandes mefiances; mais il s'asseure sur les promesses et parolles du Roy entierement. Voilla, Monsieur, tout ce que ie vous puis dire, qui c'est veritablement passé et aussi pour ma iustification, laquelle ie remets à vostre consseil comme tout le reste de mes actions, pour y obehir comme ie doibs et comme estant, Monsieur,

Vostre tres humble frère et plus obeyssant serviteur.

LESDIGUIÈRES.

Monsieur de Bethune est revenu devers Dom Piedro pour resoudre ce qui est necessere pour l'exécution du tretté d'Ast, de quoy on n'est bien d'accord, et principallemant sur la restitution des places; et s'en reva demain, et aussi tost revenu vous depescherons ung courrier.

A Ast le XXVe septembre 1617.

CXXII.   1617 — 1er OCTOBRE.

Orig. — B. N. MS. F. 15583, p. 46.

A MONSIEUR, MONSIEUR DE VILLEROY.

Monsieur, vous aurez eu plus de peur que vous n'aures de mal; les Espagnols ne sont certes si mal aisés à ranger ny sy formidables qu'ilz en font contenance. Vous avez doubté que don Pedro ayant esté batu & maltraicté feist le difficille d'accepter la paix & d'acorder la cessation des actes d'hostilité tant qu'il eust nouveau ordre d'Espaigne. Mais tout au contraire il se croyait perdu si ce secours ne luy fust

---

[1] C'est-à-dire vouloient se ranger sous le drapeau de Savoie qui portait une croix blanche.

advenu & jusques la il a esté fort traictable[1]. Dieu veuille, qu'estant hors de peur & d'aprension il le soit aultant en la restitution des places & notament de Verceil, qu'il n'a jamais dit à monsieur de Bethune qu'il feroit, ainsi qu'il l'a escript au duc de Montaleon, car sy cella eust esté ledict sieur de Bethune ne me l'auroit pas cellé ny à son Altesse & moings au Roy. En somme, Monsieur, avant le retour du sieur de Belluion, qui fust six jours après la datte de vos lettres, vostre traicté de paix avoit esté acepté de part & d'aultre & la cessassion des actes d'hostilité publiée pour entrer en l'exécution du traicté d'Ast, à quoy son Altesse est du tout pourtée de se laisser conduire entierement aux conseils & vollontés de sa Magesté, après mesmes avoyr receu dudict sieur de Bellujon les nouvelles & plus fortes asseurances qu'elle luy a fait donner de la restitution de Verceil & de la protection ouverte & puissante en cas que les Espagnolz viennent à manquer à effectuer incessament & sans remise ny longueur ce qu'ilz ont promis, & sa Magesté pour eux, à son Altesse, laquelle par deffault d'argent a demandé le moys à desarmer[2] ce qu'il eust faict aultrement dans troys jours, comme il fera entierement la restitution de toutes les places qu'il tient au Montferrat, sinon que le Roy trouva bon, comme il semble bien juste, que monsieur de Bethune negotiat avec ung peu de vigueur que quelques unes des plus commodes demeurassent ez mains de son Altesse pour en jouir tant que la dotte de madame la Duchesse sa fille fust restituée & à proportion de ce qu'elle monte & que le revenu des terres vaudroit, sans renvoyer ceste affaire tout liquide au jugement de la chambre imperialle, & lequel acord pourroit porter ces deux maisons à une entiere & amiable composition de leurs autres differends pour obster à l'advenir tous subietz de mesintelligance entre elles. Je partz pour retourner à Turin & de la en Daulphiné, sans m'arrester audict Turin que pour y attandre l'ordre de sa Mageste que le sieur de Montsizet m'aportera, comme je croy, pour le logement des compaignies de gens d'armes & de chevaulx legiers, lesquelles s'avancent cependant vers les frontieres de Provence, Daulphiné, Lyonnois & Bresse, & si mes mulez & les chevaulx

---

[1] Un traité préparatoire avait été conclu le 13 septembre 1617 entre Bethune, le duc de Savoie et le gouverneur de Milan, à Saint-Germain. Ce traité posait les bases de la paix sans cependant faire cesser les hostilités. Il existe une copie de ce traité à la Bibl. nat. (MS. Brienne, vol. 81, 323).

[2] Pour pouvoir payer la solde arriérée.

de mon équipaige eussent esté icy, j'en fusse party dès le jour de l'arrivée dudict sieur de Bellujon pour vous faire voir, Monsieur, et à toute la France que je ne scay rien mieux faire que de bien hobeir à mon Roy & le servir de toutes les forces de mon ame & de ma personne, comme je feray tousiours tant qu'il me restera de vye. Que sy les raisons, que ledict sieur de Belluion a representées au Roy de ma part, n'ont semblé assez fortes à Messieurs de son conseil pour aprouver ce que la necessité, l'honneur & la reputation de sa Magesté m'a obligé de faire contre la braverie des Espagnolz, le temps & le succès des affaires m'en justiffira & m'en fera recévoir de la louange. Ledict sieur de Bellujon m'a rapporté les peines & le soing qu'il vous a pleu de prandre en particulier pour faire aprouver, ou du moings fere trouver moings mauvais, ce qui a esté faict à Don Pedro & l'assistance qu'il a receu de vos advis en sa conduite par dela', dont je vous en remercie très humblement. Il m'a dit aussi le contantement que le Roy vous a donné au jugement qu'il a rendu par monsieur d'Halincourt contre ses calompniateurs, auquel j'ay participé comme du tout attaché à voz interests & des vostres, Monsieur, mais il fault maintenant avoyr la reparation de ces impostures & la punition contre les autheurs, à quoy je veux servir et m'employer aultant ou plus passionnement que sy j'avois receu l'iniure en ma personne. Monsieur le Marquis vostre filz est bien de cest advis, & s'il ne tenoit qu'a le luy permettre la dispute seroit bien tost vuidée avec Sainct-Chamont. Vous avez certes tant de contantement de sa vertu, de laquelle il fault que je vous advoue que je suis amoureux, tant il est en toutes façons aymable; Dieu le veuille benir, & vous donner, Monsieur,

Vostre très humble frere et plus obeissant serviteur.

LESDIGUIÈRES.

A Ast le premier octobre 1617.

Monsieur de Bethune a retenu ce courrier plus que ie ne pançois; c'est la cause qu'il part d'icy et i'acuze celle qu'il vous a pleu m'escripre par le sieur de Moncizet. Monsieur de Bethune rand conte au Roy de ce qui ce passe par deça,

A Turin le un octobre 1617.

CXXIII.   1617 — 3 Octobre.

Orig. — B. N. MS. F. 3654, p. 34.

[A MONSIEUR DE BETHUNE.]

Monsieur, par la reponce de son Altesse aux cinq articles que Don Jan Vives vous a donné en dernier lieu de la part de Don Pedro vous serez satisfait comme je croy & pourrez venir à une conclusion antiere aveq luy. Car son Altesse demeure d'acord de rendre toutes les places qu'il a prinses depuis cete derniere guerre avant & après le traicté d'Ast, tant au duc de Mantoue que des fiefs de l'Eglise & de l'Enpire ou du Millanois, & d'acomplir pontuellement & de bonne foy ledict traicté d'Ast moyennant que vous ayes aussy asseurance dudict duc de Mantoue qu'il acomplira de sa part; & pour coupper chemin à toutes difficultés, longueurs & remises qui pourroient naistre sur la restitution des places, son Altesse vous envoye l'estat & denombrement de celles qu'il entand luy estre randues incontinant après qu'il aura rendu celles dont elle vous prie de retirer et arrester le roolle & desnombrement dudict seigneur Dom Pedro, affin que quand son Altesse aura desarmé & faict ladicte restitution de sa part conforme à ce que vous en arresterez avec icelluy, il ne puisse chercher aucune remise ny longueur a randre de sa part tout aussy tost apres les places à son Altesse, laquelle est encore contante de relascher ce point du desarmement que doibvent faire par ledict traicté d'Ast les Espagnols avant icelle restitution, affin de fere voir au Roy combien en tout et par tout elle se veult confier en sa royalle paroolle & mettre fin à ceste mauvaise affaire au plustost, puisque telle est la vollonté & intention de sa Magesté. Bien desire son Altesse que le moys du desarmement desdicts Espagnols commance du jour que finira le sien[1], qui sera le premier de novembre, & que vous taschies (s'il vous plaist) de rendre capable son Altesse de Mantoue de s'acomoder amiablement & par vostre entremise des droits du mariage & aultres liquides & clairs qu'elle doibt restituer à son Altesse, affin qu'ilz ne puissent

---

[1] *Si faire se peult*, effacé après coup.

jamais plus rentrer en dispute pour ce regard & que Don Pedro maintienne ce qui vous avoit promis de la deslivrance des prisonniers au XX⁰ de ce moys. Vous aves, je m'asseure, Monsieur, très bonne envye de revenir en France, c'est pourquoy je ne vous y veux pas convier mais bien vous assure-ie que ie m'en vays vous fere marquer les logis & vous attandre à Grenoble¹ ou ie vous tesmoigneray, & par tout aillieurs que je suis fort veritablement, Monsieur,

Vostre très humble et plus obeissant serviteur.

LESDIGUIERES.

Monsieur, son Altesse faisant dresser l'estat des places qu'elle entend luy estre rendues, eust voullu l'especiffier plus particullierement qu'elle ne l'a peu faire à raison de l'absence du comte Guy de Saint-George vers lequel elle dépêche ung courrier pour après vous envoyer ce qu'elle y doibt adiouster ou plustot exprimer plus par le menu. Mais pour faire cependant parler Don Pedro elle desire que vous le convyés à vous donner celluy des places qu'il entand estre rendues par son Altesse; que sy il se trouve conforme à celluy quy vous est envoyé vous serez en beau chemin pour le signer & l'arrester anfin; & s'il y a quelque chose à dire, le faisant sçavoir à son Altesse, elle vous y respondra & satisfera sellon que vous le jugerez raisonnable, car son intention est de mettre tout le droit de son costé en faisant ce que le Roy & ses ministres luy conseilleront en ceste occurrance; & ainsy durant que le presant moys d'octobre de son desarmement coullera, toutes les difficultés sur cete restitution de places se desmeleront ou par une entremise, ou en tout cas par l'authorité du Roy, vers lequel il importe que le courrier soit bien tost dépèché, affin que son Altesse ne soit plus longuement en peine de ce qui c'est passé de deça depuis le retour du sieur de Bellegarde.

A Turin le III⁰ octobre 1617.

---

¹ Le traité de paix définitif fut conclu entre la Savoie et les Espagnols le 9 octobre 1617, à Pavie. Il en existe une copie à la Bibl. nation. (MS. Brienne, vol. 81, p. 325.)

CXXIV.   1617 — 19 Octobre.

Orig. — Arch. munic. de Tallard.

A MESSIEURS, MESSIEURS LES CONSULZ DE TALLARD.

Messieurs les consulz de Tallard, je seray sabmedy de bonne heure à Piedmore ou je desire vous parler d'une compaignie de gens de pied quy entrera en garnison en vostre lieu. C'est pourquoy je vous en donne l'advis affin que vous veniez scavoir mes intentions tant pour leur logement que norriture, laquelle vous sera payée sellon la valleur des vivres qu'ils prandront. Ne manquerez donc d'y venir.

C'est à Briançon le XIXe octobre 1617.

Vostre bon ami.

LESDIGUIÈRES.

CXXV.   1617 — 8 Novembre.

Orig. — B N MS. F. 15583, p. 48.

A MONSIEUR, MONSIEUR DE VILLEROY.

Monsieur, j'ay accusé la reception de vostre lettre du XXIIIe du moys passé ecrite de vostre main & promis d'y fere une responce plus ample après avoir eu des nouvelles de la negociation de monsieur de Bethune; voicy l'acquit de ma promesse. Il m'a ecrit le peu ou point de satisfaction qu'il a du voiage par luy faict vers le duc de Mantoue, car quand il luy a demandé en exécution du traitté le pardon de ses subiectz qui avoient servy contre luy & la restitution de leurs biens, il n'a pas uzé d'un absolu refuz, mays il a dit qu'il en voulloit ecrire au roy d'Espaigne & envoyer à nostre Roy les raisons qu'il avoit à dire sur ce point. C'est par la longueur metre l'affere en peril de rupture, c'est nous abaisser & voulloir exalter Espaigne & dire que par son bénéfice & consentement, & non par nostre entremise & moyen, les exillez sont rentrez en la grace de leur prince & en leurs biens. A la verité il ne fault pas attendre autre chose de la maison de Mantoue qui a tousiours esté Espaignolle, mays il fault fere serrer ce prince promptement & le laisser en la liberté de ses affections. Ledit sieur de Bethune aura sur cette action ecrit au Roy; je luy en ecry aussy affin qu'il y prouvoye de peur que cete petite particularité n'acroche l'establissement de la paix, qui va de jour en jour se disposans de la part du duc de Savoye qui est fort asseuré aux promesse du Roy, et puis que, comme vous m'ecrivez, monsieur de Senecei a obtenu tout ce qu'il a demandé au roy d'Espaigne sur ce subject, il ne se peut que bien esperer du parachevement de l'affere. Monsieur de Bethune s'en lasse fort, voyant qu'après toutes choses conclues le duc de Mantoue s'arreste à un pied de mouche. Si l'Anglois envoye en Espaigne pour y parler ou reprendre les propos de mariage, c'est signe que l'Espaignol n'est pas si scrupuleus que nous au faict de la relligion, encores qu'il n'ayt rien qu'elle dedans la bouche. Il se verra si ce n'est qu'une feinte; mays si c'estoit à bon escient peut estre que quand nous y voudrions prendre garde il ne seroit plus temps. C'est pourquoy je m'asseure que vostre prudent conseil fait que le Roy y veille, comme aussy aux divisions qui se glissent parmy ceulx des Pais-Bas, affin de les fere cesser et reunir ces gens la qu'aultrement se ruyneront, ce que sa Magesté doibt éviter. Elle a en son royaume des personnes propres & de la quallité requise pour reconcilier & fere cesser tous ces differens dont la suilte est dangereuse ainsy que vous le considerez très bien. Je vous ay ecrit que jusques à l'exécution entiere du traitté je ne pouvois abandonner cete province, & partant je ne seray point à l'assemblée[1] si je n'en avois un plus exprès commandement du Roy. Je luy en ecry ainsi sans metre en excuse les soixante-quinze ans de mon aage & la saison d'hiver. Tenez tousjours en vostre bonne grace, Monsieur,

Vostre très humble frere et plus obeissant serviteur.

Lesdiguières.

A Grenoble le VIIIe novembre 1617.

---

[1] A l'assemblée de Loudun dont il sera parlé plus loin.

CXXVI.	1617 — 19 Novembre.

Orig. — Arch. munic. d'Embrun.

[REQUESTE DES CONSULS D'AMBRUN].

Monseigneur des Diguières, duc & pair de France, gouverneur, lieutenant général en Daulphiné : remonstrent a votre grandeur les consuls d'Ambrun que lors de la prinse d'icelle ville en 1585 il fust desmolli par vostre ordre certaines maisons pour faire des bastions pour fortiffier la ville ; que les propriétaires d'icelles se firent descharger d'impôts et rayer du cadastre ; que depuis plusieurs personnes se sont emparés de ces propriétés et les ont cultivées sans supporter aucune charge. Plaise à vostre grandeur permette aux suppliants remettre et inscrire ces propriétés dans leur cadastre, le faire estimer et les faire payer a proportion de leur valeur [1].

Ceste requeste sera veue de monsieur l'archevesque d'Ambrun et du sieur de Bonne, lesquels nous donneront advis de la verité du fait contenu en la requeste pour après iceluy veu estre pourveu aux supplians comme il appartiendra.

Faict à Grenoble le dix-neufviesme novembre mil six cent dix-sept.

LESDIGUIÈRES.

CXXVII.	1617 — 22 Novembre.

Orig. — B. N. MS. F. 15583, p. 50.

A MONSIEUR, MONSIEUR DE VILLEROY.

Monsieur, il ne sera pas dict que j'aye laissé partir monsieur de Morges mon neveu pour aller à l'assemblée sans vous porter de mes lettres car encores que je sache bien que son mérite le vous rend agréable je ne doubte point qu'en vous donnant des nouvelles de moy il ne soit encores myeulx veu de vous & favorisé aux occasions qui

---

[1] Requête seulement analysée.

s'en pourront offrir. Nous sommes atendans l'entière exécution du traité, les petites remises du duc de Mantoue ne le peuvent retarder ni empecher, car le roy d'Espaigne y est porté & n'y aportera point de difficulté, voullant en toutes facons aprivoiser le duc de Savoye & le regaigner à luy. Je le say pour certain et me semble que nous y devons prendre garde, affin de ne point perdre ce prince ny sa maison qui est de l'importance que vous savez. Ledict Roy qui le cognoist utile & necessaire à ses afferes, faict desja de grandez effortz pour se l'acquerir; j'ay aviz certain venant de lieu asseuré & affectionné au Roy que depuis quelques jours un frere de Crotti venant d'Espaigne & envoyé audict duc de Savoye par le prince Philibert son filz, l'a persuadé d'y envoyer un ambassadeur pour renouer une bonne intelligence & une estroite amytié, jusques à luy donner esperence du mariage d'une de ses filles au roi d'Espaigne et qu'à cet effect elle pourroit estre conduicte en Espaigne après la resolution prinse par le cardinal de Savoye son frere, auquel on promet l'archeveché de Tolledo possedé à présent par un homme plein de decrepitude, et que ledit Roy en donnera sa parolle, et dès à present il la donne, d'envoyer à Milan un gouverneur agreable & confident audit Duc pour luy fere paroistre sa bonne vollonté, recognoissant bien ledict Roy que ses ministres sont cause que les afferes sont venues aux termes des aigreurs passées. Quant aux intéretz que par cy après ledict Duc aura à la cour d'Espaigne le prince Philibert son filz a parolle dudict Roy qu'il en trettere et que le duc de Lerme monstrera avec effect qu'il desire surtout sa reconciliation avec ledict Duc. Un capuchin mandé dudit duc de Lerme est arrivé à Turin, mays ie ne se scet pas encores à quelle fin; si on descouvre quelque chose il en sera donné part. Toutesfois, il est à croire que ce ne peut estre que pour les mesmes negoces. Le duc de Savoye fait demonstration qu'elles ne sont point de son goust, dict que ledict prince Philibert ne devoit point demeurer en Espaigne durant la guerre, & que s'il ne s'en pouvoit retirer il devoit au moins voir ledict Roy souvent et en luy parlant luy fere cognoistre d'en avoir sentiment. C'est le sommaire de ce qui m'a esté mandé de dela; il n'y a rien qui ne soit croyable, & se fault asseurer que si ce prince se voit negligé de nous, force luy sera de s'en aller de l'autre costé. Les offices qu'il a receuz du Roy luy sont encores presens et son affection est portée à la France. Vostre prudence scet bien juger comme il la fault retenir. Je ne m'estendray pas davantage sur ce subject je vous supplie, avant que finir cete lettre, de me tenir tousjours en vostre bonne grace & croire que je suis, Monsieur,

Vostre très humble frère et plus obeissant serviteur.

LESDIGUIÈRES.

Monsieur, vous iugez bien le but et l'intention des Espagnolz; c'est de gagner ce prince, ou ne le pouvant fere, le mettre en ombrage à la France.

A Grenoble le XXIIe novembre 1617.

CXXVIII.   1617 — 24 NOVEMBRE.

Autog. — B. N. MS. F. 15583, p. 54.

A MONSIEUR, MONSIEUR DE VILLEROY.

Monsieur, lorsque Monsieur le duc de Ventadour et moy estions sur le point de nous randre à Vienne pour essaier de terminer le differant d'entre messieurs d'Alincourt et de Sainct Chaumon, nous avons sceu qu'encores que ledict sieur de Sainct Chaumon eut receu les commandements du Roy par monsieur de Ventadour à Montbrizon, ce non obstant et aus mespris des commandemants de sa Magesté, il est parti pour la court, marque très certaine de desobeissance et d'une trop grande animozité, laquelle il faut, si me semble, remontrer génereuzement, comme ie m'asseure que vous ferez, Monsieur, assisté de tous voz amis et serviteurs, veu mesmes que monsieur d'Alincourt s'est submis à obehir à tout ce que luy a esté ordonné. J'en escris au Roy sur ce sujet affin qu'il nous commande ces volontés. A la verité, Monsieur, il est temps de metre fin à cette brouillerie; pour moy ie suis prest d'i porter ma vie et tout ce qui est en mon pouvoir. Je vous ay escrit tout ce que nous scavions, du cotté du Piemont, les brigues et les pratiques que font les Espagnols, à quoy il me semble qu'il faut remedier pour le bien du service du Roy et de la France. Monsieur de Morges vous aura aussi donné quelques advis, ie ne scay s'ils ce trouveront veritables. Nous fezons tout ce qui ce peut pour en decouvrir la verité et de l'ung et de l'autre, pour aussi tost vous en donner advis. Ce qu'atandant, après vous avoir offert mon service très humble, ie prie Dieu, Monsieur, qu'il vous tienne en sa saincte garde.

Vostre tres humble frere et plus obeissant serviteur.

LESDIGUIÈRES.

A Grenoble le XXIIII novembre 1617.

CXXIX.   1617 — 18 DÉCEMBRE.

Orig. — Arch. munic. de Pont-de-Veyle (Ain).

[REQUESTE DES HABITANTS CATHOLIQUES DE PONT DE VEYLE.][1]

A Monseigneur, Monseigneur le mareschal de Lesdiguières gouverneur pour le Roy en Daulphiné, comte de Pont de Veyle et de Chatillon, remontrent les habitants de vostre ville de Pont de Veyle professant la religion catholique qu'ils sont extremement deplaisants du mescontentement qu'avez pris de ce qu'ils ont receu un predicateur à eux envoyé par monsieur de Lyon leur evesque; ce prelat visitant il y a quelques années leur ville et voyant qu'ils n'avaient ni prestre ni moyen de faire instruire leurs enfants, eut pitié d'eux et leur envoya des predicateurs capucins, minimes, jesuites et aultres à ses frais et deux regents pour instruire la jeunesse; de plus il y a quelques mois il envoya un predicateur jésuite avec charge d'avoir l'œil sur l'escolle de Pont de Veyle et de voir si on devait l'y laisser ou la transporter ailleurs; vostre Grandeur verra donc que sauf les predicateurs il n'y a jamais eu de jesuite à demeure à Pont de Veyle, encore les predicateurs ne leur ont jamais presché que le service de Dieu et du Roi et l'obeissance à vostre Grandeur. Si les suppliants renvoient leur predicateur ils perdent en même temps leur escolle, monsieur de Lyon ne voulant séparer l'une de l'autre, des pauvres qui estoient instruits gratis seront destitués de tout enseignement et plusieurs mesmes songent à s'abstenir de vostre terre et à chercher en quelque aultre lieu les voyes de leur salut, car les suppliants n'ayant pas une maille de revenu en commun ne peuvent entretenir des regents si monsieur de Lyon ne les aide. Plaira donc à vostre Grandeur permettre qu'ils rendent obeissance à leur archevesque, ne leur faire point perdre les fruicts de ses libéralités; ni renvoyer les regents qui instruisent leur petite jeunesse, ni le predicateur qui leur preche l'advent et le caresme.

[1] Cette requête des catholiques de Pont-de-Veyle était elle-même une réponse à une réclamation des protestants que nous n'avons pas retrouvée.

Mais oustre ce plaira à vostre Grandeur pour voir quels sont ceulx de vos subjects qui souffrent persécution en injure d'envoyer un ou plusieurs de vos confidants ou officiers en vostre ville de Pont de Veyle pour informer entre autres choses, s'il n'est pas vrai que ceulx de la contraire religion destiennent la maison qui servait d'escolle aux catholiques; si cette maison n'a pas esté tournée en l'usage du presche malgré la proximité de l'esglise ; si le presche n'a pas esté parfois faict dans la halle en en la place au mespris des edicts du Roy ; si de grandes assemblées de ministres n'ont pas été faictes sans autorisation de vostre Grandeur ; si ceulx de la religion contraire ne changent pas souvent de ministres jusqu'à six fois depuis un an, les faisant venir de tous pays sans que les catholiques s'en soient formalisés ; si depuis que Pont de Veyle est venu soubs vostre seigneurie ceux de la religion n'ont pas tasché de vous rendre odieux les catholiques par leurs mauvaises pratiques et calomnies ; si ceux de la religion ne font pas plusieurs choses contraires aux édicts, comme cuisant et servant publiquement de la chair les jours prohibés et caresme et disant des paroles licentieuses contre les processions et sacrements ; s'il n'est pas vrai qu'ils ont joué publiquement avec bruit un jour de dimanche et fete solennelle devant l'esglise pendant le service divin pour troubler les catholiques; s'il n'est pas vray que quelques uns de ladicte religion ont dict pour scandaliser les catholiques que les confésseurs menaient les femmes derriere l'autel pour les embrasser et commettre actes illicites ; s'ils n'ont pas porté un jour leur urine contre les catholiques à travers les fentes de la porte de l'eglise, et s'ils ne travaillent pas publiquement le dimanche malgré les édicts. Voila, Monseigneur, ce qui se passe à Pont de Veyle et lieux voisins que vos subjects catholiques ont enduré plustot de d'aigrir les affaires. Vous plaira donc avoir pitié des suppliants et prier ceux de la contraire religion cesser de les travailler et calomnier [1].

Après avoir veu la presente requeste il est ordonné que les subjects de nostre comté de Pont de Veyle et Chastillion faisant profession de la religion reformée en auront communiquation par coppie, affin de venir respondre devant nous par leurs desputés au jour qui leur sera signiffié.

Faict à Grenoble le dis huictiesme jour de décembre l'an mil six cents dis sept.

LESDIGUIERES [2].

---

[1] Requête seulement analysée.

[2] Voici l'analyse de la réponse que les protestants firent à cette requête :
Il se plaignent de n'avoir eu que très difficilement copie de la pièce précédente. Il y a plus de dix-huit mois qu'il vint à leur connaissance qu'on avait intention d'établir un collége de jésuites à Pont-de-Veyle. Depuis six mois les jésuites ont loué une maison dans la ville avec intention de s'y établir définitivement et y enseignent publi-

CXXX. 1617 — 23 Décembre [1].

Cop. — Arch. de l'État, à Turin.

AU ROY.

Sire, en tous les points de la dernière depeche que vostre Majesté a faicte à monsieur de Bethune, il n'y a rien qui estonne tant monsieur le duc de Savoye, que de voir que vous desires le licenciement des trouppes que vous avez bien voullu estre entretenues pour quelque temps dedans voz estatz. Et de vrai céte précaution, agréé de votre Majesté, fust resoleue comme chose necessaire à l'execution du traicté de la part de Don Pedro, pour eviter qu'il n'exercat la costume qu'il a d'outrepasser ou differer à sa fantaisie l'obeissance qu'il doibt aux ordres de son Roy, et pour faire aussi qu'avenant une inobservation du traicté de la mesme part, ledit Duc l'ayant exécuté de bonne foy, tant au desarmement que redition des places, se peult couvrir et deffandre d'une soudaine invasion en attendant ung plus puissant

quement. Que leur collége se compose de trois ou quatre classes, ce qui demande un personnel assez considérable. Ils y sont entretenus à l'aide de 450 livres que leur fournit l'archevêque de Lyon. Que les catholiques peuvent avoir des régents pour leur collége, mais autres que des jésuites. Que si les protestants détiennent comme temple l'ancienne maison d'école, les catholiques détiennent d'autres bâtiments et fonds communs entre tous les habitants ; du reste, le temple est occupé en vertu d'un arrêt du conseil. Que du reste rien n'empêche les catholiques de se servir de l'école des protestants et de leur maitre d'école comme ils faisaient jadis. Qu'il est contraire aux édits du Roi qu'aucun jésuite fasse résidence perpétuelle dans ce lieu, ce qui n'enlève en rien aux catholiques le libre exercice de leur religion. Que les jésuites, experts à séduire les âmes, ne manqueront pas de faire de grandes acquisitions à Pont-de-Veyle. Il est vrai que le temple est proche de l'église, mais s'il y a incommodité elle est réciproque, d'autant plus que les catholiques brinbalent souvent leurs cloches pour les molester. Jamais il n'y a eu à Pont-de-Veyle d'assemblée illégale de ministres, mais des colloques ou synodes autorisés. Qu'importe que les protestants aient changé souvent de ministres, ils ont toujours choisi de fidèles sujets du Roi, tandis que l'un des jésuites est sujet du roi d'Espagne. Si quelques particuliers de la religion ont contrevenu aux édits du Roi, il faut en poursuivre la punition, comme cela est arrivé déjà pour des jeunes gens de l'une et l'autre religion coupables des délits. Si les protestants travaillent les jours de fête c'est en leur particulier et sans scandale. Qu'ils n'ont du reste aucun dessein de nuire aux catholiques mais seulement de les maintenir dans l'exécution des édits du Roi.

Gros, pasteur; Bernard, Bermondi, Ferey, Bermond, Bourrot, anciens; Lamy, secrétaire.

[1] Cette lettre non datée est intitulée : *Copple d'une lettre que monsieur le Mareschal a escripte au Roy par le courrier de son Altesse du 23 décembre 1617.*

secours de votre Majesté sellon ses royalles promesses. A la verité, Sire, ce Prince est fort asseuré que les effectz de telles promesses ne luy manqueront jamais; toutesfois votre Majesté doibt considerer que sy une perfidie rompoit ledit traité, ses estatz seroient en ung grand danger avant que vostre armée fust preste pour son secours; sa juste apreansion en ce facheux rencontre luy a faict depecher corrier expres vers l'ambassadeur qu'il a pres votre Majesté, lui donnant charge de vous represanter, combien ce licenciement l'ombraige pour les raisons cy-dessus touchées et aultres qu'il declairera. Ce sont les intérestz de ce Prince, mais moy, Sire, vous y voyant interessé, je diray à votre Majesté qu'elle doibt encores retenir lesdites trouppes en ses estatz et non poinct ordonner ny commander la retraicte et le congé, que ledit traité ne soit entièrement executé par ledit Don Pedro, auquel et à tous les aultres ministres d'Espaigne il peult estre dict que ces gens de guerre ne despendent que de vostre Majesté, qu'ilz ne feront que ce qu'elle leur comandera, et partant qu'on n'en peult estre en deffiance sy on ne se déffie de vous mesmes. Et d'avantaige je croy que la subsistance de ses trouppes quoyque petites et de peu de consideration, fera que Don Pedro sera retenu de faire aucune rupture, encores qu'il en eust en luy mesmes prins quelque mouvemant, et ainsy votre Majesté n'entrera point en soucy d'une grande guerre, comme elle fera sy le traicté ne s'observe. Tout ce que vous avez desiré à esté acomply par ledit Duc, acordés luy maintenant, Sire, la grace qu'il vous demande qui est que lesdites trouppes demurent en l'estat qu'elles sont, jusques à l'entier acomplissement dudit traicté; votre Majesté pour son propre interest lui doibt cête faveur ou au moings pourvoir de quelque aultre costé à le relever de ses justes apreansions[1]; à quoy je supplie votre Majesté de bien pancer et je prie Dieu, Sire, etc.

[23 decembre 1617.]

[LESDIGUIÈRES.]

---

[1] Ces troupes dont Lesdiguières demandait la conservation jusqu'à l'exécution du traité d'Asti par les Espagnols, étaient celles qu'il avait rassemblées lui-même en Dauphiné pour le service du duc de Savoie. Il avait donc autant d'intérêt que le duc de Savoie à s'opposer à leur licenciement, c'est ce qui explique son insistance.

CXXXI.   1617 — 27 Décembre.

Orig. — Arch. de l'État, à Turin.

[A S. A. MONSEIGNEUR LE DUC DE SAVOIE.][1]

Monseigneur, le seigneur de la Rocque s'en va trouver vostre Altesse de la part de monsieur le comte d'Auvergne. Il a passé icy pour me dire de ses nouvelles et a desiré céte letre de moy, Monseigneur, pour vous asseurer qu'il est brave gentihomme, plain de mérite et vostre très humble serviteur. La cognoissance que j'en ay la luy a faict librement acorder. Je supplie votre Altesse de l'avoir pour agréable et m'onnorer à son retour de voz commandementz, puisque je suis aussi plain d'affection de vous tesmoigner mon hobeissance, et le désir d'estre, Monseigneur,

Vostre tres humble et tres obeissant serviteur.

LESDIGUIÈRES.

A Grenoble, le 27 decembre 1617.

CXXXII.   1618 — 2 Janvier.

Cop. — Arch. munic. de Vienne (Isère).

A MESSIEURS LES CONSULS DE LA VILLE DE VIENNE.

Messieurs les Consuls de Vienne, je vous escrivis dernierement par le retour du sieur de Saint Agnin qu'il falloit poursuivre les prixfacteurs et entrepreneurs du pont de Vienne, mais despuis j'ay sceu qu'il y a commission du Roy addressante aux tresoriers de France en ceste généralité pour faire visitation dudict pont et veriffication de la

---

[1] Aucune des lettres extraites des archives de Turin ne porte de suscription; les unes sont adressées au duc de Savoie, les autres au prince de Piémont son fils. Souvent une lecture attentive du texte suffit pour faire reconnaître celui des deux qui est le vrai destinataire, quelquefois cependant il y a doute; nous avons dans ce cas suivi l'opinion la plus probable, sans toutefois être arrivé à un degré absolu de certitude.

cause de l'accident qui y est arrivé [1]. C'est pourquoy jusques après l'exécution de ladicte commission je désire que lesdicts prix facteurs ne soient poinct inquiettés. Faictes donc cesser touttes les poursuittes que vous pourriez avoir commencées contre eulx et quand il sera temps vous serez advertys de ce qu'aurez à faire pour ce regard, Messieurs les Consuls de Vienne, par

Vostre entier et parfait amy à vous fere service.

LESDIGUIÈRES.

A Grenoble ce second jour de l'an 1618.

CXXXIII.   1618 — 7 JANVIER.

Orig. — Arch. de l'État, à Turin.

[A S. A. MONSEIGNEUR LE DUC DE SAVOIE.]

Monseigneur, par le courrier que votre Altesse depécha dernièrement à la Court avec lettre d'elle à son ambassadeur pour fere entendre au Roy ce que l'Espaignol demandoit de nouveau avant que de vouloir executer le traité, j'écrivy à sa Majesté suyvant le desir de votre Altesse celle dont elle verra icy la coppie [2], et depuis deux jours, par le retour d'un gentilhomme que j'avois auparavant envoyé à sa Majesté sur aultre subject, j'ay eu, sur celluy qui touche à votre Altesse toutes les lettres dont elle trouvera icy les originaulx, ayant estimé les luy devoir plustost envoyer, que de luy en representer le contenu par des mémoires dont la lecture seroit plus ennuyeuse et peut estre, moins intelligible que les mesmes lettres. Elles tendent toutes à ce poinct, que votre Altesse doibt consentir à tout ce que demande l'Espaignol, affin de luy oster tous les pretextes qu'il prend pour tenir en longueur ou en difficulté l'execution qu'il doibt aporter audit traité. Ce sont des avis prins avant que vostredit ambassadeur

---

[1] Le pont de Vienne, emporté par une crue du Rhône, avait été reconstruit, mais peu solidement, paraît-il, puisqu'une nouvelle crue l'avait de nouveau détruit.

[2] C'est la lettre au Roi du 23 décembre précédent.

ayt esté oy, voz raisons entendues et mesdites lettres veues de sa Majesté. Votre Altesse saura bien tost si sur voz remonstrances elle aura changé lesditz aviz; mays s'il avient qu'elle demeure à celluy de son conseil, porté par lesdites lettres, je conseille à votre Altesse de s'y accomoder franchement pour de tant plus obliger sa Majesté à l'observation de ses promesses; considerant s'il vous plaist, que le traité dont votre Altesse demande l'exécution, et principallement la rédition de Verceil, consiste en negociation ou en la force des armes, et vous ne pouvez ny negocier ny faire aucun effort que par l'assistance de sa Majesté, et partant il fault de necessité voulloir ce qu'elle vouldra. Monsieur le comte de Verrue et moy avons longuement discoureu de cet affere et des aultres de ma cognoissance qui regardent le service de votre Altesse ayant d'un commun consentement resolu de luy envoyer monsieur le marquis de Caluse, affin que par sa bouche elle sache les particularitez de noz mouvemens sur toutes choses et y face consideration. Je la supplie tres humblement de croire que je suis, Monseigneur,

 Vostre tres humble et tres obeissant serviteur.

LESDIGUIÈRES.

A Grenoble le VII janvier 1618.

CXXXIV.   1618 — 7 JANVIER.

Orig. — Arch. de l'État, à Turin.

[A S. A. MONSEIGNEUR LE PRINCE DE PIÉMONT.]

Monseigneur, le retour de la Cour d'un des miens, m'ayant aporté quelques particulières nouvelles qui regardent le service de son Altesse et le vostre; j'ai estimé après en avoir conféré avec monsieur le comte de Verrue de l'y en devoir faire part, et prié monsieur le marquis de Caluze de ce voiage. Il est vostre tres humble subiet et serviteur et c'est de sa main que votre Altesse recevra cête letre pour l'assœurer de mon tres humble service; et me remettant audit seigneur Marquis à vous faire entandre le subiet qui le convye de faire ce

voiaige je supplierai votre Altesse m'honorer de sa bien veuillance et
me croire pour jamais, Monseigneur,

Vostre tres humble et tres obeissant serviteur.

LESDIGUIERES.

A Grenoble le VII janvier 1618.

CXXXV. 1618 — 8 JANVIER.

Orig. — Arch. de l'État, à Turin.

[A S. A. MONSEIGNEUR LE DUC DE SAVOIE.]

Monseigneur, depuis le départ de monsieur le marquis de Caluze, le Roy m'a fait l'honneur de m'écrire la letre par corrier expres de laquelle vous trouverez ici la coppie. Monsieur le comte de Verrue et moy nous sommes longuement entretenuz sur icelle, et sur les raisons y contenues avons estimé vous devoir envoyer promptement le seigneur de la Rivoire pour avoyr au plustost voz resolutions et commandemens. Ledit sieur Comte mande à votre Altesse noz adviz sur céte ocurrance, qui me garde de vous en entretenir par céte letre d'avantaige; seullement j'oseray vous dire qu'il me semble que votre Altesse doibt faire grande considération sur la continuelle asseurance que sa Majesté vous donne de nouveau, d'avoir vos interestz en aussy grande affection que les siens mesmes; tous ses ministres correspondent à cella et les particuliers adviz que j'ai de la Cour m'en donnent l'esperance. J'attandrai donc les intentions de votre Altesse sur ces affaires mesmement sur le voiaige de monsieur le baron de Marcieu à la Cour en mon nom, pour y servir votre Altesse suivant les instructions que ledit sieur comte de Verrue et moy lui dourrons, et y préparer d'aultant l'arrivée de monseigneur le Prince Cardinal [1]. Je prie Dieu, Monseigneur, qu'il vous ait en sa sainte garde.

A Grenoble le VIII janvier 1618.

Vostre tres humble et tres obeissant serviteur.

LESDIGUIÈRES.

[1] Le cardinal de Savoie était envoyé en France pour y traiter du mariage du prince de Piémont avec la sœur du Roi.

CXXXVI.   1618 — 9 Janvier.

Orig. — Arch. de l'État, à Turin.

[A S. A. MONSEIGNEUR LE PRINCE DE PIEMONT.]

Monseigneur, Je n'ai pas voullu laisser partir le sieur de la Rivoire sans le charger de céte letre, pour asseurer votre Altesse de mon tres humble service, ne vous ozant anuyer des nouvelles de la Cour, par ce que je suis asseuré qu'elles seront bien cognuees à son Altesse vostre pere par le retour du courrier qu'il y avoit envoyé. Je vous supplie donc de m'en dispancer et de recevoir avec ma bonne vollonte, l'offre que je continue de vous faire, Monseigneur, en qualité de

Votre très humble et très obeissant serviteur.

LESDIGUIÈRES.

A Grenoble le IX janvier 1618.

CXXXVII.   1618 — 16 Janvier. [1]

Cop. — Bibl. de Carpentras, MS. Peyresc. reg. LVIII, T. I, p. 94.
Imprimée : *Lettre de monsieur le mareschal des Diguières au Roy sur l'infidelité de l'Espagnol*
Paris, Pierre Lattus, 1618, in-8°, 8 p.

[AU ROY.]

Sire, vostre Majesté aura receu la responce que j'ay faicte à la depeche qui me feust aportée de sa part par ung courrier, affin de faire entendre au duc de Savoye vos intentions, tant sur le licenciement des trouppes qui sont en céte frontiere que sur le retardement du voiaige du Prince Cardinal son filz. Par madite responce vostre Majesté a esté asseurée que j'avois soigneusement observé ses commandemens sur ces deux poinctz. Aussy est-ce la vérité, Sire; mais avant que ledit Duc ayt eu mes lettres il a esté adverty par son ambas-

---

[1] Cette date n'est pas inscrite au bas de cette lettre, mais la lettre du Roi du 24 janvier que l'on trouvera plus loin et qui lui sert de réponse, accuse réception de sa lettre du XVI janvier.

sadeur de ce que votre Majesté y avoit resolu, et de la il a prins ocasion de m'escrire celle dont la coppie fidellement transcrite, est joincte à la presente affin qu'elle soit veue et considerée de votre Majesté pour y recognoistre le deplaisir que reçoit ce Prince et les opinions qu'il conçoit en ce rencontre, auquel il voit vos voHontez aultres qu'il ne les attendoit. Je scai bien que je n'auray aultre responce de luy, c'est pourquoy j'ay creu de ne la devoir pas atendre, mais plustost me haster de faire céte depeche à votre Majesté et la luy envoyer par le sieur de Montciset. Elle tend à ce qu'il luy plaise de relacher ung peu de la grande creance qu'elle faict paroistre avoyr à la foy Espagnole, ce qui luy sera bien aisé à faire, si elle considere tout ce qui s'est passé, et dont le sieur de Bethune luy a donné cognoissance depuis le traicté conclud; car quelques allées et venuees, quelques escriptz de part et d'aultre, et quelques négotiations qui se soient faictes, rien ne s'y est advancé, si ce n'est pour découvrir peu à peu que l'Espagnol veult gaigner le temps et attendre son poinct pour rompre ledict traicté, de quoy il saura bien inventer les pretextes puisque desia il s'arréte à des pointilles pour en reculer et retarder l'exécution, de laquelle ledit sieur de Bethune est hors d'esperance par les aparances qu'il en voit, ainsy que je croy qu'il l'a ecript à votre Majesté. D'aultre costé elle doibt savoir que Don Pedro, pendant ses amusemens, grossit ses forces, faict dessain asses ouvert, apres la redition des places du Montferrat, de mettre dedans la ville d'Albe ung grand nombre de gens de guerre tant de pied que de cheval et garnissant les aultres à l'equipolent[1] et se rendant fort à la campaigne, il metra aysement en eschec, tous les estatz dudit Duc sans qu'il puisse resister, estant denué et destitué (comme il l'est) de touttes forces, et je puis asseurer votre Majesté qu'il ne sera pas lors en son pouvoir de le secourir qu'apres une longue attente et une entière perte de sesditz estatz. L'Espagnol se fraie ce chemin et s'il n'y entre tout à faict, il veult reduire ce Prince à la necessité, de se jetter en ses bras, gaingner sa maison[2] et la vous fere perdre. Mais les choses tournans du costé des armes votre Majesté se trouvera portée dedans une guerre estrangere qu'elle a tousiours et tres prudement voullu eviter. Elle peult encore (sil luy plaist) esquiver ce

---

[1] A proportion. [2] Prendre de l'influence dans ses affaires.

danger et les inconvenians qui peuvent s'en ensuivre, en declairant tout ouvertement à l'Espagnol qu'elle veult l'observation prompte du dict traicté; que toutes les pointilles dont il use, sentent une mauvaise foy laquelle elle ne peult souffrir; qu'elle est sy avant et en tant de façons interessée dedans céte negoitation qu'elle en veult voir la fin, aultrement elle pourvoira aux choses necessaires pour faire observer ledit traicté et metre ses amys hors d'aprehansion. Vous pouvez ainsy parler, Sire, et votre Majesté recevra tel conseil qu'il luy plairra, mais sy elle ne pense à celuy-cy, elle pourra bien ung jour estre contraincte à le recevoir, et peult estre sera-il trop tard. Que votre Majesté pardonne à ma franchise laquelle je garde pour son seul interest, sans regarder aillieurs, et qu'elle croye (comme je l'en supplie tres humblement) que feu monsieur de Villeroy deux jours avant sa mort[1] m'écrivit sur les mesmes affaires, dict par sa lettre en termes exprez, qu'il avoit esté trompé du duc de Monteleon, à qui il se feust fié de sa vye. Voila des fruictz de la foy Espagnole, il ne s'y fault raporter que de bonne sorte. Dieu conserve votre Majesté ainsy que le souhaite d'un cœur entier, Sire,

Votre très humble et très obeissant serviteur et sujet.

LESDIGUIÈRES.

Du ... janvier 1618.

CXXXVIII.   1618 — 23 JANVIER.

Orig. — Arch. de l'État, à Turin.

[A S. A. MONSEIGNEUR LE DUC DE SAVOIE.]

Monseigneur, vostre Altesse m'a faict l'honneur d'avoir agreable les suplications que je luy ai faictes, en faveur du sieur Solier; aussi mon intention n'a jamais esté d'esperer cette bien veuillance d'elle au prejudice du bien de vostre service, mais seullement d'avoir pour lui, la préférance des conditions qu'il veult faire à votre Altesse, pour la fourniture du seel en voz Estatz. Maintenant qu'il est aupres

---

[1] Villeroy mourut à Rouen en 1617, âgé de 74 ans.

de votre Altesse, elle poura scavoir les conditions advantageuses qu'il prétend de luy faire; et en ce caz, Monseigneur, je vous supplie tres humblement luy acorder céte preferance qu'il poursuict et qui lui a esté comme promise, estimant qu'il s'acquitera de son debvoir en céte negotiacion, et de toutes choses concernant son traité. J'aurai subiet en icelluy de recognoistre la continuation de voz faveurs, et de me publier, comme je fais, Monseigneur,

Vostre tres humble et très obeissant serviteur.

LESDIGUIÈRES.

A Grenoble le 23 janvier 1618.

CXXXIX.   1618 — 23 JANVIER.

Orig. — Arch. de l'État, à Turin.

[A S. A. MONSEIGNEUR LE PRINCE DE PIÉMONT.]

Monseigneur, puisque le sieur du Solier est maintenant aupres de vostre Altesse, elle scaura (sil luy plaist) sy les offres qu'il faict pour le fournissement du scel en voz estatz luy seront agréables, et en ce caz s'il doibt esperer l'effet de la préferance qui lui a esté promise, à la tres humble supplication que j'en ai faicte à son Altesse Monseigneur et à la vostre. Si ces conditions tendent au bien de vostre service, comme je croy, je supplie votre Altesse de luy acorder sa demande et commander qu'il soit promptement expedié pour effectuer ce qu'il aura promis à votre Altesse et hobeir à ses commandemans. Il ce rendra digne de céte bien veuillance, Monseigneur, et moy m'en ressantirai grandement obligé à votre Altesse, à laquelle je suis, Monseigneur,

Vostre tres humble et très obeissant serviteur.

LESDIGUIÈRES.

A Grenoble, le 23 janvier 1618.

CXL. 1618 — 24 Janvier.

Cop. — Arch. de l'État, à Turin.

[A MON COUSIN MONSIEUR LE MARESCHAL DE LESDIGUIÈRES.]

Mon Cousin, j'ay este bien estonné et surpris que mon oncle le duc de Savoye ayt si mal receu le conseil que je luy ay faict donner touchant le retardement de la venue par deça du Cardinal son fils, puisque ce n'a este que pour raisons et causes qui importent plus au bien de ses affaires qu'aux miennes en l'estat presant d'icelles, ainsy que vous avez bien comprins; et me veux prometre quand il aura receu voz adviz sur ce subiet, que je voy par votre lettre du XVI° de ce mois aportée par le sieur de Monciset ne luy avoir encores esté representez, qu'il y acquiessera non plus que es autres considerations preignantes et necessaires pour l'induire et persuader au licenciement des forces qu'il retient encores en mon royaume, contre lesquelles il continue à ce deffandre, ainsi que je recognois avecq regret par vostredite lettre; et ne puis que blasmer et improver grandement sesdites raisons et les conseilz qu'il prend en cet endroit sans aucun fondement ny aparance qui puisse estre valablement soubstenue. Car il ne sert rien d'alleguer la jalousie qu'il a du costé des Espagnolz et pançer se targuer contre icelle de ce petit nombre de gens de guerre qui ne luy peult de rien servir sans mon assistance, et laquelle je ne puis luy departir tant qu'il sera en demure de satisfaire au traicté, et partant audit licenciement suivant la teneur d'icelluy. Il me prive par ledit moyen d'advancer l'effet de son desir et son contentement, ne pouvant presser lesdits Espagnolz avec raison d'acomplir de leur part qu'il n'ayt entièrement exécuté de la sienne. Pour quoy faire il se doibt fier et reposer tout à faict sur ma promesse et protection, ainsy que je vous ay souvent ecript et à luy pareillement, pour luy lever cète creance qui acroist et prolonge son deplaisir et la redition de ses places. S'il persiste en cète dureté, je ne puis que je ne retire mes forces que j'ay reteneues exprez, et en ai différé à son occasion le retranchement auquel aultrement le bien de mes affaires m'oblige. Qu'il considere apres cella les termes ausquelz il se trouveroit par son deffault et sa deffiance ou de ma puissance ou bien de ma foy, et comme je lui ai engaigé l'un et l'aultre, graces à Dieu, je veux et suis en estat d'en faire voir les effets quand il sera besoing; et si apres qu'il aura plainement satisfaict, lesdits Espagnolz venaient à leur manquer et à moy de la paroolle et des declarations si expresses qu'ilz m'en ont renouvellées, à quoy faire je serois engaigé par des liens et des necessités si pressantes que je ne pourrois ny voudrois en sorte quelconque m'en desdire. J'ai tousiours dix mil hommes de pied françois et suisses que j'entretiens prestz en ce caz à l'assister et secourir en une urgente necessité, sans les autres forces que je pourrois après comodement assembler et ung bon corps de cavalerie que j'ai encores ensemble qui le doibt mettre en toute asseurance et luy fere passer seurement, promptement et honnorablement cète carrière ; car pendant qu'il vacille et delibere ainsi incertainement, il souffre ung grand desavantaige et recule la conclusion d'un affaire qui luy est tres cher et tres important. Mon Cousin, je le vous ai cy devant mandé sy particulierement, et ay chargé le sieur de Modenne de mes raisons et intentions sy clairement et par le menu pour vous estre representées et recevoir voz bons conseilz sur icelles, que je n'y puis rien adiouster, sinon vous prier et conjurer par vostre affection tant esprovée à mon contentement de vouloir detromper et eclarcir nétement ledit Duc de telles opinions à luy tant dommageables et luy fere suivre les adviz que je luy donne et luy porte ledit sieur de Modenne, que j'espere confortez des vostres serviront à le reduire et lui fere cognoistre enfin ce qui est de son bien propre et veritable, que j'affectionne singulierement, ainsy qu'il esprouvera avec toute certitude s'il se repose sur ma foy et parolle aultant que je luy laisse ocasion de le faire. Priant Dieu, mon Cousin, qu'il vous ait tousiours en sa saincte garde.

Ecript à Paris ce XXIIII° jour de janvier 1618.

Louis.

Brulart.

CXLI. 1618 — 29 Janvier.

Orig. — Arch. de l'État, à Turin.

[A S. A. MONSEIGNEUR LE DUC DE SAVOIE.]

Monseigneur, je ferois tort à la cognoissance et à l'affection que Monsieur le comte de Verrue a aux affaires qui regardent le contentement et service de votre Altesse, si j'escrivois en cête letre ce que nous avons proposé ensemble et les résolutions que nous avons prinses, si elles vous sont agreables. Il vous en entretiendra, Monseigneur, bien particulierement, et vous asseurera tousiours de mon fidelle et tres humble service, ainsi que je l'ai supplié de le faire. C'est donc sur lui à qui je remetrai attandant l'honneur de voz commandemens, Monseigneur,

Vostre tres humble et tres obeissant serviteur.

Lesdiguières.

A Grenoble le 29 janvier 1618.

CXLII.   1618 — 29 Janvier.

Orig. — Arch. de l'État, à Turin.

[A S. A. MONSEIGNEUR LE DUC DE SAVOIE.] [1]

Monseigneur, vostre Altesse entendra par le retour de monsieur le marquis de Caluze, tout ce qui se passe en ses quartiers concernant vostre service, comme aussi elle scaura l'arrivée ici de monsieur de Modenne que sa Majesté vous despeche extraordinairement pour vous dire ses plus particulieres intentions sur les affaires présantes. C'est ung gentilhomme qui est désireux de vous rendre toute sorte de services en son voiaige et en sa negotiation, apres ceux-là qu'il doibt au Roy. Je le cognois de longue main pour mon amy bien affectionné, et en céte quallité j'ose asseurer votre Altesse, qu'elle en recevra toute sorte de contentement. Je prie Dieu qu'il soit tel que le desire et souhaite, Monseigneur,

Vostre très humble et tres obeissant serviteur.

LESDIGUIÈRES.

Monseigneur, j'ai estimé devoir envoyer à votre Altesse les coppies des lettres que je viens de recevoir de la Cour que monsieur le comte de Verrue m'a demandees.

A Grenoble le 29 janvier 1618.

CXLIII.   1618 — 29 Janvier.

Orig. — Arch. de l'État, à Turin.

[A S. A. MONSEIGNEUR LE PRINCE DE PIEMONT.]

Monseigneur, puisque c'est monsieur le comte de Verrue qui rendra céte letre à vostre Altesse, je ne l'entretiendray pas d'un long

---

[1] On sera peut-être surpris de trouver deux lettres de Lesdiguières écrites à la même date au duc de Savoie : ce fait se reproduira plusieurs fois. L'une de ces lettres est une lettre d'affaires envoyée par l'intermédiaire du comte de Verrue, tandis que l'autre est une sorte de lettre de recommandation donnée au comte de Modène et portée par lui au duc de Savoie.

discours par icelle pour vous representer ce qui a esté proposé de deça pendant le sesiour qu'il y a faict; il a trop d'affection au bien de vostre service pour oblier aucune chose de ce qui a esté resolu, si votre Altesse l'a agreable. Je me contenterai donc de la suplier tres humblement me conserver l'honneur de sa bien veuillance et me croire tousiours, attendant l'honneur de ses commandemens, Monseigneur, pour

 Vostre tres humble et tres obeissant serviteur.

LESDIGUIERES.

A Grenoble le 29 janvier 1618.

CXLIV.   1618 — 1er FÉVRIER.

Orig. — Arch. de l'État, à Turin.

[A S. A. MONSEIGNEUR LE DUC DE SAVOIE.]

Monseigneur, vostre Altesse sçaura par monsieur de Modenne, que le Roy vous envoye expressement, les particulieres intentions de sa Majesté sur les affaires presantes concernant vostre service. Il m'a faict l'honneur de me les communiquer au peu de sesiour qu'il a faict ici, et je lui ai dict mes foibles adviz que votre Altesse aura pour agréables, s'il lui plaist, puisqu'ils ne procedent que de l'entiere affection que j'ai à vostre contentement, et de vous rendre tesmoignaige du service que je vous ai voué. Je prie Dieu que par ce voiaige votre Altesse soit satisfaicte de tous ses desirs, ainsi que le souhaite, Monseigneur,

 Vostre tres humble et très obeissant serviteur.

LESDIGUIÈRES.

A Grenoble le premier febvrier 1618.

CXLV.   1618 — 1er Février.

Orig. — Arch. de l'État, à Turin.

[A S. A. MONSEIGNEUR LE DUC DE SAVOIE.]

Monseigneur, l'affection que je doibs au mérite de monsieur le président de Murat m'oblige à supplier tres humblement vostre Altesse de voulloir écrire à son Senat de deça les montz de rendre justice au procès d'entre ledit sieur President et le sieur de Choisy. Il y a vingt-cinq ans qu'il est commencé et ne s'en est encores peu voir la fin. Le frere dudit sieur de Murat, trésorier de la cavalerie leigere de France, avec le sieur d'Aurat son coheritier du feu sieur le Grand, sont en pareille peine pour jouir de sa succession, l'instance en est devant vostredit Senat. Que vostre altesse luy commande aussy, s'il luy plaist, de leur rendre semblable justice. La longueur ne provient pas des juges, mays bien des partyes qui deffendent et trouvent des moyens pour fuyr et retarder leur condemnation, et toutesfois ilz ne la peuvent éviter si vostre Altesse m'octroye la grace que je luy demande pour ces miens amys. Je la supplie aussi tres humblement d'en écrire à monsieur le marquis de Lans, et quand il sera à Chambery et qu'il verra l'intention de votre Altesse par sa lettre, il la fera entendre et valloir autant qu'il se doibt. Dieu la conserve, ainsy qu'il en est tres humblement supplié, Monseigneur, par

Vostre tres humble et tres obeissant serviteur.

LESDIGUIÈRES.

A Grenoble le premier de febvrier 1618.

CXLVI.   1618 — 3 Février.

Orig. — Arch. de l'État, à Turin.

[A S. A. MONSEIGNEUR LE DUC DE SAVOIE.]

Monseigneur, j'estime que vostre Altesse aura veu monsieur le comte de Verrue avant qu'elle voye cete dépêche et qu'il luy aura raporté l'abouchement que luy et moy avons eu avec monsieur de Modene qui la va trouver de la part du Roy. Il partit hier au matin pour cet effect, et je ne doubte point qu'elle n'ayt sceu le subject de son voiage auparavant qu'il s'aproche de sa personne. Le sieur de Monciset, que j'avois envoyé à la Court, en est revenu, quasy au mesme temps que ledit sieur de Modene est party d'icy. Il m'a porté des lettres de sa Majesté et de ses principaulx ministres. J'en ay faict fere les coppies et extraictz que j'envoye à votre Altesse pour estre veuz d'elle, affin qu'elle y recognoisse les resolutions de sa Majesté telles qu'elles luy seront représentées de la bouche dudit sieur de Modene. C'est en somme que votre Altesse doibt effectuellement desarmer, licencier les troupes qu'elle tient sur ces frontieres et rendre les places à la forme du traité, pour oster aux Espaignolz les prétextes qu'ils prennent pour tenir les choses en longueur, et cela ayant esté faict par vostre Altesse, s'ilz n'effectuent de leur part ce à quoy ilz sont obligez, sa Majesté voyant, par ce manquement, de la justice aux armes qu'elle a promises pour vostre garentie, les fera passer si promptement à vous, Monseigneur, et aprochera sa personne si pres de la vostre qu'on cognoistra qu'elle fera de voz interestz les siens propres, se resolvant de ne jamais remettre l'espée au fourreau qu'elle n'ayt faict voir à vostre Altesse et à tous ses amys et aliez qu'il est prince juste et veritable, à quoy il veult tout porter et ne rien épargner. Et pour lever à vostre Altesse les aprehensions qu'elle a que les secours de sa Majesté ne viennent tard si voz ennemis entroient en une manifeste rupture, elle asseure, et c'est la verité, qu'elle a des forces prestes et bastentes pour repoulcer les premiers effortz. Ceulx qui aprochent sa Majesté et qui voyent dedans ses intentions, les trouvent toutes portées à vous maintenir et deffendre contre une perfidie, si elle vous veult offencer. Et en ce cas, voyant la justice de son costé et du vostre, Monseigneur, rien ne luy sera difficile ny impossible; sa Majesté en parle ainsi à ses familiers et avec un courage et véhémence indicible. Si donc vostre Altesse pouvoit recognoistre en moy autant de capacité pour luy donner conseil, qu'elle y a trouvé d'affection pour son service (chose impossible), elle aquiessera, par mon aviz, sans scrupule ny difficulté aux intentions de sa Majesté, pour de tant plus l'obliger à la protection promise et affin aussi que par une plus longue remise sa Majesté n'entre en oppinion que vostre Altesse se deffie de ses promesses, en quoy il y a du danger. Ce n'est pas seulement pour satisfaire et obeir aux commandemens de sa Majesté que je donne cet aviz à vostre Altesse, mays c'est aussi pour son propre bien et avantage, prevoyant que céte entiere confiance, peut fraier et faciliter le chemin à vostre Altesse pour parvenir à ce qu'elle a desiré de sa Majesté. C'est tout ce que luy peut et doibt écrire sur ces occasions, Monseigneur,

Vostre tres humble et tres obeissant serviteur.

LESDIGUIÈRES.

A Grenoble le III febvrier 1618.

CXLVII.   1618 — 6 FÉVRIER.

Cop. — Arch. de l'État, à Turin.

[A MON COUSIN MONSIEUR LE MARESCHAL DE LESDIGUIÈRES.]

Mon Cousin, jay receu avecq vostre lettre du XXIII° du moys passé celle que vous avez eu de mon oncle le duc de Savoye, par laquelle je vois avecq deplaisir qu'il continue à se deffendre du licenciement de ce peu de forces qu'il tient encor en mon royaume avec des raisons aussy foibles et mal fondées que l'effect et le retardement luy sont dommageables, pour les causes et considerations que vous aura dit de bouche le sieur de Modenne en son passaige, avec ce qui est de ma deliberation et resolution pour ce regard, laquelle j'ay declairé de rechef fort franchement au general des postes dudit Duc qu'il m'a envoyé pour me persuader à la retenue desdites gens de guerre. A quoy il ne doibt s'attendre en aucune maniere ou esperer aucun secours de moy, s'il ne satisfaict à ce poinct avecq la sincerité qu'il convient, recognoissant trop bien que ie ne puis agir avecq équité et raison enver les Espagnolz que ledit Duc n'ayt desarmé entierement ainsy qu'il est oblige de faire. Partant je ne trouve et ne puis aprouver sur ce subiet aucun expediant, pour juger qu'il ne peult estre que prejudiciable et pour alterer plustost qu'adoucir les affaires. J'ay estimé par céte voye du retour du sieur de Morges en Daulphiné devoir faire responce à votredite lettre et vous informer par mesme moyen de ce que j'en ay dit audit Gabaleon; vous priant, mon Cousin, de rechef de ne vous lasser à employer votre pouvoir et credit, accompaignié de voz saiges conseilz, à l'endroict dudit Duc pour luy oster tous ses facheux umbraiges qui nuisent à son contentement et me retiennent de luy pouvoir procurer celluy que je desire pour l'aventaige de ses affaires et la seureté de ses estats. S'il n'y déffere il cognoistra avecq le temps et par les evenemens, le tort signalé qu'il se sera faict à luy mesme, que je metz peine et serai tres aise par tous moyens de luy faire eviter. Je prie Dieu, mon Cousin, qu'il vous aye en sa sainte garde.

Ecript à Paris le VI fevrier 1618.

LOUIS.

BRULART.

CXLVIII. 1618 — 11 FÉVRIER.

Orig. — Arch. de l'État, à Turin.

[A S. A. MONSEIGNEUR LE DUC DE SAVOIE.]

Monseigneur, ce sera mon contentement pour le service que je doibz à vostre Altesse, que cete letre là rencontre aussytost que je le desire, affin d'avoir sur icelle ses commandemens. C'est pour representer à votre Altesse (ce que monsieur le comte de Verrue vous aura peu dire), comme la plus part des troupes qui sont entretenues pour vostre service en céte province n'ont esté payés que jusques au quinziesme de janvier dernier, de sorte que tout le reste dudict mois et ce que nous avons faict de celuy-cy, est deub, à quoy il fault comprandre aussi les dix jours du licenciement. Tout ce temps là, Monseigneur, est de si grande considération, tant envers les cappitaines que aux lieux ou ilz sont entretenuz aveq leurs soldatz, qu'il m'est impossible de les pouvoir plus contenir ny empescher leurs plaintes. Votre Altesse scait aussi l'intention du Roy et le commandement qu'il m'a faict de les licentier; j'ai tousiours resisté sur les considerations de voz interestz particuliers et aussi pour faire entendre à sa Majesté les siens; mais maintenant que ces affaires ont été agitées et resolues en son conseil, je ne puis plus differer d'effectuer ce que sa Majeste m'ordonne, puis mesmes que vostre Altesse n'a pourveu à leur entretenement pour ung plus long sesiour. C'est sur ces poinctz que je supplie tres humblement votre Altesse de me faire donner promptement ses commandemens, et que je les puisse recevoir le seize ou dix-sept de ce moys; autrement je ferai faire ledict licenciement et payerai ce qui leur sera deub de mes propres deniers, comme j'estime que votre Altesse le trouvera raisonnable, ne pouvant y aporter ung remede plus necessaire que cellui-là pour son service, pour lequel je vous supplie de croire que mon plus grand desir est de vous faire connoistre, Monseigneur, que je suis veritablement,

Vostre tres humble et tres obeissant serviteur.

LESDIGUIÈRES.

A Grenoble, le XIe febvrier 1618.

CXLIX.   1618 — 16 FÉVRIER.

Orig. — Arch. de l'État, à Turin.

[A S. A. MONSEIGNEUR LE DUC DE SAVOIE.]

Monseigneur, je suis tout asseuré que vostre Altesse aura receu la depeche que je lui fiz le IIIe de ce moys, ou elle aura veu les resolutions du Roy pour ce qui la concerne telles que monsieur de Modenne les luy a declairées. Sa Majesté m'en a encores ecript par le retour de monsieur de Morges[1] mon nepveu la letre dont j'ai mis ici la coppie; j'ai aprins de sa bouche et votre Altesse verra par ladite coppie que sa Majesté ne peut prendre ni recevoir autre aviz pour parvenir à l'establissement de la paix qu'elle vous désire, que cellui qu'elle vous a donné par ledit sieur de Modene, tant de fois confirmé de sa bouche à voz ambassadeurs, et de nouveau reiteré au sieur général Gabaléon qui l'aura porté à vostre Altesse. Tellement, Monseigneur, qu'il fault qu'elle se resolve à quitter toutes aprensions et d'entrer en la plaine et entiere confiance et asseurance qui lui est donnée par sa Majesté laquelle par tant de lettres et par tant de parolles s'oblige tousiours plus estroitement à protéger vostre Altesse contre tous inconveniens comme vous devez croire qu'elle fera si elle y estoit contraincte par l'inobservation du traité de la part des Espagnolz, après que de celle de votre Altesse il y aura esté satisfaict et qu'elle aura effectuellement désarmé, ce que je lui ai tousiours conseillé, comme encores je lui conseille de faire sans plus de retenue ni difficulté. C'est l'unique moyen de contenter sa Majesté et de la vous

[1] C'est la lettre du Roi du 6 février imprimée ci-dessus.

rendre aussy propice et favorable qu'elle a tousiours protesté et promis de l'estre. Je désire tout bonheur à votre Altesse estant comme je suis, Monseigneur,

Vostre tres humble et tres obeissant serviteur.

LESDIGUIÈRES.

A Grenoble ce XVI février 1618.

CL.   1618 — 28 MARS.

Orig. — Arch. de l'État, à Turin.

[A S. A. MONSEIGNEUR LE DUC DE SAVOIE.]

Monseigneur, vostre Altesse entendra bien particulierement de la bouche de monsieur le marquis de Caluse, tout ce qu'il a negotié de deça pour vostre service, et l'estat auquel il a laissé les trouppes qui y sont entreteneues par votre Altesse.[1] Je ferois tort à sa suffisance de vous en dire aucune chose par céte letre, je vous supplierai seullement, Monseigneur, d'adiouster creance à ce qu'il vous dira, particulierement en l'asseurance qu'il vous donrra de ma part, que voz commandemens seront executez avec toute franchise et hobeissance, ne desirant rien tant que d'acquerir par mes services la quallité, Monseigneur, de

Vostre tres humble et tres obeissant serviteur.

LESDIGUIÈRES.

A Grenoble le 28 mars 1618.

CLI.   1618 — 28 MARS.

Orig. — Arch. de l'État, à Turin.

[A S. A. MONSEIGNEUR LE PRINCE DE PIEMONT.]

Monseigneur, puisque c'est monsieur le marquis de Caluse qui rend à vostre Altesse céte letre je ne la ferai longue pour ne vous

---

[1] Cette lettre prouve que le licenciement des troupes du duc de Savoie, demandé avec tant d'instance par le Roi, n'avait pas été fait.

anuier. Ce sera sur lui que ie me remetrai à faire entandre à votre Altesse les negotiations qu'il a faictes en son voiaige pour le service de son Altesse et la vostre. Il vous represantera l'estat des affaires qu'il a laissées de deça concernant les gens de guerre que son Altesse y entretient, affin qu'elle y pourvoye, comme je l'en supplie tres humment aussi, Monseigneur, à qui je suis veritablement

Vostre tres humble et tres obeissant serviteur.

LESDIGUIÈRES.

A Grenoble le 28 mars 1618.

CLII.   1618 — 3 AVRIL.

Orig. — Arch. de l'État, à Turin.

[A S. A. MONSEIGNEUR LE DUC DE SAVOIE.]

Monseigneur, il vous auroit pleu au mois de janvier dernier à ma consideration favoriser un serviteur de mon filz le comte de Sault, d'une lettre portant commandement au sieur gouverneur de vostre ville de Pignerol de se saisir de la personne de Michel Chioud, chatelain de Valcluson, s'estant retiré aux montagnes dudit gouvernement, pour estre remis entre les mains dudit serviteur nommé Jean Pelloux et puis conduict à nous en ceste ville de Grenoble en toute asseurance. Et d'autant qu'en exécution de voz commandementz pour la capture faicte dudit Chioud il auroit donné un coup d'escoupette à un nommé Pierre Chabrier natif dudit Valcluson, habitant riesre[1] les estatz de votre Altesse en la Valpeirouze, duquel il seroit decedé, craignant pour ce subiect que vostre justice ne desire demeurer saisie dudit Chioud pour luy faire son proces pour raison dudit exès, c'est sur ce subiect, Monseigneur, que ie vous fais la presente et supplie tres humblement de commander audit sieur gouverneur de sadite ville de Pignerol et à tous autres qu'il appartiendra de promptement remettre entre les mains dudit Pellous ledit Chioud pour estre conduict et remis entre les mains de la cour de Parlement de ceste pro-

[1] Dans.

vince pour estre chastié de ses mesfaictz et servir d'exemple au public. Je me prometz que ne me desnierés ceste faveur, ains par ce moyen obligerés tousiours de plus en plus, Monseigneur,

Vostre tres humble et tres obeissant serviteur.

LESDIGUIERES.

A Grenoble le III avril XVIe dix-huict.

CLIII.   1618 — 11 Avril.

Orig. — Arch de l'État, à Turin.

[A S. A. MONSEIGNEUR LE DUC DE SAVOIE.]

Monseigneur, il a pleu à vostre Altesse, sur ma tres humble prière, d'écrire à vostre Senat de deça les montz, de rendre sa bonne et brieve justice aux sieurs de Murat freres et au sieur d'Aurat, en certains proces desquelz la longueur a jusques ici esté extreme, non par la faulte des juges, mays par je ne say quel malheur qui en est la seule cause. Je ne doubte point que l'integrité du Senat n'obeisse à votre Altesse, ny qu'il ne rende le droict selon son acoustumée equité, mays il y sera bien d'avantage incité si votre Altesse me faict la grace de lui reiterer le commandement qu'elle lui en a desja faict, et d'écrire aussi à monsieur le marquis de Lans de lui en fere une bien expresse recommendation et une estroite jussion de la part de votre Altesse. C'est de cela que je la supplie tres humblement, affin que ces miens amys, subjectz du Roy, sortant de leur langueur, goustent le fruict de l'affection singulière qu'il plaist à votre Altesse de porter, Monseigneur, à

Votre tres humble et tres obeissant serviteur.

LESDIGUIERES.

A Grenoble le XI avril 1618.

CLIV.   1618 — 12 Avril.

Orig. — Arch. de l'État, à Turin.

[A S. A. MONSEIGNEUR LE DUC DE SAVOIE.]

Monseigneur, le sieur de Mazeres a prins la peine de venir icy, et m'a faict voir l'ordre qu'il a tenu au logement de son regiment aux montaignes de l'Ambrunois[1]. Il a dispercé ces soldatz en telle sorte par les villaiges et a tant de soing de les faire contenir en leur devoir, que je veux croire qu'ilz ne dourront que bien peu d'incomodité au peuple. Il s'en reva trouver votre Altesse pour recevoir ses commendemens, lui aiant donné céte letre pour l'asseurer que sa trouppe sera tousiours preste pour son service, et que je suis, Monseigneur,

Vostre tres humble et tres obeissant serviteur.

LESDIGUIERES.

A Vizille le XII avril 1618.

CLV.   1618 — 12 Avril.

Orig. — Arch. de l'État, à Turin.

[A S. A. MONSEIGNEUR LE DUC DE SAVOIE.]

Monseigneur, vostre Altesse m'a faict beaucoup d'honneur de me faire part de ces nouvelles, et de la restitution qu'elle a faict des places pour l'entière exécution du traicté. J'attendois l'aviz avec impassiance sur l'esperance que j'ai que les vostres vous seront aussy restituées et que vous jouirés du repos et contentement que je souhaite à votre Altesse. Je loue Dieu de la résolution qu'elle a prinse, car voz ennemis n'auront plus de pretexte, pour couvrir leurs mauvaises intentions

---

[1] Il existe aux archives municipales d'Embrun la copie d'une ordonnance de Lesdiguières, datée du 1ᵉʳ mars 1618, réglant certaines difficultés survenues entre les consuls de cette ville et le colonel de Mazère pour le logement de son regiment.

comme ilz ont eu jusques à céte heure, et sans doubte ilz seront contrainctz de satisfaire à ce qu'ilz ont promis, prévoyant bien que faisant aultrement toute la chrestienté rendroit blasmable leurs actions et seroit offancée d'un tel manquement à la foy publicque, mais principallement le Roy qui a promis avec tant d'asseurance d'en faire sa cause propre. J'acheverai aujourd'hui la dépêche que je fai à monsieur le baron de Marcieux, sur ce qu'il vous a pleu de m'ecrire, Monseigneur, affin qu'il rende auprez de sa Majesté les offices que vous desirez, à quoy j'aporterai tousiours mon affection tres humble pour me tesmoigner, Monseigneur,

Vostre tres humble et tres obeissant serviteur.

LESDIGUIÈRES.

A Vizille le XII avril 1618.

CLVI. 1618 — 27 AVRIL.

Cop. — Arch. de l'État, à Turin.

[A MON COUSIN MONSIEUR LE MARESCHAL DE LESDIGUIÈRES.]

Mon Cousin, le sieur de Marcieulx m'a rendu vostre lettre et faict ja entendre en partie la commission que vous luy avez donnée digne de vostre affection et de la fidellite du porteur; j'y feray les considerations que je doibs à mon service et au bien de mes affaires et vous scay bon gré du soing que vous continues à en avoir aux occasions que jugez utiles et opportunes. Avant son arrivée j'avois sceu ce qui c'estoit passé de la part de mon oncle le duc de Savoye et comme il avoit accomply ce qui deppend de luy, en quoy il a pris ung tres bon conseil, auquel j'ay bien cognu que le vostre a grandement servy pour le conforter; maintenant je suis en attante d'heure à autre de ce que fera de son costé le gouverneur de Milan, de l'exécution duquel j'ay toute asseurance des ministres du roy d'Espagne, mais l'effet m'en sera encores plus agreable, comme je le juge necessaire au public. C'est à present mon faict puisque ledict Duc a sattisfait sur ma foy et parolle royalle, qui ne luy deffaudra au besoing, affin qu'il s'en asseure et demeure tousjours aux termes des traités et de la raison. Quand au differant qui passe entre mon cousin le duc de Longueville et le canton de Berne[1], vous m'aves faict plaisir

---

[1] Ce différend était relatif à la principauté de Neuchâtel qui appartenait à M. de Longueville et confinait aux états de Berne.

d'en escrire suyvant mon désir et faire cognoistre que j'ay bien délibéré de maintenir la justice de ses droicts et empescher qu'il soit entrepris indeubement sur iceulx. J'ay faict examiner les pièces en mon conseil avec grand poidz et consideration et trouve que lesdictz de Berne veullent en cecy s'atribuer une authoritté et pouvoir quy ne leur appartiennent, n'estant au cas portés par le traitté de combourgeoisie[1] ce qui se veriffie asses clairement. Je serois marry de le soustenir en une mauvaise cause, et mesme contre lesdictz de Berne qui sont mes alliez, mais aussy doibvent-ilz se contenir dans les bornes de l'équité et des conventions réciproques. Je désire que le tout soit terminé à l'amiable et par l'advis mesmes des autres cantons interessés au reppos du pays des Ligues, auxquelz j'ai conseillé à mondit Cousin d'en remettre et defferer le jugement et la decision, pour tousiours justifier davantage son action. Mais sy lesdictz Bernois persistent apres cella en leur duretté et convoytise trop magnifeste, je suis obligé d'avoir soing de l'honneur et du bien dudict duc de Longueville. Je vous prye de continuer à employer voz instances et offices affin que ce debat puisse estre composé[2] au plustost par la voye de la douceur, qu'il doit estre préférée à celle de la rigueur pour touttes bonnes considerations. Je prie Dieu, mon Cousin, qu'ils vous tienne en sa saincte et digne garde.

[LOUIS.]

De......ce XXVIIe jour d'apvril 1618.

CLVII.   1618 — 29 AVRIL.

Orig. — Arch. de l'État, à Turin.

[A S. A. MONSEIGNEUR LE DUC DE SAVOIE.]

Monseigneur, puique les prisonniers qui estoient detenuz à Millan ont esté mis en liberté, c'est un commencement qui faict esperer une bonne fin pour le contentement de vostre Altesse à laquelle je le désire tout entier. Le malheur de la prison du sieur de Freton, a interrompu le cours de la bonne vollonté qu'il avoit de vous rendre longtemps son service, mays s'il plaist à votre Altesse, comme je l'en supplie tres humblement, fere consideration au vœu qu'il a faict d'estre tousjours son serviteur, à sa longue detention et à ses grandes dépenses, elle le jugera digne d'estre veu de son œil favorable et secoureu de sa liberale main. Tout ce qu'il recevra de la bonté de votre

---

[1] Traité d'alliance entre les états de Berne et Neuchâtel.   [2] Accordé.

Altesse servira à redoubler les affections qu'il luy a. Il peut et veult la servir, elle le doibt conserver par ses bienffaictz; je le luy conseille ainsy, et demeure, Monseigneur,

Vostre tres humble et tres obeissant serviteur.

LESDIGUIÈRES.

Le 29 avril 1618 à Grenoble.

CLVIII.   1618 — 29 AVRIL.

Orig. — Arch. de l'État, à Turin.

[A S. A. MONSEIGNEUR LE PRINCE DE PIÉMONT]

Monseigneur, j'ecry à son Altesse et la supplie tres humblement d'user de sa liberalité à l'endroit du sieur de Freton; non, à la verité, pour ses longs services (car sa prison en a interrompu le cours), mays pour recognoistre son affection, et le relever des grandes despences qu'il a faictes durant le temps d'une si longue detention. C'est à vostre Altesse à inciter celle de Monseigneur vostre pere à conserver ce sien serviteur qui sera obligé à vostre maison. Soyez, je vous supplie tres humblement, son intercesseur, et je seray tousjours, Monseigneur,

Vostre tres humble et tres obeissant serviteur.

LESDIGUIERES.

Le 29 avril 1618, à Grenoble.

CLIX.   1618 — 29 AVRIL.

Orig. — Arch. de l'État, à Turin.

[A S. A. MONSEIGNEUR LE DUC DE SAVOIE]

Monseigneur, le cappitaine Serres (qui estoit prisonnier à Millan) est maintenant élargy et en liberté, par la grace de vostre Altesse; sa prison l'a empesché de la servir comme il desiroit, je le sai bien, car il avoit, par ma vollonté, quité sa maison et sa famille pour cet effect. Je supplie tres humblement votre Altesse d'user de sa liberalité en son endroit, pour le relever des fraiz de la longue prison qu'il a soufferte et luy donner moyen de se retirer en sa maison, ou il conservera l'affection que vostre bonté fera naistre en lui, et je seray tousjours, Monseigneur,

Vostre tres humble et tres obeissant serviteur.

LESDIGUIERES.

Le 29 avril 1618, à Grenoble.

CLX.   1618 — 30 AVRIL.

Orig. — Arch. de l'État, à Turin.

[A S. A. MONSEIGNEUR LE DUC DE SAVOIE.]

Monseigneur, je n'ai arresté le courrier que vostre Altesse a envoyé à la cour que quelques heures, pour y ecrire sellon voz intentions comme j'ai faict, Monseigneur, et m'asseure que voz interestz y seront representés sellon les affections de voz plus asseurez serviteurs, en telle sorte que votre Altesse en demurera satisfaicte. Je la remercie tres humblement de l'honneur qu'elle m'a faict de me donner part de la negotiation de l'estat de ses affaires; je les ai considerées avec beaucoup de contentement, puisque votre Altesse a entierement executé ce à quoi elle estoit obligée par le traité, et qu'il ne reste plus qu'a la vanité de Don Pedro d'en faire de mesmes. Certes si ses humeurs sont inégales, je vouldrois, pour vostre bien particulier, qu'elles redoublassent en céte ocasion et que sa gloire le porta à une rupture, car sa Majesté en auroit ung tel ressantiment que sa puissance seroit bien tost cognue en Italie, pour metre voz estatz en toute seureté. Toutes voz trouppes son en estat par deça de vous rendre ung prompt service, et ne manqueront de satisfaire à ce qu'ilz ont promis et à voz commandemens. Vous suppliant, Monseigneur, de le croire ainsi, et de faire pourvoir à leur entretennement pour le moys de mai, car la provision qu'elle a envoyé pour ce moys, ne sçauroit arriver que dans cinq ou six jours du prochain et auparavant que votre Altesse soit entierement resolue de ce qu'elle aura affaire de ces trouppes, le reste dudit mois de mai sera bien expiré, considerant aussy qu'il leur fault les dix jours acordez pour leur licenciement ; à quoy votre Altesse commandera ses intantions, ainsi que je l'en supplie tres humblement et me croire tousiours pour, Monseigneur,

Vostre tres humble et tres obeissant serviteur.

LESDIGUIÈRES.

Le dernier d'avril 1618, à Grenoble.

CLXI.   1618 — 5 MAI.

Orig. — Arch. de l'État, à Turin.

[A S. A. MONSEIGNEUR LE DUC DE SAVOIE.]

Monseigneur, je ne sçaurois assez humblement remercier votre Altesse de l'honneur qu'elle a daigné de nous faire, à madame la Mareschalle et à moy, en se ressouvenant de nous; c'est un effect de vostre pure bonté qui ne se lasse jamais de bien faire à ceux qui l'honnorent et desirent de la servir, comme nous qui sommes parfaitement ses obligez. Ce porteur representera à votre Altesse en quel estat il nous a laissez, et mesmes madite Dame qui commence à se trouver mieux, ayant gardé son mal, qui a esté grand, pres d'un mois. Pour mon particulier, Monseigneur, je m'accommode aux adversitez et aux prosperitez selon qu'il plait à Dieu me les departir, et ne m'afflige de rien, prenant tout comme venant de sa main. Je me resiouys grandement avec tous voz autres serviteurs de la restitution de Saint-Germain; la façon de proceder que les Espagnols y ont tenue, fait assez cognoitre leur mauvaise foy, et croy qu'ils en monstreroyent bien davantage en celle de Verceil s'ils n'estoyent pressez. Mais ie me persuade aussi que puisqu'ils ont commencé, et avancé jusques là, qu'ils acheveront et que votre Altesse sera contente. Je vous envoye une lettre que je receuz yer au soir de monsieur de Marcieus par ou votre Altesse verra bien au long l'estat de ses affaires; je la supplye de me la renvoyer incontinent avec de bonnes memoires sur ce qu'elle désirera que ledit sieur de Marcieux fasse en cour pour le bien de ses affaires, la pouvant asseurer qu'elle ne sauroit estre mieux ny plus fidelement servye d'homme que de luy. Vous y verrez encores, Monseigneur, le mariage de monsieur de Nemours achevé [1], de sorte qu'il ne reste qu'a moyenner une bonne intelligence entre votre Altesse et luy, à laquelle je suis asseuré qu'il se disposera tres volontiers et qu'il se portera de tout son pouvoir à tout ce qu'il recognoitra estre de vostre contantement; et je puis asseurer votre Altesse que sachant son intention la dessus j'y travailleray avec toute sorte de soin et d'affection. Votre Altesse a pourveu, à ce que j'ay peu entendre, au payement des trouppes entretenues deça pour le mois d'avril passé, mais les deniers ne sont encores venuz, ce qui met en peyne tous ces cappitaines et aussi de voir que nous entrons bien avant dans ce mois de may sans avoir aucunes nouvelles de leur payement; je supplye tres humblement votre Altesse d'y pourvoir pour tout le mois ou pour la moityé, comme elle avizera pour le bien de son service, et encores à l'argent du licenciement non moins necessaire que tout le reste, car il faut que tout soit prest au plustost affin que votre Altesse soit contente et tous ces gens aussy, qui ne peuvent attandre ne vivant que du jour la journée. Je desire la servir passionement en tout ce que dessus et obeyr aux commandemens qu'elle me departira s'il luy plait au plustost, et j'essayeray en tout et partout de luy faire voir que ie suis, Monseigneur,

Vostre tres humble et tres obeissant serviteur.

LESDIGUIERES.

Le 5e mai 1618, à Grenoble.

Monseigneur, il seroit à desirer que les services de Roncrol vous soint agreables, le temps l'en rendra capable ; pour sa fidelité i'en oze respondre à votre Altesse, à laquelle i'envoie encores la copie de celle que sa Majesté m'escrit.

[1] Henri de Savoie, duc de Nemours, épousa, le 14 avril 1618, Anne de Lorraine, fille unique de Charles de Lorraine, duc d'Aumale.

CLXII.   1618 — 5 Mai.

Orig. — Arch. de l'État, à Turin.

[A S. A. MONSEIGNEUR LE PRINCE DE PIÉMONT.]

Monseigneur, je remercie tres humblement vostre Altesse, du souvenir qu'elle a daigné prandre de moy par la letre qu'il luy a pleu de m'ecrire que le sieur de la Rivoire m'a rendue, et des nouvelles qu'il m'a donnees de vostre part de l'estat de voz affaires, et de la continuation de l'honneur de vostre bien veuillance; je vous en suis grandement obligé, et vous asseure, Monseigneur, que vous ne la departirés jamais à personne du monde qui aie plus de passion pour vostre service que moy, qui m'estimerai bien heureux des ocasions qui se presanteront pour le pouvoir tesmoigner et faire cognoistre l'obeissance que ie veux rendre à voz commandementz. Il m'a parlé de l'entretenement des trouppes de monsieur de Laugères, et je luy ai dict la vérité de cet affaire, qu'il raportera à votre Altesse fidellement, qui est en somme, qu'encor il n'aie pas donné des cautions pour l'asseurance de son regiment dans les dix jours qu'il avoit promis, neantmoings il l'a donnée peu de temps apres, et pour plus grande asseurance de ce à quoy il est obligé, il a facillement consanty que les deniers que votre Altesse lui faict payer pour sondit regiment ayent estéz remis entre les mains d'un de mes secretaires, pour le garder jusques à ce qu'il ait satisfaict à ce qu'il a promis à votre Altesse, en caz qu'elle en aie besoing, et sur cella je luy ai donné ma paroolle de la continuation de son paiement, et s'il y rencontroit quelque difficulté, je le ferois plustost faire de mon argeant, pour ne manquer à ce que j'ai promis, et à ce que là raison veult. Je supplie votre Altesse croire qu'elle ne recevra aucun mescontantement de ce costé la, et que ce qui a esté résolu, arresté et conclud sera entierement suivy; elle aura donc souvenance, s'il luy plaist, de faire ordonner l'entretenement, non seullement de ces trouppes mais de toutes les aultres qui sont en céte province, pour le temps qu'elle avisera les y devoir entretenir, et à leur licenciement aux dix jours qui leur ont estez acordés pour se retirer en leurs maisons, en ayant pour ce subiet donné toute sorte d'asseurance, ainsi que monsieur le marquis de Caluse aura represanté à votre Altesse et que ledit sieur de la Rivoire vous dira de vive voix, le renvoyant promtement à son Altesse pour lui porter les nouvelles que j'ai receues de la cour, sur l'arrivée de monsieur le baron de Marcieux. Il y a esté bien receu et vous devez esperer toute sorte de contentement de son voiaige, ainsin qu'il vous plairra de voir par une de ses letres que ie mande à son Altesse, qui vous aprandra la consommation du mariaige de monsieur le duc de Nemours, et les aviz qu'il donne pour avoir bonne inteligance aveq lui. Je croy que c'est le bien de vostre service, et d'ordonner que voz officiers ne lui donnent aucun empeschement sur le revenu des terres qu'il a en Savoye. Excuses moy, Monseigneur, si ie vous en parle sy franchement; cella procedde de mon affection entiere, qui est de vous tesmoigner que je suis veritablement, Monseigneur,

Vostre tres humble et tres obeissant serviteur.

LESDIGUIERES.

A Grenoble le Ve May 1618.

CLXIII.   1618 — 16 MAI.

Orig. — Arch. de l'État, à Turin.

[A S. A. MONSEIGNEUR LE DUC DE SAVOIE.]

Monseigneur, ce fust yer au soir que ie receuz vostre depesche du Xe de ce mois, avec les memoires y jointes, par la deduite [1] desquelles il est ayzé à comprendre que le gouverneur de Millan fuit tant qu'il peut la restitution de Verseil, estimant que le temps luy pourra produire des moyens plus forts pour l'éviter, et ne s'y porter qu'a l'extremité. Mais votre Altesse apprendra par la despeche du Roy que le sieur Dalmas porte à monsieur de Modenne, et encores par la coppye de celle que sa Majesté me fait l'honneur de m'escrire, comme elle affectionne vostre interest, faisant sa cause propre de la vostre, et monstrant ouvertement que son desir est que vous soyez entierement sa-

[1] La conclusion.

tisfait. De sorte, Monseigneur, que si dans bien peu de jours vous n'avez le contantement qui vous est deu, elle fera cognoistre par des moyens qui luy sont aysez, ce qu'elle desire apporter de plus au bien de voz affaires. La santé de madame la Mareschale va tousiours en augmentant, et les medecins m'asseurent qu'elle l'aura bientost toute entiere. Randant mille graces à votre Altesse du souvenir qu'elle en a, et de l'asseurance qu'il luy plait me donner de la continuation de ses bonnes graces, je prye Dieu de tout mon cœur, Monseigneur, qu'il vous conserve aux siennes tres sainctes.

C'est de Vizille le 16 may 1618.

Vostre tres humble et tres obeissant serviteur.

LESDIGUIÈRES.

Monseigneur, en fermant cette letre i'ay receu de monsieur de Marcieus celle que i'envoie à votre Altesse par laquelle vous verrez comme l'on marche en ce qui vous regarde, et voudrois que D. P.[1] guardat Verceil, car en echange nous avons le duché de Millan[2].

---

[1] Don Pedro de Tolède, gouverneur de Milan.

[2] M. de Marcieu, agent de Lesdiguières à la cour de France, lui écrivit successivement trois lettres des 3, 4 et 6 mai. Nous reproduisons les deux premières qui sont les plus courtes et les plus intéressantes.

« Monseigneur, il n'i a que deux jours que je vous ay ecript ce qui estoit à ma cognoissance ; depuis yer j'ay parlé à ung gentilhomme de monsieur de Nemours venant de Flandres qui me dict que parlant au marquis Spinola sur la restitution de Verceil, qu'il respondit que sellon le temps et les affaires cète restitution se pouroit faire, qui m'a donné subiet de voir messieurs les Ministres, et lesquelz m'ont respondu que messieurs les Ambassadeurs donnoient ces asseurances de cète restitution, qu'on ne voulloit pas metre en doubte cète effectuation, moings tesmoigner d'y pancer, mays que ie vous dise que le Roy estoit sy bien resolu n'abandonner poinct son Altesse que s'ilz y manquent, ou dillayent pour le fere, que aurez tost les commandemens de sa Majesté pour fere valoir son authorite puissament et conserver ce qui convient à sa dignité et à l'offance qu'on luy feroit, et que de cela vous en conforties et asseuriez son Altesse. Je metz peine de la bien servir selon voz commandemens et intentions. Mondit seigneur de Nemours envoye monsieur de la Chese à son Altesse et porte des depeches du Roy pour messieurs les Ambassadeurs. Il n'i a rien de nouveau puis la mienne dernière ; Monsieur de Guise doibt partir pour Toul le vingtième, monsieur le comte de Saint-Paul est party ce matin pour Orleans et gayement ; la cour se faict petite, le temps qui a toujours esté en pluye arreste icy le Roy, qui a bien l'humeur et l'envye d'en sortir. J'ai receu vostre lettre et commandement du 20 du passé, pour les affaires de monsieur de Montbrun lequel je serviray soubz vostre nom avec l'affection particulière d'un homme qui est fort son serviteur ; les archiducqs commancent à faire quelque armement en Flandres qui a donne subiet à messieurs des Estatz de s'unir à leur conservation, et dict-on que les affaires s'y disposent, quoyque l'argent d'Espaigne y court bien fort. Yer j'euz ung entretien avec le president Frère, sur les affaires de son Altesse et de ce que ie vous en ai

CLXIV.   1618 — 18 Mai.

Orig. — Arch. de l'État, à Turin.

[A S. A. MONSEIGNEUR LE DUC DE SAVOIE.]

Monseigneur, j'ay faict responce à la depeche qu'il avoit pleu à vostre Altesse de me faire avoir par le moyen de monsieur le marquis dit comme pour monsieur de Nemours. Je verrai entre cy et demain messieurs l'Ambassadeur et Gabaleon à leur logis, et metrai peine que vous soyez bien adverty de ce qui sera à ma cognoissance. Tous ses messieurs les Ministres tesmoignent grandement de vouloir servir aux affaires que vous aurez et m'en font les offres, et de plus monsieur de Puisieux m'a chargé ce matin que ie l'ai veu de vous baiser les mains de sa part. Je suis, Monseigneur,

« Vostre serviteur.
« MARCIEUX. »

« A Paris ce 3 mai 1618. »

« Monseigneur, j'ay receu ce mattin vostre letre du premier avril, les lettres et coppies de celles qui consernent son Altesse. Le sieur Dalmas est arrivé à mesmes tempz, qui a publié comme Sainct-Germain est randu et qu'il a veu les delligences que les Espagnolz font à vuyder Verseil duquel il publye la restitution infaillible. Neantmoins l'on s'assamble cette apres disnée sur ce despeche à ce que messieurs les Chancelier et Garde des sceaux m'ont dit et que je vous asseure qu'ilz n'oblyeront rien à ce qui sera du bien de son Altesse et authorité et dignité du Roy, et m'ont confirmé la mesme chose que je vous ey escripte à ung paquet que vous recepvres avec la presente de monsieur de la Chese, lequel contre mon attante a demeuré ung jour de partir. J'ay fort entretenu monsieur le Garde des sceaux et n'avons pas finy puisqu'il y prand plaisir. Je crois véritablement qu'il est vostre amy et serviteur comme il le dit. Je vous tiendray adverty de ce que j'apprandrey des resolutions qu'ilz auront faictes; et à vous dire le vray cest affaire les tient en soucy, et ne voudroient point de guerre, mais s'il y fault entrer pour l'honneur du Roy, quoyqu'il en advienne ilz y mettront tout pour tout, à ce qu'ilz dient, et que vous estes non seullement prudant mais prevoyant. Croyes, Monseigneur, que j'ay dit la dessus force choses que j'ay ouyes de vous qu'ilz prisent et considerent bien, don je ne m'estandrey pas davantage pour la haste de ce despart et pour n'estre prolixe. Quand à messieurs de Luynes et Deageant je les voiz, mais sans les pouvoir entretenir, car la presse leur en hoste comme à moy le moyen. Je tascherey au plustost de m'acquitter envers heuz de voz commandementz. Monsieur Deageant a remis puis hier à monsieur de Portes, greffier du conseil, son intandance moyenant 60 mil livres; chescun loue cette élection. Je n'oblie pas tout ce que vous peut estre agreable, et servir son Altesse, et tesmoigneray tousiours en toutes ocasions que je suis, Monseigneur,

« Vostre serviteur.
« MARCIEUX. »

« A Paris le 4 mai 1618. »

(Cop. Arch. de l'État, à Turin.)

Lesdiguières reçut également une lettre de Puisieux sur le même sujet, datée du 9 mai (Arch. de Turin) et une lettre du roi de la même date que nous croyons devoir reproduire :

« Mon Cousin, j'ai sceu avec deplaisir le retardement qu'a apporté jusques icy le gouverneur de Milan à la restitution des places qui appartiennent à mon oncle le duc de Savoye, et la peyne en laquelle celluy-cy se retrouve pour ce regard. Sur quoy j'ay parlé en telle sorte à l'ambassadeur d'Espagne qui est aupres de moy pour luy representer les inconveniens certains d'une remise si mal fondee et mes resolutions aussy asseurées

de Lans, céte-cy est pour acuser celle que ce courrier m'a rendue, ou j'ay trouvé deux letres de votre Altesse des XIIII et XVImes de ce moys, avec les coppies de plusieurs aultres dont il luy a pleu me fere part; je m'en serviray selon ses intentions et la serviray comme elle le desire et que je le doibs envers le Roy sur toutes ses occurrences ausquelles vostre Altesse ne peut ny ne doibt que bien esperer de sa Majesté. Je luy envoye presentement mon courrier expres avec letres bien amples dont la substance est tirée de ce qui m'a esté aprins par les vostres. Monseigneur, il fault, s'il plaist à votre Altesse, qu'elle demeure bien asseurée de l'affection de sa Majesté, laquelle se declare ouvertement pour elle, si on manque de parolle du costé de Milan. Quant à moy je croy que Dom Pedro tiendra les choses en longueur, et qu'il contrindra sa Majesté à parler plus hault qu'elle n'a encores faict. Quoy qui arrive, vostre Altesse apercevra que ie me seray employé et que l'auray servie selon son intention; car c'est le service et l'interest de sa Majesté. Dieu conserve votre Altesse, ainsi que l'en supplie, Monseigneur,

Vostre tres humble et tres obeissant serviteur.

LESDIGUIÈRES.

A Grenoble le XVIII may 1618, à 6 h. du soir.

CLXV.   1618 — 29 MAI.

Orig. — Arch. de l'État, à Turin.

[A S. A. MONSEIGNEUR LE PRINCE DE PIÉMONT.]

Monseigneur, vostre Altesse, scaura par le sieur de la Fare, que j'envoye à son Altesse et la vostre, le subiet de son voiaige, et toutes

en faveur et deffence dudict Duc qu'il a depeché soudain vers son maistre et ledict Dom Pedro pour les tenir advertis de mon sentiment comme de ma deliberation. Cependant je fais renouveller par mes ambassadeurs toutes asseurances de ma bonne vollonté et protection audict Duc au beneffice de ses affaires et estatz, et l'exhorter à se tenir encores en patiance, se reposant sur mon soing et offices en ce qui le concerne. Je vous prie d'ayder à ce mien dessein et à luy laisser esperer tous effectz de ma bienveuillance, en cas que par douceur et les voyes de mon entremise il ne peust obtenir le juste contentement qu'il desire, de quoy peu de jours nous debvront esclaircir, et selon le succes je vous tiendray adverty de mes intentions. Priant Dieu, mon Cousin, qu'il vous ayt en sa saincte et digne garde.

« Escrit à Sainct-Germain-en-Laye, le IX de may 1617.

« LOUIS. »

(Copie. Arch. de Turin.)

les nouvelles de la cour qui sont à ma cognoissance; mais oultre cella, il fera voir à votre Altesse, si elle l'a pour agreable, quelques memoires particuliers, pour la convyer à fere pourvoir que ie sois deschargé du caultionement que j'ay faict pour elle. Le temps est expiré, Monseigneur, que céte partye devoit estre acquitée par voz ordres; les marchandz à qui elle apartient m'en pressent de telle sorte, que ie ne puis plus differer de leur donner le contentement que la raison veult, et si vostre Altesse ne m'en faict acquiter, je me resouldz de paier la somme de mes propres deniers, retirer les pierreryes et les renvoyer à vostre Altesse pour en faire à son bon plaisir; la suppliant tres humblement que par le retour dudit sieur de la Fare je puisse scavoir ses intentions pour y hobeir ainsi qu'elle me le commandera. Je l'ai chargé aussi, Monseigneur, de vous supplier de ma part d'avoyr pityé de voz subietz du marquisat de Salluces, faisant profession de la religion; ilz cognoissent veritablement estre indignes de jouir des graces que son Altesse leur à ci-devant acordez, en ma tres humble priere, mais avcq leur repentir ilz ont prins une telle resolution d'y satisfaire à l'advenir que son Altesse et la vostre en aurez toute sorte de contentement. L'asseurance que j'en ai, faict que plus librement j'ose vous faire céte tres humble requeste, et vous demander qu'ils soient continués en la mesme grace que son Altesse leur a ci-devant octroyée, et qu'ilz soient tousiours veuz des yeux favorables de votre Altesse pour ne priver de vye tant de pauvres familles, qui ne scauroient vivre sans estre regardés d'elle. Je prie Dieu qu'il conserve votre Altesse, ainsi qu'il en est tres humblement supplié, Monseigneur, par

Vostre tres humble et tres obeissant serviteur.

LESDIGUIÈRES.

A Grenoble le 29 mai 1618.

CLXVI.   1618 — 30 Mai.

Orig. — Arch. de l'État, à Turin.

[A S. A. MONSEIGNEUR LE DUC DE SAVOIE.]

Monseigneur, votre Altesse a tousiours eu en singuliere protection la maison du feu sieur marquis de la Chambre, en consideration des fidelles services qu'il a renduz à votre Altesse en toutes les ocasions qui s'en sont presantées. Il est mort en céte volonté et a laissé ung filz en l'aage de six à sept ans, qui donne beaucoup d'esperance de suceder au mérite du pere et en l'hobeissance qui vous est deue par sa naissance; mais ses créantiers recognoissans sa jeunesse et la mauvaise conduite d'un tuteur qu'on lui a estably, se prevallentz de cella et du peu de moyen qu'il a de donner ordre à ses affaires, soit pour faire chercher ses titres ou pour parfere l'inventaire des biens de son dit feu pere, lui enjambent plusieurs procés et affaires les unes sur les aultres, affin d'empescher que vostre senat de Chambery ne cognoisse leurs mauvaises intentions. Et de vrai si l'hautorite de votre Altesse n'y survient, céte maison sera entierement desolée et la rendront moings considerable qu'auqune aultre de voz estatz. Ces parans, Monseigneur, m'ont pryé de le vous represanter ainsi, et vous supplier tres humblement jetter les yeulx sur cette affligée famille et leur acorder vos letres de surceance pour deux ans, à commancer du jour de la veriffication d'icelles par vostredit senat de Chambery, de toutes les instances tant meues qu'à mouvoir et qui y peuvent estre pendantes, et par ce temps avoir moyen d'achever ledit inventaire et recouvrer lesdits papiers. Ce sera obliger tousiours céte honnorable maison et donner moyen à ce jeune gentilhomme de la conserver pour le service de votre Altesse. Je l'en supplie tres humblement, et de croire, Monseigneur, que je suis

Vostre tres humble et tres obeissant serviteur.

LESDIGUIÈRES.

A Grenoble le 30 may 1618.

CLXVII. 1618 — 5 JUIN.

Cop. — Arch. de l'État, à Turin.

A MON COUSIN LE SIEUR DE LESDIGUIÈRES, MARESCHAL DE FRANCE, MON LIEUTENANT GÉNÉRAL AU GOUVERNEMENT DE DAUPHINÉ.

Mon Cousin, j'ay différé de faire response à vostre lettre du XXme du mois passé qui m'a esté rendue par vostre courrier avec celle que vous avez receue de mon oncle le duc de Savoye et aultres mémoires joinctz à icelle, attendant tousjours quelque esclaircissement plus grand de mes ambassadeurs pour vous escrire aussy mes vollontez et déliberations plus seurement. Neantmoings je vous diray par advance, jusques à ce que j'aye des adviz plus exprès et preciz de ces affaires, que je suis avec raison bien mal contant de ceste procedure de Dom Pedro, indigné des promesses du Roy son mestre en mon endroit, comme de la bonne foy de laquelle il use en ceste ocasion. J'en ay faict declarer mon sentiment, avec toute liberté en son ambassadeur qui reside auprès de moy, affin qu'il advise de faire changer de resolution audit gouverneur de Milan pour haster ceste restitution de Vercel et l'accomplissement des aultres articles du traitté qu'il remect de jour à aultre soubz des pretextes aussy frivoles que ridicules, autrement que mon honneur, ma parole et l'interest de mon estat m'obligeoient à penser aussy à ce qu'il me convenoit faire pour le salut de mes amys et specialement pour la satisfaction de mon oncle le duc de Savoye. Il a sur cela depesché, ja passé quelques jours, en diligence en Espagne et à Milan pour y representer mes deliberations et les inconveniens qui en sont à prevoir et à aprehender; de quoy je suis attendant le succedz, et possible que celuy que ledit Dom Pedro a promiz à mesditz ambassadeurs de leur envoyer leur donnera plus de contantement qu'ilz n'en ont eu jusques à present sur la representation qu'avoit faict par lettres ledit ambassadeur d'Espagne; de quoy peu de jours nous devront esclarcir. Cependant, mon Cousin, je loue le conseil que vous avez donné audict Duc de patienter encores, soubz l'asseurance de ma protection, qui ne luy deffaudra point, justiffiant sa conduitte comme il faict et laissant le tort entier du costé dudit gouverneur. Je l'en ay faict asseurer de reschef par mes ambassadeurs et le cognoistra ainsy par effectz veritables quand il sera besoin, et le luy pouvez confirmer bien exprès pour sa consolation. Je prie Dieu, mon Cousin, qu'il vous ayt en sa saincte et digne garde.

Escript à Saint-Germain-en-Laye le Ve jour de juin 1618.

LOUIS.

BRULART.

CLXVIII.   1618 — 5 JUIN.

Cop. — Arch. de l'État, à Turin.

A MONSIEUR, MONSIEUR DE LESDIGUIÈRES, MARESCHAL DE FRANCE, LIEUTENENT GÉNÉRAL POUR LE ROY AU GOUVERNEMENT DE DAUPHINÉ.

Monsieur, nous avons estimé devoir encores retenir vostre courier jusques à ce que nous ayons adviz plus certain de ce que pretend faire Dom Pedro, ce que nous pensons devoir estre après qu'il aura envoyé ung personnage qu'il nomme Fermin Loppez vers messieurs de Bethune et de Modene pour les esclarcir de bouche plus particulierement qu'il n'a faict par escript. Et à la verite il est bon besoing qu'il y donne plus de lumiere, car ses responses sont tenues et jugées si legeres et mal fondées qu'elles l'accusent plustost qu'elles n'excusent son retardement. Sur quoy, Monsieur, il a esté icy parlé si vertement à l'ambassadeur d'Espagne que je peult croire que cela devra operer, sinon, apres avoir cognu que les raisons et remonstrances auront este inutiles, il y faudra employer autres remedes pour garentir la parole du Roy et mettre monsieur de Savoye à couvert qui s'est confié à icelle, ainsy que le Roy à bien deliberé de faire en cas que ceste longueur continue et que ledit gouverneur face cognoistre apres toutz les offices qu'il ne veult qu'amuser le tapis et retenir cependant Vercel. Que monsieur de Savoye se contienne seulement, laisés faire à sa Majesté et le soing entier qu'elle veult prendre de l'affaire de son bien et conservation. A quoy il vous plaira, Monsieur, l'exciter tousiours, et me conserver l'honneur de voz bonnes graces, qui suis, Monsieur,

Vostre bien humble et tres affectionne serviteur.

PUYSIEULX.

De Saint-Germain-en-Laye ce V^e juin 1618.

CLXIX.   1618 — 14 JUIN.

Orig. — Arch. de l'État, à Turin.

[A S. A. MONSEIGNEUR LE DUC DE SAVOIE.]

Monseigneur, je viens tout presantement de recevoir la dépêche du Roy qui acompoigne céte letre, aiant estimé de l'envoyer à vostre Altesse promtement affin qu'elle y voye les bonnes intentions de sa Majesté sur les longueurs que Don Pedro exerce pour la restitution de Verceil. J'estime qu'a céte heure votre Altesse verra pour une bonne fois la continuation de la mauvaise vollonte du gouverneur de Millan, et qu'elle me fera l'honneur de m'en faire part par le retour du sieur de la Fare pour la servir ainsi qu'elle me le commandera. Je vous en supplie tres humblement et de croire que ie suis tousiours, Monseigneur,

Vostre tres humble et tres obeissant serviteur.

LESDIGUIÈRES.

A Grenoble le XIIII juin 1618.

CLXX. 1618 — 15 Juin.

Orig. — Arch. de l'État, à Turin.

[A S. A. MONSEIGNEUR LE DUC DE SAVOIE.]

Monseigneur, le sieur Videl s'est plusieurs fois plaint à moy par ses lettres que les ministres de vostre Altesse le tiennent en des extremes longueurs et ne font pas plus de conte de l'expedier que si jamais il ne s'estoit meslé de sa charge. J'avois tousiours estimé qu'ilz luy feroient un meilleur traittement et qu'il en demeureroit entierement satisfait suivant les intentions de votre Altesse, mais puisqu'ilz continuent en cete pesanteur et ne l'entretiennent que de vaines remises, je vous supplye tres humblement, Monseigneur, qu'il vous plaise de leur commander d'en avoir plus de soing et qu'il en recoive plus de contentement qu'il n'a pas encore faict, et sur tous au sieur général de voz finances qui depuis le moys d'octobre l'a fait incessament courir aprez luy jusques à maintenant pour avoir son payement d'une certaine somme qu'il desbourça à Masseran pour le service de vostre Altesse et par le commandement de Monseigneur le Prince [1]. Je fay donc cette tres humble priere à votre Altesse pour cet honneste homme que je desirerois de retirer en ce pays pour l'achevement de quelques affaires de ma maison auxquelles sa presence est du tout necessaire. Vostre Altesse estant si coustumiere de m'obliger par ses faveurs, m'accordera encor cette cy, s'il luy plaist, et prendra la creance que de tous ceux qu'elle honnore de ses commandements, il n'y en a point à qui je veuille jamais ceder au devoir de les effectuer pour estre recognu veritablement, Monseigneur,

Vostre tres humble et tres obeissant serviteur.

LESDIGUIÈRES.

A Grenoble ce XV juin 1618.

[1] Le Prince de Piémont.

CLXXI.　　　　1618 — 22 Juin.

Orig. — Arch. de l'État, à Turin.

[A S. A. MONSEIGNEUR LE DUC DE SAVOIE.]

Monseigneur, de tous les serviteurs de vostre Altesse il n'en y a pas ung qui aye receu plus de contentement que moy, de celluy que vous avez eu en la restitution de Verceil, ny qui souhaite plus le repos de voz estatz par une paix seure et honnorable à votre Altesse. Mais comme le Roy a faict cognoistre son affection pour la vous faire avoyr, il me semble, Monseigneur, que vous l'en devez faire remercier par l'envoy de quelque seigneur de vostre cour, qui devancera pour peu de temps le voiaige de Monseigneur le prince Cardinal : je me suis dispancé de vous en donner librement mon foible aviz puisque votre Altesse m'a faict cognoistre par le retour du sieur de la Fare qu'il vous seroit agreable. J'ay faict entendre voz intentions, Monseigneur, aux collonnelz, cappitaines tant de pied que de cheval, que vous avez entretenu en céte province, qu'apres leur licenciement faict votre Altesse desire continuer leur entretenement à condition qu'ils metront dans voz estatz le nombre d'hommes qu'ilz estoient tenuz chescun en ce qui les concerne, en leur payant une montre tant pour eux leurs officiers que soldatz, à raison de quatre ducatons pour soldat. Tous s'i sont disposez volontiers, Monseigneur, de telle sorte qu'on n'a peu recognoistre celluy qui avoit plus d'affection à vous rendre service. Il n'y a que ces difficultéz, c'est qu'ilz estiment que votre Altesse n'aura pas agreable qu'apres la levée de leurs hommes ilz fussent obligez de les metre dans voz estatz à leurs fraiz, ne pouvant passer soit par ce gouvernement ou aultre qu'en paiant ; ilz disent aussi que la cavallerye estant licenciée, il ne pourroient pas la remetre en estat de servir votre Altesse pour une seulle montre, attendu les grandz fraiz qu'il fault pour equiper un gendarme. Ces deux difficultez sont considerables, et ie ne les ay voullu resouldre que par vostre bon plaisir. Le sieur de Rochette l'un de voz commissaires des guerres et qui a tousiours tres fidellement servy votre Altesse pendant le sesiour de ses trouppes, c'est trouvé ici et a dressé l'estat pour l'entretien d'icelles; vous le verrez, Monseigneur, s'il vous plaist, et manderez voz volontez sur le tout comme ie vous en supplie tres humblement, et d'ordonner que promtement lesdites trouppes soient payées du service qu'elles ont faict jusques au jour du licenciement, et par ung mesme ordre ordonner aussi ce que votre Altesse aura agreable pour les dix jours du retour. Je parle ainsi parce que à la plus part des trouppes il ne leur sont deubz puisqu'ilz n'ont poinct de soldatz sur pied; les aultres qui en ont sont considerables, et si votre Altesse leur en ordonne quelque chose cella leur sera distribué par voz officiers fort esgalement; et croys qu'un ducaton pour chacun soldat effectif suffira. Quant à ce que ledit sieur de la Fare m'a dict des apreansions que votre Altesse a de la levée des mil Suisses que le duc de Mantoue à faict faire, et des aviz qu'on vous a donné de les employer pour fortiffier Vulpian ou Saint Damian, il me semble, Monseigneur, que vous devez empescher toute nouveaulté soit du coste dudit Duc ou des Espagnolz, et neantmoings que votre Altesse doibt tousiours fere cognoistre à sa Majesté voz justes interestz, affin que sa protection vous soit favorable, comme elle sera sans doubte s'il plaist à votre Altesse de l'eclarcir de ce qui s'y passera. Je la supplie tres humblement de m'honnorer de ses commandemens, et d'avoir en son souvenir le sieur de la Rivoire, pour obliger de plus fort ceux à qui il apartient, et moy principallement qui suis, Monseigneur,

Vostre tres humble et tres obeissant serviteur.

LESDIGUIÈRES.

Le 22 juin 1618, à Grenoble.

CLXXII. 1618 — 23 JUIN.

Orig. — Arch. de l'État, à Turin.

[A S. A. MONSEIGNEUR LE PRINCE DE PIÉMONT.]

Monseigneur, par le retour du sieur de la Fare, j'ay sceu les intentions de son Altesse et les vostres tant sur le subiet de son voiaige que sur l'entretenement des trouppes qui sont en céte Province, de quoy ie lui ecriz bien amplement, et vous verrez, Monseigneur, s'il vous plaist, les resolutions qui ont esté prinses, pour les licencier, et l'estat que le sieur de Rochete adresse pour l'entretien des collonnelz, cappitaines et aultres officiers d'icelles, sur lequel j'attendrai promtement voz commandemens, affin que l'execution de vostre vollonté ne soit pas retardée, estant bien necessaire pour le service de votre Altesse d'ordonner le paiement desditz gens de guerre jusques au jour dudit licenciement pour la descharger de la despance ordinaire qu'ilz font, et de faire pourvoir aussi au paiement des dix jours pour leur retour, je dy pour les soldatz qui seront en effet effectifz. C'est sur ces pointz la que j'ai donné mes foibles aviz à son Altesse et que je represante à la vostre sur l'asseurance que j'ai qu'elle les aura pour agreables. Je l'en supplie tres humblement et de croire, Monseigneur, que je suis,

Vostre tres humble et tres obeissant serviteur

LESDIGUIÈRES.

A Grenoble le 23 juin 1618.

CLXXIII. 1618 — 25 JUIN.

Orig. — Arch. de l'État, à Turin.

[A S. A. MONSEIGNEUR LE DUC DE SAVOIE.]

Monseigneur, la dame de Montchenu et messieurs ses enffants avoient recuilly les fruitz de la faveur que vostre Altesse leur avoit faicte à ma recommandation, en commandant par voz letres à vostre Senat de Chambery de proceder au jugement d'un proces qu'elle y a depuis de longues annees, contre le sieur baron de Manthon et autres interessez; il y avoit travaillé de telle sorte, Monseigneur, que céte dame estoit à la veille d'avoir ce que la justice de sa cause lui faict esperer, lorsque par d'aultres letres que ses partyes ont obtenues de votre Altesse par une manifeste surprinse, le jugement de ce proces à esté surcis et par ainsy l'ont esloigné de telle sorte, que si votre Altesse ne continue à céte dame la premiere grace qu'elle luy avoit acordée, elle n'en verra jamais la fin tant ses partyes ont d'artiffices pour l'empescher. Je la supplie tres humblement d'y avoir esgard, et commander d'abondant à vostredit Senat que sans s'arrester ausdictes letres de surcoyance, il procede au jugement dudit proces et prononce son arrest en faveur de la partye qui aura la justice de son costé. Et bien que céte demande soit equitable, je ne lerrai d'en avoir à votre Altesse une particuliere obligation pour demeurer, Monseigneur, comme je fais, pour

Vostre tres humble et tres obeissant serviteur.

LESDIGUIERES.

A Grenoble le XXVe juin 1618.

CLXXIV.   1618 — 2 JUILLET.

Orig. — Arch. de l'État, à Turin.

[A S. A. MONSEIGNEUR LE DUC DE SAVOIE.]

Monseigneur, j'ai estimé devoir mander à vostre Altesse la coppie de la letre qu'il a pleu au Roy de m'ecrire par le retour de mon courrier et de celle de monsieur de Puisieux[1], affin quelle y voye le conten-

---

[1] Voici ces deux lettres dont les copies existent aux archives de Turin :

« Mon Cousin, enfin par office et patiance nous avons eu victoire des Espaignolz en la restitution de la ville de Verceil qu'il n'a pas tenu à mes instances et solicitudes continuelles et à voz bons debvoirs et soings assiduz que ce n'ayt este plustost. Mais c'est tousjours beaucoup de tirer cette pièce de leurs mains sans faire autre esclat qui peust nuyre à la paix publicque comme j'eusse este contrainct et obligé de faire par touttes raisons et considerations d'honneur et d'estat s'ilz eussent manqué à leurs parolles et promesses à moy sy souvant reyterées. Ce lesmoignage de mon affection et soing envers mon oncle le duc de Savoye luy doit servir pour prendre la mesme confiance de ma bonne vollonté en touttes autres occations de l'advenir ; aussy son ambassadeur m'a declaré de sa part le resentiment qu'il avoit d'un béneffice tant signallé duquel il gardera le souvenir à l'androit de ma personne et de mon royaume comme je ferey aussy tousjours en ce qui le concernera. Il doit maintenant penser à jouyr de ce doux repos et à remettre son estat affligé et desolé des mouvemens passés ; à quoy je vous prie continuer à l'exorter et conseiller, sachant combien il deffere à vos bons advis, et j'employerey aussy de mon costé cet advantage pour affermir la paix en la chretienté et aller au devant du trouble que je verrey naistre chez mes voisins, asseurant mon authorité parmy mes subjectz pour y regner avec toute justice et douceur comme c'est mon intention ; et expere que Dieu m'en fera la grace, assisté et fortiffié des vœux et bons conseilz de mes loyaux serviteurs, ausquelz je ferey aussy ressentir, et à vous en particullier, les effectz de ma bienveillance pour l'estime que

tement que sa Majesté a eu de la restitution de Verceil et que céte ville soit hors des mains des Espagnolz et remise aux vostres. Tous voz bons serviteurs en ont une pareille joye, car les aviz que j'ai euz de la cour me font cognoistre que céte restitution estoit incertaine auparavant que la nouvelle y fust arrivée, et aprehandoient encore quelque alteration en voz estatz. Votre Altesse maintenant est hors de tous ces evenemens et au temps qu'elle doibt considerer les bons aviz que sa Majesté luy donne, en faisant jouir à voz subietz d'une paix asseurée pour se relever des incomoditez qu'ils ont souffert pendant ces mouvemans derniers. Elle les prandra en bonne part, s'il lui plaist, et particulierement de moy qui ne desire rien tant que tout ce qui lui est utile et agreable. Je vous ai cidevant ecrit, Monseigneur, si vous desiriez que monsieur le baron de Marcieux, feist ung plus long sesiour à Paris, et s'il y atendroit monseigneur le prince Cardinal, comme il semble estre bien necessaire pour vostre service et le sien. Je suis tousiours attendant l'honneur de voz commendemens sur ce subie. suppliant votre Altesse de m'en honnorer au plustost, et si elle trouvoit encor à propos la demure dudit sieur de Marcieux, qu'il luy plaise faire pourvoir à son entretennement comme ie croys que votre Altesse le trouvera raisonnable. Je ne luy parlerai pas aussy de ses trouppes qui sont ici pour son service, estimant qu'elle aura de mesme pourveu à leur paiement et licenciement pour se relever de la despance qu'elle en souffre tous les jours qui semble presque inutile.

je fais de vostre personne et de vostre affection tant epprouvée. Je prie Dieu, mon Cousin, qu'il vous aist en sa saincte et digne garde.

« Escript à Paris ce XII juin 1618.

« LOUIS. »

« Monsieur, la joye a esté bien grande icy de la restitution de Verceil; comme la chose est demeurée doubteuse jusques à l'accomplissement, tant nous sommes deffiés des fantaisies et inegallitez de Dom Pedro qui n'a rien espargné pour tirer l'affaire en longueur. Mais l'authorité du Roy, la force de ses offices et la crainete de ses armes soubz vostre bonne conduyte, avec ce que y avez contribué de soing et de prudence ont reduict les affaires au point qui a este tant desiré; de quoy le Roy a reçeu et tesmoigne beaucoup de contentement. Et certes ceste action est vrayement glorieuse à sa Majesté et à la confusion de ceux qui ont cuidé proffiter du temps au desavantage de nostre reputation. Il est question maintenant, Monsieur, que son Altesse de Savoye se mette à bon escient luy et son pays en repos, qui en ont quelque besoing tousjours soubz la faveur et abry de la bienveillance et affection de sa Majesté, laquelle ne luy deffauldra point des effectz de son amitié, durant le calme, qu'elle a faict pendant le trouble. Cependant nous employerons deça, soubz les heureux auspices du Roy et le soing des seigneurs et grandz du Royaume affectionnés à son service, le benefice de la paix pour asseurer l'authorité de sa Majesté pour le bien de toutz. A quoy, Monsieur, vous pouvés grandement par les qualités tres louables et les effectz d'icelles que faictes paroistre tous les jours. Je suis, Monsieur, etc.

« PUYSEULX. »

Je prie Dieu qui concerve votre Altesse ainsi qu'il en est tres humblement supplié, Monseigneur, par

Vostre très humble et très obeissant serviteur.

LESDIGUIÈRES.

A Grenoble le II juillet 1618.

CLXXV. 1618 — 10 JUILLET.

Orig — Arch. de l'Hôpital de Pont-de-Veyle.

A MESSIEURS LES CHASTELLAIN ET SCINDICS DE PONT DE VEYLE.

Chastellain & scindics du Pont de Veyle, j'ay veu la signification que vous avez faicte faire de ma lettre à vous adressée le 23ᵉ juin dernier, par rapport aux jésuites quy sont audict Pont de Veyle [1], afin que suivant icelle ils songent à en desloger, satisfaisant ainsi à mon intention quy est qu'ils n'y fassent pas longue demeure. Leur response a estée qu'ils en advertiront monsieur de Lion par la mission duquel ils sont en ce lieu-la. Depuis le temps de laditte signification ils ont peu, s'ils ont voulus, s'adresser au grand vicaire quy represente ledit sieur de Lion pour les retirer; s'il ne l'ont faict c'est un signe qu'ils voudroient demeurer, et parceque je ne le désire pas pour les raisons dont je me suis assez expliqué et qui regardent le bien et le repos des subjects et habitants de ma terre, ne faillé incontinent la presente receue de faire de rechefst signifier auxdicts jésuites qu'ils ayent à ce retirer de ma terre et lieu de Pont de Veyle et en sortir huict jours après le leur avoir signifié. S'il arrivoit qu'ils ne satisfassent, vous m'en donnerez advis et j'y pourvoyrois comme j'estimeray nécessaire pour les rendre obeissants.

A Grenoble le dixiesme juillet 1618.

Vostre entier et parfaict ami.

LESDIGUIÈRES.

---

[1] Voir les requêtes des catholiques et des protestants de Pont-de-Veyle sur ce sujet, imprimées plus haut sous la date du 18 décembre 1617.

CLXXVI.   1618 — 10 Juillet.

Orig. — Arich. de l'Hôpital de Pont-de-Veyle.

A MONSIEUR DE LA COSTE, MON CHASTELAIN DU PONT DE VEYLE

Chastelain de Pont de Veyle, vous vous estes plaint de ce que je ne vous avoit escript aussy bien qu'à monsieur Rebuis de la volonté que j'avois que l'eschole des enfants de ceux de la religion fust establie et logée en quelques chambres de mon chasteau. Je croyois que c'estoit assez de lui en escrire et que le vous ayant faict scavoir, vous vous conformeriez à mon désir. Je vous dis donques maintenant que je le veux ainsy, et faictes qu'il n'y aye point de difficulté, soit pour le prix, que je veux être modéré, ou pour quelque autre occasion que ce soit, autrement je croiray que vous estes désobeissant à mes intentions et adviscray aux moyens de mètre quelque autre à vostre charge qui y obéyra. Ce n'est pas seulement pour ce point que je vous escry ainsy, mais c'est aussy parce que je scay que vous estes fauteur des jésuites et que vous avez dit qu'il vous cousteroit tout vostre bien ou qu'ils ne sortiront point du Pont de Veyle. Vous avez aussy parlé dans la même intention à madame de Ragny affin de tant plus les affermir, et de plus quand vous voyez de mes lettres sur ce subject vous les atribués à mes secrétaires, comme si elles venoient d'autres et non de moy. Vous vous trompez en cela et ne vous gouvernez pas en vos autres paroles et actions comme vous debvriez pour vivre avec moy. Changez donc d'humeur, si vous désirez que je ne change point de chastelain, car vous ne pourriez démourer en cette charge qu'autant qu'il me plaira, et il me plait bien que vous y soyez si vous suivez ces miens advis que la présente doit vous faire cognoistre.

A Grenoble ce 10e juillet 1618.

Vostre entier et parfait amy.

LESDIGUIÈRES.

CLXXVII.   1618 — 10 Juillet.

Orig. — Arch. de l'État, à Turin.

[A S. A. MONSEIGNEUR LE DUC DE SAVOIE.]

Monseigneur, la letre qu'il a pleu à vostre Altesse de m'écrire du 29 du mois passé m'a este renduee seullement ce matin dixiesme du presant, et incontinant j'ai faict faire, par le sieur de Rochète commissaire de voz guerres, le licenciement des trouppes tant de cavallerie qu'infanterie que votre Altesse entretenoit en ce pais conforme à ses intentions ainsy que ledit sieur Rochete fera entendre à votre Altesse. Il est vrai, Monseigneur, qu'il s'i est rencontré une difficulté, que i'ai tout aussitost surmontee ; c'est que par l'estat que votre Altesse a mandé pour ledit licenciement, elle a estimé qu'il se pouvoit faire aveq le payement tout ensemble à la fin de juin, et neantmoings vostre volonté n'a esté cognuee ni vostre depeche receuee que le dixiesme de cetuy ci ; de sorte que ces dix jours leur estant encore deubz, ie les ay asseurez de leur payement estimant que votre Altesse trouvera raisonnable et iuste qu'ilz soient paiez jusques au jour dudit licenciement, ne leur aiant aussy donné ma paroolle que pour le bien de vostre service et empescher de plus grandz fraiz en l'attante desditz deniers. Je vous supplie donc, Monseigneur, donner ordre à voz officiers de m'en descharger en leur envoyant le fondz necessaire, revenant à quatre mil deux centz soixante quatre ducatons selon le calcul que ledit sieur commissaire en a faict. Le sieur de la Fare me feist entandre à son retour du dernier voiaige qu'il a faict auprez de votre Altesse qu'elle desiroit continuer l'entretenement de la compaignie de chevaulx legers de monsieur du Maz, et maintenant par l'estat qu'elle a envoyé il semble qu'elle soit licencie comme les aultres. Cella a donné subiet audit sieur du Maz de vous envoyer son lieutenant pour scavoir plus particulierement les intentions de votre Altesse affin de les suivre ainsin qu'elle l'ordonnera. Je suis aussy en mesme incertitude du sesiour à la cour de monsieur de Marcieux estant à vous, Monseigneur, de recognoistre si son sesiour vous est agreable et si sa negotiation est utille pour vostre service ou pour y atandre l'ambassadeur que vous y devez envoyer; cella depend de vostre bon plaisir et ie vous supplie de m'en resouldre au plustost pour donner moyen audit sieur de Marcieux de prandre ces mesures; et si votre Altesse trouve son sesiour necessaire, je la supplie de lui donner ung entretenement pour troys moys de pareille somme qu'il a desia receue. Je prie Dieu qu'il conserve votre Altesse ainsi que l'en supplie tres humblement, Monseigneur,

Vostre tres humble et tres obeissant serviteur.

LESDIGUIÈRES.

A Grenoble le X juillet 1618.

CLXXVIII.   1618 — 10 JUILLET.

Orig. — Arch. de l'État, à Turin.

[A S. A. MONSEIGNEUR LE PRINCE DE PIÉMONT.]

Monseigneur, la depeche de son Altesse du 29 du passé dans laquelle j'ai trouve celle qu'il vous a pleu de m'ecrire du XXVI, concernant le licenciement des trouppes tant de cavallerye que infanterye qu'elle entretient en ce pays, m'a esté seulement renduee ce matin dixiesme du presant, et tout incontinant j'ai faict fere ledit licenciement par le sieur de Rochete commissaires de voz guerres selon les intentions de sadite Altesse et la vostre. Il est vrai, Monseigneur, que son Altesse n'aiant pourveu à leur paiement que pour la fin du moys de juin, il manquera les dix jours que nous avons faictz de cétuy ci desquelz ie leur ai donné ma paroolle et promesse qu'ilz seront payez, estant raisonnable qu'ilz le soient jusques au jour de leur licenciement. Je pance que son Altesse à qui j'en ecrys, l'aura pour agreable, et ie vous supplie tres humblement que la vostre le trouve bon aussi et qu'elle me descharge de ce à quoy ie suis obligé pour son service et le vostre. Le retour de monsieur de la Fare d'aupres de son Altesse feist cognoistre qu'elle avoit agreable que la compagnie du sieur du Maz fust entretenue, et néantmoings par l'estat qu'elle a envoyé presantement audit sieur de Rochete il semble estre licencié comme les aultres; cella est cause que ledit sieur envoye promtement ce gentilhome (son lieutenant) à son Altesse pour en avoir ses intentions ; je vous supplie de me faire part aussy des vostres sur ce subiet, et me honorer de voz commandemens, Monseigneur, puisque ie suis,

Vostre tres humble et tres obeissant serviteur.

LESDIGUIÈRES.

A Grenoble le X juillet 1618.

CLXXIX.   1618 — 13 JUILLET.

Orig. — Arch. de l'État, à Turin.

[A S. A. MONSEIGNEUR LE DUC DE SAVOIE.]

Monseigneur, ces bonnes gens de Pragela ont jusques à present jouy des graces et privileges qu'il a pleu à votre Altesse et à ses prédecesseurs leur conceder sur le payement des daces[1] et impositions qui se levent par voz officiers en vostre vallée de la Perouze, et lors qu'ils sont allez en Piemont pour la débite[2] de leurs denrées, ou pour querir du vin et d'autres commoditez pour leur usage, ils n'ont jamais payé que les anciennes impositions ; mais maintenant on les contraint au payement d'autres nouvelles qui leur apportent un notable preiudice. Ils se vont getter aux piedz de votre Altesse pour la supplier tres humblement, comme ie fais, de leur vouloir continuer les effectz de sa bonté en cet endroit, et ne permettre qu'on lève sur eux autre chose que ce qu'ils ont payé par le passé, les laissant au mesme estat et condition ou ils ont esté jusques à maintenant. Ce sera un singulier bien pour eux, et pour moy encores un plus grand que votre Altesse me fasse l'honneur de me croire tousiours, Monseigneur,

Vostre très humble et tres obeissant serviteur.

LESDIGUIERES.

Le 13e juillet 1618, à Grenoble.

[1] Taxes.   [2] Vente.

CLXXX.   1618 — 20 Juillet.

Orig. — Arch. de l'État, à Turin.

[A S. A. MONSEIGNEUR LE DUC DE SAVOYE]

Monseigneur, ce gentilhomme, qui vous rend cete letre, est fils du feu cappitaine Eybert, qui a eu l'honneur d'estre cogneu de votre Altesse et mort pour son service à ces dernières occasions. Vous luy avez faict ce bien que de le conserver en vostre service pour cappitaine refformé[1]; je vous supplie très humblement luy continuer cete grace et l'en faire jouir pour luy donner moyen de se pouvoir entretenir auprez de votre Altesse sellon sa quallité. Il est plain de courage et d'affection pour elle et personne ne le devancera au service qu'il vous doibt. Je prie Dieu qu'il conserve votre Altesse ainsi que l'en supplie très humblement, Monseigneur,

Vostre tres humble et tres obéissant serviteur.

LESDIGUIERES.

A Grenoble, le XXe juillet 1618.

CLXXXI.   1618 — 20 Juillet.

Orig. — Arch. de l'Hôpital de Pont-de-Veyle.

A MESSIEURS LES PASTEURS ET ANCIENS DE L'ÉGLISE RÉFORMÉE DU PONT DE VEYLE

Messieurs, vous avez sceu la procédure que monsieur Thevyn a faictes au Pont de Veyle, où il a provisoirement estably la résidence des jésuites contre les termes de l'edict de leur restablissement. C'est chose que je ne veulx souffrir. J'ay passé procuration pour requérir la resparation de son ordonnance, tant pour ce regard que pour la procédure criminelle qu'il a faictes contre mes officiers; & ou il ne la voudra requérir & donner congé de ces précipitées assignations, je

---

[1] Un officier réformé était sans troupe et en demi solde.

délibère de porter cest cause devant le Roy & son conseil. Vous scaurez que je l'ay commencée pour le bien commun de mes subjects de ma terre et spécialement pour les vostres. Il faut donc que vous regardiez de vous joindre avec moy par les meilleurs moyens & les plus légitimes que vous aviserez, après en avoir concerté ensemble & s'il est besoing communiqué à vos voisins qui vous apairont. C'est à cela que je vous prie de penser et puis après me donnerez avis de vos résolutions. Et cependant je prie Dieu qu'il vous conserve, Messieurs.

C'est à Vizille le 20e juillet 1618.

Vostre entier et parfait amy.

LESDIGUIÈRES.

CLXXXII. 1618 — 2 Aout.

Cop. — Arch. de M. le marquis d'Arces, à Moirans.

[ORDONNANCE CONFIRMANT LE SIEUR JEHAN D'ARCES DANS LA LIEUTENANCE DU FORT BARRAULX.]

Francois de Bonne, seigneur des Diguières, duc de Champsaur mareschal de France, lieutenant général pour le Roy au gouvernement du Dauphiné : veu par nous les lettres patentes de sa Magesté données à Paris le douziesme jour de febvrier dernier passé, signées : Louis, et au dessoubs : par le Roy dauphin ; Phelypeaux, scellées du grand sceau en cire rouge sur simple queue, par lesquelles sadicte Magesté a commis, ordonné et establi le sieur Jehan d'Arces de Beaumont, lieutenant au gouvernement du fort de Barraulx, en l'obeissance et sous l'authorité du sieur de Morges qui en est gouverneur, ainsi qu'il est plus au long contenu et déclaré par lesdictes lettres ; nous en tant qu'en nous est, consentons à l'effect d'icelles lettres selon leur forme et teneur.

Faict à Grenoble le second jour d'aoust l'an mil six cent dix-huict.

LESDIGUIÈRES.

Par mondict seigneur,

TONNARD.

CLXXXIII.   1618 — 3 Aout.

Cop. — Arch. de l'État, à Turin.

[A MONSIEUR LE COMTE DE VERRUE OU AU MARQUIS DE LENS.][1]

Monsieur, je suis tres asseuré que votre Excellence use de toutte la diligence qu'il luy est possible pour apprendre les intentions de son Altesse sur ce que je vous ay escript pour l'entretenement des cappitaines et officiers des troppes licentiees, et le paiement des dix premiers jours du mois passé, et l'un et l'autre sont bien necessaires de scavoir affin de resouldre ces gentz et leur doner au tant qu'on pourra le contantement qu'ilz desirent, et qu'il semble leur estre deub. C'est pourquoy je me promés que vous n'oblieres rien en ceste sollicitation non plus qu'à celle quy regarde l'affaire de monsieur de Marcieu, son Altesse m'ayant escript qu'il est encores bien necessaire pour son service; aussy s'y employe-il avec beaucoup d'affection et sa negotiation est tellement agreable à tous les ministres que difficilement pourroit-on faire rancontre d'un personage quy s'acquitta plus dignement ny avec plus de fidelité, des comandementz de son Altesse. C'est doncques à elle de provoir à ce qu'il luy plairra pour son entretenement et à vous à la solliciter, car come votre Excellence scait ce gentilhomme a plus de mérite que d'argent et on ne faict poing de credit à Paris. Il a fallu pour y continuer son seiour que je lui aye faict fournir trois centz ducattons de mon argent, et ce n'est pas pour le faire subsister longtemps. J'attens de voz novelles sur ce poinct la et les deux aultres precedantz ensemble; pour ce quy regarde la compagnie du sieur du Mas. Je fais ce que je puis pour scavoir asseurement à quoy tend l'armement de monsieur de Guise affin d'en doner advis à son Altesse par vostre moyen; je ne tarderay guieres d'en apprendre des particularités que vous aurez soudain qu'elles seront parvenues à moy. Je vous prie havoir agreable que je vous reco-

---

[1] Cette lettre ne porte pas de suscription, mais elle a été adressée à un des ministres du duc de Savoie, peut-être au comte de Verrue ou au marquis de Lens, dont les relations avec Lesdiguières étaient fréquentes et courtoises.

mande encores ceste fois l'expedition des affaires de monsieur de Chaulnes affin que au plustost il se puisse rendre icy. Vous me faictes beaucoup de faveur de me doner cognoissance de ce que vous apprenez des affaires du monde et mesmes de dela, je vous ferois part en echange de ce que j'apprens de la court, mais vous le scavez aussitost que moy, voire plustost, par les corriers quy passent vers vous et quy vont d'ordinaire de France en Italie. Je ne lairray pas sy j'apprens quelque chose digne de vous de vous en faire part, et vous à moy tousiours, s'il vous plaict, de la continuation de vos bonnes graces puisque votre Excellence ne les peult despartir à persone qui l'honore plus que moy, ny quy soit dadvantage, etc.

A Grenoble le 3 aoust 1618.

Lesdiguières.

CLXXXIV.   1618 — 5 Aout.

Orig. — B. N. MS. Clairembault, vol. 375, p. 9219.

AU ROY.

Sire, j'ay desia sceu que vostre Majesté est demeurée en peine apres avoir receu la procedure faicte par monsieur le duc de Vantadour et par moy sur le different d'entre messieurs d'Hallincourt et de Saint-Chamont, pour n'y avoir trouvé l'aviz commun que vous atendiez de nous puisque nous n'aurions pu les acommoder. Vostre Majesté a sceu par mes letres écrites à la Verpiliere à quoy l'affere aboutist et je luy diray encores, Sire, que sans m'arrester à toutes les particularitéz du procès-verbal, qui ne sont que formalitéz et accessoires qui ont été faictes pour donner visée au principal but, je ne voy aucun moyen d'y parvenir et ne s'y en trouvera point que par la demission que ledict sieur de Saint-Chamont doibt faire de sa charge moyennant recompense; c'est mon sentiment et la ferme opinion que j'ay en ce rencontre ne prevoyant pas que sans ce moyen votre service se puisse bien faire au gouvernement du Lyonnois ny vostre ville de Lyon demeurer en repos. En donnant ce myen avis particulier à votre Majesté, Sire, je vous supplie très humblement de me croire exempt de toute passion fors de celle que j'ay au desir de vostre contentement et à la tranquilité de vos subjects en vous rendant leur obeissance. Dieu vous conserve, ainsy que l'en prie et le souhaite, Sire,

Vostre tres humble, tres obeissant, tres fidelle suget et serviteur.

LESDIGUIÈRES.

A Grenoble le cinquième d'aoust 1618.

CLXXXV.   1618 — 15 Aout.

Orig. — Arch. de l'État, à Turin.

[A S. A. MONSEIGNEUR LE DUC DE SAVOIE.]

Monseigneur, quelques affaires importans qui concernent le service de vostre Altesse, m'ont donné subiet de vous envoyer le sieur de la Fare pour les vous representer, comme personne à quy j'ay toute confiance, et qui est fort affectionné à vostre service m'estant ouvert entierement à lui, sur l'asseurance que j'ai eue que votre Altesse aura toute créance sur ce qu'il lui dira de ma part. Je l'en supplie tres humblement, et de me donner ses commandemens par son retour; lesquelz attendant et la continuation de sa bienveuillance, je demure, Monseigneur,

Vostre tres humble et tres obeissant serviteur.

LESDIGUIÈRES.

A Grenoble le XV aoust 1618.

CLXXXVI.   1618 — 21 Aout.

Orig — Arch. du canton de Fribourg.

A MONSIEUR, MONSIEUR DE CHARMOISY, CONSEILLER D'ESTAT DE SON ALTESSE ET SON AMBASSADEUR ORDINAIRE AUX LIGUES DE SUISSE.

Monsieur, j'ay ouy (avec mes amys particuliers) le gentilhomme que monsieur de Longueville m'a envoyé, et sur tous les poinctz qu'il m'a representé sur le subiet de son voiaige je luy ay dict franchement ce qui m'en a semblé. Il est party d'aupres de moy bien instruict et fort resolu de faire entandre noz aviz à monsieur de Longueville, son maistre; mais oultre ce qu'il luy dira de bouche, il les verra encor par ecrit en la forme de la coppie que je vous en envoye, que vous verrez conforme au premier aviz que nous luy en avons donné, ne l'ayant peu alterer sans aporter beaucoup d'inconvenians en l'accommodement de cet affaire. Vostre soing, la dilligance et voz bons conseilz y ont desia aporté beaucoup de facilité, et s'il vous plaist de la continuer, je ne doubte poinct que ledict seigneur de Longueville n'execute ce que ses amys et serviteurs trouvent bon. S'il prand ce conseil que nous luy donnons et que la necessite du temps la force de recevoir, il s'en trouvera bien et dans quelque temps il recognoistra l'utillité; je luy en parle de la sorte pour le seul bien de son service et de son contentement. Vous me ferez céte faveur de croire que pour le vostre, je n'espargneray rien qui soit à mon pouvoir, pour vous tesmoigner que ie suis, Monsieur,

Vostre bien humble pour vous fere service.

LESDIGUIÈRES.

A Vizille le XXI aoust 1618.

CLXXXVII.   1618 — 6 Septembre.

Orig. — Arch. de l'État, à Turin.

[A S. A. MONSEIGNEUR LE DUC DE SAVOIE.]

Monsieur, je viens tout presentement de recevoir une depeche de la cour ou i'ay trouve une lettre de monsieur de Marcieux que i'envoye à votre Altesse en propre original, affin qu'elle voye en quel estat y sont ses affaires; il y a aussi quelques nouvelles dont j'ay estimé luy devoir faire part, elle me fera l'honneur s'il luy plait de me departir sur le tout ses commandemens, ausquels je randray toute obeissance. Je fayray aussi entendre à votre Altesse par ma premiere depeche ce qu'elle desire savoir de moy touchant les discours que le sieur de la

Fare m'a faits de sa part, et prieray Dieu cependant, Monseigneur, qu'il conserve votre Altesse en parfaite santé bien longue et heureuse

De Lesdiguieres le 6 septembre 1618.

Vostre tres humble et tres obeissant serviteur.

LESDIGUIERES.

CLXXXVIII.   1618 — 7 SEPTEMBRE.

Orig. — Arch. de l'État, à Turin.

[A S. A. MONSEIGNEUR LE DUC DE SAVOIE.]

Monseigneur, j'ay receu ce matin une lettre de monsieur de Marcieus que j'ay aussitost envoyee à votre Altesse avec un recueil des nouvelles de la cour, et maintenant je vyens de recevoir une depeche du Roy sur le sujet de laquelle je m'asseure qu'on vous aura depeché un courrier, et bien que cela soit, pour ne manquer à mon devoir, j'ay creu que vous auryez agreable de voir la lettre que sa Majesté m'escrit accompagnée de celle de monsieur de Pizieux, lesquelles j'envoye à votre Altesse la suppliant aussitost qu'elle les aura veues de me les renvoyer et me donner ses commandemens sur la responce que j'y dois faire, pour en ceste occurrence et toute autre vous rendre l'obeissance que votre Altesse se doit promettre pour jamais, Monseigneur,

De vostre tres humble et tres obeissant serviteur.

LESDIGUIÈRES.

Le 7e septembre 1618 à la Mure.

Monseigneur, ie vous envoie aussi celle que monsieur de Marcieus m'escrit avec ung advis; ie supplie sur le tout me donner voz commandemens et me renvoier le tout affin de respondre comme vous adviserés et ordonerés.

CLXXXIX. 1618 — 13 Septembre.

Orig. — Arch. de l'État, à Turin.

[A S. A. MONSEIGNEUR LE DUC DE SAVOIE.]

Monseigneur, enfin les gens de guerre tant de cavallerie que d'infanterye que vostre Altesse entretenoit en ce pays, ont esté satisfaictz de tout ce qui leur estoit deub par voz officiers. Il est vray, Monseigneur, que sur le fondz que vous avez ordonné pour le licenciement desdites troupes, j'y ay faict faire ung mesnaige[1] qui vous sera je m'asseure bien agreable, en ayant faict lever mil ducatons pour monsieur de Montbrun, mil pour Monsieur de Saint-Juers et mille pour le sieur d'Aiguebonne, aveq quatre cents pour le sieur de Montsiset, qui faisoient tous quelque sorte de plaincte d'avoir faict des grandes despances pour le service de votre Altesse tant pour la levée de leurs regimens, de quelques montres quy leur estoient encore deues, que pour grande quantité d'armes qu'ils avoient laissé dans voz estatz en divers lieux, sans en avoir receu aucune recompance. De toutes leurs pretentions, Monseigneur, vous en estes entierement acquité au moyen desdites sommes, et ces seigneurs ont esté tellement satisfaictz d'icelles, encore que leurs pretentions feussent beaucoup plus grandes, qu'ilz conserveront leurs biens et leurs vyes pour le service de votre Altesse aveq toute l'affection qu'elle scauroit desirer. Les collonnelz et les cappitaines que vous avez entretenu, ne l'auront pas moindre, protestans tous de leur fidellité, les ayant renduz aussi comtans que les aultres, encor qu'on leur aye retranché les sommes contenuees cy dessus, apres avoir cogneu les avantaiges qu'ils avoient eu pendant leur sesiour et leur entretenement. Tous ont donc esté satisfaictz, Monseigneur, en cête sorte, les y ayans trouvez disposés par le soing et la prudance de messieurs de la Rochette et Roberty, qui y ont utillement travaillé et si fidellement à ce qu'ilz ont manyé, que ie suis obligé d'en rendre tesmoignaige à votre Altesse et l'asseurer de leur integrité, la suppliant tres humblement de le prandre en bonne part puisque cella ne procedde que de l'affection que ie vous aie vouée.

[1] Une économie.

Je prie Dieu qu'il conserve votre Altesse ainsy qu'il en est tres humblement supplyé, Monseigneur, par

Vostre tres humble et tres obeissant serviteur.

LESDIGUIERES.

A Grenoble le XIII septembre 1618.

CXC.   1618 — 15 SEPTEMBRE.

Orig. — Arch. de l'État, à Turin.

[A S. A. MONSEIGNEUR LE DUC DE SAVOIE.]

Monseigneur, j'ai mandé à vostre Altesse la letre que le Roy m'a faict l'honneur de m'ecrire apres l'arrivée de messieurs les ambassadeurs à la cour; elle estoit acompagniée d'une aultre que le sieur de Marcieux m'avoit aussy ecrit, ou vous aurez aprins tout ce qui se passe pour le bien de vostre service. Céte dépeche feust suivye d'une aultre que ie feis à votre Altesse du lendemain sur mesme subiet affin de vous faire scavoir toutes les nouvelles que ledit sieur de Marcieux m'avoit mandé. Je les feis courre le six et le septiesme de ce moys, estimant, Monseigneur, que bientost aprés vous me feries entendre voz intentions sur icelles; ie les usse encor attanduees si la letre que monsieur de la Fare vous fera voir ne m'eust convyé de vous l'envoyer en toute dilligance, aiant estimé que c'estoit le bien de vostre service que votre Altesse eust les aviz qui y sont contenuz. J'ai dict les miens foibles audit sieur de la Fare pour les vous representer et me raporter sur iceux voz commandemens; vous suppliant tres humblement, Monseigneur, d'adiouster creance à ce qu'il vous dira de ma part, et de le renvoyer incontinant pour les raisons qu'il vous fera entendre, de craincte que vostre service ne soit altéré. Et me remetant sur le tout audict sieur de la Fare, je finirai céte ci, apres avoir pryé Dieu qu'il conserve votre Altesse ainsi qu'il en est tres humblement supplié, Monseigneur, par

Vostre tres humble et tres obeissant serviteur.

LESDIGUIERES.

A Grenoble le XV septembre 1618.

CXCI. 1618 — 17 Septembre.

Orig. — Arch. de l'État, à Turin.

[A S. A. MONSEIGNEUR LE DUC DE SAVOIE.]

Monseigneur, il a pleu à vostre Altesse de m'acorder toutes les lettres que je luy ay demandées pour son Senat de Savoye affin qu'il rendist justice au procès d'entre les sieurs de Murat et Daurat qui sont subjectz du Roy et mes amys, et le sieur comte de la Forest. Il y est intervenu arest du second jour d'aoust dernier passé, non tel qu'aultreffoys vostre dit Senat l'avoir projeté et estoit sur le poinct de le prononcer, car condemnant à peine la memoire du feu sieur Pierre Le Grand, en son vivant conseiller et secrétaire du Roy et de ses finences, pour avoir servy les deffunctz roys Henry troisième et quatrième, il a declaré les payemens faictz par les débiteurs dudit feu Le Grand au prejudice de ses heritiers légitimes et testamentaires, en vertu de certaines lettres de don et confisquation de ses biens oitroyée par vostre Altesse à Salon en Provence, le IXe décembre 1590, lors de la plus grande chaleur des guerres, bien et deuement faictz sauf ausdictz héritiers leur recours contre qui ilz verront à fere. Ce recours, Monseigneur, ne peut avoir lieu que contre votre Altesse qui a donné la confiscation des biens d'un homme, les actions duquel elle a declairé, par ses lettres dudit dont n'avoir jamais faict preiudice à ce qu'estoit de son service. C'est veritablement à côte declaration que ledit Senat devoit avoir égard et ne point tacitement charger votre Altesse de ce recours comme il a faict, contre vostre intention et vollonté. Je vous supplie donc tres humblement, Monseigneur, de fere par voz nouvelles lettres audit Sénat considerer la consequence d'un tel arrest et le prejudice que votre Altesse en peut recevoir, enjoingnant à son advocat général (puisque son procureur est manifestement suspect en cete cause, pour y estre interessé comme debiteur à la succession dudit feu Le Grand) d'en poursuyvre la reparation et la descharge de vostre Altesse, ostant le juste subject qu'auroient lesditz sieurs de Murat et Daurat de porter leur plainte au Roy si une equitable justice ne leur estoit rendue. Veritablement, Monseigneur, ilz ne la peuvent esperer si votre Altesse ne faict un tres expres commandement aux sieurs senateurs de Montous et More de s'abstenir du jugement de ce proces; je demande céte grâce pour eulx puisque ledit sieur Comte en a obtenu une semblable envers les sieurs president de Charpene et senateurs Crassus, Berguere, et de Lescherayne, car l'un et l'aultre se sont monstrez par trop favorables auditz sieur et dame de la Forest, et encores ledit sieur More ennemy particulier de ces myens amys. Il avoit pleu à votre Altesse de recommender cét affere à monsieur le Marquis de Lans; s'il luy eust pleu de donner l'affection qu'il devoit à une si estroite recommendation il n'eust pas souffert que ledit sieur More eust esté des juges pour les raisons qui seront dittes à votre Altesse, laquelle s'en plaindra, s'il luy plaist, à mondit sieur le Marquis, et l'incitera par lettres bien expresses d'avoir soing du droict desditz sieurs de Murat et Daurat sur la reprinse que le Senat fera de ce proces par vostre comandement, Monseigneur; l'exortant aussy, s'il plaist à votre Altesse, de destourner les menaces que ladite dame Comtesse va faisant aux juges en vostre nom, pour les intimider et fere juger selon son goust. Je supplie tres humblement votre Altesse me pardonner et excuser céte myenne importunité comme il luy a pleu fere toutes les précédentes; je suis, en céte cy, poulcé par son propre interest et par le desir que j'ay que mes amys, qui sont tres humbles serviteurs de votre Altesse, ayent subject de se louer partout de sa bonne et equitable justice. Dieu vous conserve, ainsy que le souhaite, Monseigneur,

Vostre tres humble et tres obeissant serviteur.

LESDIGUIERES.

A Grenoble le XVIIe septembre 1618.

CXCII.   1618 — 25 SEPTEMBRE.

Orig. — Arch. de l'État, à Turin.

[A S. A. MONSEIGNEUR LE DUC DE SAVOIE.]

Monseigneur, vostre Altesse trouvera icy une depeche de monsieur de Marcieus; je l'acompaigne de la lettre qu'il m'a écrite;

elle regarde principallement le service de votre Altesse et je luy conseille d'accellerer le depart de monseigneur le Prince Cardinal le plus qu'il se pourra. Je fay un petit voyage jusques à la Verpilliere pour m'aprocher de Lyon ; sept ou huict jours me rendront à Grenoble, s'il plaist à votre Altesse me fere renvoyer la lettre que ledit sieur de Marcieus m'a adressée, je la recevray et lui feray responce, et en attendant voz commandemens, Monseigneur, je demeure

Vostre tres humble et tres obeissant serviteur.

LESDIGUIÈRES.

A Moyrans le XXVe septembre 1618.

CXCIII.   1618 — 26 SEPTEMBRE.

Orig. — Arch. de l'État, à Turin.

[A S. A. MONSEIGNEUR LE DUC DE SAVOIE.]

Monseigneur, vostre Altesse recevra, s'il luy plaist, céte lettre de la main du sieur de Baronnat. Il luy est envoyé de la part de monsieur le duc de Nemours ; ce ne peut estre que pour offrir à votre Altesse du service et de l'honneur sur l'occasion du voiage de monseigneur le Prince Cardinal à la court. Je croy que votre Altesse les aura agreables, et me semble que le rencontre des affaires l'y doivent inviter, et à bien recevoir ce gentilhomme qui a tousjours faict profession d'estre serviteur de votre Altesse. Dieu la conserve aussy longuement et heureusement que le desire, Monseigneur,

Vostre tres humble et tres obeissant serviteur.

LESDIGUIÈRES.

A la Verpilliere le 26e septembre 1618.

CXCIV.   1618 — 26 Septembre.

Orig. — Arch. de l'État, à Turin.

[A S. A. MONSEIGNEUR LE PRINCE DE PIEMONT.]

Monseigneur, le sieur de Baronnat, qui vous rend céte lettre, est envoye à son Altesse et à la vostre, de la part de monsieur le Duc de Nemours, et c'est, à mon aviz, pour fére quelques offres d'honneur et de service, sur la venue esperée de monseigneur le Prince Cardinal à la court. Je ne doubte point que le tout ne soit bien receu, comme, à la verité, il le doibt estre, et ce gentilhomme favorablement veu venant d'une telle part et estant serviteur de vostre illustre maison. Dieu la conserve ! Je suis, Monseigneur,

Vostre tres humble et tres obeissant serviteur.

LESDIGUIÈRES.

A la Verpilliere le 26 septembre 1618.

CXCV.   1618 — 4 Octobre.

Orig. — Arch. de l'État, à Turin.

[A S. A. MONSEIGNEUR LE DUC DE SAVOIE.]

Monseigneur, le voiage que j'ay faict à Lyon, a un peu retardé céte responce que je doibs à la lettre qu'il pleut à vostre Altesse m'écrire le IXe du moys passé sur le subject de celle qu'elle a eu des sept cantons catholiques romains de Suisse. Je remercie tres humblement votre Altesse de ce qu'elle a voullu m'en fere voir l'original, lequel je luy renvoye ; la responce qu'ilz ont eu d'elle ne se peut trop louer puisqu'elle les porte aux voyes de negociation pour affermir l'union et maintenir la tranquilité. Quoique ces gens écrivent à votre Altesse, je ne puis croire qu'ilz se vueillent jetter dedans le peril d'une guerre civile, car ce seroit le chemin infallible de la subversion de leur estat ; ilz s'apointeront[1] entre eulx et chacun demeurera en sa relligion comme ilz ont cy-devant faict et si longtemps continué. Ces sept cantons ont des eclesiastiques qui les alarment sur le peril de la relligion catholique romaine, et j'estime veritable que la lettre que votre Altesse a eue d'eulx a esté dressée par quelque capuchin désireux de metre un couvent de son ordre au pays de Vallay. Dieu conserve votre Altesse et luy donne toute prosperité, ainsy qu'il en est très humblement supplié, Monseigneur, par

Vostre tres humble et tres obeissant serviteur.

LESDIGUIÈRES.

A Grenoble le IIIIe octobre 1618.

CXCVI.   1618 — 8 OCTOBRE.

Orig. — Arch. de l'État, à Turin.

[A S. A. MONSEIGNEUR LE DUC DE SAVOIE.]

Monseigneur, vostre Altesse verra, par la letre que le Roy m'a faict l'honneur de m'écrire du XXVIIe de ce moys, que céte cy acompaigne, le contentement que sa Majesté aura de l'arrivee de monseigneur le Prince Cardinal en sa cour et l'honneur qu'il recevra d'elle, vous l'envoyant, Monseigneur, pour y faire la consideration que vous jugeres convenable pour le bien de vostre service. J'ai receu par la mesme depeche une des letres de monsieur le baron de Marcieux, de laquelle je vous envoye la coppie des principalles choses qui regardent sa negotiation et le bien de vostredit service, affin que votre Altesse me face la faveur de me donner ses commandemens auparavant que mondit seigneur le Cardinal soit esloigné de céte province, pour me donner moyen de conferer aveq luy sur les choses que vous aurez agreable et desquelles vous me feres cét honneur, comme ie vous en supplie très humblement, de me donner voz intentions, ausquelles ie me conformeray volontiers en céte occasion,

[1] S'accommoderont.

comme en toute aultre où il vous plerra de m'employer, car tout mon desir est de tesmoigner à votre Altesse que je suis, Monseigneur,

Vostre tres humble et tres obeissant serviteur.

LESDIGUIÈRES.

A Grenoble le VIIIe octobre 1618.

CXCVII.   1618 — 21 OCTOBRE.

Orig. — Arch. de l'État, à Turin.

[A S. A. MONSEIGNEUR LE DUC DE SAVOIE.]

Monseigneur, je ne croy pas que les plaintes que fait monsieur le duc de Nemours vyennent à la cognoissance de votre Altesse; car estans, comme certes elles sont, plaines de civilité, si elle les savoit, elle y feroit prouvoir. Je n'en say pas les particularitez, mais en termes généraux : il se dit qu'il n'est pas payé de ses revenuz de deça, ny satisfait des graces que votre Altesse entend luy avoir esté faites en son nom. Il est bon, Monseigneur que vous commandyez qu'on le contente, et que vous en ecrivyez à monsieur le marquis de Lans, car il est meilleur que son contantement vyenne du mouvement de votre Altesse que si elle estoit d'ailleurs incitée à le luy donner. Je donne cet aviz à votre Altesse et je la supplye tres humblement de le bien recevoir et y avoir égard pour le bien de son propre service. Dieu la conserve, ainsi que le souhaite, Monseigneur,

Vostre tres humble et tres obeissant serviteur.

LESDIGUIÈRES.

Le 21 octobre 1618 à Grenoble.

CXCVIII.   1618 — 21 OCTOBRE.

Orig. — Arch. de l'État, à Turin.

[A S. A. MONSEIGNEUR LE PRINCE DE PIÉMONT.]

Monseigneur, je ne doubte point que son Altesse ne communique à la vostre, la lettre que je luy écry sur le subject des affaires de monsieur le duc de Nemours. Ce que je luy en represente n'est qu'en termes generaulx et comme je l'appren par un commun bruit. Et par ce qu'au rencontre de ce qui se presente, il importe à son Altesse de fere paroistre, avec effect, qu'elle veult contenter ledit sieur de Nemours, je luy en donne aviz, et il est bon qu'il plaise à votre Altesse de le fortiffier du vostre tres prudent; vous suppliant tres humblement de croire qu'en cecy je n'ay pour principal mouvement que le bien et avantage de vostre illustre maison. Dieu la face tousjours prosperer, et donne à votre Altesse tout le bonheur que luy est souhaité, Monseigneur, par

Vostre tres humble et tres obeissant serviteur.

LESDIGUIÈRES.

Le 21 octobre 1618 à Grenoble.

CXCIX. 1618 — 21 Octobre.

Orig. — Arch. de l'État, à Turin.

[A S. A. MONSEIGNEUR LE DUC DE SAVOIE.]

Monseigneur, encores que je soye assuré que votre Altesse soit avertye de jour à autre de la santé de monsieur le Cardinal en la continuation de son chemin, et que le sieur de Druen luy represente de vive voix ce qu'il a veu, si ne lairray-je de l'asseurer qu'il est en tres bon estat, et s'en va bien disposé à donner toute sorte de contantement à votre Altesse. Ie m'asseure qu'elle le recevra du succez de son voyage tel qu'elle le souhaite, y voyant toutes choses bien disposées. Dieu luy fasse la grace de revenir avec ce mesme bon portement, et à moy de vous continuer mon service, comme je le desire, en tout ce qu'il vous plaira m'honnorer de voz commandemens; lesquels attandans, je prieray Dieu, Monseigneur, qu'il vous conserve en sa grace avec toute sorte de prosperités.

C'est le 21e octobre 1618 à Grenoble.

Vostre tres humble et tres obeissant serviteur.

LESDIGUIERES.

CC.   1618 — 22 Octobre.

Orig. — Arch. de l'État, à Turin.

[A S. A. MONSEIGNEUR LE DUC DE SAVOIE.]

Monseigneur, le gentilhomme qui rend céte letre à vostre Altesse, est lieutenant en la compaignie de chevaux legers dont il vous a pleu honnorer le sieur du Mas; il va vers votre Altesse pour scavoir d'elle, comme il lui plerra fere de ladite compaignie, car il y a quatre moys qu'elle demure sur ses bras sans estre paiée ny congediée, par ce que votre Altesse avoit dict qu'elle la voulloit entretenir. Je la supplie tres humblement en declairer ses intentions, et s'il luy plaist qu'elle soit entretenue, commander qu'il soit pourveu à son paiement du passé et luy donner ordre pour l'advenir. Dieu conserve votre Altesse ainsy que le souhaite, Monseigneur,

Vostre tres humble et tres obeissant serviteur.

LESDIGUIÈRES.

A Grenoble le 22 octobre 1618.

CCI.   1618 — 26 Octobre.

Orig. — Arch. de l'État, à Turin.

[A S. A. MONSEIGNEUR LE DUC DE SAVOIE.]

Monseigneur, à vostre passage à Lyon, vous estant le sieur de Beauregard allé rendre son devoir, il vous a fait representer par monsieur de la Fare un mauvais affaire qu'il a, auquel vostre Altesse luy peut estre grandement favorable. Vous le cognoissez pour s'estre bien comporté en Piemont aux occasions ou il a esté employé, et à la verité il est homme de mérite fort serviteur de vostre maison et mon inthime amy; c'est ce qui me donne la hardiesse de vous supplyer tres humblement, Monseigneur, de vouloir assister de vos bienfaits à mesure que voz plus sérieuzes occupations seront terminées par l'heureux succèz que tous voz bons et fidèles serviteurs en attandent par leurs souhaits. Ce sera attacher tousiours davantage l'affection de ce galant homme à voz commandemens, et je les recevray aussi avec toute sorte de dévotion pour y rendre l'obeissance que ie doy, quant il vous plerra m'en honnorer, et ne me lasseray jamais d'estre, Monseigneur,

Vostre tres humble et tres obeissant serviteur.

LESDIGUIÈRES.

Le 26 octobre 1618 à la Verpillière.

CCII.   1618 — 28 OCTOBRE.

Orig. — Arch. de l'État, à Turin.

[A S. A. MONSEIGNEUR LE DUC DE SAVOIE.]

Monseigneur, tout ce qui regarde vostre service et le contentement de vostre Altesse m'est si cher, que je n'apréande pas l'anuy que je vous pourrois donner de lire si souvant de mes letres. Je vous supplie tres humblement de m'en dispancer et agreer céte cy que ie fais pour acompagner la coppie de celle que Monsieur de Verdoin m'a mandé du XXe de ce moys[1] ; votre Altesse y verra, s'il luy plaist, les aviz qu'il me donne sur l'arrivée de Monseigneur le Prince Cardinal à la cour et les preparatifz que le Roy faict faire pour le recevoir avec toute affection. Votre Altesse en doibt avoir tout contentement,

---

[1] La copie de cette dépêche de M. de Verdun est conservée aux archives de Turin : ce personnage y annonce à Lesdiguières qu'après avoir conféré avec plusieurs seigneurs considérables à la cour il peut lui annoncer officiellement :

« Que le mariage de Savoye estoit asseuré, et que vous feries les conditions d'icelluy et que tout passeroit par voz conseilz.

« Que le Roy se preparoit comme ie vous ay mandé à recevoir monsieur le Prince Cardinal le plus manifiquement que prince qu'aye jamais este receu en France.

« Que les ameublemens pour ses logis tant à Orléans qu'en cete ville seroient faictz exprez ; que celuy de Fontenebleau sera de mesme, sans se servir en aucune façon les ungs des aultres.

« Que M. de Cures a comandement de l'aller prandre à la decente de l'eau pour le fere loger et traicter, et M. de Lorge, maréchal de logis de la cour est allé à Lyon pour le fere loger jusques à ce qu'il aye trouvé ledit sieur de Cures.

« Ilz m'ont encor dict que monsieur de Guise a voullu fere quelque comte de deça, et que le Roy feist une bonne repartye. Son discours fust que vous disies tout hault à Lyon, que l'on ne faisoit pour le Roy ny pour le public de mesler

comme tous voz serviteurs s'en resiouyssent. Vous trouverez aussy en quatre lignes ung aviz particulier qu'on me donne, qui regarde le service de votre Altesse; j'ai estimé de l'en advertir, affin que sur le tout elle me face l'honneur de me donner ses commendemens. Je priye Dieu qu'il concerve votre Altesse ainsy que l'en supplie tres humblement, Monseigneur,

Vostre tres humble et tres obeissant serviteur.

LESDIGUIÈRES.

A la Verpilliere le 28 octobre 1618.

CCIII.   1618 — 28 Octobre.

Orig. — Arch. de l'État, à Turin.

[A S. A. MONSEIGNEUR LE DUC DE SAVOIE.]

Monseigneur, tant que mes amys apercevront que j'auray part en la grace de vostre Altesse, je ne cesseray point de luy adresser mes tres humbles supplications pour eulx, aux occasions qui s'en offriront. J'honore grandement madame la marquise de Malespine, tant pour appartenir à des personnes que je tiens fort cheres, que pour son merite particulier; elle a un proces devant le Senat de Thurin contre dom Joseph Rabbia, et d'autant, Monseigneur, qu'elle ne s'y peut pro-

---

monsieur le Cardinal de Raiz dans les affaires, et que le peuple vous excoutoit attentivement sur ses discours.

« Mais le Roy luy respondict : « Monsieur Des « Diguieres ne sera jamais contraire à mes vol-« lontés, il me l'a tesmoigné en mon regne et « encores en mes predecesseurs. » Et ses mes-sieurs prindrent la paroolle : « Chescun scait « bien que cella n'est pas et que ledit sieur Car-« dinal ne presida jamais; et qu'en cella seroit ie « respondrois de ma vye (dict lun et laultre) que « telles paroolles ne peuvent estre dites de la « bouche de monsieur le mareschal Des Diguieres « et plustost il envoyeroit au conseil ses aviz que « de semer publiquement de pareilz discours. » Il se reprint apres, disent-ilz, mais dict-on aussy ce fust de colere à cause de monsieur son frere.

« Messieurs de Bethune et de Modenne vont recevoir chemin faisant monsieur le Prince Car-dinal à Orleans avecq les gens du Roy de la part de sa Majesté et d'icy s'en ira monsieur le mar-quis de Cœuvre, comme lieutenant du Roy en l'Isle de France une journée.

« Et hors de cète ville ou aux portes d'icelle, peult estre que Monsieur le recevra ou quelque prince, ou bien monsieur de Luynes quy le con-duiront jusques en son logis.

« Prenez ung peu garde à son Altesse, car mesmes d'icy l'on luy veult donner des ombraiges pour le debaucher et le gaigner au contraire et mesmes dict-on que monsieur le Grand travaille avec l'ambassadeur de Savoye, et il se trouveroit nostre affaire gastée. (Du 20 octobre 1618, à Paris.)

metre l'adjudication du droict qui luy apartient, pour luy estre Monsieur le premier President et aultres senateurs, suspectz ainsy qu'il est declairé par les recusations proposées contre eulx, elle desire d'evoquer ledit proces au Senat de Chambery, ou elle croit avoir la justice qui luy est deue. Je supplie donc tres humblement votre Altesse de luy acorder céte faveur en ma consideration, et encores qu'elle soit fort ordinaire quand elle est fondée sur la raison, je m'en estimeray tres obligé à votre Altesse pour demeurer tousjours, comme veritablement je suis, Monseigneur,

Vostre tres humble et tres obéissant serviteur.

LESDIGUIÈRES.

A Grenoble le 28e d'octobre 1618.

CCIV. 1618 — 2 NOVEMBRE.

Orig. — Arch. munic. de Lyon, AA, 46, fol. 40.

A MESSIEURS, MESSIEURS BARAILHON, GOUJON, BOLLIOUD ET GROLIER.

Messieurs, nous estans icy assemblez, suyvant le pouvoir et le commandement que nous en avons du Roy [1], pour composer et ter-

[1] La querelle entre MM. d'Allincourt et de Saint-Chaumont durait depuis l'année précédente comme on a pu le voir par les lettres de Lesdiguières adressées à Villeroy les 13 août et 1er octobre 1617. Lesdiguières et Ventadour furent chargés par le Roi de faire une enquête sur ces faits, de prononcer leur arrêt et de réconcilier les parties, ainsi qu'il résulte de la lettre de Lesdiguières au Roi, du 5 août 1618.

Ils se transportèrent à Vienne, y entendirent des témoins et envoyèrent au roi un procès-verbal daté du 11 novembre. Ce procès-verbal est conservé en original dans les MS. de la Bibl. nat. (Clairembault, vol. 87, p. 9024). Comme il est fort long nous en donnerons l'analyse qui suffira pour mettre le lecteur au courant des faits :

Lesdiguières et Ventadour y constatent d'abord que, par lettres patentes des 6 novembre 1617 et 20 août 1618, ils ont été chargés de régler les différends survenus entre M. d'Allincourt, gou-

verneur de Lyonnais, Forez et Beaujolais, et M. de Saint-Chaumont, lieutenant général dans ces mêmes pays. Il se sont réunis à Vienne les 30 octobre et jours suivants et ont décidé :

Que Mme de Saint-Chaumont ayant été offensée par la Bergère, soldat des gardes de M. d'Allincourt, qui l'a désavoué, ce soldat lui demandera pardon à genoux.

Que M. de Saint-Forgeux ayant été injurié par le sieur Barrot, chevalier du guet à Lyon, celui-ci déclarera qu'il est son humble serviteur. Les procédures commencées dans cette affaire seront supprimées.

La terre de l'Arbresle appartenant à M. l'abbé de Savigny, chanoine de Lyon, sera exempte du logement des gens de guerre, quoique cela lui eût été contesté.

Le baron de Cousan s'étant plaint que son château a été pris d'assaut par le sieur de Rouville, commandant des chevau-légers de M. d'Allin-

miner les différents qui sont entre messieurs d'Halincourt et de Saint-Chaumond, et ayant veu dans le cayer des plainctes que ledit sieur de Saint-Chaumond a mis entre noz mains, qu'il se plainct de vous tous en particulier, mesmes sur ce que vous verrez par le mémoire cy-joint, nous avons advizé que pour estre plus particulièrement esclairiez de la verité de sa plaincte, il estoyt nécessaire que nous vous vissions icy, avecq les actes contenus audict mémoire.

court, qui le désavoue, il lui est permis de s'adresser à la justice pour se faire indemniser.

M. Oran ayant été saisi et enfermé aux prisons de Lyon et ayant été menacé de mort par Bagonnet, soldat des gardes du sieur d'Allincourt, qui le désavoue, il lui est permis également de s'adresser à la justice.

M. de Nantes ayant été publiquement qualifié de roturier par M. d'Allincourt, on déclare qu'il peut se dire noble.

Le sieur de Sainte-Croix ayant subi une condamnation infamante, plutôt pour le punir de son affection pour M. de Saint-Chaumont que pour des faits sérieux, le Roi est prié de casser ce jugement et de le rétablir dans son honneur et ses biens.

Sa Majesté est priée également de faire supprimer les procédures commencées contre toutes autres personnes à l'occasion de la querelle dont il s'agit.

Une enquête judiciaire sera faite sur le siège de Montbrison au mois de novembre dernier.

M. de Saint-Chaumont aura le droit de donner le mot de guet et de recevoir les clefs de la ville de Montbrison quand il y passera. Néanmoins ses terres ne peuvent être exemptes du logement des gens de guerre et des corvées.

La nomination du prévôt des marchands, échevins, etc., de Lyon et autres villes de la province restera comme par le passé à l'entière liberté des peuples. Il est interdit aux échevins d'envoyer aucune députation au Roi.

Quant au sieur Saulze, lieutenant du chevalier du guet, qui se dit injustement dépossédé de sa charge, il se pourvoira à sa Majesté.

L'ordre donné par M. d'Allincourt aux libraires de rien imprimer où soit le nom de M. de Saint-Chaumont et la défense aux marchands d'avoir des armes sur leurs boutiques, sont levés : toutefois les écussons ne pourront être entourés du collier du Saint-Esprit dont M. de Saint-Chaumont n'est pas chevalier.

Le 4 novembre M. d'Allincourt déposa le mémoire de ses plaintes. Les échevins de Lyon, convoqués, firent quelque difficulté de se présenter; les commissaires royaux les engagèrent à ne pas persister dans cette attitude par la lettre du 6 novembre qu'on trouvera plus loin.

M. de Ventadour proposa aux deux parties de marier leurs enfants ensemble et voulut persuader à M. de Saint-Chaumont, à la suite de ce mariage, de se défaire de sa charge. M. d'Allincourt accepta, mais M. de Saint-Chaumont, acceptant le projet de mariage, refusa de se démettre de sa charge, alléguant que son honneur en souffrirait.

M. de Saint-Chaumont a déclaré ensuite qu'il ne songeait pas à empiéter sur le pouvoir de M. d'Allincourt, qu'il s'abstiendrait de paraître avec des gardes partout où il se trouverait et a désavoué tous les mauvais procédés qui pouvaient avoir été faits à l'égard de M. d'Allincourt.

A la suite de ces conférences, le corps de ville de la ville de Lyon ayant déclaré unanimement prendre fait et cause pour les échevins dans leur différend avec M. de Saint-Chaumont et leur ayant interdit de se rendre à l'assignation de MM. de Ventadour et Lesdiguières en leur propre et privé nom, mais comme représentants de la ville de Lyon ; d'un autre côté, M. d'Allincourt ayant déclaré sa cause solidaire de celle des échevins, les commissaires ont renvoyé les parties à se pourvoir au Roi, et ont dressé procès-verbal du tout le 11 novembre.

Dans le même volume 375 MS. Clairembault, on trouve un grand nombre de lettres de Villeroy, Ventadour, Allincourt, Ollier, etc., relatives à ces querelles. Le mémoire donné aux commissaires par Saint-Chaumont s'y trouve à la page 9197.

C'est pourquoy nous vous prions de nous venir treuver à cet effect, incontinent la présente reçeue. Ce que, nous assurant que vous ferez puisque c'est une dépendance de la composition desdictz différendz, nous prions Dieu quil vous ayt, Messieurs, en sa saincte garde.

A Vienne, ce 2e novembre 1618.

Voz plus affectionnez à vous faire service.

LESDIGUIÈRES. VANTADOUR.

CCV. 1618 — 3 NOVEMBRE.

Cop. — B. N. MS. Clairembault, vol. 87.

A MESSEIGNEURS, MESSEIGNEURS LES DUCS DE VENTADOUR ET DE LESDIGUIÈRES, PAIRS DE FRANCE.

Messeigneurs, les sieurs Baraillon, Goujon, Bollioud et Grollier, nous ayans communiqués ainsy qu'ilz devoient la lettre qu'il vous a pleu leur écrire aujourd'huy, ensemble l'extrait d'un article des plainctes de monsieur de Saint-Chamond. Apres avoyr bien considéré les circonstances d'icelles nous en avons quand et quand comprins l'artifice, ainsy qu'il vous plaira de voir, quy ne tend qu'a estourdir celles que céte ville a faict au Roy, pour raison desquelles nous avons, il n'y a que quelques mois, depputé vers sa Magesté contre monsieur de Sainct-Chamond; monsieur de Saint-Chamont se promettant qu'il ne s'agissait que de se plaindre pour parvenir a quelques compensation, mais comme il n'y a poinct de comparaison des uns aux aultres, aussy n'avons nous aucune intention de nous départir des nostres, la poursuite desquelles nous n'avons relachée que sur l'espérance qu'on avoit faict concevoir que, par vos bons saiges conseils, monsieur de Saint-Chamond se resouldroit de laisser en repos céte province. Nous n'atendions pas qu'il voullut pardevant vous fournir une accusation contre l'exercice des charges municipalles de céte ville, laquelle a tousiours creu ainsi que tous ceux qui ont part au gouvernement des villes et provinces n'en avoir à randre raison à aultre qu'au Roy, s'il n'y avoit commission particulierement expresse pour cet effaict, en quoy tant s'en fault que audict caz nous fissions difficulté d'en donner bon compte, qu'au contraire nous y aurions de l'avantaige. S'il falloit doncq, Messeigneurs, que nous n'ussions craincte d'abuser de la faveur que vous faictes à tout ce gouvernement de vous entremetre de le pacifier, nous vous representerions que depuis que monsieur de Sainct Chamond s'est urté à monsieur d'Allincourt, toute céte ville a esté troublée, par ce moyen que n'ayant le corps consullaire d'icelle voullut adhérer à ce dessaing-la, il n'y avoit sorte d'artifice et de calompnie, avec laquelle il n'eust essayé de noircir son administration; qu'on a veu publicquement monsieur de Saint-Chamond fere caballer tous les espritz de la ville qu'il a jugé foibles esclaves ou bien desireux dans quelque mouvemens popullaire d'une meilleure fortune, faict semer toutes sortes de libelles et manifestes pour rendre odieux le consulat, aposter personnes qui depuis deux ans, n'avoient pas ung jour sans se trouver à la place des Changes pour y estaler tous les bruictz que luy et ses adherandz jugeoient pouvoir estre capables de conciter la populace contre ses gouverneurs; la ville se pourroit plaindre apres les paroolles et les ecritz distribuéz dans icelle, de plusieurs mauvais offices et parolles par monsieur de Sainct-Chamond tenues au Roy, et à nosseigneurs de son conseil, de l'administration publicques d'icelle; qu'après les paroolles il est venu souvant aux effectz ayant menacé de batre à coups de bastons le sieur Baraillon, prévost des marchands, les officiers eschevins et officiers d'icelle, ne les nomans que par quelque nom d'oprobe et de mesprix; qu'au mois d'avril passé, le sieur Gougon, l'un des eschevins de ladicte ville, ayant esté député en cour pour les affaires d'icelle fust excedé à Sainct-Germain en Laye à coups de bastons par commandement et sattellites dudict sieur de Sainct-Chamond, que nous aurions vériffiés sans l'espérance que le traicté faict à Vienne au mois de juillet dernier donna à nosseigneurs du conseil, et à nous de voir les troubles de la province pacifiiez, poursuite que nous voullons reprandre si nous ne voyons d'aultres dispositions à reparer les outraiges qu'on nous a faictz et à nous laisser en repoz, et mesmes de reiterer vers sa Magesté noz tres-humbles suplications, que cête ville soit dispansée de tout commandement de monsieur de Sainct-Chamond. Nous croyons que vous ferez, Messeigneurs, la considération que tous les saiges font; que s'il n'y est aultrement pourveu, il en arrivera des inconvéniens notables, et conséquamant jugerez, s'il vous plaist, que pour ses raisons nous n'avons peu ny deub souffrir que les sieurs Baraillon, Gougon, Boullioud et Grollier, allassent deffandre comme particuliers ce qui a esté advoué en public; notamment que nous ne pretandons pas estre obligez de communiquer nos cayers quand nous deputtons au Roy pour affaires, à qui que ce soit, sinon au Roy et à nosseigneurs de son conseil, comme nous ne l'avons jamais non plus que noz predecesseurs aultrement faict. Bien que la présante Messeigneurs face la teneur d'une lettre, ce n'est toutefois qu'un bien petit abrégé de nos plainctes, lesquelles reservant de reprandre par devers sa Magesté nous vous suplions de nous excuser si nous ne pouvons aultrement proceder que neantmoings honorerons executerons voz commandemens en toute autre chose, comme ceux qui sont, Messeigneurs,

Voz tres humbles et tres obeissants serviteurs.

Le Prevost des marchands et Eschevins de la ville de Lyon,

BARAILLON, GOUGON, CHABOU, GROLLIER, VANNELLE.

Par mesdits sieurs.

GUÉRIN, commis.

Le 3e novembre 1618.

CCVI. 1618 — 6 Novembre.

Orig. — Arch. munic. de Lyon AA. 46, fol. 37.

A MESSIEURS, MESSIEURS, LES PRÉVOSTS DES MARCHANDS ET
ESCHEVINS DE LA VILLE DE LYON.

Messieurs, procédant, comme nous faisons, suyvant l'intention et les commandemens du Roy, à l'accommodement des différens qui sont entre messieurs d'Halincourt et de Sainct-Chamond, et ayans cy-devant escript aux sieurs Barailhon, Goujon, Bollioud et Grolier de nous venir trouver, pour entendre d'eux ce qu'ilz auroient à nous dire sur les plainctes que ledict sieur de Sainct-Chamond nous a faictes contre eux (n'estant une coustume ny juste et raisonnable de condempner personne sans l'ouyr), nous n'attendions pas par la response qu'ilz nous ont faicte, ny leur excuse de satisfaire à nostre mandement, ny la lettre que vous nous avez escrite, accompaignée de la leur, par laquelle vous nous faictes cognoistre que les actions qu'ilz ont produictes sur le subject de la plaincte dudict sieur de Sainct-Chamond sont publicques et non particulières, et que, par conséquent, ilz n'estoient obligés d'en respondre en leurs propres et privez noms, ains, plustôt, qu'eux ou quelqu'un d'entre vous nous vinst représenter cella de vive voix et non par escript, car nous ne doubtons nullement de la vérité de ce que vous nous escripvez pour ce regard. Nous ne nous promettions doncq pas la difficulté que vous avez faicte de consentir à leur acheminement en ce lieu, puis qu'ayans tout pouvoir de sa Majesté, comme nous avons, de paciffier toutes sortes de divisions et partialitez, procédées de la maulvaise intelligence qu'il y a eu jusques ici entre lesdictz sieurs d'Halincourt et de Sainct-Chamond, nous avons creu et jugé tout ensemble que ce dont ledict sieur de Sainct-Chamond blasme par ses plainctes, les susnommez estant incorporez dans ses ressentimens, cella estoit du devoir de nostre commission de ne le laisser en arrière. Toutesfois, ayant attribué ce manquement plustôt aux formes qui regardent, selon voz opinions, l'honneur de vostre ville, qu'à aulcung desseing que vous ayez eu d'estimer audict accommodement, et de ne rendre le respect qui est deu aux qualitez que nous possédons, nous tairons tout ce que nous aurions à vous escripre là-dessus, plus particulièrement, et vous dirons qu'après avoir considéré le discours de vostre lettre touchant les plainctes particulières que vous faictes contre ledict sieur de Sainct-Chamond, et l'avoir ouy sur ce que nous luy en avons faict entendre, nous l'avons trouvé tellement disposé, par voz remonstrances, à vivre désormais en sy bonne intelligence pour le service du Roy et le commung repos de vostre ville, avecq vous tous en général et particulier, et d'ensevelir soubz le silence et dans l'oubly toutes les aigreurs et amertumes, et tous les ressentimentz dont il a eu l'esprict agité par les rapportz que l'on luy a faictz de voz maulvaises volontez en son endroict, que le Roy n'en pourra demourer que fort satisfaict, et vous contents d'une si bonne résolution ; nous ayant particulièrement protesté qu'ayant tousjours passionément aymé et honnoré vostre ville comme la capitale de sa patrie et de sa charge, et désiré servir tout le corps d'icelle, il vouloit persévérer en ceste affection et la vous tesmoigner, soit en particulier, soit en général. Mais comme la réconciliation ne peult estre appellée telle, si toutes les parties intéressées, d'ung commung accord, ne marchent du mesme pied, nous vous exhortons et conjurons, à ceste occasion, de correspondre à ce tesmoignage de sa protestation, en luy rendant ce que vous devez à sa personne et à sa qualité, et en oubliant aussy, de vostre cousté, et cessant toutes les animositez dont vous avez esté poussez, jusqu'à présent, à l'encontre de luy. A quoy nous nous asseurons que vous vous résouldrez et y satisferez d'autant plus volontiers, que nous ayant monsieur d'Halincourt, déclairé qu'il ne pouvoit séparer ce qui estoit de son particulier d'avecq ce qui regarde le général de vostre ville, pour estre, ses intérestz et les vostres, une mesme chose, il ne reste maintenant que l'exécution de ce à quoy nous vous convions par ceste lettre, et qu'il ne tiendra qu'à vous aultres que ce bon œuvre que nous avons commencée et presque parachevée ne vienne à sa perfection. C'est pourquoy, il est nécessaire que quelques ungs d'entre vous, ayant charge de vostre part, prennent la peine de nous venir trouver, comme nous vous en prions, et que ce soit, s'il vous plaist, incontinent la présente receue, laquelle nous finissons, en ceste attente, par prière à Dieu qu'il vous ayt, Messieurs, en sa saincte et digne garde.

A Vienne, le 6° novembre 1618.

Vos plus humbles et affectionnés à vous faire service.

LESDIGUIÈRES. VANTADOUR.

CCVII.   1618 — 6 NOVEMBRE.

Cop. — B. N. MS. Clairembault, vol. 81.

A MESSEIGNEURS, MESSEIGNEURS LES DUCS DE VENTADOUR ET DE LESDIGUIÈRES, DUCS ET PAIRS DE FRANCE.

Messeigneurs, pour satisfaire à ce que vous avez desiré de céte ville et communauté par celle qu'il vous a pleu nous ecrire du cinquième du presant elle a depputté les sieurs Chollier, conseiller du Roy en la seneschaussée siege presidial d'icelle, l'un de ses eschevins, et le sieur Grollier, advocat et procureur général de ladicte ville, pour vous représanter de vive voix, ce dont nous vous avons desjà informez, et y adjouster des considérations qui nous font avoir suspecte la reconcilliation qu'on veult avoir seullement en apparence avec céte ville aultant qu'avec sa honte; lesquelz noz depputez, nous vous supplions, Messeigneurs, d'ouir favorablement et croire ce qu'il vous diront de nostre part, et mêmes que sy nous ussions peu désemparer céte ville sans intérest du service du Roy, nous nous fussions tous randus à vous pour recevoir voz commandemens, qui demeurons tres extroitement obligez à la peine qu'il vous plaist de prandre pour toute céte province et nous en particulier qui sommes, Messeigneurs,

Vos tres humbles et tres obeissants serviteurs.

BARALHON, GOUGON, CHABOUD, VANNELLE.

Par mesdits sieurs.

GUÉRIN.

Ce VI novembre 1618.

CCVIII.   1618 — 7 Novembre.

Orig. — Arch. munic. de Lyon AA, 46, fol. 39.

A MESSIEURS, MESSIEURS LES PRÉVOSTS DES MARCHANDZ ET ESCHEVINS DE LA VILLE DE LYON.

Messieurs, nous avons receu la lettre que les sieurs Cholier et Grolier, voz depputez, nous ont portée de vostre part, et entendu d'eulx ce dont vous les avez chargez. Sur quoy nous ne pouvons vous dire aultre chose que ce que nous leur avons fait entendre de vive voix, qui est que nous y ferons très bonne considération, et ferons une despêche au Roy pour luy représenter ce que nous extimerons juste et raisonnable pour le bien de son service, et le commun repos de vostre ville et du gouvernement. Cependant nous vous prions et exhortons de maintenir, de vostre cousté, toutes choses en telle doubceur et tranquillité, que rien ne se puisse innover au préjudice de l'espérance que vous debvez avoir d'ung bon accommodement. Ce que nous promettons de voz affections et bonnes voluntéz, nous prions Dieu, Messieurs, qu'il vous ayt en sa saincte garde.

A Vienne ce 7e novembre 1618.

Voz plus humbles et affectionnez à vous faire service.

LESDIGUIÈRES. VANTADOUR.

CCIX.   1618 — 11 Novembre.

Orig. — B. N. MS. Clairembault, vol. 375, p. 9085.

A MONSIEUR, MONSIEUR DE PONTCHARTRAIN, CONSEILLER DU ROY, EN SES CONSEILS D'ESTAT & SECRÉTAIRE DE SES COMANDEMENTS.

Monsieur, vous verrez en céte dépeche, le verbal [1] que monsieur de Vantadour & moy avons faict dresser de tout ce qui s'est passé en

---

[1] C'est le procès-verbal dont nous avons donné plus haut l'analyse.

notre conference de Vyenne sur le subject des differens d'entre messieurs d'Hallincourt et de Saint-Chamont et leurs communs amys. Il vous sera aisé de bien recognoistre qu'il ne se pouvoit faire davantage que ce qui s'est faict; et quant à moy je croy pour vérité que le Roy ne peut estre servy comme il le desire & le doibt estre en cette province, ni la ville de Lyon & tout le gouvernement du Lyonnois, Forest & Beaujolais demeurer en une parfecte tranquilité comme il est bien necessaire, si monsieur de Saint-Chamont ne se demet de sa charge qu'il y a moyennant recompense; c'est l'unique moyen de parvenir à une entière reconciliation entre les partyes principalles et rendre les amys de l'un & de l'autre uniz & non parciaulx ainsy qu'ils le sont maintenant; en quoy il faut aprehender le danger général et particulier. C'est à sa Majesté à y prouvoir et à moy à vous asseurer que veritablement je suis, Monsieur,

Votre bien humble et plus affectionné serviteur.

LESDIGUIÈRES.

Monsieur, je vous doibs dire avec vérité que monsieur Ollier nous a grandement aydé à servir le Roy sur ce subject y ayant aporté toute sorte de prudence, de quoy monsieur de Ventadour & moy nous louons infiniment.

A Lyon le XIe novembre 1618.

CCX.   1618 — 11 NOVEMBRE.[1]

Orig. — B. N. MS. Clairembault, vol. 375, p. 9183.

AU ROY.

Sire, il a pleu à vostre Majesté de nous commettre pour terminer les differandz d'entre messieurs d'Allincourt & de Saint-Chamond les regler en leurs charges & acommoder ce qui pouvoit estre de mal

---

[1] Cette lettre sans date doit avoir été envoyée au Roi par le même courrier qui porta à M. de Pontchartrain la lettre qui précède et le procès-verbal des conférences tenues pour accommoder le différend de MM. d'Allincourt et Saint-Chaumont.

entendu parmy leurs amis communs à cause d'eux mêmes. Nous avons vacqué à cete commission & à l'exécution des commandemens que nous avons euz de votre Majesté pour ce regard, par l'espace de neuf jours entiers en votre ville de Vyenne, où les partyes & amys intéressés se sont randuz, et donné quelques reglemens et jugemens sur aucuns poinctz que votre Majesté fera voir s'il luy plaist au proces-verbal qui en a esté dressé & signé de nous; mais le faict principal auquel conciste le service de vostre Majesté, le repos de cete ville & du gouvernement entier est demeuré indeciz & remis à vostre Majesté pour le juger sellon son bon plaisir & l'équité qui l'acompaigne en toutes choses. Bien la suplions-nous tres humblement d'avoir agréable ce que nous avons faict, prandre noz aviz de bonne part, et voulloir octroyer grace à de Ville, condempné pour reparation de l'excez par luy commis à la personne du sieur Goujon, auquel il demandera pardon, luy declairant qu'il l'a mal a propos & avec advantaige offancé, qu'il vouldroit qu'il luy eust cousté de son sang & ne l'avoir pas faict, qu'il ne scavoit pas qu'il fust eschevin de la ville de Lyon, laquelle il honnore & désire demeurer son tres humble serviteur en général & en particulier. Cet octroy, Sire, oblige des gens d'honneur à qui ce mal avisé apartient & le retiendra doresnavant de faire des faultes qui le puissent mettre en peine. C'est l'endroit ou nous supplions très humblement le Créateur voulloir donner à votre Majesté toute la prospérité, santé & tres longue vye qui luy est souhaitée du cœur & de l'affection qui vous est due & qui vous sera tousiours randue, Sire, par

> Voz tres humbles, tres hobeissans & tres fidelles subiectz & serviteurs.[1]

LESDIGUIÈRES. VANTADOUR.

Sire, nous ne devons pas oublier d'assurer vostre Majesté que monsieur Ollier l'a tres dignement servye en cete occasion, y ayant tousiours assisté & donné ses prudans aviz que nous avons resceuz.

---

[1] Voici la lettre écrite par le Roi en réponse à la lettre précédente :

« Mon Cousin, j'ai receu les lettres que vous « & mon cousin le duc de Ventadour m'avez « conjointement escrittes avec le procès-verbal « que vous m'avez envoyé de ce que vous avez

CCXI.   1618 — 19 Novembre.[1]

Cop. — Arch. de l'État, à Turin.

[A MON COUSIN MONSIEUR LE MARESCHAL DE LESDIGUIÈRES.]

Mon Cousin, il y a quelques jours que mon cousin le cardinal de Savoye m'a faict la demande au nom de son père du mariage de ma sœur Chrestienne pour le prince de Piedmont, à laquelle j'ay faict response sur le champ tres benigne et favorable pour luy laisser toute ocasion den bien esperer, car je juge par effect ne pouvoir entendre à aucun party pour madite sœur qui soit plus convenable, à moy plus agreable et à mon aviz plus utille au publicq, pour les considerations que vous savez bien vous representer. J'ay estimé en devoir aussy tost donner part aux princes mes amys de cete proposition par mes ambassadeurs ordinaires, et au roy d'Espaigne par un gentilhomme exprez que je luy ay despesché en diligence à cause de notre conjonction[2] et ce que luy est ledit duc de Savoye pareillement, pour diminuer la jalousie qu'il en pourroit concevoir. J'ay approuvé l'ouverture que m'a faict ledit Cardinal pour ledit Duc son pere, envoyé à mesme fin et en mesme temps en Espaigne ce qui peut servir utilement; car il faut que cete alliance nous serve à affermir la concorde generalle et à bien vivre avec tous nos voysins et amys. Ce petit delay de trois semaines ou un moys expiré, nous mettrons à bon escient la main à l'œuvre ; de quoy je m'asseure que ledit Duc aura contentement. Ledit Cardinal son fils a fort loué cete procedure et approuve les raisons de ce conseil plein de sincerité et de soing envers ledit Duc et sa mayson, d'affection et de consideration envers le benefice de la cause publicque. J'ay bien voullu que

« faict ensemble à Vyenne pour essayer d'acco-
« moder & mettre fin aux disferens & divi-
« sions qui sont entre les sieurs d'Alincourt &
« de Saint-Chamont; à quoy j'ay recognu que
« vous n'avez rien obmis de ce que je pouvois
« désirer sur cela de vostre soing, prudence &
« dexterité et dont je vous scay très bon gré.
« J'eusse néantmoins grandement désiré que
« ceste affere eust peu prendre une autre issue
« par le moyen de laquelle j'eusse peu estre des-
« chargé des peines & importunités que j'en
« reçois continuellement & mes subiects des
« oppressions & aprehensions qu'ils en ont souf-
« fert et en souffrent encores; et vous diray que
« je m'attendois que vous me deussiez sur cela
« donner advis de ce que vous eussiez jugé plus

« à propos d'en estre ordonné par moy. J'advise-
« ray la resolution que j'auray à y prendre,
« cependant je vous ay voulu escrire celle-cy
« pour vous tesmoigner le contentement que j'ay
« de vostre procédé & du soing que vous y avez
« apporté. Je vous prie d'y continuer toujours
« vos bons offices aux occasions qui s'en presen-
« teront, etc.

« [Louis.] »

« 21 novembre 1618. »
(B. N. MS. Clairembault, vol. 375, p. 9159.

[1] Cette pièce porte en tête : *Coppie d'une lettre du Roy escrite à monsieur le mareschal des Diguières le XIX novembre.*

[2] Parenté.

fussiez informé de l'estat present de cet affaire, comme je commanderay que le soyez de la suitte. Priant Dieu, mon Cousin, qu'il vous ayt tousjours en sa garde, etc.

[Louis.]

CCXII. 1618 — 20 Novembre.

Orig. — Arch. de l'État, à Turin.

[A S. A. MONSEIGNEUR LE DUC DE SAVOIE.]

Monseigneur, encores que ie soye asseuré que votre Altesse aura desia sceu par le sieur Gabaleon la nouvelle certaine de tout ce qui s'est passé à l'arrivée de monseigneur le Cardinal en court, et le bon accueil et favorables caresses que le Roy luy a faites, si ne lairray-ie d'envoyer à votre Altesse ce que i'en ay appris par une lettre que ie vyens de recevoir tout presentement de sa Majesté mesmes, qui m'a fait l'honneur de m'en escrire, et par une autre encores de monsieur de Marcieus dont je vous envoye les coppyes[1], par lesquelles votre

---

[1] Lesdiguières était tenu au courant jour par jour de ce qui se passait à la cour, par son agent le comte de Marcieu ; l'arrivée du cardinal de Savoie et la manière dont il serait reçu le préoccupait fort, et il envoyait au duc de Savoie les nouvelles qui pouvaient l'intéresser à mesure qu'il les recevait. A cette lettre notamment sont jointes trois missives de M. de Marcieu datées des 12, 13 et 18 novembre de dix grandes pages. Il y apprend à Lesdiguières que le cardinal de Savoie arriva à la cour le 7, fut reçu en audience le 8 ; il alla ensuite rendre visite à la Reine, tandis que le Roi était caché pour savoir ce qui se passerait entre eux. Tous les jours suivants les princes ont fait leurs visites au Cardinal qui les a rendues. Le 12, le Cardinal fit officiellement au Roi la demande de la main de sa sœur Chrétienne de France pour son frère le prince de Piémont : cette ouverture fit plaisir au Roi qui partit presque aussitôt avec le Cardinal pour Saint-Germain. Le 17 le Roi est revenu de Saint-Germain avec le Cardinal qui a dîné avec lui et a été ramené dans les voitures de la cour. On a envoyé un messager à la reine-mère alors en exil à Blois, pour lui annoncer le prochain mariage de sa fille. Le Roi annonça également à Lesdiguières l'arrivée du Cardinal de Savoie par les deux lettres suivantes, nous ignorons la date de la première, la seconde est du 22 novembre.

« Mon Cousin, ce mot ne sera que pour vous asseurer de ma bonne disposition attendant que par le sieur de Verdun que je vous renvoyeray dans peu de jours, vous soyez amplement informé de toutes les occurrences de deça. Je vous diray cependant que mon cousin le Cardinal de Savoye arriva en cette ville le VI de ce moys et trouvay bon qu'il me vist des le jour mesme en particulier, et le lendemain je luy donnay audience publique et luy ay faict rendre les honneurs et bons accueils qui sont deubs à ceux de sa qualité et comme à un personnage que j'estime et affectionne particulierement. Et à la vérité je vous diray que jusques à present j'ay un grand contentement de luy. Je vous feray sçavoir cy apprez ce qui sera passé entre nous sur le subiect de son voyage. Je n'ay encores pris au-

Altesse pourra remarquer que tout va à son souhait de ce coste la, et tout ainsi qu'elle le sauroit desirer, avec tous ses fideles serviteurs comme moy, qui m'en resiouis de tout mon cœur, et prye Dieu que comme ce commancement a esté veritablement heureux, la suite et le succez en soyent tous semblables au contantement de votre Altesse, à laquelle je rendz graces tres humbles du souvenir qu'elle daigne avoir du sieur de Bonneval; c'est vostre creature, Monseigneur, qui employera tousiours tout pour vostre service, et ses amis aussi ce qu'ils ont de reste, et moy en particulier qui ne me lasseray jamais de rechercher l'honneur de voz commandemens pour y rendre l'obeissance que ie doy, comme la personne du monde qui vous est la plus obligée, et qui sera jusques au dernier souspir, Monseigneur,

Vostre tres humble et tres obeissant serviteur.

LESDIGUIÈRES.

Le 20ᵉ novembre 1618 au Pontdain.

cune resolution sur ces afferes de Bearn; c'est pourquoy je remettray à une autre fois à vous en escrire et ne vous feray icy plus longue lettre que pour prier Dieu, mon Cousin, etc.

« [LOUIS.] »

« Mon Cousin, je vous fais ceste lettre à part pour vous dire que i'espere que le sieur de Verdoin partira dans un jour ou deux pour vous aller trouver, lequel vous rendra compte des affaires qu'il avoit charge de poursuivre de deça; cependant vous saurez que mon cousin le Cardinal de Savoye a eu sa seconde audience en laquelle il m'a presenté des lettres de mon oncle le duc de Savoye, son pere, par lesquelles et par ce que ledit sieur Cardinal m'a dit de bouche, il m'a temoigné avoir pris une si ferme resolution de se vouloir attacher aux interetz de ceste coronne et à mon particulier service, que pour s'y obliger encores davantage il s'est resolu de rechercher l'honneur de mon alliance, me fesant, pour cet effect, demander ma seur en mariage pour le prince de Piedmont son fils. Je n'ay peu recevoir que en tres bonne part la demande et proposition qu'il m'en a faite, et y a beaucoup de bonnes considerations qui m'obligent de ne la point regetter. Neantmoins cet affaire estant du poix et de l'importance que vous pouvez juger, je me suis voulu donner quelques jours de loisir auparavant que de luy en fere responce, et cependant je vous ay voulu donner aviz de cette recherche comme de chose ou il s'agist de mon service particulier et du bien et affaires de cette coronne, et vous tiendray pareillement averty de la resolution que j'y prandray et de la responce que je feray sur cette demande. Et n'estant ceste à autres fins, je prieray Dieu, etc.

« [LOUIS.] »

(Arch. de l'État, à Turin. Copie.)

CCXIII.   1618 — 25 Novembre.

Orig. — Arch. de l'État, à Turin.

[A S. A. MONSEIGNEUR LE CARDINAL DE SAVOIE.]

Monseigneur, la lettre qu'il a pleu à vostre Altesse m'ecrire du dix-neufieme de ce moys m'a esté aujourdhuy rendue par le moyen de monsieur de Marcieus qui m'a bien particulierement aprins tout ce qui s'est jusques icy passé depuis l'arrivée de votre Altesse à la court. Ces heureux commencemens, ne peuvent promettre qu'une semblable yssue, laquelle je desire pour le contentement particulier et publicq, et y porteray tout ce que je doibs au Roy et à vostre illustre maison. Si les affaires de vostre negociation, Monseigneur, se resolvent comme je l'espere et desire, il me semble que votre Altesse doibt laisser à la court lors qu'elle en partira, le sieur de Marcieus pour les raisons que j'ecry à monsieur le comte de Verrue; touteffoys cela demeure au prudent jugement de votre Altesse. Je la remercie tres humblement de la souvenence qu'il luy plaist avoir du sieur de Beauregard, si ses fortunes sont redressées en quelque prosperité il luy en aura une grande obligation et tous ceulx qui luy touchent. Quant à moy, je ne puis estre plus que je suis, Monseigneur,

Vostre tres humble et tres obeissant serviteur.

LESDIGUIÈRES.

A la Verpillere le 25e novembre 1618.

CCXIV.   1618 — 26 Novembre.

Orig. — Arch. de l'État, à Turin.

[A S. A. MONSEIGNEUR LE DUC DE SAVOIE].

Monseigneur, à mon retour de Bresse, en ce lieu, j'ay receu deux depêches de monsieur de Marcieux qui contiennent plusieurs particularitez concernant ce qui s'est passé en la negociation de monseigneur le prince Cardinal; et encores que ie soye tres asseuré que votre Altesse en apprend de jour à autre plus que je ne luy en sçaurois escrire, je ne laisse pourtant de luy envoyer tout ce i'en ay peu sçavoir; elle l'aura s'il luy plait agreable et que ie continue à me resiouir avec tous ses autres fideles serviteurs de la prosperité de ses affaires et du bon succez que i'y prevoy. Dieu la vueille benir et douer de ses plus precieuses faveurs, affin que le parachevement en soit à vostre contantement. Le plus grand qui me puisse arriver est que votre Altesse m'honnore de ses commandemens sur toutes ces occurrances ou elle cognoitra que ie la pourray utilement servir, affin que i'y apporte l'obeissance et la fidelité que j'y doy, Monseigneur, comme

 Vostre tres humble et tres obeissant serviteur.

LESDIGUIÈRES.

Ce 26 novembre 1618 à la Verpiliere.

CCXV.   1618 — 27 NOVEMBRE.

Orig. — Arch. de l'État, à Turin.

[A S. A. MONSEIGNEUR LE DUC DE SAVOIE.]

Monseigneur, j'envoyay hier à vostre Altesse toutes les nouvelles que j'avois eues par plusieurs letres de monsieur le baron de Marcieus, et aujourd'huy j'ay eu des depêches du Roy ou il y avoit deux letres dont j'ay estimé devoir donner part à votre Altesse par les coppies qu'elle en trouvera avec côte cy, ce qui luy fera cognoistre la prosperité des affaires qu'elle affectionne pour en esperer l'yssue d'elle desirée et de tous ses vraiz serviteurs. Je me metz en ce nombre et luy prometz que rien ne m'arrivera concernant cête negociation que je ne luy en face expresse depeche pour son contentement. Dieu la conserve, ainsy que le souhaite, Monseigneur,

 Vostre tres humble et tres obeissant serviteur.

LESDIGUIÈRES.

A la Verpilliere le 27 novembre 1618.

CCXVI.   1618 — 30 Novembre.

Orig. — Arch. de l'État, à Turin.

[A S. A. MONSEIGNEUR LE DUC DE SAVOIE.]

Monseigneur, ces deux pacquetz, que céte letre acompaigne, viennent de m'etre randuz tout presantement, et me sont recommandez avec tant d'affection, que ie n'ai pas voullu permettre qu'ilz ayent sesiourné auprez de moy d'avantaige que pour faire ces lignes à vostre Altesse qui ne sont à aultre subiet, n'ayant rien de particulier à luy mander pour cet heure, sinon de la supplier comme je fais tres humblement avoir agreable que ie me dye tousiours, Monseigneur,

Vostre tres humble et tres obeissant serviteur.

LESDIGUIÈRES.

A Grenoble le dernier novembre 1618.

CCXVII.   1618 — 8 Décembre.

Orig. — Arch. de l'État, à Turin.

[A S. A. MONSEIGNEUR LE DUC DE SAVOIE.]

Monseigneur, vostre Altesse me pardonne si je luy di que je suis entré en un tres grand estonnement de la voir en une telle alarme ou deffience que je l'ay veue sur le faict du mariage, par sa lettre du second jour de ce moys; car puisque les aviz que votre Altesse a euz de la court, se trouvent semblables à ceulx que je luy ay donnez, elle se doibt asseurer que la proposition et demande faicte dudit mariage a esté non seullement agréable, mays receue et acceptée avec promesse d'un accomplissement et succez entier. Tous les serviteurs les plus confidens que vous ayez à la court s'en asseurent et en ont deu asseurer votre Altesse et si bien, par forme de compliment, le Roy s'est retenu un peu de temps pour donner part à ses amys et alliez en ce negoce, ce n'est pas à dire que ce ne soit chose bien resolue en l'esprit de sa Majesté et ne se trouve maintenant aupres d'elle, nulle faction assez puissante pour renverser ses vollontez et les fere changer. La Reyne mère à qui sa Majesté en a écrit, a eu ledit mariage agreable, et quant au roy d'Espaigne, encores qu'il ne l'agrée pas, si est ce que par la response que sa Majesté aura de luy il feindra de l'agréer, par ce qu'il scait bien qu'il ne le peut empecher. Je ne scay pas si votre Altesse aura trouvé bon l'aviz qui luy a esté donné d'en écrire audit Roy, par forme d'acquit à cause de vostre mutuele proximité; vous en aurez faict ainsy qu'il vous aura pleu, mays il me semble que votre Altesse doibt demeurer asseurée des effectz de la bonne vollonté de sa Majesté et de tous ceulx qui la servent, et ne vouldrois pour chose du monde qu'elle creust que vous y aprehendez du changement. J'ay prins occasion d'escrire presentement à monsieur de Marcieus qui est tout à faict serviteur de votre Altesse; j'auray bien tost de ses nouvelles et ne manqueray de la tenir avertie, à toutes occasions. Cependant je la supplie de demeurer en bonne esperence et de tenir tousjours, Monseigneur, pour

Vostre tres humble et tres obeissant serviteur.

LESDIGUIERES.

Monseigneur, si les afferes n'ont changé, ie crois que vous aurez tout contantement.

A Grenoble le VIIIe decembre 1618.

CCXVIII.   1618 — 16 DÉCEMBRE.

Orig. — Arch. de l'État, à Turin.

[A S. A. MONSEIGNEUR LE PRINCE DE PIÉMONT.]

Monseigneur, vostre Altesse saura des nouvelles de la Court, tant par la bouche du sieur de Baronnat, donneur de céte lettre; que par la dépêche qu'il rendra à son Altesse vostre pere de la part de monseigneur le prince Cardinal vostre frere. Je ne vous en diray donc point icy pour ne vous écrire inutilement, mays je supplie tres humblement votre Altesse de favoriser monsieur le duc de Nemours aux justes et equitables demandes que sont faictes pour luy à son Altesse. Je luy en écry ainsy comme son tres humble serviteur, sachant sa bonté et son equité et il me semble qu'il en doibt user en céte occasion qui peut grandement servir à son contentement. Je le desire sur toutes choses puisque c'est aussy le vostre propre, et que je suis, Monseigneur,

Vostre tres humble et tres obeissant serviteur.

LESDIGUIÈRES.

A Grenoble le XVIe decembre 1618.

CCXIX.   1618 — 17 DÉCEMBRE.[1]

Imprimé. — *Suite des Lettres et Mémoires de Messire Philippes de Mornay*. Amsterdam, Elzévir, 1651, p. 109.

[A MONSIEUR DUPLESSIS, CONSEILLER D'ÉTAT, CAPITAINE DE 50 HOMMES D'ARMES, GOUVERNEUR DE SAUMUR.]

Monsieur, le moyen que je vous avois enseigné pour me donner de vos lettres, et vous faire avoir des miennes, s'est trouvé si favorable, qu'il m'a fait recevoir celles qu'il vous a pleu m'escrire le troiziesme du mois passé[2], ce qui nous peut promettre une assés grande seureté pour nous escrire, si vous trouvés bon que nous nous y tenions; mais si vous en disposés autrement je suivray ce que vous m'en prescrirés, et mesmes avanant que vous jugiés plus à propos de faire passer nos lettres à Paris. J'ai leu et releu vostredite lettre; elle est toute pleine de bonnes intentions, que vostre probité et vostre équité naturelle suggerent en vous; les fruits de la longue experience que vous avés aux affaires du monde s'y apperçoivent, et s'y voyent clairement les ouvertures les plus propres et les plus convenables pour oster au Roy la defiance qu'on luy a jusques icy donnée de ses subjets de la religion, fomentée et accreue par leurs propres actions

---

[1] Cette lettre est sans date, mais on la trouve dans les lettres de Duplessis-Mornay avec la mention du 17 décembre 1618.

[2] Cette lettre de Duplessis-Mornay, du 3 novembre 1618, se trouve dans sa correspondance. (Amsterdam, 1651, p. 84 et 87.) Une copie du temps en existe à la Bibliothèque de Zurich.

c'est avec regret qu'il faut ainsi le confesser) & accorder, comme certes j'accorde avec vous, Monsieur, qu'il est necessaire que nous travaillions soigneusement à ce point, duquel depend le bien de l'estat, le contentement de sa Majesté et nostre propre seureté et repos. Il faut, dites-vous, avant toute œuvre finir l'affaire de Bearn[1]. On m'asseure de la court que c'est une chose faitte, que monsieur de Mayenne y va mettre la derniere main par la douce volonté de sa Majesté et qu'il remettra tres bien monsieur de la Force avec elle, mais on ne m'escrit point en quelle façon cest accomodement est fait. C'est chose que j'attens et desire de sçavoir; et quand ceste nouvelle ne se trouveroit veritable je ne pourrais porter en ce subject, soit envers sa Majesté, soit envers ceux de Bearn, que ce que j'y ay desja contribué, car à elle j'ay franchement escrit qu'elle les debvoit ouïr, et fuir la voye extreme; et à eux, qu'ils se debvoient disposer à obeissance, puis qu'on leur donnait de l'asseurance. Si l'affaire a pris fin au gré de sa Majesté il en faut louer Dieu, et commencer à ce qui doit suivre ceste action; car encor qu'elle semble particuliere, elle porte coup et donne entrée à ce remede, qui se doit porter à la guarison du mal général, comme vous l'avés tres bien consideré. Je conviens avec vous, Monsieur, qu'avant toutes choses nous devons demander la permission de nous assembler, et faire que nostre assemblée soit telle, que les conferences et resolutions qui s'y feront, apportent plustost de la satisfaction et du contentement à sa Majesté qu'un accroissement d'ombrage. C'est pourquoy auparavant que d'en faire la demande il faut disposer les provinces à comprendre la fin de cette assemblée, qui sera pour reparer nos manquemens et fautes passées, nous rendre agreables à sa Majesté par nos tres humbles submissions à tous ses justes commandemens; luy demander avec la mesme humilité l'observation des édits et declarations qu'il a pleu à elle et à ses predecesseurs faire en nostre faveur, sans permettre qu'ils soient tronqués, restraints ny modifiés par ses Parlemens; nous faire rendre une prompte et non languissante justice sur toutes especes de contraventions auxdits édits; faire equitablement pourvoir à nos justes plaintes et demandes, et en recevant contentement de nous, qu'il luy plaise nous approcher d'elle, et monstrer qu'elle nous cherit et ayme

---

[1] Voir sur les affaires du Bearn la note de la pièce n° XII, p. 12 du présent volume.

comme ses tres humbles subjets et serviteurs, nous faisant paroistre son affection et bienveillance paternelle par la participation ès honneurs et ès charges, desquelles sesdits édits nous rendent capables; les faisant au surplus executer de bonne foy là où il est besoin qu'ils le soient par des personnes non partiales ny passionnées, qui à la moindre opposition du peuple s'arreste et font jugement de partage, lequel languit au conseil, sans y estre vuidé[1]. Après que lesdites provinces auront compris la fin d'une telle assemblée, elles sçauront ou debvront faire le choix de leurs deputés, y admettant des gens de bien, paisibles amateurs de l'estat et de l'authorité du Roy, et non ceux qui ont un zèle sans consideration, ou qui avant que partir de leur maison se sont laissé gaigner ou preoccuper par les passions de quelquesuns, qui estiment que la religion ne se peut augmenter ny maintenir que dedans le trouble, où eux-mesmes se veulent nourrir et accroistre. Je ne sçache personne plus propre, ny plus necessaire que la vostre, Monsieur, à gaigner ce point sur les provinces, qui vous connoissent, estiment et honorent. Celles de deçà sont de ce nombre, comme toutes les autres, mais pour amoindrir vostre peine j'y disposerois les plus proches de moy, observant tout ce que je pourrois et debvrois observer pour ne leur estre en soupçon; et c'est aussi de cela qu'il vous faudroit garder. Ce fait, il seroit temps de demander l'assemblée, et en promettre une issue qui contenteroit sa Majesté et reussiroit à nostre commun bien, ce qui inciteroit à nous en accorder d'autres bien plus facilement à l'advenir. Encor desirerois-je qu'à la prochaine assistassent les grands de la religion, sous pretexte d'authoriser les deliberations qui s'y feroient; mais en effet, pour moderer les passions, s'il s'y en trouvoit, et rabattre les illicites demandes qui pourroient donner du mescontentement à sa Majesté. Et pour l'oster de l'ombrage d'une telle extraordinaire assistance, il faudroit accortement en faire comprendre la fin aux plus confidens de ses ministres, et sans aucun bruit, pour ne point effaroucher nos difficiles, auxquels aussi il faudroit faire trouver bon ce dessein et mesmes gaigner ce point, que nos grands fussent au nombre des

---

[1] L'exécution de l'édit de Nantes était confiée à des commissaires moitié catholiques moitié protestants; quand une difficulté se présentait, en général, les commissaires ne pouvaient se mettre d'accord, rendaient un arrêt de partage qui renvoyait l'affaire au conseil du Roi, qui la laissait languir dans les cartons pour peu que le droit parut être du côté des protestants.

deputés, autrement ils n'auroient que la voix instructive et non la deliberative. C'est ainsi qu'il me semble que nostre assemblée se debvroit faire, pour donner de la satisfaction à sa Majesté et aux gens de bien le fruit qu'ils en desirent. Mais, Monsieur, si mon opinion me deçoit, je me submettray tousjours à vostre meilleur advis, lequel je vous demande en ceste occasion et en toutes autres generales ou particulieres. Si nous pouvons faire reussir un tel projet, il se faut promettre que nos affaires bonifieront leur condition, par ce qu'estans proches de sa Majesté nous y serons en consideration, et ferons evanouir beaucoup de desseins que ses mauvais serviteurs sont coustumiers d'ourdir à nostre desavantage. Je seconderay toutes vos bonnes intentions et m'y mesleray autant que je le dois, et que vous le pouvés desirer. Je desire vostre santé et vostre longue vie. Dieu vous conserve l'une et l'autre aussi longuement que je les souhaitte pour moy, qui suis et seray tousjours, Monsieur,

Votre plus humbe et tres affectionné serviteur.

LESDIGUIÈRES.

A Grenoble, [le 17 decembre 1618].

CCXX.   1618 — 18 DÉCEMBRE.

Orig. — Arch. de l'État, à Turin.

[A S. A. MONSEIGNEUR LE DUC DE SAVOIE.]

Monseigneur, j'ay arresté icy plus longtemps que ie ne pensois le sieur de Bonival, sur la croyance que i'avois de voir le sieur de Verdoin, et d'apprandre de luy ce qui se passe à la court, affin d'en donner cognoissance à votre Altesse; mais ayant attandu desia plus d'un mois le retour de cet homme qu'on me promet de jour à autre, et ne le voyant venir, j'ay estimé ne devoir retenir davantage cedit porteur, mais plustost le vous renvoyer avec ce que i'ay appris par deux lettres que monsieur de Marcieu m'escrit des 4 et 7e de ce mois, par ou votre Altesse verra comme ses affaires y sont en tres bon estat, et tel qu'elle scauroit desirer pour son contentement. Votre Altesse sait trop mieux les longueurs de la court et cet affaire estant de l'importance qu'il est, ne se peut achever qu'avec le temps, auquel il se faut accommoder le plus souvent et aux personnes à qui on a affaire. Il vous a pleu, Monseigneur, agréer le mariage dudit sieur de Bonnival, lequel il s'en va achever si le bon plesir de votre Altesse est tel[1]. Ce sera un bienfait dont tous ses amis avec luy vous demeureront perpetuelement obligez. S'il luy plaisoit aussi avoir agreable de commander que le sieur de Chambillac fust depeché pour ce qui est du passé, ce seroit relever le sieur du Mas et ses compagnons qu'il a icy sur les bras, d'une grande peine et despence, et les obliger tous à vous continuer le tres humble service qu'ils vous doivent, et si votre Altesse n'a besoin d'eux pour l'avenir, me fezant cognoitre ses volontez, elle sera obeye en cet endroit et tout autre ou il luy plairra m'honnorer de ses commandemans, lesquels attandant je demeureray comme je suis, Monseigneur,

Vostre très humble et tres obeissant serviteur.

LESDIGUIÈRES.

Le 18 décembre 1618, à Grenoble.

CCXXI.   1618 — 25 DÉCEMBRE.

Orig. — Arch. de l'État, à Turin.

[A S. A. MONSEIGNEUR LE DUC DE SAVOIE.]

Monseigneur, encores que je soye tres asseuré que monsieur le marquis de Caluse n'oubliera aucune particularité à vous representer de tout ce qui se passe à la court, si ne lairray-ie de faire part à votre Altesse de ce que j'ay peu apprendre par deux diverses depéches que je receus yer de monsieur le baron de Marcieus, ou elle verra que ses affaires s'avancent de jour à autre par un commun consantement de tous ceux qui manyent tout. Je m'asseure que votre Altesse ne tardera guieres d'en avoir le parfait contentement que tous ses bons et fideles serviteurs luy souhaitent, et moy en particulier qui m'estimeray le plus heureux, quant, en ceste occurrance et toute autre, elle

---

[1] Charles d'Agoult, sieur de Bonneval, épousa, le 22 février 1619, Blanche d'Autric de Ventimille, d'une famille de Provence.

me fera l'honneur de me departir ses commandemens ausquels je randray l'obeissance que ie doy pour estre comme je suis, Monseigneur,

Vostre tres humble et tres obeissant serviteur.

LESDIGUIÈRES.

Le jour de Noel 1618 à Grenoble.

CCXXII. 1618 — 25 DÉCEMBRE.

Orig. — Arch. de l'État, à Turin.

[A S. A. MONSEIGNEUR LE PRINCE DE PIEMONT.]

Monseigneur, je croy qu'avant que ceste lettre vous soit rendue vostre Altesse aura veu monsieur le marquis de Caluse et sceu toutes les bonnes nouvelles qu'il vous porte qui sont telles que tous voz bons et fideles serviteurs peuvent souhaiter. J'en ay appris quelques particularitez par deux depeches que m'a faites le sieur de Marcieus, lesquelles j'envoye à Monseigneur vostre pere. Votre Altesse les verra et y apercevra que ses affaires s'avancent de jour à autre, voire en telle sorte qu'on croit les voir achevées dans la fin de ceste annee. Je le desire passionement avec l'honneur de voz commandemens pour y obeyr comme le doit et y est parfaitement obligé, Monseigneur,

Vostre tres humble et tres obeissant serviteur.

LESDIGUIÈRES.

Ce iour de Noel 1618 à Grenoble.

CCXXIII. 1618 — DÉCEMBRE.

Orig. — Arch. de l'État, à Turin.

[A S. A. MONSEIGNEUR LE DUC DE SAVOIE.]

Monseigneur, s'il falloit que le sieur de Beauregard (qui rend céte lettre à vostre Altesse) luy donnast caution et asseurance qu'il est son tres humble serviteur et qu'il ny a personne de sa condition en ce royaume qui plus librement et affectionnément que luy exposast sa vye pour vostre service, je luy en servirois tres vollontiers, sachant bien que ce qu'il en dira à votre Altesse procedera du meilleur de son cœur et qu'il est tout semblable en effectz qu'en ses parolles. Soubz céte croyance, Monseigneur, je supplie tres humblement votre Altesse de le favoriser de ses lettres au Roy, à monseigneur le Cardinal, à monsieur de Luynes et à monsieur de Modéne, pour pouvoir par vostre puissante entremise sortir tout à faict de l'affaire qui le detient de si longue main en peine. Il aura céte grande obligation à votre Altesse, à laquelle il rendra son tres humble service, apres avoir acquis une pleine et entiere liberté; et moy qui suis son intercesseur, je demeureray tousjours, Monseigneur,

Vostre tres humble et tres obeissant serviteur.

LESDIGUIÈRES.

A Grenoble le .... decembre 1618.

Monseigneur, je supplie tres humblement votre Altesse qu'il luy plaise de commander que ledit sieur de Beauregard soit promptement expedié par ce que son sejour luy est prejudiciable.

CCXXIV. 1619 — 17 Février.

Cop. — A M. Roman, à Gap.

[ORDONNANCE DU DUC DE LESDIGUIÈRES DEFENDANT A SES SUJETS DU CHAMPSAUR D'ACHETER D'AUTRE VIN QUE CELUI QU'IL RÉCOLTE A REMOLLON.]

Le seigneur de Lesdiguières, duc de Chansaur, maréchal de France, gouverneur et lieutenant général pour le Roy en Dauphiné : nous ordonnons bien expressement à tous nous sugets du Chansaur et aultres qui font voyture de vin du cousté dudict Chansaur, de n'an achepter point d'autre que de celuy que nous avons à Remoulon et auprès, comme qu'ils l'acheptent des aultres; et à tous les houstes dudict Chansaur despuis le col de Sainct Guigues, le col de Manse et d'Anselle de n'an achepter point d'autre jusques à ce qui soyt entierement debité, à peyne aux contrevenants de confiscation dudict vin et [saisie] de leur bestail et vin, jusques à ce que par nous en soyt autrement ordonné; commetant à cest efet Jacques Goubert, soldat de nous gardes ou Brunet quy a la charge de la desbite dudict vin, duquel prandront [ordre].

Fet à Grenoble le 17 février 1619.

LESDIGUIÈRES.

Par mondit seigneur :
BREMONT.

CCXXV.   1619 — 3 AVRIL.

Imprimé : — *Coppie d'une lettre écrite à la Royne mère par monsieur le mareschal Des Diguières.* Lyon, 1619.

[A LA ROYNE MÈRE]

Madame, en quelque lieu que vous serez vous serez toujours asseurée des armes du Roy, mon tres honnoré seigneur et maistre, lesquelles ne porteront jamais la poincte contre vous. S'il faict, comme l'on vous a faict entendre des levées de gens de guerre, il le doit faire, et le peut sans estre obligé d'en rendre compte à personne; autre ne le peut en son royaume sans son commandement; qui y contreviendra sentira les effects de sa cholère, et cognoistra qu'il chérit les bons et punit les rebelles. Vous devez plus croire et esperer du Roy vostre fils que d'un mauvais serviteur qui ne vous scauroit asseurer, et lequel ne prétend que de se maintenir par vostre authorité. Croyant que vous assurerez plus en parolle royale qu'en celle d'un sujet mal avisé, je demeure à jamais, Madame,

Vostre tres affectionné, tres obeissant tres fidelle serviteur et sujet.

LESDIGUIÈRES[1].

De Grenoble ce 3 avril 1619.

---

[1] La Reine mère, exilée au château de Blois, s'enfuit le 22 février 1619 à Angoulême avec l'aide et la protection du duc d'Épernon. Elle fit part aussitôt par lettres missives à la plupart des gouverneurs de province des motifs qui l'avaient fait agir. Videl (*Histoire de la vie du connétable de Lesdiguières*, Paris, 1638, p. 322 et suiv.) cite deux lettres de la Reine et d'Épernon à Lesdiguières pour l'informer de cet événement. Il cite également les réponses de Lesdiguières à ces deux lettres : la réponse à celle de la Reine est très différente de celle que nous publions et qui a été très probablement imprimée par ordre de l'auteur. Voici la version de Videl :

« Madame, j'ay receu la lettre, dont il a pleu à vostre Majesté m'honnorer, elle m'apprend vostre retraite hors de Blois, que je ne vous tairay point m'avoir esté une forte inopinée nou-

CCXXVI.   1619 — Avril.

Imprimé : *Histoire de la vie du Connétable de Lesdiguières*, par L. Videl. Paris. 1638, p. 323.

[A MONSIEUR LE DUC D'ÉPERNON.]

Monsieur, je vous suis infiniment obligé de la bonne opinion qu'il vous plaist avoir de moy, et tacheray tousjours de m'y conserver par mes services. La lettre dont il a plû à la Reyne m'honorer, m'apprend sa retraite de Blois et vous ajoutez à cela, que c'est par son commandement que vous l'avez servie en cette occasion. J'ay tousjours fait l'estime que je dois de tout ce qui vient de vous, Monsieur, mais cette action estant comme elle est extraordinaire, vous me permettrez, s'il vous plaist, de vous dire en liberté, et comme vostre tres humble serviteur, que je crains qu'elle ne soit pas interpretée du Maistre, aussi favorablement que vous pourriez desirer, et que les mauvaises consequences qu'elle peut tirer apres soy, ne vous soyent en partie imputées. Or comme c'est la commune apprehension des bons serviteurs de sa Majesté que ce changement inopiné, n'apporte de l'altération à l'estat, il est de vostre prudence et du grand credit que vous avez auprès de cette Princesse, de faire que tout se passe au contentement du Roy, ce que l'on doit esperer de vostre bonne conduite. Quand à moy, qui n'ay jamais eu d'autre but que son service, ny de plus proches interest que les siens, je suis resolu de me tenir au gros de l'arbre, quoy qu'il arrive, et de ne m'esloigner point, pour quelque respect que ce soit, des termes de mon devoir. C'est en quoy j'ay tousjours fait consister ma principalle satisfaction ; j'en auray une tres particulière, quand je seray assez heureux pour vous tesmoigner que je suis, Monsieur, etc., etc.

[LESDIGUIÈRES.]

velle, et qui m'a donné un sensible déplaisir pour la crainte que j'ay que ce changement n'apporte de l'alteration à l'estat. Toutefois comme il plaist à vostre Majesté me faire l'honneur de me tesmoigner qu'elle est toute pleine de bonnes intentions, j'espère qu'il ne se passera rien de sa part, qui ne soit au contentement du Roy. Et quand à moy, qui suis attaché par toute sorte de devoirs et obligations au service de sa Majesté pour ne m'en separer jamais, quoy qu'il arrive ; tout ce que je puis en cet endroit, est de prier Dieu, comme je fay du plus profond de mon cœur, qu'il luy plaise de vous assister, Madame, de ses saintes inspirations, à la satisfaction de sa Majesté et au bien de son royaume, vous suppliant très-humblement me faire l'honneur de me tenir, Madame, etc., etc.

« [LESDIGUIÈRES.] »

CCXXVII.   1619 — 31 Mai.

Orig. — Arch. de M. le Vte de Sallemard, à Peyrins.

A MONSIEUR DE LA ROCHE.

Monsieur, je vous envoye les lettres que vous aves désirez de moy par la vostre ; je me réjouys bien fort que les précedentes ayent serviz au sieur de Gardon et souhaitte un mesme effect à celles-cy. Si vous avez encore besoing de quelque chose que je puisse, escrivez-moi et je vous tesmoygnerois tousjours que je suis veritablement, Monsieur,

    Vostre bien humble pour vous fere service.

                             LESDIGUIÈRES.

A Grenoble le dernier may 1619.

CCXXVIII.   1619 — 15 Juillet.

Orig. — Arch. de M. le Cte de Monts, à la Côte-Saint-André.

A MONSIEUR, MONSIEUR DE BLANVILLE, A LA COSTE.

Monsieur, ayant heu commandement du Roy de faire la levée d'un regiment de gens de pied pour son service, j'ay creu que possible vous me ferez bien la faveur d'y prendre une compagnie. J'ay tousjours espéré de recepvoir des preuves de vostre amité dans les occasions et comme il [ne] se peut point rencontrer de plus importante [je] croy aussy que vous accepterez un offre qui [vous] donne le moyen, en m'obligeant bien fort, de se[rvir] utilement sa Majesté. L'on me promet quatre cen[ts] escuts pour compagnie et je doneray [aussi] un quartier pour vingt jours que je tasch[eray] de faire valloir le plus advantageusement q[ue] se pourra. J'attend vostre response et vous conjure de me la faire connoistre; en attendant veuillez me croire, Monsieur,

    Vostre tres affectionné serviteur.

                             LESDIGUIÈRES.

A Grenoble le XV juillet 1619.

CCXXIX. 1619 — 23 Aout.

Imprimé : — *Lettre et advis envoyé au Roy par monsieur le mareschal de Lesdiguières*. A Tours, MDCXIX, in-8°, 8 p.

[AU ROY.]

Sire, il est bien aise à vos subjets de la religion de cognoistre les justes & droittes intentions de vostre Majesté envers eux, les édicts et les déclarations par vous faictes sur iceux en leur faveur en font foy, & personne ne doubte que vous n'ayez la volonté toute entière qu'ils soyent entierement exécutez. Toutes fois, Sire, s'il en faut beaucoup que votre Majesté ayt esté en cela obeye, & vosdits subjects contentez ; c'est ce qui est cause, Sire, que vous recognaissant leur père, & ayans ceste prérogative de se pouvoir dire vos enfans, ils vous adressent leurs ordinaires plaintes fondées sur l'evidente inexécution desdits édicts en plusieurs points, & sur les contraventions qui se font en beaucoup d'autres. Il a pleu à votre Majesté de permettre à vosdits subjects de s'assembler à Loudun ; si avant le commencement de ceste assemblée ils avoient le contentement que vostre volonté leur donne, elle ne prendroit son issue que par des actions de grâces qu'ils rendroient à votre Majesté de la juste faveur qu'elle auroit estendue sur eux, au lieu qu'il faudra qu'ils remplissent leurs cahiers de plaintes & demandes qui les rendront odieux à ceux qui en ignoreront la justice. Et puis qu'ainsi est, Sire, que par tant d'actions Dieu m'a faict la grâce de faire cognoistre à vostre royaume que je ne respire que son asseuré repos, & vostre seul service, je supplie très humblement votre Majesté de trouver bon que je luy die qu'il seroit necessaire avant la tenue de ladicte assemblée, qu'il luy pleut en premier lieu recevoir en la cour de Parlement de Paris, les officiers de ladite religion que vous y avez promeus, affin que vos autres cours ne fissent difficulté d'en recevoir, si à l'advenir vous en prouvoyez : car le refus dudit Parlement fait présupposer vosdits subjects indignes des charges, contre la disposition de vosdits édicts qui les admettent expressement comme naturels françois & non estrangers. Secondement faire rendre à vosdits subjects les places de seurté qui leur ont esté ostées; particulierement pourvoir d'un gouverneur à la ville de Leytoure qui soit de la religion, car celui qui en doit estre osté par l'authorité de votre Majesté fait notoirement tous actes non de catholique romain seulement, mais d'ennemy formel de ladicte religion. En troisiesme lieu reprendre le traicté des differens de Bearn, et le terminer par les meilleurs moyens qui se pourront trouver pour le contentement de votre Majesté & repos de ses subjects : faire le plus tost possible qu'il se pourra exécuter l'article du traicté de Loudun qui touche ceux de ladite religion, portant que commissaires seront envoyez par les provinces pour y executer l'édict, & faire reparer les contraventions qui y ont esté faictes : conserver au sieur président du Cros le rang qui luy est deu en la chambre de l'édict de Grenoble par l'ordre du tableau, & quoyque l'affaire semble particuliere, la considerer comme generalle, & dependante des édicts. Et finallement faire mettre par la puissance absolue de votre Majesté le sieur de Labrely, donneur de ceste lettre, en la possession et jouyssance de l'office de substitut de vos gens audit Parlement, dont il y a desja longtemps que vous l'avez pourveu, le faisant à ces fins recevoir par vostre conseil, conformement à la requeste par luy presentée & par les deputez généraux de ceux de ladite religion. S'il plaist à votre Majesté de pourveoir à ces points principaux, je ne prevoy rien qui luy puisse oster le contentement qui luy est deub de ladite assemblée, ny qui empesche vosdits subjects d'estre en vostre bonne grace comme ceux à qui vostre Majesté a le plus de confiance. Aussi s'approcheront-ils d'elle ainsi que ses autres subjects pour la suivre et servir selon leur devoir dedans & dehors le royaume : c'est ce que je desire le plus, & de voir cesser les plaintes qu'ils font, non certes de votre Majesté laquelle ils recognoissent toute juste. Je vous demande pardon, Sire, si je vous donne ces advis sans que vous me les ayez demandez, vous suppliant tres humblement de les bien recevoir; j'use en ce rencontre si important de l'honneste liberté que peut prendre un serviteur à l'endroit de son maistre, apres luy avoir rendu un fort long et fidelle service. Tout ce que je puis en rendre durant tout le reste de ma vie est dedié à votre Majesté seule. Je prie

Dieu qu'il la conserve & face tousjours prosperer : c'est la priere et le souhait, Sire, de

> Vostre tres humble, tres obeyssant et tres fidelle subject & serviteur.
> LESDIGUIERES [1].

A Grenoble ce 23 août 1619.

[1] Cette lettre de Lesdiguières, peut-être la plus énergique qu'il ait adressée au Roi en faveur des protestants, avait été précédée d'une correspondance suivie entre luy et Duplessis-Mornay : les lettres de Lesdiguières à Duplessis n'ont pas été retrouvées, celles de Duplessis sont imprimées dans sa correspondance générale (Amsterdam, Elzévir. 1651, pp. 125 et 126), elles sont datées des 12 janvier et 4 juillet 1619. La lettre de Lesdiguières du 23 août n'est pour ainsi dire que la reproduction de celle de Duplessis du 4 juillet : il y rappelle les griefs que Duplessis lui avait signalés sans en rien changer. On trouve également dans la correspondance de Duplessis-Mornay (pp. 178, 180 et 182), trois lettres du président du Cros à Duplessis et de celui-ci au duc de Rohan et au président du Cros relatives aux affaires des protestants et à l'attitude de Lesdiguières dans ces circonstances.

Une ordonnance royale du 25 juin 1617 rétablissait le culte catholique en Béarn, et ordonnait la restitution aux catholiques des biens ecclésiastiques que les rois de Navarre leur avaient enlevés. Le budget des églises protestantes était désormais assis sur le revenu royal, ce qui plaçait ces églises entièrement dans la dépendance du Roi. De plus, la Cour cherchait à reprendre aux protestants les villes de sûreté et ne se pressait pas, quoiqu'un édit royal les eût créées depuis de longues années, d'organiser les chambres de l'édit.

Une assemblée des protestants fut convoquée à Orthez, puis transférée à la Rochelle, sans produire aucun résultat : la lettre suivante de cette assemblée aux membres du conseil des reformés du Dauphiné donnera des détails complets sur les questions qui y furent agitées.

« A Messieurs, messieurs du conseil de la province de Daulphiné.

« Messieurs nous ne doubtons point que la datte de nos lettres ne frappe du premier coup vos esprits; car comme ceste nouveauté vous fournit à présent subject et des moyens bien employés de vous instruire de nos negociations et resolutions, il est vraysemblable que de votre part elle vous donnera des désirs et des espérances d'en apprendre le cours tout à long, que les difficultés des passages et les distances des lieux ont retenu jusques icy malgré nos efforts et nos diligences. Vous saurez donc, Messieurs, que la convocation générale faite en la ville d'Orthez suivant les règlements n'ayant attiré que huict provinces de France au secours de la souveraineté de Béarn, et l'assemblée discutant le deffault des absants, après avoir par discours de raison, trouvé plusieurs subjects et mouvements qui levoient toutes sortes de préjugés qu'un esprit différent eut pu faire, elle a estimé nécessaire pour la perfection et subsistance de choisir ung lieu qui donnast commodité aux provinces et seureté aux députés de son corps. Ceste delibétion a faict que nous avons choisi celle de la Rochelle, tous les éléments estant libres à ceulx de notre profession; et ne sera pas de petite utilité aux esglises de voir aujourd'hui qui sont ceulx lesquels ne veulent observer les règlements et garder la parolle publique, après avoir perdu toute espèce d'excuses. Car nous avons considéré et même appris de source certaine que la division qui paroist en ceste convocation par l'absence d'un si grand nombre de conseillers, est la cause principale de la longueur et de la difficulté de nos affaires ; que c'est ce qui a fait decerner de si espouvantables jussions au Parlement de Pau, qui a rendu nos supplications et remonstrances envers sa Majesté sans aucun effect, et qui nous a privés d'audience despuis six mois entiers, quoique nous ayons les genoux en terre et que nous soyons en tenue de la plus humble supplication du monde ; que c'est de rechef ce qui nous a fait sy longuement souffrir les titres des [ennemis] de sadite Majesté contre l'honneur de nos esglises et de tous ceulx de notre profession et qui pour fin ayant députés naguère monsieur de Veilleseulle, gentilhomme qualifié et l'un de nos collegues, au lieu de paroistre selon la qualité et la nature de son envoy, a esté contrainct de ne marcher que de nuit et

CCXXX. 1619 — 16 SEPTEMBRE.

Cop. — B. N. MS. Brienne, vol 224, p. 227.

[A MESSIEURS DE L'ASSEMBLÉE DE LOUDUN.][1]

Messieurs, j'ay estimé vous devoir escrire ceste lettre sur le départ

la teste basse ne se pouvant fier à personne que messieurs les députés généraux. Mais afin que ne soupçonniez pas que le traictement du dernier soit cause de la teneur de sa commission, nous vous dirons, Messieurs, que nous l'avons chargé de requérir et demander trois choses. Premièrement la révocation des arrets donnés contre nous, avec une permission d'envoyer pour le [surplus] nos cahiers en cour suivant les formes. Secondement l'expédition du brevet de l'assemblée générale que le temps presse de soy mesme. Et la dernière qu'il pleust à sa Maiesté de laisser les affaires de Bearn en l'estat de réquisition, qui estoit esquipolente à sursoiance et qui sembloit le plus descharger l'authorité du Roy qu'on faict marcher en tout hazard en ces rencontres, et donnant ouverture en ce cas de nous séparer aussitôt, affin de nous justifier de tant de calomnies que la malignité de nos adversaires crient à toute heure contre nos assemblées. Ces propositions raisonnables, justes et necessaires en tout n'ont pas eu une bonne issue, car messieurs les députés généraux, auxquels nous donnions charge de parler pour lever toutes difficultés n'ont obtenu audience ni response, messieurs les Ministres de l'Estat s'estant résolus de nous renvoyer par mespris et nous rompre par nos propres faicts suivant les advis que nous en avons pris de nous mesmes et receu d'ailleurs par personnes bien affidées. C'est sommairement ce qui a donné le dernier coup à notre deliberation et qui nous a fait transporter en ceste ville de peur de tomber aux inconveniens que les mesures de ceulx qui nous haïssent nous avoient préparés et qui peut-estre feussent autrement inévitables. Quand au pays de Béarn, nous l'avons laissé en tel estat qu'il est bien uni et affermi, s'assurant en notre assistance et subsistance qui avons déclaré sa cause commune et

générale à toutes les esglises de France. Il seroit long de vous escrire toutes les particularités qui sont arrivées en ces quartiers, soit au Parlement de Pau, ou en nostre assemblée despuis le temps de notre séjour. Nous vous supplions donc à ceste fois que, vous unissant, tous avec nous, de faire au plustot votre députation en ceste assemblée désormais subsistante à la Rochelle, à ceste fin qu'estant fortifiés de votre présence et faveur nous nous assurions les ungs les autres à bien servir Dieu en maintenant notre religion et les esglises en tant de lieux attaquées contre les édits.

« Messieurs, comme nous estions prets de cacheter la présente nous avons receu lettre de messieurs les députés généraux par lesquelles ayant advis de la reunion du .. nous vous recommandons suivant les règlements de vous bien unir et asseurer ensemble, mettre ceste province en bonne intelligence et surtout messieurs les gouverneurs des places de seureté, de les tenir en bon estat et de remplir leurs garnisons de bons hommes. Nous vous donnerons advis de temps en temps de ce que nous verrons d'important et de nos résolutions pour lesquelles votre présence est absolument necessaire.

« Messieurs, vos plus humbles et très affectueux serviteurs les députés de l'assemblée générale des conseils des provinces de France et souveraineté de Bearn convoquée à Orthez et transferée à la Rochelle le dix-huitiesme janvier 1619. »

(Cop. Bibl. de Carpentras, MS. Peyrèsc.)

Enfin une nouvelle assemblée fut convoquée à Loudun : nous en verrons bientôt les résultats.

[1] L'assemblée de Loudun fut convoquée par brevet au 25 septembre 1619. Elle prit pour programme la lettre de Lesdiguières au Roi, du 23

des deputés de ceste province pour s'aller joindre au corps de vostre assemblée et faire une partye des membres d'icelle. Il a pleu au Roy nous permettre de le faire avec la mesme liberté que le precedentes, ce qui doibt estre pris et receu de nous pour un asseuré tesmoignage de la bienveillance de sa Majesté, laquelle ne peult estre trop dignement par nous recongneue d'une telle grace qui doibt néantmoins estre attribuée à Dieu pour ce qu'il tient le cœur des roys en sa main.

août, que nous avons publiée ci-dessus, et demanda : 1° le remplacement, comme gouverneur de Lectoure, de Fontrailles qui s'était fait catholique; 2° que l'on reçût au Parlement de Paris deux conseillers protestants ; 3° que l'on prolongeât pour quatre ans les places de sureté à dater du 1er août 1620; 4° que l'on allouât 150,000 livres aux pasteurs et autant à l'assemblée; 5° que les députés du Béarn pussent exposer au Roi leurs griefs. Naturellement, ainsi qu'il arrivait à chaque nouvelle convocation d'assemblée, la cour lui demanda de nommer les députés généraux puis de se dissoudre ; l'assemblée résistait, mais Lesdiguières, Duplessis-Mornay et d'autres personnages influents du parti protestant leur ayant promis que si la cour n'avait pas fait de réponse à ses cahiers de doléances, dans le délai de six mois ils se faisaient forts de faire convoquer une nouvelle assemblée, celle de Loudun se sépara le 18 avril 1620. Cette promesse inconsidérée de Lesdiguières et de Duplessis-Mornay fut la cause première de la réunion de l'assemblée de la Rochelle dont nous parlerons bientôt et de la guerre civile qui s'en suivit.

La lettre suivante de l'assemblée de Loudun à Lesdiguières est la réponse à sa lettre du 16 septembre :

« Monsieur, nous avons reçeu d'une singulière joye, par la main de messieurs les deputés de vostre province, celle dont vous avez voulu honnorer ceste assemblée. Comme il y a peu d'hommes dans nos eglises, conduictes miraculeusement en cest estat dessous la main de Dieu, qui ayent receu tant et de telles faveurs de sa grace que vous, aussy croyons-nous qu'il vous considère comme un don excellent et précieux qu'il fait au général d'icelles; les bons et saincts advis de vostre lettre [sont] recongneus de nous pour autant de loix que sa Majesté divine nous impose sur le service qui lui est très justement [deu], car sa parolle les nous commande et la religion y lye du tout nos cœurs. Aussy avons-nous desja tous ensemble, pour tout le corps que nous representons et d'un mesme cœur, renouvelé devant sa face le serment solennel de vivre et de mourir constamment dans l'obeissance deue à nostre Roy, selon le commandement de sa bouche. L'assurance que vous en prenez vous doibt estre très certaine, comme nous ne doubtons point de vostre fermeté en la jonction que vous nous promettez aux sainctes resolutions que nous avons à prendre. Touttes vos actions [le proclament] assez haut pour le faire entendre à tout le monde. Et neantmoings affin qu'en ceste occurence en laquelle plusieurs de messieurs nos grands ont desja envoyé icy quelqu'un de leur part pour resider pres de nous, vous correspondez du tout, s'il vous plaist d'y envoyer quelqu'un des vostres qui, avecq de bonnes instructions signées de vous, jure en vostre nom ceste saincte concorde, nous estimons que l'innocence de tout le corps n'en paroistra que plus franche et plus forte aux yeux de nostre Roy, nostre deffence en sera plus redoutable à nos ennemys et nos vœux plus agréables à Dieu, la souveraine bonté duquel nous suplions de tout nostre cœur vous conserver longuement pour son esglise, à la grande gloire de son sainct nom. Tel est le souhait, Monsieur, de vos très humbles et très obeissants serviteurs.

« Les deputés des eglises reformées de France et souveraineté de Béarn assemblez par la permission du Roy à Loudun et au nom de tous.

« Le VIDAME DE CHARTRES, president;

« CHARME, adjoint;

« A. MALERAY, secretaire ;

« CHALAS, secretaire.

« A Loudun le XXXe septembre 1619. »

(Cop. B. N. MS. Brienne, vol. 224. p. 228.)

Tout ce que le nostre peult désirer et attendre de nous par la recongnoissance de ce bénéfice, c'est que nous demeurions en la fermeté de l'obeissance que nous luy debvons comme ses subjects fidelles, que nous vivions paisiblement soubs les édits faicts en nostre faveur, que les remonstrances que nous luy ferons soient faictes avec la submission qui luy est par nous deue et que nos demandes soient plaines de raison et de justice. Ce sont, à mon advis, les seulz, moyens qu'il fault observer pour attirer sur nous la continuation de la faveur divine et pour nous maintenir en la grace de sa Maiesté, et c'est aussy, Messieurs, le sommaire de tout ce que j'aurois à vous dire sy je me trouvois avec vous. Je ne doubte point que vous ne soyez tous disposés à suyvre de vous mesme ce droit chemin sans qu'il soit besoing de le vous enseigner, aussy vous asseure-je de demeurer joinct avec vous aux saines et sainctes resolutions que vous prendrez pour l'advancement de la gloire de Dieu, le bien du service du Roy et advantages de son estat. Et à ceste intention je prie sa bonté de presider en vostre assemblée ; c'est la prière et le souhait, Messieurs, de

Vostre plus humble et très affectionné serviteur.

LESDIGUIÈRES.

A Grenoble ce XVIe septembre 1619.

CCXXXI.   1619 — 16 Septembre.

Orig. — A M. Roman, à Gap.

A MONSIEUR, MONSIEUR DU PLESSIS, CONSEILLER DU ROY EN SON CONSEIL D'ESTAT, CAPPITAINE DE CINQUANTE HOMMES D'ARMES DE SES ORDONNANCES, GOUVERNEUR DE SAUMUR, ETC.

Monsieur, je vous ay dernierement escrit & chargé le sieur Labrelis de vous fere tenir ma depesche ou vous aurez trouvé coppie d'une letre que j'ay creu devoir escrire au Roy sur les affaires de ceulx de nostre religion [1], affin qu'il pleust à sa Majesté d'y penser & fére prou-

---

[1] C'est la lettre du 23 août imprimée ci-dessus.

voir sur le poinct de leur assemblée. Je ne veulx esperer qu'un bon succez de mez aviz ausquelz j'estime que Messieurs du conseil prendront garde; cependant sachant bien que les deputez de cete province à ladicte assemblée vous verront en y allant, j'ay prié monsieur de Montbrun, qui est le premier en leur nombre, de vous saluer en mon nom en vous donnant cete letre. Je la fay servir pour me maintenir en vostre affection et vous offrir la continuation de mon bien humble service. C'est chose que je vous ay vouée par ce que je suis et veulx toujours estre, Monsieur,

 Vostre bien humble et très affectioné serviteur.

LESDIGUIÈRES.

A Grenoble, le XVIe septembre 1619.

CCXXXII.   1619 — 24 SEPTEMBRE.

Orig. — Arch. munic. d'Embrun.

A MESSIEURS LES CONSULZ D'AMBRUN.

Messieurs les Consulz d'Ambrun, ce mot est pour vous faire sçavoir que vous fassiez chasser par tout le terroir de vostres communeaultés pour m'envoyer de chasse, depuis le dixiesme d'octobre jusques au quinziesme, en deux fois de peur que la quantité ne la fist corrompre. C'est pour le passage de madame la princesse de Piedmont que nous avons en ce temps là[1]. Il n'y fault donc pas faillir & je seray tousiours, Messieurs les consulz d'Ambrun,

 Vostre entier et parfet ami à vous servir.

LESDIGUIÈRES.

A Grenoble le XXIIIIe septembre 1619.

---

[1] La princesse dont il s'agit ici est Chrétienne de France, sœur du Roi, mariée avec Victor-Amédée, prince de Piémont, fils du duc de Savoie. Le mariage de ces princes, auquel Lesdiguières avait puissamment contribué, s'était fait à Paris le 11 janvier 1619 : une copie du contrat de mariage existe aux MS. de la Bibl. nat. (MS. Brienne, vol. 81, p. 329.) Les lettres des 21 et 24 décembre suivant prouvent que son passage à Grenoble fut retardé de deux mois.

CCXXXIII.   1619 — 6 Novembre.

Orig. — Arch. de l'État, à Fribourg.

MESSIEURS LES ADVOYER ET CONSEIL DE LA VILLE ET CANTON DE FRIBOURG.

Tres honorés seigneurs, j'ay receu vostre lettre de la main du sieur Heud et y aprins tant par sa bouche que par les memoires qu'il m'a laissé, ce qui s'ait passé au bailliage d'Echallance entre vous et les seigneurs de Berne; ils m'en avoient desja informé quasy conformement à l'information qu'il vous a pleu m'en donner, de sorte qu'il ne s'en faut guère que vous ne conveniez ce faict, et quand aux droicts vous estes si sage et si bien avisé que vous le rendez l'un à l'aultre par l'entremise de vos communs amys sans le rechercher par les voyes extremes qui apporteroient de la desunion et la desunion une inévitable ruine. Vous remerciant tres humblement de l'honneur que vous m'avez faict en me faisant part de l'estat de ceste affaire, de quoy je me crois grandement vostre obligé ainsi que le sieur Heud le vous tesmoignera. Dieu vous concerve et je vous offre de bien bon cœur tout le service que vous pouvez desirer, Tres honorés seigneurs, de

Vostre bien humble et affectionné serviteur.

LESDIGUIÈRES.

A Grenoble le 6 novembre 1619.

CCXXXIV.   1619 — 20 Novembre.

Cop. — A M. Arnaud, pasteur à Crest. *Registre des assemblées des protestants en Dauphiné*, p. 100.

[A MESSIEURS LES DEPPUTÉS DES EGLISES REFORMÉES A L'ASSEMBLÉE DE LOUDUN.]

Messieurs, voicy la responce que je debvois à la lettre qu'il vous pleust m'escrire le premier jour du mois passé [1]. Je prens à faveur singuliere la souvenance que vous avez de moy, et quant à l'estime

---

[1] Ou bien il y a erreur dans la copie de cette lettre qui nous a servi pour l'impression et il faut lire le *quatrième jour du présent mois*, ou bien il y a une erreur de date dans la lettre suivante des membres de l'assemblée de Loudun à laquelle répond Lesdiguières, elle est en effet datée du 4 novembre.

« Monsieur, la premiere chose à laquelle

que vous faictes de ma personne s'est chose que j'attribue à l'exces de l'affection que vous avez pour moy, dont je me sens grandemant vostre obligé et non moings desireux et resoleu de corespondre aux saintes & justes resolutions que vous prandrez pour le bien et advan-

nous avons travallié apprès avoir faict au Roy la très humble remonstrance de l'octroy de nos assemblées, c'a esté de pourvoir à ce que les gouverneurs des places qui nous ont esté laissées en garde prestent le serement qu'on leur a cy devant faict prester pour la seureté de nos esglises soubs le service du Roy ; cella n'est non plus extraordinaire que le serement d'union lequel nous renouvellons à l'ouverture de touttes nos assemblées et que vous et messieurs les aultres grands de nostre religion avez agreable de renouveller aussy avec nous en touttes les aultres provinces. Nous en avons donné la charge aux commissaires, mais nous n'avons pas estimé qu'en Daulphiné aucun doubt entreprendre cella que vous, Monsieur, de qui on s'est puissament servi pour acquerir les places qui y sont et qui les avez heureusement conservées, soubs l'authorité du Roy pour la seureté des esglises, parmi lesquelles aussi et par une infinité d'autres telles actions vostre nom sera tousiours glorieux. Nous vous envoions donc une coppie dudict serement que vous treuverez tel qu'il fut resolu par bon advis en la precedente assemblée à Grenoble, affin qu'il vous playse, comme nous vous en supplyons bien humblement, le faire prester par les gouverneurs, lieutenants et autres officiers desdictes places du Daulphiné par la voye que vous jugerez plus convenable, et s'il vous plaist que cela soyt faict et que nous en puissions voir les actes pendant la subsistance de ceste assemblée, comme nous l'attandons de touttes les aultres provinces ce nous sera un singulier contantement et ung grand bien en nos affaires, desquelles, avec l'ayde de Dieu, nous esperons ung heureux succès moyennant ceste bonne et saincte union. Nous vous supplions aussy, Monsieur, de donner l'ordre que vous treuverez bon affin que l'acte que nous avons faict conformement à la concession du Roy et duquel nous en envoyons un extraict touchant l'exclusion des jésuites de nos places de seureté soit exécuté en Daulphiné. Ce sont personnes qui ne savent que nuyre et qui sont justement odieuses à touts les

gens de bien. La procedure que vous avez tenue et la vigueur qu'avez apporté à les faire sortir de vostre ville du Pont-de-Velle sont actions dignes de vostre zele, duquel aussy nous attendons de bons effects en ces occasions que nous vous recommandons maincteenant et en touttes aultres qui se pourront presenter, puisque à la veue de tout le monde vous avez donné tant de signalés tesmoingages de vostre affection au bien des esglises de Dieu que personne n'en peult doubter. Vous les avez obligées de fraische memoire es personnes des povres fidelles du marquisat de Saluces, qui nous ont amplement informés des faveurs qu'ils ont heues de monsieur le duc de Savoye par vostre entremize, dont nous vous remercions très humblement. Dans un de nos caiers, nous avons faict ung article pour eux comme nous avons treuvés avoir esté faict aultrefois, par lequel nous supplyons très humblement le Roy les vouloyr recommander à son Altesse de Savoye affin qu'ils puissent avoir liberté de consiance dans ses estats, se comportans envers elle comme ils nous ont faict asseurer d'en avoir le desir en bons et fidelles subiects. Et comme nous ne voulons rien oblier de ce que nous jugons utile à ces bonnes gens, la cause desquels est la cause de Dieu, nous vous supplyons, Monsieur, vouloyr continuer vostre favorable intercession pour eulx envers leur prince ; la prière que nous vous en faisons n'est pas pour ne doubter de vostre bonne volonté, car elle apparait assez par ses effaits, mais c'est seullement pour vous tesmoingner que touttes nos esglises vous en veullent avoyr l'obligation et nous particulierement quy serons tousiours, Monsieur, vos plus humbles et affectionnés serviteurs.

« Les depputés tenans par la [permission du Roy l'assemblée générale.

« A Loudun ce IIIIe novembre 1619. »

(Cop. A M. Arnaud, pasteur à Crest.)

Cette lettre fut composée par Livache, député du Dauphiné, comme nous l'apprend une note du manuscrit.

tages de nos eglises soubs la protection de Dieu et du Roy à qui nous debvons l'obeissance comme ses fideles subiects. Monsieur Livache l'ung des deputés de seste province vous faira ceste declaration en mon nom, et jurera pour moy l'union que je veux avoir et que j'auray toutte ma vie avec lesditctes esglises, suivant pouvoir que j'en ay donné et dont il fera apparoir ; vous suppliant fort humblement, Messieurs, de le recevoir ce faire comme moy mesme et tout ainsi que s'il vous avoit esté envoyé de moy, sans vous arrester à se particulier envoy de personne expresse dont vous m'avez requis, car le temps vous fera voir que je seray très curieux et fidelle observateur du serment qui sera faict pour moy, s'il plaict à Dieu. Je le prie de tout mon cœur, Messieurs, qu'il vous tienne en ladicte protection et sauvegarde,

Vostre tres humble et plus affectionné serviteur.

LESDIGUIÈRES.

De Monbrun le 20 novembre 1619.

CCXXXV.   1619 — 20 NOVEMBRE.

Cop. — A M. Arnaud, pasteur à Crest. *Registre des assemblées des protestants en Dauphiné*, p. 100.

PROCURATION DE MONSIEUR LE MARESCHAL DES DIGUIÈRES.

L'an mil six cents dix neuf et le 20e jour du mois de novembre avant midi, pardevant moy notaire royal delphinal de la ville de Nions aux Baronnies de Daulphiné, soubsigné, et en la presence des tesmoings cy appres nommés, estabis et personnes honnestes, puissant seigneur messire François de Bonne, seigneur des Diguières, duc de Chanpzaur, pair et mareschal de France et lieutenant général pour le Roy au gouvernement du Daulphiné, lequel de son bon gré et bonne foy & sans revocation du procureur par luy cy devant faict, de nouveau a faict créé & préestitué son procureur spécial et général sans qu'une qualité déroge à l'autre, savoir monsieur maistre David Livache docteur et advocat consistorial au Parlement de Daulphiné, absant comme presant, au nom dudict seigneur, pour par especial comparoir en l'assemblée géneralle des depputés des esglises refformées du royaume congreguées par permission de sa Magesté en la ville de

Lodun et y estant promettre et jurer au nom et en l'ame dudict seigneur constituant, l'union qu'il veult et entand avoir avec lesdictes esglises moienant la grace de Dieu pour tout le temps de sa vie ; ensemble qu'il preste [la main] aux bonnes & saintes resolutions qui ont desia esté prinses par ladicte assemblée tant pour le bien et advantage desdictes esglises que pour le service & la très legitime obeissance deubs à sa Majesté par tous ses subiects qui font profession de la religion, & generallement faire pour ledict seigneur constituant en ce que dessus tout ainsi qu'il feroit ou faire pourroit sy present de sa personne y estoit, jaçoit que le cas requist mandemand plus especial que cy dessus n'est exprimé. Promettant ledict seigneur avoir à gré tout se que par sondict procureur sera faict au faict que dessus & le relever et rendre indemne pres et avec les promesses, obligations, juremens & renonciations en tel cas requis. Faict & publié au lieu de Montbrun & dans la salle du chasteau segnerial dudict lieu avec presence de noble Claude de Tonnard, seigneur d'Yson, conseiller du Roy et commissaire des guerres, noble Noel de Bremond, conseiller du Roy et controlleur général de l'extraordinaire des guerres, habitants de la ville de Grenoble, tesmoings requis soubsignés avec ledict seigneur constituant :

LESDIGUIERES, TONNARD, BREMOND,

Et moy Jehan Chaulier, notaire roial dalphinal & exerçant à ce requis soubsigné :

CHAULIER, notaire.

CCXXXVI.   1619 — 21 DÉCEMBRE.

Orig. — Arch. de Mme la Ctesse d'Estienne de Saint-Jean, à Aix (Bouches-du-Rhône).

A MESSIEURS LES GENTILSHOMMES DES MONTAIGNES.

Messieurs, vous scaurez par monsieur d'Aspremont comme céte ville & la noblesse des environs ce prepare pour s'y rendre au passage de madame la princesse de Piedmont affin de la recevoir avec l'honneur qui est deub à sa quallité & que le Roy désire par le commandement quy m'en a donné. Je m'asseure que vous n'aurez pas moings de desir de vous trouver en céte ocasion que les aultres de la province. C'est pourquoy je vous en ay voullu donner avis pour vous tenir prest & que vous vous rendiez icy au temps que je vous manderay dans peu de jours que je scauray plus particulierement celluy de l'arrivée de Madame[1]. Je vous prye donc de vous y preparer & me croire en général & en particulier, Messieurs,

Vostre bien humble pour vous faire service.

LESDIGUIERES.

A Grenoble le 21 decembre 1619.

CCXXXVII.   1619 — 24 Décembre.

Orig. — Arch. de Mme la Ctesse d'Estienne de Saint-Jean, à Aix (Bouches-du-Rhône).

A MONSIEUR D'ASPREMONT, SERGENT MAJOR AU RÉGIMENT DE MONSIEUR LE COMTE DE SAULT.

Monsieur d'Aspremont, la lettre que monsieur le prince de Piedmont m'a ecrit me donne subject de vous fére céte cy pour vous fere part de l'avis qu'il me donne de la part de madame la Princesse sa femme, de Tours, & qu'elle sera le 4 ou 5 du prochain à Lyon, ou je désire me rendre le 3me, affin que vous en donniez promtement avis à tous ces messieurs[2] à qui j'en écrit & que vous vous este chargé d'avertir, pour ce rendre en ceste ville, au moing le dernier de ce moys, pour les y voir auparavant mon départ. C'est ce que vous aurez affaire pour vous descharger de vostre commission & de vous en venir aussy promptement donner ordre à vostre charge. Je vous attends donc en bonne devotion & prye Dieu cependant qu'il vous conserve, Monsieur d'Aspremont.

Vostre bien humble à vous fere service.

LESDIGUIÈRES.

A Grenoble ce XXIV decembre 1619.

[1] Voir la lettre du 24 septembre 1619 imprimée plus haut.

[2] Les gentilhommes des montagnes, comme il résulte de la lettre précédente.

CCXXXVIII.   1620 — 8 Janvier.

Cop. — Arch. munic. de Nyons. *Registre des délibérations consulaires*, BB. 19, fol. 84.

[A MESSIEURS LES CONSULS DE NYONS.]

Messieurs les consuls de Nyons, l'on m'a donné avis que vous estes entrés en differend pour la relligion; ce commencement vous porroit porter à d'autres inconvenians qui porroint nuyre à l'une et l'autre relligion; à quoy je desire que vous y aportiés toute vostre prudence pour l'empescher, et pour cest effect je vous prie et vous convie de n'alterer aulcune chose pendant mon absence[1], ains de sursoir toutes choses jusques à mon retour qui sera dans trois mois, Dieu aydant, et alhors je prendray ung tel soing de vostre acomodement que les ungs et les autres en demeurez satisfaicts. Je prie Dieu cependant qu'il vous conserve, Messieurs les consuls de Nyons.

A Grenoble le jour de mon depart huitiesme janvier 1620.

Vostre entier et parfaict amy.

LESDIGUIÈRES.

CCXXXIX.   1620 — 14 Janvier.

Orig. — Arch. de l'Hôpital de Pont-de-Veyle.

A MESSIEURS LES PASTEURS ET ANCIENS DE L'ÉGLISE RÉFORMÉE DU PONT-DE-VEYLE.

Messieurs les Pasteurs et Anciens de l'eglise refformée de ma terre du Pont-de-Veyle, le sieur Uchar m'a rendu vostre lettre et exposé ce qu'il avoit à me dire de plus particulier. Je vous diray pour response que j'empescheray bien les jesuytes de s'establyr au Pont de Veyle, puisque le Roy m'a accordé qu'il n'y seront plus[2]. Vous saurez par le

---

[1] Lesdiguières partait pour Paris, appelé par la cour qui désirait user de ses avis et de son entremise vis-à-vis de l'assemblée de Loudun. Il était de retour en Dauphiné au commencement d'avril.

[2] Voir les lettres et documents des 18 décembre 1617, 10 et 20 juillet 1618, imprimés ci-dessus et relatifs au séjour des jésuites à Pont-de-Veyle.

sieur Uchar les autres particularités que je ne vous escriray point, mais m'en remettant à sa créance, je me dis, Messieurs les Pasteurs et Anciens de l'eglise réformée de ma terre du Pont de Veyle,

Vostre bien humble à vous fere service.

LESDIGUIÈRES.

A Lyon le 14 janvier 1620.

CCXL. 1620 — 8 FÉVRIER [1].

Imprimé : *Suite des Lettres et Mémoires de messire Philippes de Mornay*, Amsterdam, Elzévir, 1651, p. 299.

[A MONSIEUR DU PLESSIS, CONSEILLER D'ÉTAT, CAPITAINE DE 50 HOMMES D'ARMES ET GOUVERNEUR DE SAUMUR.]

Monsieur, j'estois sur le point de vous envoyer le sieur de Bellujon, qui vous rend ceste lettre, quand la vostre du 28e du mois passé m'a esté rendue par la main du sieur Marbaut. Il m'a expliqué ce que vous aviés commis à sa creance par memoire particulier sur les affaires presentes, et veritablement je suis grandement satisfait d'appercevoir que vos sentimens et les miens s'y rencontrent, et y conviennent tres-bien. Auparavant la reception de vostredite lettre, Monsieur de Chastillon et moy avions commencé à sonder par quels moyens on pourroit flechir les volontés du Roy, et les rendre sinon en tout, au moins en partie propices et favorables aux tres-humbles supplications de l'Assemblée. Vous sçaurés de la bouche dudit sieur de Bellujon ce qui s'y est peu faire ; de quoy il donnera aussi advis à l'Assemblée après avoir pris les vostres sur sa conduite. Je vous supplie de les luy donner, et ne les point espargner à ceste compagnie, sur ce qui vous semble qu'elle doit faire pour se doucement approcher, et rendre susceptible des bonnes et justes intentions sa Majesté.

---

[1] Cette lettre dans la *Correspondance de Duplessis-Mornay*, est intitulée : Lettre de M. le duc de Lesdiguières à M. Du Plessis du 8 février 1620.

Je ne fay point de doute que vos sages persuasions ne puissent beaucoup envers elle, afin qu'elle connoisse qu'il faut prendre ce qu'on peut, quand on ne peut ce qu'on veut. Car de se jetter dedans les extremités au lieu de prendre le milieu, c'est veritablement une imprudence qui favoriseroit ceux qui aspirent à rompre la paix de l'estat. Je croy que vous penetrés dedans mes plus interieures conceptions. Figurés les vous, s'il vous plaist, toutes telles que les paroles de ceste lettre, et aidés par vostre sagesse à sauver ceux qui semblent se vouloir precipiter, au lieu de prendre le chemin, lequel par le temps conduit à un parfait contentement. J'auray le mien tout entier, si je me voy continué en vostre amitié, comme je continue à vous honorer, et à desirer le moyen de faire paroistre à tous, que veritablement je suis, Monsieur,

Vostre bien humble et tres-affectionné serviteur.

LESDIGUIÈRES[1].

A Paris le 8 fevrier 1620.

---

[1] Lesdiguières répond par cette missive à celle que lui avait écrite Duplessis-Mornay le 28 janvier. Cette lettre de Mornay est accompagnée d'un mémoire; on les trouvera l'un et l'autre aux pages 291-296 de sa correspondance. Nous allons donner une courte analyse du mémoire.

Mornay constate d'abord que si on avait suivi les avis de Lesdiguières et les siens, tout aurait été mieux. L'assemblée de Loudum a déposé ses cahiers, la cour demande qu'elle nomme ses députés et se sépare; l'assemblée demande, au contraire, qu'on donne un commencement de satisfaction à ses griefs avant la séparation. Le maréchal, sachant combien les infractions aux édits sont devenues nombreuses, n'hésita pas à employer son influence pour persuader sa Majesté de satisfaire les justes réclamations de l'assemblée, en ce qui touche surtout aux réceptions des magistrats réformés dans les cours souveraines, à l'exemption de taille des pasteurs, à l'état des places de sûreté, etc., qui suffisaient pour apaiser les esprits. Quant à l'affaire du Béarn, les droits des réformés reposent sur grand nombre d'édits et de déclarations faites sous Henri IV et la régence de la mère du roi et même par le roi lui-même; un simple arrêt a cassé tout cela. Il faudrait porter remède à cet état de choses. Pour sortir de cette impasse il serait à désirer, si le roi refuse de faire réponse aux cahiers de l'assemblée pendant qu'elle subsiste, qu'il l'autorisât, comme on l'a fait sous le feu roi, à nommer un député par province qui resterait en permanence jusqu'à ce qu'ils eussent reçu la réponse à une partie des cahiers; la réponse, au reste, serait faite plus tard aux députés généraux.

Duplessis-Mornay répondit lui-même à Lesdiguières le 13 février, sa lettre est à la page 310 de sa *Correspondance*.

CCXLI. 1620 — 8 Février.[1]

Cop. — B. N. MS. Brienne, vol. 224, p. 323.

[A MESSIEURS LES DÉPUTÉS DE L'ASSEMBLÉE DE LOUDUN.]

Messieurs, je ne doubte point que monsieur Livache, qui me veit de vostre part à Lyon, ne vous ayt donné compte de son voyage et de mes bonnes intentions pour ce qui regarde les affaires qui vous tiennent assemblés. Je suis depuis arrivé en ceste cour ou je n'ay guere demeuré sans en ouir parler par la bouche des principaux serviteurs du Roy, qui se sont ouverts des bons mouvements de sa

---

[1] Cette lettre sert de réponse à celle du 5 janvier de l'assemblée de Loudun, que l'on va lire. Le rédacteur de cette lettre ainsi que du mémoire qui l'accompagne était Bouteroue, député de la province de Dauphiné et pasteur de l'église de Grenoble. Le porteur était Livache, également député des églises de Dauphiné.

« [A monsieur le mareschal des Diguières.]

« Monsieur, comme la seule division qui par la ruse de nos ennemys s'est subtilement glissée dans les assemblées précédentes a étouffé le fruit qu'on en devoit attendre pour l'affermissement de nostre repos, aussy la bonne union et constante integrité qui paroist en celle-cy nous faict esperer de la grace de Dieu pour le bien de son eglise, des issues plus heureuses que la face des affaires à present ne nous en pourroit autrement promettre. Mais nostre esperance se changera en certitude et asseurance, sy dans ceste saincte et sacrée union, se trouvent reserées et conjoinctes invariablement selon leur devoir toutes les provinces et les membres notables d'icelles, car alors seront vaines les artificieuses pratiques de ceulx qui destournent, changent ou rendent inutilles les benignes et favorables inclinations de nostre Roy, envers nous, et qui ne pouvans esbranler tout à coup ce grand edifice que Dieu à miraculeusement basty et conservé dans cest estat parmy les orages et tempestes passées, taschent d'en arracher une pièce après l'autre et en retirer les estançons. Nostre pacience ne les pouvant adoucir, ils semblent n'atendre que le temps qui favorise leurs entreprises et violences

à la porter par terre, car recongnoissans en terre une puissance supérieure à celle de nos rois et faisans dependre leur couronne de l'authorité d'un estranger, ils ne feront point conscience de debrescher et enfraindre leurs edits et declarations qui servent de [base] et de fondement à nostre paix et asseurance, et nous voyons desja que par leurs pernicieux conseils quand nous souffrons sans dire mot le mal qu'on nous faict, on nous mesprise, quand nous nous plaignons on nous ocit, et quand nous implorons justice on nous voudroit volontiers accuser de rebellion. Le temps, les occasions et les vifs ressentiments de tant de griefs, nous convient et obligent à méditer les justes moyens de nostre subsistance; leur estude à nous nuire doit reveiller nostre soin à nous conserver; leur dessein à nous desunir nous doibt servir de conseil à nous bien accorder et entendre. Aucun membre ne doibt esperer de survivre et subsister après la mort et dissipation du corps entier, c'est à vous de contribuer ce que Dieu vous a donné de biens, moyens, advis et conseils pour le soustien d'icelluy. C'est particullierement à ceux ausquels Dieu a plus eslargy de pouvoir et d'authorité, comme vous, Monsieur, à qui nos eglises ont tant d'obligation, que la mémoire en sera pour tousjours glorieuse, prenans ceste asseurée confiance de vostre zèle, integrité et sincère affection à leur bien, que vous ayderez à cultiver ce que vous avez aydé à planter et maintiendrez de tout vostre pouvoir, les monuments de vostre valeur et générosité très chrétienne; que sy vostre soin s'est

Majesté à monsieur de Chastillon et à moy. Les députés que vous avez icy en ont eu quelque sentiment, mais ne pouvant davantage demeurer icy ils se sont retires vers vous; depuis leur depart nous avons, autant qu'il se peut, affermy ce que la bonté de sa Majesté offre sur ces occurrences et dont j'ay creu vous devoir, par son consentement, advertir. C'est pour cest effect que je vous envoye le sieur de

estendu jusques hors du royaume en faveur des estrangers pour ce que le bien de l'estat se trouvoit interessé [à] leur conservation, avec combien plus d'ardeur tesmoignerez vous ce mesme soin et faveur de l'estat mesme de l'eglise de Dieu dans icelluy. Les bons coups ne se peuvent assener que d'un puissant bras, et faut atendre les grands choses des grands et estimer grands ceux que Dieu avec l'authorité a honoré de courageuses sagesse et de fidélité constante. C'est en cest esgard, Monsieur, que nous vous honnorons et que nous attendrons de vous les conseils salutaires a nos maux et les remedes efficacieux et puissants, tels que vostre sage experiance nous peut fournir dans les devoirs respectueux à nostre prince souverain, le bien de nostre patrie et le repos de l'église du seigneur. A ces fins nous avons député exprès vers vous le sieur Livache pour vous faire entendre nos deliberations sur l'occurrence des affaires et particularités, vous prier de faire bonne considération sur les inconvéniens qu'il vous représentera de vostre voyage en cour en ce temps, vous suplians d'envoyer icy comme tous les autres grands de nostre religion quelqu'un de vostre part avec charge et pouvoir suffisant d'approuver et signer en vostre nom nos précédentes resolutions, notamment l'acte d'affermissement que vous trouverez fondé en justice et necessité, et nous donner par ce moyen vos bons et prudents advis sur les choses importantes qui se présenteront cy après. Nous avons choisi ledict sieur Livache comme personne que nous croyons vous estre agreable et à laquelle nous vous prions d'ajouster foy comme à nous mesme, suyvant ses mémoires et instructions. Sa suffisance nous empesche de faire la presente plus longue, laquelle nous finirons par nos vœux très ardans au Souverain qu'il vous tienne soubz sa saincte garde et prolonge vos jours en toute prospérité, demeurant, Monsieur,

Vos très humbles et très affectionnés serviteurs.

Les députés des eglises reformées de France et pays souverain de Bearn assemblez par permission du roy à Loudun, et pour tous.

Le VIDAME DE CHARTRES, président;
CHARME, adjoint;
MALERAY, secrétaire;
CHALAS, secrétaire.

A Loudun, ce V⁰ janvier 1620.

(Cop. B. N. MS. Brienne, vol. 224, p. 267.)

MÉMOIRES ET INSTRUCTIONS A MONSIEUR LIVACHE, DÉPUTÉ VERS MONSIEUR LE DUC DE LESDIGUIÈRES PAR L'ASSEMBLÉE GENÉRALE DES EGLISES RÉFORMÉES DE FRANCE ET PAYS SOUVERAIN DE BEARN, CONVOQUÉE PAR PERMISSION DU ROY A LOUDUN, DU CINQUIESME JANVIER MIL SIX CENTS VINGT.

Ledict sieur Livache se rendra au plustost vers ledict seigneur duc de Lesdiguières et luy présentera la lettre que ladicte assemblée luy escrit après l'avoir salué de sa part et asseuré de tous en général et d'un chacun en particulier à luy rendre service. Luy fera entendre la négociation des sieurs de Couvrelles, Bouteroue et Allain, nos derniers deputez en cour, lesquels ont esté de retour le trentiesme du moys passé, et ayans esté renvoyez vuides et sans effect, synon que le Roy a receu de leurs mains le cahier de toutes leurs demandes présentées à la fois pour obéir à sa Majesté et en obtenir de sa clémence et justice prompte et favorable responce, avec l'exécution durant la subsistance de ladite assemblée. Qu'au lieu de cette prompte justice necessaire à nostre conservation monsieur le Chancelier avoit répondu que le Roy vouloit que l'assemblée procédast au plustost à la nomination des deputez généraulx qui auroient à resider près sa Majesté et qu'elle se séparast sans qu'il fust plus besoing d'envoyer d'autres deputez au Roy; que dans un moys après ladicte séparation, le Roy feroit exécuter de bonne foy. (Monsieur le prince adjousta et sans faute), ce qui auroit été accordé. A cela

Bellujon, aux parolles duquel je vous prye de donner autant de foy qu'aux miennes propres et faire bonne consideration sur ce qu'il vous dira en mon nom et qui aboutit à ce poinct. Et puisqu'ainsy est que sa Majesté s'aproche de nous par ces gracieuses offres, nous nous devons, autant que nous pourrons, aprocher d'elle par nostre obeissance. Dieu vous conserve, tout ainsy que l'en prie et le souhaite, Messieurs,

Votre bien humble et tres affectionne serviteur.

LESDIGUIERES.

A Paris, ce 8e febvrier 1620.

noz députés ayans reparty sur le champ et le mesme jour deux heures après midy, en plain conseil que les députés de l'assemblée n'oseroient retourner en leur province sur ces simples promesses, que encores que les intentions du Roy fussent très bonnes et inviolables en celles mesmes, que nos malveillans avoient tant de pouvoir que d'en empescher les effectz et les rendre inutilles, comme il paroissoit es [lettres] de jussion que le parlement de Paris auroit pour la réception des conseillers sans obeir, et en la ville de Clermont ou les habitants avec armes à feu, la mesche sur le serpentin, allèrent au devant des commissaires du Roy pour l'exécution de l'édit, les menaçant de les mettre à mort s'ilz passoient plus oultre. Que telles promesses et sermens solennels nous avoient esté faicts cy devant et diverces fois sans aucun point. Que tout ce qui auroit esté remis es mains de messieurs les deputez généraulx estoit demeuré en arriere sans exécution. Que les griefs croissants de toutes parts par l'inexécution et contravention aux édits de paix, l'assemblée avoit prins resolution de ne se separer point sans obtenir justice. Que le feu Roy, de très glorieuse mémoire, assez sage, puissant et advisé pour maintenir son autorité, avoit trouvée bonne la subsistance de l'assemblée de Saumur, l'an 1598, jusqu'à ce que l'édit fut vérifié en cours de parlement. Que s'il estoit question alors de faire et bastir l'édit il estoit maintenant question de le réparer par la malice de nos adversaires. Qu'encores en l'année 1605 le premier brevet de la continuation des places de seureté fut mis entre nos mains à Chattelleraud, et en la dernière assemblée de Grenoble, il fust respondu aux premiers cahiers presentez à Poictiers par les deputés de ladicte assemblée durant sa subsistance. Qu'estans fondés sur tant d'exemples, sur la necessité, la justice et la raison, l'authorité du Roy estoit pour engager à rendre justice à ses subjetz qui en toute humilité et subjection estoient à ses pieds pour les requérir. Nonobstant toutes ces raisons et autres, lesdicts sieurs députés ne peurent obtenir autre chose et ayant employé encores huict jours en cour à solliciter messieurs les ministres de l'estat à nous faire justice, auroient esté contraints de s'en retourner sans rien faire, ne rapportans autre chose synon que le Roy envoyeroit incontinent après eux un gentilhomme qui auroit charge de faire commandement à l'assemblée de se séparer. Ledict gentilhomme n'estant point encore arrivé nous ne sçavons la cause de ce retardement. Bien sçavons nous que la cour de Rome, par son credit dans le conseil, est la principale cause de ces estranges et extraordinaires procedures contre nous. Que sans ceste ferme resolution de ne se separer avant la responce du cahier, l'assemblée et toutes nos eglises seroient tombées en un extrême mespris veu que la tolérance de contravention aux édits accroist la hardiesse de nos haineux contre nous, comme à nous la créance qu'on nous veult perdre. Fera entendre au seigneur Duc la nécessité et justice de ladicte assemblée qui en demandera son approbation comme des autres délibérations et conclusions de l'assemblée. Le priera qu'il luy plaise comme tous les autres grands qui font profession de la religion, envoyer icy quelqu'un de sa part avec bonnes instructions par luy signées pour nous donner ses prudents et sages advis sur l'occu-

CCXLII.   1620 — 8 Février [1].

Cop. — B. N. MS. Brienne, vol. 224, p. 275.

[A MONSIEUR LE DUC DE LA TREMOUILLE.]

Monsieur, à mon arrivée à la cour, monsieur de Chastillon et moy avions esté attirez par quelques uns des principaulx serviteurs du Roy pour conferer des affaires de l'Assemblée; sur quoy les pensants rence des affaires et nottamment avec pouvoir et charge suffisante de signer en son nom l'acte dudit affermissement. Luy representera les inconvéniens de son voyage en cour en ce temps auquel nous avons advis qu'on renvoye tous les officiers en leurs gouvernemens. Qu'aucun de nos grands n'y est, que monsieur de Chastillon, pour des considérations particulières après lesquelles il promet de se retirer au premier jour. Qu'asseurement on se voudra servir de luy contre nous ou autrement le retirer de dela contre son gré pour le rendre tout à faict inutile au bien de l'eglise de Dieu à laquelle il est prié de donner ses propres interests et par ce moyen accroistre l'honneur qu'il a acquis d'avoir esté en la main de Dieu un puissant instrument pour le soustien de ceux qui font profession d'une même vérité avecq luy. Qu'il trouvera tousjours dans ce corps le rang que ses vertus luy ont acquis et recevra de tous les honneurs qu'on recongnoist estre deubs à sa valeur et à ses mérites. En outre luy parlera de l'estat particulier des places de seureté en Dauphiné, pour l'avoir de sa main ou l'obtenir par son moyen, afin qu'estant envoyé en cour il nous en soit expédié un estat nouveau conforme à celuy du neufviesme mai mil cinq cents quatre vingts dix huict. Item que par son authorité les jésuites ne séjournent et ne preschent es places de seureté dans lesquelles s'estend son pouvoir, suyvant la responce faicte au cahier. Le priera de commander au sieur de Bellujon, gouverneur de [Villemur] de ne faire difficulté de signer le serment d'union comme tous les autres gouverneurs du haut Languedoc et autres provinces ont faict. Qu'il trouve bon que le mesme soit faict par les gouverneurs de places d'ostage de la province du Dauphiné. Finalement le supliera et exhortera de employer de tout son soin, pouvoir et autorité tant en cour que ailleurs ou il sera de besoing, pour nous faire obtenir prompte et favorable responce à nos demandes, suyvye de l'exécution que nous attendons de la bénignité et clémence de sa Majesté et faire observer et exécuter au ressort de son gouvernement les édits de paix, brevets et declarations de nos rois en nostre faveur. Ce que faisant, comme nous l'attendons et espérons de son zele et de sa foy, il accroistra les obligations que les eglises luy ont desja, et s'acquérant tous honneurs en elles, il fera de plus en plus paroistre sa pieté envers Dieu, sa fidelité envers le Roy, son intégrité envers l'estat et son affection envers nos églises, lesquelles prieront Dieu pour sa prospérité et conservation. Ledit sieur Livache tirera dudit seigneur Duc des responces claires et nettes sur chacque poinct pour les rapporter fidelement à la compagnie; sejournera le moins qu'il pourra et s'en retournera au plus tost. Le remercyera de son intervention envers monsieur de Savoye en faveur des pauvres fidelles du Marquisat et le supliera en nostre nom de continuer sa bienveillance et sa faveur envers eux.

Faict à Loudun ce 5e janvier 1620.

Le VIDAME DE CHARTRES, president;
CHARME, adjoint;
A. MALERAY, secretaire;
CHALAS, secretaire.

(Cop. B. N. MS. Brienne, vol. 224, p. 180.)

[1] Cette lettre, portée à M. de la Tremouille par Bellujon, doit avoir été écrite comme les autres qui furent confiées à Bellujon, le 8 février.

trouver resolus de ne rien changer de leur premiere deliberation nous les avons trouvés ployables et plus disposés à nous accorder beaucoup de choses, que le sieur de Belluion, qui vous rend la presente et qui est envoyé par moy vers vous exprès, vous dira, suyvant la charge que je luy en ay baillée. Il me semble que puisque sa Majesté s'approche de nostre assemblée, qu'elle ne s'en doibt pas reculer ; je luy escri et luy mande mon sentiment par ledict sieur de Belluion, que je vous supplie fortiffier de vos sages advis, affin que, par le concours de plusieurs, on puisse mener les choses à un accommodement ; car puisque le Roy s'approche de nous, nous ne devons pas nous esloigner de luy de peur d'un trop tardif repentir. Et sur ce, après vous avoir humblement baisé les mains, je demeure, etc.

LESDIGUIÈRES.

M. de la Tremouille y répondit par la lettre suivante.

[A Monsieur le mareschal des Diguières.]

Monsieur, j'ay receu celle qu'il vous a pleu m'escrire, et ouï le sieur de Belluion sur la charge que vous luy avez donnée. Je ne puis que louer la bonne intention que vous me tesmoignez au bien de nos eglises, et voi bien que les propositions que vous faictes sont plustost ouverture pour ne rompre point la négociation et éviter les faulx crimes que ceux qui sont poussez de mauvaise volonté contre nous, voudroient tascher de nous imputer, que résolutions ; car je n'apperçois point que fussions en meilleure assiette que lorsqu'il a pleu au Roy nous permettre de nous assembler, sy les choses en demeurent la, et m'asseure bien que selon vostre prudence vous considerés que ce seroit une grande misere de nous trouver le lendemain de nostre séparation obligés de revenir à ces assemblées extraordinaires pour n'avoir toujours que plaintes et crieries à porter aux oreilles du Roy. Mais vous estes de telle expérience, si jaloux de l'auctorité de sa Majesté, si bien cognoissant en quoy elle consiste et outre cela sy affectionné au repos de cest estat, que je m'asseure bien que vous jugez que l'un et l'autre s'affermit par l'observation de la loy qu'il a establye. Quant à moi mon aage ne m'a point acquis assez d'experience pour me bien desmeler de sy grandes difficultés, ce qui m'oblige, avec l'affection que vous me tesmoignez, de defferer tousjours ce que je doibs à vos sages et prudents conseils. Mais il y en a d'autres à qui le long usaige a acquis et la reputation et l'effect de les bien entendre que vous scavez, et cela accompagné d'une affection fort esprouvée en toutes occasions au service de Dieu et du Roy et repos de l'estat, de qui je n'oi pas dire qu'on recherche avec eux les moyens de ceste conduite. L'affection que j'aurois que nous parlassions tous d'une même bouche, comme d'affaires ou nous avons tous interest et qui se doivent mesnager par un ordre et consentement commun, Dieu m'a mis au cœur de vous en dire ma pensée, vous supliant de croire que je ne seray jamais surmonté de personne en celle que je dois à l'eglise de Dieu, au Roy, au bien de son service, non plus qu'à rechercher les occasions de vous tesmoigner que je suis, Monsieur,

Vostre très humble et obeïssant serviteur.

HENRY DE LA TREMOILLE.

A Touars, ce XVIIIe febvrier 1620.

(B. N. MS. Brienne, vol. 224, p. 276. Cop.)

CCXLIII.   1620 — 9 Février.

Cop. — B. N. MS. Brienne, vol. 224, p. 295.
Imprimé : *Suite des Lettres et Mémoires de messire Philippes de Mornay*, Amsterdam, Elzévir, 1651, p. 313.

POUR SERVIR D'INSTRUCTION AU SIEUR DE BELLUJON, ENVOYÉ PAR M. LE MARESCHAL DE LESDIGUIÈRES A L'ASSEMBLÉE GÉNÉRALE A LOUDUN. [1]

Ayant rendu les lettres dudit seigneur à ladite assemblée, luy representera qu'ayant esté prié par leurs deputés, envoyés en dernier lieu à la court, de s'employer envers le Roy, à ce que ladite assemblée peust obtenir de sa Majesté ce dont elle la requeroit par lesdits sieurs deputés, & d'envoyer vers elle personnage à luy confident pour leur rapporter ses advis sur ces occurences, il aurait obtenu (& monsieur le Prince, avec monsieur le duc de Luines, comme bien informés des volontés & intentions de sa Majesté luy en auroyent donné telles asseurances, & à M. de Chastillon aussi, qu'il ne doute aucunement de l'effet d'icelles) [2] que moyennant que ladite assemblée se sépare pour tout le present mois de febvrier, sadite Majesté respondra favorablement, ainsi que desja elle l'en a fait asseurer par le sieur le Mayne, les cahiers à elle presentés, ou à presenter par icelle assemblée, de leurs plaintes ou demandes generales & particulieres, et fera aprés executer de bonne foy, & avec effet ses jugemens, & graces sur iceux. Et encor lesdits seigneur, Prince & duc de Luines ont déclaré que dés maintenant sadite Majesté leur accorde les demandes concernant la place de Leitoure, la continuation de la garde des places de seureté, & la reception des deux conseillers au parlement de Paris; que pour cest effet, et incontinent aprés la separation de ladite assemblée, sadite

---

[1] Cette instruction est accompagnée de quelques réflexions de Duplessy-Mornay que nous reproduisons en note.

[2] J'ay estimé devoir donner mon advis librement à Messieurs de l'assemblée sur ceste occasion, qui nous convie de prendre une resolution en ces affaires.

Se resolvant l'assemblée d'envoyer vers le Roy en la façon portée par mon advis, elle gaigne deux points. L'un est, qu'elle renoue la negotiation, de laquelle la rupture est fort dangereuse. L'autre, qu'elle gaigne temps pour la separation, et on a veu ce qu'elle peut, et doit esperer en la Court, premier que ce temps à elle préfix arrive, (*Du Plessis-Mornay*).

Majesté fera incessamment travailler à remettre le chasteau & ville de Leitoure és mains, & au pouvoir d'un gouverneur de la religion, qui ait attestation du colloque ou synode de la province, conformement au brevet du defunct roy Henry le Grand, & en fera sortir le sieur de Fontrailles sans rien espargner pour y parvenir.

Pareillement fera sadite Majesté recevoir & mettre en possession de leurs charges audit Parlement de Paris, les deux conseillers incontinent aprés la separation de ladite assemblée [1].

Et de mesmes sadite Majesté fera expedier & remettre és mains de leurs deputés generaux le brevet pour la continuation de la garde des places durant quatre ans, selon que ladite assemblée le requiert au troisieme article dudit cahier [2].

Et où ladite restitution de Leitoure, la reception desdits conseillers, & l'expedition dudit brevet ne seroyent par effet accomplies & de bonne foy dans six mois au plus tard, en ce cas mesdits seigneurs le Prince et duc de Luines procureront avec effet envers sadite Majesté à ce que les deputés, qui sont en ladite assemblée, ou autres à eux subrogés par les provinces se puissent rassembler pour representer à sadite Majesté leurs griefs & plaintes, & en obtenir la reparation [3].

Sadite Majesté donnera audience favorable aux deputés de Bearn, qui viendront vers elle dans sept mois au plus tard, sur les griefs qu'ils pretendent avoir en l'exécution de l'arrest de main-levée. Et dés maintenant elle leur accorde toutes les seurtés nécessaires, entre celles qui leur ont desja esté presentées & par les meilleurs moyens que faire se pourra pour le remplacement des deniers, desquels ils demeurent privés par l'arrest de main-levée donné au profit des ecclesiastiques du pais; à ce que ceux de ladite religion jouissent par effet & à leur contentement dudit remplacement, qui se pren-

---

[1] En esclarcissement de ce que dessus pourra estre suppliée sa Majesté de regler et abbreger le temps de l'exécution de ces points, selon que les uns sont de plus facile et prompte exécution que les autres ; comme pour exemple la reception des officiers, qui ne tient qu'à un mot; tellement qu'elle pourroit venir presques en concurrence avec la separation, laquelle pour l'authorité du Roy et pour la forme, la precederoit. Je dis de mesme de la verification de l'exemption des tailles des pasteurs, de laquelle il ne se fait point mention icy. (*Du Plessis-Mornay.*)

[2] Ne faut desesperer que sa Majesté ne s'estende à quelques années de plus, si la deputation se fait de bonne grace. (*Du Plessis Mornay.*)

[3] Faut essaier que ledit brevet soit expedié dés à present, sauf à estre deposé en main confidente. (*Du Plessis-Mornay.*)

dra sur les plus clairs deniers, & de proche en proche dans ledit pais de Bearn ; & où ils y seroient jamais troublés à l'advenir directement ou indirectement, pourront rentrer dans la jouissance des biens ecclesiastiques, telle qu'ils l'ont à présent. [1]

Fait à Paris, le neufvième jour de febvrier 1620.

LESDIGUIÈRES.

CCXLIV.   1620 — 27 FÉVRIER.

Cop. — B. N. MS. Brienne, vol. 224, p. 325.

[A MESSIEURS LES DÉPUTÉS DE L'ASSEMBLÉE DE LOUDUN.]

Messieurs, je ne puis assez louer ny estimer la resolution que vous avez prinse de députer au Roy pour recevoir ses bonnes intentions telles qu'elles m'ont esté proposées et offertes de la part de sa Majesté par Monseigneur le Prince et par monsieur le duc de Luynes, ainsy que le sieur de Belujon qui les vous a faict entendre m'a raporté en me rendant vostre lettre sur ce subject [2]. Mais comme les nouvelles qui à leur abord sont estimées mauvaises ont des aisles plus fortes que les bonnes, j'ay creu que celles de la publication faicte le jour d'hier au Parlement de la declaration de sa Majesté pour vostre separation

---

[1] Le Roy semble du tout resolu d'estre obei au fait de la main-levée, mais sur cest article deux choses sont à considerer. L'une, que ceux de Bearn ont sept mois de temps pour y penser, & qui a temps a vie. L'autre, que pendant les six, toutes choses doivent estre exécutées. Et par ainsi l'indecision du fait de Bearn n'accroche point l'exécution des choses promises, & ne peut servir d'excuse pour les reculer. Et la restitution de Lectoure ne leur est pas de petite importance. Joint qu'en cas d'inéxecution l'assemblée se peut remettre sus, en laquelle ils trouveront le mesme rapport. Pour le fonds de l'accommodement, j'en ay souvent dit & mon avis, et mes raisons, & ne voy point matiere de les changer.

Quant à ce que l'on peut dire, que si l'assemblée donne pouvoir à ses deputés, tout le fonds de ses intentions sera connu à la Court premier qu'ils arrivent; c'est chose ordinaire de regler le pouvoir par instructions, esquelles ils peuvent estre chargés de demander plus que l'on ne pense obtenir, sauf après avoir fait tout ce qu'on aura peu à en donner advis à l'assemblée, laquelle acceptera ce qui sera de la possibilité plustost que de la raison.

Je pese fort de quelle importance il nous est de ne picquer M. le Prince & M. le duc de Luines contre nous. Aussi de ne rebuter pas les bonnes volontés de messieurs de Lesdiguières & de Chastillon, & craindrois fort que prennant chemin contraire l'assemblée ne fust pas bien suivie par tout. (*Du Plessis-Mornay*).

[2] Du Plessis-Mornay, par une lettre du 20 février (p. 317 de sa *Correspondance*), avait déjà fait connaître à Lesdiguières une partie des résultats de la mission de Bellujon.

sera arrivée à vous et aura peu retarder vostre députation, soubz l'oppinion de quelque alteration aux affaires, je vous escri pour vous asseurer qu'il n'y en est point intervenu et que nonobstant ceste publication elles sont au mesme estat que je les vous ay faict representer et sa Majesté disposée à vous donner contentement tel que je le vous ay faict esperer par ledict sieur de Bellujon soubz l'asseurance qui m'en a esté donnée. Ne différés donc point, je vous prye, d'envoyer vos deputez le plus tost que vous pourrez pour gagner le temps. Le sieur Gilier qui vous rend ceste lettre vous dira plus particulierement ce qui s'est passé au faict de laditce declaration, qui estoit resolue auparavant mon arrivée en ceste cour. Je prie Dieu, Messieurs, qu'il vous tienne toujours en sa garde.

Vostre bien humble et très affectionné serviteur.

LESDIGUIÈRES.

A Grenoble, le XXVII° febvrier 1620.

CCXLV. 1620 — 3 MARS.

Cop. — B. N. MS. Brienne, vol. 224, p. 326.

[A MONSIEUR LE MARESCHAL DES DIGUIÈRES.]

Monsieur, nous avons apris par celle qu'il vous a pleu nous escrire la publication au Parlement de Paris faicte soubz le nom du Roy pour la separation de nostre assemblée et sceu particulièrement par monsieur Gillier ce qui s'est passé au fait de ladite déclaration, de quoy nous vous rendons grâces très humbles ; mais nous ne vous célerons point que ceste nouvelle nous a grandement attristés, car congnoissans par icelle quel pouvoir nos adversaires ont dans le conseil du Roy pour destourner les bonnes inclinations et faire, au lieu de l'heureux succès que nous attendions de nostre cinquyesme députation vers sa Majesté, esclorre une declaration precipitée et sans exemple contre nos assemblées précedentes faictes par permission du Roy quelque temps qu'elles ayent duré, et en laquelle toutes nos meilleures et submises actions sont interpretées à mal ; voire la dernière que nous venons de faire par vostre advis. Ce n'est pas que nous ayons rien à craindre pour nostre particulier, ayans autant de garands de nos actions que de bons subjects du Roy de nostre religion, car on scait bien que c'a esté par charge expresse de ceux qui nous ont envoyés que nous avons conclu la nécessité de nostre assermissement, lequel a esté suyvy d'approbations unanimes et d'une infinité de louanges et remercimens de toutes les provinces, et les autheurs de la susdicte declaration en sont trop bien advertis pour en doubter; mais ils pensent accabler les eglises soubs les ruynes de ceste assemblée, ou bien par les offres qu'ilz font dans ladicte declaration de favoriser ceux qui se voudront separer, ils cuydent former quelque division, à quoy toutesfois il n'y a aucune aparence veu la grande union qu'il y a pour ce regard en toutes les provinces, laquelle d'abondant fortifiée par celle qui se trouve graces à Dieu en ceste assemblée. Nous ne laisserons pourtant de profiter d'une telle publication, car la voyans faite dans le temps qu'on nous avoit donné et que monsieur de Bellujon nous avoit raporté pour la subsistance de nostre assemblée, nous aprendrons comment on veut proceder envers nous et combien nous devons defferer aux seules paroles. Quant à nos derniers députés, nous estimons qu'à present vous aurez sceu par leurs bouches quel est nostre sentiment sur les ouvertures qu'il vous avoit pleu nous faire porter par monsieur de Bellujon ; nous reitererons encore icy, Monsieur, les remerciements qu'ils estoient chargés de vous en faire, et vous suplierons très humblement de nous continuer vostre favorable assistance pour obtenir du Roy avant nostre separation ce que toutes nos eglises se sont promises de sa bonté et justice, et luy donner une parfaite confiance, selon la cognoissance que vous en avez, de nostre obeissance et fidelité, afin qu'il nous traitte à l'advenir plus favorablement, luy faisant recongnoistre que nostre conservation est tellement nécessaire pour son service, qu'elle ne peut affoiblir sans esbranller le repos public. Attendant un sy bon office de vostre zele au bien des eglises, nous vous suplions de prendre une entiere asseurance que nous demeurerons à jamais en general et en particulier, Monsieur,

Vos plus humbles et très affectionnés serviteurs.

Les deputés des eglises reformées de France et souveraineté de Bearn [1]

A Loudun le IIIe mars 1620.

CCXLVI. 1620 — 17 Mars.

Cop. — B. N. MS. Brienne, vol. 224, p. 347.
Imprimé : *Suite des Lettres et Mémoires de messire Philippes de Mornay*, Amsterdam, Elzévir, 1651, p. 338.

INSTRUCTION ENVOYÉE PAR MESSIEURS DE LESDIGUIÈRES ET DE CHATILLON A L'ASSEMBLÉE DE LOUDUN.

Monsieur le duc de Lesdiguières a desjà fait donner asseurance avec monsieur de Chastillon à l'assemblée de Loudun, que la ville et

---

[1] Voir en outre une lettre de Du Plessis-Mornay à Lesdiguières, sur le même sujet, du 3 mars (*Lettres et Mémoires*, etc., p. 327).

chasteau de Leitoure, comme place de seureté, sera mise entre les mains d'un personnage de la religion, de la qualité portée par les brevets du feu Roy, et ce de bonne foy ; les deux conseillers receus au Parlement de Paris ; le brevet délivré pour la continuation de la garde des places de seureté pour quatre ans, à commencer du premier avril prochain, et leurs cahiers favorablement respondus ; le tout ainsi que ladite assemblée a veu par l'instruction qu'il en donna au sieur de Bellujon, laquelle ledit sieur Duc leur confirme en tous ses points ; et que les députés de Bearn seront ouïs dans sept mois sur ce qu'ils voudront remonstrer à sa Majesté, lequel temps passé seront tenus d'obéir à ce qui sera ordonné par sadite Majesté, sans que durant ledit temps ladite restitution de Leitoure, ny la réception des conseillers, ny la délivrance dudit brevet des places de seureté, ni la response auxdits cahiers puisse estre empeschée ny retardée d'estre accomplie entierement, & de bonne foy sous quelque pretexte que ce soit ; de quoy, Monsieur le Prince et monsieur le duc de Luines luy en donnerent leur foy et parole, et iceux sieurs le duc de Lesdiguières et de Chastillon la leur, que de rechef ils donnent icy à ladite assemblée par le present escrit, que moyennant ce que dessus, et qu'elle procede dans le present mois de mars à la nomination de six deputés, pour se séparer incontinent après le choix de deux par sa Majesté et qu'il sera venu à leur connoissance, lesdits conseillers seront incontinent receus, et ledit brevet de la garde desdites places de seureté pour quatre ans, à conter du premier jour d'avril prochain, délivré auxdits deputés generaux avec les estats desdites places ; que la restitution de ladite ville & chasteau de Leitoure, comme l'une d'icelles, sera faite réellement, et de bonne foy, et mise és main d'un personnage de ladite religion de la qualité portée par les brevets, dans six mois ; & qu'aussitost après la separation de l'assemblée, lesdits cahiers seront favorablement respondus, lesdits députés généraux ouïs, & mis après en leurs mains, et les responses et graces sur iceux executées sans discontinuation, & le tout de bonne foy. Voire de plus ladite assemblée est dés maintenant asseurée par lesdits sieurs duc de Lesdiguières & de Chastillon, que les quinze mil escus accordés pour trois ans à Loudun pour l'augmentation de l'entretenement des Ministres leur seront continués, & autre somme de quinze mil escus délivrée contant pour le desfray de ladite assemblée ; laquelle moyennant ce que dessus lesdits seigneurs duc de Lesdiguières & de Chastillon croyent qu'elle a de quoy estre contente quant à present pour satisfaire aux provinces qui les ont deputés, et leur advis est qu'ils se separent selon la volonté du Roy, pour mettre Dieu et les hommes de leur costé, avenant manquement aux choses susdites à eux offertes et promises, ou à partie d'icelles, ce qui n'est à croire, ny à apprehender veu mesmes les promesses reiterées par mondit sieur le Prince et Duc de Luines auxdits sieurs deputés. Et ainsi ladite assemblée fera voir en ceste occurence à tous la continuation de l'obeisance, que ceux de la religion ont toujours rendue à sadite Majesté[1].

Fait à Paris ce 17e mars 1620.

LESDIGUIÈRES. CHASTILLON.

(Sceaux.) BREMOND.

CCXLVII. 1620 — 20 MARS.

Cop. — Bibl. de Carpentras, MS. Peiresc Reg. XXXI, t. II, fol. 43.

[A MESSIEURS LES DÉPUTÉS DE L'ASSEMBLÉE DE LOUDUN.]

Messieurs, je m'asseure que messieurs vos deputés vous reporteront le soin que i'ay eu de ce dont ils m'ont prié de vostre part. J'auray une longue lettre à vous faire sur ce suiet si par un escript séparé, signé de monsieur de Chastillon et de moy que recevrez avec celle-cy, tout ce que vous avez à espérer de la negociation et jusques après vostre séparation n'y estoit contenu, si ce n'est que sy en procedant selon la volonté du Roy vous avez besoin de dix ou douze jours de plus que le delay de trois sepmaines porté par la dé-

---

[1] Cet avis fut porté à l'assemblée de Loudun par M. de Gilliers, ainsi qu'il résulte d'une lettre de cette assemblée à Duplessis-Mornay, datée du 23 mars, dans laquelle on lui demande son opinion sur l'écrit de Lesdiguières et Chatillon. Il répondit par une lettre et un avis datés du 24 mars, dans lesquels il engage l'assemblée à tenir grand compte des conseils de ces deux seigneurs, qui évidemment sont guidés par le désir d'être utiles à la religion (Suite aux Lettres et Mémoires, etc., p. 341 et suiv.).

claration [1] afin de dresser les instructions des députés généraux, je vous puis asseurer que vous n'en serez recherchés, et que luy demandant de bonne grâce, par lesdicts députés généraux qui recevront le brevet des places de seureté, de les vouloir estendre d'un an davantage que les quatre contenués audict escrit, je me persuade que sa Majesté leur accordera, et que le conseil trouvera quelque moien d'accorder l'affaire du Bearn au contentement du pais sy les députés en viennent traicter comme il leur est permis. En quoy si je suis encore icy je contribueray tout ce qui sera de moy et à faire réussir entierement tout ce dont monsieur de Chatillon et moy vous asseurons par ledict escript qui vous sera rendu par le conseiller de Gil-

---

[1] Une déclaration de février, enregistrée au Parlement, ordonna la dissolution de l'assemblée dans un délai de trois semaines; elle obéit le 18 mars. Voici l'opinion du duc de la Tremouille, jeune gentilhomme connu par la modération de ses idées, sur la conduite de la cour dans cette circonstance.

« [A Monsieur le mareschal des Desdiguières.]

« Monsieur, j'ay appris par monsieur du Plessis Bellay, qui est de ma part avec messieurs de l'assemblée de Loudun qu'il sembloit que la résolution de ladicte assemblée se portoit à satisfaire aux commandements du Roy, dont je ne me suis jamais aperceu qu'elle se fust esloignée, et n'y a rien que le proceder que l'on a tenu avec elle qui en a retardé l'effect, les premiers articles envoyés sur les infractions aux édits ayans esté refusez; que sy on les eust respondus je scay que tout le monde estoit porté à nommer et mettre le reste entre les mains des députés généraux, mais quand on [a] vu qu'on refusait ce que la pluspart de messieurs du conseil avoient dist à tous ceux des nostres qui leur en avoient parlé, estre de justice et que vous mesmes aviez aussy escript à sa Majesté, il entra aisement en l'opinion desdicts députés, suyvant la charge qu'ils avoient de leurs provinces, de contribuer à vouloir suplier le Roy de leur acorder. Depuis sur l'ouverture faicte de vostre part par monsieur [Bellujon] on députa incontinent vers sa Majesté, mais pour oster les affaires de négociation et à l'assemblée le gré de l'obeissance, on criminalisa des gens qui n'avoient autre but que le bien du service du Roy et le bien de cest est at, comme je croy qu'ils le tesmoigneront à present, et estiment que les autheurs de ceste declaration ont eu pour but ou d'empescher l'effect du commandement du Roy, ou pour le moindre mal de faire croire qu'on obeissoit par force. Monsieur, je suis trop peu experimenté pour parler trop avant de ces affaires, mais j'ay quelques fois ouy dire à ceux qui en sçavent plus que moy que le Roy ne peult jamais estre plus utilement servy, ny la paix plus seurement estre establye que lors que par un sincère entretenement de nos édits nous tiendrons l'un des bouts des cordeaux qui l'estraignent. Au par sus je n'ay qu'à vous remercyer très humblement de l'honneur que vous me faictes et vous asseurer que je seray toute ma vye, Monsieur,

« Vostre, etc.

« De Thouars ce..... de mars 1620.

« [LA TREMOILLE.] »

On peut consulter encore sur les relations de Lesdiguières avec l'assemblée de Loudun les pièces suivantes : Lettre du 20 décembre de l'assemblée à Lesdiguières (B. N. MS. Brienne, vol. 224, p. 212). — Lettre des mêmes au même, 4 février, (id., id., p. 110).—Lettre des mêmes au même du 25 février (id., id., p. 324). Lettre de Du Plessis-Mornay au même du 28 février (*Correspondance de Duplessis*, p. 327). — Lettre du même au même du 27 mars (id., p. 347).—Lettres de l'assemblée à Lesdiguières du 26 mars (brochure imprimée s. l. n. n., 5 p.).— Lettre de Duplessis au même du 14 avril (*Correspondance*, p. 355,.

liers que nous vous envoions exprès pour le vous apporter et vous asseurer que je suis, Messieurs,

Votre bien humble et affectionné serviteur.

LESDIGUIÈRES.

De Paris, ce XXe mars 1620.

CCXLVIII.   1620 — 26 AVRIL.

Orig. — Arch. de M. le Vte de Sallemard, à Peyrins.

A MONSIEUR DE LA ROCHE DE GRANE, COMMANDANT POUR LE ROY AU POUZIN.

Mon amy, j'ay fait refaire l'ordonnance comme vous l'avez désiré, y ayant fait mettre les soixante onze livres de plus, que vostre homme vous porte. Pour ce qui est du ministre, il s'en peut aller puisqu'il le désire, mais non pas pour revenir. Il en faudra trouver un autre, à quoy vous pourvoirez, ou nous y penserons estans à Grenoble. Je vous recommande toutes choses et moy à vos bonnes graces comme estant entièrement,

Vostre bien humble pour vous fère service.

LESDIGUIÈRES.

Ce 26 avril 1620 à Valance.

CCXLIX.   1620 — 20 MAI.

Orig. — Arch. de la Drôme, Série E, 249.

A MONSIEUR, MONSIEUR DE BRESSAC, BAILLY DE VALLENCE, ETC.

Monsieur de Bressac, vous aurez veu par une lettre que je vous escrivy yer en responce de celle que vous me mendates par homme exprès ce qu'on doit faire & comme il faut se gouverner sur cet evenement inopiné. Je ne puis y aiouster davantage que vous prier de bien tenir la main à l'observation des esdicts du Roy & à ce que chacun se maintienne en devoir & obeissance de bons et fidelles suiects de sa Maiesté[1]. Je ne doute non plus de vostre affection au bien de son service, que ne devez faire doute que je suis, Monsieur de Bressac,

Vostre bien humble pour vous fère service.

LESDIGUIÈRES.

A Grenoble ce XXe may 1620.

CCL.   1620 — 22 Mai.

Cop. — A M. Macé, doyen de la Faculté des lettres de Grenoble.

[A MESSIEURS LES CONSULS DE ROMANS.]

Messieurs les consuls de la ville de Romans, il est necessere pour le bien du service du Roy que vous logies trois compagnies du regiment du sieur de Verdoing, assavoir celles des sieurs de Vercors, de Gouvernet et de Ricous auxquelles vous fournirez le logis, le feu et le lit tant seulement; et pour le surplus il y sera pourveu et disposé [par un] expres qui deslivrera argent chacun jour pour leur entretenement. Pourvoyez cependant [d'un] homme de bien pour le conterolle des soldas [qui] seront en effect ausdictes compagnies à ce qu'il [ne] ce glisse aulcun abbus audict entretenement; [ne faictes] faulte aussy qu'il y aye des vivres en fourrage à pris raisonnable, aultrement il y sera pourveu d'un taulx sur les plainctes qu'il nous en seront addressées; et en attendant ce qu'il plairra au Roy d'ordonner, etc.

Faict à Grenoble le XXIIe may 1620.

LESDIGUIÈRES.

BREMOND.

---

[1] Peut-être Lesdiguières veut-il parler des évènements de Privas qui intéressaient également le Dauphiné à cause de sa proximité. Voir la note de la lettre du 23 décembre 1620 imprimée plus loin.

CCLI.　　　　　　1620 — 1er Aout [1].

Imprimé : *Suitte des Lettres et Mémoires de messire Philippe de Mornay*. Amsterdam, Elzévir, 1651, p. 396.

[A MONSIEUR DU PLESSIS, CONSEILLER DU ROY, CAPITAINE DE 50 HOMMES D'ARMES ET GOUVERNEUR DE SAUMUR.]

Monsieur, je me trouve en ceste ville de Lion sur le point du passage du corps de l'un de vos petits enfants, mort en Italie. Je participe au deplaisir que cest accident vous apporte, mais je ne me mesle pas de vous consoler en ceste occasion, puis qu'en semblables les affligés prennent consolation de vous, Monsieur. Le passage de monsieur de Guise m'a attiré icy. Luy et moy dressons armée, et esperons bien tost la conduire là où le Roy se trouvera, afin qu'elle luy serve plustost (par notre desir) à faire la paix, qu'à continuer une guerre, qui se devroit estouffer dès sa naissance [2]. S'il vous plaist de me donner de vos nouvelles par Paris, je les recevray à faveur. Cependant, et pour tousjours je vous supplie, que je sois en vostre bonne grace, puis que veritablement je suis, Monsieur,

　　Vostre bien humble et tres affectionné serviteur.

De Lion [le 1er aoust 1620] [3].

　　　　　　　　　　　　　　　　　　LESDIGUIÈRES.

CCLII.　　　　　　1620 — 26 NOVEMBRE [4].

Imprimé : *Suitte des Lettres et Mémoires de messire Philippes de Mornay*, Amsterdam, Elzévir, 1651, p. 476.

[A MONSIEUR DU PLESSIS, CONSEILLER D'ESTAT DU ROY, CAPITAINE DE 50 HOMMES D'ARMES ET GOUVERNEUR DE SAUMUR.]

Monsieur, celuy qui vous rend ceste lettre est le rejetton d'un des serviteurs de ma maison, décédé en mon service. Je pren soin de luy

---

[1] Cette lettre est imprimée à cette date dans la *Correspondance de Duplessis-Mornay*.

[2] Il s'agit ici de la campagne de Louis XIII en Béarn.

[3] Duplessis répondit à Lesdiguières par une lettre du 17 août qu'on trouvera dans sa *Correspondance*, p. 412.

[4] Cette lettre porte comme entête cette date dans la *Correspondance de Duplessis-Mornay*.

en esperance qu'il s'en rendra digne. Il va à Saumur pour y faire son cours en philosophie. Je vous supplie, Monsieur, de le recommander aux professeurs, afin que son temps soit bien employé, et qu'un jour il puisse reconnoistre la grande obligation qu'il vous aura de ceste favorable recommandation. J'estois avec monsieur de Guise ces jours passés dedans la ville de Valence, où je reçeus vostre lettre de l'onsième jour d'octobre dernier. Je la luy communiquay, & se trouva qu'en parlant luy & moi des affaires presentes, nos sentimens se trouvoyent tous semblables à ceux que vous en avés. Il alloit à la Court, & les y fera connoistre autant qu'il luy sera possible. Et quand nous nous serons acquités de nos devoirs, on ne pourra nous requérir d'autre chose. Depuis vostredite lettre le fait de Bearn a passé, comme vous sçavés, en quoy il y a plus à dire, qu'à escrire. Ces gens là portent la peine de leur faute pour n'avoir creu vostre conseil, & celuy de leurs autres amis, Dieu remediera à tout. Je le prie qu'il soit tousjours vostre garde; & vous supplie de me tenir en vostre bonne grace, puis que véritablement je suis, Monsieur,

Vostre bien humble et tres affectionné serviteur.

A Grenoble [ce 26 novembre 1620].

LESDIGUIÈRES.

CCLIII. 1620 — 9 DÉCEMBRE.

Imprimé : *Lettre de monsieur le mareschal de Lesdiguières envoyée aux rebelles du pays de Béarn, sur les assemblées par eux faictes contre le service du Roy.* A Lyon, pour François Yvard, 1621, in-8°, 12 pp.

[A MESSIEURS DE LA RELIGION DU PAYS DE BÉARN]

Messieurs, ayant sçeu de bonne part que depuis le partement du Roy de vos quartiers[1], vous ne vouliez laisser (contre tout respect & obeissance que vous devez à sa Majesté) de continuer vostre opiniastreté, & que mesmement vous faites journellement en divers lieux des assemblées particulières de quelques personnes de qualité; ne sca-

---

[1] Louis XIII se rendit en Béarn pour faire exécuter les édits qui rendaient leurs biens aux ecclésiastiques catholiques. Il ne trouva aucune résistence. Parti le 7 juillet, il rentra à Paris le 7 novembre.

chant toutes fois à quel suject vous le faites, mais vous donnant advis
sur cela, à celle fin d'oster la mauvaise opinion que l'on pourroit
concevoir de vous, & comme aussi vous en donneriez un tres veri-
table subject, de vous departir d'icelles |& ne continuer cesdites
assemblées; car je vous asseure que si vous y perseverez encore, &
que je puisse sçavoir quelle est la moindre de vos volontez contre
l'obeissance & le service que vous devez tres legitimement au Roy,
je ne manqueray d'en donner advis à sa Majesté, & sur le moindre
commandement qu'elle luy plaira me faire de m'acheminer vers vous,
je seray l'un des premiers qui prendra les armes en mains pour aller
chastier vostre desobeyssance & faire cognoistre à vos despens le
pouvoir & l'authorité du Roy. C'est pourquoy, Messieurs, je vous supplie de vous departir de cesdictes assemblées, & de ne donner aucun
subject de mescontentement à sa Majesté, car autrement vous donneriez occasion à sadicte Majesté de retirer sa clemence dont elle a
usé envers vous par le passé. Fuyez je vous supplie les justes chastimens que vous pourriez encourir par vos desobeyssances envers elle.
Sçachez que vous & moy sommes tous estroictement obligez par les
loix divines & humaines, d'honorer, respecter & obeyr à nostre Roy,
& qu'il faut que ses commandemens et ordonnances nous soyent
d'une telle recommandation, que nul ne les doit enfraindre sur peine
d'en courir punition de la vengeance divine. C'est à quoy je vous prie
derechef de penser, & considerer que si vous continuez telles assemblées & rebellions, les peines que vous pourrez encourrir, & à vostre
subject plusieurs autres corps, qui ne pourroient mais de vos affaires
particulières. J'ay prié à ce subject le sieur de la Berteliere, gentilhomme que j'affectionne fort, présent porteur, de vous communiquer
la presente, & de s'employer au plus qu'il luy sera possible, de vous
faire recognoistre le devoir et l'obeyssance que vous devez au Roy,
& en ce faisant vous feray cognoistre que vous aurez tousjours en moy,
Messieurs,

  Un bon amy & serviteur en bien faisant et obeissant au Roy.

           LESDIGUIÈRES[1].

De Grenoble ce neufiesme du mois de decembre mil six cens vingt.

---

[1] Cette lettre, de l'authenticité de laquelle on pourrait douter, est suivie d'un commentaire par un écrivain catholique anonyme qui ne manque pas de tirer parti contre les réformés du Béarn

CCLIV. 1620 — 23 Décembre.

Orig. — Arch. de M. le Vte de Sallemard, à Peyrins.

A MONSIEUR, MONSIEUR DE LA ROCHE DE GRANE.

Mon grand amy, je desire que vous preniez la peyne de venir jusqu'ici ou j'ay envye de vous parler des affaires de Privas[1], mais avant que partir faites leur entendre qu'ils n'altèrent aucune chose et qu'ils ayent patience que je vous aye veus, car je vous veux ouvrir des moyens que j'ay projetés pour les tirer de peyne et les mettre en repos. S'ils se ménagent par l'avis de leurs amis, leurs affaires yront bien et je seray bien ayse de les y servir et vous temoigner en vostre particulier en cela et toute autre chose, qu'homme du monde ne peut estre plus que moy, Mon grand amy,

Vostre bien humble pour vous fere service.

LESDIGUIÈRES.

Ce 23 decembre 1620 à Grenoble.

---

des opinions du protestant Lesdiguières. On pourra lire dans la *Correspondance de Duplessis-Mornay* (p. 468) une lettre de ce personnage à Lesdiguières sur les agissements de la cour contraires aux protestants, sur l'exaspération des deux partis l'un contre l'autre et sur les événements qui se préparaient. Un mémoire sur les événements passés en Béarn y est joint (p. 469).

[1] Voici quels étaient les événements auxquels fait allusion cette lettre et celles des 26 et 31 janvier 1621, 12 et 28 février que l'on trouvera imprimées à leur date. René de la Tour-Gouvernet, gouverneur de Privas, étant mort en 1617, Charlotte de Chambaud, sa veuve, songea à se remarier avec Claude de Hautfort, vicomte de Cheylane, gentilhomme catholique. Les protestants, craignant d'avoir un gouverneur catholique, s'emparèrent de la ville de Privas sous les ordres du brave Brison. Cheylane de son côté se saisit du château. Le 28 décembre 1619 le château fut étroitement bloqué et les conduits des fontaines coupés; réduit à la dernière extrémité, Cheylane consentit à quitter le château, mais à peine sorti il tombe sur les protestants, qui n'étaient pas sur leurs gardes, leur tue quarante hommes et rentre dans le château. Bloqué de nouveau, il dut à l'intervention de Blacons de pouvoir sortir sain et sauf et en profita pour épouser Charlotte de Chambaud. Pendant plusieurs mois le pays fut troublé par des combats journaliers. Le duc de Montmorency dut intervenir et entra sans résistance à Privas le 30 avril 1620, y rétablit la messe et donna le gouvernement du château à Cheylane. Les protestants, fort mécontents de cette décision, après avoir, mais en vain, fait appel à la justice du roi, eurent recours à la force. Encouragés par le synode d'Alais, ils fortifièrent les positions environnant Privas et construisirent sur le mont Toulon un fort d'où ils dominaient le château. Malgré les efforts de Lesdiguières et de Ventadour, lieutenant général en Languedoc, le siége commença aussitôt, et le château de Privas, presque détruit par le canon, capitula le 5 février 1621. La conduite de Brison et des protestants dans cette occasion fut approuvée par l'assemblée de la Rochelle.

CCLV. 1621 — 3 Janvier[1].

Imprimé : *Suite des Lettres et Mémoires de messire Philippes de Mornay*. Amsterdam, Elzévir, 1651, p. 503.

[A MONSIEUR DU PLESSIS, CONSEILLER D'ESTAT DU ROY, CAPITAINE DE 50 HOMMES D'ARMES ET GOUVERNEUR DE SAUMUR.]

Monsieur, lors que je receu vostre lettre du 19ᵉ du mois de novembre dernier[2], j'estois dedans les mesmes pensemens qui tiennent vostre esprit occupé, & veritablement le mien est encor dedans les mesmes occupations, apprehendant bien fort le mauvais succès des affaires presentes, par les commencemens qui y sont donnés de part et d'autre. La deffiance se void d'un costé, & le courroux de l'autre. Je suis de vostre avis, qu'il faut que quelqu'un se mette entre deux, & veux bien estre celuy là ; non pour nostre justification envers le Roy, qui est offensé, mais pour le rendre flexible à oublier l'offense, & à recevoir les tres-humbles requestes & remonstrances de ses serviteurs, qui n'ont point pensé à vouloir heurter son auctorité. Je voulois commencer à frayer ce chemin, quand vous m'avés fait connoistre que vous trouviés bon que ce fust moy. Et de fait j'avois choisi Monsieur de Calignon, conseiller en la Court de Parlement de Grenoble, fils du pere que vous avés connu ; & comme je le voulois depescher au Roy suivant vostre conseil, pour puis après passer à vous, Monsieur, en faisant le voyage de la Rochelle, j'ai receu vostre seconde lettre du 14ᵉ du mois passé. Vous persistés en vos premiers advis, que je veux suivre, & vous en hastés l'execution que je desire faire. Mais il faut auparavant que vous me sortiés de la peine où je suis, pour ne sçavoir pas bien l'estat où se trouvent à present ceux de la Rochelle. Si l'Assemblée, que vous m'escrivés n'estre encor formée, l'est maintenant ; par quel moyen on la peut ployer à se separer ; à qui ledit Sieur de Calignon s'addresseray, où, pour mieux dire, à qui j'addresseray mes lettres, & luy ses paroles, suivant les memoires qui luy seront donnés. Car j'entends qu'il y a des par-

---

[1] Cette lettre porte cette date comme entête dans la *Correspondance de Duplessis-Mornay*.
[2] Cette lettre, dont nous avons déjà parlé, et celle du 14 décembre dont Lesdiguières parle plus bas, se trouvent aux pp. 468-469 de la *Correspondance de Duplessis-Mornay*.

tialités dedans la ville; & ainsi il s'y trouvera trois corps, à sçavoir celuy des Maire et Eschevins, celuy de l'Assemblée, et celuy des habitans, qui y ont formé une espece de democratie. Pour apprendre & sçavoir toutes choses, & non seulement celles-là, j'ay creu vous debvoir envoyer le Sieur de Mauchan, donneur de la presente, en qui je me fie, & qui me rapportera fidellement tout ce que vous luy commettrés, soit de bouche ou par escrit. Je vous supplie donc, Monsieur, de le bien instruire, et me donner de nouveau par luy vos prudens conseils, afin que je les prenne pour guide en ces occurences, et incontinent qu'il sera de retour, j'envoieray ledit Sieur de Calignon à sa Majesté, pour sçavoir si elle aura agreable que j'y porte mon entremise, pour son service, auquel cas il aura ordre de moy de passer à vous, recevoir l'addresse en sa conduite, vous communiquer sa depesche, & vous apprendre ce qu'il aura reconnu à la Court sur le fait de son voyage. Je vous baise les mains, & vous offre mon bien-humble service, priant Dieu, Monsieur, qu'il vous tienne tousjours en sa grace.

[De Grenoble, le 3 janvier 1621].

[Lesdiguières].

CCLVI. 1621 — 26 Janvier.

Orig. — Arch. de M. le V*te* de Sallemard, à Peyrins.

A MONSIEUR, MONSIEUR DE LA ROCHE DE GRANE.

Monsieur, j'ai receu vostre lettre du 21 de ce moys et veu le mémoire que vous m'avez envoyez pour ce qui s'est passé à Privas, j'ay aussy eu celle que les consuls de ce lieu m'ont écrit; je cognois bien avec vous qu'il faut remédier à ces affaires et que la longueur en empire la condition. Je croy qu'on satysfera, bientost à l'avis que j'en ay donné, et estime que l'exempt qui y sera commis sera choisy de la religion, et sur la jalousie qu'ils ont du commandement qu'on luy donnera, je ne croy pas qu'il s'estende que sur le chasteau et la tour. Vous le leur direz, s'il vous plaist, car en leur faisant response je les remetz aux avis que vous leur donnerez et les exorte seullement à se gouverner sagement et se prendre garde de ne point offenser le Roy ni ses lieutenants généraulx. Ce sont les principalles persuasions que vous leur devez donner. Je ne trouve rien de particulier à vous escrire sur ce subject, si ce n'est que je hasteray autant qu'il me sera possible la seureté de ce lieu là et le repos de ceulx qui y habitent par le moyen du dict exempt et des Suisses qui le devront accompagner. Dieu vous conserve, et je demeure, Monsieur,

Vostre bien humble pour vous fere service.

LESDIGUIÈRES.

A Grenoble le 26 janvier 1621.

CCLVII. 1621 — 31 JANVIER.

Orig. — Arch. de M. le Mis de Florent, à Tain.

A MONSIEUR, MONSIEUR DE LA ROCHE DE GRANE.

Monsieur de la Roche, ceste lettre vous sera rendue par le moyen de Monsieur d'Espinaulx que j'ay pryé de la vous faire tenir. Il se rendra mardy environ mydy à la Voulte où il va treuver Monsieur de Montmorancy et je vous ay voulu donner cet avis pour vous dire qu'il faut que vous l'alliez joindre incontinent, pour aviser ensemble aux expedients que vous pourriez prendre pour apporter quelque ordre à la confusion où les affaires de Privas se sont portées. Et pour vous en ouvrir le chemin je vous diray mon sentiment, qui est qu'il faudroit laisser toutes choses comme elles estoient auparavant ceste derniere esmotion et que ceux de la ville quittassent entierement, voire demolissent, ce qu'ils ont peu bastir au costaut de Tollon et par ainsi que personne n'entrasse dans le chasteau en attendant les commandements du Roy et de Monsieur de Montmorancy. Voyla le plus court et plus asseuré moyen pour encor, et me semble qu'en cette sorte on peut prevenir, voire du tout arrester, un plus grand desordre. Peut estre qu'estant sur les lieux et voyant de plus pres l'estat des affaires vous y pourrez employer quelques autres voyes je les remets à vostre prudence et vous asseure cependant que vous rendrez un signallé service au Roy et au publicq, à quoy je vous exhorte, Je suis, Monsieur de la Roche,

Vostre humble ami a vous fere services.

LESDIGUIÈRES.

Il faut aussi prendre bien garde qu'aucune personne de ce gouvernement ne se mêsle de ceste affaire, de quelque religion qu'il soyt, car on les feroit bien chastyer et je vous recommande d'y veiller.

Le dernier janvier 1621 à Grenoble.

CCLVIII.   1621 — VERS JANVIER[1].

Orig. — Arch. de M. le Vte de Sallemard, à Peyrins.

A MONSIEUR, MONSIEUR DE LA ROCHE DE GRANE, CAPITAINE D'UNE COMPAGNIE AU RÉGIMENT DE MONSIEUR LE COMTE DE SAULT.

Monsieur de la Roche, j'ai receu vostre lettre et veu les reffus que font payer les communautés de vous suivant mes ordonnances, notamment ceux de la Voulte; je ne vous puis dire autre chose à cela, si ce n'est que vous avez les forces en main pour faire obeyr ceux qui feront les mauvais. Mesnagez ce moyen par ce qu'il ne se peut autre chose à cela de rafreschir mes ordonnances; autant de difficulté rapporteront-ils aux dernières qu'aux premières, puisqu'ils ont cette mauvaise volonté de ne rien payer ; ils méritent d'estre traités extraordinairement pour leur apprendre de vivre. Cependant à ce que je pourray pour vous, je le ferai de fort bon cœur comme estant, Monsieur de la Roche,

Vostre bien humble ami à vous faire service.

LESDIGUIÈRES.

[1] Cette lettre nous paraît à peu près de la même époque que les précédentes, elle est relative aux mêmes événements.

CCLIX.   1621 — 1ᵉʳ Février.

Cop. — B. N. MS. F. 20547, p. 67.
Imprimé : *La responce de monsieur le duc Desdiguières aux plaintes à luy envoyées par ceux de l'assemblée de la Rochelle*, Paris, chez Antoine Vitray, 1621, in-12, 3 p.

A MESSIEURS, MESSIEURS DE L'ASSEMBLÉE DE LA ROCHELLE [1].

Messieurs, la lettre que vous m'avez escripte le XXVIIIe jour du dernier mois de l'année dernière ne m'a esté rendue que XXIXme du présent. Elle m'a incité à vous faire cette responce laquelle je vous prie

---

[1] L'assemblée de Rochelle, qui amena et soutint la guerre civile, se convoqua elle-même sans autorisation royale pour le 25 novembre 1620; les lettres de convocation sont datées du 14 octobre. Nous avons dit que Lesdiguières et quelques autres grands seigneurs avaient promis à l'assemblée de Loudun que si dans six mois après sa dissolution on n'avait pas répondu à ses doléances, une nouvelle assemblée serait convoquée: on ne répondit pas à ses doléances, le roi en personne alla soumettre les protestants du Béarn (7 juillet-7 novembre 1620). Aussitôt les délégués des réformés se réunirent à la Rochelle. Le Dauphiné n'envoya aucun député à cette assemblée, il en fut empêché par l'autorité de Lesdiguières. Avant même la réunion de l'assemblée le roi l'interdit (22 octobre) : les mois de janvier, février et mars se passèrent en tentatives d'accommodement, le roi refusa de recevoir aucun délégué de l'assemblée. La guerre civile éclata aussitôt : l'assemblée divisa la France en huit régions et mit à la tête de chacune un chef militaire, le commandement du Dauphiné fut donné à Lesdiguières puis à Montbrun, mais ces nominations furent de pure fantaisie, car jamais l'assemblée n'eut aucune influence en cette province. Le roi partit de Paris le 1ᵉʳ mai 1621 pour soumettre les rebelles : il passa par Orléans, Tours, Saumur (il priva Mornay du gouvernement qu'il y exerçait après lui avoir fait promettre par Lesdiguières qu'il n'en serait rien), Parthenay, Fontenay, Niort : il fit le siége de Saint-Jean-d'Angély qui fut pris le 23 juin.

L'assemblée envoya des délégués en Angleterre et en Hollande et obtint quelques secours en hommes et en argent. Le 22 juillet on engage les provinces à organiser la résistance. L'armée royale fait le siége de Montauban; au bout de deux mois (18 novembre 1621) elle est obligée de le lever. L'ambassadeur anglais tente en janvier 1622 d'amener un accommodement. L'assemblée nomme Soubise, lieutenant général en Saintonge, et crée la Rivardière vice-amiral. Pendant le mois de février Soubise s'empare de Longueville, la Chaume, les Sables-d'Olonne et l'île de Ré. Le roi vient le 20 mars retrouver l'armée; il passe à Orléans, Blois et Tours. Le 20 avril Soubise est chassé de l'île de Ré ; l'influence de l'assemblée commence à diminuer.

Le 27 septembre 1622 le duc de Rohan reçoit un pouvoir illimité pour conclure la paix. L'assemblée suspend ses séances. La flotte royale bat la flotte Rocheloise (2 novembre) commandée par Marquin et Guiton.

La Force traite avec le roi moyennant 20,000 écus et le bâton de maréchal. Rohan est déclaré criminel de lèse-majesté. Il se retranche dans Montpellier dont le siége commence le 1ᵉʳ septembre 1622. Le 9 octobre il traite avec le roi et lui rend la ville moyennant six cent mille livres et trente mille livres de rentes jusqu'au paiement du capital de cette somme. Il est convenu que les fortifications de la Rochelle et de Montauban seraient conservées.

Tels sont les principaux événements de cette guerre civile.

Le roi appela Lesdiguières près de lui plutôt pour le surveiller et l'empêcher de servir les protestants que pour faire usage de ses talents militaires. Parti de Grenoble après le 21 mars

de bien recevoir puisqu'elle vient du cœur [et] de la main de celuy qui ne vous souhaitera jamais que de l'honneur et toute prospérité à vos justes desseins. Vous vous estes assemblés suivant la resolution que vous en feistes des lors de vostre separation à Loudun, mais vous ne pouvez monstrer que vous en ayez eu la permission; bien est vray que vous la demandastes par brevet, lequel vous ne peuste obtenir. C'est pourquoy il falloit avant que de vous assembler que nos deputés géneraulx fissent instance au Roy de le vous permettre, et que la très humble requeste qu'ils en eussent faicte eust esté fondée sur la necessité qu'il y avoit de vous assembler. Cela n'a pas esté faict et mon opinion est, que n'ayant poinct gardé cette forme, sa Majesté a un juste subject d'estre indignée contre vous et contre ceulx quy vous ont receus. Quand aux occasions de vostre assemblée elles sont si petites qu'elles paroissent fort peu. Le Roy vous avoit promis que dedans six moys il feroit rendre Leytoure, recevroit les conseillers de la religion au parlement de Paris, bailler le brevet de la garde des places de seureté délivré un peu après à nosdicts deputés et que les estats leurs en seroient baillez, et pour le regard de l'affaire de Bearn, que dedans sept mois les deputés du pays seroient ouys sur ce qu'ils vouldroient remonstrer a sa Majesté. C'estoit un mois de plus donné, non tant pour la consideration de ceste affaire, que pour l'opinion qu'on avoit que le faict de Leytoure se rendroit difficile et qu'on ne voulloit toucher à celuy de Bearn que l'autre ne fust finy, et de cette intention Monsieur de Blainville peut estre veritable tesmoing comme il fut l'inventeur de cette prolongation accordée par sa Majesté, affin d'avoir le temps pour faire obeir Leytoure avant que demander l'obeissance à ceux du Bearn. Vous scavez que Leytoure a esté remise à un gentilhomme de la religion, que les conseillers ont estés receus, le brevet des places délivré. Il ne reste donc que les estats desdictes places à nous bailler, ce n'estoit pas un faict sy pressé qu'il fallust vous assembler pour en faire la demande : car nous les tenons et ne nous sont

1621, il était à Paris le 1er avril ; il en revint à la fin de novembre de la même année pour réprimer les troubles qui avaient éclaté en Dauphiné. Il retourna à l'armée royale au milieu de juin 1622, et revint à Grenoble au milieu de juillet; enfin il employa la plus grande partie des mois d'août, de septembre et d'octobre à s'entremettre entre les deux partis pour faire conclure la paix.

On trouvera dans la *Correspondance de Duplessis-Mornay* deux mémoires et une lettre du 13 janvier 1621 (pp. 536 et 537), sur les circonstances présentes, envoyés par lui à Lesdiguières.

poinct contestées. Je say bien que la clameur de ceux de Bearn a donné un puissant motif à vostre assemblée : mais j'estime avant que la faire, il falloit tant pour ce poinct que pour celuy desdicts estats demandez et encor pour quelque modification faicte par ledict Parlement en l'arrest de reception de l'un desdicts conseillers faire requeste par nosdict deputés, ou bien requerir Monsieur de Chastillon et moy, de supplier le Roy de se souvenir de ce que nous vous avons promis au nom de sa Majesté confirmé à Fontainebleau par sa royalle bouche aux députés de l'assemblée de Loudun, lorsqu'ils l'advertirent de sa separation. J'ay touché sommairement ses poincts pour respondre à ce que vous m'escripvez que je n'ignore pas l'inexecution de la pluspart des choses les plus importantes quy vous avoient esté promises, et je vous represente ce que j'en scay, et dont vous vous devez remettre en memoire, affin que vous mesmes vous jugiez que vostre assemblée a esté un peu précipitée et je dis avec regret qu'elle peult estre illégitime. C'est ce qui est cause que sa Majesté l'a déclarée telle : mais son indignation peult estre fleschie et convertye en grace. Je ne vois aulcun[1] moyen d'y parvenir que par vostre separation : car encor que vos pretendus griefs fussent apparents et plains de raison, sy ne les pouvez-vous presenter au Roy pour vous y faire justice que par les légitimes moyens qui approchent le subiect de son prince souverain, aultrement c'est blesser l'authorité, partager la royauté, et faire d'une bonne cause une mauvaise, et de plus est inciter par un mauvais exemple les subiects de sa Majesté à secouer le gracieux joug de son obeissance. Il ne fault pas qu'une tant grande[2] faulte procedde de nous, de nous, dis-je, quy avons tousiours obey à nos Rois en toutes choses, estant[3] seulement retenu ce qui appartient à Dieu seul, pour le luy rendre par la permission de leurdictes Majestés. Celle quy regne aujourd'huy sur nous ne nous la veult poinct desnier ; elle nous veult observer son esdict, ouyr nos plainctes et remonstrances quand nous les luy adresserons avec les submissions quy nous sont bienseantes, & par nous à elle deubes. Je vous supplie et exhorte aultant qu'il m'est possible et que je le doibs, de vous remettre en ceste assiette après vous estre séparés, et je me joindray avec nos deputés,

---

[1] Var. de l'imprimé : pas un.
[2] Var : telle grande.
[3] Var : & tant.

pour très humblement supplier sa Majesté de nous donner[1] ce que nous luy pouvons justement demander, soit pour nous, ou pour nos frères du pays de Bearn, lesquels ont par leur propre faute attiré leur malheur sur eulx mesmes; je l'eusses destourné s'ils m'eussent voulu croire quand j'estois à la cour. Je presse vostre separation parce que sans elle, je me vois, à desplaisir, privé du moyen de vous ayder et servir pres du Roy : mais sy vous croyez mon avis de vous séparer, et la prière que je vous en fay encore, j'ose me promettre que sa Majesté, à ma tres humbles requeste, oubliera la faute qu'elle croit que vous avez commise contre son authorité, recepvra la raison de nos plainctes & très humbles requestes par nos députés généraulx, rapellera ses troupes du Poictou, Guyenne et aultres lieux, qui tiennent nos Eglises en continuelles allarmes, rellevera de criminalité les députés de l'assemblée, affin qu'ils se puissent retirer en toute seureté, fera nouvelle declaration à nostre faveur confirmatifve des graces à nous accordées pour esteindre toute deffiance, et en somme donnera tout raisonnable contentement, et establissant la paix ferme et asseurée en son estat, pour maintenir sa réputation parmy ses voisins et alliés, pour se rendre l'arbitre necessaire de tous leurs differends; ce que nous devons désirer sur toute chose, et non l'empescher comme nous ferions par un trouble civil, dont la cause nous seroit imputée. Sy je suis creu de vous, il ne sera point besoing que je vous envoye personne, aussy bien ne le puis je faire, comme vous estes assemblez sans permission du Roy; non que je me veuille departir de nostre union, j'y veulx demeurer ferme et servir à l'eglise de Dieu en la profession de nostre religion, jusque au dernier souspir de ma vie, demeurant à tousiours dedans l'obeissance deue à sa Majesté, comme chose bien compatible. Ceste bonne volonté me demeurera, aydant celuy qui me la donne. Je le supplie de vous faire recevoir mon avis, et l'asseurance de mes promesses fondés sur l'esperance que j'ay en la bonté du Roy, affin que nous demeurions en sa grace en toute seureté et son royaulme en tranquilité. Voila ce que je puis respondre à vostre lettre. Je suis au reste, Messieurs,

Vostre bien humble et plus affectionné serviteur.

LESDIGUIÈRES.

A Grenoble ce premier febvrier 16e ving ung.

[1] Var : guarder.

CCLX. 1621 — 9 Février.

Orig. — Arch. de l'État, à Genève.

A MESSIEURS, MESSIEURS LES SCINDICS ET CONSEIL DE LA RÉPUBLIQUE DE GENÈVE.

Messieurs, j'ay vostre lettre et tout ce qui m'a esté representé de vostre part par le Sieur Sarrazin comme venant des personnes du monde que j'honnore le plus. Je l'ay entretenu en deux diverses fois et fait comprendre le désir que j'ay de vous continuer mon service en tout ce qu'il vous pourra estre utile, me sentant grandement vostre obligé de la bonne volonté qu'il vous plait me temoigner, pour recognoissance de laquelle j'essayeray en toute sorte d'occasions de vous faire cognoistre que je suis véritablement et avec toute sorte de franchise, Messieurs,

Vostre bien humble et plus affectionné serviteur.

Lesdiguières

Ce 9 février 1621 à Grenoble.

CCLXI. 1621 — 12 Février.

Orig. — Arch. de M. le Vte de Sallemard, à Peyrins.

A MONSIEUR DE LA ROCHE DE GRANE.

Monsieur de la Roche, m'ayant envoyé Monsieur de Montmorancy un gentilhomme pour avoir mes avis sur les affaires de Privas, j'ay jugé à propos d'envoyer Monsieur de Blacons vers Monsieur de Ventadour avec ledict gentilhomme, que j'ay pryé d'en prendre la peyne, et de là passer audict Privas, non pour interrompre vostre négociation, mais plustost pour se joindre à vous et conjoinctement travailler aux moyens pour calmer cest orage; je vous prye de vous joindre avec affection à ceste bonne œuvre affin que nous y voyons quelque yssue qui puisse contenter le Roy et le public. Je ne vous dy rien davantage, là ou est Monsieur de Blacons[1], laissant à sa suffisance de vous faire entendre les résolutions qui se sont prises icy, et vous asseurant pour fin que je suis, Monsieur de la Roche,

Vostre humble et parfait ami à vous fere service.

Lesdiguières.

Ce XIIme février 1621 à Grenoble.

CCLXII. 1621 — 15 Février [2].

Cop. — B. N. MS. Dupuy, vol. 92, p. 189
Imprimé : *Lettre de monsieur le duc de l'Esdiguières escritte à nostre Saint-Père le Pape sur son advènement au souverain Pontificat*, à Paris, chez Antoine Vitray, 1621, in-12, s. p.

[A NOSTRE SAINT PÈRE LE PAPE]

Tres sainct Père, la nouvelle de vostre eslection en la supreme dignité du Pontificat où vos mérites ont eslevé vostre personne n'est pas plus tost parvenue iusques à moy, qu'elle m'en a faict recevoir un extreme contentement et concevoir un singulier desir de faire paroistre aux yeux de vostre Saincteté combien i'ay de part en ceste commune joye. La chretienté s'en est[3] esmeue de pareille allegresse, mais celle qui me touche m'est d'autant plus sensible que la cognoissance de vos vertus m'est particuliere. Les veus que ie fis en vostre presence se treuvent maintenant accomplis et rien n'en pouvoit empescher l'effet puisqu'ils avoient vostre pieté pour fondement et nos souhaicts pour augure. Que puissent aussy bien reussir toutes les esperances que vostre Saincteté nous donne de bannir[4] de cest Empire chrestien les divisions qui semblent en avoir banny le repos, pour y establir une bonne paix & le reunir à luy mesme. La liesse en sera lors plus parfaicte et ie conserveray cependant le desir de recognoistre l'honneur de vostre affection[5] par les preuves de mon service. La pos-

---

[1] M. de Blacons étant avec vous.

[2] En tête de la copie manuscrite que nous reproduisons on lit : Lettre de Monsieur de Lesdiguières au Pape, du XVe febvrier 1621. Grégoire XV (Alexandre Ludovisio) fut élu pape le 9 février 1621.

[3] Dans l'imprimé : s'est.

[4] Dans l'imprimé : chasser.

[5] Dans l'imprimé : le desir que j'ay de vous faire cognoistre l'effect de mon affection.

session vous en fut acquise lorsque i'eus premierement l'honneur de vous voir et maintenant elle vous est confirmée par les asseurances que ie vous donne d'estre toute ma vie, de vostre Saincteté, [le] très humble, etc.

[Lesdiguières]

[Le 15 fevrier 1621 à Grenoble.]

CCLXIII.   1621 — 22 Février.

Orig. — Arch. de l'État, à Genève.

MESSIEURS LES SYNDIQZ ET CONSEIL DE LA VILLE DE GENÈVE.

Messieurs, voici Monsieur le collonnel Heyd qui vous rend cette lettre. Il conduit une compagnie de cent suisses qu'il a levez par le commandement du Roy et les passe par vos estatz et par vostre ville. Mais affin que personne ne luy donne de l'empeschement en cette occasion, je vous ay voulu supplyer, comme je fay, de luy donner non seulement le passage libre, mais l'assister de toutes vos faveurs, vous asseurant que vous ferez office tres agreable au Roy, au service duquel cette affaire importe. J'en feray moy mesme rapport à sa Majesté, et sur ce, Messieurs, je prye Dieu qu'il vous conserve.

Vostre bien humble et plus affectionné serviteur.

Lesdiguieres.

Le 22 février 1621 à Grenoble.

CCLXIV.   1621 — 23 Février.

Cop. — B. N. MS. Dupuy, vol. 100 p. 11.

[A MESSIEURS LES DEPPUTÉS DES EGLISES REFORMÉES A L'ASSEMBLÉE DE LA ROCHELLE.]

Messieurs, j'ay faict reponce à vostre lettre du XXVIII decembre, et maintenant ie fay ceste cy pour repondre à celle que vous m'aviez escripte le XXX ianvier [1], receue le iour d'hier par ce mesme porteur. J'estime que vous aurez eu ma precedente ; mais si elle s'estoit perdue, vous en trouverai issy une veritable copie, à laquelle ie vous prye de donner foy comme à l'original. Vous me representez par vostre derniere et par la coppye de celle que vous avez eu de Monsieur de Favas ce qui s'est passé à la court lors de la presentation de la requeste qu'il a faicte au Roy au nom des deputtez generaux, sur laquelle il n'a peu avoir reponce par escript. Mais les parolles de

[1] Voici la lettre de l'assemblée de la Rochelle, du 30 janvier, à laquelle répond Lesdiguières.

« Monsieur, par noz précéddentes vous avez sceu comme incontinant après avoir formé nostre assemblée nous avons dressé et envoié à Monsieur de Favas noz très humbles remonstrances pour les présenter au Roy, en la bonté et justice duquel nous cherchons les remedes convenables à noz maux, et les y aurions trouvés sans ce que les conseils violents de ceux qui nous sont mal affectionnés et qui dans les troubles de l'estat cherchent leur grandeur et nostre ruyne, ont prevalu près de sa Majesté, à laquelle ils ont rendu noz proceddures, quoyque non moins necessaires que légitimes, suspectes et odieuses, et l'ont porté à ne voulloir recevoir noz remontrances et à faire une réponse à la requeste que ledict sieur de Favas luy a présentée comme député général, tout autre que la justice de noz demandes et sa bonté royale ne nous faisoit espérer, ce que vous verrez, Monsieur, par la coppye de la lettre que nous vous envoyons que ledict sieur deputté général nous a escripte ; auquel nous avons encore donné charge de se jetter de rechef aux piedz de sa Majesté et la supplier très humblement de permettre qu'avec humilité et sumission nous puissions verser dans son seing les plaintes de tant d'eglises languissantes et luy demander justice et reparation des griefs qu'elles souffrent. Nous attendons de jour à autre reponse dudict sieur pour aprendre quelle aura esté la suitte de ceste seconde instance et que sy tost que nous l'aurons receue nous ne manquerons à vous en donner advis. Cependant, Monsieur, nous vous dirons que Messieur de Rohan et de la Tremouille et du Plessis ont esté sollicitez par quelques-uns qui sont en court de s'entremettre à rechercher les moyens d'un accomodement ; nous ne doutons point qu'on ne vous escrive sur ce suiet, mais nous nous asseurons aussy que vostre prudence saura bien connoistre à quoy tend ceste recherche et quelle iugera avec nous que toute autre entremise que celle des deputtés généraux agissant de nostre part, ou autres du corps de ceste compagnie, nous doibt estre grandement suspecte, comme trainant après soy de très dangereuses conséquences et que nous n'avons point dissimulé à ceux que l'on veult industrieusement faire entremettre, non pour nostre bien mais pour nostre ruine & la leur, vous supplliant, Monsieur, de vouloir intercedder encore sa Maiesté à faire recevoir noz remonstrances par les mains de noz députés généraux, comme aussy de nous envoyer quelqu'un de vostre part avec charge & pouvoir de jurer et signer en vostre nom l'union des eglises et de se soumettre aux resolutions generalles de l'assemblée avec memoires & instructions signées de vous, affin que sur l'occurences des affaires importantes nous puissions avoir vos advis seurement, desquelz nous ferons tousiours telle consideration que merite vostre qualité, sagesse et prudence confirmée par une longue suitte d'années, lesquelles nous supplions Dieu vous continuer pour servir à sa gloire et au bien de son eglize, demeurant à jamais, Monsieur, voz très humble et très affectionnés serviteurs.

Les dépputés des eglises refformées de France et souveraineté de Bearn assemblés à la Rochelle.

« COMBORT, président ;
« CHAPELLIER, adjoint ;
« LAGRANGE, secretaire ;
« DE LA GOUTTE, secretaire.

« De la Rochelle ce XXX° janvier 1621. »

(B. N. MS., Brienne, vol. 226, p. 42.)

monsieur de Pontchartrain representées par ledit sieur de Favas en
disent les raisons, qui sont que ladite requeste a esté reffusée parce
que sa Maiesté improuve vostre assemblée et ne veult rien recevoir
d'elle, et que en faisant mention de vostredicte assemblée comme permise cela n'a esté aprouvé. Tout cela va à la conservation de l'auctorité du Roy, que on croit estre par vous heurtée parce que on vous
soustient que vous n'avez point de permission de vous assembler.
C'est un mal aisé à guérir; sa Maiesté mesme y veult appliquer le
remède pourveu que vous vous sépariez, et pourvoir à toutes les
plaintes et remonstrances de ceux de la relligion sy elles luy sont
presentées par noz deputtez generaux et non par autres, puisque sa
grace nous a donné ce légitime moien de l'aborder. Si vous y persis-
tiés et resistiés et demeurez ensemble, vous favorisez sans y penser
ceux qui n'ont point de bonne volonté pour nous et que vous dites
porter des conseils violens ; croiez je vous prie que telz conseilz ne
pouront prendre pied dans l'esprit du Roy ny en ceux qui ont l'honneur de l'aprocher de plus pres, si vous n'en estes la seulle cause par
vostre demeure en corps comme vous estes : ce qui me faict desirer
vostre separation pour nostre bien commun et pour la subsistance
de toutes nos eglises dont vous aprehendez la ruine, que vous pouvez esviter en vous separant et commetant à nos deputez generaux
tout ce que vous auriez à dire au Roy s'il vous vouloit escouter, non
sous vostre nom, mais sous celuy de tous ceux de nostre religion. Et
ne doutez point qu'il n'y face iustice, car son intention est de faire
observer ses éeditz fais en nostre faveur, de tenir son Estat et ses
suiets en paix ; et comme le Roy veult que ses éditz de paciffication
soient observés, il est bien raisonnable que nous, qui sommes ses
suiets demeurions dans l'obeissance et respect deu à sa Maiesté
royalle. Les éditz nous deffendent tres expressement de nous assembler sans la permission du Roy. Je me voudrois tromper moy mesmes
pour prendre quelque raison venant de vostre costé, pour rendre
vostre assemblée legitime & empescher qu'on ne puisse dire de nous
que nous sommes les premiers qui contrevenons aux éditz; mais,
certes, j'ay examiné le plus favorablement qu'il m'a esté possible voz
remonstrances, contenant les causes de vostre assemblée, et je ne les
trouve point telles qu'elles aient deu vous faire assembler sans la
volonté du Roy. Vous savez que ce qui vous a esté accordé lors de la

séparation de Loudun, sous promesse de nous pouvoir rassembler, a esté entièrement executé de bonne foy. Quel pretexte pouvons nous prendre maintenant pour empescher que vostre proceddure ne soyt suspecte à sa Maiesté? Tâchons par nostre obeissance de conserver les éditz. Le Roy veult oublier tout le passé, et, à mon advis, fera une declaration pour permettre à vostre assemblée de se retirer en toute seureté; et pour les plaintes et demandes que le general de ceux de la religion peut faire à sa Maiesté, il le faut faire par supplication et par la voye de nos deputez généraux, legitimement establis par une assemblée auctorizée par sa Maiesté. Je pren pour une leçon le desir que vous faictes paroistre avoir que messieurs de Rohan, de la Tremouille ne s'entremettent point de voz affaires pour y rechercher quelque accommodement, & vostre resolution de n'y agir que par vous mesmes : à la verité c'est un chemin pour vous perdre, quel que soit l'oracle qui le vous ait révélé, aussy fault il que vous croyez que ces messieurs, plains d'honneur, de zele et affection envers le general de nostre religion, ne vous procurent que du bien et de l'avantage, et que leur entremise ne peut estre que tres utile pour le public. Permettés moy de vous dire que ceux qui vous donnent le conseil de n'user de leur entremise n'ont pas bien considéré les inconvéniens qui peuvent arriver d'une telle proposition, tres dangereuse et capable d'aporter un grand désordre et une notable division parmy nous, et vous supplye de bien examiner les conséquences. Ils desirent avec tous les gens de bien s'employer pour detourner le malheur qui vous menace & nous aussy, & l'un de nous ne sera point jaloux du bien qui nous sera donné par le moien et entremise de l'autre. Il me semble qu'on ne se doibt point plaindre de l'entremise que j'ay aportée avec monsieur de Chastillon envers l'assemblée de Loudun. Je ne laisseray jamais de donner mes advis avecques touttes franchises aux deputez generaux quand ilz me le demanderont, et puisque le Roy me faict cet honneur de m'apeller en ses plus particuliers conseils, je diray tousjours à sa Majesté que le seul moien de conserver son royaume en paix & luy donner l'arbitrage de toute la crestienté & de faire executter de bonne foy l'édit de Nantes et conserver ses promesses royalles faictes à ses sujetz de la relligion. Voilla l'entremise que je desire, en laquelle j'estime consister le bien du service du Roy, nostre repos et contantement. C'est ce que i'ay à vous dire sur vostredite dernière lettre, remettant à voz prudences de bien juger de mes saines & honnestes intentions, qui ne se porteront jamais qu'au service de Dieu, celuy du Roy, et à la paix de son royaume.

A Grenoble, ce 23 febvrier 1621.

[Lesdiguières.]

CCLXV. 1621 — 28 Février.

Orig. — Bibl. de Grenoble, pièces manuscr., 324.

A MONSIEUR, MONSIEUR DE BRIZON A PRIVAS.

Monsieur, vous saurez par le sieur de la Roche de Granne, que je vous envoye expressement, tout ce qui s'est passé icy, et les resolutions qui s'y sont prises; à quoy vous estes exhorté d'apporter toute sorte de consideration, et à vous contenir en façon que toutes choses demeurent en l'estat qu'elles sont jusque à ce que le Roy y ayt pourveu. Je remetz toutes particularitez à vous dire par ledit sieur de la Roche comme tres confident, et vous asseure pour fin que je suis autant que vous le pouvez desirer, Monsieur,

Vostre bien humble pour vous fere service.

Lesdiguières.

Ce dernier fevrier 1621 à Valance.

CCLXVI. 1621 — 8 Mars.

Imprimé. — *Suite des Lettres et Mémoires de Messire Philippes de Mornay.* Amsterdam. Elzévir. 1651, p. 593.

[A MONSIEUR DU PLESSIS, CONSEILLER D'ESTAT DU ROY, CAPPITAINE DE 50 HOMMES D'ARMES ET GOUVERNEUR DE SAUMUR.]

Monsieur, j'ay reçeu aujourd'huy une depesche de messieurs de l'assemblée de la Rochelle, par la voye de Nismes, où j'ay trouvé des memoires portans instruction de ce qu'elle avoit à me faire scavoir;

sur lesquels j'ay fait response, que j'ay estimé vous devoir envoyer par la commodité de ce gentilhomme, afin que vous y voyés le desir que j'ay d'arrester, autant qu'il me sera possible, leurs mouvemens, pour leur propre bien & repos. Je seray infiniment aise à mon arrivée à Paris, où je m'en vay [1] sans arrester en nulle part, de reçevoir vos

---

[1] Voici la lettre par laquelle le roi engageait Lesdiguières à rejoindre la cour :

« A Monsieur de Lesdiguières.

« Mon cousin, je suis bien content d'avoir veu par vostre lettre comme vous estes dans les mesmes resolutions qui vous ont jusques ici faict cognoistre très fidel et affectionné à mon service. Je croy que si vous avez esté désireux d'acquérir cette réputation que vous possedez que vous ne serez pas moins affectionné à vous conserver. L'estime que je fais de vostre meritte dont les ressentimens que j'en ay, vous paroissent par les offres et propositions que le sieur de Bulion vous a faictes, qui meritent bien que vous vous achéminiez deça, puisqu'esloigné comme vous estes de moy je ne puis resoudre quelques poincts contenus en vostredicte lettre, ne le voulant faire qu'avec vous. A cet effect je desire que vous parties, pour me venir trouver au plus tost; ce voyage vous sera util et glorieux, donnant à vostre fidélité et experience la part qu'elle mérite au secret de nos affaires et l'entrée de mes conseils, ainsy que je vous ay faict scavoir par le sieur de Bullion. Vous recevrez pareillement les appointements qu'il vous a promis de ma part, au payement desquels je mettray si bon ordre que vous y recognoistres un soin particulier que j'ay de vous. Ces bienfaicts ne seront que pour recompence de vos services et pour vous encourager à les continuer, laissant à vostre liberté le choix des autres propositions qui vous ont esté faictes. J'ay en cela affectionné vostre salut et vostre gloire, comme bon maistre, je vous veux recompenser, comme roy qui veut regner en toute douceur et équité ; je vous laisse en vostre liberté, sçachant que rien ne doit estre plus libre que les consciences que Dieu scait mouvoir quand il luy plaist. C'est aussy à la sainte Providence que je remets le secret de vostre vocation et celle d'un chacun de mes subiects de la religion pretendue. Je ne souffriray que nul d'eux soit oppressé ny violenté en sa foy. Il est bien vray que soubs un voille de religion aucuns veullent entreprendrs des choses illicites et contraires à mes édicts ; que ie scauray separer la vérité du pretexte, punir celui cy et proteger ceux qui demeureront en leur devoir, à quoy je m'asseure que vous ne contribuerez pas seulement de vos bons conseils, mais que vous employerez vostre sang et vostre vie à l'exécution d'une justice tant necessaire au repos de l'estat. Je vous asseure aussy qu'où la désobéissance et rebellion d'aucuns m'obligeroit de prendre les armes, que vous y aurez les principaux commandements et charges les plus honorables, je dis quelles resolutions que vous preniez sur les offres plus particulieres que ie vous ay faict faire et que vous fera encore ledit sieur de Bullion, m'asseurant que vous n'aurez jamais d'autres pensées que de me bien servir. Je prie Dieu qu'il vous inspire en tout et vous ayt continuellement, Mon cousin, en sa saincte garde.

« A Paris ce 19 janvier 1621.
« LOUIS. »

(Cop. B. N. MS. F. 3722, p. 124.)

Lesdiguières ayant tardé un peu à obéir, le roi lui écrivit la lettre suivante plus pressante encore ; elle porte mal à propos la date 1622 dans la copie qui en existe à la Bibl. nation. (MS. F. 3722, p. 125), elle est en réalité de 1621.

[A mon Cousin Monsieur de Lesdiguières,]

« Mon cousin, j'ay veu par la lettre escritte à mon cousin le duc de Luynes comme vous avez remis vostre partement au 20ᵉ de ce mois, je croy que vous avez différé à cause des froidures et du mauvais temps, mais bien qu'il continuast, ne laissez, je vous prie, de venir. ainsy que vous me l'avez promis. L'affection que vous avez à mon service vous fera bien souffrir patiemment quelques incomodités. je vous ay attendu sur les asseurances que vous m'avez données et vous attendray encore, ne voulant rien resoudre des affaires presentes ny pour le regard de ce que je vous ay faict scavoir, qu'avec vostre advis

bons & prudens advis, tant sur ce subject, que sur toutes autres occurences, qui seront de vostre connoissance, afin qu'en tout je les puisse bien profiter, vous pouvant asseurer que je me sentiray grandement fortifié, s'il vous plaist me les departir, comme je feray à vous tout ce qui se negotiera par mon entremise; me resolvant au surplus de travailler avec tout le soin qu'il me sera possible, pour relever les affaires du mauvais estat où il semble que nos divisions & desfiances les veulent porter. J'espère que tous les gens de bien s'y aidant, comme vous, Monsieur, & tant d'autres bons François qui ayment le service du Roy, le bien de son estat, & le repos de ses subjets, nous verrons revenir en peu de temps ceste union & bonne intelligence, tant nécessaires en ce royaume, afin de pouvoir penser au dehors, où il semble que nous devons tous porter nos affections, pour relever ceste auctorité royale, que les ennemis de la France s'efforcent tant qu'ils peuvent de mettre par terre. Je m'en vay donc attendre le bonheur de vos lettres, & la continuation de vos bonnes graces, que je vous demande avec toute sorte d'affection, vous offrant mon bien humble service, pour en user avec autant de pouvoir, que j'ay de desir de de demeurer, Monsieur,

Vostre plus humble et très affectionné serviteur.

A la Verpillere [ce 8 mars 1621][1].

LESDIGUIÈRES.

et bon conseil; remettant donc beaucoup de choses à vostre venue, le bien de mes affaires requiert que vous soyez icy le plus tost que vous pourrez. Je vous ay tesmoigné la part que ie vous y veux donner, croyez que ie suis en mesme volonté; venez donc en recevoir l'effect; ne vous arrestez pour ce qui se passe au Languedoc j'y mettray bon ordre, Dieu aydant. Je le prie, mon Cousin, qu'il vous accompagne et vous ayt en sa garde.

« A Paris ce 16 febvrier 1621.

« [LOUIS]. »

[1] Cette date est inscrite en tête de cette lettre dans la correspondance de Duplessis-Mornay.

CCLXVII.   1621 — Commencement de Mars [1].

Orig. — A M. Roman, à Gap.

A MONSIEUR, MONSIEUR DE MONTOQUIER, COMANDANT POUR LE ROY A PIEMORE.

Monsieur mon compere, m'en allant à la cour pour servir sa Majesté en ce qu'elle desire de moy, j'ai bien voulu vous prier de tenir soigneusement la main à ce que pendant mon voiage il ne ce face rien en ce qui depend de vous qui puisse tant soit peu préjudicier à l'autorité de sa Majesté et repos de cette province ; et ou vous verriez naistre quelque occasion ou mouvement contraire vous en advertiriez diligemment monsieur Frere, premier president de la Cour et monsieur de Morges, ausquels j'ay confié la conduite des affaires en mon absence, et recevrez d'eulx l'ordre que vous aurez à tenir, vous pryant de suyvre tout ce qui vous sera prescrit par eulx en toutes les occurrances qui s'offriront, de mesmes que vous avez acoustumé de fere en ce qui vous vient de ma part. Et outre qu'en ce faisant vous servires et conteneteres sa Majesté, je vous en scauray très bon gré et demeureray toute ma vye, Monsieur mon compere,

Vostre humble et parfet ami à vous fere service.

Lesdiguières.

CCLXVIII.   1621 — 21 Mars.

Imprimé : *Suite des Lettres et Mémoires de messire Philippes de Mornay*, Amsterdam, Elzévir, 1651, p. 603.

[A MONSIEUR DU PLESSIS, CONSEILLER D'ÉTAT DU ROY, CAPITAINE DE 50 HOMMES D'ARMES ET GOUVERNEUR DE SAUMUR.]

Monsieur, le sieur de la Roche de Grane, qui vous rend ceste lettre, a esté par moy choisi entre les gentilshommes qui m'accompagnent,

---

[1] Cette lettre ne porte pas de date, mais elle est, sans aucun doute possible, du commencement de mars 1621. A cette époque Lesdiguières fut, comme il résulte des lettres précédentes, mandé à la cour et confia pendant son absence l'administration de la province à Frère et à Morges; parti de Grenoble vers le 7 mars, il était à Paris le 1er avril et était de retour en Dauphiné à la fin de novembre.

pour envoyer vers l'assemblée de la Rochelle. Il porte lettre et creance par memoires que je l'ay chargé de vous communiquer, et prendre sa plus grande instruction de vos prudens advis, non seulement en sa conduite, mais en la negotiation de mes justes intentions au subject qui se presente, car vous scavés et voyés de plus près que moy l'estat des assemblés, & les humeurs dont ils sont composés. Le Roy n'entrera point en traicté avec eux. Il veut seulement leur obeissance par leur separation, et n'y a point de doute que, s'ils ne se separent, ils engageront sa Majesté à maintenir son auctorité par la force. Ce seroit un grand malheur, qui apporteroit nostre division, et en suite nostre inevitable ruine. Je sçay qu'en l'assemblée de Niort vous avés porté vos advis à faire obeir le Roy. Vous y sçaurés bien persister. Mais je vous supplie, Monsieur, de les communiquer sans espargne audit sieur de la Roche, afin que son voyage profite à nos eglises, en ployant la dureté de ceux qui s'opiniastrent à demeurer assemblés contre la volonté de sa Majesté qui ne demande autre chose que ce qui luy est deu. Je vous baise les mains, prie Dieu pour nostre conservation, & vous offre tout ce que vous pouvés desirer, Monsieur, de

Vostre bien humble & plus affectionné serviteur.

De la Chapelle la Roine [ce 21 mars 1621].

LESDIGUIÈRES.

CCLXIX.   1621 — 21 MARS.

Orig. — Arch. de M. le M¹ˢ de Florent, à Tain.

[LETTRE DE RECOMMANDATION EN FAVEUR DU Sʳ DE LA ROCHE.]

Le duc de Lesdiguières, pair et mareschal de France et lieutenant général pour le Roy au gouvernement du Daufiné, envoyant ce gentilhomme nommé le sieur de la Roche de Granne du costé de Guyenne pour affaires tres importantes au service du Roy et au repos de ses sugests, nous pryons tous seigneurs gouverneurs et lieutenants généraux des provinces, gouverneurs de places et forteresses, gardes de ports, ponts, passages et tous autres qui verront le presant, laisser seurement et librement passer ledict sieur de la Roche, sans luy donner ou permettre qu'il luy soit fait, mis ou donne en son passage, séjour et retour aucun trouble, destourbier, arrest ou empeschement, ains toutes faveurs, et ayde, si besoin est offrant d'en faire le semblable en pareille et plus grande occasion en estant requis.

Fait à la Chapelle la Reyne le vingt unieme mars mil six cent vingt un.

LESDIGUIÈRES.

Par mondit Seigneur,

(Sceau.)

BREMOND.

CCLXX. 1621 — 21 Mars.

Orig. — Arch. de M. le Mis de Florent, à Tain.

[INSTRUCTIONS] POUR MÉMOIRE AU SIEUR DE LA ROCHE DE GRANE, ENVOYÉ PAR MONSIEUR LE DUC DE LESDIGUIÈRES VERS MESSIEURS DE L'ASSEMBLÉE DE LA ROCHELLE.

Après avoir demandé & obtenu audience, il leur rendra la premiere lettre portant créance sur luy, & s'en expliquera en substance. Que par les lettres que mondit sieur de Lesdiguières leur a dernièrement écrittes de Grenoble, et par l'instruction donnée au sieur de Saint-Bonnet à la Verpilière il les a assurés que pour satisfaire à la volonté du Roy il se rendroit bientost près sa Majesté, & maintenant qu'il s'en est aproché sans encore l'avoir veu il a très bien sceu qu'elle n'a aucune mauvaise intention contre ses subjects faisants profession de la religion refformée, ce qui se doit tenir pour constant & assuré, quoyque ceux qui ne les ayment point & qui désirent de nouveaux mouvements pour les rendre criminels publyent le contraire affin de faire leur proffit dedans le trouble.

Que tout ce que sa Majesté demande de ceux de ladicte religion, ce n'est que l'obeyssance qu'ils luy doivent, comme ses subjects naturels qui ne se sont jamais écartés de ce devoir. Aussy veut-elle que les édicts & déclarations faictes en leur faveur soyent entierement &

de bonne foy observés & les contraventions qui y ont esté faictes réparées.

Que puisque sa Majesté est en ceste volonté si bonne il semble audit sieur de Lesdiguières que ladicte assemblée se doibt séparer incontinent sans davantage attendre, de peur d'irriter le Roy qui sent son authorité blessée, par ladicte assemblée pour avoir esté faicte & continuée contre sa volonté & sans sa permission.

Que s'ils ne reçoyvent le conseil & la prière très affectionnée que leur adresse monsdict sieur de Lesdiguières d'obeyr au Roy, par leur séparation, il ne faut point doubter que pour se faire obeyr il n'employe les forces qu'il a toutes prestes, & que toutes foys il destine au secours de ses alliés pour les délivrer d'oppression & éloigner la guerre de son royaume.

Que monsieur de Lesdiguières en ce cas demeureroit sans moyen & sans volonté de servir & assister lesdites assemblées, qui mettroient en évident péril toutes les eglises de France, lesquelles bien qu'inocentes se trouveroient portées à leur ruyne par la seule faute de ladicte assemblée pour n'avoir obey au Roy.

Que tous les gens de bien, tant de la religion que catholiques, serviteurs du Roy & aymant le bien de l'Estat, sont obligés et sans aucune difficulté, de servir sa Majesté pour faire en sorte que ladicte assemblée obeysse & que l'authorité royale soit conservée en son entier.

C'est pourquoy monsdict sieur de Lesdiguières supplye & exhorte ladicte assemblée de se séparer, avec assurance qu'il leur ose donner dès à présent que sa Majesté donnera toutes seureté à leur retraite, oublyera & remettra la faute qu'elle croit qu'ils ont commise contre elle en s'assemblant sans sa permission ; recevra gracieusement toutes les plaintes et remonstrances qui luy seront faittes au nom du corps et des particuliers membres de ceux de laditte religion, par l'entremise des desputés généraulx, et y pourvoyra tellement qu'elle fera cognoistre n'avoir rien de plus cher ny en si grande recommandation que l'observation des édicts faicts en faveur de ceux de ladicte religion qui demeureront dedans l'obeyssance.

Et pour obtenir toutes ces grâces de sa Majesté monsdict sieur de Lesdiguières, offre sa faveur & son entremise envers elle de laquelle il se les promet, pourveux que ladicte assemblée luy obeisse promptement en se séparant.

Que si elle prend ceste bonne résolution elle pourra en asseurer ledict sieur de Lesdiguières par le sieur de la Roche, affin que mondict sieur en puisse donner parolle au Roy & qu'il obtienne la déclaration nécessaire.

Et ne faut pas que l'assemblée se promette que sa Majesté veuille entrer en aucune negociation ny traitté avec elle. Mais elle doit esperer qu'elle recevra par le moyen des desputés généraulx tout ce qui luy sera présenté de la part de ceux de ladicte religion, en quoy que ce soit, comme ledict sieur de Lesdiguières offre son entremise & intercession, après leur séparation toutefoys & non aultrement.

Faict à la Chapelle-la-Reyne le vingt unième mars mil six cent vingt un.

LESDIGUIERES [1].

(Sceau.)   TONNARD.

CCLXXI.   1621 — 1er AVRIL.

Imprimé : — *Suite des Lettres et mémoires de Messire Philippes de Mornay*, Amsterdam, Elzévir, 1651, p. 606.

[A MONSIEUR DU PLESSIS, CONSEILLER D'ESTAT DU ROI, CAPITAINE DE 50 HOMMES D'ARMES, GOUVERNEUR DE SAUMUR.]

Monsieur, je fay ceste response à vostre lettre du 27e du mois

---

[1] Pendant que Lesdiguières envoyait le sieur de la Roche, avec ces instructions, près de l'assemblée de la Rochelle, cette assemblée lui écrivait à la date du 18 mars une lettre qui a été imprimée sous le titre de : *Lettre de messieurs de l'assemblée à monsieur le duc de Lesdiguières* (s. l. n. n.). Par une coïncidence assez singulière, cette lettre répondait d'avance aux considérations présentées par Lesdiguières dans les instructions ci-dessus. L'assemblée prouve d'abord que plusieurs personnes autorisées, entre autres Lesdiguières, ont donné leur parole au nom du roi à l'assemblée de Loudun que si les cahiers ne recevaient pas de réponse dans le délai de six mois, elle pourrait se réunir de nouveau ; elle ajoute, qu'il n'a tenu qu'à cette assemblée d'obtenir au moment de la séparation un brevet dans ce sens, mais que la parole royale lui a suffi ; enfin elle prouve qu'on n'a tenu compte d'aucune de ses réclamations. Elle se trouve donc dans la plus stricte légalité. Cette lettre de l'assemblée de la Rochelle fut la cause des nouvelles instructions envoyées à M. de la Roche par Lesdiguières, le 18 avril suivant.

Duplessis-Mornay envoya de son côté des instructions à M. de la Roche pour être transmises par lui à l'assemblée en même temps que celles de Lesdiguières, on les trouvera dans sa correspondance à la p. 588.

passé[1], receue avec celle de Monsieur de la Roche de Grane, de la main de Monsieur Marbaut. Il m'avoit auparavant entretenu de tout ce que vous aviés fait venir à sa connoissance, tant pour les affaires generales, que pour vos plaintes particulieres. Par ce moyen je me suis instruit de celles-là, & j'ay parlé de celles-cy là où il falloit. Vostre prudence & nostre patience y a esté admirée & m'a on asseuré qu'il y sera pourveu à vostre contentement. Mais en ce qui regarde notamment la transmission de vostre election, au prejudice de la fiance qui se doit prendre de vous, Monsieur, je m'en suis plaint pour vous si haultement au Roy, que sa Majesté a commandé qu'elle fust remise, & d'autres aussi qui avoyent esté ostées des lieux de leurs establissemens, avec aussi peu de considération qu'on vous avoit osté la vostre. Vos actions sont en bonne odeur de deça, aussi bien que vostre personne. Nos affaires sont au point que Monsieur Marbaut vous escrit. Il en faut bien esperer, pourveu que les assemblés à la Rochelle relaschent un peu de leur opiniastreté. Nous attendons ledit sieur de la Roche, pour apprendre en quelle assiette ils sont maintenant, et bien tost je satisferay à vostre precedente, en reparant le manquement du sieur de Saint-Bonnet, de ne vous avoir donnée communication de ses memoires, & de la response que j'y fis estant encor en Dauphiné, & prest d'en sortir pour mon voyage. Ce sont vieilles pièces; si faut il que vous les voyés aussi bien que les precedentes, afin que vous soyés tesmoin de ma sincerité, comme je le suis de la vostre, et de plus, Monsieur,

   Vostre, etc.

A Paris, [ce 1er avril 1621][2].

        [LESDIGUIÈRES].

---

[1] La lettre du 27 mars de Duplessis-Mornay qui répond à celle de Lesdiguières du 21 du même mois et à laquelle répond Lesdiguières par la lettre ci-dessus, se trouve dans la correspondance de Mornay à la p. 602.

La réponse de Mornay à la lettre de Lesdiguières ci-dessus est datée du 8 avril et se trouve à la page 609 de sa correspondance.

[2] Cette date est inscrite en tête de cette lettre dans la correspondance de Duplessis-Mornay.

CCLXXII.   1621 — 18 Avril.

<small>Cop. — Arch. de M. le Vte de Sallemard, à Peyrins.</small>

MEMOYRES ET INSTRUCTIONS DONNÉES PAR MONSIEUR LE DUC DES DIGUIÈRES AU SIEUR DE LA ROCHE DE GRANE SUR LE SUBJECT DU VOYAGE QU'IL VA PRESANTEMENT FAIRE EN LA VILLE DE LA ROCHELLE.

Le sieur de la Roche randra à messieurs les depputés de nos esglises assamblées en la ville de la Rochelle la lettre que monsieur le duc Des Diguières leur escript en créance sur luy et apprès les avoir asseurés de l'affection qu'il a pour tout ce qui regarde la gloire de Dieu l'advancement de sa sainte esglise, le bien, repos et advantage de tous ceux qui font profession de la vraye religion, particulierement desdicts sieurs desputés, il leur fera entandre qu'encores que la lettre qu'ils ont escripte audict sieur duc Des Diguières le deuxiesme de ce moys[1] ne réponde pas aux veritables et sincères santimens qu'il leur a tesmoigné d'avoir sur le subject de ladicte assemblée et des mauvais esvenemens qui peuvent arriver de sa subsistance contre les intentions et les commandemens de sa Magesté, et qu'ils n'ayent pas interpresté ses raysons et ses sallutayres advis sellon le zele dont ils sont procedés et la cognoyssance très particuliere qu'il a de la disposition des affaires de ce royaume et de l'estat present de nos esglises, ce qui eust peu reffroidir l'ardeur d'ung amy moings affectionné que luy au bien de leurs affaires, neantmoings donnant ses ressantimens particuliers au bien commung de nos freres, qu'il voit estre portés en ung très grand danger sy maintenant l'on ne prent d'aultres rezolutions que celles qui paroissent par la susdicte lettre et auxquelles il samble que lesdicts sieurs desputés veuillent demeurer fermement, ledict sieur Duc n'a laissé de continuer son instance envers sa Magesté et ses principaux ministres à ce qu'il peult obtenir

---

[1] Cette lettre de l'assemblée qui répondait aux premières instructions du sieur de la Roche, est imprimée sous le titre de : *Seconde lettre de l'assemblée de la Rochelle à monsieur le duc De Diguières, 2 avril 1621* (s. l. n. n.)

de sa bonté le contantement que desire ladicte assamblée auparavant que de se separer; mais d'aultant que tout se que ledict sieur Duc, nos deputés généraulx, qui certes se portent vertueuzement dans leurs charges, et plusieurs de nos frères qui vont à la cour, ayent peu representer pour essayer de justifier les actions de ladicte assamblée, l'on n'a peu surmonter la ferme resolution que le Roy a prinse de ne la point recognoistre pour legitime, ains de poursuivre et traicter lesdicts sieurs desputés en icelle et tous ceux qui les voudront favoriser, comme rebelles et criminels de leze magesté, jusqu'à ce que l'assamblée et nos esglises fussent à leur debvoir. Monsieur le duc des Diguières a fait tous les efforts, tant pour resercher et faire recepvoir quelques moyens et expediens [utiles] affin d'esviter les malheurs qui menassent et sont prests de thomber sur la teste de nos freres, que pour essayer d'adoucir l'esprit de sa Majesté nouvellement aygry par les termes de la susdicte lettre, laquelle est venue à sa cognoissance par le moyen de l'impresse et publication que quelques inconsidérés en ont fait mal à propos, comme aussy par plusieurs rapports faicts à sa Magesté de ce qui se passe journellement à l'assamblée et aux provinces en suitte des desliberations qui se prenent à la Rochelle, oultre se que sa Magesté n'a pas remarqué qu'il y eust dans ledict cayer aulcunes raysons, propositions ny demandes qui approchent tant soit peu de persectutions et desolations dont les lettres et discours de l'assamblée sont ramplies.

Sur quoy ledict sieur Duc a veritablement recogneu ce qu'il s'estoit tousjours promis de la bonté de sa Magesté et de prudence de ses principaux confidens et ministres, assavoir que l'on n'en veult aucunement à la relligion mais bien à la faction qu'ils estiment estre dressée contre l'authoritté royalle, que l'on n'a aucune intention que de conserver la paix publique soubs la plus exacte observation des esdicts qui se pourra[1], et qu'en randant par ceux qui font proffection

[1] La croyance que la cour se préparait à supprimer l'édit de Nantes était très répandue alors : voici ce qu'écrivait le duc de Bouillon à ce sujet à Lesdiguières :

...Je vous diray seulement que sachant, comme vous scavez aussy, les apprehensions et craintes qui sont presque universelles parmi tous ceux de la religion de toutes les provinces qu'on veut rompre les éditz et prendre pretexte de l'assemblée de la Rochelle et d'une desobeissance, j'estimerois que le Roy aiant intention d'entretenir ses editz, son autorité se maintiendroit mieux par l'exécution d'iceux et par la douceur que non par les armes qui trouveront de la contestation quand on croira qu'il n'y aura autre remède, et ce mal se pourroit rendre commun et passer plus

de nostre relligion, le respect, les soubzmitions et l'obeyssance que nous debvons tous ou Roy et que sa Magesté veult luy estre randus nous recevrons toujours d'helle ung très doux et très benin tretement et aurons justice sur tout ce que nous luy pourrons demander esquitablement et avec rayson.

Mondict sieur le duc des Diguieres estant tres asseuré que, prenant promptement et sans plus differer la resolution de se séparer et recourant à la clemence de sa Majesté pour obtenir sa grace et son pardon sur la faulte qu'elle croit avoir esté commise contre son authoritté par le moyen de ladicte assamblée, elle fera vollontiers expedier les lettres sur ce necessaire, et apprès la séparation de l'assamblée commandera qu'il soyt soigneusement travalhé aux responces du cayer, qu'on ne peult attandre que très esquitables pourveu que l'on y convie sa Magesté par une prompte, franche et humble submition et hobeyssance.

Voyre mesme ledict sieur Duc se promet et tient comme asseuré et indubitable qu'en ce cas l'on obtiendra de sa Magesté qu'elle fera retirer ses troupes des lieux qui peuvent tenir en ombrage et meffiance ceux de nostre relligion, et pour les places de seuretté du Daulphiné que sa Majesté ordonnera que l'estat que nous soubstenons en avoir esté dressé en l'année 1598 sera soigneusement resserché parmy les papiers dudict sieur Duc et ceux de feu monsieur de Villeroy, pour en cas qu'il soyt treuvé, estre renouvellé et deslivré ausdicts sieurs desputés généraulx, pour le tamps et ainsin qu'il en a esté uzé pour les aultres places de seureté ; et ou le susdict estat ne se treuveroyt point dans six moys, passé ce temps, sa Magesté advizera avec ledict sieur des Diguières de se qui se pourra justement et raysonnablement faire pour ce regard, à quoy elle ce portera de bonne foy conformément au brevet sur ce expedié en ladicte année 1598, pendant lequel temps ladicte assamblée ne doibt estre en aulcune peyne ne appréantion desdictes places, d'aultant qu'on ne parle point de faire aulcune innovation,

avant de province en province, selon que l'apprehension et la crainte s'augmenteront et tournera en créance qu'on veut la ruine de ceux de la religion, et je m'asseure que cela representé par vous à sa Magesté elle y feroit grande considération. Lorsqu'il y va de la religion, la force n'est pas un bon moyen pour ramener les subjectz à l'obeyssance, lorsqu'ils croyent qu'ont veut les ruiner.

13 avril 1621.

(B. N. MS. F. 4102, cop.).

et qu'elle sont thenues par des personnes de la quallité de l'cedit qui ne peuvent estre suspectes à nos esglises et qui sauront, durant ledict temps et apprès, rendre bon compte de leurs charges à qui et ainssin qu'il apartiendra. Pour le faict de Bear ledict sieur duc des Diguières ce promet et asseure pareihement qu'il sera effectivement proveu, sy fait n'a esté au ramplissement des deniers que sa Majesté a accordez au lieu de ceus qui se prennoit sur les biens esclesastiques, en oultre qu'elle laissera monsieur de la Force en son gouvernement de Bear et ses enfans en leurs charges pour en jouir aux honneurs et pouvoirs y appartenants, ou que sa Majesté leur en donnera recompance ou bien leur permettra de la retirer des personnes qui sonct agreables à sa Majesté, sans qu'ils doibvent attandre de sa Majesté que des traictemens corespondants à l'affection et au service que mondict sieur le Duc [est] asseuré qu'ils randront tousjours à sa Majesté; et quand au gouvernement d'Ortais que il ne sera point osté des mains de celluy qui y commande, sa Majesté ayant esté advertye que ne s'est point desparty de son hobeyssance, comme elle croit qu'ond faict quelques aultres de la relligion dudict pays, et pour luy tesmoigner que sa Majesté se veult servir de luy, elle luy envoyera sur ce une lettre particulliere. Et affin que ladicte assemblée fust d'aultant plus asseurée de l'estat des affaires, ledict sieur Duc a desiré que monsieur de Favas aye prins conget du Roy pour aller representer à l'assamblée qu'elle ne doibt attandre aulcune responce au cayer presanté en dernier lieu, ny ce promettre que une entiere desolation de nos esglises, especiallement de celles qui ce joindront à l'assamblée, en cas qu'elle n'obeysse promptement. Depuis ledict sieur de Favas a conféré particullierement avec monsieur le Connestable duquel il a peu aprendre les santimans et resolutions de sa Majesté [etre] conformes à ce qui est contenu en ses memoyres et instructions, dont il est obligé d'en informer l'assamblée sellon la veritable cognoyssance qu'il en a.

Ledict sieur de la Roche ayant bien fait comprendre ce que dessus à ladicte assamblée, il luy dira que l'on a veritablement recogneu presque en tous les mieux sancés d'entre ceux de la relligion estant de deca, qu'en leur ame ils condampnent l'assamblée et la plus part des actions [qui] y en sont ensuivies, et dezireroient de la voir separer pour ne thumber dans les misaires ausquelles sa plus longue subsistance feroit indubitablement thumber noz esglises; qu'elle doibt croyre que tous ceux qui ont quelque cognoyssance des affaires du monde dans les provinces sont touchés de pareilhs santimans et n'appreuveront pas que l'on porte les chozes aux extremes, mesme apprès les ouvertures et expediens dessus dicts ; et voyant que Sa Majesté aura faict comprendre partout, ainssin qu'elle est preste de faire, qu'elle veult maintenir ses esdicts à tous ceux qui demeureront en leur debvoir sans toucher aulcunement au fait de relligion, ny troubler ses subjects qui en font proffection en l'exercice d'icelle et en la liberté de leurs conssiences, moings encore permettre qu'ils soint aulcunement inquiettés en la pleyne jouyssance des places de sureté que sa Majesté leur a continuées, sa resolution n'estant que d'attacquer la faction en separant les rebelles d'avec les obeyssans, qu'elle traictera avec tant de douceur qu'ils auront occazion d'en estre contens et satissfaicts.

Tellement que sy l'assamblée perciste dadvantage en ses premieres resolutions et ne veulht suivre les sinceres conseilhs et advis qu'on luy donne, il est indubitable que la plus part des provinces se separeront et revocqueront leurs désputés, et que s'il y en a quelque unes qui ne rappellent les leurs, unne bonne partye de nos freres esdittes provinces ne laissera pas de voulloir demeurer dans le calme et dans l'obeyssance : ainssin voilla unne divizion ouverte entre nous, qui attirrera sans doubte la ruyne de nos esglises, et avec peu de peyne donnera à noz ennemis les advantages qu'ils resserchent en nostre perte.

Car de ce persuader que nous demeurions tous unis sur des fondemens sy foibles, et que ce qui restera dans le party soyt assez puyssant pour rezister aux forces du Roy, ce seroit ce trumper, estant certain que quand nous serions tous de bonne intelligence sy ne saurions nous subcister veu la disposition presante des affaires de l'Europpe qui est telle que nous ne pourrions esperer aulcun secours estranger, et quiconques voudra sonder nos moyens il trouvera que les principales partyes nécessaire à unne guerre telle que celle qui ce prepare nous deffalhent entierement.

Mondict sieur le Duc recognoist bien que l'assamblée fait quelque fondement sur les mescontantemans de plusieurs grans qui sont catholiques romains, mais il est très asseuré que l'attante est vayne de ce cotté la, attandu que leur acomodement est presque rezollu et que sa Majesté les rappelle tous auprès de soy ou ils se rendront bien tost, oultre que tout le secours que l'on ce pourroit promettre de ceux qui sont de contrere relligion à la nostre seroit mal asseuré, et est tousjours à craindre qu'ils ce tournassent enfin contre ceux qu'ils auront promis d'adsister.

Quand à nos grans sa Majesté croist, comme de mesmes font monsieur le Connestable et ledict sieur duc des Diguieres, qu'apprès les ouvertures et raysons dessus dictes, il y en aura peu qui veullent encourir le blasme et le danger ou seront expozés ceux qui ce voudront roidir contre les intantions et les commandemens de sa Majesté.

Ledit sieur de la Roche representera à ladite assamblée qu'il ne fault pas qu'elle ce flatte comme elle faict sur la foiblesse et divizion qu'elle pretand estre en la cour, et sur la necessitté qu'elle ce figure aux affaires du Roy; ledit sieur Duc y voit assez clair pour juger qu'il n'y auroit que trop d'ugnon, trop de forces et trop de moyens pour abattre, ou du moins affoiblir tellement nos esglizes qu'a peyne se pourroint elles jamais rellever sy elles sont sy mal conseilhées que de se porter aux extrémités, ainssin que les sieurs desputés generaux, qui en leur conssiance recognoyssent ceste veritté, le peuvent faire entandre à l'assamblée, laquelle ce doibt aussy represanter que nos esglises auront juste subject d'appreander la verge de Dieu sy elles causoient ainssin légèrement et sur des fondemens sy foibles une guerre contre nostre Roy legitime, que les loix divines et humaynes nous commandent de vénérer et servir de tout nostre pouvoir, à quoy nous sommes maintenant d'aultant plus obligés que sa domination et son gouvernement sont très doux et très justes.

L'assamblée doibt tenir pour indubitable que sa Majesté est rezollue d'azarder sa vie et son estat plus tost que d'antrer en aulcune negotiation ou traicté avec elle, ny de souffrir qu'elle subsiste davantage, et que sy dans peu de jours elle ne donne subjet et satisfaction à sa Magesté on la verra mettre en campagne avec des puyssantes armées, dont il sera difficile d'arrester le cours sy unne fois l'on a armes à la main; partant ledit sieur de la Roche s'efforcera de persuader à ladite assamblée de subvenir les maux que sa perseverance pourroit attirer sur elle, sur ceux de nos frères qui la voudroint suivre, et mesmes sur toutes nos esglizes, luy faysant considerer que le sallut commung consiste aujourd'huy en leur obeyssance et en leur submition envers sa Magesté.

Ce que mondit sieur le duc des Diguières estime de pouvoir dire d'autant plus ardiment qu'il croit qu'oustre les tesmoignages très esvident qu'il a toujours randu et tout ressantement confirmé de son zelle a la relligion[1], la longue speriance qui c'est acquise depuis 60 ans parmy les guerres civiles et dans les plus importans affaires qui ce sont passés durand ung sy long temps, avec unne cognoyssance très particulliere qu'il a de l'estat presant des affaires, luy doibvent donner quelque creance parmy les nostres et faire considerer ses advis et ses conseilz autrement que n'a fait l'assemblée par la dernière lettre qu'elle luy a escripte, à laquelle il n'a point voullu respondre plus particulierement ce contantant d'avoir Dieu et sa consiance pour tesmoing qui n'a entreprins ce voyage de la cour et ne c'est entremis dans cest affaire à autre dessain que de moyener de tout son pouvoir soubz l'obeyssance du Roy, la conservation de noz esglises, la conservation de la liberté qui nous est donnée par les esditcts et l'affermissement de la paix publique qu'il voit estre grandement esbranlée, à quoy il ne se lassera point de travallier et efficassement, comme il espere, prouveu que l'assamblée ce range au devoir et à la rayson; que sy elle attantoit autrement, luy et plusieurs autres de la relligion croiroint en leur consiance et en leur honneur ne la pouvoir adsister, ne desnier au Roy de le servir pour faire recognoistre son authoritté, de laquelle tous ses subjets doibvent pour leur bien propre estre aussy jaloux que sa Magesté tesmoigne de l'ettre, [etant] extremement sansible à tout ce qui la touche tant soit peu.

Sy doncq avec toutes ses raysons l'assemblée se veult remettre en memoyre les malheurs qui suivent ordinerement les guerres civiles et proffiter du mal que les esglizes de Bear ont attiré sur elles par leur obstination et mauvaise conduitte, ledit sieur Duc ce promet que ladite assamblée fuira de thumber dans les mêmes inconvéniens, voire en des plus grands, qu'il seroit quazi impossible de fuire, et à cest effaict prandra rezollution de ce separer sur les ouvertures et expediens cy dessus propozés, dont ledit sieur de la Roche exortera de la part dudit sieur Duc lesdicts sieurs depputés, leur reyterant [ce] qui a esté dit cy devant, que sa Majesté ne differera plus de ce mettre en campagne et leur courir sus s'ils ne s'acomodent promptement sans

---

[1] Il n'est pas possible d'oublier, en lisant ce passage que Lesdiguières abjura le protestantisme le 25 juillet 1622, c'est-à-dire quinze mois après la date de cette pièce.

plus differer ny pancer d'estre receux à aulcun traicté ny negotiation, et en cas qu'ils ce rezolvent à l'obeyssance il sera necessaire qu'ils despechent dilligement ledit sieur de Favas affin d'en venir donner les asseurances et retirer les lettres requizes pour la seuretté desdits desputés.

Ledit sieur de la Roche randra aussy à Messieurs le [maire] et eschevins de la Rochelle la lettre que ledit sieur des Diguières leur escrit en créance sur luy et leur fera entandre les raysons, ouvertures et moyens cy dessus proposés, à ce qu'ils apportent tout ce qui sera en eux, pour convier l'assemblée à ce separer incontinant et randre au Roy l'obeyssance qu'ils luy doibvent, à quoy ils ont autant, voyre plus d'intherest que nuls autres, pour ce qu'il est certain qu'une plus longue perseverance non seullement priveroit pour jamais la ville du siege de l'election qu'en a esté transféré, et lequel en cas d'obeyssance ils doibvent esperer de recepvoir, mais encores seroit pour leur perdre tous les advantages qui leur demeurent et mettre la ville qui seroit en bref réduite, à des extremités qu'ils ne fauldroit point tenter, ores mesmes que noz esglizes eussent mesmes plus d'occazions de se plaindre qu'elles n'en ont, n'y ayant pas, Dieu mercy! cy grandes effrections en l'eedit de Nantes faict en nostre faveur qu'elles merittent d'en faire ung mouvement, estant veritable, comme sa Magesté nous menasse tous les jours, que nos freres font de plus grandes et plus importantes contreventions aux eedicts et ordonnances que ne sont toutes celles doncq l'assemblée se plainct.

En passant ledit sieur de la Roche verra messieurs de Rohan, de la Tremouilhe, de Soubize et du Plessis, ausquels il rendra les lettres que ledict sieur duc des Diguieres leur escript par luy, et leur fera entandre particullierement le subjet de son voyage, leur representant qu'il est maintenant temps qu'ils parlent franchement à l'assamblée et la dissuadent de perseverer davantage en ses premieres resolutions pour ne voir les divisions et les calamittés dont il a esté parlé sy devant, ledit sieur Duc ayant chargé expressement ledit sieur de la Roche de leur dire que sa Magesté et monsieur le [Connestable s'attandant qu'ils ce comporteront en ceste occazion en bons et fidelles subjets et serviteurs de sa Magesté, jusques la que s'il a dans le royaume quelques ungs qui se veuillent porter à la faction, ils ne les favoriseront aulcunement, ains ou contrere s'aideront à les reprimer et conserver l'authoritté royalle et affermir la tranquillité publique soubs l'observation des eedicts, en quoi faysant ils ce peuvent promettre toutes sortes de bons et favorables traictemens de sa Magesté et de ramporter la melheure partye en la gloire de sa bon œuvre.

Encore que le Roy parte de ce lieu prendre le chemin du costé de la rivière de Lhoyre auparavant que d'avoir sceu la dernière rezolution de l'assamblée, ledit sieur de la Roche pourra asseurer tant lesdits sieurs desputés en l'assamblée et ceux de la Rochelle, que les cy dessus nommés, que mondit sieur le duc des Diguières a tiré parolle de laquelle il ce tient très asseuré et engage la sienne, qu'il ne sera rien entreprins au predjudice de nos esglises et que l'on attandra le temps qu'il conviendra pour avoir les susdictes rezollutions, lesquelles il est necessaire d'anvoyer le plus dilligemment que faire ce pourra par ledit sieur de Favas, et sy ne peult sy tost venir, par un courrier exprès qui sera adressé audit sieur duc des Diguieres, qui ce promettant de l'asseurance desdits sieurs desputés et des bons conseilhs qui leur seront sur ce donnés, qu'ils ne voudront perdre l'occazion de voir establir unne ferme et perdurable paix dans le royaulme, etc.

Fait à Fontaynebleau le 18 apvril 1621.

[LESDIGUIÈRES.]

CCLXXIII.   1621 — PREMIERS JOURS DE MAI.[1]

Imprimé : *Dernier advis de Monsieur le Mareschal des Diguières à Messieurs de la Rochelle sur la dernière resolution du Roy.*

[A MESSIEURS DE L'ASSEMBLÉE DE LA ROCHELLE.]

Messieurs, j'ay retenu le sieur de Clairville plus longtemps que je n'esperois : je m'attendois de le depescher dès Orleans, ce qui ne se peust faire, à cause que le Roy, quoy qu'il y sejournast (depuis le samedy jusques au lundi, ne voulut point donner d'audience, ny entendre parler de vostre affaire, non plus que de pas un autre, & qu'aussi le conseil n'y estoit pas encore arrivé. Si bien que je le fis descendre

---

[1] Cet avis fut reçu le 9 mai par l'assemblée de la Rochelle comme nous l'apprennent ses procès-verbaux.

jusques à Bloye, & de Bloye jusques à Amboise, où je trouvay moyen par hazard, de parler au Roy, & luy representer le contenu de vos supplications & humbles requestes, lesquelles sa Majesté entendit fort volontiers, mais il ne luy pleust pas y respondre, ny vous en accorder les demandes, & pour juste cause. Il remit cette exécution en surceance, jusqu'à ce qu'à sa discretion il auroit disposé de la Rochelle, & de toutes ses forces, & qu'àlors il adviseroit à ce que son conseil jugeroit à propos ; m'asseurant neantmoins qu'il n'entendoit aucunement troubler le repos de nos eglises, mais puisqu'il estoit Roy, il ne vouloit point composer ny pactionner avec ses subjects non plus qu'[estre] contredict en ses desseins, sçachant bien ce que sa Majesté devoit faire & pour son bien, et pour le salut de tout son royaume.

Pour moy il me semble (non que vous deviez soupçonner mon conseil) que vostre plus expédient est de recevoir en vostre ville le Roy, comme un bon subject un bon Prince, & par ce moyen vous couperez broche à beaucoup d'apprehensions, qui affligent les gens de bien, pour crainte de quelques revoltes publiques & sanglantes des guerres civiles, & des remuements & troubles pitoyables.

Le Roy s'achemine vers vous, il est vray, mais sans surcrois seulement d'un simple soldat; il n'a que sa suitte ordinaire, & il est facile à veoir qu'il ne demande qu'une obeyssance fidele & commune, qu'on ne luy peut pas justement denier.

Considerez, je vous prie, que si sa Majesté avoit dessein de vous visiter les forces en la main, il auroit faict levée d'une forte & puissante armée, pour franchir et passer partout où il luy plairoit : car c'est une maxime véritable, que rien n'est impossible au Roy pour le gouvernement de son estat, puisqu'il est l'image de Dieu, & qu'il est estably du ciel, & soustenu de la main souveraine, pour regir, retenir, & manier tous ceux de son obeyssance.

Voyons comme depuis la mort du grand Henry, d'heureuse memoire, nos privileges nous ont esté entretenus; nous avons esté maintenus et je diray plus, nos faveurs ont esté de beaucoup augmentées. Plus on a, dit-on, plus on veut avoir.

C'est à tort qu'on vous persuade que le Roy est animé contre vous; c'est à tort que vous prestez l'oreille aux seditieux, qui vous veulent embrouiller en un million d'apprehensions, qui vous veulent animer les uns contre les autres, par des partialiques soupçons, & qui veulent troubler et diviser vos intelligences, pour butiner en l'escueil d'une division qu'ils tachent de glisser entre vous, soubs pretexte du zele de la religion, & d'un charitable amour, pour allumer la torche de dissension entre vous, affin de leur esclairer à leur propre entreprise, & pretentions particulières.

Ce n'est pas une affaire de peu de poix que celle dont il s'agit, c'est du subject envers son Roy, c'est un crime irremissible que n'obeyr pas à son prince.

Je vous prie de ne donner autre explication à mes paroles que bonne, & ne pensez pas que pour vous parler ouvertement j'aye despouillé la bonne volonté à la manutention de nostre advancemant. La gloire de Dieu, l'honneur de la religion, & le service du Roy m'oblige à voue donner cest advis le plus salutaire que j'estime pour la subsistance de nostre communauté, & pour le tesmoignage de nostre ancienne fidelité au service des roys.

Je voy le Roy préparé & acheminé vers vous; je voy tout le monde animé contre vous & jusques aux enfans publier que vous estes les autheurs du mal qui se prépare. Faictes veoir à la France le contraire, je vous prie, & monstrons maintenant qu'on veut triompher de nos constances, que nous sommes plus fideles subjects de la couronne que jamais.

Sa Majesté est toute résolue de veoir la Rochelle : croyez-moi, & luy préparez avec une prompte franchise, & qu'une obeyssance si ouverte le convie à nous donner à tous du contentement, selon l'intention de nos humbles prières. Quand à ce qui concerne mon particulier, j'ay toujours esté serviteur du Roy; il me serait mal seant sur la fin de mes jours de ne procurer le bien de son service; je vous prieray donc de rechef de penser à ce que je vous represente, et vous preparer à la volonté du Roy.

Que quand nous vivrons en paix comme par cy devant, qu'on nous entretiendra la liberté de conscience, qu'on nous a jusques icy conservée, & que nous nous tiendrons en nostre devoir, nous serons plus contents que jamais : & m'asseure que vous gousterez mes raisons, prenant en bonne part le conseil que je vous donne, puis que c'est pour le repos de l'estat.

Le sieur de Clairville vous dira de quelle affection je luy ai parlé, &

de quelle volonté je suis porté en vostre endroict : je luy ay communiqué confidemment mes bonnes intentions au service de la religion etc.[1]

[Lesdiguières.]

CCLXXIV. 1621 — 13 Mai.

Autog. — Arch. de M. le duc de la Tremouille, à Paris.

A MADAME, MADAME LA DUCHESSE DE LA TREMOUILLE.

Madame, j'ai fait voir ce matin au Roy vos deux lettres qu'il a prises en fort bonne part. Il a temoigné la satisfaction qu'il a des deportemens de monsieur de la Tremouille et le désir de lui en fere cognoistre son ressentiment. Il me semble, Madame, que le mieux qu'il puisse fere pour lui est de se rendre près de sa Majesté le plus tost qu'il pourra[2], ou je vous puis asseurer qu'il ne recevra que toute sorte de contantement, et de moy, Madame, tout humble service et vous aussi en tout ce qu'il vous plerra m'honnorer de vos commandemens; lesquels atandant, je vous asseurerai pour fin de ceste ci, que je suis veritablement, Madame,

Vostre très humble et tres affectionné serviteur.

Lesdiguières.

Ce 13 mai 1621, à Saumur[3].

---

[1] Le comte de la Cressonnière, président de l'assemblée de la Rochelle, prononça, le 9 mai, le lendemain, dit-il, du jour où fut reçu cet avis un discours dans lequel il adoptait les conclusions de Lesdiguières et conjurait l'assemblée de céder au temps et de rentrer dans l'obéissance du roi. Son avis, qui ne fut pas adopté, fut immédiatement imprimé par le parti catholique sous le titre de : *Harangue à Messieurs de la Rochelle, prononcée en leur assemblée le 9 de mai 1621, par M. le conte de la Cressonnière, leur président, touchant la responce qu'ils ont eut de Monsieur des Diguières par le sieur de Clairville* (s. l. n. d.)

[2] Les grands seigneurs protestants étaient appelés à la cour pour les empêcher de prendre du service dans les troupes enrôlées pour l'assemblée de la Rochelle. Les lettres suivantes démontrent combien le duc de la Tremouille hésita avant d'obéir aux ordres du roi.

[3] Ce fut pendant le séjour de Lesdiguières à Saumur qu'eut lieu la saisie par le roi du gouvernement de cette ville, qui appartenait à Duplessis-Mornay; ce coup d'autorité, accompli le 17 mai avec la complicité de Lesdiguières, est raconté dans un mémoire de Duplessis-Mornay, inséré dans sa correspondance à la page 651; il est suivi d'une lettre à Lesdiguières du 20 mai (p. 664). On avait d'abord promis à Duplessis-Mornay de lui restituer son gouvernement au bout de trois mois; comme ce délai passa sans que cette promesse fût exécutée, il envoya à Lesdiguières, après lui avoir

CCLXXV.   1621 — 15 Mai.

Autog. — Arch. de M. le duc de la Tremouille, à Paris.

A MONSIEUR, MONSIEUR LE DUC DE LA TREMOUILLE.

Monsieur, j'ai esté infiniment aise de prendre de vos nouvelles par vostre letre et les discours que celui qui me l'a rendue m'a faits ; je ne puis que louer vos bons mouvemens puisqu'ils tandent tousiours à un mesme but de bien fere. Ceux de la Rochelle ne vont pas de mesme haleine, à ce que j'ai peu voir par celle que m'escrit monsieur de Favas, se roidissans tousiours en leurs premieres resolutions dont le Roy n'a point de suget de demeurer satisfait. Sa Magesté est bien aise que vous aiés pris le chemin de Ponts, sur l'asseurance qu'elle a que vous aurez tousiour en consideration le bien de son service. J'y travaillerai aussi et au repos commun autant qu'il me sera possible, et [par] les services que ie vous rendray [sur] tout ce qu'il vous plerra de dispozer de moi, vous conoistres que ie suis tousiours, Monsieur,

Vostre tres humble et plus affectionné serviteur.

LESDIGUIÈRES.

Ce 15e May 1621, à Saumur.

CCLXXVI.   1621 — 21 Mai.

Autog. — Arch. de M. le duc de la Tremouille, à Paris.

A MADAME, MADAME LA DUCHESSE DE LA TREMOUILLE.

Madame, vous verres la responce que fet le Roy à celle que monsieur le Duc votre fils luy a fette, laquelle sa Majesté n'a |pas goutté car il désire qu'il viene, ce qu'il peut fere en toute seurté en aiant asseu-

d'abord écrit plusieurs lettres, le sieur de Nuysement, pasteur protestant, chargé d'en conférer avec lui. Ces lettres et ces instructions se trouvent dans la correspondance de Duplessis aux pages 648, 682, 691, 701 et 708.

rance de monsieur le Conestable; il peut venir y seiourner et s'en retourner quand il voudra. Il me semble donc qu'il peut venir, ou il faut qu'il ce déclare du tout, ce que ie ne luy voudrois conseiller, car ce tenir entre deux il y a du péril. On vous porte la resolution, pour la vostre c'est à vous, Madame, à prendre vos sages resollutions avec Monsieur votre fils, lequelle ie prie Dieu la vous donner bonne et saputere; et serai tousiours attendant l'honneur de voz commandemants pour me dire tousiours,

Vostre très humble et, Madame, très obeissant serviteur.

LESDIGUIÈRES.

Le 21 may 1621, à Partenay.

CCLXXVII. 1621 — 21 Mai.

Autog. — Arch. de M. le duc de la Tremouille, à Paris.

A MONSIEUR, MONSIEUR LE DUC DE LA TREMOUILLE.

Monsieur, le Roy a veu votre letre par laquelle il [semble] que vous n'étes pas resollu de venir trouver sa Majesté comme il le desire et qu'il vous escrit. C'est à vous, Monsieur, à vous resoudre, car vous pouvés venir en toute seurté en aiant asseurance de monsieur le Conestable pour y venir et vous en retourner quand il vous plerra. C'est donc à vous à prandre une bonne resollution, car de demeurer entre deus il y a du péril, à quoy vous ferés bonne consideration. J'en ecris autant à Madame votre mere. Je serei touiours attendant voz comandemants; vous suplie pour fin de m'honorer de voz bonnes graces et recevoir l'offre du service bien humble de celluy qui sera toute sa vie, Monsieur,

Vostre bien humble et tres affectionné serviteur.

LESDIGUIÈRES.

Le 21 may 1621, à Partenay.

CCLXXVIII. 1621 — 24 Mai.

Autog. — Arch. de M. le duc de la Tremouille, à Paris.

A MONSIEUR, MONSIEUR LE DUC DE LA TREMOUILLE, PAIR DE FRANCE.

Monsieur, sur la croiance que i'ay eu que vous viendriez trouver le Roy, et que vous le pourries fere avec seurté d'avoir bon acueil de sa Majesté, et que vous demeureries aupres de sa Majesté tant qu'il vous plerroit soit pour le venir que pour le retour, et aussi que voz mezons seroient conservées en l'etat qu'elles sont iusques ycy, i'ay donné ma parole pour vous et vous ay aussi asseuré de ce que dessus en aiant tres bonne asseurance de monsieur le Conestable. Cepandant comme i'estois sur le point de vous renvoier ce gentilhomme, le Roy a eu des nouvelles asseurées que vous aviez fet le [sault] (ainsi parlent elles) ce que ie ne puis croire, come i'ay dict à ce gentilhomme lequel i'ay accompagne d'[ung des miens][1] pour au plus tost scavoir votre intantion. Vous suplie de parler cleremant et de bien pancer à voz afferes; je prie Dieu qu'il vous conseille et que vous me tenies en voz bonnes graces et pour, Monsieur,

Votre tres humble et tres affectionné serviteur.

LESDIGUIERES.

Ce 24 may 1621, à Fontanet le Compte.

CCLXXIX. 1621 — Mai [2].

Cop. — Arch. de M. le duc de la Tremouille, à Paris.

[A MONSIEUR LE DUC DE LA TREMOUILLE, PAIR DE FRANCE.]

Monsieur, vous pouvez estre asseuré de la bonne volonté du Roy et decelle de monsieur le Connestable pour la seureté de vostre per-

---

[1] Ces Lacunes ont été comblées à l'aide d'une copie du temps existant aux mêmes archives.

[2] Cette lettre est sans date, mais il n'est pas douteux qu'elle ne soit de la même époque que les précédentes.

sonne et de vos maisons et de tout ce qui vous regarde, vous pouvés venir en toute seureté seiourner tant qu'il vous plaira et vous en retourner comme il vous plaira, vous serez tres bien receu du Roy et le servirés fort bien aux occasions qui se presenteront, lesquelles vous entendrez de la bouche du Roy. S'il vous plaist de conduire avec vous ceux de la ville de Pontz pour rendre au Roy l'obeissance qu'ils lui doibvent vous ferés beaucoup pour eux. Le plustot qu'il vous plaira de vous rendre auprès du Roy sera le mieux, tant pour vostre particulier que pour le général, comme j'arei l'honneur d'en discourir plus à loisir avec vous. En attendant l'honneur de vos commandements, je demeure, Monsieur,

Vostre très humble et très affectionné serviteur.

LESDIGUIÈRES.

CCLXXX.   1621 — 12 JUILLET.

Imprimé : *Coppie de la lettre écrite par Monsieur le duc des Diguières à Messieurs de Frère & de Morges, de Castillion le 12 juillet 1621.*

[A MESSIEURS DE FRÈRE ET DE MORGES.]

Messieurs, je suis si pressé de ce porteur que vous vous contenterez pour ce coup, s'il vous plaist, de cette lettre commune, que je vous fais, pour responce à la vostre du 25 du passé, où vous commancez par le sinode de Die[1], auquel vous avez si bien, & si prudemment pourveu, qu'il ne s'y prendra (je m'asseure) que des bonnes resolutions, utiles au service du Roi, au repos de ses subjects, & à la conservation de nos eglises dans l'obeissance due à sa Majesté, & se départiront entièrement de celles de l'assemblée de la Rochelle, puis qu'elle se rend si odieuse à tous les gens de bien, mesme de nostre costé ; aussi est-elle tellement cognuë que tous s'en retirent, pour les maux infinis qu'elle cause. Car après la prinse de Saint Jean, du tout accablé de misères, la place du Pons, qui est une bonne ville a rendu

---

[1] Le synode de Die, contrairement aux prévisions de Lesdiguières, fit savoir à l'assemblée de la Rochelle qu'il marcherait d'accord avec elle et nomma Montbrun lieutenant général des églises en Dauphiné.

obeissance ; après a suivi Castillion, Saincte-Foi, Bergerac, Nerac, & presque toute la Guyenne, comme je vous ay écrit ce matin, & ne tient plus qu'à Clerac, qui laschera aussi bien que tout le reste ; & ainsi toute cette province sera nette & reduite en l'état qu'elle doit. Mais toutes ces réductions ne se peuvent faire sans une notable perte pour les habitants, à cause du séjour & passage de l'armée, qui incommode sur toutes choses le peuple occupé à la récolte. Cette province ainsi remise entierement sous les volontez du Roi, sa Majesté prend le chemin de Montauban, où l'on croit qu'il y aura de la résistance ; entre cy & là nous verrons peut-estre quelque accommodement, s'il plaist à Dieu. Si nos malheurs sont tels que la guerre continue, Montauban pris asseurement sa Majesté s'en va au Languedoc, où je croi qu'elle trouvera aussi tout disposé à ses volontez ; & par ainsi vous nous verrez bien tôt en Dauphiné, si elle ne change de dessain, ou que la paix ne l'arreste. Je ne serois pas marri qu'il print le chemin de Lion, comme il semble qu'il en aye bonne envie, il donneroit l'allarme au roi d'Espagne, & peut estre lui feroit-il lascher la Valteline. Nous verrons à quoi tendront ses résolutions dans peu de jours, & je vous en donneray advis. Cependant pour conserver la frontière le long du Rosne, je serois d'advis, comme vous le jugerez à propos, d'y mettre des gens, pour empescher que ceux du Vivarais ne passent de là[1], & me semble que ma compagnie & mes gardes seroient mieux là & plus utilement qu'au Briançonnois, où rien ne periclite de ce costé là, & encore serviroit-elle à empescher (avec d'autres que vous pourrez envoyer) l'exaction de l'imposition nouvellement faite de 20 sols sur chécun minot de sel, en quoi il faut necessairement que vous aidiez le fermier de Lyonnois, car le Roi & le public ont un notable interest à cela. Je m'asseure que sa Majesté le vous commandera, & j'en seray bien aise, estans ces deux places de Bais, & du Pousin, si contraires à son service, qu'infailliblement elles payeront un jour tous les maux qu'elles font, & si elles seront rasées au passage de sa Majesté delà. Je serois d'advis, si elles veulent rendre les hardes de Monsieur le Vice legat, qu'on cessat entierement la procedure commencée contre eux ; car cette restitution, & l'aprehension qu'ils ont

---

[1] Les protestants du Vivarais, soulevés sous les ordres de Brison et Blacons, s'étaient emparés des places du Pousin et de Baix et avaient pillé les bagages du vice-légat qui descendait le Rhône pour aller à Avignon.

de perdre leurs biens, & leurs places les rendra désormais plus sages. Si le Roi continue son voyage jusque vers vous, vous verrez quel advantage vostre province aura par dessus les autres, pour n'avoir point adhéré à l'assemblée de la Rochelle, & n'y avoir envoyé leurs deputez; ils se pourront dire hardiment les plus heureux du royaume. Dieu nous fasse la grace de jouir bientot de ce contentement, que je souhaite avec passion, tant je suis las de voir les maux que cette assemblée produit. Ce ne sera si tot que je le desire, tant j'ay envie de vous voir, & vous tesmoigner que je suis, Messieurs,

Vostre tres humble et tres affectionnez serviteur.

LESDIGUIÈRES.

Le 12 juillet 1621, à Castillion.

CCLXXXI. 1621 — 16 JUILLET.

Orig. — Bibl. de Grenoble, pièces originales, N. 325.

A MONSIEUR, MONSIEUR DUPLESSIS, CONSEILLER DU ROY EN SON CONSEIL D'ESTAT, ET GOUVERNEUR DE SAUMUR POUR LE ROY.

Monsieur, pour satisfaire à vostre desir qui est d'avoir quelques cognoissance du cours des affaires de ce temps, je vous en diray franchement l'estat auquel ils se trouvent à présent, selon la cognoissance que j'en ay. Le sieur des Isles-Maison, qui est à monsieur de Rohan a fait deux voyages à la Rochelle par mon aviz, affin de continuer à presser l'assemblée à considérer la suite de noz malheurs et à donner quelque contentement au Roy pour parvenir à une paix. Au premier il m'a rapporté un acte contenant une déclaration au Roy de laquelle sa Majesté ne s'est peu contenter. Au second, il avoit charge de moy de fere refformer cet acte et retirer d'eux une nouvelle déclaration portant en termes expres qu'ils demandoyent pardon de tout ce qui s'estoit passé pendant leur seance, qu'ils protestoyent de demeurer fermes en l'obeissance deue au Roy soubz le bénéfice de l'édict de Nantes, et qu'ils promettoyent de se séparer lors qu'il plairroit au Roy le leur commander. La responce qu'ils m'ont faite à ces trois points va bien en quelque sorte à cela, mais ils demandent que les places prises soyent remises au premier estat, ce qu'ils ne sauroyent obtenir; car à mezure que la prospérité des affaires du Roy s'avance nostre condition diminue et s'affoiblit, en telle sorte que sa Majesté relevant son authorité ne veut plus ouyr parler de cela. Il a reduit toute la Guyenne soubz son obeissance, et ne tient plus qu'à Clerac et Montauban. Pour celuy-là, ils ont envoyé des députez qui demandent que le Roy n'y aille point, qu'on leur laisse leur ville avec leurs murailles et nouvelles fortiffications en l'estat qu'elles sont, et ils rendront toute sorte d'obeissance. Mais sa Magesté n'y veut entendre, et eux se resolvent de périr plustost que de souffrir à l'égal des autres places prises. Pour Montauban il n'est encore venu personne. Ledict sieur des Isles s'y en va pour donner compte de ses deux voiages à monsieur de Rohan. Je ne sçay à quoy tout cela profitera, mais je voy sa Majesté résolue de continuer sa pointe contre ces deux places avec dessain de les avoir; si elle en vyent à bout il n'y demeure rien plus qui puisse faire résistence d'ici en Dauphiné. Voilà, Monsieur, à quoy cete belle assemblée nous porte pour n'avoir voulu croire le conseil de plus sages qu'elle. Toute l'espérance et la consolation qui nous peut demeurer est que sa Magesté fait cognoitre tout hautement qu'elle ne veut toucher à noz consciences non plus qu'à la prunelle de son œil et qu'elle nous veut laisser vivre librement en nostre religion soubz le bénéfice de l'édict de Nantes, et que neantmoins elle veut porter les affaires en estat que les catholicques ny ceux de la religion n'ayent jamais de quoy troubler son royaume par aucune faction. Pour voz affaires, je vous supplye de croire que je ne me lasseray jamais de vous servir, j'en ay toutes les envyes du monde. Le sieur de Bostines vous escrit bien particulierement en quel estat sont voz affaires icy et toutes autres nouvelles, ce qui me gardera de vous faire cete lettre plus longue que pour vous asseurer que je suis tousjours et avec toute sorte d'affection et de franchise, Monsieur,

Vostre plus humble et tres affectionné serviteur.

LESDIGUIÈRES.

Ce 16 juillet 1621, à Bergerac.

CCLXXXII.   1621 — 19 Novembre.

Imprimé : *Lettre de Monseigneur le duc d'Esdiguières envoyée au sieur de Montbrun, luy enjoignant expressément de la part du Roy d'avoir à desarmer dans son gouvernement de Dauphiné.*

[A MONSIEUR DE MONTBRUN.][1]

Monsieur de Montbrun, j'ay esté adverty, que vous aviez armé en Dauphiné, et en ay eu moy-mesme du reproche, comme si j'en estois consort, ce qui m'a causé une tres grande douleur; tant parce que je ne désire point que le Dauphiné s'esmeuve, ny qu'il sente aucune incommodité de la guerre, que pour la consequence du faict. Vous sçavez bien que les armes du Roy ne tendent point contre la religion pretendue reformée & ne poursuivent que les rebelles, autrement je ne voudrois pas m'y treuver, ny moins y apporter aucun consentement, d'autant que je ferois contre ma conscience, qui m'est plus recommandable que toutes choses. Il est plus que raisonnable que sa Majesté se rende maîtresse de ses villes, & que celles qui ne voudront de gré se ranger à son obeissance, il les y contraigne par la force de ses armes; autrement il faudroit qu'il ne fut ny maistre ny Roy, & que chascun se formast un party à part, ce qui viendroit à une très-dangereuse conséquence. Et là dessus il ne faudroit qu'un ennemy forain, le moindre qui fut, venant à la traverse au fort de nos divisions, pour nous surprendre, & se rendre maistre de tout le royaume. Vous sçavez que de tout temps les estrangers n'ont jamais tasché qu'à nous desunir, & quand ils nous ont veu bandez les uns contre les autres, avec les armes aux mains, c'est alors qu'ils se sont jettez sur

---

[1] Montbrun, qui fut plus tard nommé lieutenant général en Dauphiné par l'assemblée de la Rochelle (11 janvier 1622), avait pris les armes au mois de septembre 1621, aidé par Gouvernet, Saint-Auban, Champoleon, Jarjayes, Pasquiers, Beaufort, etc. Il prit plusieurs châteaux dans le Diois et fut sur le point de s'emparer par surprise de Grenoble. Les chefs protestants dauphinois prétendaient agir avec l'assentiment de Lesdiguières, prisonnier, disaient-ils, à la Cour. Ce qu'il y a de positif, c'est que le roi ne fut pas éloigné de le croire et pensa un instant à s'assurer de sa personne. La lettre de Lesdiguières à Montbrun ne produisit aucun effet, le parlemen mit la plus grande mollesse à poursuivre les rebelles, mais Lesdiguières ayant obtenu de retourner en Dauphiné, la rébellion cessa d'elle même sans qu'il eût besoin de tirer un coup de fusil. Il faut remarquer que quelques-uns des chefs protestants rebelles, tels que Gouvernet, Jarjayes et Champoleon, étaient les amis intimes et les confidents de Lesdiguières, ce qui donne beaucoup de vraisemblance aux soupçons que fit naître sa conduite à cette époque. Il voulait avant tout être éloigné de la Cour pour être libre, se faire craindre et pouvoir négocier à son aise.

la France, & l'ont fort travaillée ; là où jamais ils ne luy ont peu faire aucune incommodité, tant que les François ont esté en bonne intelligence les uns avec les autres. Il n'y a rien qui rende un royaume fort que l'union & bonne concorde entre les grands & les petits & lors que le discord commence à s'y glisser, & que chacun veut tirer à son costé, sans vouloir ouyr la voix du principal pilote, le nauffrage y est tout evident. Je ne suis pas encore si grossier ny ignorant aux affaires d'estat, que je ne sçache comment il s'y faut comporter, & faut que je taxe moy mesme Messieurs nos Ministres d'une très grande témérité en cette conclusion qu'ils avoient prise en l'assemblée de la Rochelle; aussi n'y ay-je jamais voulu prester aucun consentement, ny tous les gens de bien, car c'estoit entierement dissiper tout le royaume, & le mettre evidemment au bord du précipice. J'ay esté adverty du désastre qui est arrivé au comte de la Suze[1] & en suis fort marry, bien que je ne sçache rien de son intention, ny à quoy elle tendoit. Regardez je vous prie à ce que vous aurez à faire, & sur tout que vos armes ne fassent rien au préjudice du service du Roy. Au contraire si vous voyez qu'il y eust quelques mutins, employez les à rabattre leur audace, ou plustost mettez les entièrement bas, pour oster toute sorte de soupçon à tout le monde. Je ne désire point que le Dauphiné soit foulé en aucune façon, & vous ne sçauriez entretenir ces gents que vous avez sans incommoder le peuple. Ce qui me fait vous prier derechef de désarmer, & de licencier toutes les trouppes qui sont autour de vous; & surtout prenez bien garde de rien entreprendre sur la ville de Grenoble, comme l'on dit que vous y avez des intelligences; je désire de la conserver, & partant vous la laisserez comme elle est. J'ai eu advis comme il y a quelques remuants, qui ont eu envie de vous la livrer, au prejudice du service du Roy, & en faveur des rebelles, ce que j'abhorre entièrement. Vous sçavez quelle peine j'ay eu à conserver ceste province, parmy tout les troubles qui ont couru, & maintenant je ne désire pas qu'elle vienne tomber au malheur où je vois les autres. La rebellion est un crime qui ne se peut exprimer, & qui traine après soy toutes sortes de malheurs, ce que je ne veux point voir en Dauphiné, & vous ne pouvez vous rendre maistre de Grenoble, qu'avec une

---

[1] Le comte de la Suze avec 40 gentilshommes partit de Montauban pour joindre Montbrun en Dauphiné; attaqué par 400 paysans à Murianette il fut pris avec presque tous ses compagnons et condamné à mort par le parlement, mais le roi, sur les instances de Lesdiguières, lui fit grâce.

apparente rebellion; & partant je vous prie de rechef de laisser les affaires en l'estat où elles sont. Pour le fait de l'armée du Roy, je crois que vous estes assez informé de tout ce qui s'y passe, & en quel estat elle est. Nous y avons eu quelques dissenteries, à cause des raisins & des fruicts, dont on n'a pù empescher les soldats d'en manger, mais cela se passe, Dieu graces. Nous pressons Montauban de fort près, & croy que le Roy s'en rendra maistre devant que l'hyver nous surprenne; toutesfois s'il y faut passer l'hyver, patience. Nous pastirons à la vérité, mais ceux de dedans auront encore plus d'incommodité que nous, car pour le moins nous avons force bois. Je vous escriray plus particulierement à la premiere commodité; mais surtout je vous prie que j'aye ce contentement de sçavoir que vous ayez mis les armes bas, car il n'y a que cela qui me fasche. Non autre, sinon que je prieray Dieu qu'il vous ait en sa garde. Monsieur,

Vostre très affectionné & amy.

LESDIGUIÈRES.

Du camp royal de sa Majesté ce 19 novembre 1621.

CCLXXXIII.   1621 — 8 DÉCEMBRE.

Orig. — Arch. de l'État, à Genève.

A MESSIEURS, MESSIEURS LES SCINDICS ET CONSEIL DE LA VILLE ET RÉPUBLIQUE DE GENÈVE.

Messieurs, l'asseurance que j'ay prise en la faveur de vostre bonne grace m'a tousjours fait esperer que mes prières seroient en quelque considération auprez de vous. C'est pourquoy je vous en fay maintenant une à ce qu'il vous plaise, Messieurs, permettre au sieur Bossé, marchand de Lyon, de faire passer sur vos terres quelques armes qu'il fait venir pour moy du coste d'Alemaigne. Cette faveur me regarde en telle sorte que l'obligation sera toute myenne, et je rechercheray de tout mon cœur les occasions de la recognoistre avec tant d'autres qui me font estre desjà, Messieurs,

Vostre bien humble et tres affectionne serviteur.

LESDIGUIÈRES.

Le 8 décembre 1621, à Grenoble.

CCLXXXIV.   1621 — 9 Décembre.

Cop. — Arch. de la Drôme.

[ORDONNANCE PROMETTANT L'OUBLI DU PASSÉ A TOUS LES RÉVOLTÉS QUI METTRONT BAS LES ARMES.]

Le duc de Lesdiguières, pair et mareschal de France et lieutenant général pour le Roi en Dauphiné.

Ayant sogneuzement travaillé depuis mon retour en ceste province à y establir l'autorité du Roy et faisant cesser les désordres arrivés en icelle par le soulèvement de plusieurs gens de guerre que nous avons treuvé sur pied; redonner la paix à ses subjets ; apprès avoir ouy les depputtés de ceux de la religion assamblés à Die, sur touttes leurs remonstrances et receu les protestations qu'ils nous ont faites d'obeissance et fidellité au service du Roy, sans adérer à aulcungs desains ou inteligence au prejudice de sa Majesté et bien de son estat; sachant que l'intention de sadicte Majesté est de faire jouyr du bénéfice de ses édicts tous ceux qui se rendront dignes de sa grâce : nous avons ordonné et ordonnons à tous chefs et cappitaines de gens de guerre tant de pied que de cheval, gouverneurs de places et chasteaux, et tous aultres de ladicte religion qu'il appartiendra, chacun endroict soit, de congedier et licencier promptement et pour le plus tard dans huit jours appres la datte des présentes, touttes les troupes qu'ils avoient cy-devant mises sur pied auxquelles nous enjoignons de se retirer en leurs maisons sans porter aulcunes surcharges au public, passé ledict dellay; ne faire des à présent aulcung acte d'ostillité ou exactions d'aulcunes imposition, tant en denrées que deniers ou betail à payne de la vie, avec comandement aux cappitaines, receveurs et leurs commis chacun en ce qui le concerne, d'y prandre garde, à peyne d'en répondre à leur propre et privé nom. Nous ordonnons que tous ceux qui ont esté faicts prizonniers par eux sous quelque pretexte que ce soit seront mis en liberté dans ledit dellay, sans payer aulcune rançon, ny qu'ils puissent estre détenus pour leur despance, laquelle sera par nous taxée appres leur eslargissement. Devront aussy rendre les cloches des ecclesiastiques qui se treuveront encore en nature. Et que les lieux et chasteaux de Molans, Reilhannette, Puygiron, La Baulme-Cornillanne seront randus ez mains et au pouvoir des propriétaires d'iceux en l'estat qu'ils sont à présent, à la charge touttefois que les nouvelles fortiffications qui pourront avoir esté faites despuis la prinse desdicts lieux et chasteaux seront démolies, ensamble celles de Chasteauneuf de Mazenc, Pouet-Laval et Roc de Crupies. Entandans qu'il soit commancé de proceder à ladicte demolition par les commissaires qui seront à cest effaict depputtés dès le jour de la signiffication de la présente ordonnance, pour y estre travaillé sans interruption. Et randans ceste obeyssance ils ne pourront estre recerchés ny inquiettés pour les choses faictes et advenues, ensuite dudict soulevement, lesquelles demeureront étaintes et assoupies comme non advenues et lesdicts chefs, cappitaines, gouverneurs, gens de guerre, et autres, qui tous ont adsisté en corps de communauté ou en particulier de ladicte province ou circonvoyzines, catholiques ou de ladicte religion, leurs biens et familles, sont et mis en la protesion et sauvegarde du Roy et la nostre. Faisant tres expresses inhibitions et deffances à touttes personnes de quelque estact et quallitté qu'elles soient de rien entreprandre ou faire contre leurs honneurs et biens sous pretexte de justice ou autrement nonobstant tous decrets et jugement qui pourroient avoir esté faicts au contraire, et notamant contre le sieur de Marandon de Baulmes, lesquels demeureront sans effaict, ains au contraire est enjoint de les laisser paisibles en leurs maisons et en la possession de leurs biens, charges et honneurs, avec faculté d'aller, venir et séjourner librement par tous les lieux et endroicts ou le bien de leurs affaires le requerra; le tout sous peyne de desobeyssance et punision examplaire sous le bon plaisir de sa Majesté, laquelle sera très-humblement suppliée de leur accorder ses lettres et déclarations nécessaires pour leur seuretté. Et affin que nul n'en pretande cause d'ignorance, sera la présante publiée par tous les bailliages, sénéchausées et siége royaulx de cette province à jour d'audiance et les couppies d'icelles affichées ez lieux publics par tout ou il appartiendra à la diligence des officiers de sa Majesté.

Faict à Grenoble, le 9 décembre 1621.

Lesdiguières.

Par mondit Seigneur
Bremond.

CCLXXXV. 1621 — 21 Décembre.

Orig. — Arch. de l'État, à Genève.

A MESSIEURS, MESSIEURS LES SINDICS ET CONSEIL DE L'ILLUSTRE RÉPUBLIQUE DE GENÈVE.

Messieurs, j'ay esté tres ayze d'apprendre de voz nouvelles par le sieur Anjourrant qui m'a donné tous les temoignages que je pouvois souhaiter de vostre affection; il a trouvé la myenne fort entière à vostre service avec beaucoup de dezir de vous en faire voir les effectz quant l'occasion s'en offrira. Nous avons longuement discouru ensemble de voz affaires, et de beaucoup d'autres choses, sur quoy il vous entretiendra comme tres cappable qu'il est, et vous asseurera que comme j'ay toujours désiré avec passion vostre contentement et conservation, j'y contribueray à l'avenir tout ce quy deppendra de moy, qui desire la continuation de vos bonnes graces et que vous me fassyez la faveur de croire que je me sentiray bien honnoré d'estre avoué de vous partout et en tous lieux, Messieurs, pour

Vostre bien humble et plus affectioné serviteur.

LESDIGUIÈRES.

Ce 21 decembre 1621, à Grenoble.

CCLXXXVI. 1621 — Fin Décembre.[1]

Cop. — Arch. de l'État, à Berne.

[AU ROY.]

Sire, les seigneurs du canton de Berne se pleignent, il y a assez longtemps, de ce que depuis l'année mvj^e-dix-sept votre ambassadeur

---

[1] Cette lettre, sans date, est antérieure à la lettre du roi, du 15 janvier, qui lui sert de réponse et que l'on trouvera imprimée à la note de la lettre de Lesdiguières aux magistrats du canton de Berne, du 25 janvier 1622. Elle est donc probablement de la fin de décembre 1621.

aux ligues de Suisses ne leur a point fait distribuer par vos tresoriers la part que leur apartient sur les deniers que votre Majesté donne par chacune année pour payemens aux cantons de leur nation, suivant les alliences qu'elle a avec vous. Sire, je vous ay cy devant porté cete plainte de ma bouche, comme ayant esté prins et choisy par les plaintifs pour leur intercesseur envers votre Majesté, et comme tel je la supplie encores tres humblement de faire consideration à l'affection qu'ils luy ont tousjours demontrée et qui maintenant est en plus grande vigueur que jamais. Et comme ils ont la devotion de servir votre Majesté aux occasions, ils en ont aussi le moyen, et ne faut point craindre qu'aucune faction contraire au bien de votre royaume les emporte à aucune débauche. Cela ne se peut asseurer de tous les cantons; celuy cy est votre plus proche voisin et le plus prest à votre service, aussy a-t-il une plus estroite alience à la France que plusieurs autres; c'est pourquoy votre Majesté m'a déclairé qu'elle vouloit qu'il fut traité comme les autres et en a fait le commandement à son ambassadeur. Toutesfois il est demeuré en arrière de cinq ou six payemens que les autres ont touché, ce qui tourne à son mepris parmy ses voisins et pourroit causer un refroidissement, duquel, en ce temps, la France n'a point besoing, mais plustost d'entretenir ses aliez et confédéréz, à quoy votre Majesté doibt (s'il luy plaist) avoir egard par sa prudence et par la sagesse de son conseil, considerant que se qui se demande est bien et legitimement deub et ne peut estre refusé sans alterer l'allience et confederation, ce qui n'est point de saison et encore moins de l'intention de votre Majesté qui est toute juste et droitte. Commandez donc, Sire, bien expressement à votre ambassadeur de les traiter pour l'avenir en la distribution de vos deniers, ainsy et à proportion que les autres cantons, et que ce qui leur est deu du passé leur soit entièrement payé et satisfait tout ainsy qu'il a esté payé à ceux de leur nation, suyvant neantmoins l'estat de votre Majesté pour ce qui les concerne. Ce qu'ils recevront de ces deniers qui leur sont bien deubs, aydera de les garentir de l'oppression de leurs ennemys, qui sans doubte, apres avoir fait de si grands progrets sur les trois ligues grises, tacheront de passer plus outre au prejudice et à la ruyne des anciens aliez de votre couronne. Affin de se saisir des plus proches frontieres de votre royaume de longuemain devoré par esperence, [pour parvenir à la monarchie de l'Europe, dessein de longue main projetté, bien cogneu de tous et qui avec le grand regret des bons françois ne prend que trop d'avancement. C'est vous, Sire, duquel Dieu se servira quand il luy playra, pour en estre le seul obstacle. Mais revenant au particulier sujet de céte dépéche, je diray encore à votre Majesté que la trés humble requete que je luy faiz (autant et plus pour la consideration de son propre service qu'en la faveur de ces seigneurs de Berne) ne tend point à augmenter ce qui leur a esté promis, à la surcharge de vos finences, mais seulement à faire que pour le passé et à l'avenir ils soient traitez à l'égal des autres cantons qui ne se peuvent egaller à celluy la en affection et moyen de servir à vos intentions comme il se montrera tousjours prest. Il deliberoit de vous envoyer ses ambassadeurs pour protester ces choses en vos mains, Sire, mais je l'en ay dissuadé et assuré que votre Majesté s'en asseuroit et luy donneroit toute occasion de contentement, à la tres humble instance que je luy en oze faire. C'est la vérité, Sire, qu'ils l'ont souvent demandé à votre ambassadeur resident en Suisse, lequel a fondé la difficulté qu'il faisoit et a jusques icy fait de leur donner, sur ce qu'ils n'ont satisfait à quelques conditions ausqu'elles il les estimoit estre tenuz, ce qu'ils n'ont peu interpreter qu'au different d'entre eulx et monsieur le duc de Longueville [1]. C'est une action qui n'a point de convenance [2] à ce qu'ils demandent et en laquelle toutesfois ils se sont portez avec toute moderation, relasché de leur droit aux conferences qui s'en sont tenues, et l'affaire demeuré en tel estat que votre Majesté n'en a plus de plainte et que mondit sieur de Longueville en chevira [3] à son contentement dedans la raison. Donnez donc, Sire, à eux, pour qui je vous supplie tres humblement, celle qui leur est deue affin de les inciter de tant plus à conserver l'affection qu'ils ont vouée à votre Majesté et de laquelle je respons qu'ils ne se départiront jamais, non plus que moy du vœu que j'ay fait de vivre et mourir, Sire, etc.

[LESDIGUIERES.]

[1] Différend relatif à la principaut de Neuchatel.
[2] N'est point relative.
[3] Jouira.

CCLXXXVII. 1622 — 3 Janvier.

Orig. — Arch. de M. le Vte de Sallemard, à Peyrins.

A MONSIEUR DE LA ROCHE DE GRANE.

Monsieur de la Roche, j'ay receu vostre lettre et veu par elle et sceu de la bouche du sieur de l'Isle bien particulièrement vostre négociation que je loue et approuve autant que vous le pouvez désirer. Il faut continuer et ne vous lasser point, selon que vous fera entendre de ma part ledit sieur de l'Isle, auquel je me suis ouvert et confié fort librement mes intentions; vous le croyrez donc comme si moy mesme vous parlois. Il emporte le passe port que vous avez désiré. Je m'en va vous voir dans fort peu de jours, et cependant je vous asseure que je suis autant que vous le pouvez désirer, Monsieur de la Roche,

Vostre bien humble pour vous faire service.

Lesdiguières.

A Grenoble, ce 3 janvier 1622.

CCLXXXVIII. 1622 — 25 Janvier.

Orig. — Arch. de l'État, à Berne.

[AUX TRÈS MAGNIFFIQUES ET PUISSANTS SEIGNEURS LES AVOYERS ET CONSEIL DE L'ILLUSTRE RÉPUBLIQUE DU CANTON DE BERNE.]

Tres honnorés et puissants Seigneurs, le sieur general Steck aura faict savoir à vos Excellences en quelle façon et de quelle affection j'ay écrit au Roy en votre faveur, afin qu'en la distribution des deniers de sa Majesté parmy les ligues de Suisses, votre canton fust traité à l'egal des aultres tant pour le passé que pour l'avenir. J'envoye maintenant à vos Excellences l'original de la responce que sa Majesté m'a faicte sur ce subject, vous la trouverez assez expressive de sa bonne volonté en votre endroit[1]. Je suis d'avis et conseille à vos Excellences que vous en faciez prouffict et que pour cet effect la députation que vous ferez à monsieur Myron soit telle, tant en apparence qu'en la charge qu'elle aura de vous, qu'il en puisse estre tellement édifié que le raport qu'il en fera au Roy l'incite à redoubler ses affections en votre faveur et à vous en donner des preuves aux occasions ou vous en pouvez avoir besoing. Le sieur baron de Coppet, votre nouveau vassal qui est auprès de moy, ne manque point de bonne volonté au service de vos Excellences; il a eu un grand soing de céte dépêche et n'y a personne en ces quartiers qui plustost que luy vous puisse faire avoir mil bons hommes de pied pour estre employez la ou il vous plaira, lorsque vous en aurez besoing. Et affin que vos Excellences sachent l'estat des affaires presentes de ce royaume et les bonnes intentions de sa Majesté pour ce qui est des affaires des Grisons, je vous envoye la coppie veritable d'une lettre qu'elle m'a écrite. Si Dieu donne la paix à cet estat et que les Espaignols s'opiniastrent à retenir ce qu'ils ont iniustement usurpé, vous verrez bientost une armée dedans le Milanois, et je croy qu'elle [sera] grossie et fortifiée de ceulx de votre nation, qui a un notable interest en ce rencontre, lequel regarde sa propre conservation. Dieu vous tienne tousiours en sa très saincte et digne garde, ainsy que l'en prie et le souhaite, Tres honorez et puissans Seigneurs,

Vostre bien humble et tres affectionné serviteur.

LESDIGUIÈRES.

A Vallence, le 25e janvier 1622.

---

[1] Voici la lettre du roi dont parle Lesdiguières : Mon Cousin, j'ay veu l'instance que vous me renouvellez en faveur de ceux du canton de Berne, lesquelz j'auray tousiours à plaisir estre traictez à l'égal des autres cantons en la distribution des deniers que j'envoye annuellement en Suisse, et donneray charge à mon ambassadeur résident audit pays, ainsy que vous scavez que j'ay cy devant faict, de leur faire en cela ressentir les effectz de ma bonne volonté et libéralité, me contantant sur la prière que vous m'en faictes d'oublier leur mauvaise conduicte envers moy, pourveu qu'ilz en aillent faire les soubmissions requises à mondit ambassadeur, comme ilz vous avoient faict entendre qu'ilz vouloient venir par deça pour s'en acquitter en mon endroict, dont vous avez bien faict de les détourner. Et les pouvez asseurer qu'en usant de la sorte ilz esprouveront toute sorte de bon et favorable traictement et auront subject de se louer de vostre intercession et entremise près de moy, qui prie Dieu, mon Cousin, qu'il vous ayt en sa saincte et digne garde.

Escrit à Poictiers le XIIe jour de janvier 1622.

LOUIS.

(Arch. de Berne.)

BRULART.

CCLXXXIX. 1622 — 3 Février.

Orig. — Arch. de l'État, à Genève.

A MESSIEURS LES SYNDIQS ET CONSEIL DE L'ESTAT DE GENÈVE.

Messieurs, vous ne m'auriez prévenu sy par le retour de monsieur de la Fare j'avois apprins chose qui vous importase et de laquelle vous deussiez avoir cognoissance; je n'ay donques pour le présent qu'à vous reyterer ce que je dis à monsieur Anjorrant, que vous seriez tousjours bien conseilliés de faire très bonne garde et dedans et au dehors de vostre ville, car j'oserois bien vous asseurer que vous n'avez rien à craindre par la force ouverte, et sy je ne me trompe son Altesse de Savoye n'a pas desseing de vous assieger; mais ce que vous pourriez doubter[1] seroit une surprinse, que vous pouvez éviter en jettant au dehors et au loing de bonnes sentinelles et patrouilles, aux trois principalles advenues que l'on vient à vous du costé de Savoye, et sur tout en prenant soigneusement garde au dedans à ce que la corruption et l'infidélité ou quelque autre manquement ne puisse faciliter une surprise, car c'est ce que vous aurez à craindre tousjours tant qu'il y aura un duc de Savoye, lequel, peut estre quant à présent, ne pense pas d'entreprendre sur vous, Messieurs, et neantmoins je ne voudroit vous en asseurer, mais bien que je vellieray tousjours à vostre conservation et m'y employeray comme pour la mienne propre, et que je vous serviray envers le Roy et partout allieurs sellon que je m'y ressent obligé et que je vous ay promis et de longue main voué, comme estant, Messieurs,

Vostre bien humble et tres affectionné serviteur.

Lesdiguières.

A Vallance, le 3e febvrier 1622.

[1] Redouter.

CCXC. 1622 — 10 Février.

Cop. - B. N. MS. F. 4102, p. 34.

A MONSIEUR, MONSIEUR LE DUC DE ROHAN.

Monsieur, vous aurez sceu les advis que je donnay au sieur de la Brochetière lesquelz ne tendent qu'à cercher les moyens pour parvenir à une bonne paix en ce royaume, laquelle fust utile pour le service du Roi, bien et repos de son estat et seureté de nos eglizes. C'est vous, Monsieur, qui m'avez fait savoir vos intantions et ausquelles j'ay respondu par ledit sieur de la Brochetière. Et estant très louable pour vous et pour tous ceux qui se meslent d'un sy bon œuvre et....., Monsieur, j'ay prié le sieur president du Cros de prendre la peine de s'en aller à vous [1] pour vous dire nos advis et sentimens et prendre les vostres, pour le tout veu, le faire savoir au Roy et y recepvoir ses commandemens, et travailler et vous et nous à parachever ce bon œuvre. Vous croirez dont ledit sieur président du Cros en tout ce qui vous dira comme cy j'avois l'honneur de parler à vous, et en attendant son retour je finiray cette cy en vous offrant mon service bien humble et pour vous asseurer que je suis, Monsieur,

Vostre plus humble et très affectionné serviteur.

Lesdiguières.

De Vallance, le 10 febvrier 1622.

[1] On sait que cette mission fut fatale au président Ducros, qui fut assassiné par des fanatiques à Montpellier au moment où il cherchait à conférer avec le duc de Rohan. Voici l'origine de cette négociation.
Blacons, lieutenant général pour les protestants en Vivarais, vivement pressé par Lesdiguières qui allait commencer le siége du Pouzin, avait demandé 500 hommes de secours au duc de Rohan; ils lui furent envoyés mais furent repoussés par les troupes du Dauphiné. Rohan essaya, mais sans succès, de négocier avec Lesdiguières pour le retarder. Avec 6,000 hommes et 500 maîtres, celui-ci traversa le Rhône et attaqua le Pouzin; trois assauts furent vaillamment repoussés. Voyant que malgré tout ses défenseurs ne tarderaient pas à succomber, Rohan leur donna l'ordre de se rendre, à condition que Lesdiguières restituerait la ville si la paix générale n'était pas faite et n'entreprendrait rien sur le Vivarais et le Languedoc. Les pièces suivantes sont relatives à cette négociation. Voyez les *Mémoires de Rohan*. (Ed. Michaud et Poujoulat, 1837, p. 530.)

CCXCI.   1622 — 6 Mars.

Cop. — B. N. MS. F. 4102, p. 38.

ORDRE DU DUC DE ROHAN POUR LA REDDITION DU POUZIN A LESDIGUIÈRES

Que la ville et chasteau de Bays seront remis es mains et au pouvoir du sieur de Blacons ou autre gentilhomme agreable à la province, et la ville et chasteau du Pouzin es mains et au pouvoir d'un gentilhomme de la religion que monsieur le duc des Diguieres voudra nommer pour le garder avec garnison suffisante, sans y rien innover, en sorte que les habitans circonvoisins faisant profession de la religion jouissent plainement du bénéfice de l'édit de Nantes, tant pour l'exercice de leur religion que seureté de leurs personnes et biens, et que le commerce du Rosne demeurera libre, à la charge de satisfaire et desdommager suffisamment le sieur de Chambauds sy mieux il n'ayme recepvoir un lieutenant et une garnison de la religion. Qu'il sera permis aux marchands fournisseurs des greniers à sel de la province du bas Languedoc de l'un et l'autre party de prendre aux salins de Paccays la quantité de seel nécessaire pour la fourniture des greniers sans qu'il leur soit donné aucun trouble aux passages ny chargement, ny ne payeront aucun impost de part ny d'autre. Et moyennant ce mondit sieur des Diguières promettra d'esloigner ses trouppes desdits lieux de Bays et du Pouzin, en attendant la paix génerale de ne rien entreprendre sur ledit Paccais. Et en cas que le traitté de ladite paix fust interompu remettra sesdittes places en mesme estat et entre les mains des mesmes personnes.

Fait à Montpellier le 6 de mars 1622 [1].

HENRY DE ROHAN.

[1] M. des Isles Maisons était le porteur de cet ordre, ce fut lui qui négocia avec Lesdiguières. Il était porteur d'instructions qui lui prescrivaient de dire à Lesdiguières, que l'assassinat du président Ducros serait puni ; que la reddition du Pouzin et de Baix avait été résolue avec Ducros ; qu'il le prie de travailler avec lui à la paix génerale ; que l'assemblée de la Rochelle lui a donné pouvoir de la faire ; qu'il le prie de s'aboucher avec les grands seigneurs protestants pour qu'ils usent de leur entremise pour la paix ; que cette paix doit stipuler que l'édit de Nantes sera observé, les places de sureté continuées, les murailles des villes démantelées rétablies, l'affaire du Béarn prorogée de deux ans, le passé oublié.

Ces instructions sont datées du 6 mars. Des Isles trouva Lesdiguières à Loriol, et vit un assaut livré au Pouzin. Lesdiguières lui dit qu'il était satisfait de la punition des assassins de Ducros : que l'assemblée de la Rochelle avait été fatale aux protestants et avait miné tout ce qu'avaient fait leurs pères ; que les membres de cette assemblée étaient inexpérimentés et n'écoutaient pas les avis les meilleurs ; que ceux qui poussaient le plus à la guerre n'avaient suivi ensuite que leurs intérêts particuliers ; qu'il plaignait le duc de Rohan de servir la cause des peuples insolents en prospérité, abbatus en adversité et méconnaissant ceux qui lui rendaient le plus service ; que l'assemblée de Montpellier lui avai

CCXCII. 1622 — 12 Mars.

Orig. — Arch. munic. de Vienne (Isère).

A MESSIEURS LES CONSULS DE VIENNE.

Messieurs les Consuls de Vienne, les rebelles du Roy se sont jettés dans le Pousin avec tant de forces que pour y faire hobeir sa Majesté je suis contrainct d'augmenter les siennes de quelques trouppes, ayant estimé que les bonnes villes de ceste province en mettront promptement sur pied et rendront le tesmoignage d'affection au bien de son service en une occasion sy importante pour conserver son authorité. C'est pourquoy je desire que vous faisies choix dans vostre ville de cent soldats d'eslites bien armés et équipés et d'un personnage cappable pour les commander et qu'ils se rendent prets à s'embarquer avec les aultres compaignies qui sont en garnison dans la ville affin que mardy elles arrivent touttes ensemble en l'armée pour y servir le Roy en ces occurances. A quoy vous tiendrez la main comme d'un affaire important qui regarde entierement son authorité, et me promettant que vous ne manquerez à une telle occasion, je demeurerey, Messieurs les Consuls de Vienne,

Vostre bien humble à vous faire service.

LESDIGUIÈRES.

Le XIIe mars 1622, à Loriol.

Je desire aussy que vous donnies tout contentement aux sieurs de Sainct-Pierre & d'Anibal pour leurs utencilles et que ce soit promptement affin qu'ils ayent moyen de venir servir.

écrit pour se plaindre de la tyrannie que Rohan exerçait. Il rendit hommage à la valeur des garnisons du Pouzin et blâma la témérité de ceux qui avaient été à l'assaut.

Des Isles s'aboucha avec les assiégés, obtint une trêve de six heures, la ville fut rendue : de Philibert-Venterol fut nommé gouverneur du château du Pouzin, la Roche de Glane, gouverneur de la ville, et Blacons resta gouverneur de Baix; tous trois étaient protestants. Au Pouzin on avait fondu la vaisselle pour faire des balles, mais il restait encore aux assiégés huit quintaux de poudre.

CCXCIII.   1622 — 12 Mars.

Cop. — Arch. munic. de Vienne (Isère).

A MONSIEUR, MONSIEUR DE DISIMIEU, GOUVERNEUR DE VIENNE POUR LE ROY, A VIENNE.

Monsieur, les ennemis font un gros au Pouzin et y jettent tant de forces que je suis contrainct pour y [faire] hobeir le Roy & conserver son authorité de faire joindre les siennes en son armée pour repoulcer le dessain de ses rebelles. Ayant commandé au sieur d'Anibal qui s'est trouvé près de moy d'amener promptement les deux compagnies qui sont en garnison à Vienne, j'escripts aussy aux consuls d'en faire une en toutte dilligence de cent hommes bien armés et equipés qui pourront venir ensemble et de choisir quelque personnage méritant pour les commander. Mais il fault, s'ils desirent de bien servir sa Majesté, qu'ils se rendent en l'armée mardy prochain, comme ils pourront aisement faire s'ils prainent l'eau ainsi que j'ay commandé audict sieur d'Anibal de faire, à quoy vous prendrez ung particullier soing pour leur embarquement et de disposer lesdicts consuls de leur payer les utancilles affin qu'ils ayent moyen de s'equiper et se rendre pres de moy. Mais à cella il fault user de telle dilligence que le service du Roy n'en soit pas retardé, ce que je me promects de vostre affection, et sur ceste asseurance je demeurerey, Monsieur, pour

Vostre bien humble serviteur.

LESDIGUIÈRES.

Le XIIe mars 1622, à Loriol.

Monsieur, il ne fault pas que leurs hostes retiennent leurs hardes, mais seullement qu'ils arrestent le compte de ce qui leur sera deub et on le leur fera payer.

CCXCIV.   1622 — Vers le 15 Mars.

Cop. — B. N. MS. F. 4102, p. 39.

[A MONSIEUR, MONSIEUR LE DUC DE ROHAN.]

Monsieur, vous ne pouviez choisir personne d'entre les vostres qui peust plus dextrement ny affectionnement represanter et faire reussir vos bonnes intantions que le sieur des Isles, lequel avec la fidelle assistance qu'il a prise du sieur du Cros a parachevé avec moy l'accommodement des places de Bays et du Pouzin. Croyez, je vous suplie Monsieur, qu'il n'y sera rien innové qui puisse donner empeschement aux habitants desditz lieux et voisins faisans profession de la religion, de jouir plainement du bénéfice de l'édit de Nantes tant pour l'exercice de leur religion que seureté de leurs personnes et biens. Reste maintenant pour finir ce qui est bien commancé à résoudre le lieu et le temps de la conferance à faire entre nous, affin de parvenir au repos général de cet estat et à l'entière seureté de nos eglizes soubz la protection du Roy, et en ces deux points vous, Monsieur, et tous les hommes du monde me verront procedder d'une foy plaine de sinceritté et de candeur, c'est ce que ma conscience et mon honneur me dictent et j'en prens Dieu à tesmoing. Il me semble pour ne laisser point languir un si bon œuvre que nous devons nous voir environ le vingt quatre ou vingt cinquième de ce moys et que le Sainct Esprit ou Bagnols à vostre choix sont propres à cet effet. Je sauray, s'il vous plaist, vostre intention sur l'un et sur l'autre point et me disposeray à ce que vous voudrez. Cependant je procureray de tout mon pouvoir tant envers monsieur de Montmorency que monsieur de Chatillon que les marchands fournisseurs des gabelles du Roy, ayent sans dificulté et puissent tirer les seels necessaires pour la fourniture de leurs greniers et j'en escriray à sa Majesté. Ne doutez point aussy, Monsieur, que pour la garde du Pouzin je n'establisse autre gouverneur et garnison que de la religion et que je ne rende cette place au mesme estat qu'elle est, cy nostre commune entremize n'incitte le Roy à donner la paix généralle à son royaume, et que ceux de nostre religion soyent contraints pour leur seureté de recourir à leurs places, vous donnant de tout ce que dessus ma foy et ma parolle. Je prie Dieu, Monsieur, qu'il vous tienne en sa garde de la mesme affection que je suis

Vostre bien humble et très affectionné serviteur.

LESDIGUIÈRES.

Monsieur, excusez moy cy je ne vous escripts de ma main, l'aage de quatre vingts ans m'en excusera, s'il vous plaist.

CCXCV.   1622 — 20 Mars.

Orig. — B. N. MS. F. 3795, p. 123.

A MONSIEUR, MONSIEUR LE PRÉSIDENT JANIN, CONSEILLER DU ROY EN SES CONSEILS.

Monsieur, vostre lettre me fut rendue par les mains de monsieur Deageant à son retour en cette province & cette cy, dont j'employe le premier discours à vous remercier très humblement des faveurs de vostre souvenir, vous est donnée par le sieur de Montciset de la bouche duquel, encor que vous puissiez particulierement apprendre ce qui s'est passé au fait des places du Pousin & de Bays dont le commerce du Rhosne estoit tout a fait rompu, je vous diray pourtant, Monsieur, qu'aussy tost que l'extreme rigueur de l'hyver me permit de mettre l'armée du Roy en campagne, je la fis embarquer dessus la rivière & aborder le mesme jour, quatre du moys present, du costé du Pousin ou je ne treuvay resistance aucune. Les jours suivants furent employés à fere le pont, à retrancher l'armée & à taster la place de quelques mille ou douze cens coups de canon aux endroits plus propres à faire brèche; et comme j'estois sur le point d'un assault général, les deputez de monsieur de Rohan arriverent vers moy avec charge de me fere remettre la place du Pousin, que j'ay maintenant reduitte à l'obeyssance du Roy & qui fut il y a quarante six ans assiégée de quinze mille hommes & battue de dix huit canons par un prince Daulphin sans avoir esté prise de force, tant elle en a par sa naturelle assiette & par le travail qu'on y a fait depuis. Pour celle de Baysire l'ay laissée entre les mains de monsieur de Blacons soubs promesse qu'il m'a faitte de la conserver pour le service du Roy & y maintenir le commerce libre. J'ay donc par ce moyen repris le traitté heureusement commencé par l'entremise de feu monsieur le Président du Cros, malheureusement assaciné depuis dans la ville de Montpellier par la conspiration de quelques scélérats dont le corps de la ville en général n'est nullement coulpable. Je me prepare de suitte à m'aboucher avec monsieur de Rohan en l'une des villes du Saint-Esprit ou de Baignols au vint quatriesme de ce moys, pour aviser ensemble aux moyens de remettre cet estat en repos, suivant le commun souhait de tous les gens de bien qui en desirent le bien & en deplorent le trouble. Ce qui reste de particularités dont je ne veux pas remplir cette lettre pour n'abuser de vostre patience, vous sera representé par ledict sieur de Montciset, auquel je vous supplye de croire & aux asseurances qu'il vous donnera de ma part que je suis tousiours, Monsieur,

Vostre bien humble et bien affectionné serviteur.

LESDIGUIERES.

Le XX mars 1622, à Loriol.

CCXCVI.   1622 — 20 MARS.

Imprimé : *Suite des Lettres et Mémoires de messire Philippes de Mornay*, Amsterdam, Elzévir, 1651, p. 763.

[A MONSIEUR DU PLESSIS, CONSEILLER D'ESTAT DU ROY, CAPITAINE DE 50 HOMMES D'ARMES ET GOUVERNEUR DE SAUMUR.][1]

Monsieur, dès le temps de l'arrivée du sieur de Nuisement à Lion, se voyant attaqué d'une maladie, il m'envoya à Grenoble, où j'estois alors, toutes les lettres & papiers dont vous l'aviés chargé. Je les ay conservés après les avoir veus, en deliberation de m'en aider selon les occasions qui se presenteroyent pour les affaires du Roy, car ils sont pleins de bons advis & d'instructions telles que celles que vostre prudence a accoustumé de donner sur toutes occurences. Je n'ay depuis fait aucune dépesche au Roy que je ne lui aye reiteré mes instances fort pressées pour vostre restablissement[2]. Mais je n'ay encor peu l'obtenir, ny aucune response qui m'ait contenté ; & toutesfois vous en devés bien esperer. Faites-vous lire, s'il vous plaist, l'extrait d'une lettre que j'escris à sa Majesté par un gentilhomme exprès, pour ce qui vous concerne, et monsieur de Villarnoul, que je croy estre encores à la Court, sçaura de luy ce qu'il aura avancé en cet affaire. J'ay receu depuis trois jours en ça vostre lettre du

---

[1] La réponse à cette lettre se trouve dans la *Correspondance de Duplessis* à la p. 771.

[2] Dans le gouvernement de Saumur, qui lui avait été enlevé par surprise.

20e du mois, passé, & le jour de devant la date de ceste-cy le sieur de Nuisement a escrit au sieur Tonnard, qui est auprès de moy, qu'il avoit esté arresté à Lion, après qu'on y a veu les papiers quy luy restoyent & notamment un chiffre et esté interrogé, & de tout cela il a esté fait procés-verbal de luy signé & envoyé à sa Majesté, toute ceste procedure faite en l'absence de monsieur d'Halincourt & de ses enfans. Mais le marquis de Villeroy est arrivé à Lion depuis sept ou huit jours; je luy ay escrit de m'envoyer ledit sieur de Nuisement, & je m'asseure qu'il le fera. Il viendra tout à heure pour sçavoir ce qui se sera passé et resolu sous le bon plaisir du Roy en la conference que je m'en vois faire avec monsieur de Rohan le 25e du present au Saint-Esprit, ou à Baignol pour adviser aux moyens d'un accommodement général, de quoy sa Majesté me fait l'honneur de se remettre à moy. Je n'ay peu plustost y vaquer par ce qu'auparavant sa Majesté vouloit restablir le commerce sur le Rhosne par la prise des places de Bais & du Pousin. Cela a esté fait moyennant mil ou douze cens coups de canon tirés à ceste-cy, & celle-la s'est accommodée, et ay laissé monsieur de Blacons dedans. Comme je me preparois à ceste conference, en tenant le Pousin assiegé, j'envoiay à Montpellier monsieur le President du Cros; aprés y avoir demeuré avec toutes sortes d'honneurs & sans apparence de danger, il y a esté proditoirement assassiné par quelque nombre de scélérats, dont aucuns ont esté executés par justice, & on recherche les autres. Mais il est tout constant que la ville & les gens de bien qui habitent n'ont point trampé en ceste maudite conspiration. J'espere de voir icy ledit sieur de Nuisement, & par son retour de plus amples nouvelles; vous baisant sur ce les mains aprés avoir prié Dieu vous donner, Monsieur, en toute perfection de santé heureuse et longue vie.

A Loriol, [ce 20 mars 1622].

Vostre bien humble et tres affectionné serviteur.

LESDIGUIÈRES.

CCXCVII.   1622 — 20 Mars.

Orig. — Arch. de M. Paul de Faucher, à Bollène.
Imprimé : *Bulletin de la Société d'archéologie de la Drôme*, T. IX, 1875, p. 381.

A MONSIEUR DE MIONS, PRÉSIDENT DE LA CHAMBRE DES COMPTES.

Monsieur, j'ay donné ceste lettre au sieur de la Croix qui la vous randra pour vous recomander de toute mon affection ses intentions au compte que vous ferez des troupes qu'il a levées pandant mon absance; mais je désire, comme il a bien et utilement servi, que vous passies par dessus les formes comme dont vous traictez les autres et tout ce que vous pourrez faire pour moy vous le lui accorderez en sondit compte, car je l'affectionne bien fort comme ung de mes meilleurs et antiens amys. Ayez en donc soing, je vous prye, si vous voullez faire plaisir, Monsieur, à

Vostre bien humble pour vous faire service.

LESDIGUIÈRES.

Le XXe mars 1622, à Loriol.

Monsieur, je vous mande le mémoire que j'ay veu et sur lequel je désire que vous fasiez son compte qui est escrit de la main de monsieur de la Croix. Pour les cinq jours de cent hommes de décembre et les dix jours de janvier pour deux cents; et pour le sol de l'ustansille j'entans que les communes ou ils estoient en quartier les payent pour tout ledit tans et vous prye n'en faire aucune dificulté; et pour le reste vous aurez soing dudict sieur et me manderez vostre advis s'il y a quelque dificulté [1].

---

[1] Cette lettre est accompagnée d'un ordre de la même date aux vérificateurs des comptes de compter à M. de la Croix 300 hommes jusqu'au 20 décembre et 200 jusqu'au 10 janvier et un sol par soldat pour les « utencilles ».

CCXCVIII.   1622 — 1er Avril.

Orig. — Arch. de M. le Vte de Sallemard, à Peyrins.

A MONSIEUR, MONSIEUR DE LA ROCHE DE GRANE.

Mon grand amy, le sieur de Bernon s'en va vous trouver pour prendre de vos mains la compagnye de feu monsieur de Lallé; vous l'establirez et ferez entendre aux autres membres et soldats que mon intention est qu'ils luy obeissent comme au deffunt. C'est ce que j'ay à vous dire sur ce sujet demeurant, Mon grand amy,

Vostre humble et parfet ami à vous fere service.

LESDIGUIÈRES.

Ce premier d'avril 1622, à Pierrelatte.

Et an attendant mon retour si monsieur de Blacons avoit afferc de vous assister, il est tout comme moy mesme.

CCXCIX.   1622 — 3 Avril.

Cop. — B. N. MS. F. 4102, p. 30.

ARTICLES CONVENUS ENTRE LES DUCS DE ROHAN ET DE LESDIGUIÈRES.

Que monsieur le duc de Rohan en vertu du pouvoir à luy donné par ceux de la religion fera partir presentement des deputez pour se rendre au lieu ou sera sa Majesté, lesquelz au nom des eglizes de France, avec tous les debvoirs et soubmissions necessaires, demanderont pardon à saditte Majesté des fautes passées et suplieront très humblement sa Majesté de donner la paix à ses subjetz de la religion. Que pour cet effet monsieur le duc de Lesdiguières leur donnera passeports pour aller sejourner et retourner en tous les lieux de ce royaume, et les faira luy mesme conduire et reconduire avec toutte seureté et obtiendra de saditte Majesté pour leur sejour et retour tous passeports necessaires. Suplieront les deputez sa Majesté de restablir l'édit de Nantes en touttes ses parties et confirmer touttes autres déclarations, brevetz et concessions sur l'exécution et interpretation d'iceluy et principalement pour ce qui concerne l'exercice de la religion restably en tous lieux ou il estoit paravant ses derniers mouvements et l'arest de Clermont de Lodeve pour ce regard exécuté; comme aussy les sieges de justice, bureaux de recepte et officiers de finances seront restablis es villes ou ilz estoyent paravant ses derniers mouvements, et par exprès le bureau des tresoriers de France à Montpellier, la chambre de Languedoc à Castres et celle de Guyenne à Nérac. Que toutes nouvelles fortifications faites depuis ses mouvemens sans la permission de sa Majesté jusque au jour de la publication de la déclaration, que saditte Majesté est très humblement supliée accorder maintenant, seront razées et desmolies par les habitants des villes et lieux ou elles auront esté faites, suivant les instructions qui seront données aux commissaires qui seront à cet effet deputez par sa Majesté, et seront faites très expresses deffance de fortifier à l'advenir. Que sur ce que dessus sa Majesté commandera s'il luy plaist une déclaration en bonne forme portant abolition et oubly des choses passées avec toutes clauzes accoustumées et necessaires, et comme il est porté par les articles de l'édit de Nantes qui donnent abolition en telz cas, en ce non compris les cas exécrables et commis hors les termes d'hostilité. Que l'exercice de la religion catholicque sera restably partout, et incontinant après la publicquation de ladite declaration ceux de ladite religion seront tenus faire vuyder tous gens de guerre et garnisons autres que celles comprises dans l'estat du Roy qui leur sera ordonné des villes, places, chasteaux forts et forteresses et maisons appartenant tant au Roy qu'aux particuliers, nommements aux ecclésiasticques, qui ont esté prinses pendant ses derniers mouvements et les remettre entre leurs mains au mesme estat qu'elles sont à presant. Que déffences très expresses seront faittes sur les peines portées par l'édit de Nantes de tenir aucunes sortes d'assamblées ou cercles sans l'expresse permission du Roy et que sur les mesmes peines ne sera traitté dans les assamblées ecclésiasticques d'aucunes affaires que pures ecclesiasticques. Que la susdite déclaration contenant tout ce que dessus sera commandée, s'il plaist à sa Majesté, le plus expresse qu'il se poura pour reconcilier ses subjetz les uns avec les autres soubz l'obeissance de sa Majesté, avec deffences de s'oustrager de fait ou de parolles, n'y d'user de propos qui peuvent esmouvoir sédition ; deffences aussy seront faites à tous prédicateurs d'exciter le peuple aux armes ny à chose qui contrevienne aux édits. Que tous prisonniers de part et d'autre qui n'ont payé leur rançon seront mis en liberté sans en payer aucune. Que les deputtez de touttes assemblées généralles et particulieres, cercles, abregez de sinode, demeureront deschargez des peines portées par l'édit de Nantes et les jugemens, tant contre eux qu'autres, cassez et déclarez de nul effet; et seront touttes personnes restablies en leurs biens, honneurs et dignitez sans en comprendre ceux qui en auront traitté gré à gré ou ausquels sa Majesté voudra donner recompense des charges et places dont ilz ont esté despossedez. Que l'observation de cette declaration sera jurée par les gouverneurs des provinces, lieutenants généraux, baillifs, sénéschaux et autres officiers royaux, consulz, eschevains, maires et habitans des villes tant catholicques [que] de la religion. Que commissaires de l'une et de l'autre religion seront, s'il plait à sa Majesté, promptement envoyez dans les provinces pour l'exécution de la susditte declaration ausquelz sera ordonné faire justice suivant l'édit de Nantes et autre déclaration, aux villes dont les intérests particuliers ne sont cy speciffiez.

Fait à la Val en Languedoc, le 3e jour d'apvril 1622[1].

HENRY DE ROHAN.   LESDIGUIÈRES.

---

[1] Lesdiguières, muni des pouvoirs royaux, et Rohan, de ceux de l'assemblée de la Rochelle, rédigèrent ces articles de paix : les députés chargés de les porter au roi, raconte Rohan dans ses mémoires (Ed. Michaud et Poujoulat, p. 533), ne trouvèrent plus le roi à Paris, ceux qui voulaient la continuation de la guerre l'avaient emmené à Orléans.

La lettre suivante de Déageant, confident de Lesdiguières, donne des détails sur ces négociations :

« A Monsieur, Monsieur le president Jeannin, conseiller du Roy en tous ses conseils.

« Monsieur, vous scaurez de la bouche du sieur de Moncizet & par la dépêche qu'il porte le succeds des affaires de deçà & particulierement comme les places du Pouzin et de Bais ont esté reduictes & le Rosne rendu libre par monsieur des Diguières, quy me gardera de vous en faire redicte par ceste lettre. Seullement vous asseureray ie, Monsieur, qu'il ne se peult rien adjouster à l'affection que monsieur des Diguières a pour le service du Roy & le retablissement de son autorité. Il en rend tous les jours des preuves sy certaines que l'on n'en peult pas doubter, nous avons eu icy des députés de monsieur de Rohan quy sont venus pour renouer le traicté commencé par feu monsieur le président du Cros tant pour lesdictes deux places que pour la paix génerale. Nous nous sommes ung peu tastés sur

CCC. 1622 — 3 Avril.

Cop. — B. N. MS. F. 4102, p. 40.

[ARTICLES CONVENUS ENTRE LES DUCS DE ROHAN ET DE LESDIGUIÈRES.]

Le Roy sera très humblement suplié par Messieurs les ducs de Rohan et de Lesdiguières d'accorder par brevet pour quatre ans, que les villes, places et chasteaux qui restent à present es mains de ceux de la religion de celles contenues en l'estat signé du feu roy Henry le Grand, contresigné de Neufville, à Rennes le quatorziesme de may mil cincq cens quatre vingts dix huit, demeurent en leur garde soubz l'authorité et obeissance de sa Majesté pour leur servir de retraitte en cas d'oppression contre les intantions de sa Majesté et pour les places de Dauphiné en sera convenu avec monsieur des Diguières. Sa Majesté sera aussy très humblement supliée d'establir dans Ortez et Oleron des gouverneurs de la religion avec telle garnison qu'il luy plaira. Commendera sa Majesté, s'il luy plaist, un brevet par lequel il sera dit qu'en l'article faisant mention des recompenses des charges et places elle n'entend y comprendre aucunes de celles qu'elle a fait razer ny de celles ou elle a estably gouverneurs et garnisons depuis le premier janvier mil six cens vint un. Sera aussy saditte Majesté supliée d'accorder que nonobstant qu'il soit dit par la declaration que toutes nouvelles fortifications seront razées elle se contantera pour gratifier

ce dernier point & avons inféré de leurs discours & de leurs manieres que les choses se pourront à peu près porter aux termes ausquels vous me fetes l'honneur de me dire qu'il faloit essayer de conduire l'affaire. La conferance se commencera, Dieu aydant, dant cinq ou six jours; tous les gens de bien en souhaittent & esperent une bonne issue, les brouillons au contraire, y en ayans nombre quy travaillent bien fort à traverser ce bon œuvre sy necessaire à la France & sans lequel il est bien à craindre qu'elle reçoive quelque eschecq. Ce sera à vous, Monsieur, de favoriser de dela ceste negotiation; vous le pouvez autant que nul de ceux quy ont l'honneur d'aprocher sa Majesté et monsieur des Diguieres se promet que vous le ferez, & en ce faisant qu'elle réussira à vostre souhait & au sien quy se rencontrent en ce regard. Il y marche avec la franchise & bonne volonté que l'on peut attendre d'ung personnage du tout porté au bien de l'estat. Dieu par sa grace veuille benir les bonnes intentions & vous conserve aussy longuement & heureusement que le desire par toutes sortes de considerations, Monsieur, vostre très humble, tres obeissant & tres affectionné serviteur.

DEAGEANT.

Au camp du Pouzin le 19ᵉ mars 1622.

(Orig. B. N. MS. F. 3795, p. 121.)

ceux de la religion qu'à Montpellier sera razé un bastion, à Nismes un bastion, à Castres les cornes, à Uzez un bastion, à Millau un bastion et à Sainte-Foy un des bastions de la ville et les fortifications qui peuvent avoir esté faites de la l'eau. Pour la Rochelle et Montauban n'y sera rien innové et pour touttes les autres places s'il s'y trouve bastions, demyes lunes et autres fortifications nouvelles elles seront razées, sans en ce comprendre les anciennes murailles, fossez et contrescarpes desdittes places. Sa Majesté sera aussy supliée de vouloir remettre le gouvernement de Masans es mains du sieur de Chandolan ou tel autre de la religion que sa Majesté advisera.

Fait à la Val en Languedoc, le 3e jour d'apvril 1622.

HENRY DE ROHAN. LESDIGUIÈRES.

CCCI. 1622 — 7 AVRIL.

Autog. — Arch. de M. le duc de la Trémouille.

A MONSIEUR, MONSIEUR LE DUC DE LA TREMOUILLE.

Monsieur, je vous avois dépéché un gentilhomme pour vous fére entendre tout ce qui s'est passé en la conferance d'entre monsieur de Rohan et moy faite par permission du Roy; m'ayant esté donnée quelque opinion que vous esties allé du coste de Cedan, j'ay creu vous devoir fere ceste ci pour vous asseurer de la continuation de mon bien humble service. Vous aurez part en ce cas à la lettre que i'escris à monsieur le duc de Bouillon, et le sieur de Bellugeon qui la porte vous fera entendre bien au vrai tout ce qui se passe par deça. Je me remets du tout à sa souffisance, et vous asseure pour fin de mon tres humble service, que je vous randrai en tout ce qu'il vous plerra uzer du pouvoir que vous aurez, Monsieur, sur

Vostre tres humble et plus affectionné serviteur.

LESDIGUIÈRES.

Ce 7 avril 1622, à Loriol.

CCCII.   1622 — 8 Avril.

Cop. — B. N. MS. F. 4102, p. 42.

A MONSIEUR, MONSIEUR DE SOUBIZE.

Monsieur, il c'est presanté des occasions qui m'ont aproché de monsieur le duc de Rohan, et nous voyans assez près l'un de l'autre nous nous sommes entreveus pour concerter des moyens de parvenir à un accomodement des affaires génerales qui peust contanter le Roy, mettre son estat en repos et nos esglizes en seureté soubz le bénéfice des édits et concessions de sa Majesté. En cette entreveue après plusieurs discours tendants à mesmes fins nous avons dressé quelques mémoires sur nos réciprocques propositions en intantion de les faire presanter à sa Majesté pour y aporter sa resolution et volonté. Et d'autant que j'ay estimé qu'il seroit necessaire et raisonnable que tous nos projetz vinsent à votre cognoissance, j'ay prié le sieur des Iles de les vous faire savoir, comme il fera puisqu'il en est très savant, et après les avoir sceues je vous suplye, Monsieur, en y aquiessant, fortifier sa negotiation par l'envoy de quelqu'un des vostres, qui pour l'effet qu'il faut esperer d'une cy bonne occasion, se joindra aux deputez que monsieur le duc de Rohan a trouvé bon avec moy d'envoyer à sa Majesté pour entendre et attendre ses intantions et commandemens sur les soubmissions de ses subjetz de nostre religion. Je ne doutte point que vostre particuliere intervantion y estant jointe ne soit d'un grand poids pour faire pancher sa Majesté à la grace qui luy est par nous demandée, et que par cette voye nous n'ayons d'elle le repos que tous les gens de bien désirent à ce royaume, avec la paix et la seureté de nos eglizes. L'un et l'autre vous sont en telle affection que ce seroit chose superflue de m'estandre sur ce subjet par une plus ample persuasion et priere envers vous. Monsieur, je suis

Vostre bien humble et très affectionné serviteur.

LESDIGUIÈRES.

De....[1], le 8 apvril 1622.

[1] C'est probablement de Valence qu'est écrite cette lettre.

CCCIII.   1622 — 9 Avril.

Orig. — Arch. de M. le M¹ˢ de Florent, à Tain.

[ORDRE POUR LA GARDE ET CONSERVATION DU POUZIN].

Le duc de Lesdiguières, Pair et Mareschal de France, marechal general des camps et armées du Roy, commandant son armée et son lieutenant general en Daufiné.

Pour contenir toutes choses en leur devoir dans le lieu du Pouzin naguierre par nous reduit soubs l'obeissance du Roy, nous avons jugé nécessaire pour le bien de son service d'y establir l'ordre qui s'ensuict, affin qu'un chacun et ceux à qui la garde en est commise sachent comme ils auront à se conduire et faire pour l'acquit de leurs charges. Premierement le sieur d'Allons aura soin du chasteau et du lieu appellés la Salle, à quoy nous l'en confions entierement. Le sieur Colonnel Haidt du retranchement du costé dudit lieu du Pouzin vers le bout du pont. Le sieur du Verdoin de celuy qui est du costé de la Poullie pour la garde du pont d'un costé, et d'autre elle est remise et entièrement confiée au sieur de Peyrins qui en respondra avecq celuy qu'il y commettra à sa place. Et pour la ville elle demeure au pouvoir et soubs la charge du sieur de la Roche de Granne que nous avons commis pour y commander mesme donnez l'ordre¹, pourvoyr à la garde et faire toutes autres fonctions requises en l'absence du gouverneur, luy donnant de ce faire tout pouvoir en vertu de celuy à nous octroyé par sa Majesté. Faisant au surplus tres expresse inhibition et deffence à toulte ladite garnison en general et à un chascun en particulier, voyre à tous autres qu'il appartiendra mesmes à ceux dudit pont, de ne prendre n'y exhiger en passant, montant ou descendant la riviere du Rosne, aucune chose, sur peyne d'estre chassé honteusement et prins au corps avec toute sorte de rigeur.

Faict à Vallances, ce neufvieme jour d'avril mil six cent vingt deux.

LESDIGUIÈRES.
Par mondit seigneur,
BREMOND.

(Sceau.)

---

¹ Le mot d'ordre.

CCCIV. 1622 — 10 Avril.

Orig. — Arch. de l'État, à Turin.

[A S. A. MONSEIGNEUR LE DUC DE SAVOIE.]

Monseigneur, la lettre dont il vous a pleu m'honorer par le sieur comte de Cervasque m'a esté rendue de sa main et ses particulieres instructions exposées de sa bouche; je confesse à mon acoustumée ne pouvoir assez estimer l'honeur que votre Altesse me fait, ny recognoistre assez l'obligation qui m'en demeure. Mais il vous plaist, Monseigneur, par une généreuse bonté prendre mon affection pour mes effectz et recevoir mes desirs pour mes services; c'est ce qui me fait légèrement passer sur les excuses de mon peu de pouvoir pour supplyer tres humblement votre Altesse vouloir entendre dudit sieur Comte la response que j'ay faitte aux memoires qu'il m'a communiquez et sur tous les poinctz de vos deux dernières lettres; il y ajoustera, s'il vous plaist, le discours de tout ce qui m'est peu arriver de nouveau depuis sa venue, et parce que je sais que votre Altesse l'honore d'une entière confience je luy ay fort franchement ouvert mon cœur et descouvert ma pensée. Mais affin que votre Altesse n'impute point son retardement à sa faute je luy en allegueray la raison, en ce qu'estant arrivé sur le point de la reduction des places du Pouzin et de Bays en l'obeyssance du Roy et de l'entreveue que monsieur le duc de Rohan et moy avons faitte, il me sembloit ne devoir point s'en aller sans estre tesmoing des particularitez de cette occurrence. En toutes celles où votre Altesse me jugera capable de la servir, je la supplye (et, s'il est permis, la conjure) de me donner ses commandemens, en récévant la nouvelle promesse que je luy fay d'estre jusques à ma fin, Monseigneur,

Vostre tres humble et tres obeissant serviteur.

LESDIGUIÈRES.

Le 10e avril 1622, à Valance.

Monseigneur, on a donne advis à votre Altesse que madame la Mareschalle a quelque intelligence par letre avec Alard[1] ; ie suplie treshumblement votre Altesse n'y adiouter point de foy, car c'est une fauceté invantée par ce galand pour ce fere fette avec les Espagnolz pour en avoir des moyens.

CCCV.   1622 — 22 Avril.

Orig. — Arch. de M. le Vte de Sallemard, à Peyrins.

A MONSIEUR, MONSIEUR DE LA ROCHE DE GRANE, EN SON ABSENCE
A MONSIEUR DE BERNON AU POUZIN.

Monsieur de la Roche, j'ay veu vostre lettre par laquelle vous me donné advis qu'à l'issue du presche le ministre du Pousin vous a faict voir une lettre qui le convie d'aller à Chalançon à l'assemblée mixte, de la au synode, ce qu'il n'a voleu entreprendre scans me le faire scavoir et luy en dire mon advis; lequel est que je ne trouve nullement bon qu'il se mette en chemin pour ce subject, puisqu'il est dans l'obéissance du Roy et que ces assemblées se font sans sa permission ny authorité. Je m'assure qu'il demeurera dans les termes de son devoir; à quoy vous le devés porter, si vous êtes de ses amis. S'il faict autrement il se rendra coulpable et digne de chastiment, et je

[1] Le colonel Allard a joué un role subalterne, mais assez considérable, dans la diplomatie italienne au commencement du XVIIe siècle ; c'est un personnage curieux et dont il est bon de raconter en quelques mots les relations avec Lesdiguières. Il fut envoyé vers Lesdiguières par le duc de Savoie, en 1611, pour obtenir que le Maréchal fît consentir la reine à approuver le mariage de Catherine de Savoie avec le duc de Nemours; puis, en 1614, avec la mission secrète de le décider à passer en Italie pour secourir le Duc contre les Espagnols. Lesdiguières était l'amant de Marie Vignon qu'il ne pouvait épouser car elle était mariée ; Allard, d'accord peut-être avec Lesdiguières, mais certainement avec Marie Vignon, tua le pauvre mari d'un coup de pistolet au détour d'une rue. Emprisonné par l'ordre du parlement il fut relâché par celui de Lesdiguières, mais dut quitter la France. Le duc de Savoie le chargea encore de poursuivre un prêtre italien qui avait passé en France et de ravoir à tout prix des papiers importants qu'il portait à la reine; Allard chargea le comte de la Roche d'accomplir cette mission; le prêtre fut tué, les papiers portés au duc de Savoie, mais le comte de la Roche, convaincu d'assassinat, eut la tête tranchée, tandis qu'Allard jouit paisiblement du fruit de son crime (1614). Enfin Allard trahit à son tour le duc de Savoie, se réfugia dans le duché de Milan près des Espagnols et fut tué par un de ses anciens soldats, qui lui cassa la tête d'un coup de pistolet en pleine rue de Milan, sans que personne songeât à le plaindre ni à le venger.

veux croire qu'après avoir sceu ma volonté, il n'y pansera plus, puisque je le dis pour son bien et pour vous faire cognoistre que je suis, Monsieur de la Roche,

Vostre bien humble à vous fere service.

LESDIGUIÈRES.

A Valance, le 22 avril 1622.

CCCVI. 1622 — AVRIL[1].

Cop. — B. N. MS. Dupuy, vol. 100 p. 167.

MÉMOIRE DE MONSIEUR LE MARESCHAL DE LESDIGUIÈRES POUR FAIRE VEOIR AU ROY EN PARTICULIER ET A MONSIEUR LE DUC DE LUYNES.

Monsieur le duc de Lesdiguières a veu suivant le commandement du Roy son Altesse de Savoye, et combien que ledict sieur des Diguières n'ignore la légereté dont ce prince est soubçonné et qu'il prend ordinairement son assiette sur l'estat de ses voisins, neantmoins il se peult dire aveq vérité que la conference que ledict sieur a eue avec son Altesse a esté très à propos et fort utille au service du Roy, estiment ledict sieur avoir entierement remis le prince et toutte sa maison en la confiance, affection et fidelité qu'ils doivent au service du Roy, aiant faict entendre à son Altesse l'affection de sa Maiesté en son endroit et que sadicte Maiesté ne voulloit croire qu'il se feust engaigé en aucune mauvaise deliberation contre la France pendant ces derniers mouvements. Les discours qui ont esté tenus de part et d'autre, mesmes sur les affaires particullières du Duc, seront représentées au Roy et à monsieur le duc de Luynes afin que sa Maiesté et ledict sieur duc de Luynes voient comme touttes choses y ont esté traictées. Ledict sieur des Diguières n'a jamais eu d'autre but et n'a encore devant les yeux que le service du Roy, c'est

---

[1] Ce mémoire, d'après l'ordre des documents contenus dans le volume MS. Dupuy dans lequel il se trouve, est de 1622 avant le mois de mai. Il doit être contemporain de la pièce imprimée à la suite et qui est de la même époque, puisque Lesdiguières y parle de ses conférences avec le duc de Rohan comme d'un fait tout récent.

la seulle raison qui lui fait estimer que l'occasion de l'affaire des Grisons, bien considérée aveq touttes ses circonstances en laquelle les Espaignols s'advantagent extraordinairement au préiudice du repos de la chretienté et notammant de la dignité du Roy et seureté de son estat, est un subiect propre pour engaiger ce prince au faict de l'intreprinse, affin de le porter par ses propres intérêts sy avant contre les Espaignols qu'il ne se puisse iamais rappatrier aveq eulx et qu'il y soit irreconciliable, estant chose très necessaire au Roy d'avoir ce prince attaché au service de la France pour la scituation de ses estats et autres raisons assez congneuses.

L'affaire des Grisons vient en ung temps ou les Espaignols sont occupés en divers endroicts, cela ne se dict pour faire declarer maintenant le Roy contre le roy d'Espaigne, estimant ledict sieur de Lesdiguières que cella n'est ny faisable ny raisonnable pour le present et qu'il est plus à propos que sa Maiesté maintienne la paix publicque, mais seullement affin qu'il plaise au Roy laisser faire le duc de Savoye, les Venitiens et ledict sieur de Lesdiguières sans que sadicte Maiesté se declare, pouvant advouer et desadvouer selon que le bien et les affaires le portera, aiant ledict duc de Lesdiguières cette créance que sur l'occasion des Grisons il se peult tirer un grand advantage pour le service de sa Maiesté en exécuttant l'intreprise qu'il tient indubitable suivant le dessein qui en a esté proieté. Cette affaire rabaissera puissament l'auctorité espaignolle, qui est la seulle qui peult contrecarrer, veult anéantir celle de sa Maiesté; ce qui se peult aisement justiffier sur diverses rencontres et au mesme subiect des Grisons, parce qu'au temps que les Espaignols ont veu que les brouilleries du roiaume pouvoient occuper le Roy, en même temps le duc de Feria a entreprins l'invasion de la Valteline et les constructions des forts dans ledict pais, et neanmoins le Roy catholicque fait courir le bruict qu'il desadvoue ledict duc de Feria et qu'il veult qu'on desmolice les forts et qu'on advise aux moiens qu'il fault tenir pour donner seureté aux catholicques, ce qui est très raisonnable, mais le temps fera voir clairement que ce sont pretextes et artiffices ordinaires de cette nation qui suyvant les instructions de Charles Quint tend tousiours à la monarchie de la chretienté. Tellement que sy le Roy a agréable qu'on traicte ceste entreprinse ce sera un grand coup pour son service, estant chose certaine que cela ne peult alterer la paix publicque, par ce que cette place et ce qui en deppend n'appartient au roy d'Espaigne et que cette seigneurie peult servir aux desseins du feu Roy sur le duché de Millan et le royaume de Naples, touttes fois et quantes que sa Maiesté jugera que le bien de ses affaires le pourra permettre. Il est sans doubte que telle estoit la resolution du feu Roy, pour descharger sa Maiesté à present regnante d'un appannage et autres considerations, de donner à Monsieur la conqueste de ceste entreproise et du royaume de Naples et le duché de Millan au prince de Piedmont son gendre.

Cette occasion peult aussi servir à ramener entierement au service du Roy le corps des Suisses, lequel s'en va perdu et inutille pour sa Maiesté par les demissions qu'y praticque journellement le Roy catholicque par ses ministres, lesquels ouvrant les yeux sur l'affaire des Grisons se résoudront d'en chasser le roy d'Espaigne & se restraindre plus que iamais dans l'alliance qu'ils ont aveq la France pour l'apprehention qu'ils prennent par l'exemple de leurs voisins et consideration de leur ruyne et perte inevitable, estant cette entreproise une diversion telle & qui frappe tellement au cœur des Espaignols que cella donnera courage à messieurs des Ligues de se reveiller de leur profond sommeil & de songer à bon etient à la conservation de leur liberté et de leurs alliés.

Ceux qui voudront pénétrer bien avant dans cette affaire jugeront que c'est un moien très propre pour faire regner paisiblement sa Majesté dans son royaume, lequel se deschire à soy mesme, estant remply de tant de princes, grands et d'une noblesse plaine de valleur et quantitté de gens de guerre, s'il n'a de quoy s'occuper hors le roiaume; aiant tousiours esté recognu pour veritable par ceulx qui en jugent sans passion, mesme depuis la division de la religion, que pour faire vivre les François en paix il leur falloit donner de l'exercice hors la France.

[LESDIGUIÈRES.]

CCCVII. 1622 — AVRIL.

Orig. — Arch. de l'État, à Turin.

MÉMOIRE DONNÉ PAR M. DE LESDIGUIERES A M. DE CERVASQUE ALLANT VERS S. A. LE DUC DE SAVOIE.

Je remercie tres humblements son Altesse de l'honneur qu'elle me fait de me vouloir fere participer de ce qui regarde monsieur le Cardinal son filz touchant la comprotection, pour laquelle elle a prins une tres sage resolution d'en sçavoir au vray l'intention de sa Majesté, laquelle estant telle que monsieur de Pisieux a dit à son ambassadeur, son Altesse a tres grand sujet de se plaindre et aussi monsieur le Cardinal, bien que à mon depart de la Court cet affere estoit en meilleure main, mais ie veux croire que son Altesse en usera par sa prudence acostumée et que monsieur le Cardinal pourra arrester son voyage pour quelque temps qu'on verra les afferes aller mieux.

Pour le dessein qu'on veut fere pour le recovrement de la Valtelline c'et veritablement une mocquerie, car elle ne se peut recovrer qu'en attacquant à bon escient le duché de Milan; et pour ce fere il faut que le Roy fournisse 20,000 hommes et 1200 ou 2000 chevaux, son Altesse 10,000 hommes de pied, 2000 chevaux, l'artillerie, vivres, et une partye des munitions de guerre, les cantons de la religion y fourniront à mon advis, les Veneciens 20,000 hommes de pied, 2000 chevaux. Bien que ie crois que depuis que le Roy croit que dans quatre mois l'action sera tres forte, il croit que pour l'execution de l'entreprinse que son Altesse...[1] Il n'est pas aussi conseillé de rompre avec l'Espagne, mais nous disons qu'il nous laisse fere et qu'il nous donne secretement les moyens necessaires; que nous ferons cet affere proveu que son Altesse le trouve bon, bien entendu; que de le fere mal à propost son Altesse n'y vouldra entendre, ne moins son tres humble serviteur, lequel en cella et toutte aultre chose il suivra ses volontez et comandements.

Pour ce qui me regarde son Altesse à trop de soing de moy et pour obvier aux furieux propositions nous avons l'œil ouvert, et

---

[1] La fin de la phrase manque dans l'original.

moyennant l'ayde de Dieu, nous empecherons qu'on ne nous fera point de mal[1], et qu'avant que sortir du governement nous provoyions de telle sorte à la seureté qu'il n'y aura point de crainte. Pour la venue de son Altesse à Lion en cas que le Roy y vienne, elle a prins une tres sage resolution, car d'y aller aultrement il ne le doit pas fere.

Pour ce qui regarde le conte de Mansfelt nous avons dit au comte de Cervasque ce qui nous en semble.

Pour les novelles que nous avons de la Cour elles ont esté données au comte de Cervasque. Depuis le Roy est allé à Saumur et croit on qu'il va en Poitou.

Pour l'entreveue de monsieur de Rohan et de nous, elle est faitte fort franchement estant demeurez tres bons amys et de bonne intelligence, ayant recogneu en luy un tres grand desir de la paix, et quoy qu'on die, tres bon serviteur du Roy. Nous avons conféré deux iours ensemble, et convenu d'envoyer des députez de la part des eglises de France demander la paix au Roy et pardon des choses passées ; pour le fort de l'.....et de la Justice nous sommes demeurez d'accord, mais le Roy veut que les novelles fortifications soyent razees excepté la Rochelle et Montauban ; l'églize consent qu'elles soyent rasées excepté Sainte-Foy, Castres, Moillans, Nismes, Montpellier et Uzès ou elles accordent le razement d'un bastillon en chascune, mais ie croy que le Roy se contentera qu'on en raze deux tours ; assemblées deffendues sans permission du Roy à peyne de crime de leze Majesté ; les sinodes et les coloques se tiendront suivant l'édict en presence d'un magistrat royal pour éviter l'abbus ; le Roy fera une ample declaration bien veriffiée en tous ses Parlementz avant aucune execution de ce que dessus.

[LESDIGUIÈRES.][2]

[1] Le bruit avait couru à plusieurs reprises que les Espagnols voulaient faire assassiner Lesdiguières.

[2] Nous donnons ici un mémoire envoyé quelques mois plus tard par le duc de Savoie au marquis de Cœuvre, général des Grisons ; il y traite à son point de vue la question de la Valteline dont il s'agit dans les deux documents précédents.

« Vous remontrerez à Monsieur le marquis de Cœuvre oultre l'instruction que vous avez pour le faict de remettre l'argent, conforme aux dernières capitulations, que ie n'ay iamais desiré chose plus que de me voir au temps et au lieu ou ie pusse fere voir à sa Majesté les effects du desir que i'ay de la servir, et mesmes en une occasion ou ensemble nous le luy eussions peu rendre signalé, comme à cett'heure se represente cette-cy. Mais que pour fere reussir les choses conforme à ce que porte son service i'eusse désiré aussi qu'elles se feussent concertées de la façon que ie diray cy après, et l'ay faict remonstrer plusieurs fois à sa Majesté et à Messieurs de son Conseil.

« Quand en Avignon le premier project de la

CCCVIII. 1622 — 2 Mai.

Orig. — Arch. de la Drôme, Série E, 2912.

[ORDRE DE SURSEOIR AU PAIEMENT DES DETTES CONTRACTÉES PAR LES COMMUNAUTRS VILLAGEOISES DE DAUPHINÉ.]

A Monseigneur, Monseigneur le mareschal de Lesdiguières duc & pair de France & lieutenant général pour sa Majesté en Dauphiné.

Supplie très humblement le procureur des trois estats du Dauphiné, disant que ligue fust fait pour fere remettre les choses des Grisons et de la Valtelline en leur premier estre, voyant que Messieurs du Conseil de sa Majesté difficilement venoint à la rupture avec Espagne pour cette occasion, et que sans cella mal aysement se pouvoit fere cet effect là, ie proposay que ce fusse le comte de Mansfelt qui avoit alors une bonne armée, qui fist cette exécution, sans engager plus avant en ce le nom de sa Majesté et que son armée fust payée à rate de la ligue, et un auttre de sa Majesté avec la gendarmerie qui luy touche pour sa part se mettroit sur ces frontières ; Messieurs de Venize tiendroient la leur sur les frontières du Milanois et Valtelline, et moy la mienne conforme à notre rate sur les mêmes confins de Milan, pour fere puis les progrés qui seroient resoluz entre tous conforme aux capitulations de la ligue, desquelles nous vous donnons une copie affin de la luy fere voir, encores que nous sommes asseurez qu'il l'aura, et aussi pour donner chaleur et espaule à l'exécution que feroit le comte de Mansfelt. Vous qui traittates ces choses avec ledit Comte, luy pourrez dire, comme le tout est passé.

« Or se resolvant maintenant sa Majesté de fere ladite exécution tant necessere pour conserver sa réputation, ie fus tousiours d'opinion que pour fere bien et asseurement la sollevation des Grisons, qu'il falloit que monsieur le marquis de Cœuvre fusse accompagné de deux armées, l'une sur les confins de Suysse ou Alsace, et qui ne fisse aultre que regarder et s'opposer à ce que feroit l'archiduc Leopoldo et l'Allemagne, et l'aultre de deça avec les trouppes de sa Majesté et les miennes pour faire une grande diversion de ce costé de Milan ou Genevoys, ou pour les choses de Zuccarel, vous sçavez le iuste suiect que i'en ay, pour divertir les Espagnols de ne secourir les Grisons ni la Valtelline, et de cette façon la sollevation desdits Grisons se feroit asseurée et stable ; et mesmes à cett'heure que sa Majesté approuve la diversion de ce costé et que ie la face. me favorisant de trouppes et d'argent conforme à ce que se resoudra avec monsieur le Connestable, et mesmement s'est resolue aussi pour sa part, comme le Roy de la Grande-Bretagne faict de la sienne de payer une armée au comte de Mansfelt d'environ 25 mille hommes pour ce mesme subiect.

« Mais ce qui embarrasse l'affere c'et que l'armée de monsieur le Connestable n'est encore preste ni ie croy ne peut estre accomplie de tout le mois qui vient, et ie ne l'ay encore veu pour sçavoir particulièrement les ordres et commandemans de sa Majesté ; et s'il faut que ie fasse des nouvelles trouppes ie ne les puis fere en moins que de XV, ou XX iours ; que pour la part qui me touche de la ligue qui sont 8,000 hommes de pied et deux mille chevaux. ie suis tout prest à marcher. Je croy aussi que le mesme auront faict Messieurs de Venize. Or estant les choses de cette façon, ie croy qu'il est bien necessere que monsieur le Marquis prenne ces mesures, car de vouloir tenter à cett'heure la sollevation des Grisons, il peut voir que ce que i'avois preveu est arrivé, puisque l'archiduc Leopoldo est armé, et avec une partie de l'armée de Tilly si elle n'y est toutte, et avec si peu de gens comme sont 3,000 Suisses et 3,000 Grisons et 1,000 François avec trois ou quatre cents chevaux, ie la tiens pour bien hazardeuse, ou au moins si elle reussit ayant ces forces d'Allemagne si proches et fortes

les derniers troubles ont occasionné de grandes contributions aux pauvres communautés villageoises, que les gens de guerre leur ont enlevé jusques au bétail necessaire à la culture ; qu'il vous plaise donc sursoir au paiement de ce qui est encore dû jusqu'à ce que les estats en aient aultrement ordonné; en second lieu accorder un délai jusqu'à la Toussaint prochain; revoquer toutes les mainlevées accordées au préjudice desdictes communautés, et celles qui pourront être obtenues par la suite les déclarer nulles[1].

Sur ce qui nous a esté remonstré par le procureur du pays, pour les grandes foules & surcharges que le peuple reçoit à cause de l'entretenement de l'armée et le peu de moyen que les villageois ont de satisfaire au payement des charges ordinaires & des assignations qu'ils doyvent encore à plusieurs gens de guerre, nous requerans d'y pourvoir et prolonger la suresoyance que nous avons cy devant accordée ausdictes communautés pour le payement des debtes & obligations conceues pendant les mouvements derniers, ce qu'ayant mis en consideration & le contenu en la presente requeste : avons prolongé et prolongeons par ces présentes le delay du payement desdictes debtes deues par lesdictes communaultés ou particuliers d'ycelles, jusqu'au premier de septembre prochain ; en suitte de laquelle avons revoqué toute main levée que nous pourrions avoir cy devant concédée par surprise ou aultrement, comme aussi celles que nous pourrions accorder à l'advenir au prejudice des presentes; faisant inhibitions et defenses ausdicts gens de guerre, à tous aultres qu'il appartiendra, de contrevenir à nostre presente ordonnance à peyne de la perte de leur

qu'ils ne se puissent conserver en la liberté qu'on leur aura rendue, et retournant soubs le mesme iong qu'ilz estoint, ilz les traitteront si mal et s'en asseureront de telle façon que iamais plus on ne pourra esperer de les retourner mettre en liberté.

« Qui me faict luy remonstrer que si le service de sa Majesté ne permet de delayer cette exécution, qu'au moins cette armée soit de quinze à seze mil hommes avec la cavalerie à l'équipolant et conforme à celle que peut estre utile en ce peys de la montagne ; ne regardant point en cela à mon interest, puis qu'il faudroit que ie redoublasse la portion de l'argent que ie fourniz pour cette armée la, oultre l'autre du comte de Mansfelt que nous y sommes aussy pour notre rate, et les trouppes de plus qu'il me faudra fere faisant la diversion de ce costé icy, tant i'ay à cœur que le service de sa Majesté se face comme il faut, et qu'il en ait l'honneur que luy est dheu, mesmes puisque nous deux sommes ceux qui avons plus poussé cet affaire, et par consequent de nous procurer d'en sortir bien et au despit de tous ceux qui l'ont traversé.

« Vous luy direz aussi les intentions de monsieur le Marquis de Baden et les aultres Princes leurs parents d'Allemagne et les luy recommanderez particulièrement.

« CHARLES EMMANUEL.

« Contre signé : CROTTI. »

(Orig. — Arch. de M. le M¹ˢ de Costa de Beaugarder, à Chambéry.)

[1] Requête simplement analysée.

debte et de punition exemplaire. Et en ce faisant tous prisonniers seront eslargis à la signification d'ycelle, comme aussi le betail & aultres choses saisies seront restituées & remises au pouvoir des proprietaires sans frais ny despense.

Faict à Grenoble le second de may, mil six cens vingt deux.

LESDIGUIÈRES.

Par mondict Seigneur.

BERTRAND.

CCCIX.   1622 — 12 MAI.

Orig. — Arch. de l'État, à Genève.

A MESSIEURS LES SCINDIQS DE L'ILLUSTRE RÉPUBLIQUE DE LA VILLE DE GENÈVE.

Très haultz Seigneurs, le sieur du Tremblay m'a faict l'honneur de me rendre celle qu'il vous a pleu de m'escrire concernant la traicte des bleds que vous avez acceptez dans les estats du Roy, & me communiquez ce que vous luy avez chargé de me dire; sur quoy en l'un et en l'autre, il vous fera entandre ce qui est de mes désirs conforme à voz intentions, qui vous feront paroistre en toutes occasions que je suis, Très haultz Seigneurs,

Vostre bien humble et très affectioné serviteur.

LESDIGUIÈRES.

Le XII may 1622, à Vizilles.

CCCX.   1622 — 20 MAI.

Orig. — Arch. de M. le Vte de Sallemard, à Peyrins.

A MONSIEUR DE LA ROCHE DE GRANE, COMMANDANT POUR LE ROY AU POUZIN.

Mon amy, j'ai receu ces jours passez deux de vos lettres des 12 & 15 de ce mois, et vous remercye du soin que vous prenez de m'escrire des nouvelles de vos cartiers. Celles que mon courrier m'a apportées de la Court sont la prise du Royan par composition et d'autres progrès que le Roy fait en ces cartiers là. J'attans de jours à autres monsieur de Crequy et monsieur de Bullyon qui doivent venir; ils nous diront quelque chose de plus particulier et je vous en feray part, mesmes de ce que nous devons esperer pour les deniers qui nous sont nécessaires, dont j'essayeray de vous fere fournir pour la guerite de la salle comme vous desirez. Continuez-moy en vostre souvenir et croyez que je suis, autant que vous le pouvez désirer, Mon amy,

Vostre bien humble pour vous faire service.

LESDIGUIÈRES.

Ce 20 may 1622, à Vizile.

CCCXI.   1622 — 21 MAI.

Orig. — Arch. de M. le Vte de Sallemard, à Peyrins.

A MONSIEUR, MONSIEUR DE LA ROCHE, AU POUZIN.

Mon ami, vous m'avez bien faict plaisir de me donner des nouvelles de ce qui ce passe en Vivarés; je vous prie de continuer, j'avois desjà esté adverti des levées qu'on faict en Dauphiné, c'est pour filer en Languedoc comme vous verrez de jour à autre. Vous m'escrivés que vous avez eu aussi advis que Barrau avoit esté pris; il est vray, mais c'est des nostres qui entrent et sortent dudit lieu quand ils leur plaist. Pour monsieur de Viloutreys je luy commanderey de donner ordre à ce que vous soyés payé de ce qu'il vous reste, et pour ceste monstre qui escherra au 24e de ce mois je suis après à y donner ordre. Aussitost que cela sera faict je vous envoyerez un commis du sieur de Viloutreys. Cependant je m'assure que vous aurez tout le soing qui est nécessaire dans le lieu ou vous êtes. Je suis,

Vostre humble ami à vous fere service.

LESDIGUIÈRES.

A Vizille, le 21e mai 1622.

CCCXII. 1622 — 2 Juin.

Orig. — Arch. de M. le Vte de Sallemard, à Peyrins.

A MONSIEUR, MONSIEUR DE LA ROCHE DE GRANE, COMMANDANT POUR LE ROY AU POUZIN EN L'ABSENCE DU GOUVERNEUR.

Mon amy, je ne m'estonne point d'avoir appris par vostre lettre la peine et la perplexité en laquelle se trouve monsieur de Blacons. Je l'estime sage, prudent, et fort de mes amis, mais toutes ces qualités ne le sauroyent garantir d'une perte et ruyne entière. Nul serviteur ne peut servir à deux maitres; il est impossible qu'il puisse partager ses affections et ses services, ou il faut qu'il donne tout d'un costé ou tout de l'autre. Il est véritablement homme de bien, s'il y en a un au monde, et mouroit plustost que de faire une meschanceté, mais comme se peut-il faire que nous ayons une parfaite confiance en luy estant parmy ces peuples, ou il faut de nécessité qu'il fasse ce qu'ils veulent s'il se veut maintenir en quelque crédit et authorité, et en suivant leurs intentions il ne sauroit servir le Roy; ne le servant point, il ne sauroit subsister parmy eux sans se perdre, et je croy certainement que la première mauvaise oppinyon qu'ils auront de luy ils le gasteront[1]. S'il les pouvoit résoudre à penser à leurs affaires et se mettre entièrement en l'obéissance du Roy, je trouverois bon qu'il se maintint avec eux, mais demeurant en leurs mauvaises volontés je ne lui saurois donner un meilleur avis que de s'en retirer, car aussi bien faut il qu'il se résolve à l'un ou à l'autre ne pouvant les affaires du Roy plus souffrir qu'il demeure en cest estat. Je m'en va vous voir dans fort peu de jours, Dieu aydant, si entre cy et la il pouvait se disposer de venir tout à fait de nostre costé, je fairay que le gouvernement[2] luy demeurera avec une bonne et forte garnison et luy bien remis et restably en la bienveillance du Roy et de tous ceux de ses amis qui servent sa Majesté; où s'il veut remettre le gouvernement il aura une bonne récompence et le payement des arreirages de sa pen-

[1] Le massacreront.
[2] De Baix que Lesdiguières lui avait laissé provisoirement après la soumission du Pouzin. Peu de temps après Blacons rendit le gouvernement de Baix au roi moyennant une somme de vingt mille livres.

sion. Ainsi de quelque costé qu'il se tourne sa condition ne peut estre que favorable, mais j'aimerais mieux la première que la dernière. Comme qu'il en soit il a besoin de s'y résoudre promptement; car s'il attand que je soye sur le lieu et qu'il faille venir à l'extrémité, sa condition en sera diminuée et peut estre du tout anéantye, ce que je ne voudroy pour chose du monde, car j'honnore tout le mérite de cet homme et l'ayme avec tant d'affection que je ferois un regret extremme de le voir périr. Vous luy ferez donc entendre tout ce que dessus, affin qu'il y pense à bon essient, et qu'il vous fasse cognoitre ses intentions pour me les escrire. J'en ay autant dit à monsieur de Saint-Auban pour luy faire entendre, qu'enfin il est temps de parler cler et de sortir de ses irrésolutions. Nous n'avons point d'argent pour fournir aux réparations qui vous sont encores nécessaires; on travaille à faire tout pour cela et pour d'autres choses. Nous y pourvoirons estant sur les lieux; ce que me promettant bientost je vous asseureray cependant de la continuation de mon affection et que je suis par dessus tous les hommes du monde, Mon amy,

Vostre humble amy à vous fere service.

LESDIGUIÈRES.

Le 2 juin 1622, à Grenoble.

Prévenés monsieur de Blacons qu'on ne précipitera ceste affaire, mais qu'il y pance bien, et l'asseures qu'il n'aura jamais de moy que ce qu'ung fils doibt attandre de son pere.

CCCXIII.   1622 — 6 JUIN.

Orig. Parch. — A M. Roman, à Gap.

[ORDONNANCE NOMMANT HENRI DE PHILIBERT BAILLI DU DUCHÉ DE CHAMPSAUR.]

François de Bonne, duc de Lesdiguières et de Champsaur, pair et mareschal de France, mareschal général des camps et armées du Roy et son lieutenant général en Dauphiné, à tous ceux qui ces presentes lettres verront, salut. Les continuels et fidelles services que Henri de

Philibert, escuyer, seigneur de Venterol, nous a rendus depuis si long temps que son affection et sa charge l'ont obligé de se tenir près de nostre personne, nous ayant incité de luy tesmogner le sentiment que nous en avons par quelque marque d'honneur qui lui fust une preuve à l'advenir de nostre recognoissance et de son mérite, et d'ailleurs à plein confiantz de sa probité, suffisance et intelligence à la conduitte de plusieurs importantes affaires que nous luy avons commises : A ces causes nous luy avons donné et ottroyé, donnons et ottroyons par cesdites presentes, la charge de bailly de nostreditte duché de Champsaur et terres y comprises, pour en jouir avec les honneurs, dignitez, prérogatives, prééminences, droictz, gaiges et émoluments à ladite charge appartenantz et durant le temps de quatre années sauf à continuer tout autant qu'il nous plairra. Partant ordonnons à tous et chascun des sujetz de nostre duché et autresdittes terres de le recognoistre en ladite charge luy deferer, croyre et obeyr en tout ce que de raison. Mandans en outre aux officiers de justice par nous y establis, juges, chastelain et autres, de vivre en son endroit avec le respect, la discretion et la bonne intelligence requise en telles personnes affin que le service du Roy y soit d'autant plus avancé et le bien desdits sujets procuré, suyvant notre intention et leur devoir. Et en foy de ce que dessus avons fait expedier audit sieur de Venterol, les présentes lettres signées de notre main, scelées de notre cachet et contresignées par l'un de noz secrétaires.

A Grenoble le sixiesme jour du moys de juin l'an mil six cents vingt-deux.

LESDIGUIÈRES.
Par mondit Seigneur :
(Sceau.)   VIDEL.

CCCXIV.   1622 — JUIN.

Autog. — B. N. MS. F. 3833, p. 51.

[INSTRUCTION DE LESDIGUIÈRES A M. DE CRÉQUI S'EN ALLANT VERS LE ROI, SUR SON ABJURATION ET SON ÉLÉVATION A LA CHARGE DE CONNESTABLE DE FRANCE.]

Monsieur le mareschal de Crequi prendra la peine s'il luy plet de voir le Roy, luy randre graces très humble du soing qu'il dègne avoir de moy et de l'asseurance que i'ay par la bouche de monsieur de Bullon de l'affection et bone volonté que sa Majesté a pour moy, me recognoissant son très humble, très obeissant, très fidelle suget et serviteur comme, par la grace de Dieu, i'en ay randu des tesmoinages très certains du vivant du feu Roy son père et depuis son avenemant à la couronne, comme i'espere moienant la grace de Dieu, de continuer iusques à ma fin.

Quand à ce que sa Majesté a daigné de me vouloir honnorer de la charge de Conestable de France, ie suplie très humblemant sa Majesté de considerer mon age, mon infirmité à cause de ma surdité et aussi de mon incapacité en une charge si pezante et de tel pois, aiant sa Majesté plusieurs personages en son royaume qui la peuvent servir plus dignemant et utilemant que moy; à quoy sa Majesté fera bonne consideration s'il luy plet. Si par dessus ces remontrances sa Majesté persiste en cette resolution, ie recognois très bien qu'en l'état ou sont ces affaires que nul ne peut exercer cette charge qu'il ne face profetion de la religion catholique romaine, chose très dure à moy qui ay toute ma vie fet profession de la pretandue reformée. Considerera sa Majesté, s'il luy plet, que ie la puis servir envers ceulx de la religion demeurant en l'estat que ie suis, et au contrère ie pers la créance que ie puis avoir envers eus, outre le regret qui m'en demeure. Si par dessus toutes ces remontrances sa Majesté persiste, pour luy tesmoigner que ie veus ceder à toutes ses volontés, ie suplie très humblemant sa Majesté de ce contanter que pour luy plerre et obehir ie l'acompagnerei à la messe et vespres, les entandrei avec luy, me desisterei de fere ailleurs l'exercice de ma religion, ataudant que Dieu et le temps y pourvoie par sa sainte grace.

Je prie de rechef Monsieur le mareschal de Créqui de represanter tout cecy à sa Majesté et l'asseurer de ma part qu'en quelle façon que ce soit, ie ne manquerei iamais, et tant que Dieu me donnera de vie, de randre à sa Majesté la très humble obeissance que ie luy doibs et le tres humble et fidelle service que ie suis obligé de luy randre.

Fera scavoir à sa Majesté l'estat de son armée et le besoing qu'il y a de la secourir d'argent s'il luy plet de s'en servir, en quel etat sont les afferes de Languedoc avec monsieur de Rohan; du Vivarès et du sieur de Blacons. Qu'il est grandemant necessere de pourvoir à la garnison de Barraus et aus fortifications d'Exilles et de Barraus ausquelles on n'a pourveu depuis quatre années et lesqueles ce demolissent entieremant au grand preiudice du service du Roy et de son etat.

Ce souviendra aussi du gouvernemant qui a esté promis il y a si long temps et autres choses que monsieur le mareschal de Crequi mesnagera par sa prudance.

Fait à Grenoble au moys de juin 1622.

LESDIGUIÈRES [1].

CCCXV. 1622 — JUIN [2].

Cop.— Arch. de M. le Vte de Sallemard, à Peyrins.

[AU ROY.]

Sire, les charges et les honneurs quil a pleu à vostre Magesté me despartir m'ont tenu lieu jusque à present d'une asseurance parfaite de l'honneur de son affection plustots que d'une recognoissance deube à mes services; celle cy que vostre Magesté me commande d'accepter

---

[1] L'importance du document précédent n'échappera pas à nos lecteurs. Voici en quelques mots le récit des intrigues qui précédèrent la conversion de Lesdiguières et son élévation à la dignité de connétable; il servira de commentaire à la pièce précédente. Le roi avait chargé en 1619 Deageant, premier président de la Chambre des Comptes de Grenoble, de sonder Lesdiguières et de lui offrir l'épée de connétable en échange d'une abjuration. Lesdiguières accepta ces offres avec beaucoup de joie, promit d'abjurer quand il plairait au roi, de ne nommer aux offices dont il disposait que des catholiques, de rendre les places de sûreté dont il était gouverneur et d'informer la cour de tout ce qui se passerait parmi les protestants. Le roi, qui avait encore besoin de l'influence de Lesdiguières sur ses coreligionnaires qui s'agitaient, renvoya à plus tard l'abjuration et sa récompense; le Maréchal continua d'affecter un grand zèle pour les intérêts des protestants, mais sans grand succès auprès d'eux comme on a pu le voir. Au moment où il croyait enfin tenir la charge de connétable (voir à la p. 296 ci-devant la lettre de Louis XIII à Lesdiguières du 19 janvier 1621), le duc de Luynes, favori du roi, se la fit donner à lui-même. Lesdiguières entra dans une grande colère qui céda seulement devant le titre de maréchal général et dix-huit mille livres de pension par mois. Il consentit même à demander lui-même qu'on nommât le duc de Luynes à cette place qu'il convoitait. Ce fut seulement après la mort du duc de Luynes (14 décembre 1621) qu'il toucha enfin au but de tous ses désirs; mais alors il crut bon à son tour de se laisser prier, à tel point, parait-il, qu'on discuta dans le conseil du roi si on ne se débarrasserait pas de lui, tant on craignait de le voir prendre parti pour les protestants dont les armes tenaient en échec alors les troupes royales. Lesdiguières toutefois ne tarda pas à accepter. On trouvera des détails très longs et très circonstanciés sur toutes ces intrigues dans les *Mémoires de Deageant* (Grenoble, 1668, in-8°), pages 153 et suivantes.

[2] L'abjuration et la nomination de Lesdiguières à la charge de connétable ayant eu lieu le 24 juillet, cette lettre doit être à peu près de la même époque que les instructions à Créqui qui précèdent, c'est-à-dire du mois de juin.

m'est un tesmoygnage qu'elle veust acabler les ans qui me restent sous le fais [1] d'une si importante faveur, de laquelle me recognoissant indigne, j'ose suplier très humblement vostre Magesté honorer de ceste charge quelqu'un de ses serviteurs de qui la quallité, les forces et les années soit plus correspondantes que les miennes aux fonctions de ceste dignité. Je sey bien, Sire, que c'est le nom le plus glorieux qui me sera jamais offert, mais mon ambition à vostre service n'a pas logé dans mes sans ceste vanité que vostre Magesté me deubt partager après la sienne l'hautorité la plus relevée du royaume. Enfin, Sire, ceste charge de connestable est la seconde coulonne de l'estat sur laquelle est suspendue la grandeur de vostre regne, le titre n'est pas seullement pour orner le frontispice d'un livre ny les provisions les archifs d'un cabinet, les soins à quoy cest honneur oblige veullent un homme antier, separé des apprehentions de sa retraictte, une force vigoureuse et gailarde et les sans esloygnés de la descrépitude, pour soulager vostre Magesté en l'age ou elle est, aux affères plus ardues de l'estat. Voyla, Sire, les justes reysons qui me font excuser à vostre Magesté de ceste acceptation, non pour luy refuser aucun de mes debvoirs ny de mes obeyssances, mais plustost pour ne voir esterille entre mes meins ce qui doit produyre a vostre regne un milion de signalés services. Les miens veus en leur impuissance seront fort peu considérables à vostre Magesté, mais recognus en la pation qui les faict naistre me feront toujours tenir lieu de

Vostre tres humble et tres obeissant serviteur.

[Lesdiguières.][2]

---

[1] Le fardeau.

[2] Les hésitations vraies ou simulées de Lesdiguieres pour accepter la charge de connétable étaient connues du public ; il parut à cette époque pour l'engager à ne pas refuser cette charge, deux brochures imprimées intitulées, la première : *Lettre à Monseigneur le duc des Diguières, pair & mareschal de France, gouverneur & lieutenant-général pour le Roy au gouvernement de Dauphiné* (s. l. n. d. ni nom d'auteur); la seconde : *Lettre à M. des Diguières l'exhortant à recevoir la charge de Connestable et à se faire catholique* (par de Quais, Grenoble, Verdier 1621). Il existe, par contre, dans les manuscrits Peyresc, à la bibliothèque de Carpentras, un mémoire écrit par un zélé protestant engageant Lesdiguières à rester dans la religion qu'il avait adoptée; on le trouvera imprimé dans notre troisième volume.

CCCXVI. 1622 — 10 Juillet.

Imprimé : *Lettre de Monsieur le duc de Lesdiguières escritte au duc de Rohan le dix juillet 1622.* Paris, chez Jean Bassin, 1622, in-8°, 12 p.

[A MONSIEUR DE ROHAN.]

Monsieur, il n'y a si petit soldat (& moy le premier) qui n'ait appris les derniers moyens dont la fortune se sert pour nous eslever & quelquefois pour nous précipiter en un abyme de miseres, d'où nous ne pouvons le plus souvent nous relever, soit par nous mesmes, soit par l'ayde de quelqu'autre qui nous preste la main, car elle se plaist quelquefois, après luy avoir fait apparence de beau chemin, à luy en fermer les yssues ; & au bout de là de s'attaquer au ciel de son injustice, si semble, c'est battre l'air de paroles inutiles. Je veux dire, Monsieur, puisque la fortune vous a tant favorisé que de vous eslever aux charges, dignités, & honneurs que vous possédez, ce vous sera une gloire immortelle de les conserver, d'honorer & recognoistre premierement celuy duquel vous les tenés en qualité de serviteur du Roy, & craindre ce mauvais retour de fortune, qui semble vous menacer de près si vous ne rentrez en vous mesmes pour peser et méditer quels ont esté les traverses & les peynes que vous avez souffert depuis deux ans en ça que sa Majesté a levé sur pied ses armes, pour s'opposer aux mauvais desseins de ses subjets. Je n'accuse en rien vos entreprises, & crois que sa Majesté ne les désavouerait peut-estre pas si elle sçavoit vostre intention que je juge estre de porter les armes pour la défence de la religion, contre laquelle le Roy ne se porte point, comme je vous puis asseurer soubs la foy de gentilhomme, mais seulement contre la desobeissance ou rebellion de ses subjects. Souvenez-vous que vous & vostre armée ayant sçeu & ouy le bruict que sa Majesté s'estoit ressouvenu de passer au bas Languedoc, tant pour vous poursuivre que pour assieger la ville de Montpellier, vostre armée a esté tellement saisie & espouvantée de frayeur qu'elle vous abandonna & quitta, aymant mieux se retirer de bonne heure que d'attendre une mauvaise rencontre ; & quant à vous, songez quelle risque vous avez couru. Cecy n'est point encores considérable au regard de la declaration que sa Majesté a fait contre vous, par laquelle vous avez esté déclaré criminel de léze Majesté et comme tel déclaré descheu de tous honneurs, dignités, estats, & offices, pouvoirs, gouvernements, charges, pensions, privileges & prérogatives que vous avies lesquels sont revoqués, & notamment vostre charge de gouverneur & lieutenant général de sadite Majesté en Poictou; car tant s'en faut que vous ayez doresnavant des soldats qui vous vueillent suivre, qu'au contraire ils vous delaisseront, & comme par un desespoir, & au fort de vostre affliction vous reclamerez la clemence de sa Majesté qui ne vous sera peut-estre propice au temps que vous la prierez. Et vous diray qu'il ne faut jamais se jouer de son Prince, pour clement & doux qu'il puisse estre, car l'on dit que la patience lezée (par un grand endurcissement de cœur & obstination de volonté) devient au bout de temps fureur, & n'y a paroles de submission quelles qu'elles puissent estre qui le puisse adoucir. Courez donc je vous supplie au devant de ce malheur qui semble vous accompagner, & tous ceux qui se sont déclarez rebelles de sa Majesté, car il est bien plus facile de remedier à un mal lorsqu'il commence que non pas lorsqu'il est enraciné au corps & s'est enviellly par la longueur du temps. Songez au contraire qu'il est beaucoup meilleur de vivre en son devoir soubs les édits de son Roy; qu'en luy rendant, l'obeissance deue, l'on jouyt d'une paix laquelle, après l'horreur & apprehension d'une sanglante guerre, ainsi qu'un beau printemps fait reverdir la terre, paroistre dans les champs la blonde tresse de Cerès & comble l'univers de joye & de liesse, car c'est vrayement la paix qui conserve tout, nourrit tout; c'est la mère de concorde, la source de tout honneur, la beauté du ciel, la grandeur des anges, la beatitude des hommes. Souvenez-vous que les estrangers font difficulté de s'opposer aux volontés de leurs princes, & que les François n'en doivent plus faire moins, & de fait la douceur & bonté de sa Majesté oblige tout le monde à se ranger de son party sans considérer qu'il y ait eu confédération en alliance avec eux, ny que les procès des rebelles fussent mauvais, esquels ils se flattent par trop, ayant declamé violemment contre celuy à qui la parole de Dieu veut qu'on obeysse, appelans par les articles de leur assemblée générale de la Rochelle, les armes du Roy injustes & illégitimes; ceux qui assistent le Roy, des Nerons & Diocletians; se vantans effrontement qu'ils ont eslevé Henry le Grand au throne de cette monarchie françoise; appelans les actions du Roy pleines de conseils, desloyanté; l'obeyssance qu'on leur a prié d'user, cruautez; les raisons qu'on leur a alléguées, calomnies;

la declaration en faveur de ceux qui se contiendroient dans les règles de leur devoir en obeyssance, declarations faudruleuses ou bien trompeuses ; ayans aussi bruslé & mis à bas plusieurs eglises ; monstrans par toutes ces actions & autres semblables, qu'ils se sont apposez ouvertement au Roy, sans toutes fois qu'ils puissent monstrer qu'il leur ayt jamais empesché la liberté de conscience, & qu'il ayt contrevenu aux édicts, car il s'efforce plustost à rappeler ses subjects à leurs devoirs par la douceur & clemence que non pas par la force de ses armes, aussi gaigne il plus par sa prudence que les autres par leurs forces. J'ay tiré les asseurances des articles de capitulation de paix dressez en faveur des villes cy devant rebelles & nouvellement reduittes à son obeyssance, esquels il leur confirme la liberté de conscience conformement aux édits [sus]dicts. Souvenez-vous aussi (s'il vous plaist) que les plus courtes folies sont les meilleures ; vous conjurant de rentrer en vous mesmes & d'apprehender les imprécations & les maledictions publiques dont vous serez chargé à jamais si vous perseverez plus en vostre rebellion, & si vous estes plus cause du trouble de vostre patrie, & des calamitez d'une si longue guerre dont vous porterez longtemps les marques sur le dos. Car de vous glorifier de vos forces, ce seroit trop de vanité, & pour un peu de mal que vous pourrez faire en vous deffendant, si on vous attaque davantage, le plus rude de l'orage vous accablera, et de faict pensez un peu combien il vous menace d'une ruyne prompte.

J'en parle ainsi, estant vostre très humble, de la crainte de ce que je prévois devoir arriver dans peu de jours me presse à vous conjurer en dilligence de vous remettre au chemin de vostre devoir, en obeyssant [avec une] franchise & une liberté plus que naturelle aux volontez de sa Majesté, laquelle ne butte & ne vise qu'au repos de nos consciences & à la jouyssance d'une bonne et longue paix. Ce qui me faict croire que vous aurez agréable ce que j'escris, est la bonne opinion que j'ay de vostre bon naturel & le zèle que l'on a remarqué que vous avez tousjours au service de sa Majesté à laquelle nous rendrons unanimement (s'il vous plaist) obeyssance. Demeurant à jamais, Monsieur,

Vostre bien humble et tres obeyssant serviteur.

De l'armée Royalle, le 10 juillet 1622. LESDIGUIÈRES. [1]

[1] Il est difficile de croire à l'authenticité de cette lettre ; quoique imprimée du vivant même de Lesdiguières, elle doit être l'œuvre d'un faussaire. Le style en est barbare, les pensées ba-

CCCXVII.   1622 — 16 Juillet.

Orig. — Arch. de l'État, à Genève.

A MESSIEURS LES SCINDICS DE L'ILLUSTRE RÉPUBLIQUE DE GENÈVE.

Messieurs, s'en allant le sieur des Imberts (qui vous rend la présente) à Genève pour quelques affaires qui me concernent, je luy ay donné ces lignes pour vous supplier de le vouloir favoriser en ce qu'il vous requerra de ma part. Je me promets la continuation de vos bons offices en cet endroit, aussi bien qu'en divers autres ou je les ay cy devant ressenties, et vous vous devez asseurer de mon service que je vous randray de très bon cœur en tout ce qu'il vous plaira m'employer, comme estant entierement, Messieurs,

Vostre bien humble et très affectionez serviteur.

LESDIGUIÈRES.

Ce 16 juillet 1622, à Grenoble.

CCCXVIII.   1622 — 26 Juillet.

Orig. — B. N. MS. Clairembault, vol. 1134, p. 88.
Imprimé : *Album historique du Dauphiné*, par Champollion. Paris, 184 p.

[ABJURATION DE LESDIGUIÈRES.]

Nous, François de Bonne, duc, pair & conestable de France, confessons & prometons du suivre & tenir tous les jours de nostre vie la foy & croyance que la sainte Eglise catholicque, apostolicque & romaine croit & confesse en tous ses articles et ainsi nous le jurons & promettons en vos mains, sur les sainctz Evangiles, ayant soubscrit ces patentes de nostre propre main.

A Grenoble ce vingt sixième juillet mille six [cent][1] vingt deux.

LESDIGUIÈRES [2].

Je GUILLAUME, archevesques d'Ambrun.

---

nales, on y a même intercalé des vers alexandrins rimés ; enfin Lesdiguières, le 10 juillet 1622, n'était pas à l'armée du roi, mais à Grenoble, comme il apparait par les documents qui précédent et suivent celui-ci. Cette lettre devrait au moins être datée de 1621.

[1] Le mot cent a été oublié par l'archevêque d'Embrun qui a écrit cette confession de foi.
[2] On trouvera dans notre troisième volume un grand nombre de documents sur la conversion de Lesdiguières et sa nomination de connétable et de chevalier du Saint-Esprit. Nous pu-

CCCXIX.   1622 — Fin Juillet.

Cop. — A M. Eugène Chaper, à Grenoble.

[A NOTRE SAINT PÈRE LE PAPE.]

Très Saint-Père, si les nouvelles graces qu'il a pleu à Dieu départir à mon esprit et à ma fortune, relevant cette cy par la faveur de mon

blions seulement ici les deux lettres suivantes : la première émane des pasteurs de Grenoble qui annoncent à leurs collègues du Bas-Languedoc la conversion de Lesdiguières.

« A Messieurs, Messieurs du colloque du Bas-Languedoc.

« Messieurs, nous vous donnons advis que Monseigneur le Duc des Diguières a accepté la charge de Connestable, à condition d'aller à la messe, dont il a desja escrit au Roy et à fait venir dans cette ville l'archevesque d'Embrun pour faire entre ses mains sa déclaration. Nous avons tasché selon le devoir de nos charges et de nos consciences d'empescher ce malheur, mais nos exhortations et remonstrances ont rencontré une si forte résolution qu'elles ont esté inutiles et infructueuses. L'ire de Dieu se déployant tout à plein du ciel sur nos iniquitez, nous convie à redoubler nos prières, convertir nos cœurs et nous amender à bon escient, de peur que le mal ne descoule du chef aux membres, et des grands aux petits et affin que le Seigneur par ses compassions infinies en redonnant la paix à son Eglise et à l'Estat arreste tant de malheurs qui nous menacent. Ce qu'espérans de sa seule bonté, laquelle nous vous souhaitons tousjours propice et favorable, nous demeurons, Messieurs, vos très humbles et obeissans frères et serviteurs.

A Grenoble, ce 17 juillet 1622.

(Cop. à M. E. Chaper, à Grenoble.)

A Monsieur le mareschal de Lesdiguières, connestable de France.

« Monsieur, j'ay receu vostre lettre par le sieur d'Ortomas par ou je voy la continuation de vostre desir à me voir, le mien n'est moindre pour recevoir cest honneur, mais il fault, s'il vous plaist, que vous facilitties les moiens, car cela ne depend de moy, m'estant impossible de m'esloigner de ceste province sy les armées approchent davantage et entreprennent rien. Huict jours de surceance sont suffisans pour nostre entretien ; s'ils sont reffusés c'est signe qu'on ne veut poinct de paix car je scay l'armée du Roy n'estre encore en estat de faire rien de considerable et ne tiendra à moy que tous ses subjects ne se joignent ensemble pour porter ses armes victorieuses de la les Alpes. J'attendray doncq de vos nouvelles sur ce que dessus ; sy ladicte entreveue est permise j'auray bonne esperance qu'elle pourra reussir car de ma part j'y porteray ung esprit très pacifique. Les exortations de messieurs de Bouillon et de la Tremouille m'y peuvent confirmer, mais non pas augmenter, mon desir qui sera toujours de vous honorer parfaictement. Ledict sieur d'Ortomas vous dira jusques ou je puis aller et de quelle façon. J'ay aussy appris, Monsieur, que le Roy vous avoit honoré de la charge de Conestable de France, dont je vous felicite, bien fasché neantmoins que vos longs et grands services ne vous l'ayent peu acquerir sans gehenner vostre conscience. Je vous baise humblement les mains et remestant le surplus de nos nouvelles à la créance du presant porteur, je demeureray à jamais, Monsieur, vostre plus humble et très affectionné serviteur.

« Henri DE ROHAN.

« De Montpellier ce 25 juillet 1622. »

(Bibl. de l'Institut, MS. Godefroy, vol. 269, p. 97. Copie.)

Nous citerons encore, sans les publier à cause de leur peu d'intérêt, deux lettres de Bruno d'Affringes, général des Chartreux, à Lesdiguières et à la Duchesse sa femme, pour les complimenter sur sa conversion (MS. de la bibl. de Grenoble,

Roy aux plus haultz honneurs de cet estat et respendant sur l'autre un divin rayon de sa pure vérité par un bénéfice incomparable, n'ont point encore eu le bien d'etre sceues de vous que par le commun rapport de la renommée; elles le seront à ce coup par le véritable rescit qu'en va faire à votre Sainteté monsieur l'abbé de Saint-Rambert, frère aisné de madame la Connestable et j'ai pensé ne devoir plus tarder les faire savoir à votre Sainteté comme un évènement dont il lui a pleu faire depuis longtemps l'assuré présage. Cette raison m'y a bien vraiment suscité comme principalle mais non comme seule, et j'en pourrais alléguer d'autres à votre Sainteté qui toutes m'estaient des justes obligations de m'acquitter de ce devoir, si je n'appréhendais de lui retrancher de par mon importunité le contentement qu'elle recevra de cette nouvelle. Mais à qui pourrais-je plus justement rendre compte des bénéfices que Dieu m'a départis qu'à votre Sainteté dont les vœux m'en ont toujours fait attendre les grâces. C'est à ses prières que je les rapporte aussi et que j'espère à l'advenir devoir estre obligé des prospéritez qui m'arriveraient, s'il lui plaist continuer envers moy cette bonne volonté qu'il vous pleut me tesmoigner, Très Saint Père, avant que je fusse admis au sein de l'Esglise catholique. Maintenant que j'y suis recueillis et que mon âme y commence à gouster le repos que le ciel ordonne à ses légitimes enfans, votre Sainteté jugera s'il luy plaist de quelle affection je rechercherai doresen avant les occasions de son service et combien l'honneur d'estre l'un de ses fils en ajoutera à celuy que je me suis toujours conservé dêtres, Très Saint Père, vostre, etc.

[Lesdiguières.] [1]

24 et 25 juillet), et la lettre de Louis XIII à Lesdiguières pour le complimenter, citée par Videl (*Histoire de la vie du connétable de Lesdiguières*, p. 761). Cette dernière nous paraît d'une authenticité douteuse.

Nous citerons parmi les factums imprimés à l'occasion de la conversion de Lesdiguières, les suivants : *Reponse de Monseigneur le connetable aux remonstrances et articles à luy proposés par les ministres du Dauphiné sur le subject de sa conversion*, 1622 (s. l. ni nom, 13 pp.). Cette brochure n'est pas de Lesdiguières, comme on pourrait le croire, mais d'un théologien qui a répondu en son nom.

Lettre de congratulation à très illustre et très vertueux Seigneur messire François de Bonne, duc de Lesdiguières, pair & conestable de France, par Pelletier (s. l. n. d.).

Le véritable à Monseigneur le duc de Lesdiguières, pair & connestable de France sur les controverses d'apresent, par A. Martin (s. l. n. d.).

Sur la conversion de Monseigneur le duc des Diguières et ses provisions de l'ordre du Roy et de conestable de France, Stances, par F. Valantier. (Feuille imprimée).

[1] On trouvera dans l'*Histoire de la vie du Connétable de Lesdiguières*, par Videl (p. 762), la réponse du pape à cette lettre.

CCCXX. 1622 — Fin Juillet.

Cop. — A M. Eugène Chaper, à Grenoble.

[A NOTRE SAINT PÈRE LE PAPE.]

Très Saint-Père, puisqu'il a pleu à Dieu me combler de tant de bonheur, que de me donner l'accomplissement de tous mes désirs en l'heureuse conversion de monsieur le Connestable, j'en estimerez la grace imparfaicte et réputerais encore à très grand desfaut de n'en faire point scavoir la nouvelle à vostre Sainteté comme je fay maintenant par monsieur l'abé de Saint-Rambert mon frère, et vrayement seroit-ce bien faillir au devoir que je vous ay, Très Sainct Père, de vous taire plus longtemps un événement que vostre Sainteté mesme a non seulement désiré, mais dont elle a fait d'asseurez présages. Aussi faut il avouer que c'est à ses vœux comme au principal instrument d'un si grand bien que l'obligation en est deube, et mesurant à leur Sainteté le contentement que la Votre en recevra, croyre ensuite qu'il veut l'un et l'autre à si haut point que rien ne les peut esgaler que ma seule joye. Vostre Sainteté juge de là, s'il lùy plaist, qu'elle est d'autant plus grande qu'elle est juste, et d'autant plus juste que la cause en estait nécessaire au salut d'une âme à qui cet unique bien semblait manquer d'estre recueillie au sein de l'Esglise catholique, et certainement les honneurs que monsieur le Connestable a receus de son Roy quoique les plus grands de l'estat lui eussent esté peu considérables, si ceux qu'il a pleu à Dieu y vouloir ajouter n'y fussent survenus puisque la grandeur de sa fortune ne l'eust peu garantir de la perte de son âme; que donc à bon droit la mienne en ressent une telle allégresse que je pense voir icy toutes mes espérances heureusement terminées, mes souhaits accomplis et mes soins récompensés avec tant d'avantage que je n'en veux point espérer de plus grand au monde. Fasse le ciel que je m'en puisse encore acquérir celuy de mériter un jour les bonnes graces de vostre Sainteté et par les effets que je désire lui tesmoigner d'une affection très entière, posséder aussi le titre glorieux que je luy demande en toute humilité, Très Saint Père, etc.

[DE TRESFORT.][1]

---

[1] Cette lettre de Marie Vignon, marquise de Treffort, seconde femme de Lesdiguières, ne nous parait pas pouvoir être séparée de la précédente dont elle est contemporaine. Toutes deux sont sans date, mais ont été écrites immédiatement après l'abjuration de Lesdiguières, c'est-à-dire à la fin de juillet 1622.

CCCXXI.   1622 — 27 Juillet.

Orig. — Arch. de M. le Vte de Sallemard, à Peyrins.

A MONSIEUR DE LA ROCHE DE GRANE.

Monsieur de la Roche, j'ay receu vostre lettre par laquelle j'ay veu comme les ennemis du Roy font dessein de rompre le pont ainsi que vous l'aviez peu entendre; sur quoy je vous diray que pour les en empescher il faut renforcer la garde et mestre des sentinelles, non seulement, sur les deux boutz du pont mais partout dessus fort proche l'une de l'autre et encore en envoyer aux isles et autres endroits que vous estimerez propres affin quelles pussent donner l'alarme aux autres, parce que les ennemis pourroient venir dans une barque la nuit coupper les cordes, à quoy il faut surtout avoir l'œil et prendre garde aux actions de monsieur de Blacons au cas qu'il voulut rompre sa parolle, ce que pourtant je ne croy pas. Je remetz donc à vostre prudence et prévoyance ce qui concerne ledit pont, estant aussi d'avis que vous alliez avec le cappitaine Gouverno et cinquante mousquetaires ou davantage, s'il est besoing, vous saisir du moulin de la Voulte qui est l'endroit d'où les ennemis peuvent venir plus que de nul autre. L'on m'a fait entendre que la garde du pont est assez forte et j'escris pourtant audit Gouverno d'y tenir la main. J'espère estre à vous au premier jour et cependant vous recommende toutes choses, estant au reste bien asseuré de vostre affection et fidélité au bien du service du Roy. Je finis donc et prie Dieu, Monsieur de la Roche, qu'il vous tienne en sa sainte garde.

C'est à Grenoble, le 27 juillet 1622.

Vostre humble ami à vous fere service.

LESDIGUIÈRES.

Mettez un sentinelle en chasque basteau c'est-à-dire la moytié de vostre coté et le capitaine Gouverno de l'autre.

CCCXXII.   1622 — 29 Juillet.

Imprimé : *Histoire ecclésiastique des églises réformées*, par Pierre Gilles. Genève, Jean de Tournes, 1644, p. 422.

[A S. A. MONSEIGNEUR LE DUC DE SAVOIE.]

Monseigneur, les habitants de Pravillelm en la vallée du Po au marquisat de Saluces, sujets de votre Altesse s'estant apperceus qu'il lui plaist deferer quelque chose aux supplications qui lui sont faictes de ma part ont désiré de vous faire entendre par mon entremise quelques très humbles remonstrances dont je comprendrai le sommaire discours en ceste lettre. Je commencerai donc à vous dire, Monseigneur, comme ils ont esté de la religion depuis plusieurs siècles, qu'ils sont hors du passage, au coin d'une vallée, povres laboureurs et bergers, qu'ils ont toujours estés laissés en l'exercice de leur religion quelque ordonnance que votre Altesse aye fait pour les autres, qu'ils ont vescu sans donner sujet de reproche à personne, entretenu leurs pasteurs sans empeschement et que maintenant les ecclésiastiques et officiers de votre Altesse les troublent et travaillent de telle sorte que leurs biens sont mis au ban, leurs personnes aux prisons et aux gehennes. Ce sont les justes raisons qu'ils ont de recourir à la bonté de votre Altesse affin qu'ils puissent en repos gouster le fruict de ses graces. Ils la supplient ensuite d'y faire consideration puisqu'elle augmente en la personne de ces povres gens les obligations qui me font estre, Monseigneur,

Vostre tres humble et [tres] obeissant serviteur.

Lesdiguières.[1]

A Grenoble, ce 29 juillet 1622.

[1] Les vaudois de Pravillelm, poursuivis pour crime d'hérésie et condamnés par contumace à être pendûs, furent conseillés, dit Pierre Gilles, d'implorer l'intercession de Lesdiguières, quoiqu'il eût déjà abjuré le protestantisme. Leur attente ne fut point trompée, et Lesdiguières écrivit la lettre précédente et celle qui va suivre; cette intervention eut le succès qu'on espérait et les vaudois de Pravillelm ne furent plus inquiétés.

De tout temps, du reste, Lesdiguières s'était intéressé au sort des protestants qui étaient sujets du duc de Savoie, ainsi que le prouve cette lettre de remerciement qui lui fut écrite par l'assem-

CCCXXIII.   1622 — 29 Juillet.

Imprimé : *Histoire ecclesiastique des églises réformées*, par Pierre Gilles, Genève, Jean de Tournes, 1644, p. 423.

[A MONSIEUR MARINI, AGENT POUR LE ROY EN PIEDMONT.]

Monsieur, ces povres gens sont sujets de son Altesse, habitent en un petit lieu de la vallée du Pô au marquisat de Saluces et font profession de la religion; ils sont pour ce sujet grandement travaillés et recourent à son Altesse par mon moyen pour lui presenter leur justes plaintes. Je vous supplie, Monsieur, ne leur refuser point vostre favorable emploi en consideration que vous obligerés etroitement une personne qui est desjà par toute sorte de moyens, Monsieur,

Vostre bien humble et affectionné serviteur.

LESDIGUIÈRES.[1]

blée de Loudun : elle avait été rédigée, ainsi que nous l'apprennent les procès-verbaux, par Livache, député du Dauphiné.

« Monsieur, les faveurs que nous aprenons par vostre lettre du........ du passé qu'il vous plaist departir aux pauvres fidelles du marquisat de Saluces et les puissantes entremises que vous leur procurés envers le prince et par la vostre que vous scaurez estre aussy de grande consideration nous obligent, à des très humbles remerciements que nous vous en faisons par la présente, puisqu'à nostre recommandation vous vous estes sy promptement et sy franchement porté à ce que nous avons requis de vous pour ces bonnes gens, ce qui nous asseure de plus en plus de vostre favorable assistance aux occurrences des affaires qui nous touchent de plus près ; de l'estat desquelles vous ayant plainement informé par la depesche que nous vous avons faicte ces jours passés, nous vous supplions bien humblement, Monsieur, nous donner vos sentiments et vos prudents conseils sur le subject d'icelle, sur ce que par vostre sage prevoiance vous jugez qu'il en peult reussir et sur les articles plus importants de nos demandes qui vous sont exactement cogneues, afin qu'estans aydés d'un sy bon advis, lequel nous recevrons toujours avec l'honneur et le respect deus à ce qui nous vient de vostre part, nous puissions aux occasions prendre sur le champ les déliberations qu'il appartiendra pour le bien de nos eglises et soubz l'obeissance que nous devons tous au Roy, car c'est à cela que se terminent toutes nos intentions, de mesme que les vostres. Nous attendons cela du zèle que vous avez tousjours tesmoigné à la gloire de Dieu et des asseurances que nous en avons tout fraischement par vos lettres et par ce que nous en a représenté de bouche en vostre nom le sieur de Laforest, lesquelles accroissent le désir que nous avons de demeurer tousjours, Monsieur,

« Vos plus humbles et très affectionnés serviteurs.

« Les députés, etc.

« A Loudun ce XXe décembre 1619. »

(Cop. B. N. MS. Brienne, vol. 224, p. 212.)

[1] Cette lettre est évidemment de la même date que la précédente.

CCCXXIV. 1622 — 2 Aout.

Orig. — Arch. de M. le Vte de Sallemard, à Peyrins.

A MONSIEUR, MONSIEUR DE LA ROCHE, AU POUSIN.

Mon amy, j'ay receu vostre lettre, et despuis veu monsieur de Boissy, lequel m'a fait entandre que le moulin de la Voulte sera fort assuré lhors qu'on le tirera plus près de la ville et qu'on relèvera les cheines, et qu'il est plus necessaire de laisser là où il est pour la commodité mesme du Pousin que de l'emmener la bas; il faut seulement pourvoir à y envoyer une douzaine de soldats tous les soirs pour la garde d'iceluy, lesquels se randront par le Dauphiné avec un barquet[1] qu'ils remonteront pour les passer, quant ils seront arrivés au droit de la Voulte. Suivez donc cest expédiant affin qu'il n'arrive aucun désordre et moy je suis, Mon amy,

Vostre bien humble pour vous fere service.

LESDIGUIÈRES

A Valence, ce 2 août 1622.

Ledit sieur de Boissi vous dira ce que nous avont dit sur ce subjet.

CCCXXV. 1622 — 2 Aout.

Orig. — Arch. de M. le Vte de Sallemard, à Peyrins.

A MONSIEUR, MONSIEUR DE LA ROCHE, AU POUSIN.

Mon ami, après avoir receu la vostre et celle que m'avez envoyé que monsieur de Boissy vous escrivoit touchant le moulin de la Voulte, il m'est venu trouver et m'a parlé fort amplement de cest affaire, et sur ce subject je luy ai donné une lettre pour vous randre, par laquelle vous apprendrés la résolution que nous avons prise. Si vous jugez que cela ce puisse bien faire de la sorte vous la suivrez si non

[1] Une petite barque.

vous m'en dorres advis, comme de toutes les autres choses qui se passeront la bas, de quoy vous êtes sogneus, et que je vous prie continuer comme vous avez faict par le passé. Je ne puis que regretter l'opiniastreté de ces gens-là [1] laquelle tumbera sur leur teste et à leur confussion parce que s'ils attandent d'estre assiégés il n'y aura point de miséricorde pour eus. J'espère de vous voir bientost, qui me fera vous assurer que je suis, Mon ami,

Vostre bien humble à vous fere service.

LESDIGUIÈRES.

A Valence, ce 2 août 1622.

CCCXXVI.   1622 — 13 Aout.[2]

Cop. — A M. Eugène Chaper, à Grenoble.
Imprimé : *Suitte des Lettres et Mémoires de messire Philippe de Mornay*. Amsterdam, Elzévir, 1651, p. 798.

[A MONSIEUR DU PLESSIS, CONSEILLER DU ROY, CAPITAINE DE 50 HOMMES D'ARMES ET GOUVERNEUR DE SAUMUR.]

Monsieur, comme vous avés retranché de vostre derniere lettre le discours de vos affaires particulieres, je le retranche de mesme au commencement de cette cy, pour éviter les superfluités d'une trop frequente redite. Mes precedentes responses vous auront, je m'assure, fait assés connoistre mes sentiments, et vostre prudence en aura desja recueilli le fruit qu'elle en pouvoit attendre. Je passeray donc de ce propos à vous dire que les raisons que vous avés employées à discourir l'eminent peril où les confusions de cest estat le peuvent engager sont si justes & si claires, que comme il n'est personne qui en pust convaincre la verité, nul aussi n'en peut nier l'evidence. Je n'entreprens point, ny de les examiner, ny d'y respondre. La bonté de vostre jugement m'empesche de tous les deux, et je confesse que vos advis ne sont pas seulement solides, mais necessaires à parvenir au

---

[1] Les révoltés protestants.
[2] La copie de la bibliothèque de M. Chaper ne porte aucune date, celle du 13 août 1622 est en tête de l'imprimé. Cette lettre est écrite en réponse à celle de Duplessis du 21 juillet, 1622, imprimée dans sa *Correspondance*, p. 794.

bien de la paix tant desirée. C'est à quoy je travailleray de toute mon affection, tant pour m'acquitter de ce que je dois en particulier à l'avancement de ceste grande œuvre, que pour respondre en general à l'opinion que les gens de bien ont prise, qu'elle peut reussir entre mes mains, outre l'honneur que le Roy m'a fait de m'en laisser la conduite. Monsieur le duc de Rohan & moy nous entreverrons pour cest effet au plustost, & prendrons ensemble avec l'aide de Dieu de si bonnes resolutions que sa Majesté mesme y trouvera son contentement, nos communs desirs leur accomplissement, & l'estat son entier repos; en telle sorte qu'il semblera que les desordres, qui (comme maladies intestines) travaillent ce grand corps, n'auront servi qu'à luy faire ensemble & recouvrer & gouster une santé plus parfaite. Quant à vos interests particuliers, asseurés vous s'il vous plaist, que j'en auray tout le soin que vous sçauriés desirer, vous honorant comme je fais des plus fortes passions de mon cœur, et desirant vostre bien autant que le propre & particulier d'une personne qui vous baise les mains & se nomme tousjours, Monsieur,

  Vostre bien humble et plus affectionné serviteur.

[13 août 1622.]   Lesdiguières.

CCCXXVII.   1622 — 16 Aout.

Autog. — Bibl. de l'Institut. MS. Godefroy, vol. 269, p. 108.

A MONSIEUR, MONSIEUR DE PUYSIEUX, CONSEILLER DU ROY EN SES CONSEILS, SECRÉTAIRE DE SES COMMANDEMENTS & FINANCES.

Monsieur, vous m'avez tousjours temoigné une affection si particulière aux occasions qui se sont offertes pour le bien des afferes de ma maison que je me sens vostre estroitement obligé des effects qui en sont réussis. Je le serai bien d'avantage s'il vous plet de me procurer une bonne dépesche du Roy à monsieur le commandeur de Silleri, ambassadeur pour sa Majesté à Rome, afin qu'il face instance envers sa Sainteté à ce qu'il luy pleze m'accorder par ses bulles les graces qui me sont necesseres pour le bien du service de sa Majesté, repos et utilité de madite maison qui sont la dissolution du mariage de ma fille d'avec le marquis de Montbrun et l'accomplissement de celuy que ie désire d'elle avec monsieur le marechal de Crequi. Sa Majesté peut tout cela et ie croy que s'il vous plet d'en escrire en particulier, il affectionnera davantage l'affére et s'emploira avec ferveur à nous fere avoir les expéditions qui nous sont nécsséres pour ces deux points. Je regrete de vous donner ceste peine, mais la confiance que i'ay en la bonne volonté que vous m'avez tousiours promize me fait uzer de cete liberte en vostre endroit, avec condition toutesfois que vous me feres l'honneur de croire qu'il n'i a homme au monde sur qui vous ayez plus de pouvoir, ni qui soit plus que moy, Monsieur,

Vostre plus humble et plus obeissant serviteur.

LESDIGUIÈRES.

Ce 16 aoust 1622, à Remollin.

CCCXXVIII.   1622 — 7 Septembre.

Autog. — Bibl. de l'Institut. MS. Godefroy, vol. 269 p. 116.

A MONSIEUR, MONSIEUR DE PISIEUS, CONSEILLER DU ROY EN SES CONSEILS ET SECRÉTAIRE DE SES COMMANDEMENTS.

Monsieur, monsieur le Vice Legat s'en va en cour pour rendre ses submisions au Roy et le suplier le vouloir gratiffier du prieuré de Saint-Gilles, dont i'ay desia parlé à sa Majesté à ce mien dernier voiage vers elle, et luy en escris encores presentement; à quoy vous pouvez beaucoup, et bien que vous soiez incité à luy aider par ses propres vertus et merites, si ayt ce que ie joins mes prières à celles qu'il vous en fera à ce qu'il vous pléze luy départir vos favorables offices, pour recognoissance desquels luy et moy vous demeurerons estroitement obligez. Il vous entretiendra sur quelque particularité que ie luy ai commize en créance. Je vous supplie de le croire et m'honorer tousiours de vos bonnes grâces, comme la personne du monde qui est le plus, Monsieur,

Vostre bien humble et très obéissant serviteur.

LESDIGUIÈRES.

Ce 7 septembre 1622, en Avignon.

CCCXXIX.   1622 — 9 Septembre.

Orig. — Arch. de M. Terrot, à Pont-en-Royans.
Imprimé : *Histoire de la famille Terrot*, Grenoble 1866.

[A MESSIEURS LES CONSULS DE PONT EN ROYANS.]

Consuls de Pont en Royans, j'ai su que vous apportiés de la longueur & difficulté à compter avec le sieur Doissin ou son lieutenant pour ce que vous luy devez de son logement. Aussitost que vous aurez reçu la presente, ne faillés de vous disposer à ce compte conformement aux ordres expédies au sieur de Chamanieu, et à payer incontinant ce qui se trouvera justement lui estre du ou à son lieutenant. A quoi m'assurant que vous ne fauldrés, je serai

Vostre entier & parfait ami.

LESDIGUIÈRES.

Ce 9 septembre 1622, au Pont Saint-Esprit.

J'entends que vous lui payez toust ce qui se trouvera lui estre dû par mes ordonnances.

CCCXXX.   1622 — 11 Septembre.

Orig. — Arch. de M. le Mis de Florent, à Tain.

A MONSIEUR DE LA ROCHE DE GRANE, AU POUSIN.

Mon ami, j'escris à tous les maistres de camp pour tenir leurs trouppes prettes et partir au premier jour. Je vous adresse toutes les lettres affin que vous les facies tenir incontinant que vous les aurés receues; et pour le reste de ce que vous me marqués dans la vostre pour quelque somme d'argent qu'il faut, pour laquelle vous desirés avoir une ordonnance sur le receveur de l'equivalent, je vous verrey bien tost au Montelimar ou à Lauriol et la nous disposerons toutes choses. Cependant je demeure, Mon ami,

Vostre bien humble à vous faire service.

LESDIGUIÈRES.

Au Saint-Esprit, le XI septembre 1622.

CCCXXXI.   1622 — 11 Octobre.

Orig. — B. N. MS. F. 20539, p. 87.

A MONSIEUR LE DUC DE BELLEGARDE.

Monsieur, j'ay aprins par le chastellain de mes subiectz du Pont de Velle & Chastillon la faveur que vous leur aves faicte de les faire soulaiger (en ma consideration) du passaige des gens de guerre qu'on a mis sur pied en ces quartiers la; et parce que l'obligation m'en demeure & m'est toute particuliere, je vous en ai bien voullu rendre mes très humbles remerciemens & vous supplier, Monsieur, de continuer en leur endroit cete bonne vollonté qui m'obligera de continuer aussy à rechercher les ocasions qui me feront tousiours cognoistre le desir que j'ai d'estre tenu, Monsieur, pour

    Vostre plus humble et plus obeissant serviteur.

                                        Lesdiguières.

Au camp devant Monpellier, le XIe octobre 1622.

CCCXXXII.   1622 — 26 Novembre.

Orig. — Arch. de l'État, à Genève.

A MESSIEURS LES SCINDICZ DE L'ILLUSTRE RÉPUBLIQUE DE LA VILLE DE GENÈVE.

Messieurs, le commun bruict vous aura je m'asseure appris que nous aurons au premier jour l'honneur de voir le Roy en ceste ville. C'est une ocasion ou je vous supplye me tesmoigner que vous avez à gré de m'obliger en faisant pourvoir du meilleur et plus gros poisson ceux que j'envoye à cet effect[1], je veux attendre cette faveur de vous

---

[1] La seigneurie de Genève envoya à Grenoble, au moment du passage de Louis XIII, Jacob Anjorrand, membre du conseil des 200, qui complimenta le roi et remit de la part des magistrats six truites au connétable. Dans un entretien qu'il eut avec Lesdiguières, celui-ci lui dit : « Vous autres, Messieurs de Genève, êtes toujours en apprehension : je sais bien un moyen de vous garentir, c'est de vous mettre entre les mains du roi avec vos libertés et vos franchises. » Les Genevois ne paraissent pas avoir fort goûté ce conseil. (*France protestante*, T. I, p. 273.)

qui m'avez desja bien fort obligé de me dire comme je fay, Messieurs,
Votre bien humble et très affectioné serviteur.

LESDIGUIÈRES.

Ce 26 novembre 1622, à Grenoble.

CCCXXXIII.   1622 — 5 DÉCEMBRE.

Orig. — Arch. de M. le Vte de Sallemard, à Peyrins.

A MONSIEUR DE LA ROCHE DE GRANE.

Mon amy, monsieur le comte de Bresmes s'en va pour pourvoir à ses gouvernements de Bais & du Pousin; il vous lairra la lieutenance, et vous vous y conduirez comme il vous ordonnera. Bien asseuré que je suis qu'il vous traitera comme des vieux amis, je luy en laisse le soin & à vous de vous mesnager toujours avec la prudence et discretion que j'ay recogneue en voz déportemans. J'ay signé l'ordonnance que vous avez désirée pour un quartier escheu sus esquivalant. Assurez-vous que j'auray tout autant de soin de ce qui vous regardera que vous sauryez désirer, & partout et en toutes occasions vous cognoistrez que je suis entièrement, Mon amy,

Vostre humble et parfait amy à vous fere service.

LESDIGUIÈRES.

Le sieur Comte pourvoira aussi d'un sergent majour à la place, au lieu de celuy qui y est.

Le 5 décembre 1622, à Grenoble.

CCCXXXIV.   1622 — 15 DÉCEMBRE.

Orig. — Arch. de M. le Vte de Sallemard, à Peyrins.

**A MONSIEUR, MONSIEUR DE PEYRINS, AYDE DE CAMPS DES ARMÉES
DU ROY.**

Monsieur de Peyrins, le sieur de Saint-Jean vostre frère m'a rendu vostre lettre avec un memoire de ce qui vous est deu de l'entretien du pont du Pousin pour les trois derniers moys revenant, à ce que j'ay veu par ledit mémoyre à trois mille six cents livres. J'ay commandé que l'on mist vostre conte dans la liasse des autres à quy il est deu encore pour le regard du siége du Pousin, afin que quand le temps sera venu vous soyés payé des premiers. Croyez je vous prie que j'auray soin de vos intéretz comme des miens propres et soyés en repos de ce costé là, sur l'asseurance que je vous donne que j'en fais ma debte propre. Ne pensez qu'à vous remettre afin de pouvoir au plustost commencer le travail du pont de Grenoble[1], sellon l'intention du Roy. C'est à la Verpilière le 15 de décembre 1622. Monsieur de Peyrins,

Vostre bien humble prest à vous faire service.

LESDIGUIÈRES.

CCCXXXV. 1623 — 14 FÉVRIER.

Orig. — A M. Eugène Chaper, à Grenoble.

A MONSIEUR BOUTEROUE, A GRENOBLE.

Monsieur, ces derniers mouvemens ausquels l'imprudence de beaucoup de personnes mal avisées nous ont conduit, ont produit une infinité de violances ausquelles il n'y a que le temps et la patience qui les puissent tempérer, car en ce Royaume mesmes où il y a de gens de bien sans nombre qui travaillent incessament au raffermissement de la paix, ont prou[2] peyne d'en trouver les moyens, et trouver de les mettre en praticque et les faire comprendre à ceux qui n'ont d'esprit et d'affection que pour exécuter leurs mauvaises passions. C'est le malheur de ce siècle, si fertile à toute sorte de violances et d'aigreur, qu'il est quasi impossible de les pouvoir surmonter par aucune sorte de prudence qu'on y puisse apporter. Il faut attendre une saison plus

---

[1] Il s'agit ici du pont de pierres construit à Grenoble entre la porte de France et celle de la Perrière. Les entrepreneurs furent Antoine Bugnon et Arnoul Pollat, maitres maçons de Grenoble. On déposa avec la première pierre des médailles de Lesdiguières et du président Frère; elles ont été trouvées lorsqu'on a démoli l'ancien pont pour en construire un nouveau.

[2] Assez.

propre pour le contantement des gens de bien, et cependant faire le mieux que nous pourrons. J'escris à monsieur de Savoye sur le suget de la vostre du 25 du passé avec toute l'affection qu'il m'est possible. Je m'asseure qu'il y fera considération et que ces paouvres gens[1] recuilliront quelque fruit de ma depêche, laquelle je leur souhaite aussi utile que vous mesmes, qui les obligez infiniment de leur procurer ces charitez. Si pour vostre particulier je puis quelque chose icy ou ailleurs vous me trouverez tousiours bien disposé à vous témoigner que je suis

Vostre bien humble pour vous fere service.

LESDIGUIÈRES.

Ce 14 février 1623, à Paris.

CCCXXXVI.   1623 — 15 FÉVRIER.

Imprimé : *Histoire ecclesiastique des églises réformées recueillies en quelques vallées du Piedmont*, par Pierre Gilles. Genève, J. de Tournes, 1644, p. 429.

[A S. A. MONSEIGNEUR LE DUC DE SAVOIE.]

Monseigneur, je suis coustumier d'adresser mes très humbles et ordinaires prières et supplications à votre Altesse pour ses propres subjects et en possession certaine de n'estre jamais esconduit, ni refusé de tout ce que je lui demande pour eux, c'est pourquoy ils s'adressent tousjours à moy en leurs nécessités, et votre Altesse y pourvoit gracieusement quand je luy adresse mes très humbles supplications en leur faveur. Je demande maintenant à votre Altesse la vie et la liberté d'un nommé Sébastien Bazan[2], piedmontois, détenu ès prisons de l'inquisition de vostre ville de Turin. Il est homme qui vit moralement bien et si ceux qui font profession de la religion qu'il professe estoyent punis de morts, les grands princes chrestiens et vostre Altesse particulièrement perdroyent beaucoup de subjects et seroyent en peine de repeupler leurs estats. Le Roy a donné la paix par tout son royaume à ceux de cette religion ; je conseille hardiment

---

[1] Les protestants sujets du duc de Savoie.
[2] Malgré la pressante recommandation de Lesdiguières, Sébastien Bazan fut brûlé vif à Turin, le 23 novembre 1623.

et sans crainte votre Altesse comme son très humble serviteur, d'en user ainsi, parce que c'est le moyen d'establir fermement le repos en vos estats, et de vous faire recognoistre de tous vos subjects pour prince débonnaire et qui espargne le sang des siens, comme elle a tousjours fait, s'il lui plait m'accorder ce que je lui demande pour ce Bazan. Et quand votre Altesse ne veuille qu'il demeure en ses estats, il se retirera hors d'iceux, il benira votre Altesse, et pour ceste sienne grace, je demeure, Monseigneur,

Vostre très humble serviteur.

LESDIGUIÈRES.

A Paris, ce 15 febvrier 1623.

CCCXXXVII.   1623 — 5 MAI.

Orig. — Arch. de M. le duc de la Tremouille.

A MADAME, MADAME LA DUCHESSE DOUAIRIÈRE DE LA TRÉMOUILLE.

Madame, ce gentilhomme m'a rendu l'honeur de vostre lettre et s'est encor de plus expliqué à moy du sujet de son voyage. Le Roy s'est treuve party d'icy lorsqu'il y est arrivé, mais cella n'a point faict qu'il n'ayt bien recogneu que sa Majesté n'aura point desagreable vostre voyage et de monsieur vostre filz vers monsieur de Bouillon. Quant au desir qu'il vous a pleu m'escrire que vous avez, que je m'employe à luy procurer de l'employ, outre que j'en ay dit mes sentiments à ce gentilhomme, je vous supplye de croire que non seulement en cette ocasion mais en toutes autres je luy rendray de si suffisantes preuves de mon service qu'il sera obligé d'en avoir une bien asseurée creance. Prenez la encor de moy, s'il vous plaist, que je desire infiniment l'honeur de vos bonnes graces et la continuation du nom que je porte, Madame,

A Fontaynebleau, le 5 may 1623.

Vostre tres humble et plus obeissant serviteur.

LESDIGUIÈRES.

CCCXXXVIII. 1623 — 16 Mai.

Orig. — Arch. de M. le Mis de Costa de Beauregard, à Chambéry.

A MONSIEUR L'AMBASSADEUR DE SAVOYE.

Monsieur, à l'heure que je pensoy que le sieur de Vandy deust faire partir mon régiment on m'a fait entendre que le sieur d'Herbieres, trésorier de monsieur le comte de Mansfeld, fait difficulté de luy donner de l'argent, dont je ne me puis imaginer la cause. Le retardement ne peut sans doubte causer que beaucoup de préjudice au bien de cette affaire & si l'on continue à y traitter ainsy je seray contraint de m'en plaindre au Roy. Mais premier que j'en vienne la, je vous ay voulut pryer, comme je fay, de toute mon affection, attendu l'importance de ce sujet que vous recommandiez audit sieur d'Herbieres de fournir cet argent, comme il a desja fait aux autres, sans y faire plus de difficulté ou de longeur. Je vous baise les mains & demeure, Monsieur,

Vostre bien humble et très affectionné serviteur.

LESDIGUIÈRES.

Ce 16 may 1623, à Fontainebleau.

CCCXXXIX. 1623 — 16 Juin.

Orig. — Arch. de M. le Vte de Sallemard, à Peyrins.

A MONSIEUR DE LA ROCHE DE GRANE.

Monsieur de la Roche, j'ay receu vostre lettre et rendu la justice que j'ai peu à ceux du Pousin sur la requeste qu'ils m'ont présentée; mais j'ay à vous dire que vous y relaschez trop de l'authorité que vostre charge vous donne, en ce que vous n'y demeurez poinct et laissez tout le commandement à ceux qui n'en peuvent avoir qu'en vostre absence. C'est pourquoy je désire et vous exhorte d'y prendre plus d'assiduité, et ne laisser pas ainsy anéantir le pouvoir que je vous y ai donné. Je n'avois à vous dire autre chose sur ce subject; teney moy tousjours en vos bonnes grâces et soyez asseuré que je suis, Monsieur de la Roche,

Vostre bien humble à vous fere service.

LESDIGUIÈRES.

Le 16ᵉ de juin 1623, à Paris.

Je vous recommande un particulier soing de ces pauvres gens; vous me ferez bien plaisir de les favoriser quand vous le pourrez raisonnablement.

CCCXL. 1623 — 11 JUILLET.

Orig. — Arch. de la Cour d'appel de Lyon.

[ORDRE AU TRÉSORIER GÉNÉRAL DE L'EXTRAORDINAIRE DES GUERRES DE PAYER AUX ENFANTS DU SIEUR DE MAUGIRON LES APPOINTEMENTS DE LEUR PÈRE TUÉ DEVANT LE POUZIN.]

Le duc de Lesdiguières, pair et connestable de France.

Il est enjoinct à monsieur Nicolas de Villautrey, conseiller du Roy et trésorier general de l'extraordinaire des guerres, ou son commis pres de nous, de payer à monsieur Jehan Duboys, tuteur des enfants de feu sieur de Maugiron, vivant mareschal de camp de l'armée du Roy par nous conduitte en Dauphiné et Vivarés, l'appointement dudict sieur de Maugiron du present moys de la presente année qu'il a servy en ladicte armée et auroit esté blessé d'une mousquetade au siége du Pousin le quatriesme mars dernier, de laquelle il seroit decedé le huictiesme en suivant; le tout nonobstant touts arrets qui peuvent avoir esté faicts sur ledict appointement, attendu le service rendu par ledict defunct. Et rapportant la presente ordonnance avec quittance dudict Duboys ladicte somme sera passée et allouée en la despence des comptes dudict sieur de Villeautrey.

Faict à Paris l'onziesme du moys de julliet mil six cents vingt trois [1].

(Sceau.) LESDIGUIÈRES.

[1] A la suite de cette ordonnance se trouve la signification qui en est faite au sieur de Villautreys, ainsi que la quittance qui lui est déli- vrée après le paiement de la somme qu'il devait: ces deux pièces sont du 2 août 1623.

CCCXLI.   1623 — 28 Juillet.

Orig. — Arch. de l'État, à Berne.

A TRÈS MAGNIFFIQUES ET PUISSANTS SEIGNEURS LES AVOUYER ET CONSEILS DE L'ILLUSTRE RÉPUBLIQUE DU CANTON DE BERNE.

Magniffiques et puissantz Seigneurs, j'ay veu par la lettre qu'il vous a pleu de m'escrire comme vous avez eu agréable la recommandation que je vous ay faitte pour les introducteurs des selz de France en vos terres et pays. Je vous ay voulu faire voir vostredite lettre afin de leur donner courage de continuer à mettre en estat cette introduction tant desirée de sa Majesté et si necessaire à vos peuples. La protection qu'ilz se promettent de vos authoritez et bonne justice leur fait encor esperer et à moy que vous assisterez le sieur Thevenet faisant pour lesdits introducteurs en la poursuitte qu'il fait par devant vos Excellences contre le sieur de Favel pour le payement de quelques selz que ledit Thevenet à remis entre ses mains, desquels il ne peut avoir payement. Je vous supplie tres humblement, Messieurs, que je vous puisse dire en toute liberté, que la justice qui sera rendue en cette première rencontre fortifiera l'establissement de leur introduction dans laquelle vos estatz y trouvent de l'avantage et la France du contentement. Il ne doit tenir aux uns ny aux autres qu'une si bonne affaire ne soit puissamment executée et glorieusement assistée. Pardonnez cette importunité que vous en avez si souvent de moy et me faittes l'honneur de croire que je suis, Magniffiques et puissantz Seigneurs,

Vostre bien humble et tres affectionnez serviteur.

Lesdiguières.

De Saint-Germain-en-Laye, le 28e juillet 1623.

CCCXLII.   1623 — 30 Juillet.

Orig. — Arch. de M le Vte de Sallemard, à Peyrins.

A MONSIEUR, MONSIEUR DE LA ROCHE DE GRANE.

Monsieur de la Roche, j'ay receu vostre lettre du 2 de ce moys, ensemble la procédure qu'aves faicte pour les fortifications de Baix et le Pousin, ou les fonds des habitans qui y sont compris et occupés sont particulièrement désignés, ensemble ce qui doit estre desmoly. Vous verrez au dos de vos verbaux les décrets que j'y ay mis; je renvoye lesdites desmolitions aux particuliers intéressés qui y ont leurs fonds engagés, pour les fere fere à leur despens, car autrement il y auroit grande confusion, estant raisonnable, que ceux qui en doibvent avoir le profit en ayent aussy le soussy et la peyne. Le Roy, sur le nouveau estat qui a esté faict pour ses garnisons, a retranché au sieur comte de Bresmes [1], ses lieutenans et enseignes et ne luy laisse pour officierz qu'un sergent majour; si bien que si il en veult avoir, il fault qu'il les entretiene à ses despens. Je vous conseille de vous tenir à la compagnie qu'avies au régiment du comte de Sault, qui vault beaucoup mieux que tout cella, en attendant qu'il se présente occasion pour vous tesmoigner que je suis, Monsieur de la Roche de Grane,

    Vostre bien humble à vous fere service.

                                     LESDIGUIÈRES.

C'est à Saint-Germain-en-Laye, le 30 juillet 1623.

Je me remets à Falque donneur de la présente qui vous dira de ma part toutes choses, auquel vous adjouteres créance.

[1] Gouverneur du Pouzin.

CCCXLIII. 1624 — 8 Janvier.

Orig. — Arch. de M. le V.te de Sallemard, à Peyrins.

A MONSIEUR DE LA ROCHE DE GRANE.

Monsieur, je suis bien ayse d'avoir apris par vostre derniere lettre du 18e du mois passé que vous ayez toujours est près du comte de Sault, pendant le séjour que monsieur le comte a fait en Dauphiné; et que vous l'ayez encore suyvis jusques à Tournon; ce sont des témoignages que vous continuez de rendre de vostre affection à nostre maison, et lesquels nous ne sauryons oublier. Pour vos cousins de Chasteauneuf, si mes lettres vous ont estés rendues vous en aurez veu une que j'escris en leur faveur à monsieur de Tournon, laquelle à mon avis leur pourra profiter, croyant ne pouvoir obtenir du Roy celle que vous avez désirée pour eux. Et en ce qui vous regarde en particulier pour vostre compagnie, croyez que j'ay fait tout ce que j'ai peu pour la vous conserver, et plus pour vous que pour les autres licencyez; mais mon intercession vous a esté inutile pour les raisons que je vous diray à nostre première veue. Ne laissant pourtant d'avoir tousjours pour vous la mesme volonté que vous avez recogneue de tout temps en moy, de laquelle j'espère vous donner de meilleurs témoignages aux occasions qui se pourront offrir à l'avenir; ayez en ceste créance, je vous prye, et croyez que tant que je seray au monde vous m'aurez tousjours, Mon amy, pour

Vostre bien humble pour vous fere service.

LESDIGUIÈRES.

Ce 8 janvier 1624, à Paris.

CCCXLIV. 1624 — Mars.

Orig. — Arch. de M. le V.te de Sallemard, à Peyrins.

A MONSIEUR, MONSIEUR DE LA ROCHE DE GRANE.

Mon amy, je fais un grand regret de voir par vostre lettre du 3 fevrier la peyne en laquelle vous êtes de n'avoir esté des retenus au régiment du compte de Sault; vostre plainte est très juste, car ayant si longtemps servy et avec tant d'affection et fidélité, il semble que vous devyez être préféré à une bonne partye de ce nombre, et je n'ay pas si peu d'affection pour vous que je ne l'aye representé partout ou il a esté nécessaire. Mais ce misérable siècle est si contraire à ceux de vostre religion que toutes mes remonstrances et les bons offices que je vous ay voulu rendre n'ont rien profité à cela.[1] Vous me pouvez alléguer qu'il y en a d'autres[2], mais je vous responds qu'ils sont plus jeunes, sans expérience, sans amis, et sans créance; on a remarqué tout cela en vous qui est cause que vous avez esté exclus de ce bienfait, et les autres maintenus par leur faiblesse! Vous verrez avec le temps, si Dieu me fait vivre, l'estat que je fais de vous et combien je prise vostre merite; il faut laisser passer cette nuée contraire aux gens de bien, et Dieu nous fera la grâce que nous pourrons aider à relever nos amis. Je le désire pour vous plus que pour nul autre, n'y en ayant point que je regrette à vostre égal; prenez donc courage et continuez à m'aymer sur l'asseurance que je vous donne de ne vous oublyer jamais et tant que Dieu me laissera au monde, je seray entièrement mon amy,

Vostre très humble à vous fere service.

LESDIGUIERES.

Mars 1624, à Paris.

CCCXLV. 1624 — 16 JUIN.

Orig. — Arch. de l'État, à Fribourg.

A TRÈS HONNORÉS ET PUISSANTS SEIGNEURS MESSIEURS L'ADVOYER ET CONSEIL DE L'ILLUSTRE RÉPUBLIQUE ET CANTON DE FRIBOURG.

Très honorés et puissants Seigneurs, c'est pour rendre à vos Excélences les très humbles grâces que je leur dois de l'honneur de leur

---

[1] On remarquera la singulière franchise de Lesdiguières relative à la suspicion dans laquelle la cour tenait tous les protestants et son refus de les employer : ces quelques phrases en disent plus sur les motifs de sa conversion que bien des volumes.

[2] D'autres protestants qui ont conservé des commandements militaires.

lettre du 8ᵉ du passé que le sieur cappitaine d'Affry m'a donnée; cette-cy vous est rendue par monsieur le marquis de Cœuvres que le Roy envoye en ambassade extraordinaire tant de vers vos Excellences et messieurs les autres cantons, que de vers les ligues Grises, ainsi que je m'asseure vous aurez desja sceu. C'est un seigneur si plaint de mérite et si bien pourveu de toutes les conditions nécessaires à l'effect de la charge que sa Majesté lui a commise, qu'il ne s'y pourroit rien adjouster ; aussi faut-il espérer que par sa sage conduite vous recevrez toute sorte de contentement sur le subject de l'affection que le Roy vous porte & dont vos Excellences doivent asseurement faire estat. Que sy durant le séjours dudict sieur marquis de Cœuvre chez vous, vous treuvez bon qu'il s'employe à l'accommodement du différent que vous avez avec messieurs de Berne suivant le commandement qu'il en a du Roy, il le fera de très bon cœur et peut estre avec meilleure fortune que ne l'ont eue ceux qui s'en sont entremis ci-devant. Quand à moy ça a tousjours esté mon sentiment (comme ce l'est encore) que vous devez essayer de terminer ceste affaire avec le plus de douceur que vous pourez car de là dépend une grande concéquence pour le bien particulier de vostre estat & de tous les cantons en général. Agréez, je vous supplye, que j'en aye dit mon avis à vos Excélences & me faire l'honneur ensuitte de me continuer celuy de vos bonnes grâces comme je continue moi-mesme en l'affection de me dire tousjours, Très honnorés & puissants Seigneurs.

Vostre bien humble & bien affectionné Serviteur,

LESDIGUIÈRES.

C'est à Compiegne[1], le 16 juin 1624.

---

[1] Lesdiguières partit de Paris pour revenir en Dauphiné vers le milieu du mois de juillet. La lettre suivante de Roger de Bellegarde, gouverneur de Bourgogne, nous le montre préparant une réception solennelle au Connétable à son passage à Mâcon.

« A Messieurs, messieurs les eschevins de la ville de Mascon.

« Messieurs les eschevins de Mascon, celle-cy est pour vous donner advis que monsieur le Conestable part demain de Paris pour aller en Daulphiné, et qu'il passera par vostre ville, affin que vous ayez à l'y recepvoir le mieulx que vous pourrez, mesmes, comme il est le chef des armes, que vous faciez sortir les habitans en armes, tirer le canon, et luy porter les clefz quant il sera arrivé à son logis. en luy tesmoignant la charge que je vous ay donnée de luy rendre toutes sortes d'honneurs. De quoy m'assurant que vous aurez soing de vous acquicter, je prieray Dieu, Messieurs les eschevins de Mascon, qu'il vous ayt en sa saincte garde.

« De Germigny, ce XXIIIᵉ juillet 1624.

« Vostre plus affectionné à vous servir.

ROGER DE BELLEGARDE. »

(Cop. Arch. de Mâcon.)

CCCXLVI. 1624 [1]

Orig. — Arch. de l'État, à Berne.

[AUX TRÈS HONNORÉS ET TRÈS MAGNIFIQUES SEIGNEURS L'ADVOYER ET CONSEIL DE L'ILLUSTRE RÉPUBLIQUE DE BERNE.]

Magnifiques hauts & puissans Seigneurs, j'ay esté infiniment aise d'apprendre par vostre lettre du 26 janvier dernier la bonne disposition en laquelle sont vos peuples de présent en l'affection qu'ils ont tousjours tesmoignés pour la France, laqelle leur sera en tout temps plus propre et favorable que l'alliance étrangère comme ils le verront par les effects ordinaires que le Roy leur rendra de sa bonne volonté. Les propositions qui vous seront faictes par monsieur de Miron, ambassadeur, ou monsieur du Mesnil son gendre, regardent vostre repos & conservation, s'il vous plait de les bien considerer. Car estant les Grisons vos proches voisins, grandement oppressez par la maison d'Autriche, il semble qu'ayant quelque part à leurs intérests vous deviez prendre une bonne résolution de contribuer tous les moyens à vous possible pour essayer de vous opposer au progrès qu'elle faict dans leurs pays et empescher le passage ordinaire que l'Espagnol y vont establir pour sa commodité. S'il pouvoit venir à bout de ses dessains et particulièrement de celuy-là, comme il l'essaye tous les

---

Lesdiguières passa à Mâcon, comme nous l'apprennent les registres de délibérations du conseil de la ville du 6 août. Il arriva à Grenoble peu de jours après et reçut presque aussitôt la lettre suivante du général des Chartreux, le complimentant sur son heureux voyage.

« Monseigneur, parmy ceste allaigresse publicque que tout ce pays tesmoigne à vostre grandeur pour le bonheur de son retour, je viens aussy pour ne manquer aux obligations de la tres humble servitude que je dois à ses mérites et bienfaicts, luy démonstrer par ce mot de congratulation le grand ressentiment de celle que mon âme en reçoit. Les rochers de ce désert en ont tressailly d'une nouvelle joye, comme à la venue de son protecteur et défenseur. Je vous supplie donc, Monseigneur, de vouloir agréer cette marque de ma gratitude, et continuer les faveurs de vostre bienveillance au bien et conservation de ceste maison. On attendant l'honneur et l'heur de ses commandements, je prieray Dieu nuict et jour qu'il luy plaise de bénir vostre personne en ce monde et d'une bien longue santé et prospérité, et en l'autre luy donner la couronne de la vie éternelle. Ce sont les vœux de celuy, etc.

« De Chartreuse ce 22 d'aoust 1624.

« BRUNO D'AFFRINGES. »

(Cop. Bibl. de Grenoble.)

[1] Cette lettre porte la date de 1624, écrite au dos par une main contemporaine. Elle doit être à peu près de la même époque que celle aux consuls de Fribourg, imprimée immédiatement avant, car elle traite du même sujet.

jours, ce seroit luy laisser la porte libre pour venir à vous toutes les fois qu'il voudroit et sous ce prétexte de passage vous faire des maux à quoy il vous seroit mal aisé de remédyer. Vous estes assez prudens et puissans pour pourvoir à cela de bonne guerre, avec l'aide de vos amys, qui ne vous manqueront jamais aux importantes occasions. Prenez donc en bonne part ce que je vous en dy comme désireux de vostre bien autant qu'homme du monde est vous, resolues de mettre à exécution lesdites propositions, comme aussy d'accepter les conditions qui vous seront offertes par ledit sieur du Mesnil pour les fournitures du sel de France que sa Majesté veut estre vendu dans nostre pays ainsi qu'il vous fera plus particulièrement entendre. Vous serez convyé par luy mesme de faire cy bon et solide traicté pour ce subject qui vous sera plus avantageux et profitable qu'avec l'étranger. Si, je n'estoits asseuré de l'affection que le Roy a pour ceste affaire je n'oserois vous y persuader avec tant de liberté, mais entreprenant sa Majesté de vous en faire plainement jouir, tout obstacles et difficulté cessants, je ne me puis imaginer en cela qu'un grand avantage pour vos peuples, qui se ressentiront bientôt du fruit que la communication ordinaire des français leur aportera par ce moyen. Je ne me lasserai jamais en ceste occasion et touts autres de vous tesmoigner mon service et l'affection que j'ay pour tout ce qui vous concerne, estant entièrement comme je suis, Magnifiques, hauts et puissans Seigneurs,

Vostre bien humble et affectionné serviteur.

LESDIGUIÈRES.

CCCXLVII. 1624 — 31 Aout.

Orig. — Arch. de l'État, à Genève.

A MESSIEURS LES SCINDICS DE L'ILLUSTRE RÉPUBLIQUE DE GENÈVE.

Messieurs, je tiens à beaucoup d'honneur la souvenance qu'il vous a pleu avoir de moy par vostre lettre et les tesmoignages plus particuliers que le sieur de Chasteauneuf m'a donnez de la continuation de vostre affection; elle m'est cogneue de si longue main que je n'en saurois jamais douter, non plus que vous devez faire de mon bien humble service que j'essayeray de vous rendre à toutes les occasions qui se pourront offrir, ainsi que plus particulièrement vous en asseurera ledict sieur de Chasteauneuf; auquel me remettant pour ce regard et pour toutes les nouveautés qui se passent de deça, je ne vous feray cete cy plus longue que pour vous asseurer que je ne me lasseray jamais d'estre, Messieurs,

Vostre bien humble et plus affectionné serviteur.

LESDIGUIÈRES.

Ce dernier d'aoust, 1624 à Vizille.

CCCXLVIII.   1624 — 5 OCTOBRE.

Orig. — A M. le D^r la Bonnardière, à Grenoble.

A MESSIEURS LES CHATELAINS ET CONSULS DE CRÉMIEU.

Chastelain et Consulz de Cremieu, ceste lettre vous sera commune pour vous dire que conoissant de longue main les vertus et mérites du sieur du Bouchet [1], vous devez estre bien ayze de l'avoir atiré en vostre lieu et de l'y maintenir, sur la croyance, qu'estant homme d'esprit et ayant des amis en bon nombre, il vous pourroit servir utilement aux occasions qui s'offriront; et pour luy en donner toute sorte d'envye, vous devriez continuer ce que vous avez desja bien commencé, qui est de le maintenir dans l'exemption des tailles comme vous l'avez resolu par délibération de vostre conseil, en payant l'indempnité pour les biens ruraux qu'il possède en vostre terroir, à laquelle il a satisfait selon vostre desir et vous a osté par ce moyen tout sujet de plainte. Mais il ne peut dire cela de vous car vous le menacez de le mettre dans vos cottizations [2] sous prétexte d'une nouvelle acquisition qui n'est nullement considérable. Ce qui me fait vous dire

---

[1] Ce Du Bouchet est probablement le même que François Bouchet, lieutenant au régiment de Sault, qui fit imprimer avec un autre Dauphinois, François Benezot, l'ouvrage suivant à la gloire de Lesdiguières.

Histoire des exploits généraux faits par les armées du Roy que de son Altesse en Piedmont, *sur les terres de Gènes, siège de Verrue, en Daulphiné, sous le feu connetable de Lesdiguières, son trépas et enterrement,* par François Benezot, *avec son éloge et son oraison funèbre,* par François Bouchet, Grenoble, Cockson, 1626, in-8°.

[2] De l'inscrire sur le rôle des contribuables.

que vous ne sauryez mieux employer voz offices qu'à l'endroit de ce galant homme, avec lequel je veux participer à l'obligation qui vous en sera deue, pour m'en ressentir en toutes les occasions que vous m'employerez, je me promets donc ce bon traitement que je vous demande pour luy, et vous asseure que je suis entièrement,

Vostre entier et parfect ami.

LESDIGUIÈRES.

Ce 5 octobre 1624, à Grenoble.

CCCXLIX. 1624 — 21 Octobre.

Cop. — A M. Eugène Chaper, à Grenoble.

PROPOSITIONS ARRESTÉES SOUZ LE BON PLAISIR DU ROY, EN LA CONFÉRENCE TENUE A SUZE LES 20, 21 ET 22me DU MOIS D'OCTOBRE ENTRE SON ALTESSE DE SAVOYE, ASSISTÉE DE MESSIEURS LES PRINCES SES ENFANS, MONSIEUR LE CONNESTABLE, MESSIEURS LE MARESCHAL DE CRÉQUI & DE BULLION, CONSEILLERS AU CONSEIL D'ESTAT ET LE SIEUR DE MARINI, AUSSI CONSEILLER AUDICT CONSEIL ET AMBASSADEUR ORDINAIRE DE SA MAJESTÉ, ET CE EN PRÉSENCE DU SIEUR LAURENS PARUTA, AMBASSADEUR DE LA SERENISSIMME RÉPUBLIQUE DE VENIZE VERS SADICTE ALTESSE A LAQUELLE RÉPUBLIQUE LEDIT SIEUR AMBASSADEUR A PROMIS D'ENVOYER LESDITTES PROPOSITIONS POUR SCAVOIR SUR CE LEUR RESOLUTION.[1]

Que le traitté de la ligue fait entre le Roy, la république de Venise & son Altesse le septiesme fevrier mil six cens vingt trois sera exé-

---

[1] Cette alliance entre la France, la Savoie et la république de Venise avait pour but de préparer la guerre contre les Espagnols, à l'occasion de leur usurpation de la Valteline. Voici ce que dit Aubry, dans sa *Vie du cardinal de Richelieu* (Cologne, Pierre Marteau, 1666, t. II, p. 55), des causes de cette guerre et des traités dont elle fut l'occasion : « Le roi Henri IV avait dit à propos de la construction du fort de Fuentes, que « c'estoit serrer d'un même nœud la gorge à « l'Italie & les pieds aux Grisons. On en bâtit « quelques années après quatre autres. Sa Majesté donne sa sœur Chrétienne au prince de « Piémont, Victor-Amédée ; pour mettre l'Espagne dans son tort elle envoie Bassompierre en « Espagne. Le 25 avril 1621 on signe un accord, « mais en y insérant une clause de garantie des « cantons Suisses, pour le rendre inutile. Fargis, « comte de la Rochepot, fait un second traité « avec la république de Venise et le duc de « Savoie, concerté à Avignon, signé à Paris, le « 7 février 1623. Les confédérés promettent de « mettre sur pied trente huit mille hommes jusqu'au recouvrement de la Valteline et six mille « chevaux ; la France fourniroit dix huit mille « hommes et deux mille chevaux, Venise, douze

cuté de point en point selon sa forme et teneur en ce qui reste à exécuter, et a esté déclaré que touttes les trouppes promises tant par le Roy, la serenissime republique, que par son Altesse sont des à present sur pied aux frontières et suivant les conventions de ladite ligue et les confederez deputeront au premier jour les uns vers les autres pour voir et reconnoistre l'estat desdites trouppes affin qu'il n'y aye aucun manquement en l'exécution des choses promises et qu'au quinze du mois de novembre prochain touttes lesdittes trouppes puissent marcher aynsi qu'il sera advisé entre les confédérés.

Qu'il sera punctuellement satisfait tant par sa Majesté que son Altesse à ce qui a esté arresté entre les ministres du Roy et de la serenissime republique et de son Altesse le cinquiesme septembre dernier, excepté en ce qu'il y pourroit avoir esté dérogé par sadicte Majesté en faveur de sadite Altesse et par les présents articles cy après.

Que son Altesse dans trois semaines sans autre delay aura sur pied les trouppes qu'il a promises mettre pour l'effect de la diversion.

Qu'il sera advisé par son Altesse, monsieur le Connestable comme aussi par celuy qui aura pouvoir de la serenissime republique du lieu ou la diversion d'Italie se pourra faire le plus à propos pour la necessité des affaires et si la republique outre le nombre d'hommes qu'elle est obligée fournir par la ligue sur les frontières aux effects destinés

« mille hommes et deux mille chevaux ; le duc « de Savoie, huit mille hommes et deux mille « chevaux. Le Duc et la République fourniroient « l'artillerie et le transport, et le Roi donneroit « sa part de ces choses en argent. Le roi d'Es- « pagne remit alors les forts entre les mains du « Pape ; il exécutoit ainsi le principal article du « traité de Bassompierre, engageait le Pape dans « son parti et se déchargeait de dépense en con- « servant le passage qu'il s'étoit réservé. Le Pape « fait agréer à Sillery, ambassadeur à Rome, « quelques articles sur la religion de la Valteline « que la France refuse de ratifier ; on l'accusa « de négligence volontaire pour se venger de la « disgrace de son frère le chancelier de Sillery, « et de Puysieux son neveu. En 1624, Cœuvres « est envoyé ambassadeur extraordinaire en « Suisse avec instructions lui ordonnant, s'il ne « pouvoit faire donner la garantie demandée par « le traité de Madrid aux cantons catholiques

« Suisses, il donnat cœur aux Grisons et leur « fit prendre les armes Bethune, ambassadeur à « Rome, lui écrivit dans un jargon convenu : « *qu'il eut recours à N. D. de Frappe-fort ;* il se « mit alors en campagne, devint général des Gri- « sons par une commission datée du 4 novembre « 1624. Il est victorieux ; le Pape envoie en « France le cardinal Barberini, son neveu, qui « ne réussit à rien. » On trouvera le traité signé à Madrid par Bassompierre, le 25 avril 1621, dans les MS. Brienne de la Bibl. nat. (vol. 117, p. 27). Nous signalons encore les documents suivants, relatifs aux mêmes événements, contenus dans le même fonds de la Bibl. nat.: Ligue entre le roi de France, la Savoie et Venise contre le roi d'Espagne, du 7 février 1623 (vol. 14, p. 298). Traité entre le roi de France, le pape et le roi d'Espagne sur la Valteline. Février 1624 (vol. 117, p. 191).

tant par ledit traitté que de celuy de 5me septembre dernier, ne veut envoyer gens de guerre pour se rendre dans l'armée des confederés icelle republique contribuera en argent pour la solde de six mil hommes de pied dont icelle republique fera sa declaration le plus promptement que fere se pourra.

Que le payement qui se doit faire par les confederez suivant l'article 5me du traitté de 5me septembre dernier sera fait par la serenissime republique si bon leur semble es mains des ambassadeurs du Roy residents en Suisse et non des tresoriers.

Que la serenissime republique donnera ordre au fait des vivres suivant le 7me article dudit traitté du 5me septembre estant impossible d'y pourvoir d'ailleurs.

Que sa Majesté sera suppliée de faire declairer au sieur ambassadeur de la serenissime republique residant en France en quelle façon il luy plait et sous que nom elle entend que la diversion portée par le 8me article dudit traitté du 5me septembre aye lieu.

Fait et arresté à Suze le 21 d'octobre 1624.

EMMANUEL. LESDIGUIÈRES.

Charles DE CREQUI. BULLION. DE MARINI.

CCCL. 1624 — 25 NOVEMBRE.

Orig. — Arch. de l'État, à Genève.

[A MESSIEURS LES SCINDICS ET CONSEIL D'ESTAT DE L'ILLUSTRE RÉPUBLIQUE DE GENÈVE.]

Messieurs, le gentilhomme qui vous rend ceste lettre est envoyé par moy vers monsieur le marquis de Cœuvres pour affaires tres importantes au service du Roy. Je l'ay chargé de vous voir de ma part, Messieurs, vous offrir la continuation de mon service et vous demander pour moy celle de vos bonnes graces. S'il avoit cependant besoing de quelque faveur de vos seigneuries ou pour l'adresse[1] ou pour la

---

[1] La direction.

seureté de son chemin ou pour telles autres choses, elles me feront l'honneur de l'en assister et de croire qu'elles obligeront très particulierement, Messieurs,

Vostre bien humble et très affectionné serviteur.

LESDIGUIÈRES.

Ce XXV novembre 1624, à la Verpilière.

CCCLI.   1624 — 30 NOVEMBRE.

Orig. — A M. le D^r la Bonnardière, à Grenoble.

A MESSIEURS LES CONSULS DE CRÉMIEU.

Consulz de Cremieu, je vous scay bon gré de ce que vous avez receu le sieur de Barnous dans vostre lieu en la qualité dont il a pleu au Roy l'honnorer; il faut adjouster à la bonne volonté que vous avez demonstrée en cela, le logis et autres choses dont on m'a fait entendre que vous estes desjà demeurez d'accord avec luy. J'en suis bien ayse, et le seray encores plus de vous pouvoir temoigner à toutes occasions que je suis,

Vostre entier et parfaict ami.

LESDIGUIÈRES.

Ce dernier novembre 1624, à la Verpilliere.

CCCLII.   1624 — 9 DÉCEMBRE.

Orig. — Arch. de Saône-et-Loire, C, 688, n° 1.

A MESSIEURS LES ELEUS DE MASCONNOIS.

Messieurs, estant le régiment de monsieur de Trémon commandé de partir des lieux où il est en garnison, et luy ayant ordonné sa routte par Mascon et la Maison-Blanche, j'ay bien voulu vous dire qu'il est nécessaire de luy establir des estappes auxdicts lieux, ainsy que ledict sieur de Trémon vous fera entendre plus particulièrement. Par ce moyen le peuple sera soulagé de la foulle que telz passages apportent. Et pour ce qu'il est aussi nécessaire de faire descendre trois compagnies de cavallerie par le chemin de Tournus, je vous prye aussy d'y dresser des estappes, et ce, le plus tost que vous pourrez, pour ce que lesdictes compagnies partiront au premier jour. M'asseurant donc que vous y donnerez ordre, comme je vous en prie, je demeure, Messieurs,

Vostre bien humble pour vous fere service.

LESDIGUIÈRES.

Le IX décembre 1624, au Pont-d'Ain.

CCCLIII.   1624 — 20 Décembre.

Cop. — B. N. MS. Brienne, vol. 117, p. 244.

INSTRUCTIONS BAILLÉES A MONSIEUR LE MARESCHAL DE CRÉQUI S'EN RETOURNANT VERS MONSIEUR LE CONNESTABLE, AU MOIS DE DÉCEMBRE 1624.

Le Roy aiant entendu le rapport à luy fait par Monsieur le mareschal de Créqui au nom de Monsieur le Connestable sur les affaires traictées en la conférence de Suze [1] avec Monsieur le duc de Savoye et autres occurances depuis arrivées, a ordonné le present memoire luy estre baillé pour servir de responce audict sieur Connestable sur ce que ledit sieur Mareschal luy a represente et proposé en son nom. Sa Maiesté a approuvé les articles traictés par Monsieur le Connestable en la conférance de Suze tant en ce qui regarde l'exécution de la ligue que la diversion d'Italie et l'ordre concerté pour cette entreprinse. Veult et entend que le tout soit exécuté en la forme qu'il est contenu sans embrasser aucunes propositions nouvelles, sy ce n'est que sa Maiesté y consente ou qu'elles soient par elle jugées utiles et necessaires. Sa Maiesté approuve aussi en partie le memoire dressé pour les profficz de la guerre, mais elle estime à propos d'y apporter moderation en quatre chefz : l'un que sa Maiesté désire que la ville de Gennes prise, il soit entendu le depost d'icelle estre fait entre les mains de Madame la Princesse de Piedmont seule, affin qu'il soit reputté neutre et moins affectée à Monsieur de Savoye, entendant aussi sa Maiesté que la garnison qui sera establie en ladicte ville soit composée

---

[1] Il y eut deux conférences et deux traités conclus successivement pour le même objet entre le roi de France, le duc de Savoie et les Vénitiens : le premier le 7 février 1623, le second le 21 octobre 1624. Voir ce dernier imprimé *in extenso* ci-dessus. On trouvera le premier dans les MS. Brienne de la Bibl. nat. (vol. 14, p. 298).

moictié de françois subiectz de sa Maiesté, moictié de ceulx de son Altesse, et que le lieutenant commandant à ladicte garnison pour madicte Dame soit François. Le second que sa Maiesté entend que l'on oste l'article qui fait mention de la pocession future du Montferrat ez mains dudict sieur duc de Savoie, parce que sa Maiesté estime que l'on ne doibt pas luy en accroistre les espérances par son approbation, jugeant au contraire qu'il est necessaire de les luy faire perdre entierement s'il se pouvoit et d'entretenir ledict sieur Duc et celuy de Mantoue, si proches parens et alliez de sa Maiesté, en bonne intelligence et union, sans qu'ilz aient à entreprandre l'un sur l'autre, parce que telles entreprinses sur ce dernier le jecteroient par force entre les bras du Roy d'Espaigne au preiudice des autres princes d'Italie ; entandant aussi sa Maiesté que ledict duc de Mantoue ne reçoive aucune garnison d'espaignolz dans la place de Montferrat et que le passage d'icelluy puisse estre commun et libre aux uns et aux autres. Le troisiesme que sa Maiesté entend que l'article qui fait mention des estats cy devant poceddez par son Altesse dela les monts et qui appartiennent à sa Maiesté soit aussy pareillement osté, recongnoissant qu'il importe pour le bien de son royaume que les choses demeurent pour ce regard en l'estat qu'elles sont à present sans innovation. Le quatriesme que sa Maiesté desire que le partage du butin soit faict entre elle et son Altesse, se reservant d'y donner autant de contantement à Monsieur le Connestable qu'il en peult esperer et attendre, après toutesfois que les frais de l'armée auront esté paiez. Lesquels changements seront conciderez par le double des articles que sa Maeisté a faict bailler audict sieur Mareschal en la forme qu'elle a estimé la meilleure. Sa Maiesté a faict savoir par le sieur de Saint-Gery à Monsieur le Connestable la resolution qu'elle avoit prise pour la levée des six mil hommes de pied et des cinq cens chevaux legers dont les commissions luy seront baillées par le sieur de Bullion pour estre remplies, assavoir, quatre desdicts regimens des personnes des sieurs de la Grange, de Sancy, de Talart et de Bonnes et les deux autres selon & ainsy qu'il est mandé audict sieur Connestable par ledict sieur de [Saint] Gery, et qu'il a esté aussi dit de vive voix audit sieur Mareschal. Quant aux compaignies de chevaulx legers, le choix en est remis entierement à Monsieur le Connestable qui fera concideration sur les emplois qu'il pourra commettre à ceulx de la religion pretendue refformée, telle que l'estat des affaires le pourra comporter. Pour le regard des compaignies des gens d'armes de Messieurs de Bellegarde et d'Halincourt, sa Maiesté en ordonnera cy apres la levée si tant est qu'elle juge ainsy estre necessaire pour son service. Par ces levées sa Maiesté a entierement accomply le traicté de ligue ; de plus sa Maiesté a satisfait au paiement de la diversion d'Itallie pour trois mois et entend aussi porter sa part des despences de l'artillerie et munitions de guerre : quant aux vivres il sera advisé ou ilz pourront estre recouvertz ailleurs qu'en ce roiaume, les provinces de Languedoc et Provence ne les pouvant fournir à cause qu'elles en ont esté espuisées pendant les mouvements derniers : joinct qu'ils seront necessaires pour la nourriture des armées et des trouppes que sa Maiesté tient et doibt tenir [sur] pied, voullant sadicte Maiesté que sa part desdictes despences soit paié en argent après que son Altesse aura accomply et exécutté ce qu'elle a promis. D'ailleurs sadicte Maiesté a satisfait au paiement de la diversion de Mansfeld, aux despences des Suisses et Grisons et en un mot à tout ce qu'elle est obligée. Quant à l'employ de ladicte armée de sa Maiesté, encores que par la ligue et les articles du cinquiesme septembre dernier sadicte Maiesté ne soit obligée que de tenir ses forces sur la frontiere de Bresse et d'en envoyer trois ou quatre mil hommes en Piedmont, toutesfois sur les instances qui ont esté faictes à sa Maiesté au nom de la republique de Venize et de son Altesse de Savoie pour faire passer mondict sieur le Connestable en personne dela les monts, sa Maiesté voullant tesmoigner ausdicts confedérés aveq combien de franchise et de générosité elle entend prosedder sur les affaires presentes, consent et ordonne à mondict sieur le Connestable de passer en Piedmont avec ledict sieur mareschal de Crequi et six mil hommes de pied et cinq cens chevaulx selon que l'on a fait entendre audict sieur Mareschal comprins ceulx qui ont ja esté envoiés. Et en cas que les armées du Roy et des collégues qui sont entrées es Grisons et dans la Valteline soubs la conduicte du sieur le marquis de Cœuvres, vinssent à estre assaillies soit du costé du Milannois ou du Tirol et qu'elles eussent besoing de secours, sa Maiesté trouve bon que ledict sieur Connestable et mareschal de Crequi s'acheminent aveq leurs forces, ensemble celles dudict sieur duc de Savoie, esdicts lieux pour assister ledict Marquis et que pour cet effect ils passent sur les estats de Millan sans aucun acte d'hostilité, comme aussy pour secourir les Venitiens s'ils venoient pareillement à estre attacqués en leurs estatz. Ce qui se fera selon que ledict sieur Connestable jugera le bien des affaires de sa Maiesté et ses collegues le requerir, sans attendre autre ordre particulier de sa part. Mais sy pour attacquer la riviere ou la ville de Gennes [1] il est jugé necessaire de s'asseurer et prandre Vallance, sa Maiesté entend

---

[1] « La cause de la guerre de Gênes, écrit Aubry (*Histoire de Richelieu*, Cologne, 1666), avait été l'achat par les Génois de l'empereur du marquisat de Zuccarello que le Duc disoit lui appartenir ; le roi permit à Lesdiguières d'aller se concerter à Suze avec le Duc ; Créqui, son gendre, Marini, ambassadeur de France, l'ambassadeur de Venise et les agents des autres confédérés y étaient. On fit un partage anticipé : le Duc étoit si sûr du succès qu'il avoit fait faire des livrées superbes que les Génois trouvèrent dans Aqui en le reprenant; elles étoient destinées à son entrée à Gênes. Il y eut cent soixante quatorze places bonnes ou mauvaises de prises. Le Connétable étoit d'avis de ne pas s'amuser à ces petits sièges, mais d'attaquer Savone et ensuite Gênes. Ce plan eut réussi car les Génois n'étoient pas en état de résister des l'abord et la capitale en fut épouvantée. L'avis du Connétable ne prévalut pas; le Roi avait déclaré que le Connétable devoit deferer en tout au Duc, ainsi que Créqui au prince de Piémont. Ce fut un levain de discorde et le sujet des malheurs de la campagne. La jalousie réciproque des deux chefs arrêta les heureux progrès et fit perdre toutes ces conquêtes. Les Espagnols n'acquirent pas pour cela beaucoup de gloire; ils échouèrent honteusement au siége de Verrue qu'ils bloquèrent quatre mois avec trente mille hommes. » Nous ajouterons à ce résumé très clair de la guerre de Gênes l'énumération des pièces suivantes qui y sont relatives et que l'on peut consulter : *Conditions proposées par son Altesse par l'entremise de Crotty, son secrétaire, pour la guerre de Gênes*, 1625, (MS. Brienne, vol. 14, p. 421); *Mémoire par son Altesse au Roy sur les profits de la guerre de Gênes et leur partage*, 1625, (*Ibid.*, p. 422).

qu'il luy en soit auparavant donné advis, et sy les forces de Venize seront joinctes aveq celles du marquis de Cœuvres en la Valteline et celles dudict sieur Duc seront assemblées en corps sur les frontieres du Millanois, ainsy qu'il a esté convenu, pour sur le tout faire entendre audict sieur le Connestable promptement ce qui sera de ses intentions. Mondict sieur le Connestable donnera advis en dilligence à son Altesse de cette resolution affin que sy elle desire advancer l'exécution des desseins proposez qu'elle se mette au plus tost en estat aveq ses forces et exhorte les Venitiens d'entrer sans remise dans la Valteline. Et pour le reste des trouppes deladicte armée, sa Maiesté entend qu'elles demeurent en garnison sur la frontiere de Bresse, le plus prés de la Franche-Comté qu'il se pourra soubz la charge des sieurs d'Auriac et marquis de Ragny, mareschaux de camp et armées; et en cas qu'il arrive quelque mouvement dans aucunes des provinces de son royaulme, sa Maiesté ordonnera ce qu'elle voudra estre faict desdictes trouppes & les fera porter au lieu ou sera le remeuement pour l'assoupir et esteindre des sa naissance par les chastimens des autheurs. Le Roy a faict pourvoir au paiement des frais des levées des nouvelles trouppes; comme aussy à la solde de touttes les autres de l'armée, jusques à la fin de la presente année, ce qui sera soigneusement continué pour l'advenir. Sa Maiesté accomplissant punctuellement de son costé non seullement ce qu'elle est obligé par les traictez, mais encores quelque chose de plus ainsy qu'il est dit cy dessus, elle recommande à mondict sieur le Connestable et à Monsieur le mareschal de Crequy de presser aussy vivement lesdictz confédéréz d'effectuer de leur part ce qu'ilz doibvent, affin de descharger le plus qu'ilz pourront le marquis de Cœuvres des trouppes qui luy pourroient tomber sur les bras, par la jalousie que les forces des confédéréz dans l'Itallie donneront au gouverneur de Millan, aiant esgard pour les convier et animer à ce faire à ne rien entreprendre que sa Maiesté ne leur en ait donné ordre exprés, aprés avoir esté asseuré du bon devoir et office desdicts confédéréz. Sa Maiesté ne juge pas à propos de prescrire rien de plus particulier à mondict sieur le Connestable pour sa conduite sur ces occasions, aiant telle confiance en son experiance, prudence, fidelité et dévotion au bien et à l'advantage de ses affaires et de cette couronne qu'elle est asseurée qu'il en sçaura maintenir et faire valloir les intérêts et la dignité de ses armes en tous les lieux ou il se trouvera, joinct que sur les advis frequents que ledict sieur Connestable et ledict sieur Mareschal donneront à sa Maiesté de touttes occurrances elle leur fera tousjours savoir ce qui sera de ses vollontez & intention. En dernier lieu ledict sieur Mareschal asseurera Monsieur le Connestable que sa Maiesté entend qu'il face la function de sa charge en touttes ses provinces aveq la mesme auctorité que ses predecesseurs, l'asseurant que s'il se presentoit quelque difficulté ou obstacle que sa Maiesté la fera aussy tost reparer.

Faict à Paris, le XX^m jour de decembre 1624.

[LOUIS.]

PHÉLIPEAUX.

CCCLIV.   1624 — 31 Décembre.

Orig. — Arch. de Mme la Ctesse d'Estienne de Saint-Jean, à Aix (Bouches-du-Rhône).

A MONSIEUR D'ASPREMONT.

Monsieur d'Aspremont, je loue grandement le soin que vous avez aporté à fére vivre modestement le régiment du comte de Sault; continuez je vous prye & vous ferez chose qui me sera bien agréable. Je suis entièrement, Monsieur d'Aspremont,

Vostre tres parfait ami à vous fére service.

LESDIGUIÈRES.

Ce dernier jour de l'an 1624, à la Verpilière.

CCCLV.   1624 [1].

Orig. — Arch. de l'État, à Berne, G. 199.

[AUX TRÉS HONNORÉS ET TRÉS MAGNIFIQUES SEIGNEURS L'ADVOYER ET CONSEIL DE L'ILLUSTRE RÉPUBLIQUE DE BERNE.]

Magnifiques, hauts et puissants Seigneurs, vous avez peu conoitre par toutes mes actions passées qu'un de mes plus grands desirs 'est de me maintenir et conserver dans l'affection que vous m'avez veritablement tesmoignés; j'en ay tousjours recherché les occasions et quand elles se sont offertes, je vous ay fait voir que mes intentions estoyent toutes vostres et que je n'ay jamais regretté les moyens de vous servir. L'introduction du sel de France en vostre pays a esté un des principaux ou j'ay creu de vous pouvoir complaire, et je l'ay affectionné jusques icy parce que j'ay creu que c'estoit le bien de vos subjects et de vostre estat; et en ceste consideration je vous fais ceste depesche pour vous representer qu'ayant appris depuis peu que vous

---

[1] Cette lettre porte la date de 1624 écrite au dos par une main contemporaine. Il est difficile de préciser à quel moment de cette année elle a été écrite.

esties en train de vous engager avec d'autres pour avoir du sel estranger, je ne puis m'imaginer que se soit vostre avantage, veu que vous avez eprouvé en tant de sortes les defauts et manquemans procédés de ce costé la, et si vous croyez mon conseil vous estre utile vous regretterez toute autre convention que celle que [Blaise Raymond et son assocyé, ainsi que plus particulièrement vous sera representé par monsieur l'ambassadeur de Miron auquel le Roy en a donné toute charge. C'est un moyen très utile à vos peuples pour la conservation de l'alliance, & commode à leurs biens & avantage. Je ne me lasserai jamais en ceste occasion & toute autre de vous rendre certain de mon inviolable affection, aussi crois-je que vous la recevrez en bonne part et que vous me ferez voir la vostre en la recommandation que je vous fais de ceste affaire qui regarde des personnes qualiffiées de moyens et d'honneurs et lesquelles ne manqueront de s'en dignement acquister & à vostre contentement; si je n'en estois bien asseuré je n'oserois vous en escrire avec tant de persuasion. Vos Excellences donc se peuvent asseurer sur leur foy et la parole que je vous donne de n'estre jamais autre, Magnifiques, hauts et puissants Seigneurs, que

Vostre bien humble et tres affectionné serviteur.

LESDIGUIÈRES.

CCCLVI.   1625 — 16 AVRIL.

Cop. — B. N. MS. Brienne, vol. 14, p. 389.

CONDITIONS ACCORDÉES POUR LA REDDITION DE LA VILLE DE GAVY.

La ville de Gavi se rendra à son Altesse et à monsieur le Connestable avec toutes les fortifications qui sont au dehors d'icelle et les soldatz de la garnison sortiront demain au matin avec leurs armes et bagages ordinaires, sans aucune sorte de munition de guerre, eccepté celle qu'ils porteront dans leurs bandollieres[1] et fornimens, les drapeaux pliez la mesche esteinte et sans battre le tambour.

[1] Echarpe de cuir à laquelle les arquebusiers suspendaient les cartouches.

La vie demeurera à ceux de la ville et aux femmes l'honneur, avec leurs biens, sauf les monitions de vivre qui seront pour l'usage de l'armée.

Faict au camp dessouz Gavi, le seizieme d'avril 1625.

C. Emanuel,   Lesdiguières [2].

[2] La lettre suivante du duc de Savoie au roi raconte les événements qui précédèrent le siége de Gavi :

« AU ROY.

« Monseigneur, après la déffaite qui se fit à Rossillon, et après avoir emporté les trois forts que les ennemis y avoient fait, je me suis ioint à monsieur le Connétable que desia s'estoit logé en des villages fort proches de Gavi, resolus que nous estions d'emporter cette place la avant que de passer plus oultre, aiant en ce peu de iours avancé tout nostre canon et munitions de guerre pour cet effet. Hier il sembla [bon] à monsieur le Connestable que ie me vinsse loger avec mes trouppes à Caroso, petit village, mais droit à la venue des ennemis et pas plus loing d'une lieue d'Ottagio ou ilz avoient fait leur gros, tant des troupes des Genois qui estoient en bon nombre, comme de celles de Milan, au nombre de six mille, conduites par le seigneur Caracciolo, leur général, et cecy cependant que Pimentel, général de la cavalerye de Milan, entretenoit monsieur le mareschal de Créquy par belles parolles et cérémonies de le vouloir venir veoir. Le matin s'estant avancé le régiment des piedmontois de ma garde vers deux tranchées que gardoit l'ennemi, environ deux mousquetades de nostre quartier, l'escarmouche s'est attaquée si verte, estant renforcée et des uns et des autres, que ne desirant que les nostres perdissent les postes qu'ilz avoient desia gaignez, i'ai fait marcher touttes noz trouppes, une partye par le haut de la montagne et par le milieu, et la cavalerye à bas par la vallée que de lieu à lieu elle pouvoit fort bien iouer, accompagnée toutesfois d'une autre partie de nostre infanterye. Eux de mesme sont venus en groz avec leur cavalerie qui estoyt bien égale de nombre à celle qui estoit de l'avant garde de mes gardes, et une autre trouppe qui avoit esté de garde la nuit. Les piedmontois conduit par la Santena, leur chef, l'un de mes mareschaux de camp, après un rude combat qui a duré plus de deux heures, ont emporté deux forts qu'ils avoient fait sur un pont fort estroit et qu'il sembloyt comme impossible mesme avec le canon de les pouvoir gaigner, et aiants fait cela passarent outre, les faisans soustenir par le régiment de monsieur de Fleury et puis par celuy de monsieur de Saint-Rizan. Aiant passé ces deux forts environ deux mousquetades l'on descouvrit la cavalerie de l'ennemi divisée en quatre gros à la faveur du village d'Ottagio et du chasteau qui est sur un rocher fort hault, et nous estans avancés et ayants fait de mesme les piedmontois et Messieurs de Fleury et Saint-Rizan, tous donnerent en mesme temps si vivement qu'on les emporta, aiant leur cavalerye pris la fuite, de telle sorte qu'à peine la nostre la peut ioindre. Une bonne partye d'eux demeurèrent morts sur la place, les autres se retirèrent par un pont du costé du village qu'un petit ruisseau sépare & là tournèrent à faire teste, debattans fort opiniastrement ce poste, et ce combat dura bien deux heures devant qu'on les peust forcer. A la fin aiants envoié les régiments du marquis de Peveragne et de Saunas par l'autre bout de la ville et par le flanc estant attaquéz de tous costés, furent emportés, se retirans & fuyans au chasteau. Mais premièrement ils mirent le feu à la ville & firent iouer deux mines qu'ils avoient faittes à l'entrée du lieu du costé de la rivière qui n'ont toutesfois fait trop grand dommage aus nostres, lesquels les suivants & les piedmontois & monsieur de Fleury, avec quelques uns du régiment de monsieur de Saint-Rizan qui avoit gaigné le hault de la montagne, s'aprochant du chasteau par un costé de rocher qui venoit quasi à l'égal du chasteau, voiant que ceux qui s'enfuioient devoient passer par la, s'opposant à eulx, les menèrent battans iusques au pied dudit chasteau, la ou monstrans de parlementer aveq les nostres pour se randre ilz firent iouer une mine laquelle fit autant de

1625 — 21 Avril.

Imprimé : *Lettre et avis de monsieur le Connestable de Lesdiguieres au sieur de Soubize.* Escrite du camp de Gavi le vingt uniesme avril. Paris, veuve du Carroy MDCXXV.

[A MONSIEUR DE SOUBIZE.]

Monsieur, l'affection que j'ay pour le service du Roy & pour la conservation de sa gloire, m'a fait vous escrire ce mot, pour vous donner advis de ce qu'on dit par deça de vostre rebellion. Iamais ie n'eusse creu, cependant que nous tachons à rendre vains les efforts de nostre commun ennnemy, que vous eussiez pris le temps de vous souslever, et troubler la France de nouvelles séditions. C'est assez que vostre rebellion eust esclatté dans Saint-Iean & que tant de villes ruinées fussent les marques de vostre courage, sans qu'il faille qu'on croye auiourd'huy de vous que vous estes plus ennemy de vostre patrie que ses ennemis mesmes. Vous scavez qu'anciennement à Rome il y avoit certains gens & principalement les vieillards & les gardiens des temples qui n'estoient jamais contraincts d'aller à la guerre, sinon quand il se falloit battre contre les Gaulois parce que depuis le ravage que Brennus avoit fait dans l'Italie on croyoit combattre pour le pays & pour la liberté quand on combattoit contre un Gaulois, & vous faictes auiourd'huy le contraire. Car au lieu de joindre ce peu de force dommage aux leurs qui estoient aussi dehors et plus, qu'aus nostres, excepté que le pauvre monsieur de Flandes, qui faisoit l'office de sergent maior général de cette armée & lieutenant de monsieur de Saint-Rizan y est demeuré, que ie regrette infiniment pour sa valeur & bonne conduite. Toutesfois les nostres les pressants encores de plus près il se sont randus à ma discretion encores que le chasteau ne se peust prandre qu'avec le canon. Des nostres il y en a fort peu de morts, des leurs quantité ; les prisonniers sont les sieurs Tomas Caracciolo, napolitain, leur général et du conseil de guerre du roy d'Espagne; le sieur Spinola, beau-frère de monsieur l'ambassadeur Marini, lequel estoit venu en cette place & pensoit traitter avec monsieur le Connestable et moi, et par une bonne somme d'argent croioit nous renvoyer d'ou nous étions venus ; le sieur Gentil Doria et un autre Spinola, et environ une vintaine de cappitaines tous pour la plus grand part gentils hommes de très bonne maison, nous estans aussi demeuré les drapeaux. Voila tout ce qui s'est passé en ce jour & et si je suis creu nous ne tarderons pas d'aller à Gennes, puisque nous n'en sommes pas plus loing de quatre à cinq lieues de chemin et j'espère que vostre Majesté me favorisera de ne donner cependant l'oreille à aucun traité qui puisse retarder ou empescher cette entreprise qui est si advantageuse & utile pour son service & suis, etc.

De l'armée de Caroso ce 9 avril 1625.

[C. Emmanuel.]

(Cop. B. N. MS. Brienne, vol. 81, p. 353.)

que vous avez avec les nostres, à deffendre courageusement vostre pays des dangers que nos ennemis luy machinent, vous les convertissez contre vostre propre terre & cherchez des trophées & des triomphes en la deffaicte de nous mesme; si bien que le ciel vous est favorable, que vous n'este pas beaucoup puissant, car vous tascheriez de faire un desert de la plus florissante monarchie du monde. On dit que les herissons se mangent les entrailles; mais je croy que s'il y a quelque sorte de herisson au monde on ne le peut trouver qu'en vostre compagnie & parmy vos bandoliers [1], car il semble que vous vouliez faire voir à toute la terre que vous avez de l'interest à vous perdre & que les triomphes du Roy despendent de vostre deffaicte. Or je vous donne advis que malgré vos incursions, malgré vos courses et vos pilleries, malgré vos pirates & escumeurs de mer qui voltigent toute la coste de la Rochelle, le Roy vous fera voir qu'il est aussi puissant dedans son royaume que dehors et que si ses armes envoyent de la terreur aux provinces esloignées, il pourra bien deffaire une poignée de gens ramassez de toutes parts qui veut troubler son estat. Veritablement c'est une chose honteuse de voir que des gens reformez comme vous estes & qui naturellement hayssez l'Espagne, ayez pris le temps que le Roy veut deffendre ses alliez contre eux. Et qui ne croira desormais que vous avez touché de l'argent & que vous estes pensionnaires de Castille? Il me souvient du temps de vostre derniere rebellion, que tout vostre party crioit tousiours à mes oreilles : Que nous veut-on faire? On laisse prendre Juliers, on laisse prendre le Palatinat et la Valtoline & le Roy quitte ses alliez pour faire la guerre à ses subjects! Que ne nous employe-t-on contre l'Espagnol, on verroit combien nous sommes affectionnez à la France; nous sommes seuls dignes de porter le nom de vray françois, etc. Durant que i'estois à Saint-Iean & aux autres siéges ie n'avois les oreilles assourdies d'autres querelles [2]. Et maintenant voilà les effects de tant de clabaudis [3]. Voila les bons françois en campagne! Voila ces ennemis mortels de l'Espagne! Il ne tient plus qu'à leur décerner des triomphes pour tant de généreux combats qu'ils ont donné. Monsieur, vous estes la cause de tout ce désordre & voila le bruit qui court par deca

---

[1] Voleurs de grand chemin.
[2] Plaintes.
[3] Clameurs.

de vostre rebellion. Vous ne demandez qu'à troubler les cartes à remuer & faire mille desseins dont pas un ne vous reussira qu'à vostre perte, & pensez bien estre asseuré de prendre la route de la mer & de fuir avec vos vaisseaux quand on vous poursuit par terre. Vous savez que ie vous ay autrefois affectionné en tant que le service de mon maistre le permettoit, mais souvenez-vous que Dieu et le Roy sont bien puissans & que si l'un vous chasse de la terre, l'autre vous chassera de la mer et formera mille tempêtes & orages pour vous ensevelir dans vostre rebellion. Car que pouvez vous esperer autre chose; de croire que l'on apprehende vos entreprises, elles ne sont pas si grandes que deux ou trois mille hommes ne vous taillent bien des croupieres & quand on vous poursuivra ce n'est pas tout de prendre la fuitte ny de vous en aller en la nouvelle France ou en Floride, car encore qu'il n'y ait pas de destroit à passer vous n'estes pas si puissant en l'art piratique que vous ne trouviez quelque plus grand pirate que vous. Ie reviens tousiours à ce but; vous avez grand tort de vous souslever contre un prince si doux, si iuste & si débonnaire que le Roy; c'est mal recognoistre l'obligation que vous luy avez de vous avoir pardonné la vie tant de fois & le porter à des resolutions plus severes une autre fois quand vous serez en sa puissance & encore en ce temps ou tout son royaume devroit s'unir pour dompter les forces estrangeres. Revenez donc à vous; repassez par vostre memoire les dangers ou vous estes & l'estat ou est maintenant toute la France; considerés que ce royaume est auiourd'huy la terreur de ses voisins & que ce ne soit point de vous que l'on die qu'il est difficile de se garder d'un serviteur domestique. Veritablement toute l'Italie tremble soubs nos armes, & après tant d'heureux augures de nos victoires, ie serois marry qu'on fust en peine de recommencer de nouvelles guerres civiles. En l'estat ou vous estes vous ne pouvez faire grand mal à la France, ny empescher son bonheur, mais vous ferez vostre cause iuste quand vous dissiperez vostre rebellion; que vous vous jetterez dans les bras du Roy; que vous luy demanderez pardon; ou autrement ne trouvez estrange si on vous poursuit par mer & par terre iusques dans le destroit de Gibraltal & de Magellan, si vous vous y enfuyez. Nous sommes icy près de Genes avec une puissante armée, mais le Roy est près de vous avec toutes les forces de son royaume. Celuy qui vous escrit ne parle qu'avec le zèle qu'un vray françois doit parler à un homme qui veut troubler la France et j'ay trop de passion pour la grandeur de mon pays, pour l'accroissement de sa gloire & pour le service du Roy pour ne vous point reprendre en des actions qui choquent son authorité. Vous trouverez enfin avec le temps la vérité de mes parolles & que celuy qui a vescu soubs le service du Roy veut mourir en ceste querelle & réduire, s'il peut, par ses armes ou par son conseil tous les ennemis de l'estat, etc.

Du camp de Gavi, ce 21 avril.

[LESDIGUIÈRES.] [1]

CCCLVIII.   1625 — 22 AVRIL.

Cop. — B. N. MS. Brienne, vol. 14, p. 391.

CONDITIONS ACCORDÉES PAR SON ALTESSE ET PAR MONSIEUR LE CONNESTABLE AU GOUVERNEUR ET PRÉSIDENT DU CHASTEAU DE GAVY QUI SE REND ENTRE LEURS MAINS.

Le gouverneur rendra ladicte place demain au mattin à quinze heures et en sortira avec toute la garnison, l'honneur et vie sauves, avec leurs armes et bagages à eulx appartenent, tambour battant, enseignes desployées et mesches allumées, à condition qu'ils lairront dans la place l'artillerie et les monitions de guerre et de vivres en l'estat qu'elles sont.

L'on leur permet de faire le chemin d'Ostage et de la Bouquette pour se retirer à Genes et à leurs despens seront donnez les muletz ou chevaux qui seront necessaires pour emporter leur bagage, à la charge que le gouverneur lairra icy quelque hostage pour l'asseurance du retour d'iceux, lequel aussi tost qu'ilz seront retournez sera mis en liberté, accompagné pour suivre le mesme chemin des autres qui

---

[1] Voici encore une lettre que nous ne pouvons attribuer à Lesdiguières, elle est l'œuvre d'un faussaire contemporain comme celle à Rohan (voy. p. 367). Jamais Lesdiguières n'eût parlé de Brennus et des Gaulois, du hérisson qui déchire ses entrailles, de Magellan, etc., et surtout il se fût bien gardé d'accuser Soubize d'être stipendié par la cour d'Espagne. Ce ne sont là ni le style, ni les procédés polémiques de Lesdiguières : cette lettre est évidemment apocryphe.

seront aussi accompagnez en toute seureté par des officiers de l'armée de sa Maiesté et de son Altesse, en facon que par le chemin ilz ne recoivent aucun desplaisir ny empeschement.

Faict à Gavy, le XXIIe avril 1625.

C. Emmanuel,   Lesdiguières.

CCCLIX.   1625 — 29 Juillet.

Cop. — B. N. MS. Brienne, vol. 14, p. 425.

[A MON COUSIN MONSIEUR LE CONNESTABLE.]

Mon cousin, j'ay receu par le sieur de Reaux vostre depesche du XVme de ce mois, par laquelle & par ce qu'il m'a plus particullierement representé de vive voix suivant ses instructions, j'ay entendu ce qui s'estoit passé en la prise du Quaire par noz trouppes, de Stravi et Acqui par les Espagnols & celle de Novi par les Genevois[1], et la resolution que vous aves arrestée aveq mon oncle le duc de Savoye de rafraicher pour quelques iours mon armée pour veiller aux occasions d'entreprendre sur les ennemis. J'ay aussy sceu par le sieur de Reaux les nécessitez ou vous estes et le besoing qu'il y a d'y pourveoir sur touttes les occurances importantes. Je vous diray qu'aiant le sentiment que ie doibz des entreprises attentées contre mon armée, je fais estat de réparer en toute dilligence les forces de mon armée et de conferer aveq les ambassadeurs de Venise et Savoye pour adviser aux moyens de faire fortement la guerre. Le premier m'a offert dix huit mil hommes de pied & deux mil cinq cens chevaulx pour entrer dans le Milannois touttes & quantes fois qu'il sera advisé. Quant à moy je me propose de rendre completz les unze regimens d'infanterie qui sont en l'armée et mettre touttes les compagnies de chevaulx legers jusques à soixante maistres, faire joindre à ces trouppes les six mil hommes de pied & trois cens chevaulx que j'entretiens à mon oncle le duc de Savoye et d'y adjouster deux mil hommes de pied et deux cens chevaulx soubz la conduite du duc de Rohan qui est en terme de se soubzmetre aveq tous ses adherans soubz mon obeissance[2]. J'entends aussy au lieu de la despence de l'artillerye qui se paye à mondict oncle entretenir huict canons & deux coulleuvrines aveq l'atirail necessaire pour les exécuter, lesquelz seront fournis

---

[1] Les Génois.

[2] Le traité avec le duc de Rohan ne fut signé que le 5 février 1626 et fut suivi d'un édit de pacification du 6 avril de la même année. Rohan n'alla donc pas en Italie à cette époque comme le pensait le roi; ce fut seulement en 1635 qu'il prit part à la guerre de la Valteline en qualité de général et qu'il vainquit les Allemands et les Espagnols dans plusieurs batailles.

par mondict oncle, à cause de la difficulté qu'il y auroyt de leur faire passer les monts. Pour les munitions de guerre je feray prendre soixante milliers de pouldre de celles qu'ont esté acheptées et payées à mondit oncle avecq deux mil cinq cens boulletz à canon et mil à coulleuvrine & tout le train de l'artillerie demeurera soubz la charge de mes officiers; c'est le compte que je fais en ce qui me regarde. Je verray avecq ledict ambassadeur de Savoye ce que le Duc son maistre pourra fournir de son costé et sur ce fondement j'esseray de conclure & arrester un nouveau traicté avecq lesdicts princes mes collégues. Quant aux forces de mer je pretends outre les gaillons de mon cousin le duc de Guise qui pouront estre entretenuz à frais communs, faire passer en Italie les vaisseaux de la flotte de Holande et les dix qui seront baillez au sieur de Soubize. Voyla l'ordre que je me propose d'establir pour les affaires de dela dont je feray traictés avecq lesdicts ambassadeurs pour y prandre une bonne et prompte resolution telle que l'importance des affaires le requiert. Et quant ces préparatifs avecq lesquelz j'estime que l'on pourra non seullement s'opposer aux ennemis mais entreprandre sur eulx seront exécuttez, il sera bien à propos de les assaillir en tel lieu qu'il sera jugé convenable et mesmes dans le Millanois, ce que je juge devoir estre attendu jusques alors affin de ne rien tanter foiblement et dont le succez ne soyt tel que nous le devons attendre. Cependant il sera prudence de se tenir sur sa conservation, rafraischir l'armée & arrester par tous remedes le cours des maladies qui me faschent à cause de l'afoiblissement des trouppes et des soldats, mais plus encores parce qu'elles rendent inutilles plusieurs officiers & gentilshommes mes serviteurs, et pour la crainte que i'ay que ces accidens ne montent jusques aux personnes des principaux chefs de mon armée, entre lesquels je prie Dieu, Mon cousin, qu'il vous conserve. J'estime que l'armée des ennemis n'est pas exempte de ces incommoditez & disgraces, de maniere que nous debvons attendre lorsqu'elle aura ung peu de temps travaillé, que nous aurons le retour avecq les forces touttes fraisches qui seront mises sur pied. Je feray au plustost choix de quelques officiers pour remplacer ceux qui vous deffaillent mais je désire que le sieur de Bullion, que j'entendz se vouloir decharger de l'intendance de la justice et des finances, continue en ceste charge, ce que vous luy commanderez de ma part, comme je fais par les lettres que je luy escrits, me confiant en son affection et en sa fidelité en sorte que je scay n'y pouvoir estre mieulx servi que de luy. J'ay apris comme le sieur de la Grange a esté pris dans Novy par les Genevois, je désire que l'on prenne soing de luy et que l'on en fasse eschange avecq aucuns des officiers tenuz par mon oncle le duc de Savoye, ainsy que je luy escris; vous l'aurez doncqs en recommandation. Je vous envoye un memoire par lequel vous verrez le bon advancement qui est donné pour restablir la paix en mon royaume. J'espere que dans peu de jours je vous donneray nouvelles de l'exécution que pourra d'autant plus accelerer le secours que vous attendez en mon armée. Sur ce je prie Dieu, mon cousin, vous avoir en sa saincte garde.

Escript à Fontainebleau, le XXIXme jour de juillet mil six cens vingt cinq.

Louis.

Phelypeaux.

CCCLX.   1625 — 6 Aout.

Cop. — Bibl. de Carpentras. MS Peiresc. Reg. LVIII. p. 376.
Imprimé avec de nombreuses différences : *Histoire de la vie du Connetable de Lesdiguières*, par L. Videl. Paris, 1638, p. 436, et Recueil A. Z., vol. F, p. 163.

[AU ROY.]

Sire, ayant aprins qu'on avoit faict de mauvais discours à votre Majesté sur le subiect des monstres de vostre armée ou l'on m'interesse et monsieur de Bullion bien avant, je n'ay peu differer plus longtemps de vous tesmoigner le ressentiment que j'en ay et de chercher à tirer raison d'une si sensible offence. Votre Majesté croira s'il luy plaist que ie m'entens fort peu à les souffrir, si ie scavois l'autheur de cette-cy ie luy en ferois voir des preuves; mais puisque la personne n'en paraist point et que ie ne scay à quy m'en prendre i'ay recours à vostre iustice, Sire, et vous supplie très humblement qu'il vous plaise me la despartir. Il y a longtemps que ie scay que c'est de la calomnie et ie ne suis pas venu à l'aage de quatre vingt quatre ans sans en ressentir des traits. Mais en cette-cy qui se desment elle-mesme et qui paroist toute nue à quy me cognoist tant soit peu, je regrette infiniment que la cause en soit sy basse et qu'on accuse un Connestable de France de ce dont on chargeroit les commis d'un financier. J'ay assez de biens, Sire, sans en desirer davantage, ou si j'estois poussé de quelque nouvelle ambition d'en avoir, ce ne seroit pas si peu que ce qui peut revenir de bon de trois monstres, votre Majesté le juge bien et qu'une si petite pensée ne sauroit tomber dans mon esprit. C'est ce qui m'oblige d'autant plus de supplier votre Majesté que ie soys satisfait de ces rapporteurs ; vous protestant, Sire, que ie ne le seray point qu'il ne vous plaise de les faire punir ou me condamner moi-mesme et le sieur de Bullion, si nous sommes coupables : certes il ne nous sauroit arriver d'estre plus favorablement aux calomnies et il me semble qu'on ayt voulu nous noircir pour faire paroistre nostre innocence plus nette. Je ne croyois pas pouvoir [escrire] de ma main une si longue lettre, mais elle a repris la force aussi tost qu'il a esté question d'une si légitime defence, en laquelle de rechef ie conjure votre

Majesté comme de la plus grande faveur que i'en saurois recevoir qu'elle prenne la paine d'esclaircir cette imposture et d'ouir la dessus le sieur de Saint Sauveur en presence de messieurs les surintendants des finances, l'ayant très expressement chargé d'en faire instance envers votre Majesté, comme ie vous le fais moy mesme pour ledict sieur de Bullion, qu'il vous plaise, Sire, envoyer quelqu'un qui prenne le soin des finances ou qui soit tesmoin des choses qui s'y passent pour ce regard, car on ne scauroit aussy le blasmer que on ne me blasme moy-mesme pour ce qu'il ne dispose de rien que ie ne l'ay premierement ordonné. Que votre Majesté ne trouve pas mauvais s'il luy plaist si ledict sieur de Saint Sauveur en parle un peu hautement c'est par mon commandement exprès et ie n'auray de repos que ie n'aye sceu ou les autheurs de la calomnie ou la reparation qu'il plaira à votre Majesté nous en estre faite, comme je la supplie très humblement, estant très assuré du bon naturel de votre Majesté qui hayt la meschanceté partout ou elle est et de quelle belle apparence qu'elle soit revestue. Dieu conserve, votre Majesté.

De Montcalier en Piedmont, ce 6 aoust 1625.

[LESDIGUIÈRES.][1]

CCCLXI. 1625 — 15 OCTOBRE.

Imprimé : *Lettre de monseigneur le Connestable au Roy, du quinziesme d'octobre, touchant les armes de sa Majesté estant de present en Italie.* Paris, Jean Bessin, in-12, 14 pp.

[AU ROY.]

Sire, ma derniere depesche vous aura particulierement informé des resolutions que Monsieur de Savoye & moy prismes à Aqui, sur ce que devoit faire l'armée, & par quels nouveaux desseins continuer ses progrès : maintenant je diray à vostre Majesté : comme nous en par-

---

[1] Nous avons eu l'occasion de dire déjà combien nous étaient suspectes les lettres publiées par Videl, nous avons également pu comparer, à diverses reprises, les originaux des pièces qu'il a publiées avec la version qu'il en donne, la précédente doit être comparée à celle qui se trouve à la page 436 de son *Histoire du Connétable*; et l'on verra avec quelle effronterie il ne craint pas de substituer sa prose banale et prétentieuse au style clair et ferme de Lesdiguières

tismes depuis avec toutes les trouppes, & que cependant qu'elles tiroient vers Savonne, nous nous avançasmes, son Altesse & moy, à Spiono, d'où elle partit pour aller à Cortemilla, donner ordre à l'acheminement de quelques siens nouveaux régiments, & de là à Thurin pour quelque incommodité qu'il avoit. L'armée marchant donc le deuxiesme jour de ce mois eut à passer necessairement par une petite ville nommée Castro qui tesmoigna d'abord ne luy vouloir pas ceder, & fit toute contenance de tenir bon, les ennemis y ayans jetté trois ou quatre cens hommes de guerre, moitié Neapolitains du regiment du marquis de Trème, moitié du Milannois de celuy de Ludovic Guasco. Ceste place appartient pour trois quarts & est du domaine de monsieur de Mantoue, l'autre est au Roy d'Espagne, & la souveraineté de l'Empire. La ville fut emportée de force, six heures après qu'on y fut arrivé, & qu'on y eut tiré deux cens coups de canon. Le chasteau se rendit par composition. Cet exploit fut faict, Sire, avec une extresme diligence. Mais cependant comme les Espagnols eussent résolu depuis longtemps de rompre avec votre Majesté, & qu'il fust aisé de juger par les preparatifs qu'ils faisoient de longue main, qu'ils n'en attendoient que l'occasion, le duc de Feria vint le mesme jour de l'attaquement de Castro à Spiono avec quinze mil hommes de pied, quatre mil de cheval & quatorze pièces de canon, & l'ayant emporté, non sans que le capitaine que nous y avions laissé y fist son devoir, il vint le jour mesme à Aqui où nous avions mis garnison un regiment de Valaisiens, & deux autres de son Altesse, avec le sieur de Quillay, sergent de bataille de vostre armée pour y commander. Tellement que ledit Duc s'estant présenté avec la sienne, ledit sieur de Quillay voullant conserver la place quoyque mauvaise, & se preparant à cela le colonel des Valaisiens soit de lascheté ou autrement protesta, dès l'heure qu'il veit l'armée, de ne vouloir point tenir, & que si les autres s'y resolvoient, il feroit son traicté à part, ce qui osta le moyen audit sieur de Quillay d'en rendre bon compte, & le força de rendre la place audit Duc suivant la capitulation que j'envoye à vostre Majesté avec la lettre dudit sieur de Quillay jointe l'une et l'autre à ceste-cy. La nouvelle de cest accident, me fit aussi tost resoudre à y pourvoir & à faire revenir les trouppes qui alloient à Savonne. Et en effet, Monsieur le mareschal de Crequy quoyqu'indisposé, ayant amené les vostres bien qu'en fort petit nombre, à cause des desgats que la maladie y a fait ; & monsieur le prince de Piedmont arrivant le lendemain, nous prismes tous ensemble logis à Bistaigne, où nous apprismes seulement au vray la prise d'Aqui. Je dis seulement pour ce que nous n'en pouvions avoir advis, ny par les assiegez, ny par des espions, parce que tout le pays nous estoit ennemi, & que le peuple tourna tout incontinent son affection au party contraire. Nous voyans donc deceus de l'espérance de secourir cette ville, nous nous voulusmes résoudre à aller le teste baissée, & non nobstant l'inégalité de nos forces, attaquer celles des ennemis : mais nous les trouvasmes si advantageusement logez en un lieu nommé Terso, & vismes si peu de moyen de les aborder, à cause qu'on n'y pouvoit aller que deux à la fois, qu'il fut jugé important au service de vostre Majesté, de changer de résolution. Quant à moy, Sire, je vous supplie très humblement trouver bon que je vous die que jusques à present j'ay mieux aymé faillir par l'obeissance que je dois à vos volontez qu'y contrevenir & vous servir plus utilement, au moins j'ay ceste satisfaction qu'il n'est rien arrivé dont je n'aye fait, il y a longtemps, le presage, & de quoy je n'aye auparavant adverty vostre Majesté : mais elle croira bien, s'il lui plaist, que les Espagnols ne perdront pas l'advantage qu'ils ont sur vos armes, au lieu que nous avons tousjours mesprisé celuy que nous avions sur eux. Toutesfois puisqu'il vous plaist, Sire, par vostre derniere du septiesme du mois passé me deslier les mains, & remettre à mon soing de me comporter, doresnavant envers eux comme je verray plus à propos, puisque le masque est levé, & qu'ils sont entrez à la veue de toute la chrestienneté en manifeste rupture, je me resous (appuyé que je suis de l'authorité de vos commandemens très exprés) de reparer devant les mesmes tesmoings l'injure qu'ils vous ont faite, & me preparer pour cét effet d'entrer avec son Altesse dans le Duché de Milan, & y faire des progrès dignes de vostre réputation. Mais, Sire, il n'est plus temps que je mette devant vos yeux l'intérest de vostre Majesté en ce poinct, & que je recherche des raisons pour s'y obliger davantage, & deux loix, l'y contraignent, dont il est malaisé qu'elle se dispense : l'honneur de ses armes, & la nécessité de nostre deffense. Et certes il faut tirer raison de ceste braverie, ne fust ce que par la coustume que la nation que vous gouvernez, Sire, a de n'en point souffrir. Je sçay bien que vostre Majesté s'y portera par d'autres considerations, mais j'ay creu devoir d'en confier quelques unes à la créance de monsieur des

Reaux pour les faire entendre à vostre Majesté, à laquelle il rend ceste lettre; vous apprendrez par luy, Sire, comme il est impossible que je vous serve s'il ne vous plaist m'en donner les moyens, je luy en remets le discours, & attens la responce de vostre Majesté la plus prompte qu'il se pourra faire, tant à cause de l'importance des affaires qui nous pressent, & des entreprises que nous sommes advertis qu'ont les ennemis, que pour ce que comme sçait vostre Majesté, il n'est point si grande cherté que celle du temps aux occasions où nous sommes. Sire, en escrivant ceste lettre je me suis abouché avec Monsieur de Savoye, & nous avons trouvé bon, son Altesse & moy de laisser pour quelques jours raffraischir vostre armée, & la loger pour cest effect à la teste des ennemis, dont nous verrons cependant la contenance. Sadite Altesse a d'ailleurs quelque dessein sur les ennemis, qu'il y a apparence devoir bien reussir; aussitost que nous en verrons l'occasion nous l'approffiterons à cest effect & ne perdrons aucun temps pour remettre en ces quartiers le nom de vostre Majesté en la splendeur qui nous est possible.

Dieu la conserve selon les vœux continuels, etc.

[15 octobre 1625.]

[LESDIGUIÈRES.]

CCCLXII.   1625 —   OCTOBRE.

Cop. — B. N. MS. Dupuy, vol. 46, p. 122.

DERNIER MEMOIRE QUE MONSIEUR LE CONNESTABLE DONNE PRESENTEMENT AU SIEUR DE SAINT-SAUVEUR POUR ESTRE REPRÉSENTÉ AU ROY ET A MESSIEURS DE SON CONSEIL.

Le Roy est assez informé de l'estat des affaires du Piedmont & de la continuation du siege de Verrue; monsieur le Connestable se resoult avec monsieur le mareschal de Crequy de s'aboucher dans peu de jours avec son Altesse affin d'adviser aux moiens les plus propres qu'on pourra tenir pour tascher de faire lever le siege aux ennemis. Mondit seigneur le Connestable désire offrir à son Altesse ou de garder la ville de Verrue & les dehors avec ses trouppes, ou d'aller au lieu qui sera advisé pour fermer le passage des vivres aux ennemis, & mesmes de luy donner la cavallerie françoise, tant celle qui est desia dans l'armée, que celle que conduit monsieur de Vignolles. Mondit seigneur le Connestable ayant advisé avec monsieur le Mareschal d'accepter celuy des deux partis cy dessus qui sera refusé par son Altesse, il supplye néanmoins sa Majesté de luy commander sa volonté, parce que mondit seigneur juge à propos de tenter seullement cette action pour et à l'occasion du siege de Verrue sans s'engager quant à present à l'attaque du duché de Milan, iusques à ce qu'il aye pleu à sa Majesté luy donner des commandements plus particuliers & pourveoir au contenu cy-après. Toute la chrestienté a connoissance que la cause pour laquelle les armées ont esté levées est le recouvrement de la Valteline empietée par les Espagnols au preiudice du traitté de Vervins, lesquels contre la foy publicque et traicté de Madril en ont voullu et veullent encores à present conserver l'iniuste usurpation de ce qu'ils possedent encores. Pour le recouvrement de ladicte Valteline il a esté donné divers conseils à sa Majesté, les uns avec beaucoup de prudence ont jugé que sa Majesté ne devoit ouvertement rompre avecq l'Espagne, et par diversion et par l'ataque mesme de la Valteline & val de Chevennes, remettre les alliez dans la possession de ce qui leur appartient; monsieur le Connestable en a tousiours jugé autrement et a proposé diverses fois au Roy & mesmes par lettre depuis qu'il a passé les monts que le seul moien de mettre les Espagnols à la raison estoit de leur monstrer le baston à bon escient & d'attaquer fermement le duché de Milan. Il n'est plus question maintenant de parler d'une foible diversion soubz coulleur de Zucar[ell]o ou de l'entreprise de Gennes, il est necessaire que sa Majesté prenne une bonne resolution si elle veult ouvertement faire la guerre aux Espagnols & attaquer le duché de Milan.

Pour y parvenir, au cas que sa Maiesté prenne ceste resolution, il importe au service du Roy de traicter à bon escient avec le roy de la Grande Bretagne, avec les Holandois, avec les princes d'Allemagne, avec les Suisses, pour les engager à des mouvements contre l'Espagne; leurs intérests pour diverses considerations les y obligent. Ils ont neantmoins besoin d'estre sollicités et fomentés à ce dessein par l'auctorité et entremise de sa Majesté; les Suisses exhortez de ne donner plus la liberté du passage dans leur pays; on se peut servir maintenant de l'occasion de Verrue pour leur faire veoir qu'il n'est point question de la deffense du duché de Milan, ains de l'invasion que veullent faire les Espagnols des estatz du duc de Savoye leur allié an préiudice de la liberté de tous les princes chrestiens, et par consequent de la resolution prise et continuée depuis longues années de l'usurpation des estats des [differents] princes de l'Europe, pour mettre la monarchie de toute la chrestienté dans la maison d'Espagne, suivant l'ordre et instruction de l'empereur Charles Quint.

S'il plaist au Roy commander bien particulierement à ses ministres qui sont en Suisse d'empescher le passage des trouppes d'Espagne par leurs cantons & emploier quelques sommes pour cet effet au nom de sa Majesté, le Roy pour dix mil livres aura plus d'authorité pour empescher telz passages que le roy d'Espagne ne pourra gangner & corompre parmi les petits cantons pour soixante mil pour obtenir iceux passages, à cause de l'auctorité de l'alliance de sa Majesté & des jalousies dont les Suisses sont assez susceptibles, cela estant conduit avec argent & avecq le nom de sa Majesté pour faire connoistre aux Suisses leurs propres interests, le desir que les Espagnols ont de les assuiettir aussy bien que les Grisons, et quoyque soubz coulleur de la relligion catholique et aveq les pistoles d'Espagne ilz aient esté emportés, l'intérest de leur liberté peult avec les considerations cy dessus les demouvoir de se laisser ainsy surprendre et tromper par les Espagnolz.

Par le costé de dela il est necessaire de traiter à bon escient avecq les Venitiens & le duc de Savoye affin de resoudre la quantité de leurs forces & le temps qu'ils pourront entrer dans le duché de Millan, affin qu'au mesme temps les forces des ungs et des autres & celles de sa Majesté puissent faire tel effort que l'honneur et le proffit en demeurent à sadicte Majesté le Roy, s'il luy plaist prendre sa resolution sur ce que dessus, et des profficts au cas que l'entreprise reussisse de ce que sa Majesté veult avoir, si sa Majesté veult suivre le mesme dessein du feu Roy son père, ou en disposer autrement comme chose qui depend uniquement de sa volonté.

Sa Majesté se resolvant à ceste guerre il est expedient pour son service de la faire forte et courte, estant sans doubte que lorsque les Espagnolz se verront attaquez à bon escient ils auront recours au Pape pour terminer le differend qui est auiourd'huy sur le bureau. Monsieur le Connestable en tout ce que dessus presupose que le Roy a pourveu & pourveoit à bon escient aux frontieres de son royaume

& que si ses subiects de la relligion pretendue refformée, sur lesquels Dieu a donné une si glorieuse victoire à sa Maiesté que tous ses bons serviteurs ont très grande occasion d'en remercier Dieu et de s'en coniouir avec sa Majesté, comme monsieur le Connestable en a donné charge particuliere audict sieur de Sainct Sauveur, persistent à suplier avec les respects deubz à la dignité royalle sa Majesté de leur accorder la paix, qu'il sera tres expedient au service du Roy que sa Maiesté [la] leur donne de sa plaine puissance et aucthorité royalle affin de ne point unir les Espagnols & Huguenots, qui seroit une faction la plus dangereuse qui puisse attaque la dignité du Roy, et pour laquelle desunir et separer il n'i a sorte d'expedient que sa Majesté ne doibve embrasser, pour se delivrer d'une si puissante damnable & malheureuse [ligue] contre son estat et contre sa personne.

Il est question maintenant de parler de l'armée que monsieur le Connestable juge estre necessaire pour le service de sa Maiesté en laquelle le Roy veult & entend que mondict seigneur aye le commandement.

Par les memoires envoyez à sa Majesté par le sieur Reancs au mois de juillet dernier, le Connestable s'en est expliqué assez particulierement aiant insisté comme il faict que les armées du Roy & celles du Duc servent separement, executant les desseings en divers lieux aveq neantmoins bonne & mutuelle correspondance pour s'entre secourir au temps & aux occasions necessaires.

Le Roy commandera s'il luy plaist que son armée d'Italie, qui sera soubz le commandement de monsieur le Connestable, soit composée de vingt mil hommes de pied au moins. Il y a dix sept regimens destinez pour cette armée, il est necessaire que les recreues se fassent promptement par ceux ausquels le Roy l'a commandé et mesmes par ceux de Serigny, Villeroy & Bourbonne, qui sont fort diminuez à cause des maladies. Sa Majesté est très humblement supliée de commander une levée de quatre mil Suisses des cantons qui ne sont attachez à la deffense du duché de Milan, ceste levée estant necessaire pour faire un corps dans l'armée qui poura mesme bien servir pour la conduite du canon.

Pour la cavallerie sa Majesté a faict entendre que son armée sera composée de XXIIII compagnies de chevaulx legers, en ce non compris la compagnie de gens d'armes de monsieur le Connestable &

celle de monsieur d'Halincourt, et six nouvelles compagnies de carabins de cent chacune, necessaires dans l'armée.

Sa Majesté commandera aussy douze canons ou couleuvrines aveq tout l'equipage necessaire ; comme aussy des poudres, bales, mesches pour l'infanterie. Commandera que les estatz en soient dressez et envoyez à monsieur le Connestable affin de tenir la main que sa Majesté soit servie suivant ses volontés.

Pour empescher les desordres & les necessitez qui causent la ruine de l'armée du Roy, sa Majesté commandera, s'il lui plaist, qu'on traicte avec un notable banquier, Lumagne ou autre, pour advancer deux monstres entieres qui serviront dans les necessités & non autrement à faire le prest de huict en huict jours aux soldats qui seront paiez à la banque, comme aussy à la cavalerie, affin que l'armée de sa Majesté puisse subsister ; le mesme banquier s'obligera de payer de mois en mois les deniers necessaires pour le payement de l'infanterie, cavalerie, canon, vivres et autres despenses de l'armée.

Vesi ce que monsieur le Connestable juge necessaire et à quoy il supplie sa Majesté de commander qu'il soit pourveu et faire entendre ses volontés sur le contenu au present memoire par le retour du courrier qui emmene à la cour ledict sieur de Saint Sauveur.

[Lesdiguières.][1]

---

[1] Voici l'analyse de la réponse du roi au mémoire précédent; elle est fort longue et se trouve à la suite du mémoire de Lesdiguières dans les manuscrits de Dupuy.

I. — Sa Majesté attend des nouvelles sur la convention de Montcalquier entre le Connétable et le Duc. Si le Connétable croit devoir entrer dans le Milanois pour faire lever le siége de Verue, il y est autorisé.

Sa Majesté ne veut pas qu'on fasse un siége d'importance en hiver.

Sa Majesté ordonne à M. de Cœuvres de soutenir le mouvement du Connétable et même d'entrer dans le Milanois avec les Vénitiens

Sa Majesté a pris ses dispositions pour que les Vénitiens concourent à ces desseins.

II. — Sa Majesté persiste dans l'intention de remettre les Grisons ses alliés dans la possession de ce qui leur a été usurpé.

III. — Sa Majesté compte sur ses alliés pour l'aider dans son entreprise contre l'Espagne : M. de Bassompierre, envoyé extraordinaire auprès des cantons suisses, les persuadera de refuser passage aux ennemis du roy sur leur territoire.

IV. — Le sieur Contarini, envoyé par la république de Venise vers sa Majesté, doit s'entendre avec elle pour la soutenir efficacement.

V. — Sa Majesté aura égard aux avis du Connétable pour faire sa paix avec les protestants de France.

VI. — L'armée de sa Majesté doit être séparée de celle de son Altesse tout en entretenant toujours bonnes correspondances avec elle.

VII. — Cette armée sera composée de dix-sept régiments français, et de trois mille chevaux environ.

VIII. — Sa Majesté entretiendra l'équipage des

CCCLXIII.   1625 —   Octobre.

Orig. — A M. Chaper, à Grenoble.

A MONSIEUR, MONSIEUR D'ERBAULT, CONSEILLER DU ROY EN SES CONSEILS ET SECRÉTAIRE DE SES COMMANDEMENTS ET FINANCES.

Monsieur, je supplye très humblement le Roy par une de mes lettres que cette cy accompaigne de vouloir estendre sa grace sur un accident arrivé au sieur de Mas comme vous apprendrez plus amplement. Il appartient à madame la Connestable et je ne puis que prendre part à son intérét, vous supplyant et conjurant, Monsieur, comme fera plus particulierement la lettre de Saint Sauveur de ma part, de m'y obliger d'un nouveau tesmoignage de l'affection qu'il vous plaist me porter et qui me fait estre de tout mon cœur, Monsieur,

Votre tres humble et tres affectionné serviteur.

LESDIGUIERES.

A Chaumont, le..... octobre 1625.

CCCLXIV.   1625 — 19 Novembre.

Cop. — Bibl. de Carpentras, MS. Peiresc. Reg. LVIII, p. 411.

A MONSIEUR D'OPPEDE, CONSEILLER DU ROY EN SES CONSEILS ET PREMIER PRÉSIDENT AU PARLEMENT DE PROVENCE.

Monsieur, nous estant arrivé l'un des plus heureux succès qui se pouvoit desirer pour la reputation des armées du Roy et tous ses serviteurs ayants un commun intheret à sa gloire j'ay bien voleu vous faire ceste despeche pour vous dire comme par la grace de Dieu nous avons chassé les Espaignols de Verrue et délivré par un seul combat cette place qu'ils tenoient assiégée despuis trois moys. J'arrivoy en ce lieu avant hier, d'ou estant tout à l'heure allé voir les travaux d'une et

dix pièces d'artillerie fournies par son Altesse ; elle fournira les boulets, chevaux et officiers.

Fait à Saint-Germain-en-Laye, le XXIX octobre 1625.

d'autre part je trouvai bon, avec messieurs le mareschal de Crequy et marquis de Vignoles dont les troupes n'estoient pas encores à l'armée, de faire attaquer les ennemis dans leurs forts. A quoy ceux qui feurent commandez se porterent si vaillemment, que nonobstant la resistance ennemie ils en emporterent cinq, et après avoir deffaict ceux qui les deffendoient, et que le gros de l'armée Espaignole qui n'estoit pas loin n'osa jamais secourir, la contraignirent elle même de se retirer et de lever le siege environ la minuict avec autant de desordre que de honte. Voila sommairement, Monsieur, le succès de cette action dont vous scaurez les particularités par la relation que je vous envoie et de laquelle Messieurs de vostre compagnie auront part. Conservez moi s'il vous plaist celle qu'il vous a pleu me donner en l'honneur de vos bonnes graces et croyez tousiours que je suis, Monsieur,

Vostre très humble et tres affectionné serviteur.

LESDIGUIÈRES.

A Cressentin, le XIXᵉ novembre 1625.

CCCLXV.   1625 — 25 NOVEMBRE.

Cop. — B. N. MS. Dupuy, vol. 46, p. 132.

MEMOIRE QUE MONSIEUR LE CONNESTABLE ENVOYE PRESENTEMENT EN COUR POUR ESTRE VEU PAR LE ROY ET MESSIEURS DE SON CONSEIL, LEDICT MEMOIRE PORTÉ PAR LE LE COURRIER SAINT-JEAN, LE 25 NOVEMBRE 1625.

Monsieur le Connestable depuis le depart du sieur d'Aubin, a pris resolution avec son Altesse de faire raser tous les travaux qui avoient esté faicts à Verue tant par l'armée du Roy et celle de son Altesse que ses ennemis; ceste exécution s'acheve auiourd'huy XXIIII du mois et on faict advancer l'infanterie qui estoit audit Verue et laquelle doit venir coucher demain à Brianze distant d'une lieue et demie de Santia.

On a advis que les ennemis se tiennent encore en gros à Pontesture on parle de divers desseins qu'ils peuvent avoir et notamment sur Cazal dont le Protonotaire qui est icy de la part du chancellier Guichardy donna advis le jour d'hier et que l'on assembloit touttes les milices du duc de Mantoue pour s'opposer aux efforts des Espagnols. Ledict protonotaire parla de ceste affaire en plein conseil ou il n'y avoit que son Altesse, messeigneurs le Connestable, prince de Piedmont, mareschal de Crequy et monsieur de Buccion; toute assistance fut promise audict Protonotaire par son Altesse et monsieur le Connestable en cas que les Espagnolz attaquassent ouvertement les estats de monsieur de Mantoue & mesme Cazal, ou l'on craint qu'ils n'aient quelque intelligence fomentée par quelques serviteurs dudict Duc qui sont partisans d'Espagne. Il fut représenté audict protonotaire que s'il vouloit mettre Pontesture entre les mains de monsieur le Connestable on luy donnera toutes asseurances & mesmes des ostages pour la restitution de la place, que iusques icy ledict Protonotaire avait donné de belles parolles & de grandes esperances de la part de son maistre mais que d'effet on n'en voyoit point, que s'il donnoit ledict Pontesture c'etoit un moien asseuré pour chasser les Espagnolz et delivrer le Montferrat de leur tirannie. La resolution a este prise entre son Altesse & monsieur le Connestable que l'exécution de l'entreprise de Novare se fera la nuict de vendredy prochain; on y employe quatre mil hommes de pied et sept à huict cens chevaulx; le reste de l'armée ne sera pas esloigné pour servir dans ceste occasion ainsy qu'il sera jugé à propos.

L'armée du Roy pour l'infanterie se trouve en tout composée de huict mil trois ou quatre cens hommes de pied & environ cinq cens chevaux; les recreues de cavallerye ne sont point encore venues. Son Altesse promet en ceste occasion d'avoir quatre mil hommes de pied et mil chevaulx.

Si l'entreprise reussit, les affaires du costé de deca se mettront en tel estat que tout l'hiver il sera difficille aux ennemis d'empescher que l'on ait un très grand advantage sur eux. Les derniers advis qu'a monsieur le Connestable portent que leurs troupes sont encores à Pontesteure; que l'on donne quartier et garnison pour la cavallerie et infanterie; que leur canon et bagage ont esté mis sur le Po pour estre conductz à Milan. Son Altesse promet fournir pouldres, balles et mesches pour l'infanterie et de faire conduire quatre canons & quatre pièces de campaigne.

Tout ce qui est de fascheux en cette occasion sy importante c'est que monsieur le Connestable n'a rien de tout ce que dessus et qu'il faut estre suiect aux irresolutions & manquement ordinaire des choses qui ne sont pas en sa puissance, qui deppendent de son Altesse de Savoye.

Monsieur le Connestable a très bien preveu tous les manquemens et toutes les longueurs accoustumées de deca et a representé à son Altesse les inconveniens qui en peuvent arriver. Son Altesse est allé faire un voiage à Thurin pour (à ce qu'il dit) pourvoir à partye de lesdicts deffaux, promet estre icy jeudi au soir de retour. Il luy a esté representé par monsieur le Connestable que sy l'execution de l'entreprise reussit elle est très bonne, mais il fault avoir Venise et le marquis de Cœuvres, pour de leur costé entreprendre ; qu'il falloit que l'armée du Roy et celle de son Altesse fussent prestes pour attaquer chacun de leur costé ; qu'il luy sembloit à propos, en attendant que toutes choses fussent en estat, de mettre l'armée du Roy en garnison dans ses estats en la paiant en la mesme sorte que l'on a faict cy devant pour le seiour des trouppes. Son Altesse insiste fermement qu'en cas mesme de manquement à l'exécution de l'entreprise de Novare, il est à propos de s'emparer de Romaignan qui est distant d'un quart de lieue de Gastinare appartenant au Duc et de se saisir d'un lieu nommé Olech lequel est proche de Thesen à quatre mil de Gatilnare et qui n'est pas trop esloigné de monsieur le marquis de Cœuvres & que par ce moien on se rendroit maistre de la val de Seria qui aboutit aux Vallaisans & est capable de nourrir les trouppes.

Monsieur le Connestable sur la consideration d'Olech a iugé à propos qu'au mesme temps qu'on aura tenté l'entreprise il fera reconnoistre les lieux de Romaignan et d'Olech et sur ce prendra resolution d'y laisser le reste de l'hiver les trouppes en garnison, lesquelles auront tousiours deriere le Piedmont pour les assister sans qu'on leur puisse coupper le chemin des vivres. Monsieur le Connestable demeure tousiours ferme en ceste resolution pour le service du Roy, que Dieu ayant faict prosperer les armées de sa Majesté par la levée honteuse que les Espagnols ont faite du siége de Verue et qu'après avoir faict tenter l'entreprise de Novare & jugé luy mesme à l'œil s'il sera à propos d'entrer à Romaignan & à Olech, de mettre les trouppes en garnison pour le reste de l'hiver & pendant ce temps la leur faire faire leurs revues, avoir le canon et tout l'attirail necessaire pour à ce printemps entreprendre ce qui sera jugé à propos pour le service de sa Maiesté.

Monsieur le Connestable avec toutte la retenue qui luy a esté possible a representé à son Altesse les inconveniens qui luy peuvent arriver du costé d'Ast & autres endroitcz du Piedmont, en attaquant presentement l'estat de Millan, les armes des Venitiens, celles de sa Maiesté et les siennes n'estant pas encore en l'estat qu'elles doivent estre. Son Altesse asseure d'avoir sy bien pourveu à touttes ses frontieres qu'on n'en doit avoir aucune aprehention ; que le marquis de Sainte Croix qui estoit à la riviere de Gennes s'est retiré; que le prince Thomas s'aproche du costé d'Ast pour avec bonnes trouppes de cavallerye et d'infanterie tenir tout ce costé la conneu; son Altesse insistant tousiours que le seul logement des trouppes dans l'estat de Millan obligera les Venitiens à faire de leur costé ce qu'ilz doibvent.

Monsieur le Connestable en quelque fasson que ce soit se resoult à mettre les trouppes en garnison pour le reste de cet hiver, et pour ce qu'il desire que le Roy soit très particulierement informé de plusieurs choses très importantes à son service il a pris resolution d'envoyer messieurs le mareschal de Crequi & de Bullion pour tant sur le dernier memoire du XXIX octobre que autres affaires faire entendre à sa Maiesté ses sentiments & sur le tout scavoir ce qui luy plaira ordonner. Le dernier partira aussy tost que les trouppes seront en garnison et monsieur le Mareschal quelque temps après en poste affin que tous deux se puissent rencontrer à mesme temps à la cour. A mesure que l'entreprise s'exécutera soit qu'elle reussisse ou non il sera depesché courrier exprès à sa Maiesté.

Monsieur le Connestable est obligé d'advertir le Roy qu'il se trouve de très grandes difficultés sur le suiet de la commission de monsieur de Vignolles : il n'y a point de doubte que comme le plus ancien & premier mareschal de camp il est raisonnable que les autres luy rendent honneur et respect et s'assemblent chez luy, mais c'est chose inouye & qui ne s'est veue iusques à maintenant qu'un mareschal de camp qui n'a que ceste qualité commande aux autres sans que ceux qui sont en pareille condition puissent commander à leur tour, soit en presence ou absence de monsieur le Connestable & mareschal de Crequy. Il seroit beaucoup plus à propos pour esviter les mauvaises rencontres & querelles infaillibles qui naissent d'une telle difference entre ceux qui possèdent une mesme charge, que pour les merites, vertuz et experiance de monsieur le marquis de Vignolles il pleust à sa Maiesté le faire mareschal de France qui est la seulle qualité qui peult donner l'auctorité audict sieur de Vignolles sur les autres mareschaux de camp. Sa Maiesté fera s'il luy plaist considération sur ce que dessus pour ce qu'il peult arriver beaucoup de desordre & de confusion dans l'armée s'il n'y est pourveu par la prudence de sa Maiesté.

Monsieur du Terrail est arrivé il y a presque trois sepmaines avecq cinquante chevaulx legers; monsieur de Beauclerc a escrit de deca que la volonté de sa Maiesté estoit qu'il eust la compagnie dont le sieur Des Ruanx s'est vollontairement desmis. Il est nécessaire que sa Maiesté commande, s'il luy plaist, sa commission & l'ordre pour sa receue pour ce qu'il peult faire une très bonne compagnie en Auvergne ou il a partie de ses biens.

Sa Maiesté est très humblement suppliée par mondit sieur le Connestable de considerer que l'establissement & subsistence de l'hospital de l'armée estant de très grande importance il est necessaire qu'elle commande que le fonds n'en soit point diverty, ains qu'au contraire il soit mis entre les mains du tresorier sans longueur ou difficulté, et que pour l'effet il soit commandé à monsieur de Bordeaux que les aulmosnes des sept nouveaux regimentz qui ont faict monstre de deca soient envoiées au plustost, n'estant pas raisonnable que tels deniers soient divertis puisqu'ils ont esté accordés par sa Maiesté.

Monsieur le Connestable aiant pourveu à toutes choses necessaires & les trouppes mises en garnison faict estat de faire un voyage en Dauphiné pour repasser les montz touttes les fois et quantes qu'il sera necessaire pour le service de sa Maiesté.

Faict le XXV novembre 1625 (¹).

[LESDIGUIÈRES.]

---

¹ Voici l'analyse de la réponse que fit le roi au mémoire précédent de Lesdiguières, elle se trouve dans les manuscrits de Dupuis à la suite du mémoire de Lesdiguières :

I. — Sa Majesté approuve l'applanissement des travaux des Espagnols devant Verrue.

II. — Sa Majesté a pour agréable les promesses faites par le Connétable au duc de Mantoue et veut qu'au besoin elles soient suivies d'effet. Il tâchera de persuader à ce prince de livrer entre ses mains une ville et donne pouvoir au Connétable de la recevoir.

III. — Sa Majesté attend de promptes nouvelles de l'entreprise projetée.

IV. — Sa Majesté trouve que l'infanterie de son armée n'est pas assez forte, elle prie le maréchal de tenir la main à ce que les compagnies soient au complet.

V. — L'entreprise projetée est avantageuse, mais on doute du succès; on attend pour se décider de nouveaux avis du Connétable.

VI. — L'arrivée prochaine de munitions de guerre et d'artillerie tirera le Connétable de tout souci à cet égard.

CCCLXVI.   1625 — 24 Décembre.

Orig. — B. N. MS. F. 15583, p. 143.

A MONSIEUR, MONSIEUR D'AERSEN, AMBASSADEUR EXTRAORDINAIRE POUR MESSIEURS LES ESTATZ DU PAYS BAS PRÈS DU ROY.

Monsieur, les tesmoignages qu'il vous a pleu me donner de l'honneur de vostre amytié par celuy de vostre lettre m'obligent d'autant plus que j'ay tousjours désiré cette faveur de vous et maintenant que je l'ay receue je l'estime et la cheris autant que personne du monde. Les sentiments que vous avez des afferes de l'estat sont si bons et si conformes à ceux de tous les gens de bien que j'ay pris occasion d'en fere une despesche au Roy et de luy envoyer comme je fay vostre lettre. Vous verrez entre les mains de monsieur le baron de Coppet en quels termes j'en escrys; Dieu veuille que l'on y face telle consideration que le bien de l'estat s'y trouve, quant à moy je seray satisfait de n'avoir jamais conseillé que l'advantage du service du Roy. Vous scaurez bien, Monsieur, le voir et l'entretenir sur ce sujet. Je rechercheray tousjours les moyens de vous honnorer & servir, vous en donnant cette nouvelle asseurance en qualité, Monsieur, de

    Vostre bien humble et plus affectionné serviteur.

LESDIGUIÈRES.

A Turin, le 24 decembre 1625.

VII et VIII. — Si l'entreprise projetée ne réussit pas, l'armée de sa Majesté doit prendre garnison en Piémont et non dans le Milanais, pour pourvoir aux recrues et à autres choses nécessaires pour entreprendre quelque chose au printemps.

IX. — La réponse précédente y répond également.

X. — Sa Majesté veut que MM. de Créqui et de Bullion demeurent à l'armée et que l'on fasse choix pour venir vers lui de quelque personne dont la présence y soit moins nécessaire.

XI. — Sa Majesté désire que les prérogatives accordées par elle au sieur de Vignolle soient maintenues, elle autorise néanmoins le Connétable à régler les prétentions des autres maréchaux de camp, de manière à ce que la bonne intelligence ne soit pas troublée.

XII. — Le sieur de Reanx ayant droit à une compagnie de cinquante hommes, celle du sieur du Terrail ne doit pas dépasser ce nombre.

XIII. — Sa Majesté ordonne qu'il ne soit fait aucun détournement des fonds destinés à l'hôpital de l'armée quoique la nécessité ne s'en fasse point sentir encore.

XIV. — Sa Majesté désire que le Connétable ne quitte pas son armée où sa présence est indispensable.

Sa Majesté a décidé en outre de faire fournir régulièrement à son armée de Piémont chaque mois le prêt de ses troupes, de deux sols par homme et par semaine et d'envoyer régulièrement tous les trois mois le paiement des montres.

Faict à Paris le XVIIe décembre 1625.

CCCLXVII.   1625 — 24 Décembre.

Cop. — Bibl. de Carpentras, MS. Peiresc. Reg. XXXI, vol. 2, p. 296.

AU ROY MON SOUVERAIN SEIGNEUR.

Sire, le baron de Coppet m'ayant informé depuis peu de l'estat des affaires de la Rochelle et le sieur d'Harcens, ambassadeur extraordinaire de messieurs de Hollande près de votre Majesté, ayant adiousté la depesche que i'ay iointe à ceste cy, je me suis creu obligé et par l'importance du suict et par l'affection que i'ay tousiours eue au bien de vostre service de vous supplier et coniurer, Sire, de trouver bon que ie vous remonstre avec tout le respect qui se peut, qu'encores que l'obstination de ce peuple débauché soit extrême et qu'il semble qu'on ne sauroit rien adjouster à sa dureté, ce néantmoins vostre prudence doibt faire retarder l'effet des resolutions qu'un juste courroux vous pourroit disposer de prendre, et remettre à une autre occasion d'en tesmoigner vos ressentimens. Car ie vous donne cecy pour une vérité plus certaine que la lumiere que si vostre Majesté laisse naistre du trouble dans son estat elle donne la partie gaignée aux Espagnols et leur ouvre le dernier chemin à la monarchie universelle. C'est vous, Sire, qui pouvez seul les empescher d'y parvenir et ceste mesme raison faict que toutes les puissances de la chretienté s'appuyent dessus la vostre. Sans l'assistance qu'elles ont de vous et qu'elles en attendent en ceste occasion, toute leur resistance est vaine et si selon le but de cet ennemy commun l'occupation domestique vous divertit, elles courent fortune de subir le joug qu'elles fuient et vostre Majesté mesme met son estat au hazard de tomber en de grands inconveniens. Ce n'est pas que ie pretende excuser aulcunement ceux que la desobeyssance a rendus coulpables et qu'en ce qui est des Rochellois je condamne leur rebellion avec tous les rigueurs du monde, car c'est sans doubte qu'ils font un crime dont, après vostre Majesté, Dieu mesme se reserve la vengeance et qu'ils doibvent absolument et d'une obeissance sans condition, vous reconnoistre, Sire, et vous rendre tous debvoirs de bons et fideles subiects. Mais il est certain aussy que comme vous estes des plus sages roys de la terre vous pouvez user en cet endroict de vostre royale prudence et pratiquer cette adresse si necessaire qui semble faire partie des fonctions de la royauté. Et pour ce qui regarde vostre estat c'est en ouvrir la porte aux Espagnols que d'y allumer à present la guerre. Et ne doubtez point, Sire, qu'ils ne l'y fomentent et augmentent de tout leur pouvoir. Pareilles causes l'ont iadis mis en de telles confusions qu'à peine cinquante ans en ont ils pu voir la fin et cela mesme a faict aultrefois tous ces desordres et malheurs qui ne pouvoient estre surmontés que par la valeur du feu Roy vostre père. Je ne doubte point que parmi ceux qui ont l'honneur de vous approcher il n'y en ait qui vous veuillent rendre mes advis suspects et faire passer ma sincerité pour un secret rapport qu'ils disent que ie preste aux rebelles. Graces à Dieu, vostre Majesté n'est pas susceptible des impressions qu'on luy veut donner au préiudice de ses bons serviteurs et le temps justifie asses que mes conseils ne regardent que vostre service; mais enfin tout ce qu'on peut dire pour desguiser la sincerité de mes intentions et tous les artifices des mauvais esprits qui me veulent rendre inutile ne scauroient m'empescher de vous dire mes sentiments comme i'y suis obligé et ie ne feindray point de protester pour la descharge de ma conscience, que vous conseiller en ce temps icy de porter vos armes à la Rochelle et faire un embrasement qui deviendra bientot général, ce n'est nullement vous servir. Car quoyqu'on croye que ny le Languedoc ny la Guyenne n'y auront pas part on void desia le contraire, et vostre Majesté sait je m'asseure, ce qui se passe en une de ces deux provinces la. A une autre occasion s'ils ne s'amendent vous aurez tousiours la mesme puissance, voire s'il le fault ainsy dire, vous en aurez mieux le moyen, et peut etre cependant recognoistront-ils leur debvoir et outre qu'ayant faict glorieusement vos affaires en Italie vous pourrez triumpher à la fois de deux ennemys ensemble, des intestins et des estrangers. Au lieu que sy vous aimez mieux chasser les aultres que dompter ceulx cy vous perdrez les advantages qui s'en presentent et que tous les Roys vos predecesseurs n'ont jamais peu rencontrer. Que votre Majesté pardonne, s'il luy plaist, à mon affection la longueur de ce discours ; j'attends sur ce subiect sa reponse et prie Dieu qu'il la comble de toutes ses graces, Sire,

Vostre très humble, très obeyssant et très fidele subiect et serviteur.

LESDIGUIÈRES.

De Thurin, le 24 decembre 1625.

CCCLXVIII. 1625 — 27 Décembre.[1]

Cop. — B. N. MS. F. 23635.

ACTE DE MONSIEUR LE DUC DE SAVOYE ET MONSIEUR LE CONNESTABLE ET DU RÉSIDANT DE VENISE POUR METTRE LEURS ARMÉES EN CAMPAGNE.

Ayant la Republique de Venise faict scavoir par monsieur d'Aligre, ambassadeur de sa Majesté auprès d'elle, par son résidant auprès de son Altesse, que les difficultés qu'elle faisoit d'entrer en armes dans le Milannois consistoient seulement en le doute qu'elle avoit que sa Majesté ny son Altesse eussent les troupes portées par la ligue[2], sadicte Altesse et monsieur le Connestable ont faict entendre audit sieur résident que sa Majesté aura les troupes portées par la ligue, comme aussy son Altesse pour attaquer l'estat de Milan dans le 8e febvrier prochain, ausquelles on donnera la monstre générale sur les frontieres d'icelluy, affin que Messieurs de Venise se puissent mieux asseurer que lesdictes troupes sont complettes et du nombre porté par l'alliance, et eux en feront le mesme des leurs. Et sera deputé de part et d'autre pour cet effect dans le susdict temps afin que sa Majesté et son Altesse scachent aussy que elles sont en l'estat qu'ils les doivent avoir pour exécuter tant les ungs que les autres leur entreprinse projetée sur l'estat de Milan des le 15e du mesme moys, sans consommer daventage le temps et de despense inutilement, mais se prévaloir d'une conjoncture en laquelle les Espagnols se trouvent maintenant si foibles et espouvantez pour exécuter ladite entreprise, pour laquelle monsieur le Connestable laisse icy monsieur de Vignolles qui commandera généralement aux troupes de sa Maiesté durant son absence avec tout pouvoir et autorité necessaire, encore qu'il espere de s'y trouver à temps en personne.

Faict en l'armée à Santhia, le 27 decembre 1625.

   EMMANUEL,   LESDIGUIÈRES.

---

[1] Cette pièce est datée par une erreur du copiste de l'année 1627, mais les documents qui la précèdent et la suivent dans le volume 23635 des MS. de la Bibl. nation. sont tous de 1625 et les faits dont il est question ne peuvent se rapporter qu'à cette année. Nous lui avons donc restitué sa vraie date.

[2] Eussent la quantité de troupes stipulée dans les traités d'alliance.

CCCLXIX. 1626 — 6 Janvier.

Orig. — Arch. munic. de Lyon AA, 46.

A MESSIEURS, MESSIEURS LES PRÉVOST DES MARCHANDS ET ESCHEVINS DE LA VILLE DE LYON.

Messieurs, je ne fais nul doute que vous n'ayez sçeu, il y a quelques jours, la prise du Pousin et autres places qui sont le long de la rivière du Rosne, par les rebelles,[1] et que vous ne jugiez que ce commancement peut avoir une suitte dont le préjudice vous toucheroit autant ou plus que ceux de cette province, à cause du commerce qui seroit entièrement ruyné; le plus prompt remède, doncques, et le plus asseuré que j'y puisse trouver, c'est de penser aux moyens d'estaindre le mal en sa source, à quoy je suis entièrement dispozé. Vostre propre interestz vous oblige de faire bonne considération sur ce qui vous sera représenté par monsieur le marquis de Villeroy, lequel j'ay prié de vous faire entendre les raisons proposées sur ce sujet. Je suis très asseuré que, considérant le notable préjudice que vous y avez, vous vous disposerés à me donner promptement aviz de voz sentimens là-dessus, pour, après, pourvoir à tout ce qui sera nécessaire; vous asseurant qu'en mon particulier, j'y porteray ma personne et tout ce qui sera de mon pouvoir pour le bien du service du Roy, le repos et solagement des provinces voisines et mesmes de la vostre, affin de vous témoigner que je suis véritablement et autant que vous le pouvez souhaitter, Messieurs,

Vostre bien humble pour vous faire service.

Lesdiguières.

Le jour des Roys 1626, à Grenoble.

[1] Le 1er janvier 1626, Brison, sur l'ordre de Rohan, s'approcha du Pouzin avec les capitaines Charrier, Bavas et d'Entrevaux; il surprit la place, et, pour se préparer un point de jonction avec les protestants du Dauphiné, il fit élever sur la rive gauche du Rhône un fort nommé la Poule. Lesdiguières voulut d'abord négocier avec lui et lui faire rendre sa conquête de bonne grâce, mais il n'y réussit pas. Bien plus, Brison attaqua et défit à Loriol la compagnie de gendarmes du Connétable. Dans l'impossibilité où il se trouvait d'envoyer contre les rebelles des troupes assez fortes pour les battre, Lesdiguières continua à négocier. A la même époque Montauban, fils de Gouvernet, se souleva dans les baronnies et s'empara de quelques petites places, mais cette prise d'armes ne fut pas sérieuse et ne donna aucune crainte à Lesdiguières. Montauban ne tarda pas à se soumettre moyennant un brevet de maréchal de camp.

CCCLXX.   1626 — 11 Janvier.

Cop. — Bibl. de Grenoble.

[ORDONNANCE PRESCRIVANT UNE LEVÉE DE TROUPES CONTRE LES REBELLES.]

[Le duc de Lesdiguières pair & connestable de France :]
Comme ainsi soit qu'à cause des mouvements survenus en quelques endroits de cette province par la rebellion du sieur de Montauban et autres ses adherants, il serait necessaire de mettre promptement sur pied quelques troupes pour s'opposer à leur insolence et que nous n'en jugerions point de plus propre moyen que d'y employer les subjects de sa Majesté qui sont demeurés dans son obeyssance, nous mandons et ordonnons aux consuls des dix villes de ceste province de tenir prest chacune d'icelles cent hommes de pied armés, pour servir où leur sera par nous ordonné.

A Grenoble, le 11 janvier 1626.

LESDIGUIÈRES.

CCCLXXI.   1626 — 11 Janvier.

Orig. — Arch. munic. de Vienne (Isère).

[ORDONNANCE CONVOQUANT LES DEPUTÉS DE DIX VILLES.]

Le duc de Lesdiguieres, pair & conestable de France :
Estant necessaire pour le bien du service du Roy et celluy de ceste province d'y faire promptement assemblée des dix villes, nous leur mandons et ordonnons d'envoyer leurs desputtés avecq pouvoirs et procurations suffizantes pour se rendre en ceste ville de Grenoble au vingtiesme de ce moys precisement, pour y entendre & resoudre ce qui leur sera proposé par nous.

Faict à Grenoble, le unziesme janvier mil VIe vingt six.

LESDIGUIÈRES [1].

---

[1] Cette ordonnance est accompagnée de la lettre suivante des commis des états aux consuls de Vienne :

« Les commis des Etats du Dauphiné aux consuls de Vienne.

« Messieurs, vous verres par les ordonnances

CCCLXXII.   1626 — 13 Janvier.

Cop. — B. N. MS. F. 23613.

[A MONSIEUR LE MARESCHAL DE BASSOMPIERRE.][1]

Monsieur, je responds à l'honneur de vostre lettre du deuxiesme de ce mois par un remerciement très humble que ie vous fay du soing qu'il vous a pleu prendre de m'informer du progrès de vostre négociation que vostre prudence et vostre dexterité feront enfin aboutir au

de monseigneur le Conestable desquelles nous vous envoyons coppies, comme il vous ordonne d'envoyer vos desputtés en ceste ville au vingtiesme de ce moys et satisfaire au surplus de ce qui est porté par lesdites ordonnances, de quoy nous vous avons voullu donner advis affin que ne fassiez faulte de vous rendre en cestedicte ville de Grenoble audit jour vingtiesme du present moys avecq pouvoir & procuration suffisante de vostre ville pour desliberer et resoudre sur ce qui sera proposé ; et sur ceste créance nous demeurons, Messieurs, vos plus affectionnés serviteurs. Les comys des Estatz du Daulphiné.

« Grand.

« A Grenoble, le VIIe janvier 1626. »

[1] Voici la lettre de Bassompierre à laquelle Lesdiguières répond :

[A Monseigneur le Connétable.]

« Monseigneur, j'avois asses bonne opinion de moy pour ne croire pas facilement que le Roy m'eust voulu envoyer en ambassade lorsqu'il avoit des fortes guerres au dedans et au dehors de son royaume, et moins encore que son Connestable luy eust conseillé : l'un et l'autre l'ont faict neantmoins à ma confusion, et la honte que j'en ay eue m'a empesché de vous donner advis selon mon devoir, de la commission dont il a pleu au Roy non m'honorer, mais me mespriser, jusques à ce que i'y 'aye esté embarqué bien avant. Je commence cette nouvelle année, que ie vous souhaitte avec beaucoup d'autres très heureuses, par les nouvelles assurances du mesme très humble service que ie vous ay voué et continué depuis vingt-cinq ans, et commenceray quant et quant de vous rendre compte de la negociation que vos pressentes instances m'ont procuré. Ma venue en Suisse a esté accompagnée de tant d'applaudissement de ces peuples que i'ay subject d'esperer qu'elle sera heureuse pour le service du Roy ; elle a donné de si grands ombrages au Nonce du Pape et aux ambassadeurs d'Espagne qu'ils se sont estroictement conjoints pour s'opposer à mes desseins, à quoy ils employent toutes leurs forces et industrie ; ceux cy avec quelque moderation, mais le Nonce si violamment et ouvertement qu'il se monstre nostre ennemy declaré. Il nous importe toutes fois si fort qu'il ne paroisse pas tel, que ie feray l'impossible pour apprivoiser cette beste farouche, qui ne manque pas de crédit parmy les cantons catholiques, lesquels de tous temps ont porté une grande révérence au sainct Siege. J'auray aussy quelque peine à mon advis à réduire les protestans qui s'opiniastreront de ne rien relascher à l'advantage de la relligion catholique en la Valteline, ce qu'il faudra neantmoins faire pour parvenir à une géneralle union de toute la Suisse en nostre faveur. Ils apprehendent aussy que si nous forçons les Espagnols à rechercher et conclure la paix, ce que nous pourrons faire si j'obtiens des Suisses ce que j'en demande et pretends, le Roy ne retourne ses armes contre les huguenots de France qui ne luy en donnent que trop de sujet. Voilà, Monseigneur, les principalles difficultés qui pourront traverser ou retarder les affaires de sa Maiesté, que ie surmonteray, Dieu aydant, avec un peu d'industrie, assez de crédit et beaucoup d'argent que le Roy a envoyé ;

poinct qu'il est necessaire pour l'adventage du service du Roy, et il ne faut point doubter qu'elle ne reussisse entre vos mains quelque difficulté qui s'y rencontre. A l'heure que vous m'avez fait l'honneur de m'escrire vous vous attendiez à la tenue de la diette que vous avez convoquée à Solleure ; je veux esperer que ce sera la que les choses se porteront aux termes que vous desirez et que monsieur le Nonce aura le desplaisir de vous avoir inutilement rendu ses mauvais offices. Si comme il vous plaist me promettre vous me donnez advis du succès de cette action vous continuerez, Monsieur, à m'obliger. Je suis de retour en cette ville depuis huict iours après avoir laissé l'armée du Roy dans les garnisons soubs le commandement de monsieur le marquis de Vignolles et y avoir establi toutes choses pour cet hiver en la sorte qu'on eust peu desirer. Cependant i'ai trouvé que le sieur de Montauban abusant des graces du Roy et en usant encores contre luy-même, s'est ouvertement revolté de son service avec quelques siens adherans, a saisy deux ou trois bicoques en cette province, d'où le sieur comte de Sault se prepare de les chasser. Mais ce n'est pas tout, le sieur de Brisson a pétardé et pris le Pouzin, commenceant la desbauche en Vivaretz, où i'espere avec l'ayde de Dieu de ne la leur laisser pas faire longue. Je sollicite pour cet effect ceux que la prinse de cette place interesse plus que moy à pourvoir aux moyens de la reduire. Voila sommairement nos nouvelles ; continuez moy s'il vous plaist l'honneur de vos bonnes graces, et croyez que c'est un bien que personne au monde ne cherit plus, Monsieur, que

Vostre bien humble et très affectionné serviteur.

LESDIGUIÈRES.

A Grenoble, ce 13e janvier 1626.

quant à moy ie me hasteray le plus qu'il me sera possible en accomplissant ma commission de quitter la charge d'ambassadeur pour servir soubs la vostre en la mienne de mareschal de France et me faire de plus en plus estimer de vous, digne de cette qualité et de celle, Monseigneur de vostre, etc.

« [BASSOMPIERRE].

(Cop. B. N. MS. F. 23612.)

En tête de cette lettre on lit : Lettre au Connétable du 2 janvier.

Il faut lire le récit des négociations de Bassompierre relatives au traité sur la Valteline, dans ses mémoires (vol III, pp. 215 à 235. Renouard, 1875), où l'on trouvera sur ces événements les détails les plus complets.

CCCLXXIII.   1626 — 22 Janvier.

<small>Orig. — Arch. de l'État, à Genève.</small>

A MESSIEURS, MESSIEURS LES SINDICS DE L'ILLUSTRE RÉPUBLIQUE
DE GENÈVE.

Messieurs, vous receuvrez cête letre de la main de celuy qui a charge du sieur colonel Heyd de la conduite de deux cent soldats Suisses levés pour la recreue de ses compaignies au canton de Fribourg. Je vous prie et conjure par vostre affection au service du Roy de leur donner passage par vostre ville, selon l'ordre que vous leur establirez et ferez observer. Sa Majesté vous en saura gré, et je seray tousjours, Messieurs,

Vostre bien humble et tres affectioné serviteur.

LESDIGUIÈRES.

A Grenoble, ce 22 janvyer 1626.

CCCLXXIV.   1626 — 22 Janvier.

<small>Orig. — Arch. de l'État, à Fribourg.</small>

AUX MAGNIFIQUES SEIGNEURS LES SEIGNEURS AVOYER ET CONSEIL
DE L'ILLUSTRE RÉPUBLIQUE ET CANTON DE FRIBOURG.

Magnifiques Seigneurs, si les occasions qui se présentent icy pour le service du Roy n'y eussent retenus par mon ordre et commandement le sieur collonnel Heyd, lui mesme vous eust rendu ceste lettre. Elle vous est par moy escripte pour vous supplier et conjurer par la sincère affection qui a tousjours parue en vous pour le service de sa Majesté, de permettre audit sieur collonnel de lever promptement en vostre estat deux cents soldats de vos subjects pour la recreue de ses deux compaignies, desquelles j'ay besoing pour le mesme service; & encore qu'elles soient en garnison en ceste ville de Grenoble et fort de Barraulx, je ne laisse de les faire servir selon les occurances, parce que j'ay une perfect fience en la personne dudict sieur Collonnel et aux soldats de vostre nation. Je me promest ceste juste faveur de vous, & vous pourrez disposer de moy la ou je vous pourrois faire cognoistre que je suis, Magnifiques Seigneurs,

    Vostre bien humble et bien affectioné serviteur,

             LESDIGUIÈRES.

A Grenoble, ce 22 janvier 1626.

CCCLXXV.   1626 — 27 JANVIER.

Orig. — Arch. de M. le M¹ˢ de Florent, à Tain.

A MONSIEUR DE LA ROCHE DE GRANE.

Mon amy, je me suis bien douté que vous feryez difficulté d'accepter la compagnye que je vous ay offerte au regiment du comte de Sault, sur la nouvelle recreue qui se va faire de huit compagnyes, parce qu'à la verité vostre merite et vos services vous doivent faire esperer plus que cela. Je desire vostre contentement autant qu'il m'est possible pour vous temoigner que vous estes tousjours bien avant en mon affection; si vous y voulez encore penser, je vous asseure que vous aurez la premiere compagnye du susdict regiment avec tous les avantages à moy possibles. Vous me donnerez avis à vostre commodité de la resolution que vous aurez prise la dessus, et si vous ne vous y pouvez disposer, je ne lairray pourtant de continuer à vous aimer et servir en toutes occasions ou j'en auray le moyen, vous souhaitant toute sorte de santé et que vous me croyez aussi veritablement que je suis, Mon amy,

    Vostre bien humble à vous faire service.

            LESDIGUIÈRES.

Ce 27 janvier 1626, à Grenoble.

J'espere de vous voir dans peu de jours à Valances et savoir vostre intention plus particuliere.

CCCLXXVI.   1626 — 4 Février

Cop. — B. N. MS. F. 3690, (p. 160) et 23613.

[A MONSIEUR LE MARESCHAL DE BASSOMPIERRE.]

Monsieur, j'ay receu deux des vostres à la fois, l'une du 15 et l'autre du 23 passé [1], et je continue ensuitte de la despesche que vous aurez

---

[1] Voici les deux lettres de Bassompierre auxquelles répond Lesdiguières.

« [A Monseigneur le Connestable.]

« Monseigneur, depuis ma dernière du deuxiesme du mois il ne s'est passé autre chose par deça jusques à dimanche dernier unziesme du mois, qui estoit le jour auquel nous avons convoqué la journée en ce lieu de Solleure ou tous les deputez des 13 cantons et Valezains se sont rendus ; monsieur le Nonce n'a pas manqué de s'y trouver pour y troubler nos affaires et bien que nous luy ayons tesmoigné et luy à nous toutte sorte de bonne volonté en apparence, il n'a laissé par une longue harangue qu'il fit hier de protester qu'il ne pouvoit consentir à aucune chose de ce que nous demandions, ny sa Sainteté recevoir nul contentement du Roy qu'il ne luy ait préalablement restitué la Valteline sans aucune clause ni restriction, et sans qu'il se veuille obliger de la remettre puis après entre les mains des Grisons, ny limiter aucun temps pour cet effect. Il a faict aussy une longue harangue pour prouver que le pape Grégoire quinziesme n'est jamais intervenu ny n'a demandé au roi d'Espagne qu'il restituast la Valteline aux Grisons, bien que le traité de Madrid en soit plain et que son envoy par ledict Pape aux Suisses tesmoigne le contraire et les lettres mesmes dudit Pape aux cantons fassent voir qu'il l'envoyoit pour se joindre aux ambassadeurs de France et d'Espagne à l'effect de ladite restitution. Il a faict aussy instance pour fermer les passages aux trouppes du Roi qui passent en Valteline, mais i'espère que ses poursuittes seront vaines , que nous aurons des cantons catholiques une declaration par laquelle ils redemandent la Valteline pour les Grisons avec quelque seureté de la religion catholique et que de ce ils envoyeront en faire instance au Pape, comme aussy de s'accomoder avec le Roy. Les cantons protestans demeurent fermes au traicté de Madrid. Voilà, Monseigneur, ou nous en sommes jusqu'à l'heure présente continuans nostre journée laquelle i'espère ne finira pas que ie n'obtienne la closture des passages pour les trouppes qui passent en Italie. Je croy estre à propos de vous dire, Monseigneur, que monsieur le Nonce m'a tesmoigné que si l'ambassadeur d'Espagne et moy nous pouvions joindre, que nous tomberions facilement d'accord et qu'il y voyoit de la disposition et qu'il esperoit que ledit Ambassadeur auroit bientost très ample pouvoir, et que cette affaire estant accordée entre nous et l'Espagne qu'il n'y auroit par après gueres de difficulté de porter sa Sainteté à ce que nous desirons ; c'est ce qui me fait croire que le Pape s'est comme obligé audit roy d'Espagne de ne rien faire sans luy. Nous avons icy monsieur le président de Manthon, ambassadeur pour son Altesse de Savoye, lequel s'employe en tout ce qu'il peut pour nous assister. Je vous supplie très humblement, Monseigneur, de tesmoigner à sadite Altesse quelque ressentiment de cela et l'en remercier ; l'ambassadeur d'Espagne n'a point paru icy, ie pense qu'il a creu y avoir un bon agent en monsieur le Nonce. Le Roy a tesmoigné avoir dessin de se servir du marquis Pompée Frangipanni en la qualité de mareschal de camp de son armée d'Italie, si cela arrive, Monseigneur, je vous supplie très humblement de l'avoir en singulière recommandation comme personnage d'un très grand mérite. Vous nous avez vus ensemble mareschaux de camp en l'armée du Roy devant Montauban et je l'avois desia connu il y a vingt trois ans en Hon-

desja eue de moy, à vous rendre mes tres humbles remerciements du grie et est un des principaux amys de monsieur le mareschal de Créquy et de moy qui est une condition qui ne le decreditera pas près de vous. Si sa Maiesté m'envoye ordre pour faire une levée de Suisses je me promets de n'avoir aucun obstacle qui me puisse empescher que ie ne lève dix mille bons hommes pour les envoyer ou en Italie ou en France comme il plaira au Roy. Voilà, Monseigneur, ce que ie vous puis escrire pour cette fois de nos affaires, me remettant quand nous aurons parachevé la diette de vous mander particulièrement tout ce que nous aurons fait. Je vous mande cependant, Monseigneur, de me conserver la qualité de, etc.

« [BASSOMPIERRE.] »

(Cop. B. N. MS. F. 23612.)

En tête on lit : Lettre le M. de Mareschal à M. le Connétable du 15 janvier 1626.

« [A Monseigneur le Connestable.]

Monseigneur, j'avois la plume à la main pour vous mander le succès de la diette qui se vient de conclurre en ceste ville de Solleure, quant on m'a rendu vostre lettre du 13° qui m'a appris la revolte du sieur de Montauban dans le Dauphiné et la prise du Pouzin en Vivarets par le sieur de Brison avec l'ordre que vous avez desja donné pour chastier le premier et l'aprest que vous faictes pour chasser l'autre du lieu qu'il a surpris, dont je ne suis en doute et que vous ne facies comprendre à tous deux par la vangeance que vous en prendrez, la grandeur de leur faute. Ce sont de petits commandements qui ne sont pas considérables et qui seront bientost terminez puisque vous l'entreprenez, mais je apprehende la recheute de ce mal et crains qu'enfin ils ne vous forcent de retirer vos pensées et vos progets de dehors pour les tourner au dedans du royaume; le remède en dépend de vous seul, Monseigneur, qui pouvez avec les armes ruyner promptement ces deux rebelles et par vostre auctorité et prudence empescher que le reste des huguenots ne le devienne, en les faisant contenir en leur debvoir, en moyennant pour eux une bonne paix qui ne sera plus utile pour eux qu'avantageuse pour le bien des presantes affaires du Roy, lesquelles ne seront jamais en un plus glorieux estat que celuy ou vous les pouvez mettre ceste année. Car l'armée espagnolle ruynée par le siége de Verrue ne pourra plus être restablie par les secours d'Allemagne, puisque nous tenons les clefs des portes par lesquelles ils voulloient passer qui ne s'ouvriront plus que par la permission du Roy. C'est un des succès que je viens de cueillir en cette diette en laquelle malgré les efforts du Nonce & les pratiques des Espagnols, les Suissss m'ont accordé une levée en la plus ample forme qu'il soit portée par l'alliance, ce qui s'entend de 16 mil hommes; s'il vous en plait 4 mil pour chasser Brison de son nid je vous les envoyeray dix jours après que vous me l'aurez ordonné. Je limitte ce nombre par ce que ce ne seront catholiques qui marcheront en cette occasion, mais je vous puis responderé outre cela de dix mil bons soldats qui seront pres d'entrer au duché de Milan pour le conquérir le premier d'avril prochain, auquel jour finit l'alliance d'Espagne avec les Suisses, qui asseurement ne sera point renouvellée tant que je serai par deca ny jusques à ce que six cens mil escus qui leur sont deubs par le roy d'Espagne ne leur soyent effectivement payés. Nous pourrons aussy tirer de la Valteline quatre mil hommes de pied et cinq cens chevaux, y laissans deux mil hommes qui suffiront pour y garder les torts de la vallée; de sorte, Monseigneur, qu'avec de tres puissantes forces vous pourrez mettre à la raison les Espagnols faibles et dénués de tout secours. Je ne me puis persuader que les Suisses qui tiennent garnison au Pouzin n'ayent faict ce que des gens de bien doivent faire estans commandés par le cappitaine Wlman Heid qui est un très brave homme et que vous estimez; néanmoins, Monseigneur, le debvoir de ma charge est de m'en enquérir pour les faire chastier s'ils le méritent ou pour donner à leurs seigneurs et supérieurs un tesmoignage en leur faveur. Je vous supplie très humblement de me le mander et de me croire par preference à tous ceux que vous honnorez de vos bonnes graces, Monseigneur, vostre, etc.

« [BASSOMPIERRE.] »

(Cop. B. N. MS. F. 3590, p. 46.)

En tête on lit : Lettre de M. le Mareschal à M. le Connétable du 23 janvier.

soin qu'il vous plaist [1] avoir de me tenir informé du progrès des affaires que vous traictez et que vostre bonne conduite fera reussir enfin à l'advantage du service du Roy quelques difficultés qui s'y rencontrent; car prenant les destours que vous faictes, et y apportant une adresse particuliere, il est malaisé que vous ne veniez à bout de ce que vous avez entrepris, et deja vous m'avés escript que l'action ou vous estes ne finiroit pas que vous n'eussiez obtenu la closture des passages pour les troupes qui descendent en Italie. Vous me distes aussy ce me semble que monsieur le Nonce vous a tesmoigné que si vous et l'ambassadeur d'Espagne vous pouviez joindre, vous tomberiez facilement d'accord; enfin les choses sont par deca en estat qui se peult desirer, et vostre seconde lettre m'asseure que la resolution de la closture des passages d'Italie a esté confirmée, ce qui n'est pas un petit advantage ni de moindre considération. Vous me faictes esperer la continuation de vos advis la dessus, et je vous somme pour ce temps la de la promesse qu'il vous plaist de me faire des à present. Si j'ay le bonheur de veoir monsieur le marquis de Frangipani en l'armée d'Italie, je luy tesmoigneray l'estime en laquelle je tiens son merite et à vous Monsieur, celle que j'ay tousjous faicte de vostre recommandation pour tout ce qui merite de l'avoir. Il est vray que Brison a pris le Pouzin mais vous avez raison de ne pas croire qu'il y ait eu de la faute des Suisses qui estoyent dedans[2], car ils se deffendirent jusques au bout et il y en resta troys de morts sur la place et quantité de blessés; tout ce qui peut être cause de sa perte c'est le peu de soing qu'on a pris de l'entretenement de la garnison, car soit que le comte de Brenne en ayt retenu le payement ou qu'il ne l'aye pas receu, il y a 33 moys que les soldats n'ont point faict de monstre. Nous avons eu en ceste province quelque petit mouvement de rebellion que Montauban y a faicts à la faveur d'une place assez bonne nommée Mevouillon, c'est ce qui lui donne l'asseurance de ce qu'il faict, mais j'espere bientost le reduire à comprendre qu'il n'y a rien qui puisse garentir de l'indignation du Roy ceux qui lui desobeissent et qu'ils peuvent trouver partout le chastiment de leur témerité. J'ay le mesme regret que vous de veoir que les considerations du dedans nous arrestent si longtemps

---

[1] Var : a pleu.
[2] Bassompierre était colonel général des Suisses, la conduite de ces soldats l'intéressait donc vivement.

de penser à bon escient au deshors et que nous perdrons tant d'avantages qui s'en presentent; Dieu veuille que les choses se portent aux termes qu'il est necessaire pour le bien de l'estat et que nos maux presents trouvent bientost leur remede. Mais c'est vous arrester icy trop longtemps, il faut que je finisse en vous asseurant que tous ceulx que vous avez jamais obligés à la recherche et à l'estime de vos bonnes graces, il n'y a personne qui en desire plus la conservation que moy, ny qui soit plus aussi, Monsieur, Vostre, etc.

[LESDIGUIÈRES.]

A Grenoble, ce 4ᵉ febvrier.

CCCLXXVII.   1626 — 15 FÉVRIER.

Cop. — Arch. de la Drôme, CC. 44.

[ORDRE AUX HABITANTS DE LA GARDE DE SE PRÉPARER A SE DÉFENDRE CONTRE LES REBELLES.]

Le duc de Lesdiguières, pair et connestable de France :

Sur l'advis qui nous a esté donné du reffus que les habitans du lieu de la Garde font d'achepter d'armes pour se remettre en estat & deffence tant audict chasteau qu'au village, affin de s'opposer à la viollance & oppression qu'ils pourroint recepvoyr des rebelles, nous leur avons ordonné & très expressement enjoint de se pourvoyr des armes qui leur seront necessaires pour la conservation dudict lieu & chateau en l'obeyssance du Roy, auquel ils seront tenus de fere la garde nuict et jour à tour de rolle et ainsy qu'il leur sera ordonné par la Dame du lieu, jusques à ce qu'aultrement y soit pourveu. Mandant en outre ausdicts habitans de fermer incontinant les endroits necessaires pour mettre ledict lieu en estat de seurté, et au demeurant d'obeyr en tout & pour tout à ce qui leur sera comandé par ladicte Dame et en cas de reffus ou difficulté, y seront contraincts, voyre par emprisonnement de leurs personnes, attendu que le service de sa Magesté le requiert ainsin et la conservation de la place.

Faict à Grenoble, le quinziesme febvrier mil six cent vingt six.

LESDIGUIÈRES.
Par mondict Seigneur,
BREMOND.

CCCLXXVIII. 1626 — 23 Février.

Cop. — Arch. munic. de Vienne (Isère).

[ORDRE AUX COMMUNES DE RÉPARER LES CHEMINS ENTRE VALENCE ET SOYANS.]

Le duc de Lesdiguières, pair et connestable de France, etc.

Puisque nous sommes contraincts d'employer les armes du Roy pour dompter la rebellion qui a troublé ceste province et de commancer ceste action par le lieu mesmes ou le mal a prins sa source, qui est Soyans, ayant pour cest effect resollu d'y faire conduire le canon, au passage duquel il y auroit beaucoup de difficultés sy les chemins n'estoyent préalablement réparés, ce qui ne peut estre sy promptement qu'il seroyt necessaire que par le moyen des hommes que seront fournis par les communautés, lesquelz [travailleront] sur lesdicts chemins, il est expressement enjoinct aux habitans des communautés cy apprès nommées de fournir par la chascune le nombre d'hommes que leur est ordonné pour travailler à la reparation desdicts chemins aux lieux qui leur seront indiqués par Disdier Labry, qui a esté à ce par nous comis, aussytost apprès le commandement qui leur en sera faict, à peyne de desobeyssance et de tous les frais qu'ils conviendront supporter pour la retardation dudict canon.

Faict à Vallance, le XXIII° febvrier 1626.

LESDIGUIÈRES [1].
DUPUY.

CCCLXXIX. 1626 — 11 Mars.

Imprimé inexactement : Journal *le Dauphiné*, n° du 15 février 1880.

ORDRE QUI SERA TENU AUX APROCHES DE LA DEMY-LUNE, A COSTÉ DU CHATEAU DE SOYANS.

Le sieur de Limans marchera premier aveq vingt-cinq hommes pour se loger où il en verra l'occasion ;

---

[1] Suivent les noms de quarante communautés qui doivent fournir ensemble cent trente-sept hommes pour la réparation des chemins.

Le sieur du Cros le soutiendra aveq pareil nombre d'hommes et advancera sellon qu'il sera advisé par le sieur de Limans;

Le sieur Joubert suivra aveq semblable nombre, selon qui sera aussy advisé par lesdits sieurs de Limans et du Cros.

Fait au camp devant Soyans, le XI mars mil six cent ving-six [1].

LESDIGUIÈRES.
DUPUY.

CCCLXXX. 1626 — 12 MARS.

Imprimé inexactement : Journal le Dauphiné, n° du 15 février 1880.

[A MONSIEUR PIERRE DE TRUCHIER.]

Monsieur, sy la condition des hommes ne faisoit assez paroistre sa faiblesse par les maux qui luy sont ordinaires, ou sy nous pouvions appeler mal une chose qui nous est naturelle et que nous ne peuvons éviter, je voudrois tâcher d'adoucir le ressentiment que vous avez de la mort du sieur de Limans, votre fils [2], par la consolation que je tâcherois de vous donner sur la considération de la nécessité qui nous est généralement imposée de franchir ce passage, et sur celle de l'honneur qu'il s'estoit acquis en sa jeunesse et même en l'action qui le nous a ravy; mais vous sçaurez assez prendre de vous-mesme et de vostre prudence les conseils que vous avez souvent donnés en semblables occasions, pour empêcher que les mouvements du sang ne l'emportent par dessus ceux de la raison, et il me suffira de vous témoigner par ces lignes et par ce que le sieur de Saint-Auban vous dira, qu'ayant cogneu le mérite du deffunt par ses belles actions dont j'ay

---

[1] L'éditeur de cet ordre, dans le journal le Dauphiné, a lu et écrit ici la date 1616; il s'est évidemment trompé : en 1616 il n'y avait pas de guerre civile en Dauphiné, tandis qu'en 1626 le château de Soyans fut fortifié et défendu par Gouvernet-Montauban, puis rendu à Lesdiguières qui en fit gouverneur M. du Cheylar, ainsi qu'il résulte de nombreuses ordonnances.

[2] Jean-Baptiste de Truchier, sieur de Limans, auquel était adressé l'ordre imprimé avant cette lettre, fut tué d'une balle au travers du corps au moment où il arrivait le premier au haut de la brèche au château de Soyans. Il était capitaine d'une compagnie de gens de pied.

esté tesmoing occulaire, je crois que vous debvez estre consolé de cet accident par ces circonstances qui sont glorieuses, et je vous asseure qu'en toutes les occasions où je pourrai vous tesmongner mon affection, vous trouverez que je suis, Monsieur,

Vostre bien humble à vous faire service.

LESDIGUIÈRES.

Au camp devant Soyans, le 12 mars 1626 [1].

CCCLXXXI.   1626 — 19 Mars.

Orig. — Arch. de M. Mis de Florent, à Tain.

[ORDRE AU SIEUR DE LA ROCHE DE FAIRE PROCEDER A L'INVENTAIRE DES MEUBLES DU CHATEAU DU POET-CELAR.]

Le duc de Lesdiguières, pair et connestable de France :

Nous ordonnons au sieur de la Roche de Grane, commys par nous au gouvernement du chasteau du Poët-Celar pour le service du Roy [2], de faire procéder à l'inventaire & description des meubles qui se sont trouvés audit chasteau, appartenant audit sieur de Montauban & iceulx faire transporter & mettre en assurance ailleurs, comme estant de bonne prise, attendu la rebellion dudictsieur de Montauban. Enjoignant audit sieur de la Roche de les conserver soigneusement, avec deffences de s'en déssaysir soubz quelque prétexte que ce soit sans nostre ordre expres, à peine d'en respondre de son propre.

Faict à Loriol, le 19 mars 1626.

(Sceau)   LESDIGUIÈRES.

DUPUY.

---

[1] Même observation pour cette date que pour celle de la pièce précédente, mal lue par le premier éditeur.

[2] Le sieur de la Roche fut nommé commandant du château du Poët-Celar par une ordonnance de Lesdiguières datée du 17 mars. Une autre ordonnance du 15 avril suivant ordonne aux communautés voisines de contribuer à l'entretien de sa garnison.

CCCLXXXII.   1626 — 27 Avril.

Orig. — Arch. de M. le Vte de Sallemard, à Peyrins.

[REQUESTE DE CHARLES DE VILLEROY ET DE PIERRE DE LA ROSE.]

A Monseigneur le duc des Diguieres, pair & connestable de France.

Charles de Villeroy dict Beauregard, de la ville de Nerac, & Pierre de la Rose, de la ville de Saint Anthonin, ayant servi le Roy dans le regiment de Champagne, compagnie de Boullogne, et en Hollande, dans le regiment d'Auterive, sont rentrés à la paix en France et sont partis pour servir en Piemond sous les ordres de votre grandeur. Etant logés à l'auberge du Lyon d'or à Chateauneuf de Rat, le juge dudit lieu les a fait violemment arreter et loger dans les cachots des prisons avec Jehan Dupuy, de Nerac, leur laquays [1]; ils y sont restés trois jours sans boire ni manger et on les a dépouillé de leurs armes, leurs vetements et leur argent. Après les avoir interrogé s'ils n'étaient de la religion et s'ils n'allaient au Pousin, ayant satisfait à ces demandes, on les a relachés sans leur rendre ce qui leur appartenait. Ils vous supplient donc très humblement qu'ils soient reintegrés dans leur argent, hardes et armes incontinant et sans delay [2].

Il est enjoint aux habitants de Chasteauneuf de Rat de remettre incontinant aprez la signiffication du present decret toutes les choses prises aux supplyantz dans les mains du sieur de la Roche de Grane, à peyne de mil livres d'amande, pour ce fait, estre par nous pourveu ainsy qu'il y escherra.

Fait à Grenoble, le 27me avril 1626.

LESDIGUIÈRES.

(Sceau.)   VIDEL.

---

[1] Ces deux aventuriers étaient évidemment soupçonnés d'aller rejoindre les troupes protestantes du Vivarais. Dès qu'un mouvement insurrectionnel se produisait quelque part en France ou à l'étranger à cette époque, les routes se couvraient aussitôt de bandes de vieux soldats qui avait perdu toute habitude du travail au milieu des guerres civiles et qui couraient offrir leurs services à l'un ou à l'autre parti.

[2] Requête seulement analysée.

CCCLXXXIII. 1626 — 30 Avril.

(Cop. — B. N. MS. F. 23613 et 3690, p. 274.

[A MONSIEUR LE MARESCHAL DE BASSOMPIERRE.]

Monsieur, l'affection de laquelle vous m'avez tousiours honnoré ny l'inclination que i'ay à vostre service, ne peuvent iamais avoir assez de force pour me porter à vous louer, mais la veritable cognoissance de vos mérites tirera partout le tesmoignage de moy que vous avez très dignement servy la France, et ie souhaitte que tous ceux qui sont employez au service du Roy ayent la mesme franchise [1]. Nous verrons ce qui reussira de toutes les negociations que l'on traicte pour l'estat, et cependant monsieur le baron de Copet vous dira ce qui se passe en ce pays, ou il semble que toutes choses soient heureusement bien disposées. Dans peu de jours l'on en verra l'entière resolution pour le public, et pour mon particulier il n'y aura iamais rien de changé à celle que i'ay d'estre, Monsieur,

Vostre bien humble et plus obeissant serviteur.

LESDIGUIÈRES.

A Grenoble, ce 30 avril 1626.

CCCLXXXIV. 1626 — 13 Mai.

Orig. — Bibl. de l'Institut. MS. Godefroy, vol 270.

A MONSIEUR, MONSIEUR D'AERSENT, CONSEILLER DE MONSIEUR LE
PRINCE D'ORANGE EN SES CONSEILS D'ESTAT & PRIVÉ, ETC.

Monsieur, puisque monsieur le prince d'Orange reprend le dessein qu'avoit feu monsieur son frère d'establir deux nouveaux offices en son parlement d'Orange, l'un catholique et l'autre de la religion, et feu son Excelence ayant pour cet effect jetté les yeux sur quelques

[1] Var : la mesme capacité et la mesme franchise.

uns de cette provynce, et entre autres sur le sieur de la Riconnière, vissénéchal du Montelimar, qui fait profession de la religion pretendue réformée, j'ai pris occasion de faire entendre à monsieur le Prince d'Orange, que s'il plaist à son Excellence l'employer en l'un desdicts offices, elle ne sçauroit faire un meilleur choix, en estant ledict sieur de la Riconnière tres capable et recommandé très particulierement d'une grande probité. Je scay le credit que vous avez, Monsieur, envers mondict sieur le Prince, et je suis asseuré que vous me faittes la faveur de m'aymer; je vous en demande un tesmoignage en la personne dont je vous parle, et vous supplye de croire que vous n'obligerez jamais personne de vos faveurs qui soit plus que moy, Monsieur.

  Vostre bien humble et tres affectionné serviteur.

             LESDIGUIÈRES.

A Valence, le 13 may 1626.

CCCLXXXV.   1626 — 7 JUIN.

Orig. — Arch. de l'État, à Genève.

A MESSIEURS LES SCINDICS DE L'ILLUSTRE RÉPUBLIQUE DE GENÈVE.

Messieurs, le voyage du sieur collonel Heid est cause que je luy ay donné charge de s'enquérir si dans vostre ville l'on pourra trouver quelque quantité de poudre, tant de la grosse grenée pour le canon que de la menue grenée pour la mosqueterie. Je vous prie de le favoriser en cela, et s'il s'en peut treuver, d'agreer que je la fasse apporter en payant. Ce sera servir le Roy et obliger celuy qui est dès longtemps, Messieurs,

  Vostre bien humble et très affectionné serviteur.

             LESDIGUIÈRES.

A Vizile, ce 7 juin 1626.

CCCLXXXVI.   1626 — 20 Juin.

Orig. — Arch. de l'État, à Genève.

A MESSIEURS LES SCINDICS DE L'ILLUSTRE RÉPUBLIQUE DE GENÈVE.

Messieurs, je ne puis que vous remercyer de tout mon cœur du soing qu'il vous a pleu prendre de la priere que monsieur le collonel Heyd vous a faitte de ma part, touchant les poudres que j'ay desirées de vostre ville ou de quelqu'un qui m'en peut fournir la quantité necessaire pour le service du Roy. Le sieur Revillot qui vous rend cette lettre est venu devers moy pour ce sujet, mais ne m'ayant pû promettre la quantité que je luy ay demandée ny s'accorder avec moy du prix, nous en somme demeurez là. Je ne laisse pas pourtant de vous estre obligé de l'affection qu'il vous a pleu me tesmoigner en cet endroit, et vous supplye de croire qu'en toute occasions je rendray à sa Majesté des tesmoignage du zèle que vous avez à son service, et en vostre particulier vous cognoistrez aussy que je suis, Messieurs,

Vostre bien humble et tres affectionné serviteur.

LESDIGUIÈRES.

A Grenoble, le 20 juin 1626.

CCCLXXXVII.   1626 — 6 Juillet.

Orig. — A M. Roman, à Gap.

[ARTICLES SECRETS CONVENUS ENTRE MONSEIGNEUR LE CONNESTABLE ET MONSIEUR DE BRISON.][1]

A esté convenu et accordé par articles secrets que de bonne foy et sans y apporter aucune fraude pour quelque cause et occasion que se

---

[1] On trouvera le traité définitif entre Lesdiguières et Brison à la date du 27 juillet suivant. Les avantages personnels faits à Brison par ce traité lui firent des ennemis nombreux, il ne tarda pas à mourir assassiné.

puisse estre, monseigneur le Connesteble y engageant sa foy & son honneur, que la démolition du chasteau de la Salle et de toutes les fortiffications sera effectuée par les commissaires qu'il voudra y establir, lesquels employeront les habitants et autres à cet effet; bien entendu que le sieur de Brison pourra le mesme jour que l'abolition luy sera remise entre les mains par mines, feus ou autrement ruyner le chasteau de la Salle; pourra aussy assister si bon luy semble avec les commissaires deputtez pour le rasement des fortiffications, sans que neantmoins l'abolition estant arrivée et mise es mains dudict sieur de Brison avec les quarante mil escus promis, iceluy sieur de Brison puisse retarder d'un seul jour l'effect de la remise du Pousin es mains de monseigneur le Connestable.

Que les ostages fournis es mains de mondict Seigneur, il escrira à la chambre de Beziers et présidial d'Aymes pour faire cesser toutes poursuittes; comme aussy les habitants de Privas promettent aussytost que l'abolition sera arrivée de raser le fort de Tollon.

A esté en outre accordé que sa Majesté donnera la liberté au frere du sieur de Brison, et qu'il sera payé des vacations à luy deues à cause de la commission du Roy pour le rasement des fortiffications des places du Vivarets, et ce des deniers destinés à cet effect.

Est aussy accordé audict sieur de Brison un brevet de mareschal de camp es armées de sa Majesté et de mestre de camp entretenu, avec le payement de la pention dudict sieur de Brison, ensemble l'évocation audict sieur de Brison et Bailly scauve de tous leurs procès meus & à mouvoir pour six ans en la chambre de l'édict de Grenoble.

Faict à Grenoble, le sixiesme juillet mil six cens vingt six.

LESDIGUIÈRES.

(Sceau.) CHAPPOLAY.

CCCLXXXVIII. 1626 — 8 JUILLET.

Orig. — Arch. de M. le Vte de Sallemard, à Peyrins.

A MONSIEUR DE LA ROCHE DE GRANE.

Monsieur, j'ay receu vostre lettre par le mesme qui vous rendra cette cy, et je seray bien aise que vous continuez à me faire part des nouvelles que vous apprendrez; pour revenche de quoy vous serez tousjours asseuré du souvenir que j'ay de vostre affection. Je vous envoye l'ordre pour la continuation de la garnison au Poët pour un mois, et je suis, Monsieur,

Votre bien humble pour vous faire service.

LESDIGUIERES.

A Grenoble, ce 8 juillet 1626.

CCCLXXXIX.   1626 — 10 JUILLET.

Orig. — Arch. de Saône-et-Loire, C. 688.

A MONSIEUR, MONSIEUR DE SAINCT MICHEL, GOUVERNEUR DE LA VILLE DE MACON.

Monsieur, ayant pleu au Roy despartir les trouppes de son armée d'Italye en divers lieux de son royaume, pour y estre en garnison, j'ay bien voulu vous faire cette lettre pour vous prier de recevoir les compagnies de chevaulx légers qui y ont leurs routtes, suyvant le mémoyre qu'en sera donné par le sieur de Régnauldin, mareschal de logis de ladicte armée, cy-joinct, et leur y faire donner l'estappe. Je suis, Monsieur,

Vostre bien humble serviteur.

LESDIGUIÈRES.

A Grenoble, le 10 juillet 1626.

CCCXC.   1626 — 27 JUILLET.

Imprimé : *Mercure de France*, 1626, p. 459.

ARTICLES ACCORDEZ A BRISON POUR SORTIR DU POUZIN.

I. — A esté convenu & accordé, que de présent le sieur de Brison remet la place du Pousin, chasteau et citadelle ès mains de monsieur le Connestable, moyennant quarante mil escus qui seront fournis comptant avec condition expresse, que mondit Seigneur promet & engage sa foy & son honneur de faire obtenir abolition audit sieur de Brison, consuls et habitants de Privas et du Pousin, & tous autres qui l'ont suivy, de tout ce qui s'est passé jusques au jour présent, conformément à la minute qui a esté dressée & remise ès mains de mondit Seigneur, & de la faire enregistrer, sans restriction ny modération, ès chambres de Beziers & Grenoble, & la rendre ès mains dudit sieur de Brison d'aujourd'huy en un mois.

II. — Que pour asseurance de ladite abolition & du razement du chasteau & citadelle du Pousin, qui sera fait à mesme temps que ladite abolition ou devant; monseigneur le Connestable donnera des hostages audit sieur de Brison : sçavoir messieurs du Mas, de Barnoux, de Lesberon & de Pisançon, qui demeureront dans Privas ou autre lieu de seureté, jusques à ladite abolition obtenue & enregistrée en la forme susdite & que ledit razement soit faict; & lesdits hostages seront conduits avant tout œuvre par le sieur de Fonds.

III. — Qu'il ne sera mesfaict en aucune façon en la personne & biens des habitants du Pousin, lesquels jouyront de la plaine liberté de leur religion suivant les édicts comme aussi qu'il ne sera point touché aux murailles & portes de la ville, qui demeureront en leur estat : et le razement fait, n'y aura aucune garnison ny logement de gens de guerre. Et à cet effect mondit Seigneur leur donnera une exemption de sauvegarde.

IV. — Que le fort de Toullon-lez-Privas demeurera en l'estat qu'il est jusques à ce que tout ce que dessus soit exécuté de bonne foy, & ce fait ledit fort sera razé.

V. — Que mondit seigneur le Connestable promet de faire accorder aux habitans de Privas lettres pattentes d'assiette de trente six mil livres sur le général du Languedoc, à la descharge tant dudit sieur de Brison que desdits habitans, pour leur degrevement & condamnation contr'eux obtenues par le sieur vicomte de Lestrange, & s'employera de plus mondit Seigneur, de bonne foy, pour par tous moyens possibles, terminer à l'amiable leur différent avec ledit sieur Vicomte.

VI. — Mondit seigneur le Connestable escrira dez à présent à Nismes, Beziers,......, & Villeneuve-de-Berc, pour faire cesser les poursuites & exécutions qu'on fait contre ceux qui ont esté mis en prévention pour ce sujet.

VII. — A esté aussi accordé que sa Majesté donnera liberté au sieur de Chabrilles, frère dudit sieur de Brison, & qu'il sera payé des vacations à luy deues, à cause de la commission du Roy pour le razement des fortifications des places du Vivaret, & ce des deniers destinez à cest effect.

VIII. — Est aussi accordé audit sieur de Brison un brevet de mareschal de camp es armées de sa Majesté, & payement de sa pension & estat de maistre de camp, ensemble l'evocation de tous ses procez et du sieur Bailly, seulement pour six ans, en la chambre de Grenoble.

IX. — Que toutes les choses cy dessus convenues seront effectuées de bonne foy, & sans y apporter delay ny changement pour quelque cause & consideration que ce soit, de quoy mondit seigneur le Connestable engage sa foy & son honneur.

Fait à Valence, le 27 jour de juillet 1626.

LESDIGUIÈRES.   BRISON.

CHAPOLAY.

CCCXCI.   1626 — 28 JUILLET. [1]

Imprimé : *Mercure françois*, vol. XII, p. 459.

[ORDRE AU TRÉSORIER DE L'EXTRAODINAIRE DES GUERRES DE PAYER AU SIEUR DE BRISON LA SOMME DE CENT VINGT MIL LIVRES.]

Le duc de Lesdiguières, pair & connestable de France, à tous présents, etc...[2]

Il est mandé et ordonné à monsieur le Tresorier général de l'extraordinaire des guerres, maistre Estienne Jossier ou maistre Jean Favre, son commis près de nous, que des deniers de sa

---

[1] Le traité fut signé le 27, l'ordre de paiement probablement donné le 28 et le paiement fait le 29, ainsi que le prouve la quittance de Brison imprimée à la suite de l'ordonnance de Lesdiguières dans le *Mercure françois* et portant cette date.

[2] C'est par une erreur de l'éditeur du *Mercure françois* que nous voyons ici ces mots : *à tous présents*, etc., que Lesdiguières n'employa jamais.

charge de la presente année, mesmes de ceux dont nous faisons prest & advance à sa Majesté pour la reddition en l'obeyssance du Roy de la ville, chasteau & citadelle du Pousin en Vivarets, il paye, baille & delivre comptant au sieur de Brison, commandant lesdites places, la somme des six vingt mil livres à laquelle monte et revient celle qui luy a esté accordée par le traicté fait avec luy dont coppie est cy dessus transcrite, l'original demeurant par devers nous; & rapportant par vous la presente avec quittance privée, signée tant seulement, ladite somme de six vingt mil livres vous sera passée & allouée en la despence de vos comptes desduitz & rabatus de vostre recepte par messieurs des Comptes à Paris, que nous prions de ainsi faire sans difficulté.

Fait à Valence, le.....iour de juillet mil six cents vingt six.

LESDIGUIÈRES.

BREMOND.

CCCXCII. 1626 — 2 AOUT.

Placard imprimé. — Arch. de la Drôme.

[ORDONNANCE RELATIVE AU RÈGLEMENT DES COMPTES DES COMMUNAUTÈS POUR LES FRAIS D'ÉTAPES.]

Le duc de Lesdiguieres, pair et conestable de France :

Sur les remonstrances qui nous ont esté faictes par les depputez des estappes establies en dernier lieu pour le passage des gens de guerre qui reviennent dela les monts, à ce qu'il nous pleut, suivant les lettres qu'il leur ont esté escriptes par nous & par les commis des Estatz, par lesquelles nous leur aurions promis incontinent après ledict passage de faire arrester tous les frais & despences par eux souffertes & de pourvoir à leur payement par les meilleures voyes que nous adviserons; nous desirant de prevenir l'entiere desolation desdits lieux & empescher les abus, fraiz, longueurs & desordre qui se sont commis cy devant en l'audition & arresté de semblables despences, suivant le reglement de sa Majesté, avons depputé & commis, depputons & commetons, les sieurs Boffin, conseiller du Roy & intendant des affaires de la connetablie, de la Marcousse, commis des Estatz, de Murinais, procureur & scindic desdits Estatz, et de Simiane, conseiller du Roy & commissaire ordinaire de ses guerres, pour travailler sans discontinuation à arrester toutes les despences faictes par lesdictes estappes & autres lieux en despendants, à cause du dernier passage des gens de guerre, pour estre pourveu par nous incontinant après à leur rembourcement ainsi qu'il sera par nous advisé sur les aydes ou autrement au solagement du pauvre peuple. Enjoignons à ces fins aux consuls, chastelains & habitants desdictes estappes & autres lieux en dependants, de remettre entre les mains du sieur Procureur du pays, avec l'etat de leurs despences, toutes les pieces iustificatives d'iceluy huict jours après la signification de la presente ordonnance à peyne d'estre privés, descheuz de tout droict et n'y estre iamais receu.

Faict à Valance, le second du mois d'aoust mil six cens vingt six.

LESDIGUIÈRES.

Par mondict seigneur,
BREMOND.

CCCXCIII.   1626 — 6 AOUT.

Orig. — Arch. de M. le Vte de Sallemard, à Peyrins.

[ORDRE DE MONSIEUR LE CONNÉTABLE A MONSIEUR DE LA ROCHE POUR FAIRE RETIRER LES SOLDATS ET OFFICIERS QUI ÉTAIENT AU CHATEAU DU POET.]

Le duc de Lesdiguières, pair et connestable de France.
Pour ne charger inutilement les subjets du Roy par l'entretien de la garnison du Poët-Celar après le blocus formé devant Mevoilhon, au moyen duquel les desseins des rebelles sont arrestés par les armes de sa Majesté, nous ordonnons au sieur de la Roche de Grane, par nous cy devant commis au gouvernement du château dudit Poët, de lissentier promptement tous les soldats et officiers de ladite garnison, pour se retirer chaqun chez soy à peine de désobéissance.

Fait à Valence, le sixième aoust 1626.

LESDIGUIÈRES.

(Sceau.)   DUPUIS.

CCCXCIV. 1626 — 23 Aout.

Cop. — Arch. de la Drôme, CC. 44.

[ORDONNANCE ENJOIGNANT AUX COMMUNAUTÉS D'ENTRETENIR LA GARNISON DU CHATEAU DE SOYANS.]

Le duc de Lesdiguieres, pair & connestable de France :
Ayant icy devant ordonnné que la garnison establie au chasteau de Soyans, soubs le commandement du sieur du Cheylar,[1] seroit continuée jusqu'au quinziesme du present mois, nous ordonnons de nouveau que pour les mesmes considerations ladicte garnison sera entretenue jusques à la fin dudict mois, enjoignant à cest effect aux consuls et communauté quy ont par cy devant fourny audict entretien de continuer ladicte fourniture pour ledict temps, & de [la] remettre entre les mains dudict sieur du Cheylar, ou de celluy quy sera par luy commis, suivant la liquidation faicte par nostre dernier ordre du douziesme jour du present mois, dans trois jours apprès le commandement qui en sera faict, soubs les paines portées par ledict ordre.

Faict à Vallence, le 23 aoust 1626.

LESDIGUIÈRES.

DUPUY.

CCCXCV. 1626 — 3 Septembre.

Orig. — Arch. de M. le Vte de Sallemard, à Peyrins.

COMMITION DONNÉE A MONSIEUR DE PEYRINS POUR LA VISITE DU RASEMENT DU POSIN SUR BAY.

François de Bonne, duc de Lesdiguières, pair et connestable de France, gouverneur de Picardye, et lieutenant général pour le Roy

---

[1] Cette garnison avait été établie par deux précédents ordonnances successives des 17 juillet et 12 août.

en Dauphiné, au sieur de Peyrins, aide de Mareschal de camp et armées de sa Majesté, et son ingénieur, sallut; Nous avions cy-devant snivant la volonté du Roy, donnée à priffait au moins disant et à l'estaing de la chandelle [1] le razement du muraille, terrains et autres fortifications qui se trouvaient au chateau et à la ville du Pousin, lors de la reduction de ceste place en l'obéyssance du Roy, par contrat exprès passé aux entrepreneurs; lesquels nous ayant faict requérir d'envoyer des personnages capables et entendus sur les lieux pour procéder à la vizitation et vérifications desdicts ouvrages, nous aurions jeté les yeux sur vous comme des plus cappables et expérimentés à cela. Pour ceste cause et plaine confiance de vostre affection et fidélité au service de sa Majesté et de l'entière cognoissance et expérience que vous en avez en pareille euvre, vous avons commis et commettons par les présentes, pour vous transportez sur les lieux, et y estant voir et vériffier conjonctement avec le sieur de Percy, gouverneur de ladicte place, et le plus exactement que vous pourrez, appellé avec vous les experts que vous choisirez sur les lieux ou autres voisins, sy ladite démolition et razement ont esté bien et deuement faicts, conformément au susdit bail à priffait, et de cette vizitation dresser vos verbaux en bonne forme pour nous estre apportés et iceux veus pourvoir à la descharge des entrepreneurs et à la satisfaction entière de ce qui leur a esté promis. De ce faire et tout ce quy en dépend, vous avons donné et donnons tout pouvoir et commission par ces présentes, en vertu de celles que nous avons de sa Majesté, mandant et enjoignant à tous qu'il appartiendra de vous obeyr et entendre es choses touchants et concernants la dicte commission que nous avons signée de nostre main et à icelle faict mettre le cachet de nos armes et contressigné par l'un de nos sécrétaires.

Faict à Valence, le troisième jour de septembre mil six cent vingt six.

LESDIGUIÈRES.

Par Monseigneur

(Sceau.)   BREMOND.

---

[1] En adjudication et à celui faisant la plus forte remise.

CCCXCVI.   1626 — 14 Septembre.

Cop. — Arch. de la Drôme, CC. 44.

[ORDONNANCE RÉGLANT LE PAIEMENT DES SOMMES DUES PAR LES COMMUNAUTÉS AUX SIEURS ESPAUTRE ET DES IMBERTS.]

Le duc de Lesdiguieres, pair & conestable de France, lieutenant général pour le Roy en Dauphiné :

Sur ce que nous a esté remonstré par les consuls et chastelains des lieux ou les estapes de ceste province sont establys pour le passage des gens de guerre, qu'ayant heu de grands foules sur les bras, ils ne peuvent payer au sieur des Imberts la somme de neuf cents cinquante quatre livres, quinze sols, cinq deniers, que nous luy avons ordonné en chascune d'icelles pour le payement & remboursement des vingt & cinq mil sept cents soixante dix huict livres quatorze sols deus tant au sieur Espeaute qu'audit sieur des Imberts pour les advances qu'ils ont faites tant pour la voyture que nourriture des gens de guerre revenant d'Italie, destinés pour le siége du Pouzin, si par nous ne leur est prouveu d'une semblable contraincte contre leurs aydes particulieres, que celle que nous avons accordé audict des Imberts. A ceste cause desirans le soulagement desdictes estappes et ayant recogneu leurs remonstrances justes & raisonables, avons ordonné aux communautés qui leur ont esté données en ayde de contribuer chascune à ladicte somme principalle à proportion de leurs feux et de ladicte somme de neuf cents cinquante quatre livres quinze sols cinq deniers pour chascune dans le mesme delay porté par nostre precedente ordonnance, signiffiée ou besoing a esté et ou seroit. Si ce faire reffusaient voulons que lesdicts aydes y soient contraincts huict jours apprès la signification qui leur sera faicte de la presente à la dilligence desdicts consuls & chastellains, par emprisonnement de leurs personnes et par toutes aultres voyes deues & raizonnables, comme pour les propres deniers & affayres de sa Magesté. Donons à ces fins pouvoirs aux archers de la conestablye, soldats de nos gardes & à tous aultres sur ce requis de mettre lesdictes presentes à playne et entière exécution selon leurs formes et teneur aux despans des reffuzans. Et affin que lesdicts sieurs Espeaute & des Imberts puissent retirer leurs remboursements dans le temps que nous leur avons promis, mandons ausdicts archers de la connestablye, soldats de nos gardes & aultres de contraindre lesdictes estappes au payement de leurs costes en vertu de cesdictes presentes passé le delay porté par nostre precedente ordonnance, aussi par l'emprisonnement de leurs personnes et à leurs frais, auxquels nous les avons presentement condamnés.

Fait à Valence, le quatorziesme jour de septembre 1626.

LESDIGUIÈRES. [1]

VIDEL.

---

[1] Lesdiguières mourait neuf jours après la publication de cette ordonnance.

SUPPLÉMENT

CCCXCVII.   1580 — 1er Novembre.

Orig. — Arch. de la Drôme. E. Sup^t.

A MESSIEURS DE L'ÉGLISE ET CONSULS DE NYHONS.

Messieurs, estant le sieur de Bressieu arrivé en ces quartiers de la part du roy de Navarre, et aiant charge de sa Majesté de proposer plusieurs choses pour le bien de ceste province, j'ay advisé, par délibération du conseil et suivant le pouvoir que j'ay dudit sieur Roy, de convoquer une assemblée géneralle en la ville de Mens au Ve jour de ce moys [1]; de quoy je vous ay bien voulu advertir, vous priant ne faillir mander vos deputés audict jour avec ample pouvoir necessaire en ce faict, bien signé et cacheté. Sur ce, après vous avoir salué de mes plus humbles et affectionnées recommandations, je prie Dieu, Messieurs, vous donner en parfaite santé heureuse et longue vye.

Votre très parfect et asseuré ami.

LESDIGUIÈRES.

Du cartier Saint-Jean-d'Herans, le premier novembre 1580.
Nos gens de la Mure après avoir faict tirer trois mille coups de canon

---

[1] Cette assemblée n'eut peut-être pas lieu ; en tout cas, l'histoire aussi bien que les documents originaux sont muets à son égard.

et souffert plusieurs assauts, voiant qu'il n'y avoit moien de plus pouvoir garder la ville, l'ont baillée entièrement et se sont retirés à la citadelle les uns, les autres icy ; ils ne pouvoient mieux faire [1].

CCCXCVIII. 1581 — 12 Mai.

Cop. — B. N. MS. F., 4047 p. 136.

[A MESSIEURS DE LA COUR DE PARLEMENT DE DAUPHINÉ.][2]

Messieurs, ayans esté bien advertis des bruits qu'on fait courir partout que ceux de nostre party ne veulent recevoir la paix, dont plusieurs prenent coniecture que vous soyez de ceste opinion, sur ce qu'ayans accordé il y a plus d'un mois avec vos déléguez que nous feriés avoir dans cinq ou six jours après ung passeport pour les sieurs de Calignon et de Segur pour parvenir à une conference affin d'accorder du jour de la publication et des poincts appartenants à l'effectuation de la paix, vous ne nous auriez neantmoins faict envoyer ledict passeport, ains nous auriez escrit naguieres que ne pouviez traitter de tels affaires sans monsieur le duc de Mayenne qui a l'auttorité sur les armes en ce pais et sans monsieur de Maugiron, gouverneur de ceste province, et autres establis sur les affaires d'estat, qui est nous renvoyer en une extreme longueur. A ceste cause nous avons resolu de vous envoyer encor ce trompette pour vous declarer par la presente que nous sommes tous prests et offrons faire publier l'édit de

---

[1] Le siége de la Mure coûta beaucoup de temps et beaucoup de soldats à Mayenne ; il aurait été certainement plus meurtrier et la ville n'aurait probablement pas été prise si on avait expulsé de la ville les bouches inutiles et si Hercules Nègre, principal ingénieur des protestants, n'avait été un traitre. L'armée assaillante était de 9,000 hommes, la garnison de 1 500. Le siége commença le 9 octobre ; le 1ᵉʳ novembre les assiégés voyant leurs ouvrages avancés pris, se retirèrent dans la citadelle, après avoir mis le feu dans la ville. Ils se rendirent, faute d'eau, moyennant vie et bagues sauves, le 6 du même mois, et sortirent au nombre de 1,200 sous les ordres de Claude de Sauret, sieur d'Aspremont, gouverneur de la ville, de Georges de Bardel, sieur de Montrond, et Pierre de Bardel, neveu du précédent, sieur de Chenevières, ses lieutenants. Mayenne nomma le capitaine Sacramor, bâtard de Biragues, gouverneur de la Mure.

Voir sur ce siége mémorable le *Journal du siége de la Mure*, par du Rivail, Valence, in-8°, 1870.

[2] Cette copie n'est pas signée, mais il n'est pas douteux que l'original ne dût être signé de Lesdiguières, de Morges, de Mirabel, etc., et des autres chefs protestants qui, réunis à Gap, dirigeaient de cette ville toutes les démarches de leurs coreligionnaires.

paix et les conferences de Nerac & de Flex [1] à tel jour qu'il vous plaira et tout quant et quant [2] casser toutes noz compagnies tant de pied que de cheval et les garnisons de toutes les places que nous tenons, fors de deux qui nous sont données en garde par ledict eedict, et remettre lesdictes places en toute liberté suivant ledict eedict, de recepvoir les absens tant du clergé que autres en leurs maisons & en jouissance de leurs biens et de l'exercice de leur religion, de remettre le commerce en sa liberté par tous les lieux que nous tenons, de promettre & jurer solennellement l'observation desdicts eedicts & conference, et mesme de faire toute diligence de representer en justice ceux de nostre party qui y contreviendroient, et faire main forte de tout nostre pouvoir aux provosts qui marcheront par la province pour la repurger de voleurs, vagabonds et autres mal vivans & d'accelerer en ce qui concerne nostre faict l'establissement de la chambre de l'eedict incontinent que nous aurons obtenu de sa Majesté les provisions qui nous sont nécéssaires, et généralement d'effectuer de nostre part lesdicts eedicts & conference. Plus nous offrons entrer en traicté avec Messieurs les catholicques de tous ordres noz compatriottes, pour, avec eux faire un bon accord perpetuel de ne nous faire jamais la guerre les uns aux autres pour le faict de la religion, ains nous employer avec eulx à la conservation, bien & utilité publicque de ceste nostre patrie soubs l'obeissance du Roy, nostre souverain seigneur, & de ses officiers & magistrats légitimes. Par ces offres, Messieurs, vous pouvez congnoistre le desir que nous avons de la paix, encores qu'on nous impute que nous ne demandons que la guerre, mais vous le congnoistrez encores mieux quand nous en viendrons à l'effectuation, ce qui sera aussy tost qu'il vous plaira, pourveu que par mesme moyent vous, Messieurs, & tous ceux du party catholicque facicz de mesme, en mettant en une bonne & entiere exécution lesdicts eedict & conference en ce qui concerne vostre authorité & party catholicque. Protestant en cas que vous ne voudriez accepter nosdictes offres que nous ne serons cause des maulx & calamités que le pauvre peuple souffrira à faute d'effectuer ce que dessus. Et neantmoins pour le soulager de nostre costé de tout nostre pouvoir, nous vous déclarons qu'audict

---

[1] Le premier de ces traités entre la reine mère et le roi de Navare est du 28 février 1579, le second du 26 novembre 1580.
[2] En même temps.

cas nous prendrons sur les biens du clergé & absens de ce pays, des l'entrée du prochain mois de juin, de quoy entrectenir nosdictes garnisons & nous deffendre des forces qui journellement nous courent sus et qui tuent, ruynent & ravagent tout le pais, ores que [1] depuis deux mois qu'eusmes nouvelles qu'aviez receu l'eedict de paix nous soyons tousiours contenus sur nostre simple deffensive sans courir ny exercer acte d'hostilité. Et affin que nostre droicte intention & désir de repos public soyent congneus à tout le monde, nous vous déclarons aussy, Messieurs, que sy dans le vingtiesme de ce mois nous n'avons claire et resolue responce de vous de l'acceptation de nosdictes offres, nous envoyerons la coppie de la presente lettre au Roy, à Monseigneur [2] & au roy de Navarre pour leur faire paroir de l'obeissance que nous voullons rendre à sa Majesté et à ses eedicts, esperant que la justice de nostre cause estant par ce moien congneue de chascun, une infinité de gens de bien, catolicques mesmes, se joindront à notre poursuitte. Et sur ce nous prions le Createur, etc.

De Gap, ce XIIe May 1581.

CCCXCIX.   1581 — 4 JUIN.

Cop. — B. N. MS. F. 4047, p. 138.

PROPOSITIONS DES DEPUTTEZ DU PARLEMENT DE DAUPHINÉ EN L'ASSEMBLÉE DE CEUX DE LA RELLIGION PRÉTENDUE RÉFORMÉE A MENS, 4 JUING 1581.

Les dellegués de la cour du Parlement de ce pais de Daulphiné ayant esté requis par le sieur des Diguieres et autres gentilshommes de la religion pretendue et ceux qui les assis'oyent, [3] de mettre par escript les remonstrances faictes en leur assemblée dans la ville de Mens, déclarent en premier lieu que ladicte cour avoit estimé que les sieurs de Calignon et de Segur, deputez par eux pour aller devers elle et adviser aux melheurs moyens qu'on pouvoyt avoir pour fere promptement jouir le peuple du bénéfice de paix, eussent plus amples mémoires & instructions qu'ils ne se seroient treuvés, et specialement touchant la restitution des places qu'ils detiennent, sauf Serres et Nions qui leur sont baillées en garde par l'édit, et

---

[1] Quoique.
[2] Le duc d'Alençon, frère du roi.

[2] Les catholiques qui combattaient dans les rangs du parti protestant.

s'ilz n'entendent abandonner les citadelles qu'ils avoient faict faire à Gap tant dans la ville que dehors icelle.[1], de quoy la Cour leur avoit auparavant escript, respondant à ce qu'ilz luy avoyent mandé que on ne pouvoit prendre les bastimens qu'ils ont faict et continuent à faire audict Gap pour citadelles et les comprendre par ce moien audict eedict touchant la restitution desdictes places, combien que à mesme temps lesdicts sieurs des Diguieres et certains autres de mesme party eussent mandé aux sieurs commis et procureur des Estats une lettre par laquelle ilz offrent purement et simplement rendre les places non reservées par ledict édict en plaine liberté et de faire encores tout ce qui les concerne du contenu audict édit avec certaines protestations y contenues. Et encores qu'on n'eust auparavant parlé desdictes citadelles ledict sieur des Diguieres et autres dudict party pouvoyent bien penser que tout ainsy que Gap est des principalles pieces [2] qu'ils detiennent, pour estre le siège de l'evesché et du baillage de ce quartier de dela & sur le principal passage des montagnes, que aussy ce seroit des choses qui seroient principallement requises de la part des catholicques que de faire rendre ladicte ville de Gap en plaine liberté et qu'on ne la tiendroit pour libre sans la demolition desdictes citadelles qui l'asservissent & randent grandement suiette. Et la dilation dont on a usé à faire reponce sur cela, avec l'instance faicte d'entrer en conferance, ont faict estimer à la Cour & aux catholicques que on ne voulloit abandonner lesdictes citadelles pour parvenir à l'effectuation dudict édit sans y faire quelque adition ou diminution et par ce moien faire en effet nouvel édit ; par quoy ladite Cour a envoyé icy exprès lesdits délégués pour estre esclaircis de tout du faict de la restitution desdictes places et spéciallement dudict Gap en pleine liberté et faire entendre à ladicte assemblée que aussytost que ceux de leur party auront déclaré voulloir embrasser ledit édict et l'observer de point en point, de quoy on les exorte et prye de par la Court, aussytost ladicte Cour le fera publier & observer à tous les suiects du Roy indifféremment. Ont lesdicts déléguez declaré qu'ilz n'ont esté icy mandés à autres fins et spéciallement pour entrer à la conference requise, car la Cour présupose que les conférances lesquelles estoient à faire en cela ont esté faictes comme elles ont deu estre avant la resolution & conclusion dudit édit qui n'est pas nouveau, ains contient confirmation du precedant & des conferances faictes pour ce regard à Nerac et à Flaix dont est faicte expresse mention en icelle, et par ce ne peult rester aux bons suiects du Roy qu'une sincere volonté de obeyr au contenu dudit édit sans y adiouster ne diminuer aucune chose, et qu'il appartiendroit au Roy seul de ce faire sy aucune chose se presantoit pour debvoir fere ce qu'on n'estime de la part des catholicques. Outre cela lesdicts catholicques considerans que les confe-

---

[1] Non-seulement Lesdiguières avait fait bâtir sur le coteau de Puymaure un fort dont il a été plusieurs fois question dans ce travail, mais dans le courant des années 1577 et 1578 il avait acheté dans la ville de Gap, près de la Porte-Colombe et touchant le prêche protestant, une dizaine de maisons qu'il avait fait fortifier et remplir d'armes et de soldats. Il avait également fait augmenter les défenses de son château des Diguières à l'aide de corvées imposées aux habitants du Champsaur.

[2] Est une des villes les plus importantes.

rances cy devant faictes en ce pays, tant en la presence de la Royne mère que autrement n'ont servy que de longueur, par le moyen de laquelle le susdict premier édit de paix est demeuré sans exécution et effet troys ou quatre ans au très grand préiudice & dommage du pauvre peuple et à la retardation du service du Roy, à faulte d'observation de ce qui avoit esté convenu de la part de ceux de ladicte religion contre leur promesse jurée; bien entend la Cour que sy ceux de la religion pretendue veullent faire remonstrance ausdits dellégués que dependent des choses ordonnées par ledit édit que on les recoive, comme lesdits dellegués sont prests à faire, pour les raporter à ladite Cour et par icelle leur estre prouveu si est chose de son pouvoir, & sy elle l'exéde en recrire au Roy ; cependant les exorte et prye ne laisser de passer oultre à l'affectuation dudict édit & reduction desdictes places. Finablement remonstrent lesdits déléguez que la Cour n'a entendu jusques icy que les catholicques ayent donné aucun ombrage à ceux de ladicte religion pretendue pour debvoir soubstenir à aulcuns defflance & sous coulleur d'icelle retarder la restitution desdictes places en toute liberté, suivant l'offre faicte ausdicts des Estats, sans reservation aucune, mesmes desdictes citadelles ou forteresses comme qu'on les puisse appeller; les asseurant de par ladicte Cour que iamais les catholicques ne feurent plus enclins à l'observation de la paix qu'ils sont à present, et quant elle verroit quelqu'un d'entre eux qui sous coulleur d'une defflance tascheroit à retarder la publication & exécution de l'édit de paix, elle donneroyt ordre de le faire absenter & retirer ailleurs pour quelque temps avant que par leur moyen on laissat de passer oultre, et vous exhorte et prie de adviser s'il ne seroit expediant d'en faire autant de vostre part pour le bien de paix et trouveront bon cest expedient, considéré que le Roy leur a laissé deux places pour leur retraite & entiere asseurance. Exhortent et prient lesdits dellegués pour conclusion ladicte assemblée de leur faire entiere et certaine declaration de son intention & volonté et de tous ceux du party de la religion pretandue sur les choses cy devant proposées, et générallement s'ils entendent ou non de observer le contenu audit édit de paix de point en point sans l'alterer aucunement, ainsy que les catholicques sont prests de ce faire et en ce qui les peult concerner, suivant leurs offres ja faictes, avec protestation que ou ladicte assemblée ne voudroit satisfaire à la volonté du Roy portée par ledict cedit on le fera entendre à sa Maiesté pour y pourvoir selon son bon plaisir.

Faict en la ville de Mens, ce IIIIe juing MV^c IIII^{xx} ung.

I. ROBERT, THOMÉ, DE CHAPONAY.

CD.   1581 — 6 Juin.

Cop. — B. N. MS. F. 4047, p. 142.

RESPONCE DE CEUX DE LA RELIGION AUX PROPOSITIONS DES DÉPUTÉS DU PARLEMENT DE GRENOBLE, 6 JUIN 1581.

Nous deputtez du parti de la religion refformée de ce pays de Daufiné pour l'effectuation de la paix, soubz signés, respondans aux remonstrances qu'il a pleu à vous, Messieurs les dellegués par la cour de Parlement de cedict pais nous faire par escript le 4 de ce present mois vous faisant la declaration qui s'ensuit :

Premièrement, que nous ne prétendons faire nouveau édit de paccification, ains nous tenir à celuy qu'il a pleu au Roy de faire au moys de septembre MV^c septante sept [1] et aux déclarations faictes par sa Maiesté sur iceluy édict par les conferances de Nerac & de Flex, et confessons que s'il y a encore quelques poincts qui meritent declaration plus expresse, qu'il apartient à sadicte Maiesté de la faire. Et quant à ce que dictes avoir esté envoyés exprès par ladicte Cour par devant nous pour vous esclaircir et faire entière & certaine déclaration de nostre volonté et intention touchant l'observation dudict édit de point en point, et nous faire entendre ce, que aussytost que nous aurons declaré nostre voulloir estre de l'embrasser & observer que ladicte Cour fera quant et quant [2] publier et observer ledit édit à tous les suiects de sadicte Maiesté, nous vous declarons franchement que nostre intention et volonté est d'embrasser de tout nostre cœur & observer entièrement lesdicts édit & declaration, acceptant l'offre qui nous sont faictes de la part de la dicte Court de faire promptement publier, et quant et quant effectuer lesdicts édict & déclaration et les faire observer par tous lesdicts suiets de sa Maiesté de cette province. Et d'autant que par vosdictes remonstrances nous faictes entendre que s'il y a quelques poinctz qui meritent plus ample declaration que ladicte Cour nous y pourvoiera sy c'est chose qui soyt de son pouvoir, et si elle excedde

[1] C'est l'édit de Poitiers.   [2] En même temps.

son pouvoir qu'elle en referera au Roy et que cependant elle nous exorte de ne laisser de passer outre à ladicte effectuation dudict édit & redition des places, nous vous repondons qu'il y a voyrement quelques poincts que nous estimons meriter declaration de sadicte Maiesté, pour lesquelz neanmoings nous ne voullons differer de passer outre, ains vous offrons de venir à l'exécution de tous les autres poincts qui méritent déclaration, et en cela acceptons la bonne volonté de ladicte Cour de ne voulloir s'arrester pour quelques points à passer outre aux effets & exécution dudict édit.

Entre les poincts que nous pretendons meriter déclaration de sadicte Maiesté est celluy de la fortiffication du lieu de Puymore près la ville de Gap, laquelle vous pretandez devoir estre démolye par ledict édit, et nous prétendons au contraire qu'elle ne doit estre demolye non plus que la maison que le sieur des Diguières a dans ladicte ville. Bien offrons-nous, incontinant après la publication dudict édit d'en casser entièrement les garnisons comme de toutes autres places que nous tenons, excepté les deux de garde [1] & ne laisser dans les maisons dudict Puymore aucune artillerye et que autres personnes que les propriétaires et les domestiques n'y feront demeurance. Nous ne voulons taire à ladicte Court que nous avons envoyé des deputtez par devers monseigneur frère du Roy et le roy de Navarre pour les supplier de voulloir moyenner envers sa Maiesté que ladicte ville de Gap nous soit baillée pour lieu de seureté en lieu de la ville de Serres, ce que nous esperons d'obtenir par leur intercession et de toutes les églises reformées de ce royaume qui se soint joinctes à nostre requeste en une assemblée généralle tenue à Montauban. Et quant bien il ne plairoyt à sadicte Maiesté nous accorder ladicte commutation nous n'estimons toutesfoys qu'elle declare ladicte fortiffication de Puymore devoir estre demolye ny demantellée parce qu'elle se trouve bastye au propre fonds des proprietaires, à eux appartenant par bons et valables tiltres & que par les libertés de ce pays les gentilshommes peuvent avoir et faire bastir forteresses; joinct qu'il n'y a pas un seul mot dedans ledict édit qui rande ladicte fortiffication suiete à démolition ny à estre desmantelée, ce que aussy ne se

---

[1] Des deux places de sûreté qui étaient Serres et Nyons.

pourroyt faire sans donner attainte à la reputation desdicts propriétaires[1].

Et d'autant que nous estimons que par ces raisons et plusieurs autres ladicte fortiffication n'est suiete à demollition ny demantellement et que sadicte Maiesté nous ayant ouy en jugera ainssy, ores[2] qu'il ne luy plairoit nous accorder ladicte commutation; à ceste cause nous supplions très humblement ladicte Court nous faire bailler bons passeports pour envoyer par devers sadicte Maiesté quelques ungs des nostres pour debattre ce poinct, et sy nonobstant nos remonstrances & raisons sadicte Maiesté ordonne que ladicte fortiffication doive estre demolye et démantellée, nous obeyrons promptement & sans aucune retardation à sa bonne volonté. Et affin que ladicte Cour n'estime que cecy soyt pour chercher des feintes & longueurs, nous offrons de bailler ostages ou telles autres asseurances qu'il sera advisé pour exécuter incontinant ce que sadicte Maiesté aura declaré sur ce faict, et accordons, voyre requerons, que cependant il soit passé outre à la cassation de toutes garnisons et gendarmerye qui doivent estre cassées par l'édit, l'entretènement desquelles ruyne extremement le pauvre peuple de ce pays, et à l'exécution des autres poincts dudict édit qui sont sans comparaison de plus grande consequence pour le bien & utilité publique que la ruyne de ladicte fortiffication de maisons privées qui ne asteront rien & ne feront nul mal à personne incontinant que ledit édit sera publié.

Et d'autant, Messieurs, que par vosdictes remonstrances vous dictes n'avoir aucune charge de conferer avec nous pour le peu de fruict qui est reussy cy devant d'une autre conferance, ains qu'avez seullement charge de recevoir nos remonstrances sur ce qui depend des choses ordonnées par ledit édit pour les raporter à ladicte Court, nous vous répondons en premier lieu qu'on ne nous doibt imputer, sauf correction, sy lesdictes conferances cy devant faictes n'ont eu telle yssue qu'il fust esté requis pour le bien public, ains à ceux qui contre la foy jurée nous surprindrent cinq ou six des places que nous tenions en cette province, la retenue desquelles nous avoit esté accordée

---

[1] Les châteaux des gentilhommes condamnés pour forfaiture et lèse majesté étaient démantelés.

[2] Lors même.

jusques ce que tous les aultres poincts de l'édit feussent exécutés. Et quant à l'autre poinct de vous donner noz remonstrances sur les poincts qui dépendent des choses ordonnées par ledit édit, pour en faire vostre raport à ladicte Court, affin d'y estre par elle pourveu, nous vous offrons tout présentement nosdictes remonstrances comme s'ansuit, supplians très humblement ladicte Cour nous y pourvoir promptement comme elle peut bien faire.

DEMANDES DESDICTS DEPPUTTEZ.

Premièrement, pour faire au plustost jouir ceste pauvre province du bénéfice de ladicte paix, nous supplions ladicte Court que ledict édit et lesdictes conferances de Nerac et de Flex soient publiées en icelle Cour lundy prochain qui sera le XIIe de ce moys de Juing et autrement au plus tost que ladicte Court verra se pouvoir faire et que partout soient quant & quant envoyé des *vidimus* pour faire semblable publication en tous les baillages et sénéchaussées & bonnes villes de ceste province.

Item, qu'il plaise à ladicte Cour obtenir de sadicte Maiesté le plus tost que faire se pourra & incontinant après, publier une abolition généralle des choses advenues en cestedicte province depuis la conclusion dudict édit qui fust le dix-septiesme septembre 1577, jusques au jour de ladicte prochaine publication, laquelle abolition soyt bien ample & de tous cas advenus pendant ledict temps, fors que des cas exceptés par les articles secrets; et laquelle abolition puisse servir tant pour tous ceux de ladicte religion et autres qui ont suivy ou favorisé leur party en quelque sorte que ce soyt.

Item, qu'il plaira à ladicte Court nous accorder qu'elle proceddera à la publication et vérification tant desdicts articles ou secrets ou particuliers, que de toutes autres lettres de declaration qui seront faictes par sadicte Maiesté sur ledit édit, que des lettres d'office de ceux qui sont ou seront pourveus des estats créés par iceluy édit [1], incontinant que lesdicts articles & lettres seront présentées à ladicte Cour nonobstant qu'elles soient surannées. Et specialement qu'il complaise faire publier & inviolablement observer la declaration de sadicte Maiesté

---

[1] Des états ou charges de conseillers ou avocats généraux en la chambre tri-partie du parlement, composée de deux tiers de magistrats catholiques, et de protestants pour le reste.

sur l'article XLVI dudict édit, prohibitif à tous trésoriers, receveurs & leurs commis sur peyne de concussion, de lever aucune taille, aydes, octroys, creues, taillons, utenciles, reparations et aucunes impositions faictes et imposées depuis le XXIIIIe d'aoust 1572 iusques à présent sur ceux qui nous ont contribué ¹ tant catholiques que de la relligion.

Et parce que de peu serviroyt ladicte publication desdicts édit, conferances, declarations, articles secrets et abolitions, sans venir promptement à l'effectuation, qu'il plaise à ladicte Cour moyenner & faire en sorte que toutes gens de guerre tant de pied que de cheval qui ne sont domicilliers ny habitans de cette province, sortent hors de ce pays dans huict jours precisement après ladicte publication et que toutes autres compagnies soient aussy cassées & congediées dans mesme dellay, nous offrans de faire de mesme de nostre costé et casser toutes nos compagnies tant de pied que de cheval, excepté celles qui nous seront accordées pour nous deux places de seureté. Pour l'entretenement desquelles nous requerons que bonne & claire assignation nous soyt ordonnée, de telle façon que ceulx qui commanderont esdictes places ne puissent jamais estre en peyne à faulte d'avoir moien de payer tous les moys la solde de leurs garnisons avec les boys et chandelles ².

Et d'autant que les gens de guerre du Comtat font ordinairement incursions sur ce pais, nous supplions ladicte Cour qu'il luy plaise moyenner envers monseigneur le cardinal d'Armagnac de faire cesser icelles incursions. Requerons aussy que les habitants desdites places de garde soient soullagés de leurs tailles royales qui s'imposeront à l'advenir, ou de partye d'icelles à cause des utancilles qu'il faudra qu'ils fournissent auxdictes garnisons.

Et parce que le désarmement doibt estre reciproque et que es lieux à present tenus par les catholiques ne doivent estre retenues aucunes garnisons, sinon que se fussent lieux de frontiere ou fust besoing y en avoir pour la conservation du royaume, dont la nécessité ne se presente en nulle part de ceste province, grâce à Dieu, le marquisat de Saluces tenant la frontiere dela les monts & la Savoye n'estant ennemye de l'estat de ceste couronne, à ceste cause nous requerons que nulles garnisons ne soient retenues es villes et places que les

---

¹ Qui nous ont déjà payé leurs contributions.   ² Pour les corps de garde.

catholiques tiennent à present, fors que aux anciennes mortes payes[1], et pour cet effet requerons que le procureur du pays, pour le solagement du peuple et pour faire cesser tous ombrages qui pourraient alterer la paix, se joigne à nostre presente requisition.

Et affin que l'article XIXe dudict édit ne nous soit infructueux, nous supplions humblement ladicte Cour de moyenner qu'entre les commis du pais soient admis deux gentilshommes & deux du tiers estat de nostre relligion, à nostre nomination, qui soient d'ordinaire residans à Grenoble, entierement aux despens du pays, pour assister à toutes déliberations et conclusions des affaires dudict pays et speciallement à l'imposition, distribution & redition de compte des deniers, sur peyne de nullité des actes. Et que en la charge consulaire des villes à présent tenues par le party catholique et au conseil d'icelles villes soyent admis quelques uns de la relligion de mesme ville, pour assister en toutes deliberations & conclusions sur peyne de nullité d'icelles; offrant de nostre costé de faire de mesme es villes que nous tenons. Et que pour purger ce pais des Montagnes, de Valentinoys, Dyoys, les Baronnies et autres quartiers tenants pour nostre party, de mal vivants et vagabonds, oultre le prevost catholique ja estably en ceste province, soyt admis en mesme charge de prevost ung de nostre religion à nostre nomination pour icelle charge exercer tant que la nécessité le requera.

Item, nous requerons que suivant le XXXIXe article dudict édit tous prisonniers detenus pour cas abolis par ledict édit et par lesdictes conferances soient promptement eslargis et mis en plaine liberté sans payer aucune rançon et mesme Olivier Coaceri détenu à Ambrun, le fils de monsieur maistre Estienne Noël, ministre[2], detenu à Guillestre, des Betons et Affort, detenus à la Mure, le petit Jacques, appoticaire, détenu à Vallence, Lardisson, de Queyras, détenu à Ambrun, maistre Vialya, notaire de Saint-Bonnet, et Anthoine Hugues, de la Sarche, détenus à Tallart, et ceux qui naguieres ont esté prins à la journée de Montmeand en Valentinoys et génerallement tous aultres prisonniers, et qu'il soit mandé incontinant à ceux qui les detiennent de les

---

[1] Les *mortes paies* étaient des militaires réformés conservés à demi-solde dans les garnisons des places frontières.

[2] Étienne Noël était ministre de la vallée d'Angrogne (1560), il le fut ensuite de Grenoble (1562), puis de Gap (1578).

eslargir promptement sur peyne d'estre punis comme infracteurs de l'eedict, et nous offrons de nostre costé de relaxer promptement tous les prisonniers que nous tenons sans autre rançon.

Item, suivant l'article LVIe dudict édit prohibitif des impositions et fortiffications nous requerons qu'il soit inhibé au sieur du Monestier de fortiffier sa maison de la Mure[1] & de cottiser le peuple à luy prester courvées pour cet effect, offrant de nostre costé de faire de mesme.

Item, suivant l'article LXe et autres par lesquels les maisons des propriétaires leur doivent estre rendus moyennant qu'ils n'y tiennent aucunes garnisons que celles qui ont accoustumé d'y estre en temps de paix, nous requerons que la maison de Beauregard près ladicte Mure appartenant au sieur des Diguieres luy soit rendue en l'estat qu'elle est à present et il passera asseurance de n'y tenir aucune garnison, voire de la razer, en luy payant ce qu'elle luy couste de bastir; et que la maison aussy du sieur de Gallieres luy soit randuc et prohibé à ceux du Buys & à tous autres de la demolir.

Et affin qu'après tant d'autres paix rompues cette derniere puisse demeurer ferme et inviolable, nous supplions humblement ladicte Cour de moyenner qu'au plus tost que faire se pourra après ladicte publication, les Estats de ceste province se tiennent en toute securité et liberté pour le passer & jurer sollennellement ung bon accord & inviolable entre les troys ordres tant de l'une que de l'autre relligion pour l'observation de ladicte paix. Et neanmoings parce que plusieurs gentilshommes hauts justiciers de nostre party pourront avoir des justes occasions pour ne se trouver ausdicts Estats, qu'il plaise à ladicte Cour déclarer que pour ceste foys et sans consequence, ils y pourront comparoir avec voix deliberative, contracter & prester serment par procureur bien fondés, car autrement nous aurions juste cause de craindre sy lesdicts gentilshommes n'avoient voix, que l'oppinion des passionnés contre nous surmontast celle des paisibles : joinct qu'il est expédiant que tous passent promesse ausdicts Estats d'observer ladicte paix.

Voila, Messieurs, toutes les demandes que nous vous faisons, lesquelles sont du tout conformes à l'édit et accompagnées de toute

---

[1] Cette maison forte située au milieu du bourg de la Mure existe encore sous le nom de château du Monetier.

raison, vous protestant que nous ne retenons rien sur nostre cœur, ains vous déclarons par ces presentes remonstrances le fonds entier de tout ce que nous pensons & desirons pour parvenir à la jouissance de la paix et supplions bien humblement ladicte Cour de nous ouvrir aussy bien clairement sa volonté sur tous les poincts que dessus et de nous faire parroir par les effects la bonne affection qu'elle a à establyr le repos & tranquilité de ceste pauvre province. Et combien que nous ne voulions doubter que ladicte Cour n'y soyt tres incline, toutesfoys s'il advenoit qu'elle nous refusast noz justes demandes cy dessus contenues, nous declarons franchement que nous ferons publier au premier jour lesdicts édits et déclaration en tous les lieux que nous tenons, et neanmoings pour nous deffendre des gens de guerre du party catholicque qui continueront sur nous hostilités, nous serons contraincts, à nostre grand regret, d'entretenir encore quelques forces et de saisir les revenus ecclesiastiques & des absens pour ledict entretenement; protestant toutesfois que ce ne sera pour contrevenir audict édit, ains pour nous deffendre simplement de toute oppression & violance, et de noz presentes protestations et justes demandes ferons faire partout publication, affin que chacun congnoisse la justice de notre cause.

Faict à Mens, en l'Assemblée desdicts depputtez soubzsignés, ce VI juing MV{c}IIII{xx} ung.

> LESDIGUIERES, MORGES, VERCOIRAN, FURMEYER, MIRA[BE]L, I. GENTILLET, DE BEAUFORT et autres.

CDI.   1581 — 12 JUIN[1].

Cop. — B. N. MS. F. 4047. p. 152.

RESPONCE DE LA COUR DE PARLEMENT DE GRENOBLE AUX DEMANDES DE CEUX DE LA RELIGION PRÉTENDUE RÉFORMÉE.

La Cour ou estoit le sieur de Maugiron, lieutenant général pour le Roy en ce pays de Dalphiné en l'absence de monsieur le prince Dalphin, et les gens des

---

[1] Dans la lettre des réformés du 17 juin 1581 (voy. p. 481) on lit eu tête : *ayant hier bien tard receu la responce qu'il vous a pleu faire le XIIe de ce mois*, etc. Ces mots donnent la date de la lettre ci-dessous.

Comptes, ayant faict entrer maistres Soffrey Callignon, docteur en droicts, et Jacques de Segur, deputtez de ceux de la religion pretendue reformée dudict pays, ensemble les gens des Estats et les gentilshommes et autres habitans de la ville de Gap et des montagnes qui sont presentement retirez en ceste ville de Grenoble, a dict pour responce ausdicts deputtez qu'elle se doubtoit bien que quelque déclaration qu'ils eussent jusques icy faict de la part desdicts de la relligion de vouloir obeyr à l'édit de paix de point en point selon sa forme & teneur et se comtanter des villes que par iceluy leur ont esté baillées en garde pour leur seureté, toutes foys ils ne voudroient rendre les autres ny les delaisser en liberté ainsy qu'il appartient, et qu'il estoit quelque chose de ce qu'elle avoit senti ; que entre autres, ils voulloyent retenir les forts et citadelles qu'ils ont faictes dedans et dehors la ville de Gap, capitale d'une diocese ou est le principal siege des montaignes et la plus importante place de celles montagnes, comme ils s'en sont ouvertement déclairés, soubstenans que lesdictes citadelles ne sont suietes ne à redition ne à demollition, et en toutes sortes ont requis estre renvoyez au Roy tant pour raison de ce poinct que des autres sur lesquels ladicte Cour fera difficulté, avec promesse neanmoings de obtemperer en ce qui en seroyt ordonné par ledict seigneur Roy ; qui est la cause que les habitans reffugiez de la ville de Gap et avec eux plusieurs seigneurs, gentilshommes et autres desdictes montagnes, sont venus supplier la Cour de vouloir avoir compassion des nécessitez & misères qu'ils ont souffert puis cinq ou six ans qu'ils sont hors de leurs maisons, privés de la iouissance de leurs biens pour la fidellité qu'ilz ont voullu tenir au Roy et se conserver en son obeissance et qu'elle ne veulle point permettre que faisant une sy notable partye & nombre de la province ilz soyent seuls frustrés du bénéfice de la paix, abandonnés & délaissés par leurs freres concitoyens et patriotes, ains plustost que on leur veuille rendre la pareille de ce que au premier trouble ils ont faict à ceux du bas pays, estans eux delivrés et ceux dudict bas pais occupés, parce que ils assisterent ledict seigneur de Maugiron de leurs personnes et de tous leurs moyens pour remettre ledict bas pays en liberté ; qu'il n'y a piece d'eux qui osa retourner en sa maison durant que lesdictes citadelles seront debout sans exposer leurs vyes en un certain danger et que la Cour & tout le pays aussi avoit desormais assez connu et experimanté combien on se doit arrester à toutes les promesses que lesdicts de la religion sauroient faire pour ce regard; qu'ils la supplient très humblement, comme aussy ont faict avec eux lesdicts gens des Estats, de croire que ce qu'ilz demandent estre renvoyé au Roy n'est que pour frustrer le temps & nous remettre à l'arriere saison, [en] esperancede ce deffandre après par la rigueur de l'iver et durant iceluy se fortiffier davantage·

D'ailleurs l'on void que par leurs reponces contenant XXIX articles dont le X premiers ne tendent qu'à soutenir qu'ils ont droict de retenir lesdicts forts et citadelles, et pour le regard des autres il y en a la pluspart qui sont ou contre l'eedict ou par dessus, de sorte qu'il conviendroit refaire en partye iceluy édit et en partye en faire un tout nouveau, qu'est tout au contraire de ce que par le premier article ils ont protesté ne voulloir point de nouveau édit, ains se tenir à celluy qu'il a pleu au Roy de faire ; que tout cela n'est pas correspondre à la bonne franche et sincere volonté que la Cour, avec le lieutenant du Roy et tout le party catholique, leur a demonstré les ayans pieca semons, exortés et priés de se voulloir resouldre à l'entiere et prompte exécution & obeissance de l'eedit, l'ambrassant unanimement & de bonne foy, nous réunir pour vivre desormais en bonne paix et concorde sous l'obeissance de nostre Roy, avec offre de faire & leur conserver de nostre part tout ce que peult concerner leur faveur, les invitant à l'establissement de la chambre tripartye, chose peult estre non faicte par autre Cour de parlement de ce royaume; que au contraire eux n'ayant [pu] jusques icy pour tout cela se resouldre d'obtempérer au poinct de l'eedit que à bonne cause nous tenons le principal et plus important, assavoir de rendre au Roy ses places et les remettre en plaine liberté, mesmement pour le regard de celle laquelle comme ils en font plus d'estat, aussy le Roy & tous ses suiets catholiques sont en plus de soucy de la voir remise en liberté.

Pour ces raisons ladicte Cour déclare qu'elle ne peult passer outre à la publication de l'eedit, comme aussy elle n'a estimé les devoir renvoyer au Roy, ou pour ce leur donner aucun passeport, se asseurant que ledict seigneur Roy ne pouvoit trouver bon, ains prandre en mauvaise part qu'elle eut par ce moien semblé mettre en doubte ou suspens ce qui est sy clair par l'édit et dont ledict seigneur Roy c'est d'ailleurs assez expliqué son bon plaisir.

Qu'est ce qu'ils ont à raporter à ceux qui les ont deputtez, avec neanmoins une iterative exortation & priere d'avoir compassion de nostre commune patrie & de tant de miseres & afflictions qu'elle souffre par telles leurs dillations en se departant de poursuivre ce en quoy il n'y a celuy qui ne juge & voye clairement qu'ils n'ont aucune apparance de droict ny de la raison, mesmement en ce qu'ils ne veullent rendre lesdicts forts & citadelles, ains retenir ladicte ville de Gap en subiection avec la tereur des habitans de tous les troys ordres tant de ladicte ville que desdictes montagnes, non sans tenir en peyne et deffiance la province; et neanmoings sy promptement ils randent au Roy toutes lesdictes places fortes & citadelles, reservées celles qui leur ont esté laissées pour leur seureté, & qu'ils veullent purement & simplement à tout le contenu de l'eedit, la Cour est encores toute preste et en très bonne volonté de procéder à la publication & entiere exécution d'iceluy; les asseurant qu'elle le fera de bonne foy observer & entretenir de point en point selon sa forme & teneur, si que à eux seullement tiendra que nous ne vivions tous en bonne paix et concorde sous l'obeissance du Roy & de ses édits.

CDII. 1581 — 15 Juin.

Cop. — B. N. MS. F. 4047, p. 156.

[AU ROY.]

Sire, d'autant qu'après plusieurs poursuites faictes de nostre part envers la cour de Parlement de cette province nous n'avons peu obtenir la jouissance de vostre eedict de paciffication et qu'au contraire noz justes requestes ont esté repoulcées, nous avons esté contraincts de recourir au roy de Navarre pour avoir soubz sa faveur l'accez à vostre Maiesté, qui nous à esté denyé par la rigueur de vostre Cour, laquelle nous ayant aussi refusé la publication de la paix, nous avons supplié ledict seigneur roy de Navarre de vous envoyer ung des siens et presenter à vostre Maiesté le cahier de noz très humbles requisitions, lesquelles nous estimons estre sy conformes à vostre eedict et tellement fondées en équitté que sur cette asseurance nous prenons hardiesse de vous supplier très humblement, Sire, les nous voulloir accorder, ensemble ce qui vous sera requis en nostre faveur par le sieur de Clervan de la part de l'assemblée de Montauban, nous faisant jouir doresnavant du repos qui nous est acquis par le bénéfice de vostre eedict, affin qu'en toute seuretté de nos vies et consciences, nous puissions prier Dieu, Sire, qu'il vous veuille maintenir en toute prospérité.

De Mens, ce 15 juin 1581.

Vos très humbles et très obéissants subiects.

Les gentilshommes et autres de la religion reformée de ce pais de Dauphiné, et au nom de tous :

LESDIGUIÈRES, MORGES, FURMEYER, VERCOYRAN, BEAUFORT.

CDIII. 1581 — 15 JUIN.

Cop. — B. N. MS. F. 4047, p. 156.

[AU ROY.]

Sire, vos très humbles et très obeissants subiects et serviteurs les gentilshommes et autres de la religion refformée du pais de Dauphiné pour faire paroistre à vostre Majesté les longueurs & remises pratiquées en leur endroict pour les priver du fruict et jouissance de vostre eedict de paix, le reffus et deny qui leur a esté faict de la publication d'icelle, et les moyens tenus en rigueur pour empescher que leurs plaintes ne parvinssent aux oreilles de vostredicte Maiesté, vous remonstrent en toute humilité ce qui s'ensuit.

Premierement, que les articles accordez en la conference de Flaix ayant esté confirmés par lettres patentes de vostre Maiesté des le mois de decembre dernier passé, ont esté receubs et gardés par vostre court de Parlement dudict pays environ deux mois et demy après ladicte confirmation sans estre notiffiés à ceux de la religion ny autres durant ledict temps, et sans qu'aucune publication s'en soit ensuyvie pour encores; par ou se peut congnoistre le peu de bonne vollonté que les catholicques ont eu jusques à present à l'establissement du repos de vos subiects. Au contraire les offres & poursuites de ceux de ladicte religion servent de preuve suffisante pour remarquer leur affection à l'observation de la paix & obéissance de vostre Maiesté, en ce que des le douziesme du moys de may ils firent déclaration à ladicte cour de Parlement qu'ils estoient prests d'obéir à vostre eedict de paix, casser toutes leurs garnisons, excepté celles des villes de seureté, remettre les villes en plaine liberté, laisser aux catholicques l'entrée libre de leurs maisons, ne les empescher en la jouissance de leurs biens & religion, restablir le commerce, representer en justice les contrevenans et génerallement d'observer inviolablement vostre dict eedict de pacification & déclarations faictes sur icelluy par vostre dicte Maiesté. Ces mesmes offres, Sire, furent depuis représentées plus au long en ladicte court de Parlement, toutes les chambres assemblées, par deux délégues de ceux de ladicte religion ausquels fut faicte response qui semble contrevenante, sauf correction, à l'équité et audict eedict de paciffication mesmes en quatre poincts.

Le premier, en ce que ladicte Court voulloit faire desmanteller la ville de Livron, de laquelle au contraire les murailles pourroient estre réparées par permission de vostre Maiesté suivant l'eedict.

Le second, en ce que l'on voulut faire trouver bon ausdicts de la religion de recepvoir garnison extraordinaire en la province soubs pretexte du service de vostre Maiesté contre les termes de l'eedit, ce qui fut proposé verballement par les catholicques encores qu'il n'ayt esté rédigé par escript.

Le troisieme, en ce qu'on refusa d'ouir ceux de ladicte religion par une briefve conference, encores qu'elle ne fut requise par eux pour innover ou alterer tant soit peu l'eedict, ains seullement pour traicter et convenir de l'ordre & moyens les plus convenables pour l'effectuation & exécution d'icelluy.

Le quatriesme poinct proposé par ladicte Cour, Sire, contre les termes exprès de vostre eedict c'est qu'elle pretend de faire demanteler une maison du sieur des Diguières située dans ladicte ville de Gap et dix-huict ou vingt maisons appartenant à des gentilshommes et gens d'honneur de ladicte religion encloses en ung pourpris appellé Puymore près ladicte ville de Gap.

Or, d'autant que ladicte Court deputta deux conseillers du corps d'icelle pour aller trouver ceux de ladicte religion assemblés à Mens et scavoir leur intention sur ladicte demolition, il leur fut respondu que c'ettoit une contravention à l'eedict de paix de voulloir priver vos subiects de leurs privileges, veu qu'ils sont confirmés par icelluy ; que de toute ancienneté les gentilshommes de Dauphiné peuvent bastir des maisons fortes et fortiffier les leurs qui ne le sont, comme de faict il y en a infinies dans ledict pays qui peuvent attendre le canon, et ce par un privilege special accordé par les Dauphins & confirmé par les Rois vos predecesseurs, et que par conséquent ledict lieu de Puymore & maisons dudict sieur des Diguières ne devoient estre desmantelez. Veu mesmes que sy on rasoit lesdictes maisons ou forteresses d'icelles cela seroit bien eslongné de l'eedict par lequel chascun doibt estre continué en la jouissance de ses biens et ne pourroit se faire ladicte demolition sans flestrir la reputation des gentilshommes proprietaires desdictes maisons, veu que lesdicts rasemens sont ordinaires marques de rebellion ou forfaicture. Outre ce fut remonstré à ladicte Court que par l'assemblée géneralle de toutes les eglises de ce royaume tenue en la ville de Montauban vostre Maiesté auroit esté suppliée d'accorder à ceux de ladicte religion du Dauphiné ladicte ville de Gap et lieu de Puymore pour place de seureté en lieu de Serres ou Nyons, partant lesdicts de la religion pryoient la Cour de ne les presser de ladicte démolition, ains attandre ce que votre Maiesté ordonneroit sur le faict de ladicte commutation. Attendu mesmes que quand vostre Maiesté n'auroit agréable icelle commutation, on n'estimoit toutes fois qu'elle trouvast jamais bon que la fortification desdictes maisons fut rasée contre le privilege sus allegué.

A ceste cause fut aussy ladicte Court suppliée par lesdicts de la religion de donner passeport à un des leurs pour aller devers vostre Maiesté se joindre au seigneur de Clervan en la très humble requeste qu'il avoit à vous faire pour ladicte commutation & alleguer les justes raisons d'icelle, ensemble le droict par lequel on pretend ladicte demolition ne devoir avoir lieu. Offrans lesdicts de la religion qu'en cas que vostre Maiesté après avoir ouy ledict depputté pour lequel on demandoit passeport, ordonnast que sans avoir esgard aux raisons qui par luy seroient desduictes, lesdictes maisons fussent desmantelées, que ceux de ladicte religion incontinent et sans delay procederoient ausdicts demantellements et obeiroyent aux commandemens de vostre dicte Maiesté. Et à celle fin qu'on n'estimast que lesdicts de la religion fissent instance de ce renvoy pour tirer les choses en longueur, ils offraient ostages pour asseurance de ladicte demolition, des principaux gentilshommes d'entre eux, et supplioient au surplus ladicte Cour de proceder à l'entier establissement de l'eedict sans prejudice de ce poinct et sauf à estre exécuté pour ce regard ce que vostre Maiesté en ordonneroit.

Mais au lieu d'avoir esgard à une requeste sy raisonnable & utile pour le repos et le soulagement de vos povres subiects, elle fut refusée par ladicte Cour & passeport denié, tellement qu'il ne reste à ceux de ladicte religion qu'une extresme regret de ne jouir du bénéfice de la paix avec une juste occasion de se plaindre qu'on ne leur veut faire justice ne donner acces avecq vostre Maiesté pour l'obtenir. Ce qui est cause que lesdicts de la religion ont esté contrains pour avoir adresse de vostre Maiesté de recourir au roy de Navarre et implorer sa faveur afin que par le moyen d'icelle ils se peussent presenter à vous, Sire avecq les plaintes & doléances contenues en ceste requeste. Par laquelle ils supplient très humblement vostre Maiesté de considerer le debvoir ou ils se sont mis pour obtenir l'exécution de la paix et les offres amples & asseurées qu'ils ont faictes pour y parvenir jusques à se voulloir mettre en ostages pour chose dont ilz soubmettoyent & soubsmettent le jugement à vostredicte Maiesté.

Et d'autant que par tous les depportemants des catholicques aux traicts de l'exécution de l'eedict cy dessus briefvement touchez, il appert assez de leur animosité, et que par consequent lesdicts de la religion ont plus besoing d'asseurances que jamais, qu'il plaise à vostre Maiesté, Sire, accorder ausdicts de la religion pour les raisons qui luy seront deduictes, la commutation des places de Nions et Serres en Livron et Gap avec ledict lieu de Puymore suivant les requisitions contenues par le cahier général des églises reffourmées de France, presenté par le sieur de Clervan à vostredicte Maiesté, ensemble les autres poincts y contenus et ne vouloir permettre que la fortiffication des maisons sus mentionnées soit ruynée & demolye contre les privileges et libertés dudict pays; enjoignant en oultre très expressement à vostredicte cour de Parlement de proceder en toute diligence à l'exécution et establissement de la paix à laquelle ceux de ladicte relligion sont et seront toute leur vie disposez, comme aussy à rendre à vostre Maiesté l'entiere et parfaite obeissance qu'ilz luy doibvent comme ses très humbles & très obeissans subiectz & serviteurs, etc.[1].

CDIV. 1581 — 17 JUIN.

Cop. — B. N. MS. F. 4047, p. 158.

LETTRE DE CEUX DE LA RELIGION PRÉTENDUE REFFORMÉE DE DAUPHINÉ ASSEMBLEZ A MENS AU PARLEMENT DE GRENOBLE, 17 JUIN 1581.

Messieurs, ayant hier bien tard receu la responce qu'ils vous a pleu faire le douziesme de ce moys à noz humbles remonstrances que vous envoyasmes le sixiesme par messieurs voz déléguez, nous avons résolu presentement, sur nostre departement de ce lieu, de vous envoier encor par ce tambour ceste petite replicque pour vous dire en premier lieu que touchant le different ou nous sommes en ce que pretendons la fortiffication de Puymore près Gap ne devoir estre demolie par l'eedict et vous au contraire, nous ne pouvons mieulx nous mettre à la raison qu'en remettant la décision de ce faict au Roy à qui la déclaration de son eedict doibt apartenir puis que vous l'entendez d'une façon et nous de l'autre; et vous ayant offert ostages et toutes autres asseurances pour l'exécution de ce que sa Maiesté en ordonneroit.

Et quant à ce que aucuns gentilshommes catholicques de ces montagnes et citoyens de Gap, absens de leurs maisons se veullent donner ombrage de ladicte fortification, ilz n'en ont nulle raison, saouf vostre correction, attendu que ne voullons y tenir aulcune garnison

---

[1] Cette copie n'est pas signée, l'original devait porter la signature de Lesdiguières et des autres chefs des protestants qui ont signé la lettre précédente.

comme nous avons déclaré par nostredicte remonstrance, et neantmoins, pour en cela les contenter encores mieulx, nous offrons au nom de tous les gentilshommes et autres des eglises refformées desdictes montagnes et mesmes dudit Gap, de leur donner toutes les justes assurances qu'ilz nous scauroient demander que de ladicte fortiffication n'adviendra aulcune chose contraire ou préjudiciable à la paix; duquel offre ilz auront juste occasion de contentement s'ils desirent le repos public, considéré que les déportemens passez des uns et des autres en plaine paix leur doivent donner autant (peut estre plus) d'assurance de nous que nous d'eux, et ne scauroient monstrer par ung seul traict de perfidie ny par aucun meurtre ny massacre que nous ayons faict chose qui les doive mettre en deffiance de nous, bien qu'ilz nous ayent osé taxer contre toute vérité par devant vous, Messieurs, qu'on ne se doibt arrester à nos promesses. Et par le contraire, sy la commemoration des choses passées n'estoit odieuse, nous pourrions alleguer trois massacres infames et detestables commis en plaine paix par les complaignants de Gap sur les nostres, dont vous estes assez informés [1]. Mais nous desirons que tout cela soit oublié.

Et quand à ce qu'ils ont aussy allégué par devant vous, Messieurs, que nous ne demandons que fuir, esperans nous deffendre par la rigueur de l'hiver, nous respondons que nostre dessein gist entierement en Dieu, en nostre bon droict et en la vraye vertu, laquelle ilz ont assez souvent experimentée, et sy bien ceste derniere fois ils ont eu quelque advantage par le moien des grandes forces qu'ils avoient attirées sur ceste province, dont elle est presque accablée, cela ne les doibt pourtant dégouster de la paix ny faire apporter le renouvellement de la guerre, car les victoires ou les victorieux perdent plus que les vaincus ne sont fort à désirer.

Et pour faire paroir, Messieurs, que ne voullons nullement eslongner l'effectuation de l'édit de paix, nous vous faisons scavoir que nous avons résolu de le faire publier, ensemble les déclarations

---

[1] L'une de ces émeutes suivies d'un massacre de protestants eut lieu à Gap dans le courant de janvier 1566; ce fut alors que fut tué Antoine Rambaud, sieur de Furmeyer, l'un des plus courageux lieutenants du baron des Adrets. Son frère, Jacques Rambaud, ancien prévôt apostat du chapitre de Gap, lui succéda dans ses biens et en partie dans son influence sur les protestants.

Un autre massacre de protestants eut lieu à Gap au commencement de février 1582, c'est-à-dire six mois environ après la date de ce document.

de sa Maiesté sur icelluy, mardy prochain qui sera le vingtiesme de ce mois par tous les lieux que nous tenons, suivant exprès commandement que nous avons du roy de Navarre, et par mesme moyen l'effectuerons de nostre costé en tous les poincts qui deppendront de nous et de nostre faict, usant néantmoings des moyens que nous avons cy devant rescript pour nous contenir paysiblement et en seureté sur nostre defensive, jusques à ce que du costé du party catholicque l'on nous ayt osté la juste occasion qu'avons de ce faire; et eussions bien désiré que ladicte publication fust esté premierement faicte par vostre compagnie à l'accoustumée, mais puisque ne le trouvez bon, nous passerons outre de nostre costé, bien marris que, suyvant ce que Messieurs vos délégués nous avoient fait entendre de bouche & par escript, ne veuillez passer outre à l'exécution de l'eedict en ce qui est clair en attendant la declaration de sadicte Maiesté sur ce qui est en controverse.

Quant à ce, Messieurs, que lesdicts complaignants de Gap et de ces montagne ont debattu par devant vous nos demandes comme estans contraires ou par dessus l'eedict, nous disons que nous soustenons le contraire et qu'ilz n'en doivent pas estre les juges ny nous aussy, et nous asseurons que sy les Estatz de la province estoient assemblez en quelque lieu libre & asseuré comme à Valence, Dye ou Crest, la greigneure part [1] en jugeroit autrement, et pourrions facilement nous accorder de la pluspart de nosdictes demandes et depuis faire auctoriser nostre accord par sadicte Maiesté. Car nous sommes asseurez que le plus grand nombre des habitans des villes & plat pays de ceste province ne desirent rien plus que la paix et seroyent très ayses que ceux de nostres party fussent accommodez en toutes choses qui ne sont contraires audict eedict, sachans bien que la commune utilité & esgal traictement entre mesmes subiectz sont la vraye nourrice d'une bonne & perdurable paix, la jouissance de laquelle lesdicts Estatz ne vouldroyent reculer à l'appetit desdictz complaignans qui n'ont non plus d'occasion de craindre ny plaindre que les autres catholicques qui sont audit Gap, lesquels durant ces troubles ont tousiours demeuré paysiblement en leurs maisons en toute sureté de leurs personnes et jouissance de leurs biens, sans que pas un aye esté offencé, ayans tou-

---

[1] La majeure partie.

siours fraternisé avec ceulx de la religion comme bons & paisibles citoyens doibvent faire & n'ayans esté non plus chargés les uns que les autres, et n'a tenu ny ne tient qu'ausdicts complaignans de Gap qu'ilz ne soyent aussy bien venus, respectés et à leur ayse en leurs maisons que lesdicts autres catholicques qui y sont.

Pour le dernier poinct, Messieurs, nous vous dirons librement que nous trouvons un peu dur que vous nous ayez dénié un passeport pour aller au Roy, car il nous semble que l'acces de nostre prince souverain qui nous doibt justice ne nous doibt estre fermé et que sa Maiesté ne trouveroit jamais mauvais qu'une Cour souveraine, qui doibt justice à chacun, donne moien & adresse pour l'obtenir à ceux ausquels elle dict n'avoir pouvoir de la faire, joinct que nous estimons que soyez catolicques de religion seullement & non pas de party, ains que soyez neutres mesmes en ce faict d'exécution de paix, comme tous bons juges doibvent estre ; mais puisqu'il ne vous a pleu nous octroyer ledict passeport, nous vous advertissons, Messieurs, que nous depeschons des maintenant en toute dilligence homme exprès pour aller à Monseigneur [1] & au roy de Navarre et de la au Roy porter tous les escriptz de ce que nous avons négocié avecq vous et poursuivre l'obtention de noz justes demandes et mesmes la declaration dudict faict de Puymore, et pour rabattre les sinistres rapports que nos ennemis pourroient avoir fait à sadicte Maiesté de mesme artiffice qu'ilz sement le bruict par toute ceste province que ne voulons recevoir la paix, pour de la prendre occasion de remettre ce pays en combustion de guerre civile; protestant qu'il ne tient à nous que ladite paix ne soit effectuée, et faisons juge tout le monde, sy, ou non, nous nous mettons à la raison, persistant tousiours à nos offres et demandes. Et sur ce nous prions Dieu, etc.

Du 17me juin 1581, à Mens [2].

---

[1] Le duc d'Alençon.
[2] Même observation pour cette lettre non signée que pour les précédentes qui sont dans le même cas.

CDV. 1582 — 15 Octobre.

Autog. — B. N. MS. F. 15906.

A MONSIEUR, MONSIEUR DE BELLIEVRE, CONSEILLER AU PRIVÉ CONSEIL DU ROY ET SURINTENDANT DES FINANCES DE SA MAJESTÉ.

Monsieur, le rang que vous tenez au conseil du Roy et la bonne part que vous avez à l'endroit de sa Magesté me contraignent de recourir à vous comme i'ay fet par ci devant à monsieur vostre frere, affin que par vostre moyen et faveur ie puisse conserver mon honneur et reputation contre l'accuzation callomnieuze dont l'on m'a vollu charger naguieres, ascavoir d'avoir entrepris sur la ville de Grenoble, après la publication de la paix en ceste, province [1] c'est à dire au temps que par la sage conduite de Monseigneur du Mayne les armes aiants esté mizes bas et toutes les villes de la rellligion dudict pais quittées et remizes en la main de mondict seigneur, je remis en oultre ma vie propre et celle de mes amis en son pouvoir et soubs

---

[1] La protestation de Lesdiguières contre la tentative qu'on lui prêtait eut le succès qu'il en espérait ainsi que le démontrent les deux lettres suivantes :

[A Monsieur de Maugiron, gouverneur du Daulphiné.]

« Monsieur de Maugiron, j'escris presentement aux gens de ma court de Parlement du Daulphiné et leur commande de fere enregistrer aux registres de leur greffe ung arrest & desclaration que j'ay faict expedier au sieur de Lesdiguières pour sa justification touchant ce qui s'est passé en l'entreprise cy devant faicte sur ma ville de Grenoble. A quoy je vous prie de tenir la main de vostre part & fere en sorte avec ceux de madicte court de Parlement qu'ils se disposent à obeyr à ma volonté en cest endroict. Priant Dieu, Monsieur de Maugiron, qu'il vous ayt en sa saincte & digne garde.

« Escript à Saint-Germain, le XII⁰ jour de janvier 1584.

« Henry. »
« De Neufville. »

[A Messieurs de la cour du Parlement de Dauphiné.]

« Nos amez et feaulx, ayant le sieur de Lesdiguières obtenu ung arrest & déclaration de nous pour sa descharge & justification de l'accusation contre luy proposée sur ce qui s'est cy devant passé pour le regard de l'entreprise faicte sur nostre ville de Grenoble & desirant que ledict sieur de Lesdiguières joysse plainement du bénéfice de nostredict arrest & declaration, nous voullons et vous mandons que vous ayez à les fere enregistrer aux registres du greffe de nostre court de Parlement pour y avoir recours quand besoing sera et ce sans aulcune difficulté. Car tel est nostre plaisir.

« Donné à Saint-Germain, le XII⁰ jour de janvier 1584.

« Henry. »
« De Neufville. »

(Bibl. de l'Institut. MS. Godefroy, vol. 260. pp. 178 et 179. Orig.).

sa foy m'enfermant vollonterement en ladicte ville de Grenoble ou ie luy alloy bezer les mains ¹; ce que estant considéré sans pation me rellevera touiours à l'endroit de tout homme de iugement de la sinistre opinion que mes ennemis veullent donner de moy, veu le peu d'apparance qu'il y a qu'après avoir quitté pluzieurs places d'importance et quoy qu'il en soit plus fortes et tenables que ladicte ville, i'eusse vallu entreprendre sur icelle. Or, Monsieur, encores que les circonstances de ce fet me puissent servir d'une decharge suffizante, si vous confesserei-ie librement que iamais chose ne me peza plus que cestecy et ce pour deux rezons principallement. La premiere est qu'après avoir si longuement, à l'occasion des troubles, soustenu l'indignation de mon Roy et la haine de mes voisins, ie m'estimoy heureus d'en estre eschappé par le moyen d'une heureuse paix en laquelle ie pançois avoir servi de quelque chose et que mes services avoient esté remarqués par sa Magesté, mais au lieu de me pouvoir prometre la bonne grace d'icelle et la bonne opinion que ie desiroy qu'elle eust de ma sincerité, ie me vois en danger de dechoir de l'ung et de l'autre, si les callomnies de mes ennemis trouvent créance à l'endroit de sadicte Magesté. L'autre point et qui m'ennuye non moings que le premier, c'est que ie scay que Monseigneur du Mayne et monsieur vostre frere ² avoint randu de vive voix et par escript à leurs Magestés une infinité de tesmoniages très honorables de mon intention à la paix et à leur service, à quoy mes actions sembleroient estre repugnantes si ceste callomnie estoit receue pour vérité. Cella est cause que i'ay prié le sieur de Callignon de s'en aller à la cour pour remontrer à sa Magesté le meritte du fet et me iustifier en son endroit, aiant à mon grand regret attandu iusques à present que monsieur d'Auteffort estant par della pourra fidellement represanter la suitte de mes actions en l'establissement de ladicte paix, et par la fere comprandre à sa Magesté, s'il luy

---

¹ Lesdiguières passa à Grenoble, auprès de Mayenne, les derniers mois de l'année 1581. Si l'on en croit Videl, son biographe, les catholiques voulurent lui tendre un piége en lui faisant proposer par deux traîtres les moyens de s'emparer de la ville : « Si toutes les villes du Dauphiné étaient ouvertes, répondit-il, je n'y entrerais pas au préjudice des traités. » N'ayant pas réussi à le compromettre vis-à-vis du duc de Mayenne, ses ennemis tentèrent à deux reprises de l'assassiner ; la dernière tentative le décida à quitter Grenoble. Mayenne voulut en vain le retenir, car il avait conçu une grande estime pour lui ; le voyant inébranlable, il lui fit présent d'un superbe cheval.

² Jean de Bellièvre d'Hautefort, premier président du parlement de Dauphiné.

plet s'en informer, de quel pied ie y ay marché et si ladicte entreprize est fondée sus aulcune vraisemblance. Or, Monsieur, encores que ie n'aye iamais eu cest honneur d'estre cogneu de vous, si ay-ie prins la hardiesse de vous escripre de ce fet, m'asseurant que, comme monsieur vostre frere m'a fet ceste faveur de prandre en main mon innocence quand l'occasion c'est presantée d'en parler, aussi en ferez vous de mesmes sus le tesmoniage de ma sincerité que i'espere qu'il vous randra, dont ie vous demeurerei toute ma vie redevable et prest à vous fere très humble service, de mesme affection que ie prie Dieu, Monsieur, qu'il vous doint en santé longue et heureuse vie.

De vostre mezon des Diguieres, le 15 octobre 1582.

Vostre bien humble et obeissant serviteur.

LESDIGUIÈRES.

CDVI.   1584 — 9 MAI.

Cop. — *Notes sur Montélimar*, par Candy, MS. Arch. de la Drôme.

[A MONSIEUR DU POET.]

Monsieur, ie vous remercie bien humblement de la peine qu'avés daigné prendre de m'envoyer cette que m'écrit monseigneur le Prince [1] auquel je fais reponse, laquelle il vous plaira mettre dans votre paquet. Quand au tems de partir pour aller trouver le roi de Navarre, il est pour encore incertain, car le capitaine Monet est arrivé ici depuis deux jours venant en poste de la cour, qui assure que monsieur Duplessis [2] etait encore la pour avoir les instructions et mémoires que le Roi fait dresser pour le voyage dudit seigneur roi de Navarre et qu'il ne pense pas que ledict seigneur Roi soit plustôt que

---

[1] Le prince de Condé.

[2] Le roi avait chassé ignomigneusement sa sœur Marguerite, femme du roi de Navarre, qui s'était permis de se rallier de ses mignons. Le roi de Navarre refusa de la recevoir et envoya Duplessis-Mornay à la cour pour demander justice, soit contre Marguerite, si elle était coupable, soit contre ses calomniateurs. Henri III ne voulut ni désavouer ni confirmer ses paroles et ses actes, fit quelques concessions politiques à son cousin, et la négociation traina en longueur. Cette négociation resserra l'union des deux rois qui fut augmentée encore par la mort du duc d'Anjou qui eut lieu peu de temps après.

de la Saint Jean en Languedoc ; par ainsi il vaut mieux, il me semble, arriver après lui que devant, car son séjour sera grand. Je vous tiendrai averti aussitôt que j'en aprendrai quelque chose, mais il me semble que par la voye d'Orange vous le pouriés savoir au vrai ; et alors qu'il faudra partir je vous irai prendre chez vous avec monsieur de Gouvernet. Le capitaine Monet ne parle que de paix ; il vient pour les affaires de son maitre, il s'en retourne demain. Je vous veux bien donner avis que monsieur de Maugiron m'a écrit me faisant demande des places de sureté et que l'intention du Roi est telle. Ils veulent que nous affectuons l'édit de paix en toutes ses parties ; mais pour leur regard ils ne veulent pas seulement commander à la moindre partie. Est chose à quoi il faut bien penser, car cela touche tout le général ; mais cela se resoudra en Languedoc et quand nous serons ensemble je vous feray voir et lesdites lettres et les réponses. Cependant je vous supplie conservés moy en vos bonnes graces et me tenés toujours, s'il vous plait, pour

Votre tres humble et affectionné serviteur.

LESDIGUIÈRES.

De vostre maison des Diguières, le 9 mai 1584.

CDVII. 1584 — 28 JUIN.

Cop. — *Notes sur Montélimar*, par Candy, MS. Arch. de la Drôme.

[A MONSIEUR DU POET.]

Monsieur, j'ai ce jourd'hui receu lettres de monsieur de Chatillon par lesquelles il me donne avis que le roi de Navarre sera bientôt en Languedoc, étant arrivé depuis quelques jours à sa comté de Foix. Je vous en ai bien voulu donner avis afin que vous soyés préparé, car je ne doute qu'il faudra bientôt partir, si nous avons envie de voir sa Majesté ; je ne faudrai à vous donner avis à ce que j'apprendrai par après. Monsieur est mort le 13 de ce mois [1], le Roi l'a ainsi écrit à

---

[1] François, duc d'Anjou et de Brabant, jadis duc d'Alençon, mourut à Château-Tierry le 10 (et non le 13) juin 1584. Ses débauches avaient hâté sa mort. Ses biens furent réunis à ceux de la couronne, et la ville de Cambrai, la seule qu'il eût conservée en Brabant, fut réunie à la France.

Monsieur de Maugiron et à Messieurs de la Cour, leur enjoignant de faire autant d'honneur au roi de Navarre qu'ils en voudraient faire à luy. Autant en a écrit à Monsieur le Grand Prieur. Monsieur d'Épernon n'a encore vu le roi de Navarre [1], mais on estime qu'il le verra bientôt et dit partout qu'il est le plus affectionné serviteur qu'il aye : il est de ceux la qui adorent le soleil levant. Monsieur, je ne serai jamais que desireux de vous faire quelque bon service et demeure

Votre humble ami et très affectionné serviteur.

LESDIGUIÈRES.

1584 28 juin.

CDVIII.   1584 — 1er AOUT.

Cop. — *Notes sur Montélimar*, par Candy, MS. Arch. de la Drôme.

[A MONSIEUR DU POET.]

Monsieur, lorsque j'ai receu celle qu'il vous a plu m'écrire j'etois en grande peine et suis encore pour me resoudre comme j'aurai à me conduire sur la venue du Roi à Lyon laquelle on tient toute certaine pour le 8e d'août [2], je suis encore fort irresolu tant pour mon regard que pour tous mes amis. A cette occasion j'ai delibéré de me rendre samedi prochain qui sera le 4º d'août à Serre ; si j'avois le bien de vous y voir avec monsieur de Gouvernet nous en prendrions ensemble une bonne resolution, et aussi sur votre fait duquel il vous plait m'ecrire et me faites cet honneur d'en vouloir avoir mon avis, lequel est que sur toutes choses vous devés être curieux de votre santé. Je ne sai si les fanges de Padoue vous sont propres, ni si le tems est même passé. Je ne vous puis aussi guères assurer de votre sureté en ce pais la ; quand au doute que vous faites du roi de Navarre, je vous prie, (si vous ne le pouvés voir de ce coup) de vous assurer de la vertu

---

[1] Le roi avait envoyé le duc d'Épernon au roi de Navarre pour le conjurer de revenir à la Cour, de s'apprêter à succéder à la couronne de France et de s'en rendre digne en abjurant le protestantisme. Il refusa plutôt, probablement, par point d'honneur que par conviction.

[2] Ce voyage n'eut pas lieu.

et valeur de ce prince, lequel quoy qu'il ne vous connoisse, il est très bien informé de votre bonne volonté et affection à son service. Et quand vous l'aurés pour agréable je prendrai volontier la charge de faire vos excuses, lesquelles je m'assure seront admises et receues en bonne part. C'est le moindre service que je vous voudrais faire. Et vous dirai librement que vous me feriés beaucoup de tort si vous ne croyes que je suis du tout à vous pour en disposer comme de

Votre bien humble ami et serviteur.

LESDIGUIÈRES.

De vostre maison des Diguieres, le 1er août 1584.

CDIX.   1585 — 20 JANVIER.

Orig. — B. N. MS. F. 15908.

A MONSIEUR, MONSIEUR DE BELLIÈVRE, CONSEILLER AU CONSEIL PRIVÉ ET D'ESTAT, SURINTENDANT DES FINANCES ET PRÉSIDENT EN LA COUR DE PARLEMENT DE PARIS.

Monsieur, cependant qu'il a pleu à Dieu nous conserver feu monsieur d'Hautefort[1], j'ay tousiours eu mon principal recours à luy aux affaires que j'avoys à la court et ne me suy jamais trompé au jugement que je faisoys de son affection en mon endroit, car quant il a esté question de representer au Roy mon intention au bien de son service ou de parer aux calomnies de mes ennemis, il a tousiours prins ma protection aveqs tant d'heur et de bonne volonté que par l'yssue de ces difficultés il a faict paroistre le mérite de ma cause & la créance qu'on avoit en luy. Maintenant, Monsieur, que je me treuve privé de cest appuy, je vous supplie très humblement ne trouver mauvais sy je m'adresse à vous comme celluy auquel j'estime le pouvoir faire aveque plus de confidence et qui a le plus d'autorité, réputation et bonne part, pour faire comprendre ou besoing est la justice de mes poursuittes, lesquelles je reigleray tousiours au plus pres qu'il me sera

[1] Jean de Bellièvre d'Hautefort mourut en 1580. Il était premier président du parlement de Dauphiné.

possible de vostre intention et des advis et commendemens qu'il vous plaira me despartir. C'est chose, Monsieur, de laquelle je me suys plus particulierement expliqué à monsieur de Calignon, lequel je vous suplie vouloir croire de ce qu'il vous dira de ma part sur ce suget. Et d'autant que je l'ay prié de vous faire entendre ce que monsieur de Gouvernet et moy désirons requerir de sa Majesté pour les garnisons des villes de seureté de Daufiné, je vous suplie aussy, Monsieur, de me vouloir en cela et quelques autres particularités qu'il vous dira, faire paroistre la bonne part que vous avez à l'endroit de sa dicte Majesté et je vous en rendray toute ma vye très humble service, d'aussy bonne volonté que je prie Dieu, Monsieur, vous donner en toute prosperité très longue & très heureuse vye.

A Sainte Foy, le 20e jour de janvier 1585.

Vostre très humble et plus affectionné serviteur.

LESDIGUIÈRES.

CDX.   1589 — 31 MAI.

Cop. — B. N. MS. Brienne, vol. 229 p. 137.

[APPROBATION PAR LESDIGUIÈRES ET BLACONS DU TRAITÉ CONCLU A ORANGE ENTRE LES PROTESTANTS ET LE VICE-LÉGAT D'AVIGNON.]

Nous François de Bonne, seigneur des Diguieres, et Hector de Mirabel, seigneur de Blaçons, approuvons et confirmons le traicté dessus incéré [1], comprins en XL articles selon la substance et teneur

---

[1] Voici le résumé du traité conclu le 31 mai 1589, à Orange, entre Lesdiguières et Mirabel, gouverneur de la principauté d'Orange, d'une part, et Dominique Grimaldi, archevêque, vice-légat d'Avignon, et Hippolyte Visdominii, comte de Sayens, commandant pour le Pape les forces militaires du Comtat :

1. Cessation de toutes hostilités contre les habitants des provinces contractantes et les étrangers qui y passeront.

2. Autorisation aux habitants desdits pays de s'enrôler et faire la guerre hors des limites de ces provinces.

3. Liberté absolue du commerce et de se pourvoir devant les tribunaux.

4. Les gens de guerre ne pourront déposer dans les provinces contractantes leur butin ni leurs prisonniers.

5. Promesse des officiers du Pape de défendre les réformés contre les violences du parti contraire.

6. Les gens de guerre ne pourront faire passer dans le Comtat ni la principauté d'Orange leur butin ni leurs prisonniers.

7. Les prisonniers de guerre ou pour dettes des deux partis seront promptement élargis sans

d'iceulx, ainsy qu'ilz ont esté couchéz par les sieurs d'Aubignan, de Bretons, de Chasteauneuf & Fournier, depputez par Messieurs le Vice Legat et général des armées audict pays du comté & archevesché : Promettons d'observer et faire observer entierement lesdicts articles aux provinces ou nostre pouvoir s'estend; sans approbation toutesfois du terme *pretendu* & autres inserez dans lesdicts articles qui se trouvent contraires à la religion refformée de laquelle nous faisons profession.

Faict audit lieu, les jours et an que dessus.

LESDIGUIÈRES,   MIRABEL.

Par mondict seigneur des Diguieres.

FLORENS.

rançon et les obligations souscrites par eux nulles.

8. 9. Les villes du Comtat prises par Lesdiguières seront rendues.

10. On paiera à Lesdiguières vingt-cinq mille écus, plus cinq cents écus par mois jusqu'à la paix générale.

11. Plus, pour la rançon des places qu'il tient, on lui remettra dix mille écus.

12. Comme garantie on lui donne tous les biens meubles ou immeubles appartenant à des habitants du Comtat et situés dans la principauté d'Orange.

13. 14. Les habitants du Comtat jouiront paisiblement de leurs biens situés en Dauphiné.

15. 16. Les habitants du Comtat ou de la principauté d'Orange qui auront porté les armes contre elle, jouiront néanmoins des biens qu'ils y possèdent et obtiendront abolition de leurs actes passés.

17. Les habitants du Comtat ne pourront être frappés sur les biens qu'ils ont eu Dauphiné, d'un impôt plus lourd que les autres habitants de cette province.

18. Il sera fait un traité spécial pour les ecclésiastiques de la principauté d'Orange.

19. Le traité du 8 novembre 1578, fait à Nimes, pour la pacification du Comtat, sera observé.

20. Abolition générale des ports d'armes et faits de guerre commis par des habitants des provinces contractantes au préjudice les uns des autres.

21. On renvoie devant des arbitres les réformés qui demandent une indemnité pour avoir été contraints de vendre à vil prix les biens qu'ils possédaient au Comtat et dont on ne leur permettait de jouir.

22. Les sentences arbitrales rendues à l'occasion du traité de Nimes seront exécutées si elles ne l'ont déjà été.

23. Celles dont il sera fait appel seront renvoyées devant de nouveaux arbitres.

24 à 30. Il sera nommé cinq arbitres dont deux de chaque religion et le cinquième nommé par le vice-légat parmi deux catholiques présentés par Lesdiguières. On nommera des arbitres suppléants au nombre de six ou huit. Les arbitres ne pourront être recusés. Ils jugeront le plus sommairement qu'ils pourront. Les arbitres s'assembleront au mois de juillet 1589 et janvier 1590. Leurs sentences seront exécutoires dans le mode ordinaire.

31. Les enquêtes seront faites par deux arbitres au choix des parties.

32. L'article 12 du traité de Nimes obligeant les communautés d'acheter les biens de leurs habitants de la religion réformée qui veulent se retirer est annulé.

33. Les réformés du Comtat ne seront pas plus surchargés d'impôts que les catholiques.

34. 35. Les réformés de quelque province de France qu'ils soient pourront avoir des biens au Comtat.

36. 37. Les ecclésiastiques jouiront des biens qu'ils possèdent dans la principauté d'Orange, en payant mille écus par an au sieur de Blacons.

38 à 39. Les contraventions particulières ne pourront amener une rupture générale mais seront poursuivies par les magistrats.

40. Le tout sous le bon plaisir du Pape, du roi de Navarre et du comte Maurice de Nassau.

CDXI.   1590 — 4 Avril.

Cop. — B. N. MS. F. 6552, p. 50.

[NOMINATION DE PIERRE ARNAUD COMME PAYEUR DE L'ARMÉE.]

François de Bonne, seigneur des Diguieres, commandant génerallement pour le service du Roy en Daulphiné à maistre Pierre Arnaud salut : Puis l'advenement du Roy à la coronne par le decedz du Roy dernier décédé, nous n'avons eu commandement de luy d'interrompre l'ordre que nous avons tenu au maniement des finances et soldoyement de nos trouppes audict pays, attendant lequel, pour tenir les affaires en leur prestine [1] reglet, et en suitte du traicté de trefve faict au mois de mars de l'anné derniere [2] et du temps dudict feu Roy avec son lieutenant général audict pais, nous, desirans de fere fere les paiements aux gens de guerre que nous avons en cedict pais pour son service par personnaige qui luy soit et à nous affidé et qui dépende de noz commandemens; à ceste cause, nous, à plain confians de vostre probité, capacité et intelligence au faict desdictes finances, Vous avons establi, créé, establissons et créons pour, soubz nos ordonnances, faire les paiements à nosdicts gens de guerre, officiers d'armes, de justice, attirail, conduicte & fonte d'artillerye et recepvoir generallement tous deniers destinés à cest effect, soit decimes, domaynes, saisies, empruntz, péages, impoz, levées quelles qu'elles soient des mains de tous ceulx qu'il appartiendra et dont nous vous dourons [3] advis, mesmes de messieurs les tresoriers généraulx de l'extraordinaire des guerres ou de leurs commis en cedict pais, soit par les ordonnances de monsieur d'Ornano, lieutenant général en icelluy ou autres ainsy qu'il sera advisé & par vos quictances, lesquelles dès à present nous approuvons & autorisons comme si nous les avions passées, et qui vous rendront comptable pour ce que sa Majesté ordonnera, et deschargera ceulx des mains desquels vous ferez ladicte recepte, les deniers de laquelle vous despencerez par nostre comman-

[1] Ancienne.
[2] Le 28 mars 1589.
[3] Donnerons.

dement comme dict à esté. Et parce que lesdicts sieurs trésoriers ou leursdicts commis vous fourniront le paiement de nosdictes trouppes en assignations, partie d'icelles en lieux encore occupés par les ennemis de sa Majesté ou en frontieres d'iceulx, nous vous permectons des deniers qui ne se pourront exiger les vous fere entrer dans la despence de vos comptes en deniers rendus et non receus, ensemble tous autres de quelque nature qu'ilz soient et dont vous ferez recepte. De ce fere vous donnons plein pouvoir, auctorité, mandement et commission avec promesse si besoing est de le fere approuver & vallider par sadicte Majesté, vous relever pour ce regard de toutes charges generalles & particullieres, soubz la taxe, proffictz & esmoluments que vous seront par nous ordonnés. Mandons à tous qu'il appartiendra de vous adsister obeyr & obtemperer en l'exercice de vostredicte charge & deppendances d'icelle. En tesmoignage de quoy nous avons signé ceste presente de nostre main et à icelle faict mettre et apposer le cachet de noz armes.

Donné à Vienne, le quatriesme apvril mil V^e quatre vingtz & dix.

LESDIGUIÈRES.

Par mondict seigneur

(*Sceau*)

FLORENS.

CDXII.   1590 — 28 SEPTEMBRE.

Cop. — B. N. MS. F. 6552, p. 45.

[ARTICLES DE CAPITULATION DU CHATEAU D'EXILES.]

Le sieur de Polligny, à ce député par monsieur des Diguieres, assisté des sieurs de Saint Maurice et juge de Ponsonnas a fait entendre au sieur de Ponsonnas cappitaine commandant pour le service du Roy au chasteau d'Exilles la volonté & intention dudict seigneur estre qu'il luy remette la place & susdict chasteau pour estre la garde d'icelle commise à tel personnage d'honneur qu'il advisera estre à propos pour le bien du service du Roy. A ces fins ledict sieur désirant gratiffier ledict Ponsonas a nommé gardiateur dudict chasteau ledict sieur de Saint Maurice son beau frere, luy offrant pouvoir et commission sy ledict de Ponsonnas l'a agreable pour la garde de ladicte place & chasteau soubz l'obeissance de sadicte Majesté, reglemens & commendemens dudict seigneur des Diguieres commandant généralement pour sadicte Magesté en Dauphiné. Enfin après plusieurs discours a esté resolu, puis conclud & promis par ledict de Ponsonas de vuider ses mains de ladicte place entre les mains de sondict beau frere, s'il plaist audict seigneur des Diguieres le commettre & deputer gardiateur d'icelle par provision tant seulement & jusques au bon plaisir de sa Magesté & dudict seigneur, avenant lequel, il passera promesse audict de Ponsonas de le ressaisir du commandement dudict chasteau sy ainsy il est ordonné par sa Magesté ou seigneur susdict. Et à ces fins en passera sondict beau frere promesse de sa main, authorisée & cautionnée par ledict seigneur des Diguieres.

Fait au passage du devant dudict chasteau, le vingt septiesme septembre MV^c quatre vingts & dix.

PONSONAS.

La legature sus escrite, ensemble les promesses mises au bas d'icelle, signées Ponsonas, ont esté leues par ledict seigneur des Diguieres et les avoir entendu a accepté & accepte l'offre fait par le sieur de Ponsonas de luy remettre la place & chasteau d'Exilles pour en commettre la garde au sieur de Sainct Maurice nommé en ladicte promesse, lequel sieur de Saint Maurice des à present il commet et depute à ladicte cappitenerye par provision tant seulement et jusques au bon plaisir du Roy; promet & jure ledict seigneur par sa foy & serment decerner commission en forme sous lesdictes conditions audict sieur de Saint Maurice, et outre, ledict seigneur promet audict de Ponsonas au plustost qu'il se pourra, luy faire payer et à ses soldatz tous les arrierages de ses soldes et payemens, incorus des le temps qu'il a esté estably en ladicte garnison jusques à present, au Roy ou au pays, selon qu'il se trouvera estre couché sur l'estat.

Sera aussy permis audict de Ponsonas extraire dudict chasteau au lyeu ou bon luy semblera tous les meubles & autres choses quy se trouveront dans iceluy luy appartenir.

Davantage promet & jure ledict seigneur luy faire payer toutes les reparations utiles & necessaires que ledict de Ponsonas a fait faire en ladicte forteresse selon qu'elles se trouveront ou seront liquidées en exécution des presentes à la requeste dudict de Ponsonas.

Les magasins soyent de vivres ou munitions de guerre ou autres quelconques danrées acheptées des denyers dudict de Ponsonas et non comprinses en l'inventaire de ce quy luy a esté remis quy se trouveront dans ledict chasteau et forteresse seront vendus au proffit dudict de Ponsonas, sy bon luy semble, à sa premiere requeste, et sera le cappitaine deputé à la garde dudict chasteau tenu d'en faire description et inventaire en presence dudict de Ponsonas selon lequel il se chargera et en vuidera ses mains tout incontinent qu'il en sera requis.

Tous les soldatz establis en ladicte garnison, fors que ceux quy se trouveront originaires du present escarton [1] de deça la montagne, demeureront souz la mesme solde qu'ilz ont esté entretenus et souz la charge du cappitaine establys pour la garde dudict chasteau s'ilz veulent demeurer, sinon leur sera permis se retyrer en toute liberté et asseurance soit en leurs maisons ou pour prendre tel party que bon leur semblera parmy les troupes du Roy, le tout aveque leurs armes & bagages.

Ainsy que dessus est contenu et escrit ont lesdicts seigneurs des Diguieres & sieur de Ponsonas convenu et accordé à la forme susdicte, promis & juré respectivement garder & observer de poinct en poinct selon qu'il est convenu par leur serment solannellement presté & se sont soussignés.

Fait à Exilles, le vingt huictiesme de septembre MV^c quatre vingt et dix.

LESDIGUIERES.   PONSONAS.

CDXIII.   1590 — 30 NOVEMBRE.

Cop. — B. N. MS. F. 23195.

[AU ROY.]

Sire, par la depesche d'Aimont après avoir randu comte à vostre Magesté de ce qui c'estoit passé par deca contre le duc de Savoye [2], je promis à vostre Magesté que je penserois au faict de Grenoble, luy

---

[1] *Escarton* a le même sens en Briançonnais et dans le marquisat de Saluces que *mandement* dans le reste du Dauphiné; c'est une division territoriale qui constitue une unité au point de vue féodal et au point de vue de l'impôt.

[2] Voir la lettre de Lesdiguières au roi datée du 15 septembre 1590 relative à sa campagne en Provence contre les ligueurs et le duc de Savoie (1er vol. p. 138).

represantays l'importance de ceste affere et que j'entrerois en advance d'une part des frais de ceste entreprinse s'il plaisoit à vostre Magesté ordonner que je serois rembourcé par le pais : depuis, Sire, nous avons tenu une assemblée géneralle de la noblesse & tiers estat convoqués par le sieur president Saint André en laquelle il a esté confirmé en sa charge de surintandant des affaires & toutes choses se sont passées avec beaucoup de doulceur & de respect à ce qui est de vostre service. Le XXIIIe de ce mois, Sire, ladicte assemblée termina, et le XXIIIIe au matin je me randis maistre d'un tiers de ceste ville que je possède encores ayant failly le surplus par le petard [1], resolu au reste, Sire de ne pas partir de ce lieu que je n'aye remis la ville entiere en vostre obeissance. A ces fins j'ay depesché de tous costés pour avoir de forces & espere dans dix jours mettre quatre mil hommes de pied, ensemble mil chevaulx et dix pieces de canon avec trois mil balles & les pouldres necesseres. Ceppandant, Sire, j'ay logé sur les advenues suspectes de secours les gens de guerre quy sont icy et surpris deux batteaux de pouldres, meches & bouletz que les Savoysiens envoyoient à ceulx de Grenoble ; de sorte, Sire, que comprins les bouletz trouvez en ce lieu nous en avons pres de treze cens de batteries & attendons le surplus en dévotion de ne les laisser inutiles. Or, Sire, tout ce que je haprehande en cest affere c'est d'avoir sur les bras les forces de Savoye & de Lion [2] à mesme temps, et d'aultant plus les dernieres que la trefve d'Auvergne estant faicte par toute raison d'estat, ilz tiennent & doibvent nous venir incomoder ; qui me faict supplier vostre Magesté, Sire, que puisque ladicte trefve n'a esté que soubz vostre bon plaisir, il vous plaise ne l'authoriser jusques à la perfection de cest exploit que j'estime avoir parachevé dans ung mois, et charge à monsieur le Grand Prieur de tenir en haleyne ceulx du Lyonnois pour fere diversion de leurs forces. Je suis ici assisté, Sire, de toute la noblesse catholicque dont une bonne partie y est en personne et les autres y ont leurs compaignies ou les tiennent prestes au besoing aux lieux dont nous avons convenu ; de sorte, Sire, veu l'affection dont chascun y marche nous esperons à ce coup achever la partie

---

[1] Le 24 novembre Lesdiguières s'empara du faubourg Saint-Laurent situé sur la rive droite de l'Isère ; un pétard placé sous les portes qui fermaient le pont qui joint Saint-Laurent à la ville de Grenoble ne fit pas son effet, et donna l'éveil à la garnison ligueuse.

[2] Lyon était occupé par le duc de Nemours qui y commandait pour la ligue.

et nous preparer à la poursuitte de la guerre estrangere [1] qui ne nous sera que jeu comparée à la civille. C'est chose, Sire, tres necessaire pour cest estat & bien de vostre service, car à ce que j'ay peu aprendre par le sieur de Lussan, envoyé de la part de Monsieur de la Vallette qui est sullement party ce matin pour aller en Languedoc demander secours, le duc de Savoye a faict son entrée dans la ville d'Aix avec une reception royale dont il a prins possession non point au nom de l'Union mais au sien particulier et comme prince conquerant, en sorte, Sire, s'embarquant ouvertement à ceste entreprinse, il y a apparence qu'il fera de l'effort de ce costé la, et asseurance certaine, Sire, que sy Dieu nous faict la grace de venir à chef [2] de ceste place, nous luy taillerons de la besoigne pour la renvoyer ailleurs et ne lerrons en mesme temps de secourir la Prouvance. J'attans le bon plaisir de vostre Magesté sur la depesche d'Aimont en ce que regarde la guerre estrangere, laquelle j'espere conduire à vostre contantement pourveu qu'il vous plaise d'escrire à voz amis de nous assister. Je vous supplie, Sire, aidez nous y, car pourveu qu'il vous plaise d'y semer je vous y feray veoir les joinctz bien tost. Ce porteur à cest honneur d'estre cogneu de vostre Magesté des l'assemblée de Saint Paul de la Myatte ou je le depeschay pour ceste province ; il representera fidellement à vostre Magesté tout ce quy se passe en ses quartiers, selon les instructions & de la particuliere charge que je luy en ay donnée. Je prie Dieu, Sire, qu'il veuille conserver vostre Magesté.

De Grenoble, au cartier de Grenoble qui est par deca l'Izere, le XXXe novembre 1590.

   Vostre très humble, très obéissant & très fidelle subiect & serviteur.

                 LESDIGUIÈRES.

---

[1] Avec le duc de Savoie.   [2] A bout.

CDXIV.   1590 — 30 Novembre.

Cop. — B. N. MS. F. 23195.

[AU ROY.]

Sire, d'aultant qu'il y a quinze conseillers & ung president en vostre court de Parlement de ce pais qui après la translacture d'icelle [1] sont demurés dans vostre ville de Grenoble ou ilz ont faict un arrest par lequel ils se declarent ennemis de vostre Magesté [2] et que par ce moien leurs estats estans demurés vacquants & impetrables il est à vostre Magesté à y pourveoir, je luy ay bien voullu donner advis de ceulx qui seront dignes et cappables de telles charges. Et d'aultrant, Sire, qu'en tous escrits toutes les raisons ne sont de mises j'ay pensé qu'il seroit à propos pour le service de vostre Majesté luy represanter par ce mot de lettre ce que n'oze desduire ailleurs. C'est, Sire, que de tous voz officiers qui sont demurez à Grenoble au nombre de seize je n'en cognois que trois quy ne soient de leurs plains grez et ces trois, Sire, sont ceulx de quy le peuple espere qu'ilz se remettront au service de vostre Magesté quand ilz en auront les moiens. Quand à ceulx qui sont à Romans encores qu'ils aient faict declaration ouverte d'estre voz serviteurs sy puis-je asseurer vostre Magesté que, excepté le president de Saint André & le conseiller du Vache, tous les autres sont encores plains de passion, nullement propres en ce temps, et n'y a rien qui les aie amenez à vostre party que la prosperité de voz affaires que seule les y arrestera. Or, Sire, puisque vostre court de Parlement est inutille de la sorte et qu'il s'agit d'y entrer des nouveaulx membres,

---

[1] La translation du parlement de Grenoble à Romans fut ordonnée par le roi quand la ville fut occupée par les ligueurs et les Savoyards et quand le gouverneur de Dauphiné, Alphonse d'Ornano, en eut été honteusement chassé.

[2] Le 22 novembre 1590 le parlement de Grenoble donna un arrêt où il déclarait ne vouloir être sujet que d'un roi catholique ; vouloir extirper l'hérésie ; ordonner aux dissidents de se soumettre avant le 15 décembre suivant ; ordonner aux magistrats retirés à Romans de revenir siéger à Grenoble ; défendre aux trésoriers dissidents de faire aucune levée de deniers et aux citoyens de payer aucun impôt entre leurs mains ; donner à Albigny, gouverneur pour la Ligue du Graisivaudan, de procéder contre les dissidents comme criminels de lèse-Majesté. Cet arrêt est signé et approuvé par Albigny. Il en existe une copie à la Bibl. nation. MS. Dupuy, vol. 61, p. 201.

vostre Magesté scayt trop mieulx combien il est expedient pour le bien de son service de les y mettre ployables à voz vollontez, ennemis de vos ennemis et voz serviteurs affectionnés. En lieu de seize qui sont à Grenoble j'ay faict par les instructions de ce porteur nommination de huict dont il y en a quatre catholicques et quatre de la religion. Les premiers sont de telle doctrine et experience qu'on ne les peult reffuzer et j'oseroys dire que s'ilz sont une fois receus ce seront les ornements et lumières de ceste compaignie; ils sont de profession catholicque & tenus pour telz et neantmoings il en y a deux qui autrefois ont esté de la religion et ne sont point aujourd'huy encores sans sentimens d'icelle. Quand aux autres deux, vous devez à l'un la reduction de vostre ville de Gapt, et l'aultre qui est juge royal de la ville de Grenoble s'en est retiré des premiers pour veoir l'authorité du feu Roy supprimée. Pour le regard des aultres quatre dont ce porteur en est l'un, ils sont personnages très versés en leurs charges qui vous ont servy au conseil de justice durant ces troubles avec tant de merite & integrité qu'à la verite il leur seroit fait tort et au bien de vostre service sy se presentant occasion de les y emploier vostre Magesté ne le faisoit. Or, Sire, l'occasion s'en offre maintenant d'aultant moings incidieuse que d'une mesme vollée vous y placerez nombre esgal de catholicques, et la doctrine & probité des ungs & des autres est tellement acquise & tesmoignée qu'il n'y a personne en ceste province que ne benisse vostre Magesté d'une si digne eslection de huict, Sire, avec les neuf que sont à Romans et les trois de la religion qui estoient du corps de la Court et les sieurs du Faure & de Calignon feront le nombre de vingt deux officiers et composeront deux bureaux, tellement zellés au service de vostre Majesté pour le moings les trois quarts d'iceulx qu'elle en recevra tout contantement, et si jamais par une paix les rebelles qui sont à Grenoble rentrent en leurs charges, pour le moings vostre Magesté se peult assurer d'avoir la moitié de ladicte Court à sa devotion & le temps y disposera l'aultre. Ainsi, Sire, s'il vous plaist recevoir les huict vous aurez à peu de samblant & pour une mutation insensible et colleurée de l'occasion, faict ung changement de corps de court très utille & necessere au bien de voz affaires. Ce qui me faict escrire avec affection, Sire, c'est que je prevois qu'après la reduction de ceste place vostre Majesté sera importunée de jurer noz privileges, car tous les catholicques tandent la, et sy cela est vostre Majesté se trouvera privée de l'election libre & entiere des officiers de ladicte court, d'aultant que par lesdicts privilleges, advenantz vacations, vostre Majesté n'y peult prouvoir que sur la nomination de trois que la court de Parlement prestend. Sy cela est, Sire, il se fault asseurer qu'il n'entrera ung seul home de la religion la dedans et que tous ceulx qui y entreront tenant ce benefice de la court se rallieront d'affection à icelle et à la longue s'en formera ung corps qui ne sera sy maniable qu'il seroit expedient pour le bien de vostre service. Toute la difficulté que je prevois en ceste affaire, Sire, c'est que des huict que je nomme à vostre Majesté les trois que ont moien de financer ne le vouldront faire et les cinq du nombre desquels sont ceulx de la relligion n'ont moien de le fere; mais je supplie très humblement vostre Majesté d'uzer de la liberallité en cest affere et de croire qu'il est expedient d'ainsy le fere en chose de telle conséquence, et ou il est question de former ung parlement à vostre devotion dont l'occasion ne se presentera peult estre jamais si à propos. Il ne s'agit que de quatre mil escus qui ne peuvent beaucoup aider à voz affaires de par dela. Vostre Majesté y fera consideration s'il luy plaist : au reste, Sire, ce porteur est l'un de ceulx qui vous ont servy au conseil[1] ; je le nomme à vostre Majesté pour la servir à la court; il a ce bien d'estre cogneu d'elle, sa doctrine et son integrité sont telles que se randent recommandables d'elles mesmes; sy le tesmoignage que je luy en randz avec tous les gens de bien de ceste province et ma priere à l'endroict de vostre Majesté peuvent quelque chose en sa faveur, je la supplie très humblement, Sire, de luy voulloir donner occasion de contantement en sa pousuitte particuliere; et sur ce je prie Dieu, Sire, donner à vostre Majesté en toute prosperité très longue vie.

C'est de Saint Laurens de Grenoble, ce dernier novembre 1590.

Vostre très humble, très obeissant & très fidel suget et serviteur.

LESDIGUIÈRES[2].

---

[1] Ce porteur, comme l'indique la pièce suivante, était le conseiller Vulson; celui-là même qui, quelques années plus tard, ayant surpris sa femme en adultère, la tua à coups d'épée, crime pour lequel il reçut du roi des lettres de rémission.

[2] Une note du temps inscrite sur cette lettre nous apprend qu'elle fut, ainsi que la précédente, interceptée par les catholiques.

CDXV. 1590 — 30 Novembre.

Cop. — B. N. MS. F. 23195.

INSTRUCTIONS POUR MONSIEUR VULSON TANDANT CE QU'IL A A FAIRE ENTENDRE A PART ET A L'OREILLE DE SA MAJESTÉ.

Remonstrera à sa Majesté le grand prejudice qu'il seroit faict à la religion sy les seuls catholicques romains, qui en sont ennemis cappitaulx, avoient l'administration de la justice et ne fault sinon....[1] qu'ilz differoient aux appellations des consistoires & sinodes; et par ce moien s'en ensuivra une dissolution de la discipline ecclesiastique qui en est le lien.

Que la ou la nécéssité des affaires contraindroit sa Majesté de se servir pour encore desdicts catholicques romains, qu'il y a de particulieres raisons pour ceste province.

Premierement, que lesdicts de la religion sont en possession d'avoir des magistrats de leur religion, non seullement en vertu des édictz de passiffication, mais mesmes de l'authorité de sadicte Majesté depuis le commancement de ceste guerre, et partant, y estant accoustumez dez longtemps, la mutation leur seroit d'aultant plus aigre & difficile.

Secondement, que ceux de ladicte religion sont près des deux tiers de ceste province[2], tellement qu'estant les principaulx membres du corps et seulz instruments exterieurs par lesquelz la province est conservée à sa Majesté il y a tant moings de raison de les priver des offices de judicature.

Tiercement, qu'il est certain que les officiers de la Court qui se sont assemblez à Romans, excepté ung, sont ligueux & ennemis de sa Majesté, quelque mine qu'ilz facent, & en ont monstré des évidents indices et tesmoignages outre cognoissance particuliere qu'on à de chescun d'eulx; car ce sont eulx qui ont introduict dans la ville de Grenoble ceulx qui ont chassé le lieutenant du Roy; que par leur commancement ont approuvé le..........[3] de rebellion connoissant &

---

[1] Phrase tronquée et incomplète.

[2] Ce chiffre est loin d'être exact, les évaluations les plus larges ne permettent pas de penser que plus d'un tiers des habitants du Dauphiné pratiquassent à cette époque la religion réformée.

[3] Lacune dans l'original.

donnant authorité aux autheurs de ladicte exécution et exerçant leurs charges au lieu ou le crime de leze Majesté demeuroit impuny.

Secondement, en se voiant pressés dans la ville de Grenoble ilz seroient sourtis et sans adviser à ce qui estoit porté par les lettres pattantes de sa Majesté, auroient encor traicté avec ceulx de Grenoble et iceulx comis de venir à Romans.

En troysiesme lieu, après avoir receu une response contumelieuse de ceulx dudict Grenoble, assavoir de se retirer pour delliberer, par la responce du roy de Navarre, ilz n'ont pas laissé de les appeller tous nonobstant qu'ilz fissent ouvertement profession de rebelles.

Quatriesmement, en ce qu'ilz opposent à ceulx de ladicte religion de l'édict de juillet en quoy sa Majesté, laquelle aussy ilz ne recognoissent sinon soubz esperance qu'il changera sa relligion, partant, il est à craindre qu'ilz ne fassent de mauvais offices à sa Majesté aussy bien dans la ville de Romans que dans Grenoble, veu mesmes qu'ilz prenent cognoissance des affaires d'estat & de la guerre la privant entierement d'imposer tailles sy par sa Majesté n'y est pourveu.

Que le moien pour y pourveoir et [puis] qu'il n'est pas facille [et] expedient de rebouter tous ceulx qui sont mauvais, lui semble estre qu'il plaise à sa Majesté de faire recevoir en ladicte Court le plus d'officiers qu'elle pourra de ladicte religion soit par nouvelle crue[1] ou en les subrogeant en la place des aultres, lesquelz en prescrivant qu'il ne se face rien contre la religion et contre le service de sa Majesté, ou luy en donner advis.

Que sadicte Majesté ne pourroit pourvoir de personnes plus cappables & plus zellés à son service et plus agreables à tout le païs que des officiers dudict conseil[2], desquelz sa Majesté est partant priée de voulloir pourvoir de ses offices & les gratiffier de la finance.

Suppliera sa Majesté de considerer que lesdicts officiers du conseil ne vouldroient pour chose du monde prester contre vérité le serment de n'avoir finances comme il fault faire à la reception, et d'ailleurs qu'ilz sont plustost riches de science & d'integrité que en finances, et en oultre que toute leur vye ilz ont faict service à sa Majesté.

---

[1] Nouvelles nominations.
[2] Il s'agit ici du conseil de justice composé uniquement de magistrats protestants, établi à Die depuis quelques années, avec l'approbation du roi de Navarre, en opposition avec le parlement de Grenoble.

Cela seroit fermer la porte à plusieurs ignorantz & mal affectionnez à son service lesquelz y prethendent.

Mesmes qu'on est adverty que au plustost sadicte Majesté doibt estre suppliée de jurer les libertés Delphinalles, mesmes en ce qui est porté que le Roy pourvoira aux offices de la Court sur la nomination qui luy sera faicte de ladicte Court affin qu'il n'y entre que gens qui sont à leur devotion.

Remonstrera aussy que par l'édict d'incorporation les officiers de la religion doibvent sulement servir au second bureau et cella affin qu'ilz n'eussent communication des affaires d'estat qui sont traictés au premier.

Que par l'arrest d'interinement est porté que les causes de ceulx de la religion pourront estre jugées tant au premier que second bureau et partant pourront estre jugées par les seuls catholicques romains.

Partant suppliera sa Majesté d'oster toutes modiffication et ordonner qu'ilz seront receus au premier bureau mesmes affin d'oster mieulx toutes difficultez & soubçon seroit necessaire que lesdicts officiers de la religion ne fussent dans une chambre [1].

Parlera au Roy du gouvernement de Grenoble pour Monsieur de Morges & luy representera ses merites.

CDXVI. 1592 — 5 Juillet.

Orig. — A M. Paul Arbaud, à Aix (Bouches-du-Rhône).

A MONSIEUR, MONSIEUR D'ORNANO, LIEUTENANT GÉNÉRAL POUR LE ROY AU GOUVERNEMENT DE LANGUEDOC ET DAUPHINÉ.

Monsieur, par la voye de Grenoble j'ay reçu un paquet que je vous envoye. Je voy que vous aurez sceu le siege de Vyenne par Monsieur de Nemours. C'est chose à quoy vous devez prendre garde et remedier de bonne heure. Je me retire en Daulphiné avecq une armée si desbisffée et lassée que de plus d'un moys il ne s'en pourra tirer service.

---

[1] Les demandes de Lesdiguières relatives à des modifications profondes à apporter dans le personnel du parlement de Grenoble, ne furent pas approuvées par Henri IV; par le traité de reddition de la ville de Grenoble, conclu peu de temps après l'envoi de ce mémoire, il fut stipulé que rien ne serait innové dans l'ordre judiciaire de la province.

Faictes estat de celuy que je vous ay voué, Monsieur, et croyez que je le vous rendray fidelement avec toute la dévotion que vous pouvez esperer, Monsieur, de

Vostre bien humble et plus affectioné serviteur.

LESDIGUIÈRES.

A Pourrieres, le 5 juillet 1592.

CDXVII.   1593 — 3 SEPTEMBRE

Cop. — B. N. MS. F. 3985, p. 183.

A MONSIEUR, MONSIEUR D'ORNANO.

Monsieur, vous verrés que nostre voyage a succédé par ung accord auquel à mon advis nous n'avons pas eu de desavantage puisque par ce moyen nostre place de Cahours nous est demeurée; sy j'eusse eu l'advis à temps pour le vous communicquer je n'eusse poinct defailly à l'honneur que je recongnois vous devoir en cecy, car cela vous estoit deu puisqu'il vous avoit pleu contribuer vostre affection et vos forces à cest affaire; mais, Monsieur, à peine le vous eusse-je peu envoyer puis que moy mesme ne l'ay pas eu et que j'en ay sceu plutost la résolution que la conferance. Il ne me reste donc sinon à vous remercier très humblement de vostre assistance pour laquelle je me diray par tout vostre obligé devant vous & devant tous, aussy vous me ferez cest honneur de croire que je seray à perpetuité vostre, etc.

LESDIGUIÈRES.

A Chasteau Queyras, ce IIIe septembre 1593.

CDXVIII.   1593 — SEPTEMBRE.

Cop. — B. N. MS. F. 3985, p. 183.

[INSTRUCTTIONS A MONSIEUR DE SAINT-MAURICE ENVOYÉ PAR LESDI-GUIÈRES A MONSIEUR D'ORNANO ET AU PARLEMENT DE GRENOBLE.]

Le sieur de Saint-Muris fera entendre à Monsieur le Collonel et à Messieurs de la Court l'estat auquel estoit l'armée de Monsieur de

Savoye & sa resolution de nous atendre au devant de Cahours Elle estoit encore composée de sept mil hommes de pied et de mil chevaulx et pourtant son desseing n'estoit pas de nous venir au devant en la campaigne, ains l'avoit disposée dans des certains chemins à l'entour de la place assiegée dont il esperoit nous garder tous les pas & fermer le chemin à toute sorte de secours ou bien nous forcer de luy donner bataille sur ces avantages qu'il estimoit ne pouvoir arriver avec meilleure conduite pour luy se trouvant supérieur en hommes et en la commodité du logis.

Et à la verité l'accès en estoit extremement difficile veu la force qu'il avoit en hommes qui estoient grandement aydés par deux forts qu'il avoit faict construire sur lesquels il avoit placé une quantité de canons & soubs la faveur d'iceulx faisoit prendre champ de bataille à sa cavallerye, outre la commodité qu'il avoit de flanquer par ce moyen toutes les advenues du chasteau.

Ainsy il eust fallu que nostre moindre nombre le feust allé attaquer à la mercy de ses canons, & posé que la valleur de nos hommes eust faict quicter le champ de bataille à la cavallerye, tousiours cela estoit considerable que leur proche retraicte leur pouvoit refaire le cœur & l'ordre tout incontinant; et d'attaquer les retranchemens, ayant aux flancs la cavallerye et les canons il n'y avoit poinct de raison. L'issue doncques concistoit en ung merveilleux hazard.

Il est vray que Monsieur de Savoye sachant que l'evenement de telle chose est incertain, à jugé qu'il seroit autant à propos pour luy que pour nous de faire une trefve; de sorte que des aussy tost qu'il eut congneu que Messieurs du Poët, d'Hauriac, baron de Jons & du Villar avoient pouvoir de la traicter en suitte de la trefve générale de France, il a accepté la faculté que luy estoit laissée en icelle d'y pouvoir estre compris & fort aisément les conditions furent accordées telles que lesdicts sieur de Saint-Muris pourra faire veoir par la coppie qu'il en porte.

L'extraict a esté recolés sy promptement de part & d'aultre qu'il fust signé & des deputés reciproquement avant qu'ils n'en eussent donné advis, et en sceus plus tost la resolution que la conferance.

Suppliera Monsieur le Collonel et Messieurs de la Cour de m'excuser s'ils n'ont eu de moy advis dudict traicté veu que cela m'est arrivé plus par faulte de pouvoir que de congnoistre l'honneur que je leur dois differer & les conseils que je pouvois tirer de leurs prudences, et leur plaira de considerer que c'est ung traicté de campaigne ou il s'est fallu resouldre sur le champ.

Ladicte tresve est commune pour le Piedmont, Savoye et Daulphiné, ayant promis Monsieur de Savoye d'envoyer au marquis de Treffort pour fere retirer ses trouppes; de mesmes il plaira à Messieurs de la Court d'ordonner que publication en soit faicte et à Monsieur le Collonel d'y joindre son aucthorité [1].

CDXIX. 1594 — 9 Février.

Orig. — B. N. MS. F. 3989, p. 87.

A MONSEIGNEUR, MONSEIGNEUR LE DUC DE NEVERS.

Monseigneur, j'ai receu la lettre qu'il vous a pleu m'escrire en faveur du chevalier Rampini lequel peu de temps auparavant avoit esté mis en liberté; s'il eust encore esté en mon pouvoir je vous eusse à son advantage faict cognoitre combien voz commandemens me sont chers et precieux, aussy y obeyray-je en toutes occasions que vous me jugerez digne de les recevoir. Le traitement qu'il a receu est gracieux, car c'est ma coustume d'en user ainsi à l'endroit des personnes de sa qualité et mérite. Au demeurant, Monseigneur, vous recognoissant de longue main si plain d'affection à ce qui regarde le bien des affaires du Roy, je vous diray que sa Majesté [2] s'estoit beaucoup promise d'assistance des amis d'Italie en la guerre du Piemont, jusques à en faire estat asseuré : à mon advis sont les promesses qui luy doivent avoir esté faictes de ce coste-là, mais les effaicts en ont esté si petits que je les compare quasi à un rien. J'estime que vous feries chose agréable à sa Magesté si vous les pouviez eschaufer à mieux faire cependant que vous estes porté de dela. Si vous jugez que ce soit chose qui se puisse avancer par vostre entremise, je vous supplye très

---

[1] Suit la coppie du traicté de trefve entre son Altesse & monsieur des Diguières au nom du Roy et comme son lieutenant général dela les monts, daté du 31 août 1593, imprimé dans notre premier volume.

[2] A partir de cet endroit la lettre est en chiffres, sauf quelques phrases. Le déchiffrement y est joint.

humblement, Monseigneur, d'y mettre la main, m'asseurant que votre parole y aportera plus de poix que toutes les letres quy s'en pourroint escrire. Vous scaurez par Monsieur de Maisses et par un homme que j'ay de dela tout ce que nous en aurons tiré quy a tousiours esté despandu six mois avant que de l'avoir receu. La treve que j'avois faicte avec Monsieur de Savoye est expirée des le dernier jour de janvier. Je l'avois faicte pour donner temps au Roy d'adviser aux moyens de nous secourir; rien ne vient, aussy ne veux-je rien attandre de ce costé là ou tout faict besoin à sa Majesté. Je me voy donc sans moyens et l'ennemy prest à se mettre en canpanie avec ses forces proches de nos garnizons. Je l'ay ainsi faict entendre au Roy affin qu'il nous pourveut et j'ay estimé que c'est mon devoir de vous fere part de ces nouvelles m'asseurant que vous appourterez tout ce qui est en vostre pouvoir pour le service de sa Majesté; qui sera l'endroit ou je supplye le Createur vous donner, Monseigneur, en toute perfection de santé bien longue et heureuse vye.

De Grenoble, le IXe fevrier 1594.

Vostre très humble et très obeissant serviteur.

LESDIGUIÈRES.

CDXX.   1594 — 7 MAI.

Orig. — B. N. MS. F. 6552, p. 325.

AU ROY.

Sire, j'ay de longue main cogneu le devoir que le sieur de Saint-Cenard a rendu à vostre service en tous les endroits ou il a esté employé par ceulx à qui il vous a pleu departir vostre authorite, mais l'occasion en laquelle il a le plus signalé son affection de bon serviteur c'est en ces evenements de Provence ausquels je vous asseure, Sire, qu'il n'a ny espargné ny dissimulé ce qui estoit de voz intentions par tout ou il les falloit publier, de sorte que son entremise et dexterité a beaucoup aydé à acommoder les affaires qui ne peuvent réussir qu'à vostre contantement. Ceste sienne devotion, Sire, peut estre remarquée & recogneue de vostre Majesté en luy octroyant la cappitainerie de la Mothe en Languedoc detenue par vos ennemys, pour en jouyr lorsqu'ils en seront depoceddez par la justice de vos armes. Je vous supplie le gratiffier de ceste liberalité qui l'obligera à la continuation de son devoir dont je m'ause rendre certificateur. Sire, je supplie le Createur qu'il conserve vostre Majesté à laquelle je souhaite heureuse et longue vye.

A Orgon, le VIIe may 1594.

Vostre très humble, très obeissant, très fidelle suget et serviteur.

LESDIGUIÈRES.

CDXXI.   1594 — 16 MAI.

Orig. — B. N. MS. F. 6552, p. 307.

AU ROY.

Sire, ceste ville d'Aix percistant en la fidelité qu'elle vous a depuis naguières jurée, envoye vers vostre Majesté le sieur du Perier pour vous raporter au vray, ce qui s'y est jusques à ceste heure passé à l'avantage de vostre service et pour vous representer les choses qui sont necessaires pour y affermir vostre authorité. Il est personnage recommendable qui a tousiours demeuré ferme au devoir d'un bon et fidel subiect de vostre Magesté, à laquelle je rens ce tesmoignage de luy, suppliant le Créateur, Sire, qu'il donne à vostre Majesté en parfecte santé très longue vye.

A Aix, ce XVIe may 1594.

Vostre très humble, très obeissant, très fidelle suget et serviteur.

LESDIGUIÈRES.

CDXXII.   1594 — 30 JUILLET.

Orig. — B. N. MS. F. 15910, p. 107.

A MONSIEUR, MONSIEUR DE BELLIÈVRE, CONSEILLER DU ROY EN SES CONSEILS D'ESTAT ET PRIVÉ.

Monsieur, je me suis aproché de vous, posseddé du desir que j'ay tousiours eu de vous fere service, uscz doncq de moy, Monsieur, comme d'une chose que vostre merite vous a aquise. Je n'ay certes rien digne de vous, fors le regret que je suporte de l'evasion de monsieur de Nemours [1] participant à la peyne que vostre esprit en souffre. Puisque la playe est faicte il fault courir au remede qui se trouvera en la prudence des serviteurs du Roy & nommement de vous, Monsieur, qui ne vous lassez jamais de travailler à l'avancement de la prosperité des affaires de sa Magesté. Continuez moy vostre amytié, Monsieur, & je demeureray tousiours

Vostre bien humble et plus affectioné serviteur.

LESDIGUIÈRES.

A Grenoble, le XXXe juillet 1594.

CDXXIII.   1594 — 30 AOUT.

Cop. — B. N. MS. F. 15910, p. 119.

[A MONSIEUR DE BELLIÈVRE, SURINTENDANT DES FINANCES DU ROY.]

Monsieur, je persiste, à la lettre qu'il vous a pleu m'escrire du XXVIe de ce moys, au desir que j'ay cy devant eu de vous veoir; vous estes possédé de mesmes affection, jugeant vostre prudence que noz discours ne pourroient estre sans fruict au service du Roy. Je ne seray point content jusques à ce que j'aye ce bonheur, lequel sans vous offencer, j'ose dire souhaiter plus que vous mesmes, y recongnoissant de l'advantaige aux affaires de sa Majesté & beaucoup d'honneur pour moy. Il est tres véritable, Monsieur, & vous le jugez prudemment que si l'approche de monsieur le Connestable avecq ses forces eust esté plus prompte [2], l'ennemy eust receu de l'estonnement et par aventure ses desseins en eussent-ils esté entierement ruynés, mais cela n'estant

---

[1] Le duc de Nemours parvint, le 26 juillet 1594, à s'échapper du château de Pierre-Encise, où il était détenu, et reprit le commandement de ses troupes. Il reçut des secours du duc de Savoie et recommença aussitôt à harceler les Lyonnais.

[2] Pendant les mois de mai, juin et juillet Lesdiguières avait, en vertu des ordres du roi, fait une expédition en Provence pour délivrer cette province de la tyrannie d'Épernon (*Voir* à ce sujet notre premier volume). Le connétable de Montmorancy, parent d'Épernon, loin de porter aucun secours à Lesdiguières, ainsi que cela le lui avait été prescrit par Henri IV, chercha par tous les moyens possibles à lui nuire.

advenu comme il estoit souhaitable, il fault remedier au mal qui n'a esté preveu. Je scay que pour y parvenir toutes les forces des deux provinces sont necessaires, mais de l'autre costé la besougne que le duc de Savoye nous prépare [1] est telle & si grande, comme il vous plaira veoir par les nouvelles que j'en ay dont je vous envoye la coppie, qu'elle invitera tous les serviteurs du Roy d'acourir à ce besoing, s'ils ne veullent consentir à la ruyne de ces affaires de Piedmont ou je ne preveoy que desolation & la perte du temps & les moiens qui y ont jusques icy esté employés, si sa Magesté n'y tourne les yeulx à bon escient, [ne] me pourvoit de secours infaillible & non imaginaire, comme ceux du passé, dont je vous supplie luy reiterer les advis qui luy en ont esté tant de foys donnez, si vous le jugez à propos. Cependant je ne laisse de partir d'icy dedans deux ou troys jours pour m'acheminer au plus tost de ce costé-la et y porter ma vie & tout ce qui en deppend, mais l'ennemy, qui scait ce que nous pouvons, n'en retardera ny interrompra ses desseins, car il n'ignore pas que nous n'avons point de soldats pour garnir seullement nos places qui pourroient si elles estoient secourues, ruyner une grande armée. Estant approché de ce pais la je recongnoistray de plus près les intentions de l'ennemy & s'il advient que il ne se dispose à faire ataquement je reviendray aveq tout ce que j'ay pour assister Monsieur le Colonnel aux afferes du Lionnois ou je porteray ce qui est de mon pouvoir sans rien reserver. Vous aurez souvent de mes nouvelles et les advertissemens de ce qui nous succedera, sur lesquels j'attendray vos bons adviz et commandemens pour les ensuivre et y obeir. Vous me faictes beaucoup d'honneur, Monsieur, de me vouloir recercher l'amitié de monsieur le Connestable qui ne m'en peult avoir privé aveq juste occasion, n'aiant commis aulcune offence contre luy, si luy mesme ne s'offence de ce que j'ay fort fidellement servy le Roy selon ses intentions & les commandemens qu'il m'en avoit donnez, sans regarder ny à gauche ny à droicte, mais seullement visé à mon debvoir ; je me suis bien apperceu, et c'est la source du maltalent [2], qu'il n'a point agréé mon voiage en Prouvence & que les actions que je y ay rendues luy ont despleu & principallement la desmolition du fort d'Aix, qui est à mon advis ce

---

[1] La trève avec le duc de Savoie finissait le 3 septembre 1594 ; ce prince ne tarda pas en effet de reprendre l'offensive et d'assiéger Briquéras, dont il s'empara après un mois environ de siège.

[2] Colère.

qui l'offence le plus; mais je rends tesmoignage à moy mesmes que tout ce que j'ay fet en Prouvence a esté pour satisfere aux commandemens du Roy & pour l'avantage de son service, comme sa Magesté avouera si elle en est requise par ceulx qui doubtent de ses intentions. Jugez donq, Monsieur, quelle occasion Monsieur le Connestable a de n'estre satisfaict de moy qui ay tousiours esté, suys encores & seray son tres humble serviteur. Il le congnoistra lorsque les particulieres passions donneront lieu à la raison, guyde de mes actions, ausquelles il ne remarquera que beaucoup de syncerité, d'integrité & de candeur. Je ne le dis point pour fere valoir ma cause qui se deffend de soy mesme, mais seullement pour vous fere congnoistre ce qui m'a rendu odieux à ce seigneur que j'ay honoré & desire servir suivant mon debvoir. Je seray le reste de ma vie en ceste intention et en la volonté immuable que j'ay d'estre à jamais, Monsieur,

Vostre bien humble & plus obeissant serviteur.

LESDIGUIÈRES.

Monsieur, je voulois fere fermer ceste lettre sur le point que la vostre du XXVIIIe de ce moys & les advis que vous avez eu du cotté de Venize m'ont esté renduz. La necessité des affaires de Piedmont me faict partir demain [1] pour m'en approcher aveq si peu que j'ay, affin d'apporter autant d'obtacle que je pourray à l'ennemy en attendant quel secours je pourray avoir des serviteurs du Roy qui ont les forces prestes & qui ne se peuvent employer en meilleure ny plus pressée occasion. Faictes s'il vous plaist scavoir noz necessités au Roy et me departez vos nouvelles, bons advis et vos commandemens.

A Grenoble, le XXXe août 1594.

---

[1] Lesdiguières ne partit pas le 31 août, mais vers le 15 septembre; le 20 du même mois il était à Gap.

CDXXIV.   1595 — 11 Janvier.

Cop. — B. N. MS. F. 15910, p. 209.

[A MONSIEUR DE BELLIÈVRE, SURINTENDANT DES FINANCES DU ROY.]

Monsieur, aussy tost que j'eus investy ceste place d'Essilles, je vous en donnay advis et de l'esperance que je prenois de la pouvoir emporter; elle m'accroist de jour à autre davantaige pour ce que j'ay faict les approches & retranchemens de telle sorte qu'il est malaysé que le duc de Savoye la puisse secourir, quoy qu'il face beaucoup de préparatifs pour ce faire et qu'il soit à Suze qui est que à une lieue de nous, depuis le sixiesme de ce mois, ou il amasse tout ce qu'il peult et y attend quatre mil Napolitains & deux mil lansquenetz qui estoient demeurez derriere & se debvoient joindre à ce qui estoit desia passé de l'armée espaignolle. Nos canons ont passé depuis hier de deca et croys que dans deux ou troys jours au plus je feray commencer la batterie. Je prevoy que les ennemys ne pouvans m'en empescher, tascheront de faire diverssion ailleurs et mesmes du costé de la vallée de Grisivodan, mais j'espere d'avoir plus tost achevé icy qu'ilz n'auront commencé leur entreprinse. Et cependant j'ay pourveu au myeulx que j'ay peu à ce qu'il n'y arrive que le moins de dommaige qu'il se pourra, ayant laissé dans Grenoble la compaignie de Monsieur de Morges et pris de la celle de Monsieur du Poët pour l'assister en cas de besoing, estant au demeurant la ville bien prouveue, si bien que je m'asseure que tous nos affaires se porteront bien pourveu que le Roy ne nous dilaye plus sa venue ou les moiens d'entretenir les forces que j'ay sur pied. Je loue Dieu qu'il luy ait pleu de garantir sa Majesté d'un si grand danger ou elle a failly de tomber [1] & nous tous après elle. Je vous supplie, Monsieur, de me vouloir donner des nouvelles de son estat & santé car quoyque par ses lettres sa blesseure semble

---

[1] La tentative d'assassinat de Jean Chatel qui eut lieu à Paris le 27 novembre dans l'hôtel de Gabrielle d'Estrées. Ce malheureux entraina les jésuites dans sa perte; par un arrêt du 29 décembre, Chatel fut condamné au supplice et les jésuites, ses maitres, à quitter le royaume dans le délai de quinze jours.

estre de peu de consideration si esse qu'il n'y a pas ung de ses bons subiects & serviteurs qui n'en souffre en son ame de grandes douleurs en ceste incertitude. Ilz en ont tous depuis Montpellier jusques icy rendu graces publicques à Dieu de ceste delivrance aveq ardentes prieres pour le salut & conservation de sadicte Majesté. Dieu les veuille exaulcer & la perserver en ce faisant d'un bon nombre de tels exécrables assassins qu'il ne fault point mectre en doubte que noz ennemys ne praticquent tous les jours, seul fondement de leurs pernicieux desseings. Je prie le Créateur qu'il les dissippe & confonde et vous donne, Monsieur, en parfaicte santé, heureuse & longue vie.

C'est du camp devant Essiles, le XIe janvier 1595.

Vostre bien humble & plus obeissant serviteur.

Lesdiguières.

CDXXV.   1595 — 20 Décembre.

Orig. — Arch. de la Cour d'appel de Lyon.

A MONSIEUR, MONSIEUR DE LA ROCHE-GIRON.

Monsieur, vous prenes trop de peyne de vouloir excuser vostre despart de Sisteron sans que j'aye heu ce bien de vous voir auparavant. J'eusse bien desiré que vostre commodité & la mienne nous eussent permis de nous visiter, et puys que pour ce coup cela n'a peu estre je ne laisserey pourtant de nourrir tousiours en moy une parfaite volonté à vostre service, et de vous en randre les dignes pruves en toutes les occasions que vous me voudrez employer. Ce qu'attandant je vous direy comme le voyage de monsieur de Guise à l'Isle du Martigue a succédé en sorte que les trois villages de ladicte Isle se sont reduictz à aubeissance du Roy. Nous diligentons tant que nous pouvons la conduite du convoy pour le siege du chateau de Vinon, et je tiens que celuy quy est dans ceste place prandra bien tost raison en payement. Quand à la reste des hommes que vous scavez vous pouves voire qu'ilz sont tousiours semblables à eux mesmes. Je croys fort facilement que ceux de Montsalier se rendent difficiles, mais cest affaire & tout autre quy me sera recommandé de vostre part me sera en une siguliere souvenance, ce que je vous supplie de croire, et faire tousiours estat assuré, Monsieur, de

 Vostre bien humble et affectioné serviteur.

LESDIGUIÈRES.

A Aix, ce 20 dexembre 1595.

CDXXVI.   1597 — 24 FÉVRIER.

Orig. — Autrefois coll. Rathery.
Imprimé : Revue des documents historiques, par M. Charavay, 1875-1876, p. 148.

MESSIEURS, MESSIEURS DE LA CHAMBRE DES COMPTES ET TRÉSORIERS GÉNÉRAULX DE FRANCE EN DAUPHINÉ.

Messieurs, j'ay esté present quand les agentz de Madame la marquise de Monceaux[1] luy ont faict entendre que vous apportez des obstacles et traverses à la vente du sel de la traicte que sa Majesté luy a accordée pour estre vendue franchement et généralement dans le pais de Daulphiné. Elle en a esté fort courroucée et en voulloit faire plainte à sa Majesté si je ne l'eusse asseurée que vous ne l'empechez plus à la libre vente dudit sel puis que c'est l'intention de sa Majesté à laquelle et vous et moy fault que nous nous rangions. Je vous ay voullu donner advis de ce que dessus et vous supplier de vouloir faire en sorte que la cause de ces plaintes vienne à cesser, affin que je me trouve en tout véritable envers madite Dame, les agentz de laquelle s'accommoderont je m'asseure, à quelque honneste composition avecques vous, pourveu aussy que de vostre costé vous vous mettiez à la raison, comme je me promectz que vous ferez, et que sans les faire crier davantage vous tascherez d'en tirer doucement ce qui se pourra; car prenant cest affaire à la rigeur je croys que vous perdriez le tout et formeriez une mauvaise vollonté contre vous en madite Dame, qui vous porteroit plus de prejudice que vous peult revenir d'utilité de ce que vous scauriez

---

[1] Gabrielle d'Estrées, marquise de Monceaux.

prendre à la rigueur sur ladite traicte. Je vous supplie encores de vouloir prendre cest advis en bonne part de moy qui le vous propose avec autant de sincerité que je suis, Messieurs,

Vostre bien humble pour vous fere service.

LESDIGUIÈRES.

A Paris, le XXIIIIe fevrier 1597.

CDXXVII.   1601 — 22 JANVIER.

Cop. — Bibl. de l'Institut. MS. Godefroy, vol. 95, p. 203.

[RECONNAISSANCE PAR LES PLÉNIPOTENTIAIRES DU TRAITÉ DU LYON DES CRÉANCES DE LESDIGUIÈRES CONTRE LE DUC DE SAVOIE.]

Sur l'instance faicte de la part du Roy pour le sieur des Diguieres qui prétendoit monsieur le duc de Savoye & aultres qui avoient traitté pour luy, estre debteurs de plusieurs grandes & notables sommes à l'occasion de la guerre, les sieurs d'Arconat & des Alimes, députés dudict sieur Duc ont, par l'advis de Monsieur le cardinal Aldobrandini, légat de sa Sainteté, traitté & accordé pour donner contentement à sadicte Majesté, pourveoir à la plainte et demande dudict sieur des Diguières, que deux arbitres seront nommés dans deux mois de la part de sa Majesté & deux autres de la part dudict sieur Duc dans le mesme temps, lesquels se trouveront, avec leur nomination & pouvoir en bonne & deue forme, huict jours après, au lieu du Touvet entre Grenoble & Chambery, pour s'assembler & juger dans le mois ensuivant sur les promesses & autres enseignements qui leur seront representés, ce qui sera justement deub audict sieur des Diguieres & autres nommés au memoire qui contient ses pretentions, auquel jugement ledict sieur Duc sera tenu acquiescer et suivant iceluy peyer six mois après les sommes à quoy il aura esté condamné. Pour seureté de quoy donnera bonne & suffisante caution dans le royaume, qui s'obligera en son nom propre & privé, de payer les sommes qui seront adjugées au cas que ledict sieur Duc n'y eust satisfaict dans lesdicts six mois. Pourra outre ce ledict sieur des Diguieres retenir pour plus grande seureté Barcelonnette, son vicariat & le chasteau de l'Éville jusqu'à ce que licquidation ayt esté faicte & jugement donné par lesdicts arbitres sur les sommes par luy pretendues, et ladicte liquidation faicte & ladicte caution donnée les rendra de bonne foy sans aucune difficulté ny remise. Si sa Majesté ou ledict sieur Duc ne faisoient trouver leurs arbitres au lieu & dans le temps accordé, les ungs pourront juger en l'absence des autres & vaudra leur jugement comme s'ils y estoient tous. Au cas aussi qu'estant tous ensemble ils ne pourroient demeurer d'accord, ont des à present nommé d'une part & d'autre pour superarbitres Monsieur le Nunce de sa Sainteté en France et le président Jeannin, conseiller au conseil d'estat de sa Majesté, pour juger desdicts differents dans le mesme temps & sans y apporter autre longueur.

Faict à Lion, le XVII⁰ janvyer mil six cens un.

       P. Cardinalis Aldobrandini, legatus.
       Francesco Arconato.
       De Lusinge les Alimes.

J'ay receu de monsieur de Villeroy l'original dant la coppie est cy dessus transcripte ce jour d'huy XXII⁰ janvier 1601.

           Lesdiguières.

CDXXVIII.   1601 — 16 Mars.

Cop. — B. N. MS Brienne, vol. 81, p. 132.

ARTICLES ACCORDÉS ENTRE LES DÉPUTÉS DU ROY ET CEUSX DE MONSIEUR DE SAVOIE POUR L'EXÉCUTION DU TRAICTÉ DE PAIX DU 17 JANVIER 1601.

Pour l'exécution et accomplissement du traicté faict le 17ᵉ janvier dernier entre les deputez du Roy et de Monseigneur le duc de Savoye, depuis ratifié par sa Maiesté et son Altesse et celuy faict en conséquence dudict traité général le mesme iour et par les mesmes deputez sur les pretentions du sieur des Diguières, lequel demandoit à sadicte Altesse plusieurs grandes sommes qui luy estoient deues à l'occasion de la guerre, Monseigneur le Connestable et les sieurs du conseil du Roy qui sont près de luy assemblez avec les sieurs d'Arconat, des Alimes et Boursier, conseillers d'estat et deputez de sadicte Altesse, ont advisé, conclud et arresté, après en avoir conféré plusieurs fois en presence du sieur conte Ottavio Tassoni, envoié exprès par Monseigneur le cardinal Aldobrandini, légat de sa Sainteté et du Saint siege, par l'advis duquel lesdicts traitez ont esté faicts; que les sommes deues audict sieur des Diguières à l'occasion de la guerre et pour les causes raportées au memoire signé de sa main délivré audict sieur Boursier, seront reduictes et moderées à la somme de XLᵐ escus et ladicte somme de quarante mil escus payée par son Altesse audict sieur des Diguières dans six mois, pour seureté de quoy elle luy donnera caution bonne et suffisante en la forme du traicté en la ville de Lion dans le 2ᵉ du mois prochain, moyennant quoy sadicte Altesse et tous autres en demeureront quictes et deschargés, et serat enu ledict sieur des Diguières rendre, huict iours après ladicte prestation de caution, Barcelonnette, son vicariat et l'Eville qui luy estoient délaissez pour seureté de son deub.

Pour le regard de ce qui est deub de reste aux garnisons dudict Barcelonnette, son vicariat, val de Mayre et Alos pour l'année derniere et les mois de janvier, febvrier et mars de l'année presente, la veriffication en sera faicte sur l'estat du Roy, commissions qui ont été expediées par sa Maiesté, et les quictances des payemens faicts ausdictes garnisons pour ledict temps, par deux personnes, l'un nommé de la part de sadicte Altesse, l'autre dudict sieur des Diguières, lesquelz s'assembleront au lieu de Chaumont le 25ᵉ du present mois et trois jours après arresteront ce qui est deub pour estre payé audict sieur des Diguières par les habitans sur lesquelz l'assignation en avoit esté donnée deux mois après; pour seureté de quoy sadicte Altesse ou lesdicts habitans luy donneront caution en ladicte ville de Lyon ou au pays du Dauphiné bonne & suffisante dans la fin du present mois.

Quant aux contributions que ledict sieur des Diguières pretend estre deues à plusieurs gentilshommes officiers et cappitaines ayans eu charge soubz luy des années 92 et 93 par les habitans du marquisat de Saluces, suivant et en la forme du traicté sur ce faict le 10 de mars 94, veriffication en sera aussi faicte sommairement pardevant lesdictes deux personnes audit lieu de Chaumont et dans le mesme temps, pour estre ce qui se trouvera deu, levé sur lesdicts habitans à quoy sadicte Altesse et ses officiers tiendront la main de bonne foy selon qu'il a esté promis par ledict traicté.

Pour faire raison aux particuliers qui ont assisté ledict sieur des Diguières es expeditions de la guerre, lesquelz pretendent aussy plusieurs partyes contenues audict memoire, son Altesse et ledict sieur des Diguieres nommeront semblablement chacun une personne lesquelz se trouveront semblablement dans le dernier iour du present mois au lieu du Touvet entre Grenoble et Chambery pour veriffier dans trois iours lesdictes partyes et faire pourveoir après par sadicte Altesse au payement de ce qui leur sera justement deub. Et pour ce qu'entre lesdicts particuliers il y en a aucuns, ascavoir les sieurs d'Auriac, d'Astres et Bragart qui se peuvent plus commodement trouver à Chaumont, ce qui les concerne y sera traicté par ceux qui auront esté nommez ainsi qu'il est contenu cy dessus et dans le mesme temps. Ont les articles susdicts concernans ledict sieur des Diguières et lesdicts particuliers esté consentis et accordez par lesdicts sieurs deputez de son Altesse soubz son bon vouloir & plaisir.

Outre lesquels a esté convenu et arresté que les gens de guerre sortis de la citadelle de Bourg iront à Sessel, puis à Rumilly, de la à Aix pour y seiourner iusques au 24e du present mois, auquel iour la garnison qui est pour le Roy en la ville et chasteau de Chambery en sortira, mesme le regiment du sieur de Crequy, dont les six compagnies avec celle du sieur de la Buisse seront incontinant licenciées et conduictes hors les pays de sadicte Altesse & pourveu soigneusement à ce qu'elles ne facent aucun desordre en sortant, et la septiesme compagnie dudict regiment qui est aussy de present en ladicte ville de Chambery sera laissée en la ville de Montmeillan attendant la réduction du chasteau dudict Montmeillan.

A cest effect ledict sieur des Diguières partira demain matin et les sieurs deputés de son Altesse avec luy pour se rendre le cinquiesme iour aprèz leur départ en ladicte ville de Chambery faire sortir lesdicts gens de guerre et leur rendre et remettre tant ladicte ville que chasteau dans le 24e du present mois, et pour ce qu'ilz n'ont à present pouvoir suffisant pour les recevoir, promettront d'en fournir dans le dernier du present mois. Lesdicts sieurs deputez donneront le même iour ou le lendemain qu'ils seront arrivez dans la ville de Lyon pour y faire payer dans le 15e du mois prochain la somme de VIm escus à quoy on a convenu par traicté particulier pour les garnisons dudict mois de janvier dernier; et neantmoins si quelque chose avoit esté receu pour les garnisons dudict mois, desduction en sera faicte sur ladicte somme de VIm escus.

Au mesme temps de la redition de la ville et chasteau de Chambery les trouppes de cavalerie qui sont audict pays en sortiront et seront licentiées et afin que ladicte sortie soit aussi sans desordre et foulle, argent sera envoyé et les commissaires et controlleurs pour leur faire monstre au mesme temps dudict depart et licentiement. Pour les garnisons qui doivent demeurer encores dans les autres places jusques à la redition d'icelles, l'entretenement à raison de 5 sols par iour sera pris sur le pays de huict iours en huict iours avec le pain du Roy et s'il fault quelque chose de plus pour parfaire leur solde y sera pourveu par sa Maiesté sans que sadicte Altesse ny ses subiects y soient tenuz, sinon que par son deffault ou de ses officiers il y eust quelque longueur à l'execution des choses susdictes, auquel cas ledict entretenement à raison de 5 sols par jour sera continué sur ses pays comme dessus.

Ledict sieur des Diguières incontinant après la redition de la ville et chasteau de Chambery s'en ira à Montmellian pour faire sortir en diligence ce qui reste des munitions dans le chasteau, ou l'un desdicts sieurs députez se trouvera, si bon luy semble, pour veoir la diligence qui y sera faicte, en sorte que pour le plus tard ledict chasteau soit rendu à ceulx qui auront charge de son Altesse dans le dernier iour du present mois de mars, selon qu'il a esté promis et accordé par ledict sieur des Diguières; et pour faciliter la sortie desdictes munitions, lesdicts sieurs deputez feront fournir les harnois dont on aura besoing. Les soldats que sadicte Altesse vouldra faire entrer audict chasteau de Montmeillan pour y tenir garnison, pourront passer s'ils viennent de Piemont par la Maurienne iusques à trois ou quatre cens en toute seureté et liberté pour se rendre en ceste place dans ledict iour dernier du present mois.

Pourveoira cependant sadicte Altesse à ce que le fort de Chasteau Dauphin, la Tour du Pont et tout ce qui depend du Dauphiné soit rendu et remis dans le 3e du mois d'apvril es mains de ceux que ledict sieur des Diguières y fera trouver au mesme temps avec charge et pouvoir de luy de les recevoir, dans lequel temps aussy le fort de Béche Daufin sera desmoly et razé suivant ledict traicté. Fera encores sadicte Altesse payer comptant dans le VIII du mois prochain les L^m escus qu'il doibt par le traicté ou donnera bonne et suffisante caution en la ville de Lyon dans ledict 8e d'apvril, de les y faire payer dans le 15e dudict mois es mains du receveur général de Lyon, porteur des blancs du tresorier de l'espargne.

Après les choses susdictes le fort de Charbonnieres, Miolans, la Morienne, la Tarentaize, Barcelonnette, son vicariat, l'Evilles et généralement tout ce qui est tenu et occupé sur son Altesse par le Roy, ses subiects et serviteurs, sera incontinant rendu et remis entre les mains de ceux qui auront charge de les recevoir avec telle sinceritè et diligence que toutes lesdictes reditions seront effectuées dans le 15e dudict mois d'avril. Les tiltres, papiers, comptes et autres enseignements concernans les pays, terres et seigneuries eschangées seront respectivement rendues de bonne foy, suivant le traicté et pourra des à present sa Maiesté retenir ce qui s'en trouvera es archives et chambres des comptes de Chambery, en donnant ung sommaire inventaire d'iceux et descharge aux officiers de sadicte Altesse.

La ratiffication du traicté faict en faveur de Madame la princesse de Conty à la très instante poursuitte du Roy, par ses deputez et ceux de son Altesse, le mesme iour du traicté général, sera envoyée et mise es mains du sieur Savart ayant charge de la recevoir, dans le dernier iour du present mois, lequel sera pour cest effect pres dudict sieur des Diguières. Et dans le mesme temps expédiées et mises es mains dudict sieur des Diguières les lettres patentes en bonne et deue forme qui ont esté promises par le 24e article du traicté en faveur & pour gratiffier les habitans du marquisat de Saluces. Les forces qui ont esté mises ensemble à l'occasion de la presente guerre et y sont encores de present tant en Piedmont qu'ailleurs seront separées et licentiées selon et dans le temps convenu et accordé par ledict traicté.

Sadicte Altesse envoyera ung gentilhomme à sa Maiesté pour se conjouir avec elle de la paix, luy tesmoigner sa bonne volonté et l'asseurer du désir qu'elle a de prester le serment sur l'observation d'iceluy traicté quand il luy plaira ; à quoy sadicte Maiesté apportera très volontiers la mesme affection et luy donnera advis du temps auquel elle envoyera ung gentilhomme pour recevoir son serment et après faire le sien.

Faict à Lyon, le XVIe iour de mars 1601.

MONTMORENCY, LESDIGUIÈRES, DE NEUFVILLE, BRULART DE SILLERY, P. JEANNIN, OCTAVIO TASSONI, FRANCESCO ARCONATO, DE LUSINGE DES ALIMES, BOURSIER.

CDXXIX. 1601 — 20 SEPTEMBRE.

Imprimé : *Lettres et articles envoyés par Pierre Cotton, jésuite, au seigneur des Diguières, avec la réponse dudit seigneur des Diguières* (s. l.) MDCI, p. 3.

A MONSIEUR COTTON [1].

Monsieur, si vous ne m'eussiez escrit je n'eusse pas esté en peine de

[1] Le P. Cotton, confesseur de Henri IV, ayant adressé un mémoire à Lesdiguières pour l'enga- ger à se faire catholique, celui-ci donna à un de ses anciens compagnons d'armes, à la fois mili-

vous respondre, & si je ne vous eusse respondu vous eussiez interprété mon silence à vostre avantage & tenu les poincts de vos lettres pour confessés par moy. Ie suis chrestien par la grâce de Dieu, mais non pas théologien; ma profession ne m'ayant pas tant permis d'heur que de profonder aux secrets de ceste saincte science. Partant ce n'est de moy que vous recevez response à vos articles, mais d'un mien ami lequel ayant leu ce que vous m'avez envoyé s'est voulu esbattre parmi ses occupations ordinaires à remarquer en vos escrits ce que sa mémoire lui a suggéré des estudes ausquels il s'est autrefois appliqué. Vous pourrez voir ce qu'il a faict & serez adverti & certorié de ma part que je l'advoue & tien pour orthodoxe, estant aussi prest de le ratifier de mon sang que je l'ay affectionnement signé de ma main. Que si par dessus le subject de vos escrits vous y trouvez quelque chose qui vous mescontente, prenez vous en à vous mesmes qui en estes la seule cause & effacez l'opinion que vous n'avez deu & avez peu mais en vain concevoir de moy, comme d'un homme flottant en incertitude, & par cy après espargnez-vous & moy de pareils labeurs. Car je croy asseurément que je suis en la vraye église marquée de ses marques infaillibles de la pure doctrine & de la pure administration des saincts sacrements, résolu que je suis d'y vivre & mourir moyennant la grace de celuy en qui je croy & persuadé que hors icelle nul ne peut avoir salut. Ie desire le vostre & desire aussi que vous me croyez, Monsieur,

Vostre bien humble à vous faire service.

LESDIGUIÈRES.

De Grenoble, ce 20 septembre 1601.

taire et théologien, dont le nom n'est pas connu, mais qui prend le pseudonyme de Chrestien Constant, la mission de lui répondre. L'écrivain protestant plaça en tête de son volume, qui est de la plus grande rareté, la lettre de Lesdiguières au P. Cotton, destinée à expliquer la publication de son traité.

CDXXX. 1607 — 12 Août.

Orig. — Arch. de la Drôme, E, 3672.

[A MESSIEURS LES CONSULS DE ROMANS.]

Messieurs les consuls de Romans, j'ay besoin de quelque quantité de borneaux pour une fontaine que je fay conduire en ceste ville, et ne se trouvant point de terre plus pres d'icy ny plus commode qu'en vos cartiers, j'envoye ce maistre expressement pour voyr le lieu ou il la trouvera meilleure affin de mettre les mains à ceste besoigne Je vous prye luy donner toute l'assistance qui vous sera possible et que vous jugerez luy estre necessaire, et en tous les endroitz ou je vous pourray servir je le feray avec non moins d'affection que j'ay de desir de demeurer, Messieurs les consuls de Romans,

Vostre humble ami à vous servir.

LESDIGUIÈRES.

Ce XII aoust 1607, à Grenoble.

CDXXXI. 1609 — Mai.

Autog. — A M. Accarias, à Grenoble.

A MONSIEUR, MONSIEUR LE JUGE DE DYE.

Monsieur, je vous depeche espres le sieur Marseille pour vous porter le reiglement fait par la Cour sur la recherche des usures, dont sa Magesté vous adresse et à Messieurs vos compagnons aus autres siéges la commission, affin qu'au jour que vous prendrés aveq luy vous puissiés commenser à y travailler, comme je vous en suplie, et d'i apporter toute la dilligence requise selon l'intention de sa Magesté. Je veus croire que ladite comission estant plaine de justice, joint à la recomandation que je vous en fais, pour l'intérest particullier que je y ay, et que ledict sieur Marceille vous fera entendre, vous doura subject de fere de vostre cousté tout ce que le devoir de vostre charge vous obligé. Vous apprendres par le sieur Marceille, ce que est du reste de nos intantions sur ce subject, et adjouteres foy & croyance sur ce qu'il vous dira de ma part, comme je vous en prie, et demeure, Monsieur,

  Vostre bien humble pour vous fere service.

                 LESDIGUIÈRES.

May 1609, à Grenoble.

CDXXXII.   1610 — 25 AVRIL.

Cop. — B. N. MS. Brienne, vol. 81, p. 292.

TRAITÉ DE BRUSOL ACCORDÉ ENTRE LE ROY HENRI IIII PAR LE MARESCHAL DES DIGUIÈRES ET LE SIEUR DE BULLION, D'UNE PART, & LE DUC EMMANUEL DE SAVOYE, CONCERNANT LA LIGUE ET CONFÉDÉRATION OFFENSIVE ET DEFFENSIVE, DU 25 AVRIL 1610[1].

Comme ainsy soit que par ci devant il y aye eu plusieurs traictés entre les roys de France & ducz de Savoye pour le bien, avantage et seureté de leurs royaumes et estats et que maintenant il aye esté reconnu entre tres haut, très puissant et très excellent prince Henry IIIe, roy de France et de Navarre, et trés haut et très puissant prince Charles Emmanuel, duc de Savoie, prince de Piedmont, du traicté de mariage de Madame Elisabeth, fille aisnée dudict seigneur roy de France & de Monseigneur le prince de Piedmont, fils aisné dudict seigneur Duc, pour tesmoigner par sa Maiesté très chrestienne qu'il affectionnait la prosperité de la grandeur de la maison de son Altesse et de la sienne et mesme pour affermir davantage de part et d'autre la bonne amitye et voysinance qui doit estre entre lesdicts seigneurs Roy et Duc, auroit esté advisé sur les occurances presentes de traicter une ligue offensive et deffensive entre sadicte Maiesté et sadicte Altesse; à ceste cause il auroyt pleu à sa Maiesté commander au seigneur de Lesdiguières, mareschal de France, et au sieur de

---

[1] Henri IV, on le sait, se préparait, lorsque la mort le surprit, à attaquer l'Espagne et la maison d'Autriche : il avait fait des armements formidables à cet effet et des traités avec beaucoup de princes pour les attirer dans son parti. Lesdiguières avait été le négoctateur des traités avec la Savoie et il devait commander l'armée qui devait envahir le Milanais.

Bulion, conseiller en son Conseil d'estat, de venir trouver son Altesse pour s'aboucher et deliberer avec luy ce qu'il convenoit pour tel effet, suivant quoy les presents articles sont esté accordez entre sadicte Altesse et ledict sieur Mareschal & ledict sieur de Bullion, le tout sous le bon plaisir de sa Maiesté avec promesse de le faire ratiffier à sa Maiesté dans un mois.

Premierement, les preceddans traittez et confédérations qui sont encores de present en vigueur entre le Roy et son Altesse demeureront confirmés en leur premiere force et vertus et ne seront tenus pour revoquês en quelque sorte que ce soit, sinon en tant que par le present traicté il y pouroit estre dérogé ou innové.

Cette confederation sera offensive et deffensive entre le Roy et le Duc, leur royaume, pais et estats contre tous roys, princes, sans nul excepter, mesme contre le roy d'Espagne, ses royaumes et pais, et durera ladicte confédération pendant la vie desdicts seigneurs Roy et Duc et leurs enfans, et quatre ans après le decedz du dernier desdicts enfans.

A ladicte ligue et confédération seront invitez par sa Maiesté et son Altesse tous autres princes & estats ausquels il importe de conserver la liberté de l'église, du Saint-Siége apostolicque, de toute la chrestienté et particullierement de l'Italie, et par ce moien empescher les desseings du roy d'Espagne et entreprises contre ses voysins; et pour cet effet seront dépeschés par le Roy et le Duc, ambassadeurs à autant de princes & estats qu'ils estimeront à propos pour les persuader de venir en ladicte confédération, sans toutesfois y comprendre ceux contre lesquels sa Maiesté et son Altesse peuvent avoir action de querelle, pour quelques considérations et pretentions qui puissent estre de part et d'autre; et le plus tost que commodement faire se pourra on dressera une armée composée de forces communes, tant du Roy que du Duc que des autres princes et estatz qui entreront en ladicte confederation pour courir sus audict roy d'Espagne et à ses royaumes, pais, estats quels qu'ils soient, mesmes au duché de Milan, suivant ce qu'il a pleu particullierement accorder par sa Maiesté à sadicte Altesse sur le faict des entreprises, et sans que pendant ladicte guerre de Milan son Altesse soyt tenue de fournir gens de guerre ailleurs que dudict costé de Milan.

Ledict seigneur Roy et Duc ne pourront traicter aucune paix ny tresve avec ledict roy d'Espagne, ses lieutenans et cappitaines, sans le consantement l'un de l'aultre, lequel consantement sera auctorizé par leurs signatures de la propre main dudict seigneur Roy et dudict sieur Duc.

En cas de guerre offensive entreprise par ledist sieur Roy du consantement dudict Duc, ledict sieur Duc fournira quatre cens chevaux et deux mil hommes de pied pour estre employez au service dudict seigneur Roy tant et sy longuement qu'il luy plaira et en cas que ledict seigneur Roy aye guerre deffensive, ledict sieur Duc fournira pareil nombre de gens de guerre.

Comme aussy sy ledict Duc entreprend de son costé guerre offensive, sa Maiesté luy fournira de XII cens chevaux & neuf mil hommes de pied pourveu qu'icelle guerre soyt entreprise du consantement dudict seigneur Roy, et en cas de deffensive sera fourny pareil nombre; et sy la guerre s'entreprend par l'un desdicts princes sans le consantement de l'un et l'aultre, sera fourny de part et d'autre la moictye moins du nombre de gens de guerre cy dessus speciffié, et sera faict estat de la solde et appoinctement des gens de guerre qui seront fournis tant de part que d'autre, avec le mesme ordre et forme qu'il à accoustumé d'estre convenu en pareil traictez.

Lesdicts seigneurs Roy et Duc promettent reciproquement que sy l'un d'eux a affaire d'armes, pouldres et canons ou autres monitions de guerre, qu'on les pourra achepter & transporter, dont néanmoings il faudra prendre passeport de sa Maiesté & de son Altesse ou de leurs lieutenants généraux.

Promettent de bonne foy lesdicts seigneurs Roy et Duc en parolles de princes de ne se désunir & separer à l'avenir en quelque maniere et fasson que ce soyt au prejudice l'un de l'autre.

En foy de quoy le present traitté a esté signé par son Altesse et ledict sieur Mareschal et dudict sieur de Bullion, pour tesmoignage de ce que dessus.

Faict à Brusol, le XXVe avril 1610.

EMMANUEL,   LESDIGUIERES,   BULLION [1].

Par commandement,

(*Sceaux.*)   TRILLONS.

---

[1] Bullion, avant de partir pour conférer avec le duc de Savoie, avait reçu de Henri IV des instruc- tions dont il existe une copie à la Bibl. nat. MS. Brienne, vol. 81, p. 249), sous le titre

CDXXXIII. 1610 — 25 Avril.

Cop. — B. N. MS. Brienne, vol. 81, p. 301.

ARTICLES DU TRAITÉ DE BRUSOL ACCORDEZ ENTRE LE ROY HENRY IV PAR LE SIEUR DE BULLION ET SON ALTESSE DE SAVOYE, CONCERNANT LA GUERRE QUI SE DEVOIT FAIRE SUR LE DUCHÉ DE MILAN, DU 25 AVRIL 1610.

Il auroit pleu à sa Maiesté d'envoyer vers son Altesse le sieur de Bullion, conseiller en son Conseil d'estat, pour faire entendre à sadicte Altesse les intentions de sa Maiesté sur les articles propres au faict de la guerre; et ayant veu sa Maiesté ses reponces, les avoir aprouvées suivant ce que plus particulierement Monsieur le marechal Lesdiguieres devoyt faire entendre à son Altesse et pour cet effet, mondict sieur le Mareschal s'estant acheminé vers son Altesse à Brusol, auroyt paict entendre à sadicte Altesse la continuation de l'affection et bonne vollonté de sa Maiesté envers elle & ses enfants, et que sa Maiesté se servant de l'affaire de Cleves[1] faisoit estat d'estre dans son armée au moys de may prochain; et que comme le roy d'Espagne assiste le party contraire, sa Maiesté a résolu avoir guerre contre luy.

Et parce que son Altesse auroit déclaré au Roy qu'elle estimoit à propos d'avancer l'exécution des entreprises, monsieur le Mareschal auroyt declaré à son Altesse avoir commandement de sa Maiesté de resouldre toutes choses nécessaires à cet effet; sur quoy auroient eu plusieurs conferances sadicte Altesse et ledict sieur Mareschal & icelles entreprinses reconnues et jugées faisables, auroit ladicte Altesse declaré

---

d'*Articles sur lesquels le Roy a déclaré son intention, pour servir d'instruction et commandement au sieur de Bullion, conseiller de sa Magesté en son conseil d'estat, allant trouver le sieur de Lesdiguières, maréchal de France, et avec luy ou sans luy, monsieur le duc de Savoye pour le service de sa Magesté.* (29 mars 1610).

[1] Le prétexte de la guerre générale qui allait éclater était la succession de Jean-Guillaume, duc de Clèves, Berg et Juliers, mort sans postérité, le 25 mars 1609. Quatre concurrents se disputaient son héritage, trois s'en remirent à une médiation et furent soutenus par la France; un autre, aidé par l'Autriche, s'empara avec violence du pays de Juliers. Les hostilités commencérent aussitôt.

voulloir de sa part emploier pour parvenir à la conqueste du duché de Milan, quatorze mil hommes de pied, mil maistres gens de cheval, et mil arquebusiers à cheval. Et par mondict sieur le Mareschal auroyt esté dict que sa Maiesté pour parvenir à icelle exécution avoyt donné charge d'offrir à sadicte Altesse douze cens maistres gens de cheval, quatre cens carabins et XIIII mil hommes de pied, iceux paiés & maintenus aux despens de sadicte Maiesté, et auroyt sadicte Altesse faict instance qu'il n'estoit à propos de tenter ladicte exécution d'icelle entreprinse, que la plus grande partye, voire toutes les forces de sadicte Maiesté ne fussent passées dela les monts & la conduicte des gens de guerre & la forme de l'exécution desdictes entreprinses résolue entre son Altesse et ledict sieur Mareschal.

Et pour ce qui est des canons, poudres, balles et chevaux d'artillerye a esté convenu qu'il sera fourny par sadicte Altesse XXX pieces de canons aux dépens de sadicte Altesse, et de la part de sadicte Maiesté seront fournis dix canons avec l'attiral aux despens de sadicte Maiesté. Comme aussy de XXX mille balles et de la pouldre le plus que faire se pourra pour tirer jusques à ving mil coups et pour les autres vingt pieces son Altesse les fournira, à la charge qu'on s'aidera de l'attirail desdicts vingt canons cy dessus speciffiez tant du Roy que de sadicte Altesse.

Et parce que par la traicté du 7 janvier 1610 il avoit esté dict expressement qu'il estoit nécessaire de convenir du proffit et seureté de la guerre, et sur la declaration faicte au nom de sa Maiesté par ledict sieur Mareschal, de la recompense que demandoit sa Maiesté du duché de Savoye au lieu de la conqueste de celuy de Milan pour lequel le Roy emploioit ses forces et moiens, son Altesse, persistant en la premiere reponce cy devant faicte au mois de decembre dernier, seroit néanmoins demeuré d'accord que lorsqu'elle sera en possession de la ville et chasteau du duché de Milan elle fera remettre es mains d'un gentilhomme duquel sa Maiesté et son Altesse conviendront toutte la forteresse entiere du fort et chasteau de Montmellian, pour le faire demolir et raser incontinant. Bien entendu que la conqueste entiere dudict duché de Milan demeure au proffict de son Altesse.

Et quant à la seureté demandée par ledict sieur Mareschal de la part du Roy à son Altesse, mettant en avant que comme les choses humaines sont suiettes à variation et changement par mort ou autrement, n'estant raisonnable que les forces de sa Maiesté dépendent entierement de la fortune & du hazard, avoyt esté faicte instance de mettre en dépost la ville et chasteau de Pignerol, en donnant de part et d'autre des suretés et promesses necessaires; sur quoy auroyt esté dict par son Altesse qu'elle supplye le Roy de se contanter des offres cy devant faictes touchant un ou deux domestiques et les princes ses enfants, & mesme, attendu la ligue offensive et deffensive accordée entre le Roy et son Altesse, estime qu'il est raisonnable que sa Maiesté se contante que pour retraite & commodité des trouppes qu'envoiera sadicte Maiesté que Valence & Alexandrie, ou deux autres de pareille qualité cy ces deux n'estoient prinses, provenant de ladicte conqueste dudict duché de Milan, soient laissées en depost es mains des gens de guerre de sa Maiesté, catholiques romains, et qu'ausditctes villes ne se fera exercice d'autre religion que romaine, demeurant aussy à sadicte Altesse la souveraineté d'icelles en tous les revenus, & lesquelles seront remises à son Altesse lorsque la guerre du duché de Milan sera finie ou lorsque les gens de guerre de sa Maiesté se retireront hors du duché de Milan. En outre est accordé entre son Altesse & mondict seigneur le Mareschal que Son Altesse dans la fin du moys prochain fera partir ses ambassadeurs pour se rendre vers le Roy au XXV du moys de juing prochain pour passer le contract autentique du mariage de Madame avec Monsieur le prince de Piedmont.

Faict à Brusol, le XXV avril 1610.

EMMANUEL.   LESDIGUIÈRES.

Par commandement de Monseigneur,

(*Sceau.*)   TRILLONS.

CDXXXIV.   1610 — Avril.

Cop. — B. N. MS. Brienne, vol. 81, p. 263.

MÉMOIRE SUR LA NÉGOCIATION DE SAVOYE POUR LES PASSAGES D'ITALIE DU COSTÉ DU PIEDMONT, ESCRIT DE LA MAIN DE MONSIEUR DES DIGUIÈRES.

Fault que Monsieur de Bullion se souvienne, s'il luy plaist, de faire donner noz lettres à Messieurs de..........de Perullane et d'Escures, pour aussitost que le Roy aura approuvé nostre negociation les faire avertir afin que leurs compagnies soient prestes à marcher à la fin de may, et aussi que Monsieur d'Escures face partir ses deux frères et non davantage pour servir en l'armée du Roy avec........ fourriers, car le reste nous avons proveu de deca.

Il fault aussi scavoir l'ordre des mareschaulx de camp de l'armée du Roy à cause du diferent qui est entre Messieurs de Morges et d'Oriac. Il fault aussi faire venir ce mareschal de logis du Roy duquel Monsieur de Villeroy a parlé.

Parler au Roy des François que son Altesse veult employer en son armée et notamment du conte de la Roche, qu'il semble qu'il n'est que bon que sa Maiesté l'aprouve, car tant plus il y aura des François en ces trouppes, tant plus il se fera de bons soldats et cappitaines, et nous qui servirons le Roy en serons soulagé de beaucoup.

Fault aussi bailler noz lettres à Anchis, controlleur chez la Royne, afin qu'en diligence il les face tenir à son frere en Hollande, et luy faire bailler les cinquante escus que Monsieur de la Mothe a baillé par mon ordonnance. Il fault scavoir si ledict Anchis va à Lion, en ce cas luy fauldroit bailler les lettres et l'argent. Fault avoir des lettres du Roy pour faire que ledict Anchis soit mandé de deca et qu'il ayt congé pour six mois pour servir en l'armée du Roy. Il en fault aux Estatz et au prince Maurice pour permettre la sortie d'armes et quelques maistres de gallere et autres que ledict Anchis doibt conduire avec luy. Fault bailler la lettre que j'escris au coronel Bethune afin qu'il escrive qu'on luy permette de venir.

Pour les dix canons qu'il nous fault, il les fault prendre à Lyon, car en Dauphiné n'y en a pas ung propre pour passer les montz, estans trop pesans et non du calibre de France ; on pourra prendre de ceux la pour les conduire à Lion et les faire refondre pour remplacer ceux qu'on prendra. Il les fault faire monter à double et avoir tous les autres engins necessaires pour la conduicte du canon, à quoy le sieur de Chateauvieux tiendra la main.

Se fault souvenir d'avoir Binni et Bonfons pour servir six mois à l'armée et les autres six mois aux fortifications qu'ilz ont en charge; on ne s'en peult passer car il fauldra assieger places, en fortifier et faire autres progrés en la negociation [desquels] sont fort necessaires. Il fault se souvenir du faict de Monsieur des Crottes et luy faire avoir du Roy le plus qu'on pourra du pais de Provence ; fault aussi obtenir que le Roy donne une monstre pour la levée de la cavalerie, car autrement il sera mal aysé de le pouvoir faire.

Se souviendront aussi du diferant qui est entre Messieurs de Morges et d'Oriac, ledict sieur de Morges veult bien exercer la charge en concurrence avec luy, mais il veult qu'il accorde qu'il est plus vieux en la charge et par consequent que l'ancienneté luy appartient : Monsieur d'Oriac replique au contraire comme Messieurs de Crequy et de Bulion scavent; il est necessaire que le Roy en déclare sa volonté et le meilleur seroit de mander Monsieur d'Oriac aux Grisons, s'il fault y mander quelqu'un.

Il faut faire comprendre au Roy que Pignerol ne nous donneroit plus de passage pour nous retirer, car en despit des ennemis nous avons celuy de Pignerol et des Portes qui est le mesme, celuy de Saint Germain, de Lucerne, la Perouze et celuy de Chasteau-Daulphin et sa vallée, celuy de Suze par Meane. Il est donc plus utile pour le Roy d'avoir lesdictes places de Lombardie qui nous donnent le passage du Taver et du Tezin et du Po, encores plus d'avantage et de seureté s'il arrivoit rupture, car les ennemis pourront beaucoup faire de dommage aux François depuis la Lombardie jusques aux frontieres de Piedmont ; en ayant des places en Lombardie, ils prendront leur temps puisque les passages ne leur peuvent estre fermés Ces raisons sont assez fortes pour faire juger au Roy l'advantage qu'il en reçoit.

Se souviendront de dire au Roy que tous les principaux chefz de l'armée du Roy condamnent Monsieur d'Oriac de son opiniastreté de ce qu'il ne confesse une chose très veritable ; pour moy je le condamne aussi puisque Monsieur de Morges veult exercer la charge en concurrence avec luy et comme avec son frere, et qu'il ne veult que l'ancienneté, y ayant quinze années qu'il exerce la charge[1].

CDXXXV.   1610 — 8 Mai.

Autog. — Autrefois à M. Feuillet de Conches.
Publiée fac similé. — Isographie.

AU ROY.

Sire, j'ay receu celle qu'il a pleu à votre Majesté m'escrire du quatriesme de ce moys par laquelle elle me comande de surcoir l'exécution des entreprinses que i'aye nouveau commandement[2], ce que ie ferei puis qu'ainsi il vous plet ; mais de surcoir les levées de gens de pied et de cheval ie ne puis sans ruiner entierement toutes les afferes qui regardent votre service, car de contremander les capitaines, si vous en aviés après besoing vous n'en pourriés aveoir ; les ungs sont desia à la frontiere et les autres prests à marcher au premier mandement. Il est donc plus que necessere que votre Majesté me donne des commandemants après avoir ouy Messieurs de Crequi et de Bullon et aussi comme ie me doibs conduire pour satisfere l'esprit de son Altesse de Savoie. J'ay estimé que cest affere méritoit de vous dépecher ce courrier en dilligence affin qu'au plustost ie puisse scavoir voz vollontés et commandemants ausquels ie me randrois toute ma vie très obeissant. Sur ce ie prie Dieu, Sire, qu'il doint à votre Magesté longue et heureuse vie.

C'est de Vizille, le 8 may 1610.

Vostre très humble, très obeissant, très fidelle suget et plus obligé serviteur.

Lesdiguières.

[1] Ce document n'est pas daté, mais il a été écrit par Lesdiguières pour être emporté par Bullion quand il reprit le chemin de Paris, c'est-à-dire à la fin d'avril.

[2] Henri IV, avant de se mettre à la tête de ses troupes, avait eu quelques hésitations : le pape et plusieurs princes étrangers, pour éviter une guerre désastreuse, avaient tenté de proposer leur médiation. L'ordre de suspendre sa marche en avant qui avait été donné à Lesdiguières était la conséquence de cet état de choses.

CDXXXVI. 1610 — 18 Mai.

Orig. — Arch. munic. de Valence.

[AUX CONSULS DE VALENCE.]

Messieurs les consuls de Vallance, je ne fay point de doute qu'avant la reception de ceste-cy vous n'ayez sceu le malheureux assassinat perpetré en la personne du Roy par un Vallon de nation le XIIIIe de ce moys[1]; ceste perte est la plus grande que nous pouvyons faire, à laquelle toutesfois il se faut resoudre puisque le ciel le veut ainsi, et penser tous les bons Francois à se réunir & reioindre pour le service et fidélité que nous devons au nouveau Roy, à la Royne sa mère, et à la maintenue de cest estat. Je m'asseure que comme gens de bien vous contiendrez toutes choses en leur devoyr dans votre ville et que vous ferez en cela ce qui vous sera ordonné par monsieur du Passage, mesmes en ce qui regarde la réparation de vos murailles, s'il y a quelque bresche, des corps de garde et pont levis, qui sont les choses les plus necessaires pour votre conservation. Tenez y donc la main, et à la continuation de la tranquilité, si vous désirez que je demeure comme je suis véritablement, Messieurs les consuls de Vallance,

Vostre humble voizin à vous servir.

LESDIGUIÈRES.

Ce XVIIIe may 1610, à Grenoble.

CDXXXVII. 1613 — 10 Juin.

Orig. — Bibl. de Grenoble, *Documents originaux sur le Dauphiné*, vol. 2, p. 208.

MÉMOIRE DU VOYAGE FAIT PAR LE SIEUR DE LA MORTE EN L'ANNÉE 1613 DE LA PART DU SEIGNEUR MARESCHAL DES DIGUIÈRES, PAR DEVERS LA ROYNE RÉGENTE POUR LE SECOURS DU DUC DE MANTOUE, OPPRESSÉ PAR LES ARMES DE CELLUY DE SAVOYE.

Le sieur de La Morte envoyé par Monsieur le maréchal des Di-

---

[1] Ravaillac, assassin de Henri IV, n'était pas de Vallon, mais d'Angoulème, et il commit son crime non le 14, mais le 13 mai 1610.

guières vers la Royne, representera à sa Majesté qu'il luy a proposé, par la créance et preceddens mémoires commis au sieur de Bullion, ce qu'il a jugé et creu estre necessaire pour bien servir au secours du duc de Mantoue oppressé par les armes de celluy de Savoye, et toutesfois, il se voit que sa Majesté en accordant et resolvant la mesme proposition par le nombre d'hommes, elle les veult donner audit sieur Mareschal aultres et par aultre ordre qu'il ne les a demandez

Il ne faict point de doubte de la fidellité ny de la vaillance des maistres de camps et cappitaines que sa Majesté nomme et destine pour ce secours, mais n'ayant pas autant de créance d'eulx, qu'il en a de ceulx qu'il avoit proposez à sa Majesté, il doubte ne pouvoir aussy absolument disposer de ceulx là que de ceulx-cy, et l'action qui se présente estant d'une suite fort importante à la reputation de la France et à l'honneur dudit sieur Mareschal, il désireroit, pour en bien répondre, avoir des hommes qui fussent inséparablement attachez à luy pour une chaine invisible, dont l'étoffe est l'affection, comme seroient ceulx qu'il a demandé, lesquels il cognoist et ils le cognoyssent aussi, en sorte qu'ils demeureroient toujours en un corps sans s'en séparer, si ce n'estoit pas ses commandemens, ce qu'il ne se pourroit pas promettre des aultres.

Sa demande estoit fondée sur cette considération, mais pour donner lieu aux volontez de sa Majesté, il la supplie tres humblement de luy accorder que des deux mil hommes accordez au comte de Sault, il en ayt la moityé en dix enseignes et l'autre moityé soit donnée au sieur de Saint-Juers, neveu dudict sieur Maréschal. Que des deux mil hommes donnez au sieur d'Ornano, il en ayt aussy la moitye et l'aultre soit donnée au sieur de Montbrun. Que des deux mil hommes donnez au sieur d'Arembures, il en soit donné la moitye au sieur marquis de Bressieux et l'aultre moitye au sieur de Bonne. Que Monsieur de Chappes demeure pour les deux mil hommes qui luy sont commis en charge. Monsieur le vicomte de Portes pour les mil hommes dont son régiment est composé. Monsieur de Chambaud aussy pour semblable nombre.

Quant aux deux mil Suisses c'est une trouppe necessaire à l'armée de leurs Majestés, laquelle faict en tout douze mil hommes de pied.

Et sur la difficulté qui se pourroit faire de séparer deux mil hommes en deux régimens, le dict sieur Mareschal faict voir par l'estat que ledict sieur de la Morte porte que les fraiz n'en sont de guères augmentez et la seurté en est plus grande, car il n'y a point de doubte qu'un maistre de camp avec dix cappitaines, conduisent mieux mil hommes que deux mil, et puis c'est la vérité, que tant plus il y a de cappitaines en une armée, plus elle est forte et puissante, car ce sont gens que l'honneur et la valeur joints ensemble, portent courageusement et oppiniatrement au combat.

Que s'il eust pleu à sa Majesté vouloir donner aux sieurs de Gordes, de Charpey, de Blacons et de Verdoin chacun un régiment de dix enseignes, la partye en eust esté plus forte, et sans affoiblir l'armée on eust laissé une partye desdicts régimens sur la frontière de Barraux, Grenoble, Exilles, et Chateau-Dauphin pour éviter les diversions du duc de Savoye; sa Majesté sera suppliée d'y faire consideration.

Pour la cavallerie, ledict sieur Mareschal a bien sceu que sa Majesté veult faire servir celle qui est entretenue, mais il desire scavoir quelle et quel nombre elle sera, et oultre ce nombre il demande cinquante gentilzhommes entretenuz et payez pour demeurer auprès de luy, et loger en son quartier. Et parce que les sieurs d'Auriac et de Morges doivent servir en l'armée comme mareschaux de camp il ne leur peult estre moins donné de chacun cinquante maistres, ce que ledict sieur Mareschal désire et demande très humblement à sa Majesté, comme aussy d'avoir à ladicte armée quatre cens carabins qui y sont en tout et partout necessaires et dont on ne se peult passer.

Quant aux fraiz de l'artillerie Monsieur le Grand Maistre en donnera estat, mays s'ilz excedent XV mil escus par moys, les cent mil escuz qu'on demande par chacun moys ne peuvent suffire à l'entretien de l'armée.

Et pour la dépense des vivres, il en a este faict un project comme aussy des gaiges des officiers et partyes inopinées.

Pour donner ordre à ces premiers fraiz comme équipage d'artillerie, munitions, vivres et aux levées nouvelles, affin de les rendre prestes à marcher, il fault 11^m ecus contens, et quand l'armée sera sur piedz....mil en deniers clairs et contens tous les moys pour faire les prestz, en attendant l'assignation pour les monstres qui se feront de temps en temps tel qu'il sera avisé.

Supplie enfin, le dit sieur Mareschal sa Majesté, de ne point permettre que les trouppes que levera ou conduira Monsieur de Guise ayent ny quartier ny passage par le Daulphiné, qui a desja souffert les deux mil hommes commis au sieur du Bourg, mais qu'elles passent sur la lisière du Vivaretz le long du Rosne, où Monsieur de Guise passa ce qu'il avoit, lorsqu'il alla se mettre en possession du gouvernement de Provence, et ainsy le pays de Daulphiné suportera mieulx la despence des levées que sa Majesté y fera faire pour l'armée qu'il luy plaist commettre audict sieur Mareschal et les passages ordinaires qu'il conviendra faire par ladicte province.

Faict à Grenoble, le Xe jour de juin l'an mil six cens treize.

LESDIGUIÈRES.

TONNARD.

CDXXXVIII. 1615 -- 14 AVRIL.

Orig. — A M. Roman, à Gap (Hautes-Alpes).

A BEAUFORT, SOLDAT DE MES GARDES.

Beaufort, les consulz de la ville de Vienne m'ont asseuré qu'ilz ne manqueront de fére réparer leurs chemins aux lieux ou il sont obligez, et que vous leur marquerez. C'est pourquoy ne faites faute de partir de chez eux, sans leur faire de la despence, et travaillez au surplus de vostre commission. Ce que me promettant de vous, je demeure

Vostre entier et parfet ami.

LESDIGUIÈRES.

A Grenoble, le XIIIIe avril 1615[1].

---

[1] Il existe aux archives municipales de Vienne une ordonnance de Lesdiguières du 23 mars 1615 prescrivant aux consuls de Vienne de faire réparer les chemins depuis leur ville jusqu'à Lyon et investissant Pierre de Beaufort de la surveillance de ces travaux. Cette ordonnance est contresignée Gillart.

CDXXXIX.   1622 — 26 Mars.

Imprimé : *Advis de monsieur le mareschal des Diguières aux rebelles et partialistes de Montauban, Languedoc, Vivarets & la Rochelle, du 26 mars 1622.* Paris, G. Drouot, MDCXXII.

[AUX REBELLES DE MONTAUBAN, LANGUEDOC ET LA ROCHELLE]

Messieurs, mon nom vous sera peut estre suspect pour n'avoir voulu tremper dans les mesmes revoltes ou vostre rebellion vous a submergez depuis dix huict mois; toutefois l'affection que ie vous ay tousiours tesmoignée & le soing que i'ay eu de vous depuis cinquante ans, le service du Roy sauve, donnera peut estre quelque force à mes remonstrances qui ne buttent qu'à vostre bien & au soustien de vos affaires. Vous scavez combien ie me suis senty offensé de l'assassinat de Monsieur du Cros qui a esté traittrement traitté à Montpellier; vous ne pouvez ignorer combien ceste mort m'a apporté de tristesse, voyant que cest homme que i'honnorois fort & que ie tenois en grande estime parmy nous avoit esté ainsi cruellement occis. Cela toutefois ne me peut enflammer tellement au couroux, que l'affection que ie vous porte n'ait laissé quelque tendresse en mon cœur pour vous donner les advis qu'un amy peut donner à celuy qu'il cherit. Ce n'est pas auiourd'huy que ie vous ay fait preuve de l'amitié que ie vous ay consacrée; le regne heureux de Henry le Grand en porte des marques plus qu'admirables sur le front. Je vous fis les mesmes remonstrances l'an passé, croiant pouvoir brider ce cheval de rebellion qui s'estoit eschappé parmy vous, mais comme il escumoit desia de rage & qu'il avoit franchi ceste malheureuse resolution d'entrer en ceste carriere de revolte pour courre la bague de mutinerie, aussi ne le peus-ie iamais retenir, tant la gangrène s'estoit desia insinuée dans ce corps cachosime. Vous avez veu avec combien de regrets i'ay veu vos villes renversées par ceste seule faulte & combien il eut esté plus expédient d'ouvrir les portes à ce grand Roy dont la iustice anime le courage, que d'attendre la fureur de son courroux qui ne s'esclattera enfin qu'à la ruine de ceux qui partialisent avec vous. Je me suis employé cent fois pour vous prattiquer une paix, mais le iuste armement du Roy, l'authorité qu'il a sur ces villes, la puissance de son bras foudroiant qui moissone desja des triomphes qui ne trouveront jamais des lauriers assez verts par les couronnes, bref ces iustes demandes m'ont autant de fois fermé la bouche que i'avais la langue sur les levres pour en parler. Chacun scait que le Roy ne veut aucunement troubler le repos de nos eglises, ny mettre en debat vos consciences, mais sa iustice veut estre satisfaicte d'une infinité d'opprobres & de mutineries qui se sont soullevées parmy vous, car ainsi qu'il est le plus iuste Roy de l'univers, aussi veut il que l'equité soit esgalement réverée en son royaume. Ce nom glorieux lui empéche de composer ny de pactionner aucunement avec ceux qui luy sont subalternes & dependans & certes il n'y a nation si barbare par tout l'univers qui approuve les armes que vous levez contre vostre prince très iuste. Pour moy si ma memoire a encore quelque vigueur parmy vous et sy les bienfaitz que je vous ay tesmoignez ne sont encor du tout estins & ensevelis dans l'oubliance, ie vous coniure de rechef & vous prie de vous departir de vos partialitez & de suivre le conseil d'un qui vous est & a tousiours esté très affectionné. Un subjet ne se peut iamais assez humilier devant son prince. Les droits divins & humains requierent & demandent cela de vous; vostre nature propre vous y doit inviter; mieux vaut tard que iamais. Le Roy est si débonnaire que la moindre submission que vous luy ferez, il vous remettra vos fautes; c'est un lion en courage, qui voyant son ennemy à ses pieds se mettre à son devoir, il ne luy touche point; mais si on s'obstine contre luy, il scait bien rompre & renverser toutes les embusches & machines qu'on luy dresse & les faire tourner au desadvantage de ses ennemis. Maintenant qu'il est party de Paris & qu'il s'achemine avec ses troupes pour vous attaquer, vous vous devez conseiller & n'attendre pas qu'il soit devant vos villes pour luy offrir l'entrée. La gloire & l'honneur que vous remporterez sur vous mesmes en luy pliant le genouil sera d'autant plus grande qu'elle sera hastée. Le renom que peut acquerir un subjet quand il se mutine contre son prince est plus grand en s'humiliant généreusement & domptant son orgueil propre, que de contester & s'opposer droictement à son Roy. Porus, roy des Indes, eut plus d'honneur d'avoir porté les clefs de sa ville au grand Alexandre que s'il se fust en vain bastionné contre luy. Si la clemence, la bonté & la douceur du Roy n'est capable de vous ramener au vray chemin & que cette piété naturelle qu'elle a pour ses fiers sujets n'est

suffisante d'attirrer un courage à son service que ses armes au moins
& ses puissances (forces qui semblent desia foudroyer sur vous) vous
puissent esmouvoir; que son authorité puissante, que ses troupes gé-
néreuses, que son sceptre glorieux & florissant serve d'aimant pour
attirer vos cœurs enserrez à son service. Considerez ie vous supplie &
vous remettez en la mémoire ce que ce Roy invincible a pratiqué l'an
passé contre vous; ressouvenez vous des villes & des places qu'il
vous a ravies de vos mains, representez à vostre esprit les forteresses
qu'il vous a fait rendre & apprehendez la fureur de ses armes. Jamais
le tonnere n'esclatte qu'il ne tombe sur les montagnes ou qu'il ne se
darde contre le ciel. Les nues de discorde se creveront enfin à vostre
dam & ces brouillars de rebellion seront dissipés par la chaleur d'un
soleil, j'entends de Loys le Juste qui a tousiours esté nostre protecteur
es affaires ou nous nous sommes humiliez à ses pieds. Vous ne pouves pas dire que vous ne soiez ses sujets, cela est clair. Vous & moy
& tous les Francois luy devons le tribut de l'obeissance, c'est un commandement de Dieu & faut honnorer son prince & ne luy point contester en ses volontez; que si iusques icy vous avez fait montre de vostre
rebellion, faictes paroistre desormais que vous estes vrais serviteurs de
sa Majesté & effacez cette tache de vostre renommée, par une submission volontaire; vous gaignerez plus par douceur que par force. Vous
n'avez aucune occasion de vous mescontenter car depuis que le Roy
est venu à la couronne quels privileges, quels immunitez ou droits
nous ont esté desniez & abolis? Au contraire ne les a-on point veu
augmentez et acreuz de nouveaux édits en nostre faveur. C'est à iniuste tiltre que vous avez entrepris ceste guerre & n'y a personne tant
soit peu zelé au service de sa Majesté qui ne desadvoue vostre rebellion
& ceux mesmes qui versent d'ordinaire avec vous, ils condamnent
vos revoltes comme crimes capitaux contre les loys divines, naturelles
& humaines. Plusieurs séditieux qui n'ont autre envie que debrouiller
& remuer les cartes se sont meslez parmy vous de qui l'absence vous
devroit estre aussi souhaitable que leur presence vous semble promettre de faveurs, & taschent à vous animer contre le Roy afin de pes-
cher en eau trouble avec plus de conduite & ne se servent que de vostre
presence pour authoriser leurs desseins; vous les devez bannir & exi-
ler de vos villes, vous ne verrez la ruine que vous verrez si vous ne prenez autre advis; il ne s'agit pas icy de peu de chose, l'authorité royale

y est la plus interessée. Pour mon regard ce que je vous en remonstre ce n'est que d'une pure et sincère volonté que i'ay de vostre bien ; ie serois marry si ceste rebellion estoit cause de vostre malheur ; ie vous en advertis selon le peu de iugement qui respire encor en mon ame. Quand une heureuse paix vous feroit encore un coup gouster les fruicts de ses faveurs & que vous vous presenteriez au Roy avec les clefs & de vos villes & de vostre cœur, ce ne seroit pas le pis que vous pourriez faire, au contraire, cela vous donneroit plus de repos & en vos affaires & en vostre conscience, puisque le Roy ne veut aucunement alterer ny rompre les édits qu'il a fait en vostre faveur. Vous y penserez. Je prie Dieu qu'il vous esclarcisse davantage & que vous puissiez terminer tout le differend par une longue & heureuse paix. Adieu.

[26 mars 1622.]

[Lesdiguières.][1]

[1] Cette lettre est très suspecte et rentre dans la catégorie de celles adressées à Rohan (p. 367) et à Soubise (p. 408) dont les idées et le style nous paraissent fort différents de ceux de Lesdiguières dans ses lettres authentiques.

DISCOURS DE L'ART MILITAIRE

FAICT PAR MONSIEUR LE MARESCHAL LESDIGUIÈRES[1].

Cop. — B. N. MS. F. 651, p. 1 à 55.

AU ROY.

Sire, il a plu à vostre Maiesté par plusieurs fois me commander de dresser par escript des maximes et advis du maniement de la guerre, et ce qui concerne tant l'estat du général et chefs principaux, que sur tout le debvoir d'un mareschal de camp qui est la plus importante charge de toute une armée ; d'autant que de la dexterité et suffisance d'icelluy deppend de gaigner et de perdre l'advantaige pour le gain d'une bataille; comme au contraire la perte. Mais, Sire, ce n'est sans cause que je redoubte de m'embarquer en ce vostre reiteré com-

---

[1] Ce curieux discours sur l'art militaire a été certainement écrit par Lesdiguières du vivant de Henri IV, auquel l'épitre dédicatoire est adressée; il fut composé, à la sollicitation du roi, probablement pour servir à l'éducation du jeune Dauphin, plus tard Louis XIII. Quoique l'entête donne à l'auteur le titre de maréchal de France, qu'il obtint en 1609 seulement, il est loin d'être certain que cet ouvrage ait été composé dans le courant des années 1609 ou 1610 ; nous ne possédons plus en effet le manuscrit original, mais une copie très postérieure à laquelle on a pu ajouter un titre de fantaisie; on peut affirmer seulement que cet ouvrage date des dernières années du règne de Henri IV. Il est accompagné, dans le vol. 651 des manuscrits français de la Bibl. nat., de plusieurs documents de même nature, traitant de l'artillerie, de l'infanterie, etc., destinés probablement, comme celui dont Lesdiguières est l'auteur, à l'instruction du Dauphin.

Évidemment ce mémoire est sans intérêt au point de vue de l'art militaire actuel et ne vaut que comme curiosité historique, mais même réduit à cette valeur, il mérite d'être lu et doit servir d'appendice obligé à une vie de Lesdiguières, dont il peut expliquer la plupart des succès militaires.

Bayard et Lesdiguières, ces deux illustres Dauphinois, ont puissamment contribué à l'organisation de nos armées nationales : le premier fut, au commencement du XVIe siècle, un des créateurs de l'infanterie française, en consentant, quoique gentilhomme et chevalier, à lever et à conduire en Italie les premières bandes de fantassins français destinées à remplacer les mercenaires Suisses, Italiens et Allemands ; le second, dans la dernière moitié de ce même siècle, fit faire à l'artillerie de campagne de notables progrès, en rendant les canons plus légers et plus maniables, et fut l'un des premiers à vulgariser l'usage des chevau-légers et des arquebusiers à cheval destinés à remplacer la vieille gendarmerie armée de lances qui devait disparaitre devant la précision croissante des armes à feu.

mandement, mesme à l'endroit d'un tel Roy pourveu d'une si grande dexterité d'esprit, d'un si meur et rassis jugement, d'une si longue et fortunée practique et expériance au fait des armes et de la notice de toutes choses, qu'il est en vous de la censurer plustost que d'en tirer soulagement et estime. Mais puique tout ainsy qu'ung maistre d'escolle faict rendre la leçon à son disciple devant luy, vous voulez sonder et faire essay de tout ce que je puis avoir appris de vos si excellents discours, advis et résolutions en tant de stratagèmes, rencontres, batailles, assaults de villes et aultres factions militaires, où vostre Maiesté s'est si souvent trouvée en personne pour y commander avec ung si heureux succès, sacré tesmoing de votre suffisance en ce mestier la, comme vous estes en toutes choses vrayement notre maistre. toutes ces considérations à la vérité, joinct la bassesse de mon stile, plus soldatesque qu'éloquant, sont bien suffisans pour me donner crainte de n'entreprendre de passer oultre. Mais quel de vos plus humbles, obéissants et fidèles serviteurs et subjects pourroit rien refuser à celuy auquel Dieu et la nature n'ont rien desnié, mesme ung si estroictement obligé à son prince et libéral bienfaicteurs lequel oultre m'a daigné tant honorer, priser et estimer que de me départir un commandement digne des plus excellents cappitaines qui scauroient estre. Recevez donques, très grand, très magnifique et très généreux Roy, selon vostre accoustumée bonté, cette marque d'obeissance et non point de présumption, n'ayant regret sinon que les moiens de m'en desmesler ne sont tels et ne correspondent à la volunté et désir que, toute ma vye, j'ay eu et apporteray à l'exécution de vos entiers commandements et fidel acquit de

Vostre serviteur tres humble.

LESDIGUIÈRES.

[PRÉFACE.]

La profession de la guerre est à mon advis la plus haulte et plus dificile de toutes les aultres actions humaines, veu qu'elle traicte et décide des affaires des roys, des estats, des royaumes, des biens, de l'honneur, de la vye d'iceulx et de leurs sujets.

Et par ainsy ce n'est sans grande raison si en ceste occasion on recherche plus grande sagesse, prévoyance et expérience qu'au reste de toutes les actions et déportemens des hommes, et c'est ordinairement ou tombent les grands coups. C'est une action grande en venant au bout, aussy porte elle aux hazards, qu'ordinairement y viennent d'une part et d'aultre, de grands désastres et malheurs qu'importent souvent l'estat d'un royaume.

Voylà pourquoy il fault que les princes et grands cappitaines se monstrent magnanimes, non seulement à exécuter leurs grands desseings et entreprises, mais aussy à la patience des coups de fortune et encores davantage à la ressource. Car si les entreprises estoient taxées de leurs haults desseings, s'il n'en advient comme ils ont prémédité nul ne s'hazarderoit à monstrer sa générosité [1].

Mais en cette action il fault qu'il ayt grand'suitte, que quasi tout le monde le puisse scavoir. Car le malheur d'aujourd'huy est tel que l'ignorant se veult faire accroire qu'il est le plus suffizant, et quelquefois il y a des aultres vieux qui se repaissent de langaige, vous songent la nuict à discourir et raisonner des choses diverses, qui la plus grand'part du temps sont inutiles, et n'apportent aulcun fruict, mais sont souvent très dommageables, d'aultant qu'elles abusent le monde n'ayant aulcun fondement.

Et pour éviter à ce, il fault que le souverain face élection d'un bon chef de guerre qui entende et retienne bien son intention et effectue lesdicts commandements d'icelluy, bien qu'ils soient périlleux et difficiles à accomplir, d'autant que la conformité et désir du général et de ses inférieurs advancent plus heureusement l'effect de leurs desseings, n'y aiant chose si mal aisée que l'homme ne face s'il y est affectionné et résolu.

Toutefois le chef d'une armée ne sçauroit estre trop considérant sur les moiens qu'il doibt tenir pour combattre l'ennemy, ny à mettre en hazard l'armée en laquelle gist la conséquence de l'estat du souverain; car l'excessif désir de gloire et honneur à ung inférieur, est souvent dommageable au souverain. Parquoy fault addresser et combattre l'ennemy avec les advantaiges qui se trouveront à l'assiette du païs, soient des montaignes, rivières, marais ou la campagne.

---

[1] C'est-à-dire peut-être : si toutes les entreprises réussissaient nul n'aurait l'occasion de montrer sa constance dans l'adversité.

A cette ocasion, ne fault donner charge d'une armée, mesme en temps dangereulx, à un chef téméraire ou presumptueux; mais en choisir ung qui soit aussy sage que hardy combattant.

Donc après avoir faict le choix de celuy que l'on veult employer, il fault l'accompaigner de conseil, ayde et secours, pareil à celuy que dessus ou approchant, et après desseigner[1] ce qui appartient au faict de la guerre, dont le plus asseuré fondement est une armée bien dressée et gaillarde. Car c'est elle qui donne l'effect aux entreprises, les nourrit et soustient et revigore les heureux succez que l'on désire, sans laquelle on ne sçauroit faire la guerre qui met fin à toutes les entreprises, dessaings et ruses appartenans au faict militaire. Car ung chacun sçait qu'il fault chasser son ennemy et se déffendre avec les armes.

La prudence, l'argent et aultres nerfs et appareils de la guerre sont nécessaires; si est ce qu'avec le fer et non aultrement on assault, on se déffend et demesle en les affaires de la guerre, lesquelles commencées veulent estre continuées et ce jusques au bout, [par] qui en veult avoir gloire, proufict et honneur.

Et ne veullent point estre meues à demy et poussées avec une espaule comme on dict, mais de tous ses sens, entendement et moiens, aultrement on se perd la réputation, ce qu'on y a mis, et bien souvent c'est la conséquence[2] de l'Estat.

Et pour la fin je diray que souvent on perd ou gaigne par témérité, ou par la nonchalance de l'ennemy, mais on ne s'y conserve pas sans sagesse et prudence.

Et là dessus est à noster qu'une chose d'importance commencée à la haste, sans provision, considération du temps, suitte et aultres appareils, engendre beaucoup de deffaultz.

Car j'ay appris de long temps et veu practiquer par les cappitaines et grands chefs d'armées que, deliberans sur le motif d'une guerre, il fault considérer soigneusement la qualité et condition de celles qu'ils veulent commencer. Car toutes ne sont pas d'un naturel et fault diversifier et procedder selon les humeurs de celuy contre qui l'on a affaire, et selon le lieu, l'estat et le temps.

Car faire la guerre aux Allemants, au Pais bas, à l'Espaignol, à

---

[1] Préparer.   [2] Perte.

l'Italien et à l'Anglais en leurs païs ou aultres, ce sont diverses façons, à quoy il fault user de divers moiens. Comme aussi il fault bien prendre garde à quels chefs vous avez affaire; car si c'est ung téméraire on en peult venir à bout, pourveu que l'on ayt la patience d'attendre en quoy sa témérité le pourra pousser, aultrement il en pourroit mal advenir à ung bon cappitaine s'il n'y regardoit de bien pres et pourroit tumber en inconvéniant. Je diray en passant qu'une chose asseurée est qu'il n'y a rien qui trouble tant ung ennemy que de l'assaillir en son païs et forteresses qu'il tient, car on le met en telles jalousies [1] de tous costés qu'il fauldra qu'il ait quasi autant de forces que son ennemy tiendra de compaignies en son païs, s'il veult garder toutes ses places et païs l'un d'estre pris, l'autre ravagé.

Car assaillir ung ennemy par ung costé, il n'aura qu'à garder deux ou trois places pour amuser l'armée, et assaillant l'ennemy dans son païs, vous vivez partie aux despends d'icelluy et conservez le vostre. Et sur ce chacun de bon jugement sçait qu'il fault préférer les parties certaines à celles qui sont de doubtes et de difficultés.

Sur quoy il se fault donner garde qu'aux conseilz il ne se jette des harangueurs et corraisonneurs, qui sont souvent pleins de choses diverses lesquelles n'apportent aulcun fruict.

Car ung chacun confessera et approuvera, que c'est plus de louange et honneur à un chef de guerre de vaillamment combattre et vaincre son ennemy que de toute aultre chose qui pourroit intervenir ou desseigner.

Et est certain que la guerre et le combat n'est point pasture de gens qui ont crainte et sont timides. Car bien souvent ils ont peur ou il n'y a point d'ocasion, et d'aultre fois ils ne craignent le hazard avec raison, car ils ne le voyent; et venant aux mains et aux combats ils se trouvent en confusion. Ce qu'ils ne feroient pas s'en avoient preveu le hazard en quoy ils sont, pour pourveoir aux remèdes.

Au maniement de la guerre il y a plusieurs reigles qu'il n'est besoin de faire tousjours ou à toute heure et temps, mais c'est au général de l'armée et aux principaulx chefs et mareschaulx de camp de les sçavoir et en disposer et s'en prévaloir selon l'occasion : comme

---

[1] Apréhensions.

de pouvoir poursuivre son ennemy à toute oultrance lorsque la fortune le combat, sans tant de considération.

Est à noster touteffois de ne le poursuivre pas par des voyes incogneues si vous estes dans son pais, et bien que communément on ayt accoustumé de donner conseil aux affaires, à quelques fois il advient, et mesme en guerre civile, qu'il se fault conseiller par l'évenement des affaires qui est la doctrine de tout.

Et pour ce je diray que le conseil d'un chef et non la vigueur et force corporelle, se doibt sur tout considérer; car l'on a acoustumé de tout temps de plus redoubter la sagesse et prudence des conducteurs, que la gaillardise et promptitude de la main, ou souvent s'entremesle de la témérité au malheur du souverain et des combattans.

Je diray que c'est une chose bien dangereuse que d'avoir des soldats inexpérimentés, et davantaige encores des cappitaines et chefs.

Comme aussy de donner charge souveraine et par faveur à un jeune homme inexpérimenté. Car en tel faict souvent la présumption l'accompaigne, qui lui faict desdaigner la raison et le conseil des vieulx expérimentez et s'accompaigner des gens de son humeur, dont il advient souvent qu'ils ont le mal avant que de le cognoistre ou le veoire. Mais s'il se presente quelque jeune homme seigneur et desja cappitaine, que son action et vye ne soit aultre que de vouloir scavoir bien faire et acquerir honneur et réputation et servir son prince et souverain, luy fault bailler des charges modérées et qu'il ait tousjours personnaiges pour corriger son ambitieulx désir, jusques à ce que l'on voye qu'il y ait en lui de la prudence. Car il se trouve souvent que de jeunes gens aiant des charges sans expériance ou quelqu'un qui les commandast, ruinent plustost leur trouppes qu'ils ont soubs eulx que celles des ennemys. Quand il advient que par faulte du prince on baille des charges à ung ignorant et inexperimenté, présumption l'accompaigne incontinant; ce qui faict qu'il fuit bon conseil et de porter respect à ceux qu'il doibt. Il y a aussi de vieux inexperimentez qui veullent faire accroire d'estre de grands personnages, opiniastres de leurs opinions de crainte de monstrer leur ignorance.

CHAPPITRE PREMIER.

LE MOYEN DE S'APPRESTER A LA GUERRE

Je presuppose que le souverain a faict sa résolution sur l'ocasion et nécessité qui se presente de faire la guerre, soit d'assaillir ou se deffendre; que la guerre est justement entreprise et sur toutes celle qui est pour conserver la foy, religion, salut de son pais et estat; que l'on commence par le bon chemin qui est de se retirer à Dieu et l'avoir appaisé afin de le rendre favorable car c'est là le vray fondement d'un bon chrestien, mesmement les payens en ont ainsy usé en leur religion. Car comme l'on dict ordinairement, il ny a chose si difficile a éviter que celle que le ciel nous envoie.

Que le souverain prenne aussy le conseil des sages et expérimentez cappitaines, car aultrement si l'on n'a bien digéré et pensé à entreprendre une guerre, l'on ne l'a pas acheminée que l'on désire la paix; laquelle de cette façon ne peut être que desavantageuse comme on veoid par expériance.

Et ne fault prendre conseil de ceulx qui ne l'entendent et qui n'ont aultre advis que hazarder leur personne et leur vye, et n'attendre à se résouldre jusques à ce qu'on se voye en péril. Car il est lors impossible de prendre conseil et se servir de ceux qui sont prouffictables sans peu de hazard, mesmement que le differer est dangereux.

Et fault laisser les passions particulières pour entendre au danger public et réserver les vengeances des injures reçues en aultre temps commode et opportun et souffrir un petit dommaige pour en eviter ung plus grand.

Faire en sorte que la guerre se face hors vos limites, s'il est possible, et pour le moings loing du corps de l'estat; car la ou elle s'arreste est la ruyne. Quand ung prince commence de force ou bonne volunté la guerre il fault qu'il regarde s'il peult avoir de la rebellion en son estat.

J'estime aussy que le souverain, n'allant à l'armée, aura faict élection d'un bon général et aultres chefs experimentez et sur tout fidelles, désirant accomplir ses commandements; car il ne fault apprendre l'art de la guerre lorsqu'il fault faire preuve de sa vaillance.

Et en toutes choses il fault qu'il soit vaillant, hardy, sage, prévoyant et prudent et doibt tousjours prendre conseil sur l'appareil d'un combat et de la guerre, car en luy gist le plus fort d'icelle, et ne fault qu'il se monstre inconstant à tous propos en petites choses, car cela diminue l'opinion qu'on a de luy, mais qu'il ayt cette maxime qu'il se gouverne sagement qu'aultrement il donne le lieu au temps.[1]

Car souvent la faulte d'un chef et cappitaine faict mettre en oubly ce qu'il a d'excellent, et l'office d'un général est de faire combattre les aultres avec sagesse et prudence, et prevoir aux inconvenients et accidents.

Bien est vray que le chef se hazardant quelquefois, comme les soldats, aux périls, leur donne couraige; car il n'y a rien qui les asseure ny qui leur donne tant de hardiesse, que les faicts d'un chef magnanime et de réputation.

Et fault aussy qu'ung général en chef prenne garde de ne se perdre mal à propos, mesmes luy sur lequel l'armée a espoir et fiance. Car cela diminue l'espérance qu'a ladite armée.

Et c'est folie à un général en chef de s'exposer à la mort quand il ne proufficte au souverain ny à la charge qu'il a. Mais fault qu'il se garde au besoin.

Il ne doibt avoir crainte du blasme par quelque mal advisé qui le vouldroit taxer[2]; car les gens de jugement estimeront tousiours qu'ung chef généreux ne manquera jamais au debvoir qu'il a à son souverain et à son honneur. Ne fault oublier que le souverain entrant en conseil sur la deliberation de faire la guerre, avec les princes et conseillers de son estat, grand maistre et chef de la guerre, ne doibt manifester quel général il veult faire en son armée avant la résolution de la guerre. Car tel pourroit dire plus ou moings; ce qu'il ne fera pas ne scachant si luy ou ses amys le seroient.

Après avoir mesuré ses forces avec celles de l'ennemy et celles qui luy pourroient survenir, qu'il advise à ce qui luy est nécessaire pour y correspondre et desseigner tout ce qui est à faire et descouvrir les desseings de l'ennemy et negocier, mesmement aux faicts importans; voir quel gens de cheval et de pied, quelle artillerie soit pour assaillir les villes ou pour la campagne, car ce sont deux façons;

---

[1] C'est-à-dire; il laisse tout aller au hazard.   [2] Désaprouver.

quelle despence tant à la paye des gens de pied, que de cheval, que pour l'estat de l'armée, vivres, espions et les pionniers et aultres choses nécessaires pour la suitte d'une armée qui viennent extraordinairement, et supporter toute ladicte despence et y pourvoir; donner charge à des gens de cheval, d'honneur et bien entendus pour cet effect, qui regardent au service de leur souverain et utilité de l'estat, à l'honneur plus qu'à l'avarice, sans estre trop resserrés, voulant se monstrer mesnagers ou il ne le fault pas, et ayant supputé toute la despence qu'ilz pourront faire, que l'argent ne mancque à ce qu'aura este ordonné.

Car il ne fault rien espargner en despence à l'abordée de la guerre ny de promptitude à faire, d'autant que ces faicts engendrent bien souvent une bonne fortune et suitte. S'il est possible il fault estre arrivé en la campaigne plustost que l'ennemy et se saisir des villes et ponts pour luy faire la guerre; n'estre tardif et paresseux en ce qui est à pourveoir, aultrement s'il y a manquement ou négligence cela refroidit les cœurs des siens et donne mauvaise réputation.

Mais cas advenant que le souverain fut surpris ou qu'il n'eust son faict prest, il fault qu'il souffre et entende les propos de trefve et de supensions d'armes, encores qu'elles feussent dommageables, pour avoir temps de se pouvoir deffendre, puis les faire accepter par ses ministres en tant qu'il a moien et disputer tousiours sur les promesses d'iceulx.

Et fault avoir recours aux ruses et cautelles[1] si autrement on ne peult fuyr la furie de la guerre, et accorder franchement ce à quoy on ne peult résister pour parvenir à ce qu'on désire; est nécessaire de faire teste au commencement à vostre ennemy afin que ses désirs se refroidissent, ses moiens s'espuisent et le temps s'escoule. Faut aussy estre résolu de ne laisser une entreprise pour quelque malheur qui pourra arriver, mais s'y opiniastrer jusques à ce que l'on voye la ruyne de l'ennemy ou que l'on ayt du bon[2]; et pourveoir à tout ce qui peult donner empeschement à vostre entreprise, et ne rien laisser passer; s'ayder de l'occasion et opportunité qui se présente sans peril. Touttesfois ne fault prendre à honte de laisser une entreprise qui se trouve dommageable et ne se laisser tant envelopper à la guerre qu'on

---

[1] Finesses.   [2] Des succès.

n'advise tousiours à la paix, car c'est le faict d'un sage cappitaine de changer d'advis selon l'occasion.

Nul ne se doibt attribuer le tiltre de général d'une armée; fault le pouvoir et commission du souverain. Ny ung general ne peult creer ung aultre qu'on appelle en ce royaume lieutenant du Roy et fault tousiours un pouvoir particulier.

Le Roy et souverain doibt bien penser, adviser et digerer[1], s'il ne va en son armée, qui sera son lieutenant d'armée et qui menera l'avant garde et des aultres charges et surtout des mareschaux de camp; car c'est une des plus grandes et importantes charges et qui peult estre cause d'un grand bien en une armée, ou la mettre en ruine en plusieurs façons. Ne mettre deux chefs generaulx de pareil pouvoir en la conduite d'une armée, car l'un peut estre preferé à l'autre en tout et en discours; mais qu'un ayt la superintendance, et les aultres sous luy luy aydent et assistent.

Est aussy nécessaire, que le general departe de sa grandeur et honneur aux chefs principaulx de l'armée; car aultrement il est en danger de mettre ung desdain ou jalousye contre luy, et demeureroit court en ses entreprises.

Ne faut se servir d'un chef qui s'adonne à son proffict et réputation particulière et non pour le souverain et public, et n'en veult faire part à ceulx quy aydent et sont cause de sa réputation : comme aussy est dangereux se servir de cappitaines avaritieux et pleins d'ambition particuliere.

Faut tascher d'avoir en une armée des cappitaines fameux et de reputation; car cela faict beaucoup à l'exécution des entreprises et encourage les soldats.

Est tres bon d'appeller à son ayde et secours un prince de nom, de valeur et de réputation, encores que pour ce coup et pour lors l'on ne s'en veuille servir.

Faut prendre garde que les cappitaines desquels on se veult servir en notables faictz ne se haïssent; et si le cas advient qu'il se faille servir d'un jeune prince, il luy fault laisser des expérimentés cappitaines qui ayent commandé et qui puissent tenir borne à son désir, et reprouver le conseil d'aulcuns jeunes qui sont auprès d'eulx. Car ou le conseil

---

[1] Réfléchir.

des jeunes emporte celuy des vieillards, c'est la ruine des affaires.

Le général de l'armée doibt connoistre ses chefs et quasi tous ses cappitaines, afin qu'il puisse donner les charges selon la portée d'un chacun. Car il y a des cappitaines qui sont bons à demeurer fermes à ung combat, qui ne sont propres à faire une entreprise, soit aux villes ou à la campaigne, ou à chercher un bon et dextre party.

C'est très grande dexterité à ung général et grandement proffictable quand ils connoist et scait à quoy chacun de ses cappitaines est bon, et se peult faire un très grand mesnagement militaire.

Parquoy il fault qu'un général ayt tousiours en main des cappitaines choisis et experimentés et rusez au faict de la guerre, fidelles et affectionnez à son service avec ung désir de gloire et d'honneur pour servir aux entreprises de peines gaillardes et hazardeuses.

CHAPPITRE SECOND.

L'ORDRE POUR LOGER L'ARMÉE.

Après que le souverain aura pourveu à la levée des gens de guerre tant de cheval que de pied et esleu les chefs qui sont necessaires, fault qu'il leur assigne leur rendez vous en une ville où ilz prendront le commandement du general et aultres chefs qui y seront ; de ce qu'ils auront à faire, mesme du lieu où il fauldra asseoir le camp ; en quelle ville doibt estre faicte la première assemblée et estats des munitions de guerre, d'artillerie et vivres.

A une ou deux lieues de la ville sera choisy le lieu où toute l'armée s'assemblera pour camper en telle assiette ou avec tel desseing et reigle comme si l'ennemy estoit à deux lieues de là, prest à venir au combat, et observer toute reigle de guerre pour ung logement, et ordre de se mettre en bataille et se deffendre comme cy apres sera dict. Car il est certain qu'à l'abordée d'une armée chacun désire scavoir ce qui se passe, et que la première impression que les gens de guerre reçoivent ils la retiennent mieulx et impriment en leur esprit. Comme aussy leur faire observer les lois de la police afin qu'ils n'en prétendent cause d'ignorance. Et faut tenir la main au chastiment de ceux qui les oultrepassent, car après on n'a point tant de peine à les faire observer.

Mais d'autant qu'il appartient à ung mareschal de camp de faire l'assiette des logis de l'armée, de fortiffier, donner le lieu du combat, la mettre en ordre de bataille, la loger et desloger, la prevoyance des vivres et de toutes choses qui sont en l'armée et qui en deppendent, car il en a la principale charge après le général, et chef de l'avant garde, et sur lequel l'armée la plus part du temps se repose[1]. Le temps passé les mareschaulx des logis estoient ceulx qui faisoient l'estat de mareschal de camp, là où le souverain estoit, et menoient ordinairement l'avant garde soubz la foy duquel le souverain ou général qui menoit l'armée marchoit.

CHAPPITRE TROISIÈME.

DESCRIPTION DE LA CHARGE D'UN MARESCHAL DE CAMP.

Je diray premièrement qu'à une grande armée il ne se peult faire ce qui appartient à ung mareschal par ung seul, mais il faut qu'il y en ait pour le moins trois, l'un pour l'avant garde, l'autre pour la bataille, et l'autre pour les secourir, mesmement s'il en tumboit quelqu'un malade. Et quand il y en auroit quatre, ils ne seroient que bons, pourveu qu'ils soient suffisans, et n'est possible qu'un seul puisse veoir, preveoir ny pourveoir à tant de troupes de diverses façons et humeurs, à tant de faictz qui sont en une armée, ny à tant d'accidentz nouveaux qui interviennent d'heure à aultre. A quoy il fault qu'il y ayt conference; car ung chacun n'est pas à toute heure libre d'esprit pour résouldre et décider tant de choses importantes dont bien souvent on ne peult attendre l'advis du général. Ce que toutefois, s'il est possible, il fault, si le temps et le loisir le permettent.

Nous continuerons des maximes et quels doibvent estre les mareschaulx de camp et de l'ost[2]. Je ne parleray qu'en particulier, d'autant que les autres doibvent estre s'il est possible de mesme celuy duquel je parleray.

---

[1] Cette phrase parait incomplète; la première phrase du chapitre suivant lui fait probablement suite. Celle qui est intercallée entre les deux était peut être une note dans le manuscrit original.

[2] De l'armée.

Et tient on que le premier est celuy qui aura faict l'estat de mareschal de de camp plus antiennement; mais il n'a encores esté décidé à qui est l'honneur d'estre à l'avant garde ou la bataille : toutteffois mon advis est qu'il y ait ung surintendant sur les aultres par expérience, dignité et par l'éléction du souverain ou général. Car en trente ans qu'il y a que j'ay faict l'estat de mareschal de camp, j'ay éprouvé que quand ils sont trois ou quatre de pareille authorité, ils ne s'accordent, viennent en dispute ou jalousie. Là ou il y a un surintendant, il oste toutes les difficultés et disputes qui pourroient venir entr'eulx. Le mareschal de camp doibt estre choisi comme plus advisé et experimenté cappitaine qu'il soit, diligent, vigilant pénible[1] et affectionné à la charge qu'on luy a taillée; qu'il ait appris avec les mareschaux de camp, s'il n'a fait l'estat; car il y a deux reigles audit estat que fort peu de cappitaines sçavent s'ils ne l'ont appris par l'usage et expériance à la suitte ou assistance des mareschaulx de camp ; n'y a pas tant de charge ny danger qu'il y ait quelques manquements au général d'entendre le fait de la guerre, comme au mareschal de faire choix des aydes qui sont gens de guerre mareschaulx de logies d'armée.

Le mareschal de camp est la voix et commandement du general et portefaix et sommier[2] de l'ost et de l'armée, comme on dict. Car il faut que tout passe par son soin et la pluspart par son ordonnance, qu'il sçache touttes choses tant petites soient elles et qu'il en tienne comme registre pour le soulagement du général et chefs principaulx de l'armée.

Par ainsy donc le mareschal de camp doibt scavoir touttes choses de l'armée, en quoy elles consistent et ce qui en depend, et doibt cognoistre non seulement les principaux chefs et cappitaines, mais aussy jusques aux petits, et scavoir les forces qui sont en icelle tant de cheval que de pied de toutte qualité et avoir l'estat, aussy quel équippaige d'armée et suitte d'icelle; sur quoy faut que le grand maistre d'artillerie ou son lieutenant envoye souvent vers icelluy ung de ses commissaires pour veoir ce qui est à faire s'il y a nouvel advis

---

[1] Capable de supporter les fatigues. [2] Celui qui supporte la plus grande charge ; au propre: cheval de somme.

pour y pourveoir, soit au marcher ou rabillaige des chemins ou à faire ponts.

De même le commissaire general des vivres; faut que luy ou les siens soient à toutes heures au logis du mareschal de camp pour recevoir ses commandements, communiquer avec luy de ce qu'ils auront à faire, et pourveoir pour lesdites vivres et s'il y a plainte pour iceulx par mancquement d'icelluy ou aultres; mesmes s'il est intervenu depuis le dernier arrest ou communication quelque changement, s'il est besoin de marcher pour scavoir et apprendre quel chemin prendront les vivres, veoir et prevoir s'il y peuvent venir à seureté et quel escorte il leur fault bailler, mesmes s'ils deslogent des estapes d'iceulx et s'il en faut faire de nouvelles.

C'est au mareschal de camp d'avoir les guides en mains, ou pour le moings celui qui en est cappitaine et les a en charge, pour s'enquerir à touttes heures des chemins, afin de veoir la difficulté ou facilité de marcher, car quelquefois si on ne prend garde l'on s'achemine et ambarque-on l'armée en lieu qu'il est si malaisé d'y conduire ce grand et paisant fardeau de la comodité ou esloignement des vivres. Et est à noster, si on n'y prend garde, que les guides se trompent et vous mettent en peine; parquoy les fault souvente fois examiner à part, puis les faire conferer ensemble, et là dessus y faire une résolution.

Que le mareschal de camp doibt estre adverty de toutes choses, non seulement de ce qui se passe en l'armée, mais es environs et au loing, pour donner raison et advis à ung chacun de ce qu'il aura à faire, et s'ils marchent et vont à la guerre, afin qu'ils soient pourveus de ce qu'ils auront à faire.

La pluspart des espions doibvent passer par ses mains pour scavoir des nouvelles des ennemys en toutes sortes, afin qu'il puisse pourveoir à ce qui est nécessaire pour l'armée et instruire ceulx qui vont à la guerre, soit par leur escorte ou pour scavoir des nouvelles de l'ennemy, afin qu'il ne tumbe en quelqu'inconveniant par faulte d'advis et instruire bien les espions. Car s'ils ne le sont ils n'en rapportent rien qui vaille, et s'ils ne sont bien advisez et sont prins par iceulx, sont descouvertes parties de vos affaires. Est à noster que les espions doubles sont les meilleurs, pourveu qu'ils vous soient plus fidelles qu'à l'autre party, à quoy il fault bien prendre garde, et à telles gens il fault être liberal et quelquefois ung escu en vault cent.

L'armée preste à assembler, faut que le maréchal de camp sçache le dessein du général et souverain, et après avoir pris par estat, comme dict est, toutes choses qui concernent l'armée et qui en deppendent, les présentera audit general, pour là dessus estre ordonné avec le conseil ce qui sera bon de faire pour l'execution de l'intention du souverain. Fault qu'il sçache du general, en quel ordre il prétend que l'on marche; assavoir, quelles trouppes, regimens et compaignies à l'avant garde, s'il y en a, afin que là dessus ils façent ung reiglement et le fera entendre aux chefs des regiments de trouppes.

Fera l'estat pour les trouppes à fin qu'il n'y ait confuzion et que le mareschal des logis de l'armée en tienne roolle pour advertir ceulx qui sont de jour à aultre, ou pour le moings un jour devant, afin que les troupes qui auront à faire garde se tiennent prestes.

Comme aussy de mesmes à ceulx que l'on ordonnera pour aller à la guerre ou aux escortes, et tenir tousiours deux compaignies de gens d'armes desseignées et prestes pour marcher quand il sera nécessaire et quand ils seront commandéz, parce qu'il faut intervenir de mesme pour les gens de pied, les colonnels, maistres de camp, pour renforcer les gardes à la guerre ou pour faire escorte.

Les compaignies des mareschaulx de camp ne font garde ny de nuict ny de jour, sont reservées pour faire les corvées et exploicts qu'il fault faire à l'improviste sans attendre le commandement d'autres compaignies, et qu'il y ait tousiours une trouppe d'icelles prestes à monter à cheval. Aussy sont tenues lesdites compaignies d'estre en bataille, l'armée marchant, jusques à ce que le camp soit assiz et logé et que le guet ordinaire du jour soit arrivé, et s'ils n'ont des cappitaines, ou n'en aient assez, en choisiront. Et est très bon, que les mareschaulx de camp menent quand ils marchent, les compagnies qui doibvent faire garde de jour ou de nuict, afin qu'ils aient repos et soient bien accommodez pour bien faire leur debvoir.

Le mareschal de camp doibt adviser la commodité ou incommodité de l'assiette du camp; car bien souvent il se trouve des lieux qui sont d'un costé bien forts, et d'autre non, et des incommodités en ung temps qui ne sont en l'autre. Et ne faut s'arrêter au rendez vous qui aura esté donné; car si l'assiette n'est assez bonne, il la faut chercher une demye lieue ou une lieue de là, et s'il y a changement en advertir incontinant le chef d'avant garde et grand maistre de l'artillerie et le général qui menent la bataille, par hommes exprés bien entendus pour faire entendre la raison.

Le mareschal de camp doibt regarder en l'assiette de l'armée un lieu advantageux, comme d'estre sur ung hault, s'il peult, avec la commodité de l'eaue. Mais il fault prendre garde que le ruisseau qui se pourroit trouver à la teste pour faire le logis fort ne soit esloigné de vostre costé et s'approche tant de l'autre que l'ennemy se puisse loger et débattre l'eau à son advantage, car en telles choses il s'en est veu plusieurs inconveniens. Et si dela le ruisseau avoit une place advantageuse la fault aller gaigner premiere que l'ennemy, et mettre le ruisseau derriere pour la commodité, ou à main droicte, ou à main gauche et s'en servir comme d'un fort de cette part, ainsy que l'œil et l'experience le portera.

Et cas advenant qu'ils ne puissent mettre un ruisseau devant, est très bon de faire une trenschée à la teste de l'armée ; car par là vous pouvez eviter les surprises sur vos gardes, outre les braveries[1], qui encores qu'elles ne portent dommage, donnent réputation à l'ennemy et mancquement à l'amy, aux chefs et aux cappitaines, et principalement au mareschal de camp. Aussy cela soulage beaucoup les gens de cheval de faire grosses gardes[2] et avoir les gens de pied.

Faut que le mareschal de camp ait l'ingenieur fort près de luy ; auquel faisant l'assiette de l'armée il fera entendre son intention et ce que portera la reigle de la guerre. Lequel ingenieur par apres fera le dessein de la tranchée avec les flancs qu'il y faut faire, y assistant tousiours quelques chefs ; car souvent telles gens font des fautes, estimant que tout consiste à faire une ligne droicte.

La premiere assiette que l'on doibt faire, est de l'artillerie, et de la mettre en lieu de seureté qu'elle puisse jouer et faire son effect, la bouche vers l'ennemy ; car l'assiette d'icelle doibt donner intelligence et marque de la place d'un chacun. A quartier doibvent estre logés les munitions nécessaires loing des hayes et fossés afin que l'on puisse veoir ceulx qui en approcheront de peur qu'il vienne inconveniens

---

[1] Bravades.

[2] Évite aux gens de cheval de monter souvent la garde.

par le feu, et dessigner le tout aux commissaires que le grand maistre aura envoyez avec luy et faire le retranchement ordinaire allentour desdites munitions. Baillera aussy le quartier du grand maistre de l'artillerie en lieu qui ne puisse empêcher l'ordre de la bataille désignée, logera les chevaulx non loing de là, et fust ce ung lieu où l'on loge à couvert, que ce soit au plus proche village, néantmoins couvert de gens de guerre, et donnera charge à la trouppe qu'il leur envoyra et les advertir pour ladicte retraicte. Car advenant qu'il y eust des ennemys en campaigne, d'autant que ce sont creatures qui n'ont point de deffense, comme aussi les pionniers, s'il arrivoit inconvenient, ce seroit arrester l'armée; par quoy leur logis est privilegié pour les mettre en seureté.

Derriere l'artillerie et au costé il faut laisser une grande espace pour mettre en bataille les escadrons et bataillons tant de cheval que de pied, et après, droit à droit de l'artillerie, l'on y loge les Suisses et lansquenets, parce qu'ils ont acoustumé de l'avoir en garde; et à la verité ils ont ung grand soing d'icelle et des munitions.

Les gens de pied Français seront logés à costé des Suisses, et s'il y a autres trouppes on en pourra loger partie à main droicte et l'autre à main gauche, afin que s'il vient quelqu'un à l'armée toutes ensemble se trouvent en arme et en ordre de bataille pour la deffence de ladicte artillerie et transchées s'il y en a.

Faut adviser de ne loger les gens de pied dans ung fonds, s'il est possible, mesmes pour y sejourner; d'autant que les soldats aiant travaillé, se morfondent de l'humidité qui en sort qui les faict tumber en grandes maladies; ce qui n'advient point s'ils sont campés sur ung hault qui est sec. Et faut prendre garde qu'il y ait de la commodité d'eaue, afin qu'ils n'aillent gueres loing, et quelquefois prendre garde à leur chauffage de quelque boys ou haye.

Quant à la gendarmerie et autres gens de cheval, il faut loger ceulx de l'avant garde à la main droicte et la bataille à la main gauche, ung peu en arriere où sont les gens de pied, selon les commoditez qui se trouvent, soit pres de l'eau ou des hayes et bois pour attacher leurs chevaulx s'il n'y a de couvers; car il fault laisser le devant libre pour se mettre en liberté et bataille; aussy que le logis de de la cavallerie emporte beaucoup plus d'espace que ne faict celui des gens de pied. Et fault que le maréchal de camp avec les cappitaines expéri-

mentez, colonnels et chefs de régiments recognoissent bien les advenues projettées et advisent de partir les forces à une allarme et pour
la garde du camp contre les forces des ennemys.

Le logis du général doibt estre commis au milieu de l'armée, à
sçavoir entre les deux logis de la gendarmerie et derrière les gens de
pied, y laissant neantmoins une espace et place entre iceulx et son
logis, dont d'un costé doibvent estre logés les commisseres des vivres
avec leur estallage, et de l'autre les vivandiere auxquels est à noster
qu'il leur fauct donner bon traictement et en avoir soing pour y en
acheminer plusieurs ; car il est certain que s'il n'y a des vivres voluntaires, il y a disette au camp, et si le soldat ne veoid aultres vivres
que des munitions, il se fasche et veult estre repeu des yeux comme
du ventre.

Les mareschaux de camp doibvent estre logés le plus près du général qu'ils pourront avec leurs suittes ; ascavoir leurs compaignies ou
troupes qu'ils auront choisies pour leur escorte avec le cappitaine des
guides et une tente pour recevoir les espions et les retirer ; car à
touttes heures il fault que le mareschal soit près du general pour entendre et recevoir ses commandementz et luy donner advis de ce
qu'il aura entendu tant par les gens qui ont esté dehors à la guerre
que par les espions, et aussi de ce qu'intervient d'heure à autre en
l'armée et pour faire assembler les chefs que sont du conseil extraordinairement quand l'occasion se présente.

Si l'armée estoit si grand qu'il fallust départir l'advant garde de la
bataille en logis et assiette, et qu'il y eust en ladite avant garde ung
bataillon de picquiers, comme il est acoustumé aux camps royaux, il
fauldroit prendre et faire l'assiette au pied de ce que dessus et la loger
pres ladite bataille afin qu'ils se puissent promptement secourir l'un
l'autre.

Et fault qu'il y ait ung mareschal de camp et mareschal de logis
sur la queue de l'assiette de l'armée, afin qu'elle serre le camp et face
les garde de ce costé là ; et cas advenant qu'il n'y eut arriere garde
faire choisir les troupes tant de pied que de cheval pour les loger à
tour de roolles.

Les chevaulx legers estant telz qu'ils doibvent estre peuvent beaucoup servir au soulagement de l'armée, et les faut loger le plus souvent que l'on peult à seureté, afin qu'ils ne soient lassés de garde et puissent travailler le jour à la campaigne[1]. Quelquefois on les logera devant en ung villaige non loing, à seureté, en leur baillant cinq ou six compaignies de gens de pied pour escorte, afin de leur donner moiens à temps de monter à cheval s'ils estoient assaillis.

Le mareschal de camp doibt estre accompaigné de trois ou quatre aydes de gens de guerre qui ayent hanté les mareschaulx de camp pour bien faire les assiettes d'armées, pour aller faire les despartementz[2] des quartiers des trouppes et compaignies, bien qu'à ceste heure là les mettant par regiments il y ait moings de peine; car c'est au mareschal de logis et chefs des regiments à les departir à chacune des compaignies. Lesdictz aydes doibvent assister tousiours auxdits mareschaulx de camp pour entendre à ce qu'ils auront ordonné, afin de veoir par après s'il s'execute, et aussy pour recevoir les commandemens qu'il faut d'heure à aultre auxdites trouppes selon ce qui peult intervenir; veoir les defaulx et desordres qui y peuvent estre pour en advertir le mareschal de camp, et mesmes eulx y doibvent pourveoir par l'advertissement qu'ils feront aux chefs des regiments et bataillons.

Faut qu'il y ait un bon mareschal de logis de l'armée ou deux quand il y a avant garde, cogneuz et remarquez par leur habillements avec quatre fourriers pour faire les commandements mesmes des gardes quand le mareschal de logies n'y pourra aller; comme aussy pour aller chercher les cappitaines auxquels les mareschaulx de camp vouldroient parler et faire entendre quelque chose, soit pour aller à la guerre ou recognoistre les gardes ou bien leur place de bataille, venant une allarme, ou bien quand ils marcheront à quelques commandemens particulier. Et est tres bon que lesdits fourriers portent leurs hocquetons[3] de fourriers pour estre recogneuz d'un chacun, que s'il advient chose de nouveau de jour ou de nuict qu'il fallut marcher, les aydes et mareschaulx des logies aillent donner advis aux cappitaines de l'armée selon leur quartier.

Cette forme de logis est quand l'armée campe et que les gens de cheval sont aux picqués que l'on estime que les ennemys pourroient venir au combat, s'ils en avoient l'advantage; mais logeant l'armée à couvert, ce qu'il fault le plus que l'on pourra, mesmes les gens de cheval, il y fault procedder aultrement, toutefois non loing de ce que

---

[1] C'est-à-dire faire des reconnaissances.
[2] Partages.
[3] Casaque brodée.

dessus, mais mettre la gendarmerie au plus proche village. Cela faict qu'elle endure et pâtit plus longtemps en l'armée, d'autant que tous les gens de cheval n'ont pas moiens d'avoir des pavillons, tentes, ny grand equippage pour aller au fourrage pour les chevaulx. Et logeant l'armée à couvert l'hyver ou qu'il n'y ait point nécessité de la tenir si serrée et du tout campée, il fault loger les gens de pied et l'artillerie à la teste et loger les gens de cheval par les costés en arriere, les uns à la droite les aultres à la main gauche. Car il est plus aisé à la cavallerie d'aller trouver les gens de pied, que non pas eulx ceulx de cheval, et l'assiette du pais porte de les loger aussy avant que la teste. Leur sera baillé des gens de pied pour leur tenir escorte et monter à cheval. Et quelquefois on trouvera ung village non loing de la teste qui sera à propos pour loger la gendarmerie ou chevaulx legers avec quelques trouppes de gens de pied qui serviront de garde à l'armée et donner advertissement s'il y a quelque chose qui marche, car petite trouppe ne peult enfoncer ny porter grand dommage, et grande trouppe ne marche légèrement, et laisseroit on tousjours venir.

C'est au mareschal de camp de recevoir les trouppes qui arrivent en l'armée, comme aussy lorsqu'elle se rompt de leur donner le chemin qu'ils doibvent tenir, et faire entendre ce qu'ils auront à faire, selon l'intention du general et ce qui aura esté arresté au conseil.

C'est au mareschal de camp à qui se doibvent addresser les cappitaines pour avoir le mot du guet; car par luy ils pourront entendre ce qui sera de faire soit pour la garde des logements ou pour aller à la guerre.

Faut loger les trouppes mesmes des estrangers es parties de derriere afin qu'ils n'ayent occasion de querelles, et mettre des corps de garde entre les deux logis pour eviter les querelles d'une et d'aultre nation.

Faut que le mareschal de camp soit patient en beaucoup de choses, mais il doibt estre exact à bien faire observer les reigles et loix de la guerre et à faire punir les faultes; car il y va du service du souverain et du salut de tous, et de son honneur, pour les inconveniens qui adviennent quand on n'observe ce qui a esté ordonné et commandé, et mesmes en des petites choses qui serviront de reigles et exemples pour les grandes. Et est à notter que la charge la plus enviée et sujette à calumnie, est celle d'un mareschal de camp; car le plus ignorant en veult raisonner.

CHAPPITRE QUATRIÈME.

L'ARRIVÉE DU SOUVERAIN OU GENERAL AU CAMP.

Après que toutes les trouppes sont arrivées au camp et logées, le souverain et general de l'armée y doibt venir. Touteffois je pense que non [avant] afin de ne veoir beaucoup de sortes d'insolences et ignorances qui se commettent à l'arrivée par les gens de guerre, et est bon que le général ne les voye, et que les mareschaulx de camp et aultres chefs qui seront là presens pour l'assiette et recevoir les forces, facent entendre combien le général trouveroit mauvais les desordres desdicts gens de guerre, afin que lorsqu'il y arrivera tout soit reassis ; et fera semblant de sçavoir tout ce qui s'est passé.

Estant arrivé au camp il ira en premier lieu recognoistre la place de bataille, et sera derriere l'artillerie pour monstrer example à ung chacun, et là recevoir tous les cappitaines et chefs qui n'auront esté au devant de luy, et qu'il se monstre à tous afin qu'ung chacun le cognoisse.

Le mareschal de camp sur le lieu doibt faire entendre la commodité du logis, les deffaults qu'il y a à cause de l'assiette, s'il y en a, et les expediens qu'on a trouvés pour remedier à iceulx et l'ordre qui a esté mis pour les gardes du logis, qu'il aura fallu faire dehors de l'enceinte du camp quelquefois par contraincte, afin que le général y trouvant quelque chose à redire il puisse augmenter ou diminuer.

Le general doibt aller après à son logis pour là entendre en quel estat tout est, s'il y a encores des trouppes à se joindre à son arrivée et si les vivres sont en bon estat et s'il n'y en a point de faulte, soit de l'ordinaire ou des voluntaires ; à quel marché ils sont, sçavoir si le pain d'amonition est bon, s'il est paisant, et en faire taster devant luy : faire estat devant ung chacun qu'il veult que les soldatz soient traictés ; sçavoir aussy comme ils sont logés et quelles commodités ; parler de la paye, afin qu'il face en sorte que lesdits soldats luy soient affectionnez. Le general montera à cheval et ira sur l'assiette pour veoir les advenues, et de faict scaura des mareschaulx de camp quelles elles sont, quel ordre et providence, et s'il y a des tranchées les recognoistre,

71

et scavoir quelles trouppes sont ordonnées en chacun quartier pour les deffendre ; s'enquérir et scavoir comment sont logés les gens de cheval, quelles gardes et forces sont ordonnées pour le guet ; bref monstrer estre soigneux de toutes choses, encores qu'il feut asseuré qu'elles feussent très bien.

Devant le logis ou tente dudit général faut qu'il y ait une place, afin qu'il n'y ait presse à tant de gens qui le viennent veoir. Aussy pour la garde qu'il fault faire le jour et la nuict auprès de son logis.

Le lendemain au matin le général convoquera les principaulx chefs de son armée pour en peu de mots descouvrir et adviser ce qui est à faire, et peser les forces de l'ennemy avec les siennes ; quels defaults pourront estre en son armée, quel sera meilleur de venir veoir l'ennemy ou de l'attendre ; ou discourir sur le dessein du souverain, soit d'assaillir ou se deffendre, ce qui peult nuire à l'ennemy s'il est en campagne, tant pour le regard de marcher, que pour le convier de venir vers vous au combat si c'est vostre advantage. Et après avoir conféré y faire une résolution, et s'il se peult la remettre à ung aultre jour que l'on y aura mieux pensé et entendu plus ample advis de l'aultre party. L'apresdisnée il se fera ung aultre conseil ou il y aura plus grand nombre de gens ; assavoir des vieulx cappitaines de gendarmerie, les jeunes cappitaines de bonne volunté. Prendra un ou deux maistres de camp de gens de bien pour veoir ce qui sera proposé, debattu et arresté. Et quelquesfois sur la fin faire venir les colonnels des Suisses, le mareschal de camp des reistres et principaulx colonnels d'iceulx et à cette abbordée il pourra contenter plusieurs ignorans qui le sont en conseil et non quant à l'exécuttion.

Le jour d'après s'il est possible faut faire la monstre et reveue de ceulx qui ne l'auront faicte, afin que par la il puisse connoistre quelle force il a pour pourveoir la dessus, et mieulx resouldre de ce qui sera à faire et adstraindre ung chacun à les lyer par la foy et serment.

Sera bon avant que l'armée desloge de faire mettre tous les gens de guerre en bataille une ou deux fois, comme si l'on vouloit aller au combat pour faire exercer et apprendre toutes les trouppes à marcher, soit en avant ou en arrière, ou quelques fois pour gaigner un advantage au costé, sans se mettre hors du rang et files de bataille et ordonnance première du général. Les principaulx chefs et les mareschaulx de camp, verront les defaulx qui peuvent estre aux regiments.

trouppes et compaignies particulieres pour y pourveoir, car chacun reçoit ces premiers advertissements, et les soldats de toute qualité apprendront à se mettre en ordre de bataille d'eux mesmes et les cappitaines qui ne seront tant experimentés qu'il seroit de besoin, s'ils ont envie de faire quelque chose de bon, ils tascheront d'apprendre. Car comme il a été dict cy dessus, il ne sera pas tamps quand il fauldra venir au combat.

Et ne se fault arrester à ce qu'aulcuns vouldroient dire que c'est monstrer à l'ennemy le deffault qui est en l'armée et qu'il sembleroit que ce fussent nouveaulx soldats ; je dys que les vieulx en doibvent estre bien aise pour leur rafraichir la memoire de ce qu'ils auront veu, car toutes choses veulent estre exercées et pratiquées.

Et fauldra faire marcher l'artillerie en l'estat qu'elle doibt estre le jour destiné pour donner une bataille.

Je diray de l'artillerie qu'il est bon d'en avoir quantité parce que bien souvent elle sert de beaucoup, combien qu'auculns tiennent qu'elle ne face grand effect. Je suis bien de leur opinion ; mais peult estre d'aultre façon qu'eulx. Je dis que l'artillerie ou elle donne à plomb est si furieuse que nul ne la peult longuement souffrir, et fault déplacer le bataillon ou elle donne et venir au combat mal à propos et ne peult on endurer qu'elle face son effort.

Le maniement de l'artillerie est ung maniement militaire à part comme celuy de mareschal de camp, qu'il fault apprendre plus particulièrement soit le grand maistre d'icelle ou les commissaires ordinaires et extraordinaires, les canonniers et plusieurs aultres officiers qui y sont nécessaires. Car il y a infinies choses qui consistent en un gouvernement qu'il fault apprendre de longue main par experience et exercice.

En premier lieu estre liberal de sa vye, car les plus hardis n'y sont que les meilleurs, et pour y bien servir il fault avoir de l'entendement et du jugement ; estre ingénieux pour faire dresser les tranchées et loger les pièces et gens de guerre qui les gardent, et qu'ils excellent en géométrie pour scavoir les longueurs et distances ; s'entendent aux fontes et à l'alienement d'icelles ; aux forges et à la charpenterie ; puis des charpentiers tant pour des ponts à batteaulx qu'aultres, ausquels faut souvent mettre la main ; l'art de la conduite du canon ; s'entendre bien à la mine et à la sappe ; bon financier afin qu'il ne soit trompé pour infinité de despences qu'il fault faire extraordinairement et tout à la fois. Car le grand maistre ou son lieutenant général ou particulier qui aura charge de la conduite d'une bande doibvent estre suffisants à redresser les officiers, les gens de mestier et conducteurs d'icelle, à ce qu'ils se contiennent tousiours en leur office et debvoir, sachant que leurs chefs cognoistront et descouvriront leur fautes et imperfections.

Et pour parler du fait de l'artillerie sainement il fauldroit faire un long discours à part pour la conduitte et exécution d'icelle. Bien en sera t'il dict quelque chose venant à propos sur l'importance de l'exécution.

CHAPPITRE CINQUIÈME.

POUR LE DESLOGEMENT DE L'ARMÉE.

Avant que se résouldre de faire desloger l'armée fault estre adverty de tout ce qui se passe au païs de l'ennemy, si le desseing est d'y aller, ou s'il est campaigne, au vostre. Et ne faut que le général croye légèrement aux advis ou persuasions d'autruy qui font souvent haster, mesmes ne croire ceulx qu'il ne recognoistra estre fidèles; car ou l'ennemy est prest ou que l'on a eu advis qu'il est résolu de donner la bataille, faut que le général s'il n'y peult aller envoye des principaux chefs avec les mareschaulx de camp pour visiter l'assiette du païs, soit pour ordonner ou pour desloger, et qu'ils conferent et consultent ensemble sur toutes choses qui s'offriront pour le rapporter au général.

Est bon (si l'on n'est pressé) que la première journée que l'on desplacera, l'armée soit petite, et qu'au desloger l'on face mettre l'armée en bataille comme pour aller au combat et marcher quelque temps; et puis advancer leur chemin, les faire mettre en grosses files, et arrivant à ung quart de lieu près du logis se remetre en bataille comme au partir. Ces effects dessusdits n'entreront du tout en reigle et apprendront seulement à ung chacun ce qu'il aura à faire.

Aussy auparavant que marcher il fault faire entendre aux chefs ce qu'aura esté arresté et ordonné, afin qu'ils n'en prétendent cause d'ignorance et les facent observer; et seront comprises en cela les loix et reiglemens militaires.

Estant l'armée preste à marcher fault s'enquerir du chemin et ne se fier à ung seul guide, car ils se trompent souvent, n'entendant le poids de l'artillerie ny embarrassement du bagaige; et ne faut craindre toutesfois de s'esloigner de demye lieue pour prendre le chemin s'il est ferré[1] pour la conduite aisée, car ou elle arreste tout demeure, et faire s'il est possible en sorte qu'il y ait trois chemins, l'un pour les gens de cheval, l'autre pour l'artillerie et gens de pied, et le troisies pour le bagaige qui est une grande expédition[2] pour marcher, et est bien aisé de mettre en ordre les bataillons et esquadrons; car quand le bagage est pesle mesle il y a de la difficulté et confusion.

Parquoy il faut envoyer si on a loysir deux jours devant reconnoistre les chemins par personnages entendus avec ung commissaire de l'artillerie et des pionniers, pour faire racommoder et rhabiller[3] les ponts et passages, et encores à la campagne s'il y a des fossez faire les trois chemins susditctz plus ou moings, ainsi que l'on aura le temps et la seureté.

Faut donner advis de bonne heure aux commissaires des vivres et leur faire entendre le chemin que l'on ira, afin d'y faire addresser les vivres, et si l'on est au pais de l'ennemy veoir quelle escorte il fault pour l'acheminement. Car surtout il y faut prendre garde, et mesmes au commencement de l'acheminement, qu'il n'y en ayt faulte en une armée. Car cela donne mauvaise réputation quand il y en a default, et mesmes n'est autre chose que descourage le soldat qui souvent est mal advisé et considéré à cause qu'il ne veoid des vivres.

Des le soir auparavant que de marcher, fault advertir les chefs des trouppes et se tenir prests à leur donner memoire pour répeter l'ordre qu'ils auront à tenir et de l'heure qu'ils debvront partir, et selon cela faire sonner les trompettes et battre aux champs chacun en son quartier sans que les aultres ayent à s'enrevenir qu'à l'heure qui leur sera ordonnée. Et faut que tousiours et mesmes quand on est sur un deslogement, qu'il y ait un de chacun regiment pres d'un mareschal de camp pour scavoir ce qu'ils auront à faire, à qu'elle heure

---

[1] Solide.
[2] Facilité.
[3] Réparer.

ils partiront. Car si tout desloge en un camp à le fois, ascavoir l'avant garde, la bataille et l'arriere garde ce ne pourra estre sans y avoir de la confusion et faut que les derniers donne temps aux premiers de marcher. Faut aussy que les compagnies qui doibvent estre de garde de jour ou de nuict soient adverties de partir au temps que les mareschaulx de camp partiront, afin qu'incontinent qu'ils seront arrivez ou l'on veult faire l'assiette du camp, on les renvoye repaistre, pour puis après estre plus prests à faire leur debvoir. De mesmes aussy de deux ou trois compaignies de chevaulx légérs pour les envoyer repaistre, pour estre prests à l'arrivée de l'armée, afin que quand toute l'armée sera arrivée et empeschée[1] pour se loger et aller aux fourraiges, lesdits chevaulx legers puissent aller battre l'estrade au loing afin d'estre advertis des ennemys, et garderont que l'armée ne soit surprise aux logis qui pourroient estre escartés, ny pareillement les fourrageurs.

Le mareschal de camp de l'armée et les principaulx chefs aiant la prevoyance de sçavoir si l'ennemy est plus fort de cavallerie ou d'infanterie, ou s'il luy peult venir quelque secours, fauldra deliberer sur ce la façon qu'il fauldra marcher et quel chemin l'on prendra, sçavoir, si ce sont gens de cheval, les costaulx et lieux forts pour les gens de pied, ou mettre un ruisseau à costé pour n'estre envelloppé d'icelle. Et est à notter que communément le plus fort de cavallerie fait quasi la loy aux aultres.

Faut faire estat de partir tousiours à bon matin et de loger de bonne heure pour avoir temps de reconnoistre les advenues et assiettes de l'armée, scavoir et descouvrir des nouvelles de l'ennemy, pourveoir aux inconveniens qui pourroient advenir pour faire les transchées et avoir temps pour aller aux fourrages.

Et est à noter qu'il faut eviter tant que l'on pourra de ne loger l'armée de nuict ; car il advient souvente fois de telz desordres que l'armée n'a point de ressources deux jours après et ne peult on desloger le lendemain, d'autant que la pluspart de l'armée n'a ny dormi ny repeu, et une infinité d'aultres incommodités qui ne se voyent quasi poinct et neantmoings sont d'importance. Comme au contraire logeant de jour et de bonne heure l'on va aysement au fourrage et l'on trouve

---

[1] Embarrassée.

des vivres pour repaistre. Le soldat a temps de reposer et se rafraichir, et peult on partir à minuict pour faire une bonne traicte.

Et ne fault faire advancer l'armée plus d'une demy ou une lieue pour loger la nuict ; car l'on en gaigne le lendemain trois fois autant. Parquoy les mareschaulx de camp doibvent solliciter les trouppes et chefs de partir au temps qui leur sera ordonné.

C'est une chose brave, honnorable et agreable à ung homme de guerre de donner quelquefois effroy à l'ennemy et de porter des grands estendards quand l'armée marche, comme aussy quand il y a trouppes qui vont à la guerre, parce qu'un homme d'honneur ne le veult abandonner, d'autant qu'il y a serment et craint reproche.

Aussy faut que l'estendart ou enseigne estant sur pied, ne soit abandonnée d'aulcung pour quelque occasion que ce soit sans commandement ou congé de son chef, sous peine d'estre chastié et qu'aussy nul soit sans armes. Ascavoir l'homme d'armes avec sa cuirasse et moindre harnois et le vallet portera le demeurant avec la lance pres de luy, et l'homme de pied ses armes ordinaires, à tout le moings le corcelet et habillement de teste. Que les mareschaulx de logis avec les compaignies qui yront avec le mareschal de camp pour prendre le logis ne meneront que deux ou trois chacun de sa compaignie avec leurs armes, et se joindront au mareschal des logis du régiment. Qu'un maistre de camp de gens de pied et ung cappitaine de chacun regiment ayent à venir trouver les mareschaulx de camp pour marcher avec eulx, tant pour veoir faire l'assiette et logis des regiments que pour recevoir les commandements des mareschaulx, soit pour l'advis qu'on aura eu de l'ennemy ou de la seureté et garde, que pour advertir les regiments ou colonnel de ce qu'aura esté ordonné et advisé ; que le colonnel envoyra ung maistre de camp, pour scavoir à quelle heure il fauldra partir et s'il y a rien de nouveau, et revenir en l'ordre qui aura esté ordonné ou quelque occasion de retardement ; donner ordre que nul bagage ne se mette parmy l'artillerie sur peine d'estre saccagé et les charrettes rumpues, et qu'il soit publié afin que les maistres soient soigneux d'en advertir leur vallets.

Que nul gendarme, archer ou homme de pied n'ayt à marcher avec le bagage s'il ne luy est commandé, ny envoye ses armes et lance. Et pour y metre un bon ordre il fauldroit que tout le bagage d'un regiment marchast ensemble, l'un iroit devant l'autre par le chemin qu'auroit este ordonné pour le bagage comme dict est. Que pas un vallet ny goujat, n'aille devant avec les mareschaulx de logis, et encores moins, les gens de guerre que ceulx qu'auront esté ordonnez; et si quelqu'un se desrobbe pour aller prendre son logis quand on logera à couvert sera permis à celuy qui n'aura abandonné de le desloger, et oultre ce sera dévalizé et puny.

Le mareschal de camp doibt donner l'heure à celuy qui a la charge des trouppes, general et chefs de l'avant garde pour sonner boutteselle et monter à cheval et en donner advis au mareschal.

Et d'autant qu'il fault qu'ung mareschal de camp parte plustost que l'avant garde et bataille qui est près du general et autres trouppes qui ne deslogent quand et luy, fera sonner la sourdine pour monter à cheval ceulx qui doibvent aller avec luy, et s'il n'est pres de partir pour faire quelque despeche ou commandemens ou pour parler au général avant son partement, il envoyra ses trouppes à la place qui est pour l'artillerie avec sa cornette qui doibt estre remarquée pour la trouver et pour attendre quelqu'espace de temps que chacun de ceulx qui doibvent aller avec luy soient assemblez, comme compaignies qui doibvent faire le guet et le jour et la nuict subsequemment, chevaulx legers et mareschaulx de logis des regiments et compaignies de l'artillerie et des extraordinaires officiers et gens de mestier avec bon nombre de pionniers pour accommoder les trois susdits chemins et ponts qui seront necessaires de là ou l'on aura rabillé le jour preceddent jusques à l'assiette. Et si le mareschal de camp pense et estime trouver rencontre de l'ennemy, il se fera bailler cinq ou six cens harquebuziers pour le servir. Et pour ce qui pourroit intervenir, les gens de guerre françois doibvent marcher les premiers par le chemin du milieu qui sera ordonné pour l'artillerie, laquelle doibt marcher et les minutions d'icelle, accompaignées tousiours des Suisses ou des lansquenets qui en ont la garde tout du long du train, et les gros desdits Suisses va après selon leur ordre, car il ne leur fault pas guère apprendre de leur mestier, d'autant qu'ils sont observateurs de leurs reigles et charges, mais leur donner ce que l'on veult qu'ils facent.

S'il y a avant garde c'est chose asseurée qu'il fault sçavoir qu'elle marche la première en mesme ordre toutesfois. L'empereur Charles le Quint n'avoit que deux principalles troupes, l'une faisoit l'avantgarde et l'aultre la faisoit le lendemain et s'y est assujetty.

Quand le mareschal de camp estimera que ceulx qui doibvent aller avec luy seront prests, il sortira avec toutes ses troupes hors le camp, ou le colonnel des chevaulx légers se doibt trouver, et là depputer trois ou quatre compaignies des service avec lesdits cappitaines experimentez qui aillent du costé de l'ennemy, s'il y en a, pour le flanc de l'armée au derriere ou des villes, pour garder que l'ennemy ne vienne courir sur l'armée et tenir escorte au deslogement dit tant que le camp marchera, faisant tousiours bonne garde du costé de l'ennemy jusques à ce que l'armée soit logée et le camp assis, ayant tousiours l'œil à l'arrière garde qui doibt serrer le camp, afin qu'ils se puissent secourir sur ceulx qui marchent ou donner l'allarme, pour les arrester ou faire quelqu'autre effort.

Et si les ennemys estoient si forts, que l'on eust crainte qu'ils puissent porter domaige par le costé ou sur la queue; car s'il est sage il ne se trouvera jamais à la teste, fault que la cavallerie légère et le colonnel avec sa trouppe face ce qui a esté dict pour les trois susdicts compaignies afin de tenir tousiours l'armée en seureté, et pourra faire repaistre la moitié de sa trouppe en quelque village à demy chemin, la bride à l'arçon, et l'autre moitié tiendra cependant escorte pour après en faire de mesme jusqu'à ce que toutes les files de l'armée soient passées sans allarme, car cela destourne grandement les trouppes qui marchent.

Fera resserer les desbandez, picoreurs[1] et fourageurs du camp, marchant non seulement pour la seureté d'iceulx et pour le dommage qu'ils peuvent porter en descouvrant l'estat de l'armée estant pris: mais aussy pour l'honneur d'icelle. Le mareschal de camp laissera personnage de qualité et de ses aydes avec ung de ceulx qui auront le jour de devant esté recognoistre les trois chemins dont il luy aura dedyé[2] celuy qui sera plus pres des ennemys.

Pour la gendarmerie et gens de cheval feront prendre un chemin qui sera ordonné, faisant acheminer les gens de pied françois et puis le train de l'artillerie, par le chemin du milieu chacun en son rang, l'avant garde la première à l'heure dicte, la bataille de mesme. Pour l'arrière garde, s'il y en a, et ceulx qui la feront, leur faut ordonner de ne partir que quand tout sera acheminé, et presser ceulx qui feront

[1] Pillards.   [2] Attribué.

les paresseux, serrer l'armée et marcher en bon ordre. Car l'art de la guerre porte de donner tousiours sur la queue de l'ennemy et non sur la teste. Parquoy il fault que les chefs soient bien advisés, et mesmes si l'ennemy a des retraictes près d'eulx.

Et pour le respect du bagage faut qu'il y ait un lieutenant de prevost avec huict ou dix archers pour le faire marcher après une cornette qui sera remarquée par le bagage qui ira à la teste, et se mettre sur le chemin qui sera donné avec une trompette pour appeler les bagaiges et fera suivre par après ung chacun, avec chastiment s'il y a quelqu'un qui oultrepasse ce qui aura esté ordonné; et avoir ung de l'artillerie avec trente ou quarante pionniers pour rabiller quelques ponts s'ils venoient à s'enfoncer et rompre. Ledict prevost demeurera sur le derrière pour faire acheminer ung chacun par ordre. Et est a noster que les Suisses veulent leur bagage devant eulx, mais ils ne s'en chargent gueres.

Le mareschal de camp doibt avoir avec luy ung prevost avec dix archers pour chastier ceulx qui vouldroient ou auront oultrepassé leur rang pour les inconveniens que j'ay dict, et que le guet de nuict comme c'est tousiours sa charge, garde que personne ne sorte du camp, que le mareschal ne soit acheminé ou qu'il ne soit envoyé par luy ou aultre superieur.

Fault que la bataille suive de près l'avant garde pour se garder de tumber en des inconvénients comme il s'est aultrefois trouvé, pour estre si loing que l'une estoit defaicte sans le soin de l'autre, faisant tousiours tenir l'ordre qui aura esté prescript pour pouvoir plus amplement se mettre en bataille et se secourir. S'il estoit possible ne fauldroit laisser aulcune place ennemye aux espaules [1] ou derrière, mais si on y est contrainct, il y fault pourvoir, asçavoir de choisir quelque ville et y mette des gens dedans qui leur facent teste, ou fortiffier quelque village en belle assiette avec de belles forces qui tiendront à seureté les vivres et marchands voluntaire qui iront au camp.

Car il faut que les chefs et mareschaulx de camp pourvoyent à toute seureté de l'armée, veoire mesme advertir ceulx qui iront à la

---

[1] Aux côtés.

guerre, de l'estat qu'ils ont entendu qu'est l'ennemy et notter de ne le suyvre par voyes incogneues.

Quand le mareschal de camp commencera à marcher fault qu'il envoye devant luy des avants-coureurs avec ung sage experimenté et hardy cappitaine, afin qu'il puisse rapporter au vray ce qu'il aura veu ou pu entendre de l'ennemy et mesmement avoir ung grand esgard quand on s'approche des forces d'icelluy, et que ledit mareschal s'advance quelquefois jusques auprès de ses coureurs avec des cappitaines pour consulter et veoir ce qui est à faire pour garder que l'on ne tumbe en ses embusches et donner advis à l'armée. Car si l'on envoye quelqu'un par faveur qui ne soit experimenté il rapportera une chose pour l'autre en danger de tumber en quelque ruine pour n'estre advisé celuy à qui on donne charge d'aller devant.

Le mareschal de camp doibt avoir choisy demye douzaine d'hommes pour estre prests, s'il advient quelque nouveauté, en advertir les trouppes qui viennent derrière luy et le général soit pour s'advancer ou pour s'arrester.

S'il vient nouvelles que l'ennemy soit en campaigne et pres, il fault qu'incontinent il advise de choisir une place pour mettre en bataille l'armée et encores recognoistre quel chemin il y a en avant, pour disposer à marcher selon l'advis qu'on aura. Et si l'armée avoit commencé à se mettre en bataille, et qu'il vint nouvelles que ce n'estoient que quelques troupes des ennemys qui se seroient retirées, ne fault pour cela laisser de mettre tout en ordre de bataille, afin que chacun voye que les chefs sont soigneux et prévoyants, qui leur faict entrer en réputation, de telle sorte que les soldats pensent que toutes choses iront bien, et marchent en plus grande espérance de faire quelque chose de bon de leur costé. Car si les soldats et cappitaines n'ont bonne opinion des chefs, ils marchent froidement et en danger qu'ils prennent l'effroy.

Le mareschal de camp estant arrivé au lieu destiné pour loger l'armée doibt adviser aux commodités pour loger, ou incommoditez de l'assiette. Et si le lieu nommé n'est assez bon, en chercher un aultre près de là, comme a été dict, en parlant de la charge de mareschal de camp pour le logement, et ayant arresté de faire une aultre assiette, advertir le général et aultres chefs comme dict est. Et si le mareschal de camp trouve difficulté à l'assiette et qu'elle ne se puisse faire tost pour quelque empeschement ou qu'il ayt entendu nouvelles de l'ennemy, il fault attendre un aultre plus asseuré advis, et selon que l'ocasion s'offrira, envoyra vers le chef de l'advant garde, luy remonstrer qu'il fault qu'il s'arreste jusques à ce qu'il luy ait donné aultre advis de ce que ledict chef doibt faire.

Le mareschal de camp estant arrivé au lieu ou il veult faire son assiette, envoiera partie des chevaulx légers et partie de trois compagnies de ceulx qu'il aura menés, au loing, pour scavoir des nouvelles de l'ennemy, afin d'en estre adverty et n'estre surpris, et le reste repaistra pour y aller par après que l'armée sera assize. Et si le colonnel y estoit luy donner la charge d'y pourveoir selon ce que dessus, et faire loger de bonne heure le demeurant de la cavallerie afin qu'ils ayent le loysir de reposer et repaistre pour servir s'il en est de besoin.

Les mareschaux de camp comme dict est cy-dessus ont des compaignies qui ne font point le guet, mais c'est assez les tenir en bataille, sallade en teste, la lance sur la cuisse, jusques à ce que l'armée sera arrivée et le camp assis et que le guet de jour viendra recueillir ou relever. Lequel guet fault qu'il soit le jour qu'on marchera pour resister aux courses que l'ennemy pourroit faire, espérant que chacun sera empesché pour se loger et aller au fourrage. Et la partie des trois compagnies de chevaux légers susdicts ou aultres qui auront repeu, montera à cheval pour aller au loing jusques à la minuict pour donner advis au guet de jour et aux chefs de l'armée et mareschal de camp, s'il y a des ennemys en campaigne et quelles forces.

Le mareschal de camp ayant ordonné l'assiette de l'artillerie, et le lieu pour se mettre en bataille, et le quartier d'un chacun, sera tres bon qu'il face une tranchée à la teste de l'armée, s'il n'y a des ruisseaux pour les raisons susdictes parlant du logis de l'armée, encores que l'on soit le plus fort et les faire selon l'art et raison de la guerre.

Le mareschal de camp avec sa compaignie et ses aydes se doibt tousiours tenir à cheval pour recueillir les trouppes et leur faire entendre ce qu'ils ont à faire ; doibt encore envoyer quelqu'un audevant des chefs de l'avant garde et général de l'armée pour leur donner advis quelle assiette est faicte.

Faut ordonner qu'il y ait tousiours une tente à l'artillerie pour loger les compaignies qui font garde; comme aussy il seroit bien nécessaire au quartier des gens de pied quand on sejourne. Car il fault que le mareschal de camp et chefs aient l'œil à faire conserver la santé de l'armée pour faire tenir net le camp la ou on a à sejourner; et aussy fault que l'eau soit à commodité; que les trippes et entrailles de la chair qui se tue à l'armée soient loing des quartiers; faire enterrer, brusler ou esloigner les charongnes, lesquels sont à la charge du prevost de camp qui doibt avoir quelques pionniers avec ung conducteur pour faire cette exécution et avoir soing des malades, et les faire retirer et porter aux villes qui seront auprès, ou il fauldra avoir ordonné des hospitaux pour les recevoir et donner à vivre.

Ne doibt estre oublyé à la teste du bagage qui doibt marcher tout le premier, le pain pour la journée afin d'estre distribué incontinent que les gens de guerre arriveront. Mais il seroit encore meilleur que lesdicts gens de guerre dès le soir auparavant l'eussent pris pour le lendemain afin de descharger les caissons et les renvoyer en quérir d'aultres. Et fault estre soigneux de la conduicte, et le commissaire desdicts vivres doibt estre prévoyant et donner à toute heure advis de ce qui se passe esdicts vivres, mesmement de l'abondance ou disette et moiens de les faire venir la part ou on advisera de faire le jour, plus ou moings, soit à marcher ou arrester ou de quelque entreprise.

Que nulles compagnies n'ayent à prendre place qu'il ne leur soit ordonné par le mareschal de camp, ou si on loge aulcunement à couvert, soit aussy par les mareschaulx de logis de l'armée; et si par quelque ocasion que ce soit il semble à quelqu'un avoir subiect de se plaindre le remonstrera au mareschal de camp. Les mareschaulx des logis du souverain ou du lieutenant général prendront le quartier tant pour la personne, cornette ensuitte d'un mareschal de camp, car c'est à luy à adviser à la seureté de l'armée et du général et à la commodité de tous et pour se mettre en ordre de bataille s'il le fault faire.

Que nul cappitaine ny homme de guerre venant [à] une armée ne face aulcune difficulté de se mettre en lieu qui lui sera ordonné par ceulx qui auront puissance de leur commander, sur peine de punition exemplaire, mesmement des mareschaux de camp, qui doibvent avoir l'œil à tout pour pourveoir aux accidents qui interviennent et soubs la voix du général, à veoir remonster et recueillir l'advis du souverain ou général de l'armée et colonnel.

Qu'au commandement du mareschal de camp, ung chacun soit obeissant, soit pour aller à la guerre, soit pour desloger ; car c'est la voix du général. Et que si ung regiment, compagnie ou cappitaine de charroy [reçoivent] commandement du mareschal, ou aultre aiant charge de luy, de desloger, qu'ils ayent à obeir incontinant, aussy doibt on les envoyer en ung aultre logis.

Que le camp assis nul n'ayt à se despartir de son régiment ou compaignie soit pour aller à la guerre ou aultre effect, sans congé du général ou du chef de l'avant garde ou en advertir le mareschal de camp, afin que s'il estoit dedié à faire le guet ou pour escorte ou pour aultre effect, l'on en mette ung aultre en son lieu pour ce jour là.

Estant l'artillerie assise la bouche vers l'ennemy, comme dict est, et en lieu qu'elle puisse voir au loing pour battre l'ennemy et venir en un lieu qu'on la puisse secourir, asçavoir qu'il y ait place de bataille derrière, non loing du logis, prendre bonne assiette, s'il la fallait placer loing ou mettre à allieurs comme pour gaigner ung hault dont l'ennemy s'est emparé et pourroit endommager une armée, fault faire une transchée au devant, afin que ceulx qui seront à l'avant garde puissent résister à l'ennemy attendant secours, soit que l'on loge à couvert ou que l'on campe ou loge en une campaigne.

Que tous les chefs et cappitaines de l'armée soient advertis, si on loge à couvert, du signal qui sera coups de canon tirés. A ung seul coup que chacun se tienne prest; à deux coups ensemble que l'on monte à cheval; et à troit tout de mesme, c'est que le général y est pour venir aux mains, et la dessus, selon l'ocasion, leur faire entendre ce qu'ils auront à faire.

Le mareschal de camp attendant que le général arrive au camp se trouvera à l'entrée pour luy faire entendre l'estat de l'armée et son assiette, les commodités ou incommodités, la prevoyance qu'on y a mis, des nouvelles de l'ennemy, s'il y en a, ou comme il y a envoyé pour le sçavoir. Le général doibt devant que d'entrer en son logis, reconnoistre l'assiette de l'armée et le camp de bataille comme tous aultres doibvent faire, pour la dessus conserver et adviser ce qui est à faire.

Apres qu'il sera rafraischy et qu'ung chacun sera logé fault qu'il consulte et advise avec les principaulx chefs, si l'armée aura à desloger le lendemain ; quel chemin et en quel lieu elle ira, selon le rapport que luy fera le mareschal de camp et ce qu'il aura peu apprendre; qu'elle est l'assiétte du pais ou l'on doibt aller ; si les vivres y peuvent aisément venir sans danger; et si l'on ne desloge poinct trop tost, quelle faulte il y aura de marcher pour la faire rabiller [1].

Sur l'heure qu'il fauldra poser les gardes sera bon que le général monte à cheval et aille au lieu ou est l'artillerie pour veoir marcher lesdictes gardes qui la pluspart doibvent passer par là, et audict lieu s'assembleront les principaux chefs et cappitaines; et est très bon que le général se montre aux gens de guerre à se promener par le camp.

Fault que le mareschal de camp visite souvent les gardes de nuict, car cela faict tenir chacun en son debvoir, ne sachant auquel jour ny auquel temps viendra le mareschal de camp pour veoir et reconnoistre. Et quelquefois si le général veult prendre la peine d'y aller ne sera que bon; car il fera qu'ung chacun se tiendra en son debvoir, non seulement aux gardes, mais aussy en toute aultre chose, sachant qu'il est prevoyant et soigneux de donner exemple aux aultres de l'estre.

Et est à notter que depuis quarante ans en ça, on a faict grand estat des pionniers, et s'en est on servy non seulement à prendre des villes et aux fortifications; mais aussy à la fortification d'une trenschée qu'il fault faire en ung camp. Et quelquefois s'est trouvé que par leur faict on a gaigné un advantage grand sur l'ennemy, ou l'on s'est gardé de luy quand il a esté le plus fort et qu'il a voulu ou pouvoit venir avec grand adventage au combat. Et fault tenir pour certain que lesdicts pionniers sont très utiles en plusieurs sortes et façon, et est besoin d'en avoir bon nombre et les conserver; d'autant que bien souvent on n'en peult retrouver au temps que l'on desireroit ou qu'ils se perdent ou meurent.

Il y en a qui sont d'advis que l'on face comme les roys vos predecesseurs d'avoir tousiours trouppes de lansquenets et ne fut ce que trois mil, de la moitié ou deux partz [2], desquels lansquenets vous vous servirés pour trenschées en leur donnant quelque argent, la moitié devant midy et la moitié après; et font plus de besongne que ne font deux mil pionniers, pour estre plus gaillards, estant mieux

---

[1] S'il n'y a point d'inconvénient à faire une plus longue étape pour rattraper le temps perdu.

[2] Une moitié de chaque côté du camp.

nourris et traictés. Et oultre ce il en advient deux effects; l'un qu'ils ne prennent argent que le jour qu'ils travaillent, et les pionniers en prennent tous les jours, et en oultre les lansquenets avec leurs picques tiennent ung combat. Et serois d'advis qu'on levast moins de pionniers qui coustent beaucoup au peuple, soit pour leur bailler argent devant que les faire marcher, car ils se font achester au peuple, soit pour les vestir, et apres deux mois de paye. Mais je serois d'advis de prendre l'argent de cette levée pour payer les lansquenets.

Et seroit bon de dresser une milice, que[1] nos soldats françois servissent au besoin, mesmes des pionniers qui gaigneront tousiours quelques testons. Car il n'y a rien pire que le séjour[2] aux soldats, pour ce qu'ils demeurent nonchallants et ignorants. Ils jouent leur argent, se trompent entre eulx et se mutinent.

CHAPPITRE SIXIÈME.

POUR ENTREPRISES.

Une des premières parties et une des plus recommandées à la guerre est la diligence qui est la mere qui engendre la pluspart du temps les heureux succez et évenements et la bonne yssue des armes.

Mais au maniement et entreprises de la guerre, il fault que la jeunesse apprenne des anciens et expérimentés cappitaines à souffrir et obeir pour à l'advenir estre prevoyants aux accidens; car la jeunesse est quasi incapable de conseil, et plus souvent dommageable à soy mesme qu'à son ennemy.

Et surtout que le général prenne ceste authorité que nul des jeunes cappitaines ny aultres voluntaires n'entreprennent de faire quelque chose sans expres commandement ou permission. Intervenant quelque fraction d'importance à exécuter, faut advancer son chemin et en marchant ne s'arrester à aulcun objet ny entreprises ou querelle par les chemins, ny sans estre commandé d'aller trouver l'ennemy qui

---

[1] De manière que.   [2] Le désœuvrement.

sera au quartier, et suivre et combattre, si on a faict délibération d'aller à quelque aultre grand effect; bien fauldra prendre garde des embusches et adviser aux retraictes s'il estoit besoin. Et quelquefois est tres bon de faire feinte d'aller en ung lieu, et prendre le chemin d'un aultre; et surtout que l'on prevoye aux vivres selon le chemin que l'on aura à faire, et ordonner et contraindre les soldats d'en porter pour trois jours ou quatre, et pourveoir à l'assiette de l'armée. Toutefois, il faudra prendre garde de n'entreprendre un long voyage de plusieurs journées en ung temps qui soit fascheux; car il est certain, qu'il rend inutile l'armée et les troupes, les accablant de maladies et lassitudes. Neantmoins quand on est à faire quelque haulte entreprise il ne faut pour cela laisser de faire marcher les gens de guerre en temps fascheux; car souvent cela est tres prouffitable venant contre l'opinion de l'ennemy. Et fault que le chef encourage lesdicts gens de guerre de ne s'ennuyer de la longueur du chemin et du temps, leur donnant espérance de mettre à fin une grande entreprise. Car les bons chefs et en reputation font que les soldats ne perdent cœur au milieu des travaux en haults et grands desseings et entreprises. Il fault laisser toutes personnes inutiles et ce que l'on pourra de bagage, et conduire les soldats avec les armes seules, mesmement la nuict, en affaires et consequence qui requiert diligence selon la necessité et occurence. Et fault notamment avoir plusieurs bons guides et gens de guerre du pais avec iceulx qui aient bien conféré devant les mareschaulx de camp et qu'ils soient bien d'accord. Car bien souvent entre telles gens s'yl n'y a quelqu'un qui les redresse, il se trouve de la confusion et rompement de ce qu'on a entrepris.

Il est à noter qu'il ne faut jamais delayer à faire vos affaires en ce qui est de la guerre, et fault user de diligence et secret à faire ces entreprises ou surprendre son ennemy, et ne rien entreprendre de dificile soubs l'espoir de chose plus grande sans estre pourveu de tous cas necessaires.

Marchant à une entreprise faut se saisir de tout ce que l'on trouvera et par la teste et par les flancs, afin de marcher plus seurement ; et aux entreprises importantes, il fault faire pourveoir les soldats de vivres qu'ils porteront avec eulx pour quelques jours.

Et venant à propos de parler des vivres il fault pourveoir d'en avoir à suffisance et mesmes qu'il s'en vende dans le camp; car le soldat veult aussy bien repaistre les yeulx que le ventre. Et fault prendre garde de ne guerroyer en pais estranger soubz espérance d'avoir des vivres dudict pais, sans en estre pourveu d'aillieurs.

Quelques ungs tiennent qu'il est nécessaire quelquefois à une grande et difficile entreprise de declarer les moiens aux cappitaines de ce qu'est à faire, pour le faire entendre aux soldats, afin qu'ils s'encouragent de marcher avec une espéranc seure. Mais aussy d'aultre part il est souvent dangereux que des soldats qui ne sont point fidèles en soient advertis, comme il est souvent veu que des Espaignols qui estoient retirés avec des François mettoient peine de descouvrir quelques entreprises pour en donner advis à l'Espaignol afin d'entrer en grace.

PIÈCES RELATIVES A LESDIGUIÈRES

NON RETROUVÉES

OU NON INSÉRÉES DANS CET OUVRAGE.

DATES.		LIEUX DE LA DATE.	SOURCES DES PIÈCES.	SUJETS DES PIÈCES.
1580	17 mai.	Nyons.	Arch. de la Drôme.	Ordre au capitaine Perissol de percevoir 21 livres par feu sur le Valentinois et le Diois.
	19 mai.	Orpierre.	Id.	Ordre aux communautés du Diois et des Baronnies de payer cette imposition.
	Id.	Id.	Id.	Ordre à Gouvernet de faire sequestrer les bénéfices des Baronnies.
1581	31 janvier.	…………	Arch. mun. de Gap.	Acte de cession de diverses terres fait entre Lesdiguières et Arnoulx Lagier, trésorier du Dauphiné.
	21 août.	…………	Id.	Obligation souscrite à Lesdiguières par la ville de Gap.
1582	29 septembre.	…………	B. N. cab. des Titres.	Quittance de 348 écus 20 sols à Pierre Billard.
1584	18 janvier.	…………	Id.	Quittance semblable à Antoine de Chaulnes.
1589	4 septembre.	…………	Arch. mun. de Gap.	Quittance de l'obligation, du 21 août 1581, de la ville de Gap.
1590	3 février.	Devant Grenoble.	Arch. mun. de Grenoble.	Défense de s'emparer du bétail des habitants de Grenoble.
1592	31 mai.	Gap.	B. N. cab. des Titres.	Quittance de 300 écus à Jean du Tramblay.
	20 juillet.	Id.	Arch. de l'Isère. B. 2994.	Attestation de Lesdiguières en faveur de la valeur et bons services de François Philibert.
	30 juillet.	Grenoble.	Id.	Pièce semblable en faveur de Gaspard de Rame-Champrambaud.
1593	9 juin.	Saumur.	Mém. de Duplessis.	Lettre de Mornay à Lesdiguières sur la mission de Beauchamp en Dauphiné.
1595	4 mai.	…………	Vte Charavey 1846.	Lettre autogr. de Lesdiguières à M. de Saint-Frussas.
	18 septembre.	Lyon.	Dr la Bonnardière.	Défense d'exiger aucune imposition des villageois.
	22 septembre.	Id.	Arch. de la Drôme.	Ordonnance du roi rendue sur la demande de Lesdiguières imposant 1 pionnier ou 2 sols 6 deniers aux communautés pour fortifier Grenoble.
	15 décembre.	…………	B. N. M S. F. 23195.	Lettre du roi à Lesdiguières sur la prise de Sisteron et les affaires de Provence.
1596	22 juillet.	Grenoble.	Arch. nat. K 106-40.	Quittance de 233 écus 20 sols à Jean Coulas.
1597	14 avril.	Id.	Arch. de l'Isère.	Ordre au trésorier Milhard de payer sa compagnie des gardes.
	30 août.	Pontcharra.	Arch. mun. de Gap.	Approbation du compte des capitaines Bassecoud et Rigot pour transport de canons.

DATES.		LIEUX DE LA DATE.	SOURCES DES PIÈCES.	SUJETS DES PIÈCES.
1598	4 janvier.	Leyssins.	Arch. de la Drôme.	Ordre à la ville de Montélimar de nourrir et de loger la compagnie de M. du Poët.
	10 janvier.	Grenoble.	M. Roman.	Ordre aux consuls de Tallard pour l'entretien d'un corps de garde.
	25 février.	....	M. de Sallemart.	Ordre relatif à la compagnie de M. de la Roche.
	2 mai.	....	Mém. de Duplessis.	Lettre du Roy à Lesdiguières lui annonçant la conclusion d'un armistice et lui en prescrivant l'observation.
	4 mai.	Grenoble.	M. G. Vallier.	Ordre aux habitants de Tain de concourir avec ceux de Saint-Donat à l'entretien des troupes.
	25 mai.	Id.	M. de Sallemart.	Ordre à M. de la Roche de loger sa compagnie à Montboucher, Espeluche, etc.
	22 juin.	Id.	Arch. du Bourg-St-Andéol.	Ordre aux troupes de loger au Bourg-Saint-Andéol et de s'y nourrir.
	12 décembre.	....	Vte du Bon de L.	Instructions à du Motet pour les affaires de Savoie.
	22 décembre.	Grenoble.	M. de Sallemart.	Ordre à M. de la Roche relativement à un incendie d'Espeluche.
1599	3 novembre.	Id.	Arch. nat. K. 106-62.	Quittance d'une somme de 1,000 écus à Jean Fabry.
	9 novembre.	Crest.	Arch. mun. de Gap.	Défense de fréquenter les tavernes et de jouer pendant les offices.
	12 novembre.	Montélimar	Id.	Défense d'avoir des duels ou combats singuliers.
	20 novembre.	Die.	Id.	Réponse négative à l'évêque de Gap demandant que l'exercice de la religion réformée fût interdit à Gap.
1600	7 mai.	Grenoble.	Id.	Réponse dilatoire à une requête du syndic des réformés de Gap demandant la réforme municipale de cette ville.
	26 septembre.	Id.	Berger de Xivrey.	Lettre du roi à Lesdiguières le priant de dégrever de contributions certains mandements Genevois.
	3 octobre.	....	Id.	Lettre du même au même; il lui envoie un marbrier pour visiter les carrières du Dauphiné.
	13 décembre.	Grenoble.	Arch. nat. K. 107-7.	Quittance de 200 écus à Jean Fabry.
1601	2 mars.	Id.	Arch. mun. de Gap.	Ordre au syndic des réformés de Gap de comparaître devant lui le 20 mars.
	4 avril.	....	Arch. de Lausanne.	Inféodation par les sieurs de Berne de la terre de Coppet à Lesdiguières.
	16 avril.	Grenoble.	Arch. mun. de Gap.	Règlement municipal fait par Lesdiguières pour la ville de Gap.
	5 mai.	Id.	Vte de Girardot 1879.	Lettre de Lesdiguières à Hercules Nègre, ingénieur.
	27 mai.	....	Arch. de Lausanne.	Hommage par Lesdiguières aux sieurs de Berne pour la terre de Coppet.
	28 mai.	....	Id.	Quittance des sieurs de Berne à Lesdiguières pour Coppet.
	1er décembre.	....	B. N. Cab. des Titres	Quittance de 6,000 écus à Etienne Puget.
1605	3 décembre.	Grenoble.	Arch. mun. d'Embrun.	Ordre aux consuls de Gap et d'Embrun d'entretenir des corps de garde.
1606	4 janvier.	Id.	Arch. de la Drôme.	Ordre aux communautés de loger le capitaine Pol, lieutenant de ses gardes.
	6 août.	Id.	Arch. mun. de Gap.	Ordre de paiement de cinq compagnies mises en garnison dans les villes.
	5 novembre.	Fontainebleau.	Vte Pixerecourt 1840.	Approbation de quelques exécutions faites par ses ordres.
1607	20 décembre.	Grenoble.	Arch. mun. d'Embrun.	Nomination de François Nicoud comme trésorier.
1609	4 mai.	....	Berger de Xivrey.	Lettre de Henri IV à Lesdiguières à pro-

NON INSÉRÉES DANS CET OUVRAGE. 581

DATES.		LIEUX DE LA DATE.	SOURCES DES PIÈCES.	SUJETS DES PIÈCES.
1610	1er avril.	Grenoble.	Arch. mun. de Briançon.	pos du procès et de l'exécution de Combourcier du Terrail. Ordre à Paul Lagier, soldat de ses gardes, de faire réparer les routes entre Embrun et Exilles.
	15 avril.	Puymaure.	Arch. mun. de Gap.	Jugement arbitral rendu entre les consuls anciens et modernes de Gap.
	1er mai.	....	Vte Anonyme.	Lettre au roi dans laquelle il lui demande des ordres pour les affaires d'Italie.
	3 mai.	Puymaure.	Arch. mun. de Gap.	Réponse affirmative à une requête demandant que le receveur municipal de Gap rende ses comptes.
	12 juillet.	Grenoble.	Arch. de la Drôme.	Exemption de logement des troupes à Jacques Orfant, médecin.
	6 octobre.	Puymaure.	Arch. mun de Gap.	Réponse à une requête relative aux comptes municipaux de Gap.
	....	....	Vte Rippert 1837.	Lettre au roi....
1611	11 février.	Valence.	Arch. de la Drôme.	Ordonnance relative aux dettes des communes de Benivey et Beauveysin.
	23 mars.	Grenoble.	Arch. mun. de Gap.	Nomination des sieurs du Faure et du Villar comme arbitres dans les discussions municipales de Gap.
	25 mars.	Id.	Arch. mun. de Briançon.	Défense de troubler les voituriers Briançonnais dans leur commerce.
	26 avril.	Puymaure.	Arch. mun. de Gap.	Ordonnance relative aux discussions municipales de Gap.
	28 avril.	Id.	Id.	Réponse dilatoire à une requête des habitants de Saint-Jean-de-Chassagne demandant à ne pas être compris dans l'accroissement des impôts de Gap.
	20 août.	....	Mém. de Duplessis.	Lettre de Duplessis à Lesdiguières sur l'assemblée de Saumur.
	Id.	....	B. N. Cab. des Titres	Quittance de 640 livres à Jean Habert.
	6 septembre.	....	Mém. de Duplessis.	Lettre de Duplessis à Lesdiguières sur l'assemblée de Saumur.
	21 novembre.	Briançon.	Arch. mun. de Briançon.	Ordre à l'écarton de Briançon de payer aux soldats logés la solde de dix jours.
	15 décembre.	....	Arch. mun. de Gap.	Jugement arbitral relatif aux troubles municipaux de Gap.
	Id.	Grenoble.	M. Roman.	Ordre de payer 30 livres à Pol Gautier, chanoine de Gap.
1612	27 janvier.	....	Mém. de Duplessis.	Lettre de Duplessis à Lesdiguières sur les affaires des protestants.
	17 février.	....	Id.	Lettre du même au même, sur la désunion des églises protestantes.
	3 mai.	Paris.	Vte de M. L. 1844.	Lettre à M. de la Force : intéressante et autographe.
	2 octobre.	Vizille.	Arch. mun. de Gap.	Ordre aux consuls de Gap de payer 486 livres pour la construction du pont la Barque sur le Buech.
	20 octobre.	Id.	Id.	Réponse à une requête d'Antoine Arnaud, entrepreneur de ce pont.
	5 novembre.	Gap.	Id.	Vérification des logis des gardes de Lesdiguières à Gap.
1613	3 juillet.	Grenoble.	Arch. de la Drôme.	Ordre de faire le dénombrement de tous les notaires royaux delphinaux.
	16 juillet.	Id.	B. N. Cab. des Titres.	Quittance de 82 livres à François Beschefer.
	20 août.	Id.	M. Roget.	Passeport à Jean Roget, d'Annecy, faiseur de dalles.
	1er décembre.	....	B. N. Cab. des Titres.	Quittance de 8.000 écus à Étienne Puget.
1614	12 février.	Paris.	Imprimé.	Lettre de la reine à Lesdiguières pour se justifier des accusations de Condé.
	15 mars.	Grenoble.	Arch. mun. de Vienne.	Organisation des courriers entre Grenoble et Vienne.

DATES.	LIEUX DE LA DATE.	SOURCES DES PIÈCES.	SUJETS DES PIÈCES.
1614 1er mai.	Serres.	Arch. mun. de Gap.	Ordre aux consuls de Gap et Veynes de payer ses vacations au capitaine Chanière, employé à la construction du pont la Barque.
Id.	Id.	Id.	Ordre aux mêmes de payer pour la même cause les sommes dues à Etienne Bonnet.
13 mai.	Puymaure.	Id.	Calendrier des fêtes qui devront être solennisées à Gap.
.. mai.	Les Diguières.	Id.	Nomination des conseillers municipaux de la ville de Gap.
17 mai.	Id.	Id.	Ordonnance pour le même sujet.
30 juin.	Grenoble.	Vte Charavey 1847.	Lettre de Lesdiguières à Villeroy lui annonçant la publication de l'édit de Nantes en Dauphiné.
8 juillet.	....	M. Chaper.	Quittance de 820 livres à François Beschefer.
16 août.	Grenoble.	Arch. mun. de Gap.	Modifications au règlement fait le 17 mai pour la ville de Gap.
1615 6 janvier.	Id.	Vte Charron 1844.	Lettre de Lesdiguières à M. de Rambouillet le priant de demander au duc de Savoie la liberté de deux prisonniers français : autographe.
17 février.	Id.	M. de Sallemart.	Quittance générale donnée au sieur de la Roche.
23 mars.	Id.	Arch. mun. de Vienne.	Ordre à Beaufort, soldat de ses gardes, de faire réparer les chemins entre Vienne et Lyon.
22 juin.	Vizille.	Vte de Girardet 1879.	Lettre de Lesdiguières à N...
16 août.	Grenoble.	Arch. mun. de Gap.	Ordre aux consuls de Gap de payer à Isabeau du Clot-Eyraud, veuve de Gaspard Gaillard, procureur des habitants de Saint-Jean, ce qui lui est dû par ces derniers.
7 septembre.	....	Mém. de Duplessis.	Lettre de Duplessis à Lesdiguières sur la prise d'armes des princes.
1er novembre.	Grenoble.	Vte Gotlieb.	Lettre de Lesdiguières à Villeroy.
28 novembre.	Id.	Arch. des Hautes-Alpes.	Réponse à requête des consuls de Briançon disant que les communes voisines leur refusent du bois à brûler.
16 décembre.	Romans.	Arch. de la Drôme.	Organisation des courriers entre le Pont-Saint-Esprit et Grenoble.
24 décembre.	Grenoble.	Arch. mun. d'Embrun.	Ordre aux auteurs des troubles municipaux d'Embrun de comparaître devant lui.
1616 5 janvier.	Id.	Arch. mun. de Gap.	Ordre aux consuls de Gap de nourrir et loger la compagnie de M. de Jarjayes.
6 janvier.	Id.	Arch. mun. d'Embrun.	Confirmation de la nomination du sieur Le Bout comme consul d'Embrun.
9 janvier.	Id.	M. de Sallemart.	Ordre aux consuls de Loriol, Granne, etc., de loger la compagnie de M. de la Roche.
14 janvier.	Id.	Vte Desgenettes 1846	Lettre de Lesdiguières à M. de Grignan lui indiquant le quartier que doit tenir sa compagnie.
16 janvier.	....	Imprimé.	Lettre des députés de l'assemblée de Grenoble, alors à Nîmes, à Lesdiguières.
22 janvier.	Grenoble.	Arch. mun. de Vienne.	Ordre aux consuls de Vienne de payer les frais du corps de garde.
26 janvier.	Id.	M. de Sallemart.	Ordonnance réglant le taux des vivres à Loriol, Granne, etc.
Id.	Id.	Arch. mun. de Gap.	Ordre aux consuls de Gap de payer les frais du corps de garde.

NON INSÉRÉES DANS CET OUVRAGE. 583

DATES.		LIEUX DE LA DATE.	SOURCES DES PIÈCES.	SUJETS DES PIÈCES.
1616	23 février.	Grenoble.	Arch. mun. de Gap.	Ordre aux consuls de Gap de loger la compagnie de M. d'Urtis.
	Id.	Id.	Id.	Ordre aux consuls de Gap de loger la compagnie de M. de Jarjayes.
	Id.	Id.	M. de Sallemart.	Ordre aux consuls de Chabeuil de loger la compagnie de M. de la Roche.
	19 juin.	Briançon.	Arch. mun. d'Embrun.	Ordre aux consuls de la Mure de payer à ceux d'Embrun ce qu'ils leur doivent comme aides de leur étape.
	5 juillet.	Turin.	M. de Sallemart.	Ordre des étapes de la compagnie de M. de la Roche entre Chabeuil et l'Italie.
1617	18 avril.	Puymaure.	Arch. mun. de Gap.	Ordre aux consuls de Gap de payer 1500 livres aux habitants de Saint-Jean.
	8 mai.	Grenoble.	Arch. mun. de Vienne.	Ordre aux consuls de Vienne de payer les frais du corps de garde.
	28 mai.	Id.	Arch. mun. de Gap.	Ordre au conseil de la ville de Gap de continuer ses fonctions.
	24 novembre.	Id.	Mme d'Estienne.	Ordre au trésorier Milhart de payer ses appointements à M. d'Aspremont.
1618	1er mars.	Id.	Arch. mun. d'Embrun.	Ordre aux consuls d'Embrun de loger le régiment de M. de Mazères.
	27 avril.	Id.	Mis de Costa.	Défense aux habitants de Chapareillan de conduire les troupeaux sur les terres de Savoie.
	4 mai.	Id.	Arch. mun. de Gap.	Ordre aux communautés de payer l'arriéré de leur imposition.
	9 mai.	…………	Arch. de l'État à Turin.	Lettre de Puysieux à Lesdiguières sur le retard du désarmement de la Savoie.
	14 mai.	Grenoble.	Arch. mun. de Vienne.	Sentence arbitrale entre les consuls de Valence, M. du Passage, gouverneur, et le sergent major de cette ville.
	6 août.	Id.	Arch. mun. de Gap.	Ordre aux consuls de Vienne de ne compter pour la nourriture et le logement que les soldats présents et non les absents.
	2 septembre.	Puymaure.	Id.	Ordre aux consuls de Gap de payer 1500 livres aux habitants de Saint-Jean.
	2 novembre.	Grenoble.	Id.	Ordre aux mêmes de convenir d'arbitres dans leur différend avec les habitants de Saint-Jean et Isabeau du Clot-Eyraud.
	3 novembre.	…………	Mém. de Duplessis.	Lettre de Duplessis à Lesdiguières sur les affaires du Béarn.
	12 novembre.	…………	Arch. de l'État à Turin.	Lettre de M. de Marcieux à Lesdiguières sur la réception faite à la cour au cardinal de Savoie.
	13 novembre.	…………	Id.	Autre du même sur le même sujet.
	18 novembre.	…………	Id.	Autre du même sur le même sujet.
	…………	…………	Id.	Lettre de M. de Buillon à Lesdiguières sur les résolutions du roi relativement au duc de Savoie.
	…………	…………	Id.	Lettre du président Jeannin au même sur le même sujet.
1619	9 janvier.	…………	Imprimé.	Lettre de F. Visconti à Lesdiguières sur le mariage de son petit-fils le comte de Sault.
	16 janvier.	Grenoble.	Arch. mun. de Gap.	Ordre aux consuls de Gap de comparaître devant lui relativement à leur différend avec les habitants de Saint-Jean.
	28 janvier.	…………	Mém. de Duplessis.	Lettre de Duplessis à Lesdiguières sur l'assemblée de Loudun.
	13 février.	…………	Id.	Autre du même sur le même sujet.
	14 février.	Grenoble.	Arch. mun. de Gap.	Ordre aux consuls de Gap de payer ce qu'ils doivent aux habitants de Saint-Jean.

584   PIÈCES RELATIVES A LESDIGUIÈRES

DATES.	LIEUX DE LA DATE	SOURCES DES PIÈCES.	SUJETS DES PIÈCES.
1619	....	....	Bibl. de la Faculté de Montpellier.	Lettre des députés envoyés par la Bourgogne à l'assemblée de Loudun, à Lesdiguières, relative à leurs cahiers.
	....	....	B. N. M. F. 3722.101	Lettre du roi à Lesdiguières : protestations d'amitié et annonce de l'envoi de Deageant.
	20 décembre.	Loudun.	B. N. MS. Brienne, 224, p. 212.	Lettre de l'assemblée de Loudun à Lesdiguières.
1620	4 février.	Id.	Id., id., p. 110.	Lettre de la même au même.
	20 février.	....	Mém. de Duplessis.	Lettre de Duplessis à Lesdiguières sur l'assemblée de Loudun.
	25 février.	Loudun.	B. N. MS. Brienne, 224, p. 324.	Lettre de l'assemblée de Loudun à Lesdiguières.
	28 février.	....	Mém. de Duplessis.	Lettre de Duplessis à Lesdiguières.
	3 mars.	....	Id.	Lettre du même au même.
	26 mars.	Loudun.	Imprimé.	Lettre de l'assemblée de Loudun à Lesdiguières.
	27 mars.	....	Mém. de Duplessis.	Lettre de Duplessis à Lesdiguières.
	14 avril.	....	Id.	Lettre de la même au même.
	1er juillet.	Lyon.	Arch. de la Drôme.	Nomination de Gerard Jourdan comme capitaine de la porte à Romans.
	12 août.	....	Mém. de Duplessis.	Lettre de Duplessis à Lesdiguières sur l'assemblée de Loudun.
	4 septembre	....	Arch. mun. de Gap.	Ordonnance prescrivant une modification dans les élections municipales de Gap.
	14 septembre.	Le Touvet.	Id.	Ordre à Lafont, soldat de ses gardes, de faire réparer les chemins de Gap à Chaumont.
	14 octobre.	Puymaure.	Id.	Ordre au même de faire réparer les chemins de Gap à Vizille.
	7 décembre.	....	B.N. MS.F. 3722.111	Lettre du Roy à Lesdiguières lui annonçant l'envoi de M. de Bullion.
	14 décembre.	....	Mém. de Duplessis.	Lettre de Duplessis à Lesdiguières.
	15 décembre.	....	Vte Laverdet 1847.	Pièce au parchemin, autographe, signée.
1621	13 janvier.	....	Mém. de Duplessis.	Lettre et mémoire de Duplessis à Lesdiguières sur les circonstances présentes.
	31 janvier.	Grenoble.	Vte Laverdet 1847.	Ordre à Gouvernet de lever une compagnie de 50 hommes de pied.
	5 février.	Id.	Arch. de la Drôme.	Répartition entre quelques communautés des sommes à payer pour la création et réparation de la route de la Croix-Haute.
	12 février.	Id.	Arch. mun. de Gap.	Ordre aux consuls de Gap de payer les frais de corps de garde.
	23 février.	....	B. N. MS. Dupuy, vol. 100.	Lettre de l'assemblée de la Rochelle à Lesdiguières.
	27 mars.	....	Mém. de Duplessis.	Lettre de Duplessis à Lesdiguières.
	2 avril.	....	Imprimé.	Lettre de l'assemblée de la Rochelle à Lesdiguières.
	6 avril.	....	Mém. de Duplessis.	Lettre de Duplessis à Lesdiguières.
	8 avril.	Loriol.	Vte Saint-Julien.	Lettre autographe de Lesdiguières au roi.
	20 mai.	....	Mém. de Duplessis.	Lettre de Duplessis à Lesdiguières.
	13 novembre.	Montbreton	B.N. cab. des Titres.	Vente au roi par Lesdiguières de la terre de Villemur.
	3 décembre.	La Verpillière.	Arch. de la Drôme.	Ordre aux communes de déposer l'état des dépenses faites par elles pour l'entretien des troupes.
	10 décembre.	Grenoble.	Arch. mun. de Vienne.	Ordonnance créant un nouvel impôt sur le sel pour lever des troupes contre les révoltés.
	16 décembre.	Id.	Arch. de la Drôme.	Ordre aux communes de loger les compagnies de Suze, Vieilleville et La Croix.
	27 décembre.	Id.	Arch. mun. de Tallard.	Ordre aux consuls de Gap de loger et nourrir sa compagnie d'ordonnance.

NON INSÉRÉES DANS CET OUVRAGE.

DATES.	LIEUX DE LA DATE.	SOURCES DES PIÈCES.	SUJETS DES PIÈCES.
1622 14 janvier.	Moirens.	Arch. de la Drôme.	Ordre de surseoir au paiement des parties dues par les communautés aux capitaines.
Id.	Id.	M. Chaper.	Ordre aux consuls d'Upie de loger la compagnie de M. de Saint-Jullin.
22 janvier.	Valence.	Bibl. de Grenoble.	Ordre aux consuls de Charpey de loger la compagnie de M. de Saint-Pol.
29 janvier.	Id.	M. Chaper.	Ordre aux consuls du Puy-Saint-Martin de loger la compagnie de M. de Saint-Jullin.
31 janvier.	Id.	Id.	Ordre aux consuls de Châteauneuf-sur-Rhône de loger les compagnies de Saint-Jullin et Beauregard.
2 février.	Id.	Arch. mun. de Vienne.	Ordre de lever un impôt de 6 deniers par pot de vin vendu au cabaret.
5 février.	Id.	Id.	Défense à la noblesse et peuple du bailliage de Vienne de se réunir en assemblée.
22 février.	....	De Barthélemy. Documents sur l'assemblée de la Rochelle.	Lettre de l'assemblée de la Rochelle à Lesdiguières.
12 mars.	Loriol.	Mme d'Estienne.	Ordre aux consuls d'Upie de fournir quinze pionniers.
18 mars.	....	De Barthélemy. Documents sur l'assemblée de la Rochelle.	Lettre de l'assemblée de la Rochelle à Lesdiguières.
22 mars.	Loriol.	M. de Sallemart.	Ordre aux consuls de Serre, Saint-Julien, etc, d'aider ceux du Pouzin à supporter les frais de corps de garde.
24 mars.	Id.	Arch. de la Drôme.	Ordre aux consuls du Buis de loger et nourrir deux compagnies du régiment de Tallard.
.. mars.	....	Dom Vaissette. T. V. preuves 365.	Lettre de Rohan à Lesdiguières.
1er avril.	Valence.	Arch. de la Drôme.	Ordre aux consuls du Buis de nourrir les six chevaux de M. de Tallard.
13 avril.	....	Mém. de Duplessis.	Lettre de Duplessis à Lesdiguières.
.. avril.	....	Id.	Lettre du même au même.
.. avril.	....	De Barthélemy. Documents sur l'assemblée de la Rochelle.	Lettre de l'assemblée de la Rochelle à Lesdiguières.
7 mai.	Grenoble.	Arch. de la Drôme.	Ordre aux consuls du Buis de nourrir les compagnies de Soubreroche et de Bataille.
12 mai.	Vizille.	Mme d'Estienne.	Ordre aux trésoriers de payer 12 livres à M. d'Aspremont.
20 mai.	Id.	Arch. mun de Gap.	Ordre aux consuls de Gap de payer les frais du corps de garde.
28 mai.	Grenoble.	Arch. de la Drôme.	Dégrèvement du paiement des vivres, foins et utenciles pour quelques communautés.
2 juin.	Id.	M. Roman.	Défense aux commis de la douane de lever un impôt sur les troupeaux allant de Provence dans les Alpes.
14 juin.	Id.	Arch. mun. de Gap.	Ordre aux consuls de Gap de payer les utenciles à la compagnie de M. de Jarjayes.
17 juin.	Grenoble.	B. N. Cab. des Titres.	Ordre aux consuls de Guillestre de nourrir la compagnie de M. d'Hugues.
21 juillet.	....	Mém. de Duplessis.	Lettre de Duplessis à Lesdiguières.
29 juillet.	Grenoble.	M. Chaper.	Ordre de marche et de séjour de la compagnie de Saint-Jullin.
.. juillet.	....	B. N. MS. F. 3722.160	Lettre du roi à Lesdiguières lui annonçant l'envoi de M. des Plans.

DATES.	LIEUX DE LA DATE.	SOURCES DES PIÈCES.	SUJETS DES PIÈCES.
1622 5 août.	Valence.	Arch. de la Drôme.	Défense au vibailli du Buis d'informer contre M. de la Fare pour rébellion.
Id.	Id.	Id.	Ordre aux consuls de Montélimar, Montboucher, etc., de fournir des pionniers.
Id.	Id.	Arch. de l'Ardèche.	Commission à M. de Tournon pour lever 1500 hommes en Vivarais.
10 août.	Baix.	Id.	Ordre aux consuls de Baix d'entretenir les 25 hommes de la garnison de Granoux.
11 août.	Loriol.	Arch. de la Drôme.	Ordre aux consuls de Saint-Paul-trois-Châteaux, Saint-Restitut, etc., d'entretenir la compagnie du comte de Suze.
14 août.	Saint-Esprit	Arch. de Montdragon.	Ordonnance désignant des aides à la communauté de Montdragon.
24 août.	Aramon.	Arch. de l'Ardèche.	Ordre aux consuls de Viviers d'entretenir les garnisons de Baix et de Chomérac.
4 septembre.	Montauban.	Arch. de la Drôme.	Ordre aux consuls de Valence et de Pont-Saint-Esprit de faire réparer les chemins.
12 septembre.	Saint-Esprit	Arch. de l'Ardèche.	Ordre de lever 3600 livres sur le Vivarais pour réparer Baix et le Pouzin.
Id.	Id.	Arch. de la Drôme.	Ordonnance nommant un capitaine de 100 hommes de pied.
18 septembre.	Loriol.	Arch. de l'Ardèche.	Ordonnance nommant M. de Villeneuve capitaine de 100 hommes de pied.
21 septembre.	Id.	Id.	Ordonnance permettant à M. de Clermont-Chatte, sénéchal du Velay, de lever 600 hommes de pied.
Id.	Id.	Id.	Ordonnance permettant à M. de Boissy, gouverneur de la Voulte, de lever 100 hommes de pied.
24 septembre.	... .	Id.	Ordre aux consuls de Viviers d'entretenir les garnisons de Baix et de Chomérac.
2 décembre.	Grenoble.	Arch. de la Drôme.	Confirmation des règlements municipaux de Romans.
....	....	Vte Rippert 1837.	Lettre de Lesdiguières au roi.
....	....	M. de Faucher.	Commission d'aide de camp à M. de la Croix.
1623 17 juin.	Paris.	Arch. mun de Grenoble.	Ordonnance accordant aux consuls de Grenoble les débris des portes et anciens ponts-levis.
1624 11 janvier.	Plessis des Bois.	B. N. MS. F. 3722-174	Lettre du roi à Lesdiguières, approuvant sa défense des duels.
24 avril.	Compiègne.	Bibl. de Grenoble.	Sentence arbitrale entre les entrepreneurs du pont de pierre à Grenoble.
6 juin.	Id.	Arch. mun de Péronne.	Confirmation du privilège des échevins de Péronne de donner le mot de guet.
12 septembre.	Grenoble.	Arch. mun. de Grenoble.	Ordre aux consuls de Grenoble de payer 100 fr. au sieur Robert, lieutenant.
26 septembre.	Id.	Arch. mun. de Gap.	Ordre à Lafont, soldat de ses gardes, de faire réparer les routes entre Vizille et Chaumont.
30 octobre.	Puymaure.	Id.	Réponse à requête des consuls de Gap pour être déchargés du logement des gens de guerre.
31 octobre.	St-Bonnet.	M. Amat.	Permission à Astier, soldat de ses gardes, de porter l'arquebuse et de chasser.
15 novembre.	Grenoble.	Bibl. de Grenoble.	Sentence arbitrale entre les entrepreneurs du pont de pierre à Grenoble.
Id.	Id.	Arch. mun. de Gap.	Ordre aux syndics des réformés de Gap de se présenter dans trois mois au conseil du roi.

DATES.	LIEUX DE LA DATE.	SOURCES DES PIÈCES.	SUJETS DES PIÈCES.
1624 1er décembre.	La Verpillière.	Arch. de la Drôme.	Ordre aux consuls d'Etoile de loger des gens de guerre avec Montéléger, etc., pour aide
Id.	Id.	Id.	Ordre aux consuls de Taulignan de loger des gens de guerre, avec Vinsobres, etc., pour aide.
3 décembre.	Id.	Arch. mun. d'Embrun.	Ordre aux communautés de loger et nourrir un soldat de ses gardes.
11 décembre.	Pont-d'Ain.	Arch. de Saône-et-Loire.	Ordre aux états de Maconnais d'organiser des étapes pour le régiment de Tremon.
1625 1er janvier.	Grenoble.	Bibl. de Grenoble	Permission à Soine, de Romans, de porter des armes.
15 janvier.	Id.	Arch. mun. d'Embrun.	Ordre aux communautés de l'Embrunais de payer 12 livres par feu pour la reconstruction du pont de la Clapière.
27 janvier.	Embrun.	Id.	Ordre aux consuls d'Embrun de payer les frais du corps de garde.
Id.	Id.	Id.	Ordre aux aides d'Embrun de contribuer à son étape.
Id.	Id.	Id.	Réponse à requête de Massi, muletier, demandant que les consuls d'Embrun soient responsables de la perte de son mulet.
28 janvier.	St-Crépin.	Id.	Ordre aux consuls d'Embrun de payer ce mulet après estimation.
11 février.	Turin.	Id.	Défense aux troupes qui descendent le Rhône de se loger en Dauphiné.
15 février.	Grenoble.	Arch. mun. de Gap.	Nomination de du Villar comme lieutenant de Jarjayes, gouverneur de Gap.
16 août.	Chaumont.	M. Amat.	Ordre aux consuls de Briançon Cézanne, etc., de loger deux soldats de ses gardes.
21 août.	Id.	Arch. mun. d'Embrun.	Ordre aux consuls d'Embrun, Gap, etc., de loger un soldat de ses gardes.
1er octobre.	Id.	Id.	Ordre aux consuls de Saint-Crépin, Briançon, etc., de loger un soldat de ses gardes.
8 octobre.	Id.	Id.	Ordre aux consuls de Cézanne, Briançon, etc., de loger un soldat de ses gardes.
Id.	Id.	Id.	Ordre aux consuls de Oulx, Briançon, etc., de fournir un cheval à un de ses pages.
1626 8 janvier.	Paris.	Bibl. de Grenoble.	Lettre de Louis XIII à Lesdiguières lui annonçant le soulèvement des protestants du Vivarais.
Id.	Grenoble.	M. Chaper.	Ordre à M. de Bullion de faire payer les gens d'armes.
28 janvier.	Id.	Arch. mun. de Vienne.	Ordonnance dispensant les dix villes de fournir des armes aux cent soldats que chacune d'elles doit lever.
.. janvier.	Id.	Vte Charavey 1847.	Lettre de Lesdiguières aux consuls de...
4 février.	Id.	Arch. de la Drôme.	Ordre aux consuls de l'Étoile de loger soixante-dix maîtres de sa compagnie.
10 février.	Id.	Arch. mun. de Gap.	Ordre aux consuls de Gap de payer les frais de corps de garde.
1er mars.	Valence.	Arch. de la Drôme.	Ordre aux communautés données en aide à Etoile de fournir leur quote-part.
17 mars.	Crest.	M. de Gallier.	Ordre aux consuls de Bourdeaux, Bezaudun, etc., d'entretenir la garnison du Poët-Célar.
15 avril.	Grenoble.	M. de Sallemart.	Nomination de M. de la Roche comme gouverneur du Poët-Célar.
17 avril.	Id.	Arch. mun. d'Embrun.	Ordre aux communautés entre Chaumont et Grenoble de fournir des bêtes de somme.

DATES.	LIEUX DE LA DATE.	SOURCES DES PIÈCES.	SUJETS DES PIÈCES.
1626 7 mai.	Valence.	Arch. de la Drôme.	Approbation des lettres patentes données par le roi pour le soulagement des lieux d'étapes.
18 juin.	Grenoble.	Id.	Ordre à la province de fournir un pionnier par feu pour terminer le pont neuf de Grenoble.
1er juillet.	Id.	Arch. mun. de Vienne.	Permission à l'hôpital de Vienne de mettre à sa porte un tronc pour les pauvres.
Id.	Id.	Arch. mun. de Gap.	Ordre aux consuls de Gap de payer les frais de corps de garde.
13 juillet.	....	Bibl. de Grenoble.	Ordre de modifier l'épaule du pont neuf construit à Grenoble sur l'Isère.
17 juillet.	Grenoble.	Arch. de la Drôme.	Ordre aux communautés d'entretenir la garnison de Soyans.
28 juillet.	Valence.	M. de Florent.	Ordre aux communautés d'entretenir la garnison du Poët-Célar.
31 juillet.	Id.	Arch. de la Drôme.	Ordre aux aides de l'Etoile de payer leur quote-part.

INDEX

DES DESTINATAIRES DES DOCUMENTS IMPRIMÉS DANS CE VOLUME.

AERSENS (D'). CCCLXVI, CCCLXXXIV.
ARCES (D') CLXXXII.
ARNAUD (Pierre). CDXI.
ASPREMONT (D'). LXXXVI, CCXXXVII, CCCLIV.
BARAILHON, GOUJON, BOLLIOUD et GROLIER. CCIV.
BASSOMPIERRE (DE). CCCLXXII, CCCLXXVI, CCCLXXXIII.
BÉARN (Protestants de). CCLIII.
BEAUFORT (DE). CDXXXVIII.
BELLEGARDE (Duc DE). CCCXXXI.
BELLIEVRE (DE). CDV, CDIX, CDXXII, CDXXIII, CDXXIV.
BERNE (Avoyers et conseil de). LVI, LXV, LXVII, LXVIII, CCLXXXVIII, CCCXLI, CCCXLVI, CCCLV.
BETHUNE (DE). CXXIII.
BLANVILLE (DE). CCXXVIII.
BOFFIN, LA MARCOUSSE, DE MURINAIS ET DE SIMIANE (MM.). CCCXCII.
BONNE (DE). XCIV.
BOLLIOUD. Voy. BARAIHON.
BOSSES (DE). CXII.
BOUILLON (Duc DE). XII, XIII, XX, XXII.
BOUTEROUE. CCCXXXV.
BRESSAC (DE). CCXLIX.
BRIANÇON (Consuls de). VII.
BRIANÇON (Magistrats de). V
BRIANÇONNAIS (Habitants du). XXV.
BRISON (DE). CCLXV, CCCLXXXVII, CCCXC, CCCXCI.
BRULART DE LÉON. XLV.
BULLION (Claude DE). LVIII. CDXXXIV.
BURCIN (Commandeur de). XXIX.
BUYS (Consuls du). II, III.
CAPUCINS DE GAP (Supérieur des). LIV.
CAVOURET. CX.
CHAMBRE DES COMPTES ET TRÉSORIERS GÉNÉRAUX DU DAUPHINÉ. CDXXVI.
CHAMPSAUR (Habitants du). CCXXIV.
CHARMOISY (DE). CLXXXVI.
CHEYLAR (Du). CCCXCIV.
CONSULS DES COMMUNES ENTRE VALENCE ET SOYANS (Les). CCCLXXVIII.
CONSULS DES DIX VILLES (Les). CCCLXX, CCCLXXI.
COSTE (DE LA) CLXXVI.
COTTON (Le Père). CDXXIX.
CRÉQUI (Charles DE). LX, LXXXVII, CCCXIV, CCCLIII.
CRÉMIEU (Consuls de). CCCXLVIII, CCCLI.
CROIX (DE LA). XI, CXIV.
DIE (Juge de). CDXXXI.
DISIMIEU (DE). CCXCIII.
EMBRUN (Consuls d'). CXXVI. CCXXXII.
EPERNON (Duc D') CCXXVI.
ERBAULT (D'). CCCLXIII.
ESPAUTRE ET DES IMBERTS. CCCXCVI.
FLOTTE-MONTAUBAN DU VILLAR (Joseph DE). LXIX.

FORCE (DE LA). XIX.
FRÈRE ET MORGES. CCLXXX.
FRIBOURG (Avoyers et Conseil de). CCXXXIII, CCCXLV, CCCLXXIV.
GAP (Consul de). XCV.
GAP (Enfants de). CV.
GARDE (Habitants de la). CCCLXXVII.
GARDES DE LESDIGUIÈRES. IV.
GAVI (Château de). CCCLVIII.
GAVI (Ville de). CCCLVI.
GENÈVE (Syndics et Conseil de). XXXII, XXXV, XXXVI, XXXVIII, XXXIX, XL, XLIII, XLIV, XLVIII, XLIX, L, XCIII, CCLX, CCLXIII, CCLXXXIII, CCLXXXV, CCLXXXIX, CCCIX, CCCXVII, CCCXXXII, CCCXLVII, CCCL, CCCLXXIII, CCCLXXXV, CCCLXXXVI.
GENTILSHOMMES DES MONTAGNES. CCXXXVI.
GOUJON. Voy. BARAILHON.
GRENOBLE (Assemblée de). LXXXI, LXXXII.
GRIL (Jacques DE). LXVI.
GROLIER. Voy. BARAILHON.
HUGUES (Guillaume D'). CCCXVIII.
IMBERTS (DES). Voy. ESPAUTRE.
JEANNIN (Président). LV, LVII, LXIII, CCXCV.
LAGET (Les frères). LIII.
LA MARCOUSSE. Voy. BOFFIN.
LA MORTE (DE). CDXXXVII.
LEGAT D'AVIGNON. XXI.
LENÉ (Mis DE). CLXXXIII.
LESDIGUIÈRES (DE). XIV, LXXVII, C, CXL, CXLVII, CLVI, CLXVII, CLXVIII, CCV, CCVII, CCXI, CCXLV, CCCLIX.
LESDIGUIÈRES, ROHAN ET DU PLESSIS-MORNAY. XXX.
LIMANS (DE). CCCLXXIX.
LOUDUN (Assemblée de). CCXXX, CCXXXIV, CCXXXV, CCXLI, CCXLIII, CCXLIV, CCXLVI, CCXLVII.
LUYNES (DE). CCVI.
LYON (Prevost des marchands et eschevins de). VI, CCVI, CCVIII, CCCLXIX.
MACONNOIS (Élus du). CCCLII.
MARINI, ambassadeur en Savoie. CCCXXIII, CCCXXXVIII.
MENS (Assemblée de). CCCXCIX, CDI.
MIONS (DE). CCXCVII.

MONTALQUIER (DE). CCLXVII.
MONTBRUN (DE). CCLXXXII.
MONTPELLIER (Assemblée de). LXXXV.
MORGES. Voy. FRÈRE.
MURINAIS. Voy. BOFFIN.
NEMOURS (Duc DE). I, XXXVII, LXII, XCIX, CI, CIV.
NEVERS (Duc DE). XXVI, CDXIX.
NEVERS (Duchesse DE). XLVI.
NYONS (Consuls de). XXXI, CCXXXVIII.
NYONS (Église et consuls de). CCCXCVII.
OPPÈDE (D'). CCCLXIV.
ORNANO (D'). CDXVI, CDXVII.
ORNANO (D') et le Parlement de Dauphiné, CDXVIII.
PAPE (N. S. Père le). CCLXII, CCCXIX, CCCXX.
PARLEMENT DU DAUPHINÉ (Au). CCCXCVIII, CD, CDIV.
PEYRINS (DE). CCCXXXIV, CCCXCV.
PHILIBERT DE VENTEROL (DE). CIII, CCCXIII.
PIÉMONT (Prince de). CXXXIV, CXXXVI, CXXXIX, CXLIII, CLI, CLVIII, CLXII, CLXV, CLXXII, CLXXVIII, CXCIV, CXCVIII, CCXVIII, CCXXII.
PIERRELATTE (Consuls de). LXXX.
PLÉNIPOTENTIAIRES DU TRAITÉ DE LYON. CDXXVII, CDXXVIII.
PLESSIS-MORNAY (DU). IX, XVII, XVIII, XXVIII, XXX, XLII, CCXIX, CCXXXI, CCXL, CCLI, CCLII, CCLV, CCLXVI, CCLXVIII, CCLXXI, CCLXXXI, CCXCVI, CCCXXXVI.
POET (DU). CDVI, CDVII, CDVIII.
PONSONAS (DE). CDXII.
PONTCHARTRAIN (DE). CCIX.
PONT DE VEYLE (Catholiques de). CXXIX.
PONT DE VEYLE (Châtelains et syndics de), CLXXV.
PONT DE VEYLE (Pasteurs et Anciens de). CLXXXI, CCXXXIX.
PONT-EN-ROYANS (Synode de) LXIV, CCCXXIX.
POUZIN ET DE BAYS (Garnison du). CCXCI.
PROCUREUR DES ÉTATS DE DAUPHINÉ (Le). CCCVIII.
PUYSIEUX (DE). CCCXXVII, CCCXXVIII.

INDEX DES DESTINATAIRES. 591

Rambouillet (Mis de). LXXI, LXXII, LXXIII, LXXIV, LXXV, LXXVI.
Rebelles de Dauphiné. CCLXXXIV.
Rebelles de Montauban, Languedoc et La Rochelle. CDXXXIX.
Reine (La). XXIII, XXVII, XXXIII, LXXXIX, XC, XCI, XCVIII, CCXXV.
Roche de Grane (De la). X, XXIV, LXI, CIX, CXIII, CXI, CCXXVII, CCXLVIII, CCLIV, CCLVI, CCLVII, CCLVIII, CCLXI, CCLXIX, CCLXX, CCLXXII, CCLXXXVII, CCXCVIII, CCCIII, CCCV, CCCX, CCCXI, CCCXII, CCCXXI, CCCXXIV, CCCXXV, CCCXXX, CCCXXXIII, CCCXXXIX, CCCXLII, CCCXLIII, CCCXLIV, CCCLXXV, CCCLXXXI, CCCLXXXVIII, CCCXCIII.
Roche-Giron (De la). CDXXV.
Rochelle (Assemblée de La). CCLIX, CCLXIV, CCCXXIII.
Rochelle (MM. de La). LXXXIV.
Rohan (Duc de). XXX, CCXC, CCXCIV, CCXCIX, CCC, CCCXVI.
Roi Henri III (Le). CDII, CDIII.
Roi Henri IV (Le) CDXIII, CDXIV, CDXX, CDXXI, CDXXXV.
Roi Louis XIII (Le). LXXXIII, XCII, XCVII, CXXX, CXXXVII, CLXXXIV, CCX, CCXXIX, CCLXXXVI, CCCVI, CCCXV, CCCLX, CCCLXI, CCCLXVII.
Romans (Consuls de). CCL, CDXXX.
Saint-Jean. CCCLXV.
Saint-Michel (De). CCCLXXXIX.
Saint-Sauveur (De). CCCLXII.
Savoie (Cardinal de). CCXIII.
Savoie (Duc de). XXXIV, CXXXI, CXXXIII, CXXXV, CXXXVIII, CXLI, CXLII, CXLIV, CXLV, CXLVI, CXLVIII, CXLIX, CL, CLII, CLIII, CLIV, CLV, CLVII, CLIX, CLX, CLXI, CLXIII, CLXIV, CLXVI, CLXIX, CLXX, CLXXI, CLXXIII, CLXXIV, CLXXVII, CLXXIX, CLXXX, CLXXXV, CLXXXVII, CLXXXVIII, CLXXXIX, CXC, CXCI, CXCII, CXCIII, CXCV, CXCVI, CXCVII, CXCIX, CC, CCI, CCII, CCIII, CCXII, CCXV, CCXVI, CCXVII, CCXX, CCXXI, CCCIV, CCCVII, CCCXXII, CCCXXXVI, CCCXLIX, CCCLXVIII, CDXXXII, CDXXXIII.
Saumur (Assemblée de). XV, XVI.
Sillery (Le Chancelier de). LIX.
Simiane. Voy. Boffin.
Soubise (De). CCCII, CCCLVII.
Tallard (Consuls de). XLVII, CXXIV.
Thou (De). VIII, LI, LII.
Tolède (Dom Pédro de). CXV.
Tremouille (Duc de la). CCXLII, CCLXXV, CCLXXVII, CCLXXVIII, CCLXXIX, CCCI.
Tremouille (D^{sse} de la). LXX, CCLXXIV, CCLXXVI, CCCXXXVII.
Truchier (De). CCCLXXX.
Valence (Consuls de). CDXXXVI.
Ventadour (De). CCV, CCVII.
Verrue (Cte de). CLXXXIII.
Vice-Légat, CDX.
Vienne (Consuls de). CXXXII, CCCXII.
Villar (Gaspard de Montauban du). XCVI, CVIII.
Villautrey (De). CCCXL.
Villeroy (De). XLI, LXXVIII, LXXIX, LXXXVIII, CVI, CXVI, CXVII, CXVIII, CXIX, CXX, CXXI, CXXII, CXXV, CXXVII, CXXVIII.
Villeroy et la Rose. CCCLXXXII.
Vulson, CDXV.

INDEX

DES DÉPOTS OU SONT CONSERVÉS LES DOCUMENTS IMPRIMÉS DANS CE VOLUME.

Accarias (M.), à Grenoble. CDXXXI.
Advis de M. des Diguières a l'assemblée de Grenoble. Broch. s. l. n. d. LXXXI.
Advis de M. le Mareschal des Diguières aux rebelles et partialistes de Montauban, Languedoc, Vivaretz et la Rochelle. Paris, G. Drouat, 1622. CDXXXIX.
Arbaud (M. Paul), à Aix. CDXVI.
Arces (Mis d'), à Moirans, CLXXXII.
Arnaud (M. le pasteur), à Crest. LXXXV, CCXXXIV, CCXXXV.
Arsenal (Bibl. de l'), XCVII, XCVIII.
Berne (Arch. de). LXV, LVI, LXVII, LXVIII, XCIII, CCLXXXVI, CCLXXXVIII, CCCXLI, CCCXLVI, CCCLV.
Bibliothèque nationale. I, VIII, XII, XIII, XIV, XV, XVI, XX, XXII, XXIII, XXVI, XXVII, XXXIII, XXXVII, XLV, XLVI, LI, LII, LV, LVII, LXII, LXIII, LXXVII, LXXVIII, LXXIX, LXXXVII, LXXXVIII, LXXXIX, XC, XCI, XCII, XCIX, C, CI, CII, CIV, CVI, CXVI, CXVII, CXVIII, CXIX, CXX, CXXI, CXXII, CXXIII, CXXV, CXXVII, CXXVIII, CLXXXIV, CCV, CCVII, CCIX, CCX, CCXXX, CCXLI, CCXLII, CCXLIII, CCXLIV, CCXLV, CCXLVI, CCLXII, CCLXIV, CCXC, CCXCI, CCXCIV, CCXCV, CCXCIX, CCC, CCCII, CCCVI, CCCXIV, CCCXVIII, CCCXXXI, CCCLIII, CCCLVI, CCCLVIII, CCCLIX, CCCLXII, CCCLXV, CCCLXVI, CCCLXVIII, CCCLXXII, CCCLXXVI, CCCCXXXIII, CCCXCVIII, CCCXCIX, CD, CDI, CDII, CDIII, CDIV, CDV, CDIX, CDX, CDXI, CDXII, CDXIII, CDXIV, CDXV, CDXVII, CDXVIII, CDXIX, CDXX, CDXXI, CDXXII, CDXXIV, CDXXVIII, CDXXXII, CDXXXIII, CDXXXIV.
Briançon (Arch. munic. de). V, VII, XXV.
Carpentras (Bibl. de). CXV, CXXXVII, CCXLVII, CCCLX, CCCLXIV, CCCLXVII.
Chaper (M. Eugène), à Grenoble. IV, XXX, LXXI, CCCXIX, CCCXX, CCCXXVI, CCCXXXV, CCCXLIX, CCCLXIII.
Coppie de la lettre écrite par monsieur le duc des Diguières a messieurs de Frere et de Morges, de Castillion le 12 juillet 1621. Grenoble, Verdier, 1621. CCLXXX.
Coppie d'une lettre écrite a la royne mère par monsieur le mareschal des Diguières. Lyon, 1619. CCXXXV.
Costa de Beauregard (Mis de), à Chambéry. CX, CXII, CCCXXXVIII.
Cour d'appel de Lyon (Arch. de la). CCCXL, CDXXV.
Dauphiné (Journal le), 15 févr. 1880. CCCLXXIX, CCCLXXX.
Dernier advis de monsieur des Diguières a messieurs de la Rochelle sur la dernière résolution du roy. Lyon, Ivrad, 1621. CCLXXIII.
Drome (Arch. de la). II, III, XXI, LXIV,

INDEX

LXXX, CCXLIX, CCLXXXIV, CCCVIII, CCCLXXVII, CCCXCII, CCCXCIV, CCCXCVI, CCCXCVII, CDVI, CDVII, CDVIII, CDXXX.

EMBRUN (Arch. munic. d'). XCIV, CXXVI, CCXXXII.

ESTIENNE DE SAINT-JEAN (C^sse D'), à Aix. LXXXVI, CCXXXVI, CCXXXVII, CCCLIV.

EXTRAICT DE LA LETTRE ENVOYÉE AU ROI PAR M. LE MARESCHAL DES DIGUIÈRES. Paris, Bourriquant. LXXXIII.

FAUCHER (M. Paul DE), à Bollène. XI, CXIV, CCXCVII.

FEUILLET DE CONCHES (M.), à Paris. CDXXXV.

FLORENT (Mis DE), à Tain. X, CCLVII, CCLXIX, CCLXX, CCCIII, CCCXXX, CCCLXXV, CCCLXXXI.

FRIBOURG (Arch. de). CLXXXVI, CCXXXIII, CCCXLV, CCCLXXIV.

GAP (Arch. munic. de). LXVI, LXIX, XCV, XCVI, CV, CVII.

GAP (Hôpital de), *voy.* HOPITAL.

GENÈVE (Arch. de). XXXII, XXXV, XXXVI, XXXVIII, XXXIX, XL, XLIII, XLIV, XLVIII, XLIX, L, CCLX, CCLXIII, CCLXXXIII, CCLXXXV, CCLXXXIX, CCCIX, CCCXVII, CCCXXXII, CCCXLVII, CCCL, CCCLXXIII, CCCLXXXV, CCCLXXXVI.

GILLES (Pierre). HISTOIRE ECCLÉSIASTIQUE DES ÉGLISES RÉFORMÉES. Genève, Jean de Tournes, 1644. CCCXXII, CCCXXIII, CCCXXXVI.

GRENOBLE (Bibl. de). CCLXV, CCLXXXI, CCCLXX, CDXXXVII.

HOPITAL DE GAP (Arch. de l'). LIV.

HOPITAL DE PONT-DE-VEYLE, *voy.* PONT-DE-VEYLE.

INSTITUT (Bibl. de l'). XLI, CCCXXVII, CCCXXVIII, CCCLXXXIV, CDXXVII.

LA BONNARDIÈRE (D^r), à Grenoble, CCCXLVIII, CCCLI.

LA RESPONCE DE MONSIEUR LE DUC DES DIGUIÈRES AUX PLAINTES A LUI ENVOYÉES PAR CEUX DE L'ASSEMBLÉE DE LA ROCHELLE. Paris, Vitraix, 1624. CCLIX.

LETTRE DE M. LE CONNESTABLE AU ROY TOUCHANT LES ARMES DE SA MAJESTÉ ESTANT DE PRÉSENT EN ITALIE. Paris, Bessin, 1625. CCCLXI.

LETTRE DE Mgr LE DUC D'ESDIGUIÈRES AU S^r DE MONTBRUN, LUY ENJOIGNANT EXPRESSEMENT DE LA PART DU ROY D'AVOIR A DÉSARMER DANS SON GOUVERNEMENT DE DAUPHINÉ. Paris, Feuger, 1621. CCLXXXII.

LETTRE DE M. LE MARESCHAL DES DIGUIÈRES ENVOYÉE TANT A MM. DE LA ROCHELLE QU'AUX AUTRES CHEFS DE LA RELIGION PRÉTENDUE RÉFORMÉE. Lyon (s. d.). LXXXIV.

LETTRE DE MONSIEUR LE MARESCHAL DE LESDIGUIÈRES ENVOYÉE AUX REBELLES DU PAYS DE BÉARN. Lyon, Ivrad, 1621. CCLIII.

LETTRE DE M. LE DUC DE LESDIGUIÈRES ESCRITTE AU DUC DE ROHAN LE 10 JUILLET 1622. Paris, Jean Bassin, 1222. CCCXVI.

LETTRE ET AVIS DE M. LE CONNESTABLE DE LESDIGUIÈRES AU SIEUR DE SOUBIZE. Paris, veuve du Carroy, 1625. CCCLVII.

LETTRE ET ADVIS ENVOYÉ AU ROY PAR MONSIEUR LE MARESCHAL DE LESDIGUIÈRES. Tours, 1619. CCXXIX.

LETTRES ET ARTICLES ENVOYÉS PAR PIERRE COTTON, JÉSUITE, AU SEIGNEUR DES DIGUIÈRES AVEC LA RÉPONSE DUDIT SEIGNEUR DES DIGUIÈRES (s. l., n. n.), 1601. CDXXIX.

LYON (Arch. munic. de) VI, CCIV, CCVI, CCVIII, CCIX, CCCLXIX.

LYON (Arch. de la Cour d'appel de), *voy.* COUR D'APPEL.

MACÉ (M.), à Grenoble. CCL.

MÉMOIRES DE DU PLESSIS-MORNAY. IX, XVII, XVIII, XXVIII, XLII, CCXIX, CCXL, CCLI, CCLII, CCLV, CCLXVI, CCLXVIII, CCLXXI, CCXCVI.

MERCURE DE FRANCE. CCCXC, CCCXCI.

MONTS (Cte DE), à la Côte-Saint-André. CCXXVIII.

NYONS (Arch. munic. de). XXXI, CCXXXVIII.

PONT DE VEYLE (Arch. munic. de). CXXIX.

PONT DE VEYLE (Arch. de l'hôpital de). CLXXV, CLXXVI, CLXXXI, CCXXXIX.

RASPACK (M.), à Eyguians. LII.

RATHERY (feu M.), à Paris. CDXXVI.

ROMAN (M.), à Gap. CIII, CCXXIV, CCXXXI,

CCLXVII, CCCXIII, CCCLXXXVII, CDXXXVIII.

SCHICKLER (B^{on}), à Paris. XIX.

SALLEMARD (Vte DE), à Peyrins. XXIV, XXIX, LXI, CIX, CXI, CXIII, CCXXVII, CCXLVIII, CCLIV, CCLVI, CCLVIII, CCLXI, CCLXXII, CCLXXXVII, CCXCVIII, CCCV, CCCX, CCCXI, CCCXII, CCCXV, CCCXXI, CCCXXIV, CCCXXV, CCCXXXIII, CCCXXXIV, CCCXXXIX, CCCXLII, CCCXLIII, CCCXLIV, CCCLXXXII, CCCLXXXVIII, CCCXCV.

SAONE ET LOIRE (Arch. de). CCCLII, CCCLXXXIX.

TALLARD (Arch. munic. de). XLVII, CXXIV.

TERROT (M.), à Pont-en-Royans. CCCXXIX.

TRÉMOUILLE (Duc DE LA), à Paris. LXX, CCLXXIV, CCLXXV, CCLXXVI, CCLXXVII, CCLXXVIII, CCLXXIX, CCCI, CCCXXXVII.

TURIN (Arch. de). XXXIV, CXXX, CXXXI, CXXXIII, CXXXIV, CXXXV, CXXXVI, CXXXVIII, CXXXIX, CXL, CXLI, CXLII, CXLIII, CXLIV, CXLV, CXLVI, CXLVII, CXLVIII, CXLIX, CL, CLI, CLII, CLIII, CLIV, CLV, CLVI, CLVII, CLVIII, CLIX, CLX, CLXI, CLXII, CLXIII, CLXIV, CLXV, CLXVI, CLXVII, CLXVIII, CLXIX, CLXX, CLXXI, CLXXII, CLXXIII, CLXXIV, CLXXVII, CLXXVIII, CLXXIX, CLXXX, CLXXXIII, CLXXXV, CLXXXVII, CLXXXVIII, CLXXXIX, CXC, CXCI, CXCII, CXCIII, CXCIV, CXCV, CXCVI, CXCVII, CXCVIII, CXCIX, CC, CCI, CCII, CCIII, CCXI, CCXII, CCXVIII, CCXX, CCXXI, CCXXII, CCXXIII, CCCIV, CCCVII.

VALENCE (Arch. munic. de). CDXXXVI.

VIAUD-GRANDMAISON (D^r), à Nantes. LXXII, LXXIII, LXXIV, LXXV, LXXVI.

VIDEL (Histoire de la vie du connétable de Lesdiguières, par). LXXXII, CCXXVI.

VIENNE (Isère) (Arch. de). LVIII, LIX, LX, CXXXII, CCXCII, CCXCIII, CCCLXXI, CCCLXXVIII.

INDEX

DES NOMS D'HOMMES ET DE LIEUX IMPRIMÉS DANS CE VOLUME [1].

ADRETS (LES). François de Beaumont, b⁰ⁿ des Adrets, chevalier des ordres du roi, colonel, chef des protestants dauphinois, né vers 1513, mort en 1586. CDIVn.

ADRIATIQUE. La mer Adriatique. LXXXIXn.

AERSEN (D'), HARSENS (D'). François Aersens, sieur de Sommerdisck, ministre d'État des Provinces unies, ambassadeur en France et en Angleterre. Il était fils de Corneille Aersens, secrétaire d'État. CCCLXVI, CCCLXVII, CCCLXXXIV.

AFFORT. Emprisonné à la Mure comme hérétique (1581). CD.

AFFRINGES (BRUNO D'). Charles d'Affringes dit Bruno, général de l'ordre des Chartreux de 1600 à 1631. Il était né à Saint-Omer et était chanoine et vicaire général de Carpentras avant d'embrasser, en 1592, l'état de chartreux. CCCXVIIIn, CCCXLVn.

AFFRY (D'). François d'Affry, de Soleure, lieutenant des Cent Suisses, colonel des Suisses, gouverneur de Neuchâtel. Il était fils de Louis d'Affry et d'Ursule de Praroman et mourut en 1645. CCCXLV.

AIGUEBONNE (D'). *Voy.* HURRE.

AIMONT (I). CDXIII.

AIX (I). CDXIII, CDXXI, CDXXIII, CDXXV.

ALAIS. Chef-lieu d'arrond^t du dép^t du Gard. CCLIVn.

ALARY. Député au synode de Pont-en-Royans (1614). LXIV.

ALBE. Peut-être *Albano-Verceillese*, commune, cercle de Verceil, province de Turin (Italie). CXXXVII.

ALDOBRANDINI (Card^l) (I. *au mot* Nonce). CDXXVII, CDXXVIII.

ALENÇON (Duc D'), MONSEIGNEUR, MONSIEUR. François de Bourbon, duc d'Alençon, duc de Brabant, frère des rois François II, Charles IX et Henri III, né en 1554, mort en 1584 le 10 juin, sans alliance. CCCXCVIII, CDIV, CDVII.

ALEXANDRE. Alexandre-le-Grand. CDXXXIX.

ALEXANDRIE. *Alessandria*, chef-lieu de la Province de ce nom (Italie). CDXXXIII.

ALIGRE (D'). Étienne d'Aligre, né en 1592, conseiller au grand conseil (1615), conseiller d'État, ambassadeur de France à Venise, puis chancelier de France, mort en 1677. Il était fils d'Étienne d'Aligre et d'Élisabeth Chappelier, et se maria trois fois. CCCLXVIII.

ALIMES (DES) (I). CDXXVII, CDXXVIII.

ALINCOURT (D'). *Voy.* HALINCOURT (D').

ALLAIN. Député à l'assemblée de Loudun (1619), envoyé par cette assemblée à la cour (1620), député de la Normandie à la Rochelle (1622). CCXLI n.

ALLARD (Col^l). Colonel piémontais au service du duc de Savoie qui l'employa dans des missions diplomatiques près de Lesdiguières. Forcé de quitter la France après deux assassinats à main armée, il finit par trahir le duc

---

1. Tous les noms suivis de ce signe (I) ont été l'objet d'une note dans l'index de notre premier volume auquel le lecteur est prié de recourir.

Lorsqu'un chiffre romain est suivi d'une N minuscule c'est que le nom du personnage dont il est question paraît dans une note et non dans le document lui-même.

de Savoie au profit des Espagnols et fut tué au milieu de la rue, à Milan, par un officier qu'il avait fait casser. XXVII n, LVI n, CCCIV.

ALLEMAGNE, ALEMAIGNE (I). LXXII, CCLXXXIII, CCCVII n, CCCLXXVI n.

ALLONS (D') (I). CCCIII.

ALOS (I. *au mot* Allos). CDXXVIII.

ALSACE. Province de ce nom. CCCVII n.

ALTESSE (SON). *Voy.* SAVOIE (DUC DE).

AMBOISE. Chef-lieu de c^on, arrond^t de Tours (Indre-et-Loire). CCLXXIII.

AMBRUN, EMBRUN (I). XXVII, XCIV, CXXVI, CCXXXII, CCCXVIII n, CD.

AMBRUN (Archevêque d'). Guillaume d'Hugues, archevêque d'Embrun de 1612 à 1648, fils de Michel d'Hugues. Il était d'abord général des franciscains. Il testa le 27 octobre 1648. CXVI, CXXVI, CCCXVIII.

AMBRUNOIS (I). CLIV.

ANCHIS. Contrôleur de la maison de la reine (1610). CDXXXIV.

ANDREDIEU (D'). Josué de Chavagnac, S^r d'Andredieu, député à l'assemblée de Grenoble (1615), colonel sous Rohan, gouverneur de Castres (1628), premier chambellan du duc d'Orléans. Fils de Christophe de Chavagnac et de Catherine d'Andredieu; il épousa Gillette de Calvisson et mourut en 1652. CXII.

ANGLETERRE (I). CCLIX n.

ANGLETERRE (Roi d'), GRANDE BRETAGNE (Roi de la). Jacques II, roi d'Angleterre. XII n, XXIII n, LXXII, CXIX, CCCVII n, CCCLXII.

ANGOULÊME. Chef-lieu du dép^t de la Charente. CCXXV n, CDXXXVI n.

ANGROGNE (I). CD.

ANJORRANT. ANJOURRANT, Jacob Anjorrant, fils de Renaud Anjorrant, Sr de Souilly, et de Geneviève Aubelin, réfugiés à Genève. Il joua un rôle considérable dans la politique genevoise et fut à plusieurs reprises député en Allemagne et en France. Il mourut en 1647, à quatre-vingt-un ans. CCXXXV, CCLXXXIX.

ANIBAL (D'). Probablement Annibal de Torchefelon, né en 1578, fils de Claude de Torchefelon et de Judith de Borel; il épousa Suzanne de la Balme. CCXCII, CCXCIII.

ANSELLE (Col d'). Actuellement nommé *Col de Manse*, passage sur la montagne de Bayard, entre les cantons de Gap et de Saint-Bonnet (Hautes-Alpes). CCXXIV.

AQUI, ACQUI. *Acqui*, commune, cercle et mandement d'Acqui, province d'Alexandrie (Italie). CCCLIII n, CCCLIX, CCCLXI.

ARBRESLE (L'), Chef-lieu de c^on, arrond^t de Lyon (Rhône). CCIV n.

ARCES (D') (I). CLXXXII.

ARCHIDUC (L'). *Voy.* FERDINAND.

ARCONAT. Francesco Arconato, diplomate italien, plénipotentiaire du duc de Savoie au traité de Lyon (1601). CDXXVII, CDXXVIII.

AREMBURES (D'). Pierre de Rambures, colonel, mari de Madelaine de Belli, mort en 1626. CDXXXVII.

ARMAGNAC (Cardinal d'). Georges d'Armagnac, cardinal, archevêque de Toulouse, puis d'Avignon, colégat, né en 1501, fils de Pierre, bâtard d'Armagnac, et de Yolande de la Haye. Il mourut en 1585. CD.

ARMET. François Armet, avocat au parlement de Bourgogne, député aux assemblées de Chatellerault (1605) et de Saumur (1611). XIV.

ARNAUD. Pierre Arnaud, nommé, en 1590, payeur des armées de Lesdiguières. CDXI.

ARNAULT. Valet de chiens (1614). LXI.

ASCOLY (Prince d'). N... Caracciolo, prince d'Ascoli. XLI.

ASPREMONT (Claude de Sauret, S^r D') (I). CCCXCVII n.

ASPREMONT (D') (I). LXXXVI, CCXXXVI, CCXXXVII, CCCLIV.

ASSAS (D'), Capitaine (1617). CXII.

AST, AAST, ASTI (I). XLV, LXXII, LXXXVIII n, LXXXIX, XC, XCI, XCII, XCVII, XCVIII, CII, CXIII n, CXVI, CXVII, CXVIII, CXIX, CXX, CXXI, CXXII, CXXIII, CXXX n, CCCLXV.

ASTRES (D') (I). CDXXVIII.

AVIGNON (I). XXXV, CCLXXX n, CCCVII n, CCCXXVIII, CCCXLIX n, CDX.

AUBIGNAN (D'). Thomas de Panisse, sieur

d'Aubignan, chev. des ordres du roi, fils de Jean de Panisse, baron de Maligeai, et d'Alizette de Pazzis. Il fut syndic de la noblesse du Comtat et mourut vers 1597. CDX.

AUBIN (D'). CCCLXV.

AURAT (D'). Joseph Dorat, d'abord officier, puis secrétaire du roi, maison et couronne de France (1636), fils de Pierre Dorat, gentilhomme d'Auvergne. CXLV. CLIII, CXCI.

AURIAC (D'), HAURIAC (D'), ORIAC (D') (I). CCCLIII, CDXVIII, CDXXVIII.

AUTEFORT (D'), HAUTEFORT (D'), (I. au mot Hautefort). CDV.

AUTRICHE (I). LXXXIX n, CDXXXII n, CDXXXIII.

AUVERGNE (I). CCCLXV, CDXIII.

AUVERGNE (Cte D'). Charles de Valois, c^{te} d'Auvergne, duc d'Angoulême, fils naturel du roi Charles IX et de Marie Touchet, né en 1573, il épousa Charlotte de Montmorency et mourut en 1650. CXXXI.

AYMARGUES. *Aimargues*, com^{ne}, c^{on} de Vauvert, arrond^t de Nîmes (Gard). LXXXVIII.

AYMES ?. Siége d'un présidial. CCCLXXXVII.

BADEN. Chef-lieu du district de ce nom, c^{on} d'Argovie (Suisse). LXVII, LXVIII.

BADEN (Mis DE). Frédéric, Mis de Bade, né en 1594, mort en 1659, fils de Georges-Frédéric, Mis de Bade, et de Juliette-Ursule de Bavière. Il se maria cinq fois et a laissé des mémoires. CCCVII n.

BAGNOLS, BAIGNOLS. *Bagnols-sur-Cèze*, chef-lieu de c^{on}, arrond^t d'Uzès (Gard). CCXCIV, CCXCV, CCXCVI.

BAILLY. François Bailly, associé à la ferme des sels de Dauphiné, mort sans enfants. LXV.

BAILLY. Cap^{ne} protestant (1625). CCCLXXXVII.

BAIS, BAYS. *Baix*, com^{ne}, c^{on} de Chomérac, arrond^t de Privas (Ardèche). CCLXXX, CCXCI, CCXCIV, CCXCV, CCXCVI, CCXCIX n, CCCIV, CCCXII n, CCCXXXIII, CCCXLII.

BAR. Isaac de Bar, Sr de Sales, cap^{ne}, châtelain de Nyons (1612). Il épousa Isabeau de Bologne. II.

BARAILHON, BARAILLON, BARALHON. Échevin de Lyon, CCIV, CCV, CCVI, CCVII.

BARBERINI (Cardinal). François Barberini, neveu du pape Urbain VIII, créé cardinal le 22 octobre 1623, mort en 1679, à quatre-vingt-trois ans. Il était fils de Charles Barberini, duc de Monterotundo, et de Constance Magalotti. CCCXLIX n.

BARCELONETTE (I) CDXXVII, CDXXVIII.

BARGONNET. Soldat des gardes d'Allincourt. CCIV n.

BARNOUS (DE). Pierre de Vignon, Sr de Barnoux, fils de Pierre Vignon, beau-frère de Lesdiguières, capitaine. CCCLI.

BARONNAT (DE). Claude de Baronnat, Sr de Poleymieux et Poliénas, b^{on} de Châteauneuf, ép., en 1608, Lucrèce de Benoît, et fut tué dans les guerres de Piémont. LXII, CXCIII, CXCIV, CCXVIII.

BARONNIES (Les). CCXXXV, CD.

BARRAULX, BARRAU, BARRAUS. CLXXXII, CCCXI, CCCXIV, CCCLXXIV, CDXXXVII.

BARROT. Chevalier du guet à Lyon. CCIV n.

BASSOMPIERRE (DE). François de Bettslein, Mis de Bassompierre, né en 1579, mort en 1646; colonel (1604), colonel des Suisses (1614), maréchal de camp (1615), grand maitre intérimaire de l'artillerie (1617), chevalier des ordres du roi (1618), ambassadeur en Espagne (1621), ambassadeur en Suisse (1625), mort sans alliance. Il était fils de Christophe de Bassompierre et de Louise de Radeval. LXXXI n, CCCXLIX n, CCCLXII n, CCCLXXII, CCCLXXVI, CCCLXXXIII.

BASTILLE (La). Château de ce nom à Paris. XLII.

BAULME-CORNILLANNE (La). *La Baume-Cornillanne*, com^e, c^{on} de Chabeuil, arrond^t de Valence (Drôme). CCLXXXIV.

BAULMES. *Les Baumes*, ham., com^{ne} de Châteauneuf-d'Isère, arrondissem^t de Valence (Drôme). CCLXXXIV.

BAUMETES (DES). Claude d'Autric de Ventimille, S^r des Beaumettes, fils de Gaspard, viguier de Marseille, et de Françoise de Simiane; il épousa Hélène de Rame, dame des Crottes, et mourut vers 1670. CX.

BAVAS. Antoine de Barruel, Sr de Bavas, capitaine protestant, fils d'Antoine de Barruel et d'Antoinette le Berger ; il épousa Suzanne de Garnier et testa en 1640. CCCLXIX n.

BAYS. *Voy.* BAIS.

BAZAN. Sébastien Bazan, vaudois, emprisonné à Turin, puis brûlé comme hérétique le 23 novembre 1623. CCCXXXVI.

BEARN, BEAR. Province de ce nom. XII n, LXXVII n , LXXXIV, CCXII n , CCXIX, CCXXIX, CCXXX n, CCXL n, CCXLI n, CCXLIII, CCXLV, CCXLVI, CCXLVII, CCLI n, CCLII, CCLIII, CCLIX, CCLXIV n, CCLXXII, CCXCI n.

BEAUCAIRE (I). XXXI.

BEAUCLERC (DE) N... le Beauclerc, fils de Jean le Beauclerc, trésorier de l'extraordinaire, et frère de Charles le Beauclerc qui fut secrétaire d'État. CCCLXV.

BEAUFORT (DE). Pierre de Beaufort, cap^{ne} protestant, fils de Pierre de Beaufort, de Saint-Jean-d'Hérans , et de Gabrielle Genaille, il épousa Alix Rambaud, sœur du capitaine Furmeyer, et mourut vers 1600. CD, CDII.

BEAUFORT (DE). Pierre de Beaufort, cap^{ne}, soldat des gardes de Lesdiguières, fils des précédents, ép. Olympe de Bonniot, mort vers 1645 CDXXVIII.

BEAUJOLAIS (I). CCIV n, CCIX.

BEAUREGARD. Montagne près de la Mure (Isère). CD.

BEAUREGARD (DE). Charles Michel, Sr de Beauregard, fils d'Esprit Michel et mari d'Anne Brez. Capitaine. CCI, CCXXIII.

BÈCHE DAUFIN (I). CDXXVIII.

BELLEGARDE (DE), LE GRAND. Roger de Saint-Lary, duc de Bellegarde, grand écuyer de France, gouverneur de Bourgogne, premier gentilhomme du duc d'Orléans. Il était fils de Jean de Saint-Lary, Mis de Termes, et d'Anne de Villemur. Il épousa Anne de Bueil et mourut en 1646. CXXIII, CCII n, CCCXXXI, CCCXLV n, CCCLIII.

BELLEY. Chef-lieu d'arrond^t et siège de l'évêché du dép^t de l'Ain. XXXII, XLIV.

BELLIERS (DE) (I. *au mot* BELLIER). XCIV.

BELLIEVRE (DE) (I). CDV , CDIX , CDXXII, CDXXIII, CDXXIV.

BELLUJON, BELLUION, BELUJON, BELLUGEON LE B^{on} DE COPPET. Daniel de Bellujon, fils de Denis et de Honorade de Bestes. Il fut Sr de Coppet, gouv^r de Villemur, député à plusieurs synodes protestants, gentilhomme de la chambre (1611) et conseiller d'État (1624). Il mourut en 1629 dans sa terre de Cépan en Bourgogne. Il avait épousé Anne-Claudine de Montléon. VIII, IX, XII n, XIV, XVIII, XLVI, LXXIV, CXV, CXVI, CXVII, CXVIII, CXXI, CXXII, CCXL, CCXLI n, CCXLII , CCXLIII , CCXLIV , CCXLV , CCXLVI, CCLXXXVIII, CCCI , CCCLXVI, CCCLXVII, CCCLXXXIII.

BERGERAC (I) . CCLXXX, CCLXXXI.

BERGÈRE (La). Soldat des gardes d'Allincourt. CCIV n.

BERGUÈRE. Peut-être Étienne Berlier, sénateur au Sénat de Savoie, nommé le 20 novembre 1599. CXCI.

BERMOND. Ancien de l'église réformée de Pont-de-Veyle. CXXIX n.

BERMONDI. Ancien de l'église réformée de Pont-de-Veyle. CXXIX n.

BERNARD (Cap^{ne}). Capitaine dauphinois (1612). XXXI.

BERNARD. Ancien de l'église réformée de Pont-de-Veyle. CXXIX n.

BERNE (I). LVI, LXV, LXVII, LXVIII, XCVII n, CLVI, CCXXXIII, CCLXXXVI, CCLXXXVIII, CCCXLI, CCCXLV, CCCXLVI, CCCLV.

BERTELIÈRE (DE). (Dans une lettre douteuse). CCLIII.

BERTRAND. Jean Bertrand, Sr du Mey, secrétaire de Lesdiguières, anobli en 1620. Il fut trésorier de France à Lyon en 1628. CV, CXI, CCCVIII.

BETHUNE. Maximilien de Bethune, Mis de Rosny, prince d'Henrichemont, cap^{ne} de cinquante hommes d'armes, gouv^r de Mantes et Gergeau, fils de Sully et de Anne de Courthenay. Il succéda à son père dans la charge de grand maître de l'artillerie (1610) et épousa Françoise de Créquy (1609) ; né en 1588, il mourut en 1656.

LV. LXXXVIII, LXXXIX, XC, XCI, XCII, XCVII n, CII, CXVI, CXVII, CXX, CXXI, CXXII, CXXIII, CXXV, CXXX, CXXXVII, CLXVIII, CCII n, CDXXXVII.

BETHUNE. Philippe de Bethune, Mis de Bethune et de Chabris, chev^r du Saint-Esprit, gouverneur de Bretagne, ambassadeur à Rome, en Allemagne et en Espagne. Il était fils de François de Bethune, b^{on} de Rosny, et de Charlotte Dauvet ; il épousa Catherine Le Boutellier, puis Marie d'Aligre et mourut en 1649, à quatre-vingt-huit ans. CCCXLIX n.

BETONS (DES). Guigues de Roux de Champfleury, Sr de Bettons, emprisonné à la Mure comme hérétique (1581). CD.

BÉZIERS. Chef-lieu d'arrondissem^t (Hérault). CCCLXXXVII, CCCXC.

BISTAIGNE. *Bistagno*, com^{ne}, mandement de Bistagno, cercle d'Acqui, province d'Alexandrie (Italie). CCCLXI.

BLACONS (DE). Hector de Mirabel (I) CDX.

BLACONS (DE). Alexandre de Forests de Blacons, gouverneur d'Orange, du Pouzin, fils d'Hector de Mirabel de Forest de Blacons. Il épousa Marguerite de la Tour Gouvernet, et mourut en 1631. CXIII, CCLIVn, CCLXI, CCLXXXn, CCXCI, CCXCV, CCXCVI, CCXCVIII, CCCXII, CCCXIV, CCCXXI, CDXXXVII.

BLAGIER. Homme de confiance du duc de Créqui (1611). XI.

BLAINVILLE (DE), BLANVILLE (DE). Jacques Blanc, Sr de Blanville et d'Armanais, mari de Louise de Virieu (1620). XXIX, CCXXVIII.

BLET (DE). Daniel de Saint-Quentin, b^{on} de Blet, Sr de Brosses, gentil^{me} de la chambre du roi. Fils de Claude de Saint-Quentin, né vers 1560, il fut député aux assemblées de Loudun (1596), la Rochelle (1608), Saumur (1611), Grenoble (1615) ; il fut président de cette dernière assemblée. Il avait épousé Marguerite de Puygiron, puis Françoise de l'Estang et mourut en 1640. LXXVII n.

BLOIS, BLOIE (I). CCXII, CCXXV n, CCXXVI, CCLXXIII.

BOFFIN. Thomas Boffin, écuyer, conseiller du roi et secrétaire de la connétablie. CCCXCII.

BOIS-DAUPHIN (DE). Urbain de Laval, Mis de Sablé, Sr de Bois-Dauphin, maréchal de France, promu à cette dignité en 1596, mort en 1629. Il était fils de René de Laval et de Jeanne de Lenoncourt. LXXXI

BOISSEUL N... Boisseulh, avocat au parlement de Paris, député à l'assemblée de Grenoble dont il fut secrétaire (1615) LXXVIIn.

BOISSI ((DE), BOISSY (DE). Châtelain de la Voulte (1622). CCCXXIV, CCCXXV.

BOISSIZE (DE). N... Thuméry, Sr de Boissise, diplomate protestant. XII n, XIV.

BOLLIOUD. Échevin de Lyon. CCIV, CCV, CCVI.

BON (OCTAVIO). Octavio Bon, podestat du Frioul, ambassadeur en Espagne (1601) et à Constantinople (1604), sénateur (1607), ambassadeur en France (1613); né en 1551, mort en 1622. Il était fils du procurateur Alessandro Bon. LXXXVIII.

BONNE (DE) (I). XCIV, CXXVI, CCCLIII, CDXXXVII.

BONNEVAL (DE), BONIVAL (DE), BONNIVAL (DE). Charles d'Agoult, Sr de Bonneval et de Piegon, fils de Louis d'Agoult et de Judith de Marcel-Blain, il épousa Blanche d'Autric de Ventimille (1619), et Mondette de Bargeton (1663). Il mourut en 1673 CCXX.

BORDEAUX (Mgr DE), François d'Escoubleau de Sourdis, archevêque de Bordeaux, cardinal ; fils de François d'Escoubleau, Sr de Sourdis, Mis d'Alluye et d'Isabelle de la Bourdaisière. Il fut archevêque de 1600 à 1628 et créé cardinal en 1398. CCCLXV.

BORDES (DES). Jean Claude de Bordes, écuyer, Sr du Châtelet et la Balme, gentilhomme du prince de Condé, fils de Claude de Bordes et de Jeanne Grenaud. Il épousa Catherine de Miette et mourut en 1656. XII n.

BOSSE (DE), BOSSES (DE). Henri de Bosse, Sr du Collet, capitaine, fils de Marcellin, Sr du Collet, et de Louise de Rousset. Il mourut en 1625. CX, CXII.

BOSSÉ. Marchand à Lyon (1618), CCLXXXIII.

BOUCHET (DU). François Bouchet, lieut^t au rég^t de Sault. CCCXLVIII.

BOUILLON (Duc DE). TOUR (HENRI DE LA) (I). XII, XVII, XVIII n, XX, XXII, XXX, LVIIn, LXXVII n, LXXXI, CVI n, CCCI, CCCXVIIIn, CCCXXXVII.

BOUQUETTE (LA). *Boschetto,* hameau, com^{ne} de Cerro-Tanaro, mandement de Felizzano, cercle et province d'Alexandrie (Italie). CCCLVIII.

BOURBON (HENRI DE). *Voy.* CONDÉ.

BOURBONNE ((DE). Charles de Livron, Mis de Bourbonne, maréchal de camp, gouv^r de Champagne, chevalier de l'ordre, fils d'Erart de Livron et de Gabrielle de Bassompierre. CCCLXII.

BOURDEAUX. Chef-lieu de c^{on}, arrond^t de Die (Drôme). LXI.

BOURDIN. Lieutenant du grand maître de l'artillerie en Dauphiné (1614). LV.

BOURG. Chef-lieu du département de l'Ain. CDXXVIII.

BOURG (DU). Antoine du Maine, b^{on} du Bourg, et l'Espinasse, fils de Bertrand du Maine et de Jeanne de Fayole de Mellet. Il fut maréchal de camp, gouv^r d'Antibes (1608), et testa en 1635. Il avait épousé Anne de Bouffé (1586). XLII, CDXXXVII.

BOURGOGNE (I). CCCXLV n.

BOURROT. Ancien de l'église réformée de Pont-de-Veyle. CXXIX n.

BOURSIER. Conseiller d'État de Savoie, plénipotentiaire du traité de Lyon (1601). CDXXVIII.

BOUTEROUE (I). LXXVII n, CCXLI n, CCCXXXV.

BRABANT. Province de ce nom. CDVII n.

BRAGART (DE). Balthazard Autard, dit le cap^{ne} Bragart, originaire de Digne, châtelain d'Orpierre, cap^{ne} sous Lesdiguières, anobli en 1607, mourut vers 1620. CDXXVIII.

BRÉMOND (I). IV, LIII, CIII, CXI, CCXXXV, CCXLVI, CCL, CCLXIX, CCCIII, CCCLXXVII, CCCXCII, CCCXCV.

BRENNUS. Chef gaulois. CCCLVII.

BRESMES (Cte DE). Gouverneur de Baix et du Pousin (1622). CCCXXXIII, CCCXLII.

BRESSAC (DE). Henri de Bressac, bailli de Valence, mort en 1634. CCXLIX.

BRESSE (I). XCIV, XCV, CXXII, CCXIV, CCCLIII.

BRESSIEU (DE). Aymar François de Grolée-Mevouillon, Sr de Bressieu, fils d'Aymar Antoine de Grolée et d'Isabeau de la Piarre. Il fut chargé de pacifier le Gapençais après la deuxième guerre de religion et mourut vers 1565. Il avait épousé Catherine d'Oraison, dame de Beaujeu. CCCXCVII.

BRESSIEUX (Mis DE). Louis de Grolée-Mevouillon, Mis de Bressieu, écuyer de la reine mère, fils de Laurent de Grolée et de Marguerite de Saint-Michel. Il épousa Marguerite de Morges et ne laissa pas de postérité. CDXXXVII.

BRETONS (DE). Thomas de Berton, Sr de Crillon et Saint-Jean, fils de Giles de Breton et de Jeanne Grillet; il épousa Marguerite de Guilhem puis Françoise de Blégiers. CDX.

BRIANÇON (I). XXV, XXVII n, CXIII, CXXIV.

BRIANÇONNAIS (I). V, VII, XXV, CCLXXX, CDXII.

BRIANZE (Italie). CCCLXV.

BRIQUÉRAS (I). CDXXIII n.

BRISON (DE), BRISSON (DE). Joachin de Beauvoir-Grimoard du Roure de Beaumont, Sr de Brison, surnommé *le Brave*; fils de Rostaing de Beauvoir et de Jeanne de Caire d'Antraygues Il épousa Marie de la Tour-Gouvernet, fut gouverneur de Nimes, lieut^t général des protestants en Vivarais, maréchal de camp des armées du roi; assassiné le 4 janvier 1628. CCLIV n, CCLXV, CCLXXX n, CCCLXIX n, CCCLXXII, CCCLXXVI, CCCLXXXVII, CCCXC, CCCXCI.

BROCHETIÈRE (DE LA). Siméon Bellanger, écuyer, Sr de la Brochetière, capitaine sous Soubise. CCXC.

BROSSES (I). VII.

BRULART. Nicolas Brulart, Mis de Sillery, Sr de Puisieux, conseiller au parlement de Paris (1568), président aux enquêtes (1584), ambassadeur chez les Grisons (1589), garde

DES NOMS D'HOMMES ET DE LIEUX.   601

des sceaux (1604), chancelier de France (1607-1616-1623-1624), mort le 1er octobre 1624. Il était fils de Pierre Brulart et de Marie Cauchon et avait épousé Claude Prudhomme (1574). XIV, XXIIIn, CXLVII, CLXIII n, CCCXLIX n.

BRULART (Léon). Charles de Brulart, prieur de Léon, ambassadeur de France à Venise (1612-1621). Il était fils de Pierre Brulart de Genlis et de Madelaine Chevalier et mourut doyen des conseils du roi en 1649. XXXIX, XLIII, XLV.

BRUNET. Homme d'affaires de Lesdiguières. CCXXIV.

BRUSOL. CDXXXII, CDXXXIII.

BUCCION (DE). Officier italien. CCCLXV.

BUGNON. Antoine Bugnon, entrepreneur du pont de pierre, à Grenoble (1623). CCCXXXIV n.

BUISSE (DE LA) (I). CDXXVIII.

BULLION, BULION, BULLYON, BULLON (I). XIIn, XIV, XVI, XVIIn, XXIII n, XXVII, LVIII, CCLXVI n, CCCX, CCCXLIX, CCCLIII, CCCLIX, CCCLX, CCCLXV, CDXXXII, CDXXXIII, CDXXXIV, CDXXXV, CDXXXVII.

BURCIN (Commt DE). Jean de Micha, sieur de Burcin, commandeur de Malte, fils de Jean de Micha. XXIX.

BUYS (Le) (I). II, III, XXI, CD.

CAGNY (DE). Député de la province de Normandie à l'assemblée de Grenoble (1615). LXXXV.

CAGNY (DE). François de Boufflers, Sr de Cagny, conseiller d'État, bailli du Beauvaisis (1610), fils d'Adrien de Boufflers et de Françoise de Gouffier, il épousa Louise de Hennequin (1612), né en 1583, il mourut en 1670. LXXVIII n.

CAHOURS. (1. au mot Cavours) CDXVII.

CALIGNON (DE), CALLIGNON (DE) (I). CCCXCVIII, CCCXCIX, CDI, CDV, CDIX, CDXIV.

CALIGNON. Alexandre de Calignon, maréchal de batailles, fils de Soffrey de Calignon, chancelier de Navarre, et de Marie du Vache. Il épousa Isabeau de Rosset. CCLV.

CALUSE (DE). Alexandre Gerard Scaglia, Cte de Caluze, conseiler d'État, ambassadeur du duc de Savoie, frère du Cte de Verrue, ministre du duc de Savoie. CXXIII, CXXXIV, CXXXV, CXLII, CL, CLI, CLXII, CCXXI, CCXXII.

CAMBRAI (I). CDVII n.

CARACCIOLO. Thomas Caracciolo, duc de la Rocca, général des Gênois, fils de Tristan Caracciolo et de Cornelia d'Azzia. CCCLVI n.

CARCES (Cte DE). Jean de Pontevez, Cte de Carces, grand sénéchal, lieutenant du roi en Provence, fils de Gaspard de Pontevez et de Léonor des Prez; il épousa Marie d'Allougny de Rochefort et mourut en 1656 sans postérité. VI.

CARDINAL (Le Prince). Voy. SAVOIE (Cardinal de).

CAROSO. Hameau, comne et mandement de Borzonasca, cercle de Chiavari, province de Gênes (Italie). CCCLVI n.

CASAL. Voy. CAZAL.

CASAUBON (Mlle DE). Philippa de Casaubon, fille du célèbre Isaac de Casaubon et de Florance Estienne, fille de l'imprimeur Henri Estienne. XL.

CASTILLE (DE). François de Castille, Sr de Villemareuil, receveur général du clergé, secrétaire du roi (1607), fils de Philippe de Castille et de Geneviève Guerin, épousa N. Gamin. XLIII.

CASTILLION. Castillon-sur-Dordogne, chef-lieu de con, arrondt de Libourne (Gironde). CCLXXX.

CASTRES (I). CCXCIX, CCC, CCCVII.

CASTRO ?. (Italie). CCCLXI.

CASTILLE. Province d'Espagne, prise ici pour l'Espagne elle-même. CCCLVII.

CATHOLICQUE (Le roi). Voy. ESPAGNE (Roi d').

CAVELLE. Peut-être Cavallera, hameau de la comne d'Ozzano-Monteferrato, cercle de Casal, province d'Alexandrie (Italie). XLV.

CAVOURET, CAVORRET. Secrétaire du duc de Savoie. CVI n, CX, CXII.

CAZAL, CASAL, CAZAC. Casale-Montferrato, comne, province d'Alexandrie, cercle de Casal (Italie). XLI, XLII, XLIII, XLV, CCCLXV.

CAZE (DE LA). Jacques de Pols, Mis de la

76

Caze, fils de Pontus de Pons, sénéchal de Landes et de Françoise de Marsan, député aux assemblées de Saumur (1595), de Chatellerault (1597 et 1605), de Saumur (1611). Il épousa Judith de Montberon. XIV.

CEDAN. *Sedan*, chef-lieu d'arrond^t du départ^t des Ardennes. CCCI.

CERVASQUE (DE). Comte et officier du duc de Savoie (1622). CCCIV, CCCVII.

CHABOU, CHABOUD. Échevin de Lyon. CCV, CCVII.

CHABRIER. Pierre Chabrier, de Valcluson, tué en 1618. CLII.

CHABRILLES (DE). Antoine de Beauvoir du Roure de Beaumont, Sr de Chabreilles, fils de Rostaing de Beauvoir du Roure et de Jeanne de Caires. Il fut gouverneur de Villeneuve-de-Berg (1615), colonel dans l'armée de Rohan (1622). Il fut accusé d'avoir remis par trahison la ville de Privas aux catholiques (1628). CCCXC.

CHAILLOL. Com^{ne}, c^{on} de Saint-Bonnet, arrond^t de Gap (Hautes-Alpes). LXVI.

CHALANÇON. (I. *au mot* la Motte-Chalençon). CCCV.

CHALAS. Jean Chalas, né à Nîmes à la fin du XVIe siècle d'Antoine Chalas, avocat renomé. Il fut avocat, premier consul de Nîmes (1612) député à l'assemblée protestante de Loudun (1619), député général des réformés (1620-1622), commissaire pour l'exécution de la paix. Il mourut vers 1625. CCXXX n, CCXLI n.

CHALIOL (DE). François de Chaillol, vibailli de Briançon (1570-1617), fils de Lazare, également vibailli, épousa Claudie de Gaillard et mourut en 1617. XCVI.

CHAMANIEU (DE). Artus de Loras, Sr de Chamagneu et de Montplaisant, fils d'Abel de Loras et de Marguerite du Pré; épousa Alice de Villars. CCCXXIX.

CHAMBAUD (DE). Charlotte de Chambaud, femme de Réné de la Tour Gouvernet, veuve en 1617, ép. en 2es noces Claude de Hautefort, Vte de Cheylane. CCLIV n.

CHAMBAUDS (DE). Jacques de Chambaud, Sr de Privas et de Vacherolles, gentilhomme de la chambre et capitaine de chevau-légers. CCXCI, CDXXXVII.

CHAMBÉRY (I). XXXVII n, CLXVI, CLXXIII, CCIII, CDXXVII, CDXXVIII.

CHAMBILLAC (DE). Officier de cavalerie au service de la Savoie (1618). CXX.

CHAMBRE (DE LA). Pierre de la Chambre, Mis de la Chambre, Vte de Maurienne, chevalier de l'Annonciade, mort avant 1613. CLXVI.

CHAMIER. (I. *au mot* Chamyer). XIIn, XIV, XVII n.

CHAMPOLÉON (I). XII n, XIII, XIV, XVI n, XVIII, XIX, XX.

CHAMPSAUR, CHANSAUR (I). CCXXIV, CCCXIII, CCCXCIX n.

CHANCELIER (LE). *Voy.* BRULART.

CHANCELIER. *Voy.* GARDE DE SCEAUX.

CHANDOLAN (DE). François Eschallart, baron de Champdolent, gouverneur de Marans. Il était fils de Charles Eschallart et de Marie du Fou et épousa N. de Constant. CCC.

CHANGES (Place des). A Lyon, CCV.

CHAPELLE LA ROINE (La). *Chapelle la Reyne*, chef-lieu de C^{on}, arrond^t de Fontainebleau, dépt de Seine-et-Marne. CCLVIII, CCLXIX, CCLXX.

CHAPELLIER. Paul-Louis le Cerclier, Sr de la Chapellière, adjoint à l'assemblée de la Rochelle (1621) où il était pasteur. CCLXIVn.

CHAPPES (DE). maistre de camp, colonel d'un rég^t d'infanterie. (1611-1635). CDXXXVII.

CHAPPOLAY, CHAPOLAY. Aymar Guigou, Sr de Chappolay, conseiller au parlement de Grenoble, fils de Henri Guigou de Chappoley, procureur général des comptes de Dauphiné. CCCLXXXVII, CCCXC.

CHAPPONAY (DE). Aymar de Chapponay, S^r d'Eybens, conseiller au parlement de Grenoble, trésorier de France en Dauphiné, fils de Laurent de Chapponay, CCCXCIX.

CHARBONNIÈRES (I). CDXXVIII.

CHARLES-EMMANUEL. *Voy.* SAVOIE (Duc de).

CHARLES-QUINT (I). CCCVI, CCCLXII.

CHARME (I). Probablement Jean Chauve, pasteur de Sommières, président adjoint de l'assemblée de Loudun (1619). CCXXX n, CCXLI n.

CHARMOISY (DE). Gaspard de Genève, Mis de Lullin, B^on des Basties, Sr de Charmoisy, gouverneur du comté d'Yvrée, chambellan du duc de Savoie, colonel, ambassadeur en Suisse, fils de Guy de Genève et de Catherine de Ray. Il épousa Antoinette Faucher, puis Marie de Horn et mourut en 1619 âgé de 71 ans. CLXXXVI.

CHARPENE (DE). Président au sénat de Savoie. CXCI.

CHARPEY (DE). Claude de Lattier, Sr de Charpey, gentilhomme de la chambre du roi, fils de Pierre, Sr de Charpey. CDXXXVII.

CHARRIER. Guillaume Charrier, cap^ne, fils de Jacques Charrier, Sr de la Varenne, et de Claire Minard. CCCLXIX n.

CHARTRES (vidame de). Prégent de Beauvais le Nocle de la Fin, vidame de Chartres, fils de Jean de la Fin et de Beraude de Ferrières-Maligny, député de l'Ile-de-France, puis président au synode de Loudun (1619). Il épousa Jeanne du Puy et mourut en 1625. CCXXX n, CCXLI n.

CHARTREUSE. La Grande-Chartreuse com^ne, de Saint-Pierre-de-Chartreuse, c^on de Saint-Laurent-du-Pont, arr^t de Grenoble (Isère). CCCXLV n.

CHASEY. *Chazay*, com^ne, c^on d'Anse, arr^t de Villefranche (Rhône). CIV.

CHASTEAU DAUPHIN (I). CDXXVIII, CDXXXIV. CDXXXVII.

CHASTEAUNEUF DE MAZENC (I). CCLXXXIV, CCCXLIII.

CHASTEAUNEUF (DE) (I). CCCXLVII.

CHASTEAU QUEYRAS (I). CDXVII.

CHATELLERAULT, CHASTELLERAULT (I). XII n, XVI, CCXLI n.

CHASTILLON. *Chatillon les Dombes*, chef-lieu de c^on, arr^t de Trévoux (Ain) CCCXXXI.

CHASTILLON (DE). François de Coligny, Sr de Chatillon, amiral de Guyenne, cap^ne de 30 lances, fils de Gaspard de Coligny et de Charlotte de Laval ; il épousa Marguerite d'Aillé et mourut en 1591, à l'âge de 30 ans. CDVII.

CHATEAUNEUF (DE). Labeau Alleman, Sr de Chateauneuf, fils de Claude Alleman et de Françoise du Puy. Il épousa Claudine de Raynoard, puis Françoise de Rebollis et mourut en 1590. CDX.

CHATEAUNEUF-DE-RAT. *Chateauneuf-de-Rac*, hameau, com^ne de Châteauneuf-du-Rhône, arr^t de Montélimart (Drôme). CCCLXXXII.

CHATEAU-THIERRY. Chef-lieu d'arr^t, dép^t de l'Aisne. CDVII n.

CHATEAUVIEUX (DE) (I). CDXXXIV.

CHATEL (Jean), fils d'un drapier de Paris qui, le 27 décembre 1594, blessa Henri IV d'un coup de couteau, au Louvre, dans la Chambre de Gabrielle d'Estrées. Il fut écartelé peu de jours après. CDXXIV n.

CHATILLON, CHASTILLION, CHASTIGLION. Gaspard de Chatillon, Sr de Coligny, fils de François de Chatillon et de Marguerite d'Aillé ; il fut gouverneur de Montpellier, amiral de Guienne, colonel général de l'infanterie et maréchal de France, né en 1584, il mourut en 1646. CXII, CXXIX, CCXL, CCXLI, CCXLII, CCXLIII, CCXLVI, CCXLVII, CCLIX, CCLXIV, CCXCIV.

CHAULIER. Jean Chaulier, notaire royal à Nyons (1619). CCXXXV.

CHAULNES (DE) (I). CLXXXIII.

CHAUME (LA). Félix de Chaume, B^on d'Aumelas, Sr du Poussan, fils de Guillaume de Chaume et de Françoise Bucelli. Il épousa, en 1625 Jeanne Germain. CCLIX n.

CHAUMONT (I). CDXXVIII.

CHENEVIÈRES (PIERRE DE BARDEL, S^r DE). Pierre de Bardel, Sr de Chenevières, cap^ne, fils d'Étienne de Bardel et de Suzanne Martin de Champoléon ; il fut tué au siège de la Mure en 1580. CCCXCVII n.

CHESE (DE LA). N..... de Bridiers, Sr de la Chaise, envoyé par le duc de Nemours à celui de Savoie (1618). CLXIII n.

CHEVENNES (Val de). *Chiavenna*, vallée, mandement de Chiavenna, cercle et province de Sondrino (Italie). CCCLXII.

CHEYLAR (DU). Pierre Sauvain, Sr du Chaylar, de Soyans, etc., maréchal de camp (1622), fils de Pierre Sauvain du Cheylar, il épousa en 1601 Jeanne de Grasse. CCCLXXIX n, CCCXCIV.

Chaumont. *Chiomonte*, com^{ne}, province de Turin, cercle de Suze (Italie). CXII, CCCLXIII.

Chioud. Michel Chioud ou Chion, châtelain de Valcluson. CLII.

Choisy (De). Jacques de l'Hôpital, Mis de Choisy, chevalier des ordres du roi, fils de Jean de l'Hôpital et d'Éléonore Stuart. Il épousa Madelaine de Cossé, puis Françoise le Picard, et mourut vers 1620. Ou bien Charles, son fils, Mis de Choisy, qui épousa René de Beauveau (1606). CXLV.

Chollier, Cholier. Conseiller du roi à la sénéchaussée de Lyon. CCVII, CCVIII.

Chivas. *Chivasso*, com^{ne}, province et cercle de Turin (Italie). CXV, CXVI.

Chrestienne. *Voy.* Princesse de Piémont.

Cid Vendour. Trésorier général du Milanais. CXV.

Clairville (De). Fils d'un pasteur de Loudun qui avait été à plusieurs reprises député aux assemblées protestantes, député lui-même, envoyé en Angleterre et à Lesdiguières par l'assemblée de la Rochelle. CCLXXIII.

Clerac. *Clarac*, com^{ne}, c^{on} de Montrejean, arrond^t de Saint-Gaudens (Haute-Garonne). CCLXXX, CCLXXXI.

Clermont. Chef-lieu du départ^t du Puy-de-Dôme. CCXLI n.

Clermont de Lodève. Chef-lieu de c^{on}, arr^t de Lodève (Hérault). CCXCIX.

Clervan (De) (I). CDII, CDIII.

Clèves. Ancienne capitale du duché de ce nom actuellement Prusse-Rhénane. CDXXXIII.

Clèves (Duc de). Jean Guillaume, duc de Clèves, Berg et Juliers, fils de Guillaume, duc de Clèves, et de Marie d'Autriche. Il mourut en 1609, à 47 ans, sans enfants de Jacqueline de Bade et d'Antoinette de Lorraine, ses deux femmes. CDXXXIII n.

Cluse (La). *Cluses*, chef-lieu de c^{on}, arrond^t de Bonneville (Haute-Savoie). XCIII.

Coaceri. Olivier Coaceri emprisonné à Embrun comme hérétique (1581). CD.

Cœuvre (Mis De). François-Annibal d'Estrées, Mis de Cœuvres, duc d'Estrées, gouv^r de l'Ile-de-France, ambassadeur extr^e en Suisse, général en Valteline, maréchal de France (1626), fils d'Antoine d'Estrées et de Françoise Babou ; il épousa Marie de Bethune, puis Anne Habert de Montmor et enfin Gabrielle de Longueval. Il mourut en 1670, à 98 ans. CCII n, CCCVII n, CCCXLV, CCCXLIX n. CCCL, CCCLIII, CCCLXII n, CCCXLV.

Collonel (Le). *Voy.* Ornano.

Combort. N. Pierre-Buffières, Bon de Comborn, Mis de Chamberet et Châteauneuf, député de Basse-Guyenne, à Loudun (1619), puis à la Rochelle (1621). Il fut président de cette assemblée dont il trahit les intérêts. Il était fils de Charles de Pierre-Buffières et de Philiberte de Gontaut. CCLXIV n.

Compiègne. Chef-lieu d'arron^t du dép^t de l'Oise. CCCXLV.

Comptat. *Voy.* Comté Venaissain.

Comté Venaissain, Comptat(I). XXI, XXXV, XLVIII, XLLIX, CD, CDX n.

Condé (Prince de). Henri de Bourbon, prince de Condé, Cte de Soissons, fils de Louis de Bourbon-Condé et d'Éléonore de Roye. Il épousa Marie de Clèves, plus Charlotte de la Tremouille et mourut en 1588, à 36 ans. CDVI.

Condé (Prince de). Henri de Bourbon, prince de Condé, grand-maître et premier prince du sang de France, née en 1588 de Henri de Bourbon et de Charlotte-Catherine de la Tremouille. Il épousa, en 1609, Charlotte-Marguerite de Montmorency et mourut en 1646. LVIIn, LXIII n, LXXVII n, LXXVIII, LXXXI, LXXXIV, CCXLIII, CCXLIV, CCXLVI.

Connestable (Le) (I. *au mot* Montmorency-Danville). CDXXIII, CDXXVIII.

Connetable (Le). *Voy.* Luynes.

Contarini. N.... Contarini degli Mostachi, ambassadeur de Venise en France, puis en Angleterre. CCCLXII n.

Contesse (La). Isabeau de Tournon, femme de Melchior Mitte de Chevrières, Sr de Saint-Chamond. CXVII, CCIV n.

Conty (Princesse de). Jeanne de Coëme, dame de Bonnestable, princesse de Conti, femme de François de Bourbon, prince de Conti, elle mourut le 26 décembre 1601. CDXXVIII.

COPPET (B⁰ⁿ DE), COPET (DE). *Voy.* BELLUJON.

CORTEMIGLIO, CORTEMILLA. *Cortemillia*, comⁿᵉ, province de Coni, cercle d'Alba (Italie). XLV, CCCLXI.

COSTE (DE LA). Châtelain de la seigneurie de Pont-de-Veyle. CLXXVI.

COSTONNÉ. Député à l'assemblée de Saumur (1611). XIV.

COTTON. Pierre Cotton, jésuite, confesseur de Henri IV, né en 1564 à Néronde en Forez. Il fut également confesseur de Louis XIII et mourut à Paris le 19 mars 1626. CDXXIX.

COUSAN (Bᵒⁿ de). Gaspard de Levis, bᵒⁿ de Cousan, fils de Jacques de Levis et de Paule de Gaste; il mourut en 1622 sans alliance. CCIV n.

COUVRELLES. Jean-Casimir Dococh, Sʳ de Couvrelles, de Saint-Trojan et de Saint-Bris, député de la Saintonge à l'assemblée de Loudun (1620), président de celle de la Rochelle (1622). Il était fils de Louis Dococh et de Suzanne Poussart et épousa Jeanne de la Rochefoucault. CCXLI n.

CRASSUS. François Crassus, sénateur au Sénat de Savoie, nommé le 25 mai 1584. CXCI.

CREMIEU. CCCXLVIII, CCCLI.

CRÉQUI (DE), CREQUY (DE) (I). LX, LXXVI, LXXVII, LXXXVII, CVI, CCX, CCCXIV, CCCXVn, CCCXXVII, CCCXLIX, CCCLIII, CCCLIV n, CCCLXI, CCCLXII, CCCLXIV, CCCLXV, CCCLXXVIn, CDXXVIII, CDXXXIV, CDXXXV.

CRÉQUY (Mᵐᵉ DE). Madelaine de Bonne, fille de Lesdiguières et de Claudine de Berenger, femme de Charles de Créqui-Blanchefort, morte en 1620. XI.

CRESSENTIN, *Crescentino*, comⁿᵉ, province de Novare, cercle de Verseil (Italie). CX, CCCLXIV.

CRESSONNIÈRE (DE LA). Henri Bastard, Sʳ de la Menardière, Mⁱˢ de la Cressonnière, chevalier de l'ordre, gentilhomme de la chambre du roi, président de l'assemblée de la Rochelle (1621), député aux assemblées de Grenoble (1615), et de la Rochelle (1612-1616), gouverneur de Maillezais. Il était fils de René Bastard et de Charlotte Bigot. CCLXXIIIn.

CREST (I). CDIV.

CROIX (DE LA) (I). XI, CXIV, CCXCVII.

CROS (DU) (I). CCXXIX, CCXC, CCXCI n, CCXCIV, CCXCV, CCXCVI, CCXCIX n, CDXXXIX.

CROS (DU). Joachin du Cros, Sʳ de Mantaille, capⁿᵉ, fils de Jean du Cros et de Judith du Fay; il épousa, en 1630, Claire-Marie de Grolée CCCLXXIX.

CROTTES (DES) (I). CDXXXIV.

CROTTI, CROTTY. Secrétaire du duc de Savoie. CXII, CXXVII, CCCLIII n.

CURES (DE), ESCURES (D'). Pierre Fougeu, Sʳ d'Escures, maréchal général des logis. CCII n, CDXXXIV.

DALPHIN (Le Prince), DAUPHIN (Le Prince) (I). CCXCV, CDI.

DALMAS. Courrier du roi de France (1618). CLXIII.

DALMATIE. Province de ce nom de l'empire d'Autriche LXXXIX n.

DAUPHIN (Le Prince). *Voy.* DALPHIN.

DEAGEANT. Guichard Deageant, Sʳ de Brulon, baron de Vire, intendant des finances secrétaire du duc de Luynes, premier président des comptes du Dauphiné (1619-1640). Il eut une grande part à la conversion de Lesdiguières. Il mourut en 1645; ses mémoires ont été publiées par son petit-fils. CLXIII n, CCXCIX n, CCCXIV n.

DESPINAUX. *Voy.* ESPINAUX (D').

DIE. *Voy.* DYE.

DIGUIÈRES (LES) (I). CLXXXVII, CDV, CDVI, CDVIII.

DISIMIEU (DE). CCXCIII.

DIOCLETIAN. Empereur romain CCCXVI.

DOISSIN. Capⁿᵉ dauphinois (1623). CCCXXIX.

DORIA. (GENTILE). Capⁿᵉ Génois. CCCLVI n.

DRUEN (DE). Pierre de Duyn, Cᵗᵉ de Val d'Isère, chevalier de l'Annonciade; envoyé à Lesdiguières par le duc de Savoie (1618). CXCIX.

Duboys. Jean Dubois, tuteur des enfants de Timoléon de Maugiron tué en 1623 devant le Pouzin. CCCXL.

Duchesse (La). Catherine de Médicis, duchesse de Mantoue, fille de Ferdinand, grand duc de Florence, et de Catherine de Lorraine; elle épousa Ferdinand de Gonzague, duc de Mantoue, et mourut en 1629. CXXII.

Ducros. *Voy*. Cros (Du).

Duplessis-Mornay. *Voy*. Plessis-Mornay (Du).

Dupuy. Jean Dupuy, de Nérac, valet, CCCLXXXII.

Durant. Samuel Durant, fils de Jean Durant, c^r du roi, et de Madelaine Couet du Vivier; né en 1580, il fut ministre du Landgrave de Hesse, puis pasteur à Paris, et député aux assemblées de Saumur (1611), Grenoble (1615) et Charenton (1623). Il mourut en 1626. XXX, LXXVII n.

Dye, Die (l). LIII, CLXXX, CLXXXIV, CCLXXXIV, CDIV, CDXXXI.

Dyoys (I). CD.

Echallance. *Echallans*, Chef-lieu du district de ce nom, c^{on} de Vaud (Suisse). CCXXXIII.

Eidouches (D'). Pons de la Porte de Theys, S^r d'Eydoches, Ayguebelle et Quinsonnas, fils de Claude et de Jeanne de Theys, ép. Françoise de Fillon et mourut vers 1650. XXIX.

Élisabeth, Madame. Elisabeth de France, fille aînée de Henri IV, née le 22 novembre 1602, mariée à Philippe IV, roi d'Espagne, morte le 6 octobre 1644. CDXXXII, CDXXXIII.

Embrun. *Voy*. Ambrun.

Empereur (L'). Ferdinand II, empereur d'Allemagne 1619-1637. CXII.

Entrevaux. Capitaine protestant. CCCLXIX n.

Épernon (Duc de) (l). CCXXV n, CCXXVI, CDVII, CDXXIII n.

Erbault (D'). Balthazard Phelipeaux, S^r d'Herbault, cons^r d'État, secrétaire des finances, du roi, trésorier de l'épargne, cons^r au Parlement de Paris (1618). Il était fils de Raymond Phelipeaux et de Claudie Gobelin. Il épousa Marie le Feron et mourut en 1663. CCCLXIII.

Escures (D'). *Voy*. Cures (De).

Espagne, Espaigne (I). XXIII, XXVII n, XLV, LXXIII, LXXXII, LXXXIV, CXIV, CXXII, CXXV, CXXVII, CXXX, CLXIII n, CLXVII, CCXI, CCCVII n, CCCXLIX n, CCCLXII, CCCLXXVI, CDXXXII n.

Espagne (Roi d')(l), Catholicque (Le roi). XLV, LXV, LXVII, LXXI, XCII, XCVIII, CII, CXIV, CXXV, CXXVII, CCXVII, CDXXXII, CDXXXIII.

Espagne (Roi d'). Philippe IV. CCLXXX, CCCVI, CCCXLI n, CCCLIII, CCCLVII, CCCLXI.

Espautre. Financier dauphinois. CCCXCVI.

Espinaux (D'), Despinaux. Envoyé par Montmorency à Lesdiguières (1617). CX, CCLVII.

Essilles. *Voy*. Exilles.

Estrées (Gabrielle d'), Monceaux (M^{ise} de). Gabrielle d'Estrées, fille d'Antoine d'Estrées, mariée au duc de Liancourt; maîtresse du roi Henri IV; morte, peut-être empoisonnée, le 10 avril 1599. Le roi l'avait créée marquise de Monceaux. CDXXIV n, CDXXVI.

Eville (L') (l). CDXXVII, CDXXVIII.

Exilles, Essiles (l). XXVI, CCCXIV, CDXII, CDXXIV, CDXXXVII.

Eybert. Claude Eybert, de Seyssins, capitaine Dauphinois (1618), vivait encore en 1634. CLXXX.

Falque. CCCXLII.

Fare (De la). Alexandre Aubert, Sr de Fare. LXXI, LXXIV, LXXV, LXXVI, CLXV, CLXIX, CLXXI, CLXXII, CLXXVII, CLXXVIII, CLXXXV, CLXXXVII, CXC, CCI, CCLXXXIX.

Fargis, Cte de la Rochepot. Charles d'Angennes, Sr du Fargis, Cte de la Rochepot, ambassadeur en Espagne (1620-1624), fils de Philippe d'Angennes et de Jeanne de Halwin. Il épousa Madelaine de Silly, dame de la Rochepot. CCCXLIX n.

Faucilles (Mont des). Col entre le grand Colombier et le Chalet, où passe la route de Genève (dép^t de l'Ain). XCIII.

Faure (Du). François du Faure, procureur

général au parlement de Grenoble (1594), puis président à mortier au même parlement (1609), résigna son office en 1628, mort vers cette époque. Il était fils de François, également procureur général au parlement. LXXIX, CDXIV.

FAVAS. Jean de Fabas, vicomte de Castets, fils de Jean de Fabas et de Louise de la Chassaigne ; il épousa, en 1597, Catherine de Gauthier, puis (1614) Marthe de Pierre Buffières. Il fut souvent envoyé par les protestants comme député aux assemblées ou comme député général. Il mourut en 1654. LXXVII n, CCLXIV, CCLXXII, CCLXXV.

FAVEL (DE). CCCXLI.

FAVRE. Jules Favre, commis du trésorier de l'extraordinaire des guerres en Dauphiné. CCCXCI.

FERDINAND (Archiduc). Ferdinand d'Autriche, archiduc de Gratz, roi de Bohème en 1617, empereur d'Allemagne en 1619, fils de Charles d'Autriche et de Marie de Bavière ; mort en 1637. LXXXIX, XC, XCII.

FEREY. Ancien de l'église réformée de Pont-de-Veyle. CXXIX n.

FERIA (DE). Gomez Suarez Figueroa y Corduba, duc de Feria, gouverneur du Milanais (1618), fils de Laurent Figueroa et d'Isabelle de Cardenas. Il mourut en 1634. CCCVI, CCCLXI.

FERMIN LOPEZ. Envoyé de Don Pedro de Tolède, gouverneur du Milanais (1618). CLXVIII.

FERRIER. Député à l'assemblée de Saumur (1611). XIV.

FLANDRES. Province de ce nom. CLXIII n.

FLANDRES (DE). Lieut^t au rég^t de Saint-Rizan, sergent-major général de l'armée française en Italie ; tué en 1625. CCCLVI n.

FLEIX, FLAIX. *Fleix*, com^{ne}, c^{on} de la Force, arr^t de Bergerac (Dordogne). CCCXCVIII, CCCXCIX, CD, CDIII.

FLEURY (DE). Peut-être Jean de Fleury, Sr de Valquières et du Vernazobre, colonel, originaire du Languedoc. Il épousa Diane de Treilhe. CCCLVI n.

FLORENCE. Capitale du duché de ce nom. XXIII n, XXVII.

FLORENCE (Duc de). Cosme de Médicis, grand duc de Florence, fils de Ferdinand de Médicis et de Catherine de Lorraine, né en 1690, il épousa Madelaine d'Autriche et mourut en 1621. XLV.

FLORENS (I). CDX, CDXI.

FLORIDE. Province de l'Amérique du Nord. CCCLVII.

FLOTTE DU VILLAR. Joseph de Montauban de Flotte du Villar, fils de Gaspard de Montauban, Sr du Villard, gouverneur de Gap, et de Catherine Flotte de Jarjayes. Il épousa Diane de la Piarre (1609-1644). LXIX.

FOIX (COMTÉ DE), dans le royaume de Navarre. CDVII.

FONTAINEBLEAU, FONTAYNEBLEAU (I). XXIII n, XXXIV, CCII n, CCLIX, CCLXXII, CCCXXXVII, CCCXXXVIII, CCCLIX.

FONTENET LE COMPTE, FONTENAY. *Fontenay-le-Comte*, chef-lieu d'arrond^t, (Vendée). CCLIX n, CCLXXVIII.

FONTRAILLES. Louis, Mis de Roquelaure, Sr de Fontrailles, gouverneur de Lectoure, fils d'Antoine de Roquelaure et de Suzanne de Bassapat ; il mourut sans alliance en 1635. CCXXX n.

FORCE (DE LA). Jacques Nompar de Caumont, duc de la Force, gouverneur de Bearn, né le 30 octobre 1558, mort le 10 mai 1652. Il était fils de François de Caumont, Sr de Castelnaut, et de Philippe de Beaupoil, et s'était marié trois fois, avec Charlotte de Gontaut, Anne de Mornay et Elisabeth de Clermont-Gallerande. Il a laissé des mémoires précieux pour l'histoire de son temps. XIX, CCIX, CCLXIX n, CCLXXII.

FOREST (DE LA). Peut-être Jean de la Forest, Sr de Rumilly, fils de Charles de la Forest et de Françoise de la Charnée. CXCI.

FOREST (Mme DE LA). Femme du précédent. CXCI.

FOREZ (I). CCIV n, CCIX.

FOURNIER. Charles Fournier, d'Orange, fils de François Fournier et de Marguerite de Lamiers. Il épousa, en 1578, Germaine Carles. CDX.

FRANCE (PORTE DE). A Grenoble. CCCXXXIV n.

FRANCHE-COMTÉ (I). XCIII, CCCLIII.

FRANGIPANI (Mis DE). Pompée Frangipani, Mis de Frangipani, gentilhomme romain au service de la France ; il mourut en 1638. CCCLXXVI.

FRÈRE. Claude Frère, né à Valence, avocat général (1596), maître des requêtes (1602), conseiller d'État (1614), premier président du parlement de Grenoble (1616-1640), fils de Giraud Frère, il épousa Madeleine Plouvier, LVII, LXXVII, LXXIX, LXXXII, LXXXVIII, CLXIII n, CCLXVII, CCLXXX, CCCXXXIV n.

FRETON (DE). Louis Fretton, Sr de Servas, maréchal de camp à l'armée de Rohan, employé par Lesdiguières à plusieurs missions très importantes, député du Bas-Languedoc à la Rochelle (1620), président de cette assemblée. Il épousa Madelaine de Montcalm et mourut en 1625 des suites d'une blessure. CLVII, CLVIII.

FRIBOURG. Capitale du canton Suisse de ce nom. CCXXXIII, CCCXLV, CCCXLVI n, CCCLXXIII, CCCLXXIV.

FUENTES. Fort construit par les espagnols à l'entrée de la Valteline. CCCXLIX n.

FURMEYER (ANTOINE RAMBAUD, Sr DE). Antoine Rambaud, Sr de Furmeyer, Ancelle, Montgardin, etc., lieutt du baron des Adrets, chef des protestants des Alpes, fils de Guelix Rambaud et d'Anne Matheron. Il mourut sans alliance et assassiné au mois de janvier 1566. CDIV n.

FURMEYER (JACQUES RAMBAUD, Sr DE) (I). CD, CDII, CDIV n.

GABALEON. Jean Gabaleone, général des postes de Savoie. LXVIII n, CXLVII, CXLIX, CLXIII n, CCXII.

GALLIEN. Antoine Gallien, de Voiron, avocat consistorial au parlement de Grenoble. XLIX.

GALLIÈRES (DE) Daniel de Galières, conseiller du roi, trésorier de France, à Montpellier, député par les protestants du bas Languedoc à plusieurs assemblées. CD.

GAP, GAPT (I). XLVII, LIV, LXVI, LXIX, XCIVn, XCV, XCVI, CV, CVIII, CCCXCVIII, CCCXCIX, CD. CDI, CDIII, CDIV, CDXIV, CDXXIII n.

GARDE (La). comne, con de Pierrelatte, arrt de Montélimar (Drôme). CCCLXXVII.

GARDE (LA DAME DE LA). Jeanne Adhémar de Monteil de Grignan, dame de la Garde, femme de Louis Escalin des Aymars, Sr de la Garde-Adhémar. CCCLXXVII.

GARDE DES SCEAUX (Le). Guillaume du Vair, consr au parlement de Paris (1584) premier président au parlement de Provence (1599), garde des sceaux (1616-1621), né en 1556, il mourut d'épidémie au siége de Clarac, en 1621. Il était dans les ordres et était évêque de Lisieux. LXXXVII, CLXIII n, CCXLI n.

GARDON (DE). Jacques Athenot, Sr de Gardon, capne d'infanterie. CCXXVII.

GASTINARE. *Gattinara*, comne, mandement de Gattinara, cercle de Verceil, province de Novare (Italie). CCCLXV.

GAVY. *Gavi*, comne, mandement de Gavi, cercle de Novi, province d'Alexandrie (Italie). CCCLVI, CCCLVII, CCLVIII.

GENÈVE (I). XXXII, XXXV, XXXVI, XXXVIII, XXXIX, XL, XLIII, XLIV, XLVIII, XLIX, L, XCIII, CCLX, CCLXIII, CCLXXXIII, CCLXXXV, CCXXXIX, CCCIX, CCCXVII, CCCXXXII, CCCXLVII, CCCL, CCCLXXIII, CCCLXXXV, CCCLXXXVI.

GENEVOIS (I). XII n.

GENEVOYS. Pays de Gènes. CCCVII n.

GENNES, GENES (I). XXVII n, CCCLIII, CCCLVII, CCCLVIII, CCCLXII.

GENNES (Rivière de). Rivière, limite de la France et de l'Italie. CCCLXV.

GENTILLET (I). CD.

GEORGES. Banquier à Lyon (1617). CXI.

GERGEAU. *Jargeau*, chef-lieu de con, arrondt d'Orléans (Loiret). XVI, LXXVII n.

GERMIGNY. *Germigny-l'Évêque*, comne, con et arrondt de Meaux, ou *Germigny-sous-Coulombe*, comne, con de Lizy, arrondt de Meaux (Seine-et-Marne). CCCXLV n.

GEX (I). XCIII.

GIBRALTAL. Détroit de Gibraltar. CCCLVII.

GILLART. Secrétaire de Lesdiguières. CDXXXVIII.

GILLIERS (DE). Michel de Gillier, Sr de la Bâtie de Beauregard, conseiller au parle- de Grenoble (1608-1629), fils de Gaspard, également conseiller à ce parlement. CCXLIV, CCXLV, CCXLVI n, CCXLVII.

GONZAGUE DE CLÈVES (DE). Charles de Gonzague-Clèves, duc de Nevers et de Rethel, puis duc de Mantoue et de Montterrat, fils de Louis de Gonzague et de Henriette de Clèves. Il épousa Catherine de Lorraine et mourut en 1637. CVI n.

GORDES (DE). Guillaume de Simiane, Mis de Gordes, gouverneur du Pont-Saint-Esprit, fils de Balthazard de Simiane et d'Anne de Saint-Marcel-d'Avancon. Il épousa Gabrielle de Pontevez (1612) et mourut en 1642. CDXXXVII.

GOUBERT, JOUBERT. Jacques Joubert, soldat aux gardes de Lesdiguières CCXXIV.

GOUJU, GOUJON GOUGON, échevin de Lyon. CCIV, CCV, CCVI, CCVII, CCX.

GOUVERNET (I). CCCLXIX n. CDVI, CDVIII, CDIX.

GOUVERNET (DE). Charles de la Tour-Gouvernet, fils de René de la Tour-Gouvernet et d'Isabeau de Montauban ; il fut gouverneur de Die et de Montélimar. Il épousa Antoinette de Bourrelon, puis Madelaine de Vignolles. CCL, CCLIV n.

GOUVERNO, capitaine (1622) CCCXXI.

GRAISIVAUDAN (I). CDXXIV.

GRANATIER (Cap^ne). Capitaine dauphinois (1612). XXXI.

GRAND. Secrétaire de États du Dauphiné CCCLXXII.

GRAND (LE). *Voy.* BELLEGARDE.

GRAND (LE), Pierre le Grand, cons^r et secrétaire du roi et des finances CX, CXLCV, CXCI.

GRAND-DUC (Le), *Voy.* DUC DE FLORENCE.

GRAND-MAISTRE (Le). *Voy.* BÉTHUNE.

GRAND PRIEUR (Le) (I). CDVII.

GRAND PRIEUR (Le) Charles de Valois, fils naturel de Charles IX, né en 1572, quitta l'ordre de Malte en 1591 pour épouser Charlotte de Montmorency CDXIII.

GRANDE-BRETAGNE (Roi de la). *Voy.* Angleterre.

GRANE (I) LXI.

GRANGE (LA). Peut-être Jean de Combourcier, Sr de la Grange, fils de Jean et de Jeanne Carlot, qui épousa, en 1612, Louise de Poncet et entra au service du duc de Savoie, ainsi que son cousin, Louis de Combourcier, Sr du Terrail, qui fut décapité en 1606, à Genève, pour avoir tenté de s'en emparer. XCIII, CIV, CCCLIII, CCCLIX.

CRANGES (Les). Huit communes ou fractions de commune du dép^t de l'Isère portent ce nom LXXXIV.

GRÉGOIRE XV *Voy.* LE PAPE.

GRENOBLE (I). I, V, VI, VII, VIII, IX, X, XI, XII, XVIII, XIX., XX , XXII, XXIII, XXIV, XXVII n, XXIX, XXXII, XXXIII, XXXV, XXXVI, XXXVII, XXXVIII, XXXIX, XL, XLI, XLIII, XLIV, XLVI, XLVII, XLVIII, XLIX, L, LI, LV, LVI, LVII, LVIII, LIX, LXI, LXII, LXIII, LXIV, LXV, LXVI, LXVII, LXVIII, LXIX, LXX, LXXI, LXXII, LXXIII, LXXIV, LXXVI, LXXVII, LXXVIII, LXXIX , LXXXI , LXXXII , LXXXV , LXXXVI, LXXXVIII, XCIII, XCIV, XCV, CI, CII n, CV, CVI, CXI, CXIII, CXXIII, CXXV, CXXVI, CXXVII, CXXVIII, CXXIX, CXXXI , CXXXII , CXXXIII , CXXXIV , CXXXV, CXXXVI, CXXXVIII, CXXXIX, CLI, CXLII, CXLIII, CXLIV, CXLV, CXLVI, CXLVIII, CXLIX, CL, CLI, CLII, CLIII, CLXXII, CLXXIII, CLXXIV, CLXXV, CLXXVI, CLXXVII, CLXXVIII, CLXXIX, CLXXX, CLXXXII, CLXXXIII, CLXXXIV, CLXXXV, CLXXXIX, CXC, CXCI, CXCV, CXCVI, CXCVII, CXCVIII, CXCIX, CC, CCIII, CCXVI, CCXVII, CCXVIII, CCXIX, CCXX, CCXXI, CCXXII, CCXXIII, CCXXIV, CCXXV, CCXXVII, CCXXVIII, CCXXIX, CCXXX, CCXXXI, CCXXXII, CCXXXIII, CCXXXIV n, CCXXXV, CCXXXVI, CCXXXVII, CCXXXVIII, CCXLI n, CCXLVIII, CCXLIX, CCL, CCLII, CCLIII, CCLIV, CCLV, CCLVI, CCLVII, CCLVIII, CCLX, CCLXI, CCLXII, CCLXIII, CCLXX , CCLXXXII, CCLXXXIII, CCLXXXIV, CCLXXXV, CCLXXXVII, CCXCVI , CCCVIII , CCCXII

CCCXIII, CCCXIV, CCCXVII, CCCXVIII, CCCXXI, CCCXXII, CCCXXXII, CCCXXXIII, CCCXLVIII, CCCLXIX, CCCLXX, CCCLXXI, CCCLXXII, CCCLXXIII, CCCLXXIV, CCCLXXV, CCCLXXVI, CCCLXXVII, CCCLXXXII, CCCLXXXIII, CCCLXXXVI, CCCLXXXVII, CCCLXXXVIII, CCCLXXXIX, CCCXC, CD, CDI, CDIV, CDV, CDXIII, CDXIV, CDXV, CDXVI, CDXIX, CDXXII, CDXXIII, CDXXIV, CDXXVII, CDXXVIII, CDXXIX, CDXXX, CDXXXI, CDXXXVI, CDXXXVII, CDXXXVIII.

Gril (De). Jacques de Gril, Sr de Chaillol, sergent major de la ville de Gap (1590-1616), fils de Pierre, capitaine de quartier à Gap. LXVI.

Grisons (Les), Ligues, Grises (Les). Canton des Grisons, Suisse. CLVI, CCLXXXVIII, CCCVI, CCCVII n, CCCXLV, CCCXLVI, CCCXLIXn, CCCLIII, CCLXII, CCCLXXVIn.

Grolier, Grollier. Avocat et procureur général de la ville de Lyon. CCIV, CCV, CCVI, CCVII, CCVIII.

Gros. Pasteur de Pont-de-Veyle. CXXIX n.

Gros (Le). Colonel d'infanterie en Savoie (1613). L.

Gueffier. N.... Gueffier, ambassadeur de France chez les Grisons (1620). XXVII n, XLI, LXXI, LXXIII.

Guérin. Commis des échevins de Lyon. CCV, CCVII.

Guillestre. Chef-lieu de c^{on}, arrond^t d'Embrun (Hautes-Alpes). CD.

Guasco (Ludovic). Colonel espagnol (1625). CCCLXI.

Guichardy Chancelier du duché de Mantoue. CCCLXV.

Guillet. Scipion Guillet, de la Tour-du-Pin, avocat au parlement de Dauphiné, nommé, en 1629, maître en la chambre des comptes; il avait été maître des requêtes de la reine Marguerite, et épousa Marguerite Du Notaire. XCVII, XCVIII, C, CVI n.

Guyon. Député au synode du Pont-en-Royans (1614) et à l'assemblée d'Alais (1628). LXIV.

Guise (De) (I). CLXXXIII, CCLII, CCCLIX, CDXXV, CDXXXVII.

Guiton. Jean Guiton, né le 1er juillet 1585, fils de Jean, S^r de l'Homeau, et d'Elisabeth Bodin, armateur et amiral Rochellois, élu maire en 1628, défendit la ville de la Rochelle contre Richelieu ; fut exilé, après la reddition de la place, à Tonnay-Boutonne où il mourut en 1654. Il épousa Marguerite Prevost, puis Judith David. CCLIX n.

Guyenne (I). LXXVII, CCLIX, CCLXIX, CCLXXX, CCLXXXI, CCXCIX, CCCLXVII.

Guyse (Chevalier de). François-Alexandre Paris de Lorraine, chevalier de Malte, lieutenant général en Provence, fils de Henri de Lorraine, duc de Guise, et de Catherine de Clèves. Né en 1589, il fut tué par l'éclat d'un canon en 1614. XLII, CLXIII n.

Haidt. Voy. Heyd.

Halincourt (D'), Alincourt (D'). Charles de Neufville, Mis de Villeroy et d'Alaincourt, cap^{ne} de cent hommes d'armes, gouv^r de Lyon, le Forez et le Beaujolais, fils de Nicolas de Neuville et de Madelaine de l'Aubespine, ép. d'abord Marguerite de Mandelot, puis Jacqueline de Harlay et mourut à soixante-seize ans, en 1643. LXXVIII, LXXXVIII, CX, CXVI, CXVII, CXXII, CXXVIII, CLXXXIV, CCIV, CCV, CCVI, CCIX, CCX, CCXCVI, CCCLIII, CCCLXII.

Hautefontaine (De). Daniel Durant, Sr de Hautefontaine, théologien et capitaine. Fils de Jean Durant, conseiller du roi, et de Madelaine Couet du Vivier. Il fut tué au siège de Saint-Jean-d'Angely en 1621. LXXXI n.

Hautefort (D') (I). CDIX.

Hautefort (De). Claude de Hauteffort, Vic^t de Cheylane, mari de Charlotte de Chambaud, veuve de René de la Tour Gouvernet, fils de N. de Hautetort, baron de l'Estrange. CCCLIV n.

Henri III. CXCI. CDV n.

Henri IV, Henri le Grand, III n, XIII n, XXIII n, XXIV, CCXL n, CCXLIII,

CCLXXIII, CCXCI, CCC, CCCXVI, CCCXLIX n, CDXXVIII, CDXXXII, CDXXXIII, CDXXXIV, CDXXXIX.

HERBIÈRES (D'). Trésorier du Cte de Mansfeld. CCCXXXVIII.

HERCULES NÈGRE. (I. *au mot* Hercule). CCCXCVII n.

HEUD. *Voy.* HEYD.

HEYD, HEUD, HAIDT. Wlmann Heid, colonel, de Suisses au service de la France. CCXXXIII, CCLXIII, CCCIII, CCCLXXIII, CCCLXXIV, CCCLXXXV, CCCLXXXVI.

HOLLANDE. État de ce nom. CCLIX n, CCCLIX, CCCLXVII, CCCCXXXII, CDXXXIV.

HONGRIE. Province de la monarchie autrichienne. CCCLXXVI n.

HUGUES. Antoine Hugues, de la Charce, emprisonné à Tallard comme hérétique (1581). CD.

HURRE (D' ou DE). AIGUEBONNE. Antoine Rostaing d'Urre, S^r d'Aiguebonne, Pont-d'Ain, Mis de Treffort, capitaine, puis colonel, lieutenant général, gouverneur de Cazal, de Montferrat, lieutenant général en Provence, mort en 1654. Il était fils de Louis d'Urre, Sr du Puy-Saint-Martin, gouv^r de Crest, et d'Antoinette de la Baume-Suze. CX, CLXXXIX.

HUVET. Envoyé des échevins de Lyon (1611). VI.

IMBERTS (DES). Financier (1622-1662), CCCXVII, CCCXCVI.

INDES (Les). CDXXXIX.

ISLE (DE L'). Hippolyte Chambrier, S^r de l'Isle, fils d'Yves Chambrier, gentilhomme dauphinois. CCLXXXVII.

ISLE-GROSLOT (DE L'). Jérome Groslot, S^r de l'Isle, fils de Jérome Groslot, docteur en droit, chancelier d'Alençon, et de N. Natte; il fut député au synode de Privas (1612), à l'assemblée de Grenoble (1615). XXX.

ISLES-MAISONS (DES). Daniel Dubois, S^r des Isles-Maisons, diplomate protestant au service de Rohan. CCLXXXI, CCXCI n. CCCII.

ITALIE. ITALYE (I). LXXVIII n, XC, XCI, CII, CXX, CLX, CLXXXIII, CCLI, CCCIV n, CCCXLIX, CCCLIII, CCCLVII, CCCLXII, CCCLXVII, CCCLXXXVI, CCCLXXXIX, CCCXCVI, CDXIX, CDXXXII.

IZÈRE (I). CDXIII.

JACQUES (LE PETIT). Apothicaire, emprisonné à Valence comme hérétique (1581). CD.

JANIN. *Voy.* JEANNIN.

JARJAYES. *Voy.* MONTAUBAN DU VILLAR.

JARJAYES (DE). Joseph de Montauban, Sr du Villard et Jarjayes, capitaine, gouverneur de Gap (1619), fils de Gaspard de Montauban du Villard et de Catherine Flotte, dame de Jarjayes; il épousa Diane de la Piarre et mourut en 1644. LXIX, LXXVII n, XCIV n, XCIV, XCVI.

JEANNIN, JANIN (I). LV, LVII, LXIII, CCXCV, CDXXVII.

JONS (DE) (I). CDXVIII.

JOSSIER. Estienne Jossier, trésorier de l'extraordinaire des guerres en Dauphiné. CCCXCI.

JOUBERT. *Voy.* GOUBERT.

JULLIERS. duché allemand. LXXIII, CCCLVII.

LABRELIS, LABRELIS. magistrat protestant, nommé en 1619, substitut au parlement de Grenoble, mais non installé. CCXXIX, CCXXXI.

LABRY. Didier Labri, soldat des gardes de Lesdiguières. CCCLXXVIII.

LAGET (Les frères). Pierre et Jean Laget, capitaines sous les ordres de Lesdiguières. Le premier épousa Madelaine Autard de Bragard (1590-1630). LIII.

LA GOUTTE (DE). Daniel de la Goutte, député de la Rochelle aux assemblées de Saumur (1621). Il fut secrétaire de cette dernière. Il était avocat du roi au présidial de la Rochelle, conseiller et pair de cette ville. Il était fils de Pierre de la Goutte et de Jeanne Perreau, CCLXIV n.

LAGRANGE. Député de la Saintonge à l'assemblée de la Rochelle dont il fut secrétaire (1621). CCLXIV n.

LALLÉ, LALÉ. Louis de l'Alée, b^{on} de la Tourette, conseiller d'État du duc de Savoie, ambassadeur en Suisse, colonel; fils de François de l'Alée et de Jeanne-Marie de

Chabod, il épousa Jeanne de Loras et mourut vers 1622. CX, CCXCVIII.

LAMOTHE EN LANGUEDOC. Beaucoup de localités du Languedoc portent le nom de la Mothe ou la Motte. CDXX.

LAMY. Secrétaire du consistoire de l'église réformée de Pont-de-Veyle. CXXIX n.

LANGUEDOC (I). LIX, CCXLI n, CCLIV n, CCLXXX, CCXCI, CCXCIX, CCCXI, CCCXIV, CCCXVI, CCCXVIII n, CCCLIII, CCCLXVII, CCCXC, CDVI, CDXIII, CDXVI, CDXX, CDXXXIX.

LANS (DE). Voy. LEMS.

LARDISSON. Originaire du Queyras, détenu à Embrun comme hérétique (1581). CD.

LA SANTENA. Maréchal de camp en Piémont (1615). CCCLVI n.

LAVAL. *Laval-Notre-Dame,* com^{ne}, c^{on} de la Grand'Combe, arrond^t d'Alais (Gard). CCXCIX, CCC.

LAUGÈRES. Charles de Borne, Sr de Laugère, Bon de Balazuc, colonel, épousa Gabrielle de Beauvoir-Grimoard du Roure. CX, CLXII.

LAURIOL. Voy. LORIOL.

LEGAT D'AVIGNON. Scipion Borghèse, cardinal de St-Chrysogone, nommé légat d'Avignon en 1605, évêque de Sabine en 1629, mort à Rome en 1633, le 2 octobre. XXI.

LEMS (Mis DE), LANS (DE). Sigismond d'Est, Mis de Lenzo, né en 1577, fils de Philippe d'Est et de Marie de Savoie, il fut général de la cavalerie de Savoie et lieutenant général dans cette province. Il épousa Françoise de l'Hostel et mourut en 1627. XXXVII, L, CXLV, CLIII, CLXIV, CLXXXIII, CXCI, CXCVII.

LÉON (DE). Voy. BRULART (Léon).

LEOPOLDO (L'Archiduc). Léopold d'Autriche, né en 1586, mort en 1632. Fils de Charles d'Autriche, archiduc de Gratz, et de Marie de Bavière; il fut archiduc d'Inspruck et épousa Claude de Médicis. CCCVII n.

LERME (Duc DE) (I). CXXVII.

LESBERON (DE). André de Gélas de Lesberon, chevalier des ordres du roi, fils de Fabien de Gélas de Lesberon, maréchal de camp,

et d'Anne de Moreton de Chabrillan. CCCXC.

LESCHERENE (DE). LESCHERAYNE (DE). Antoine de Lescheraine de la Compôte, sénateur au Sénat de Savoie, nommé le 1er mai 1610. XXXVII, CXCI.

LESTRANGE (Vte DE) Louis de l'Estrange, Vte de Cheylane, gentilhomme du Vivarais, colonel sous les ordres de Montmorancy, à la révolte duquel il prit part en 1632. Décapité en 1633. CCCXC.

LEYTOURE, LECTOURE, LEITOURE. *Lectoure,* chef-lieu d'arrond^t du départ^t du Gers. CCXXIX, CCXXX n, CCXLIII, CCXLVI, CCLIX.

LIGUES (Les) Voy. GRISONS (Les).

LIMANS (DE). Jean-Baptiste de Truchier, Sr de Limans, fils de Pierre Truchier et de Marguerite de Perrache. Capitaine au régiment d'Aiguebonne, il fut tué au siège de Soyans en 1626. CCCLXXIX, CCCLXXX.

LION. Voy. LYON.

LIONNOIS, LYONNOIS. (I). LVIII, LIX, LX, CXXII, CLXXXIV, CCIV n, CCIX, CCLXXX. CDXXIII.

LIVACHE. Daniel Livache, avocat au parlement de Grenoble, anobli en 1643, chargé de plusieurs missions par Lesdiguières et les protestants en Dauphiné. LXXVII n, CCXXXIV, CCXXXV, CCXLI.

LIVRON (I). CDIII.

LHOYRE. *La Loire,* fleuve. CCLXXII.

LOMBARDIE (I). LXXII, LXXIII, CDXXXIV.

LONGUEVILLE. chef-lieu d'arron^t du dépt^t de Lot-et-Garonne. CCLIX n.

LONGUEVILLE (Duc DE). Henri d'Orléans, duc de Longueville, prince de Neuchatel, comte de Dunois, fils de Henri d'Orléans et de Catherine de Gonzague. Il épousa Louise de Bourbon-Soissons, puis Anne-Geneviève de Bourbon-Condé. Il fut gouverneur de Picardie et de Normandie. Né en 1595, il mourut en 1663. LVII n, CLVI, CLXXXVI, CCLXXXVI.

LORGE (DE). Jacques de Durfort, Mis de Duras, Sr de Lorges, fils de Simphorien de Durfort et de Barbe Cauchon de Maupas;

il épousa (1603), Marguerite de Montgomméry, dame de Lorges, et mourut en 1626, âgé de soixante-dix-neuf ans. CCII n.

Loriol, Lauriol (I). CCXCI n, CCXCII, CCXCIII, CCXCV, CCXCVI, CCXCVII, CCCI, CCCXXX, CCCLXIX n, CCCLXXXI.

Lorraine (Anne de). Anne de Lorraine, fille de Charles de Lorraine, duc d'Aumale, et de Marie de Lorraine d'Elbeuf ; elle épousa, le 14 avril 1618, Henri de Savoie, duc de Nemours. CLXI n.

Lorraine (Charles de). Charles de Lorraine, duc d'Aumale, grand veneur de France, fils de Claude de Lorraine et de Louise de Brezé. Il avait épousé Marie de Lorraine ; né en 1555, il mourut en 1631. CLXI n.

Lorraine (De). Henri de Lorraine, chevalier de Lorraine, fils de Louis, cardinal de Guise, et de Charlotte des Essarts, mort fou. CVI n.

Loudun. chef-lieu d'arrond^t du dép^t de la Vienne. CCXXIX, CCXXX, CCXXXIV, CCXXXVIII n, CCXL n, CCXLI, CCXLIII, CCXLIV, CCXLV, CCXLVI, CCXLVII n, CCLIX, CCLXIV, CCLXX n, CCCXXII n.

Louis XIII. LXXVII, CCLXVI n, CLXXIV n, CCXn, CCXI, CCXII n, CCCXIV n, CCCXV, CDXXXIX.

Loys-le-Juste. Voy. Louis XIII.

Lucerne (C^{on} de). Suisse. XLI.

Lucerne (I). CDXXXIV.

Ludovisio (Cardinal). Alexandre Ludovisio, d'une famille romaine, archevêque de Bologne, promu au cardinalat en 1616, puis pape sous le nom de Grégoire XV. XCVII n.

Lumagne. François Lumagne, S^r d'Arcuis, banquier à Lyon. CCCLXII.

Lussan (De). Envoyé par Lavalette à Lesdiguières. CDXIII.

Luynes (De), Luines, Le Connestable. Charles d'Albert, duc de Luynes, pair, grand fauconnier, garde des sceaux et connétable de France, chevalier des ordres, gouverneur de l'Ile-de-France, Normandie et Picardie, né en 1592 d'Honoré d'Albert, Sr de Luynes, et d'Anne de Rodulf, épousa Marie de Rohan et mourut en 1621.

CLXIII n, CCII n, CCXXIII, CCXLIII, CCXLIV, CCXLVI, CCLXVI n, CCLXXII, CCLXXVI, CCLXXVII, CCLXXVIII, CCLXXIX, CCCVI, CCCVII n, CCCXIV n.

Lyon, Lion (I). VI. LVIII, LX, LXXXVIII, CIX, CX, CXI, CLXXXIV, CXCII, CXCV, CCI, CCVI, CCVIII, CCIX, CCX, CCXXXVII, CCXXXIX, CCXLI, CCLI, CCLXXX, CCLXXXIII, CCXCVI, CCCVII, CCCLXIX, CDVIII, CDXIII, CDXXVII, CDXXXIV.

Lyon (M. de). Denis Simon de Marquemont, fils de Denis de Marquemont et de Marie Rouillard, nommé arch. de Lyon en 1612 et mort en 1626. CXXIX, CLXXV.

Macon Voy. Mascon.

Madame. Voy. Élisabeth.

Madrid, Madril. Capitale de l'Espagne. LXXXIX n, CCCXLIX n, CCCLXII, CCCLXXVI n.

Magellan. Détroit de Magellan (Amérique du Sud). CCCLVII.

Maison-Blanche (La). Hameau, com^{ne} de Romanèche, c^{on} de la Chapelle de Guinchay, arrondissem^t de Mâcon (Saône-et-Loire). CCCLII.

Maisses (De) (I). CDXIX.

Malateste (Mis de) XXXV.

Malaucène Chef-lieu de c^{on}, arrond^t d'Orange (Vaucluse). XXI.

Maleray. André de Malleray, avocat au siège présidial de Poitiers, secrétaire de l'assemblée de Loudun (1619). Il était Sr de Feuillas et fut condamné à mort et exécuté en effigie en 1622. CCXXX n, CCXLI n.

Malespine (M^{ise} de). Julie de Birague, femme d'Octavien, Mis de Malespina, fille de Galeas de Birague et d'Antoinette Trivulce. CCIII.

Manse (Col de). Col qui sépare les vallées du Drac et de la Durance, et les cantons de Gap et de Saint-Bonnet(Hautes-Alpes). CCXXIV.

Mansfeld. Ernest de Mansfeld, fils naturel du comte Pierre Ernest de Mansfeld et d'une dame de Malines. Il servit successivement la maison d'Autriche, celle de Savoie, les princes protestants d'Allemagne, la France et le roi d'Angleterre. Né en

1585, il mourut en 1626. CCCVII, CCCXXXVIII, CCCLIII.

MANTHON (Bon DE). Charles Emmanuel de Menthon, Bon de Confignon, diplomate italien au service du duc de Savoie. Il épousa Jeanne-Aimée de Beaufort. CLXXIII, CCCLXXVI n.

MANTOUE (Duché de). XXVII, XXXVI n, XXXVII, LXVII, LXXII, LXXIII.

MANTOUE (Duc de). Ferdinand de Gonzague, duc de Mantoue, fils de Vincent et de Éléonore de Médicis. D'abord cardinal, il épousa, à la mort de son frère aîné, Catherine de Médicis et mourut sans postérité en 1626. XXXVIII, XXXIX, XLII, XLIII, CXXIII, CXXV, CXXVII, CLXXI, CCCLIII, CCCLXI, CCCLXV. CDXXXVII.

MARANDON (DE). Capitaine (1621). CCLXXIV.

MARBAUT. Pierre Marbaut, Sr de Saint-Laurens, secrétaire de Duplessis-Mornay, fut conseiller et secrétaire du roi et laissa des notes intéressantes sur les mémoires de Sully. Il épousa Blanche Colas de la Madelaine. CCXL, CCLXXI.

MARCIEUS (DE), MARCIEU (I), MARCIEUX, MARCIEULX. LXXI, LXXV, XCIX, CI, CXXXV, CLV, CLVI, CLXI, CLXII, CLXIII, CLXXIV, CLXXVII, CLXXXIII, CLXXXVII, CLXXXVIII, CXC, CXCII, CXCVI, CCXII, CCCXX, CCXXI, CCXXII.

MARCOUSSE (DE LA). Joachin de Chissé, Sr de la Marcousse, commis des États du Dauphiné, fils de Jean de Chissé et de Claudie de Monteynard. Il épousa Diane de Lestang et mourut en 1636. CCCXCII.

MARESCHALLE. (Mme la). Voy. VIGNON (Marie).

MARINI, L'AMBASSADEUR DE SAVOIE. Claudio Marini, chargé d'affaires du roi de France près du duc de Savoie. CXVI, CCCXXIII, CCCXXXVIII, CCCXLIX, CCCLIII n.

MARNAL. Secrétaire de l'assemblée de Grenoble (1615). LXXVII n.

MARQUIN. Samuel Marcquin ou Maquain, commandant des galères Rocheloises (1621). Il était fils d'Antoine Marquin et de Louise Hairaut. Il fut noyé en 1622 dans un combat naval. CCLIX n.

MARQUISAT (Le) (I), MARQUISAT DE SALUCES. CCXLI n, CDXII n. CDXXVIII.

MARSEILLE, MARCEILLE. Messager de Lesdiguières au juge de Die. CDXXXI.

MARTIGUE (L'Isle du) (I).CDXXV.

MASANS. *Mazan*, comne, con de Montpesat, arrondt de Largentière (Ardèche). CCC.

MASCON, MACON. Chef-lieu du départemt de Saône-et-Loire. CCCXLV n, CCCLII, CCCLXXXIX.

MASCONNOIS, MACONNAIS. CCCLII.

MASSERAN. *Masserano*, comne, cercle de Bielle, province de Novare (Italie). CLXX.

MAUCHAN (DE). Envoyé par Lesdiguières à Duplessis-Mornay (1621). CCLV.

MAUGIRON (DE) (I). CCCXCVIII, CDI, CDV n, CDVI, CDVII.

MAUGIRON (DE) (I). CCCXL.

MAURICE (Prince), MAURICE DE NASSEAU (I). CDX n, CDXXXIV.

MAURIENNE, MORIENNE (I). CDXXVIII.

MAYENNE (Duc DE), DU MAYNE (I). CVIII B, CCCXCVII n, CCCXCVIII, CDV.

MAYENNE (Duc de), MAYNE (DU). Henri de Lorraine, duc de Mayenne, pair et grand chambellan de France, fils de Charles de Lorraine, duc de Mayenne, et de Henriette de Savoie. Né en 1578, il épousa Henriette de Gonzague-Clèves, et fut tué au siège de Montauban en 1621. LXXVIII n, CCXIX, CCXLIII.

MAYNE (DU). Voy. MAYENNE.

MAYRE (Val de). (I. *au mot* Maires). CDXXVIII.

MAZ (DU), MAS (DU). Antoine de Vignon, Vte du Mas, colonel, fils de Pierre Vignon, beau-frère de Lesdiguières. CLXXVII, CLXXXIII, CC, CCCLXIII, CCCXC.

MAZÈRES (DE). N... de Boussost de Campeils, Sr de Mazères, colonel. CLIV.

MEANE. CDXXXIV.

MENS (I). CCCXCVII, CCCXCIX, CDII, CDIV.

MERCIER. Josias Mercier, scribe à l'assemblée de Saumur (1611), et député à celle d'Alais (1628). XIV.

MESNIL (DU). Antoine de Valles, Sr du Mesnil, conseiller du roi, contrôleur général, mari de Marie Miron, fille de Robert Miron, ambassadeur en Suisse, et de Marguerite Berthè. CCCXLVI.

MEVOUILLON, MEVOILHON (I) CCCLXXVI. CCCXCIII.

MÉZIÈRE. Ch.-l. du dép¹ des Ardennes. CVI n.

MILLAN, MILAN (I). LXXIII, XC, CXV, CXIX, CXXIII, CXXVII, CLVII, CLIX, CLXVII, CCCIV n, CCCVI, CCCVII, CCCLIII, CCCLVI n, CCCLXII, CCCLXV, CCCLXVIII, CCCLXXVI n, CDXXXII, CDXXXIII.

MILLAN (Gouverneur de), MILAN (DE), DON PIEDRO. Dom Pedro de Tolède, duc de Ferdinanda, Mis de Villafranca, ambassadeur en France pour le roi d'Espagne, gouverneur de Milan. Il épousa Elvire de Mendoza et mourut vers 1618.

XXXVIII, XLI, XLV, LXXII, LXXXVIII n, LXXXIX, XC, XCI, XCVII, XCVIII, CII, CXV, CXVI, CXVII, CXX, CXXI, CXXII, CXXIII, CXXX, CXXXVII, CLX, CLXIII, CLXIV, CLXVII, CLXVIII, CLXIX, CLXXIV n.

MILLANAIS, MILANOIS (I). XLI, XLV, |XCII, CLXIII, CCLXXXVIII, CCCVII, CCCLIII, CCCLIX, CCCLXVIII.

MILLAU. chef-lieu d'arrond¹ du départ¹ de l'Aveyron. CCC.

MILLETIERE (DE LA), MILLETRIE (DE LA). Théophile Brachet, Sr de la Milletière, avocat, théologien et polémiste protestant, fils d'Ignace Brachet et d'Antoinette Fay d'Espeisses, il naquit vers 1595, épousa Marie Gergeau et mourut en 1665, après s'être fait catholique, le roi lui ayant fait grâce, en 1627, après une condamnation à mort qu'il avait encourue comme agent de Rohan. XVII n. XXX.

MIOLANS (I). CDXXVIII.

MIONS (DE). Pierre le Blanc, Sr de Mions, contrôleur du domaine, puis président de la chambre des comptes du Dauphiné, anobli en 1602. CCXCVII.

MIRABEL (I). CCCXCVIII n, CD.

MIRABEL. Voy. BLACONS.

MIRANDE. Jean de Mirande, Sr du Treuil des Noyers, échevin de la Rochelle, député de la Saintonge à l'assemblée de Chatellerault (1601), de Saumur (1611) et de la Rochelle (1622). Il était fils de Pierre de Mirande et de Marie Dreperat. XIV.

MIRON. Voy. MYRON.

MITTE DE CHEVRIÈRES, SAINT-CHAUMONT. Melchior Mitte de Méolans, Sr de Chevrières, Mis de Saint-Chamond, ambassadeur à Rome, lieut¹ général des armées du roi, lieut¹ au gouv¹ de Provence et du Lyonnais, né en 1586, mort à Paris le 10 septembre 1649. Il était fils de Jacques Mitte de Meolans, Sr de Chevrières, et de Gabrielle de Saint-Priest, et épousa Isabeau de Tournon. XXVI n, CXVII, CXXII, CXXVIII, CLXXXIV, CCIV, CCV, CCVI, CCVIII, CCIX, CCX.

MODENE (Duc DE). César d'Est, duc de Modène et de Regio, né en 1562 d'Alphonse d'Est et de Julie de la Rovere. Il épousa Virginie de Médicis et mourut en 1628. XLV.

MODENNE (DE). MODENE (DE). François de Raymond, Sr de Modene et Mourmoiran, grand prévôt de France et de l'hôtel du roi, gouverneur de Fougères, marié à Catherine Alleman en 1602. CXL, CXLII, CXLIV, CXLVI, CXLVII, CXLIX, CLXIII CLXVIII, CCII n, CCXXIII.

MOLANS, MOLLANS. Com^ne, c^on du Buis, arrond¹ de Nyons (Drôme). CCLXXXIV, CCCVII.

MONCEAUX (M^ise DE). Voy. ESTRÉES (D').

MONCIZET, MONSIZET, MONZIZET. Claude Dauphin, Sr de Montcizet, gentilhomme ordinaire du roi, cap^ne des gens de pied français (1612), gouverneur de Crémieu ; fils de Benoît Dauphin. Il avait épousé Catherine Matel qui portait plus ordinairement le nom de Catherine de Treffort, fille du premier mari de la seconde femme de Lesdiguières. Il mourut en 1622, et sa femme épousa en secondes noces Timoléon de Beaufort-Montboissier, Mis de Canillac. CXX, CXXXI, CXXII, CXXXVII, CXL, CXLVI, CLXXXIX, CCXCV, CCXCIX n.

MONESTIER (DU). Balthazard de Combourcier, Sr du Monetier, chevalier des ordres, gouverneur de Gap, fils de Guigues de Combourcier et de Anne de Morége. Il épousa Louise de Saint-Marcel d'Avançon et mourut en 1583. CD.

MONET (I). Capitaine. CDVI.

MONSEIGNEUR. *Voy.* ALENÇON (DUC D').

MONTAGNES (Les). Baillage des Montagnes du Dauphiné, comprenant les vibaillages du Buis, Gap, Embrun et Briançon. CD.

MONTALQUIER (DE), MONTAUQUIER (DE). (I. *au mot* Philibert). LXVI, CIII, CCCLXVII.

MONTAUBAN (I). LXXXIV, CCLIX n, CCLXXX, CCXXXI, CCLXXXII, CCC, CCCVII, CCCLXXVI n, CD, CDII, CDIII, CDXXXIX.

MONTAUBAN. Hector de la Tour Gouvernet, Sr de Montauban, gouverneur de Montélimar, fils de René de la Tour Gouvernet et d'Isabeau de Montauban; il fut nommé, après avoir rendu Soyans et Mevouillon dont il s'était emparé, maréchal de camp. Il épousa Anne de Sauvain du Chaylar. CCCLXIX n, CCCLXX, CCCLXXII, CCCLXXVI, CCCLXXIX n, CCCLXXXI.

MONTAUBAN DU VILLAR, JARJAYES (I. *au mot* Villar. LV. XCVI, CVIII, CDXVIII.

MONTBRISON. chef-lieu d'arrondt (Loire). CXXVII, CCIV n.

MONTBRUN, MONBRUN (I). XII n, XVII n, LXIII, CLXIII n, CLXXXIX, CCXXXI, CCXXXIV, CCXXXV, CCLIX n, CCLXXX n, CCLXXXII, CCCXXVII, CDXXXVII.

MONTESPIER (DE). Capitaine (1611). X.

MONTCALIER. *Moncalieri*, comne, mandement de Moncalieri, cercle et province de Turin (Italie). CCCLX.

MONTCHENU Mme DE). Geneviève Diacetti, des princes d'Atri et Melsfi au royaume de Naples; elle épousa (1584) François de Montchenu, fils de Claude de Montchenu et de Marie de Montchenu, sa cousine. CLXXIII.

MONTCORNET. Comne, con de Renwez, arrondt de Mézières (Ardennes). LXXVIII n.

MONTECALVO. *Montecalvo-Versiggia*, comne, province de Pavie, cercle de Voghera (Italie). XXXIX.

MONTELEON (Duc DE). Hector Pignatelli, duc de Monteleone, grand d'Espagne, vice-roi de Catalogne. XCII, XCVII n, CXXII, CXXXVII.

MONTFERRAT. Duché de ce nom en Italie. XXVII n, XXXVI, XLII, XLIII, XLV, XLVI, L n, CXXII, CXXXVII, CCCLIII, CCCLXV.

MONT-GENÈVRE. (I). CII n.

MONTÉLIMAR, MONTHELYMAR (I). XXXI, CCCXXX.

MONTMAUR (DE). Charles Emmanuel de Flotte, Sr d'Aurouse, bon de Montmaur, Cte de la Roche, filleul du duc de Savoie, fils de Balthazard de Flotte, décapité en 1614 pour assassinat et de Marthe de Clermont d'Amboise. Il mourut sans alliance après avoir commandé en Savoie quelques régiments CXII.

MONTMÉAND. *Montmeyran*, comne, con de Chabeuil, arrondt de Valence (Drôme). CD.

MONTMEILLAN, MONTMELLIAN (I). CDXXVIII, CDXXXIII.

MONTMORANCY (I). CDXXIII n, CDXXVIII.

MONTMORENCY (Duc DE). Henri duc de Montmorancy, maréchal de France, gouverneur du Languedoc, fils de Henri Ier, duc de Montmorency, et de Louise de Budos. Il eut la tête tranchée, à Toulouse, le 30 octobre 1632. Il avait épousé Marie-Félicie des Ursins. CX, CCLIV n, CCLVII, CCLXI, CCXCIV.

MONTOUS (DE). Claude-Louis Guillet de Monthous, sénateur, puis président au sénat de Savoie, nommé le 31 octobre 1609, fait président le 20 juin 1619. CXCI.

MONTPELLIER (I). LXXXV, CCXC n, CCXCI, CCXCV, CCXCVI, CCXCIX, CCC, CCCVII, CCCXVI, CCCXVIII n, CCCXXXI, CDXXIV, CDXXXIX.

MONTROND (Georges DE), BARDEL (Sr DE) (I). CCCXCVII n.

MONTSALIER CDXXV.

MORE. Claude-Henri More, sénateur au sénat de Savoie, nommé le 9 novembre 1614. CXCI.

Moreau. Cap^{ne} dauphinois (1612). XXXI.

Moret. Ennemond Moret, avocat au parlement, conseiller à Grenoble (1613), né à Réaumont; épousa Philippine de la Pierre et mourut en 1631. XLIX.

Morges (I). CCCXCVII n, CD, CDII, CDXVI.

Morges (I). XXXVI n, XXXVII n, LXXVII n, CXXVII, CXXVIII, CXLVII, CXLIX, CLXXXII, CCLXVII, CCLXXX, CDXXIV, CDXXXIV.

Morienne. Voy. Maurienne.

Morte (De la) (I). CDXXXVII.

Mothe (De la). Voy. Philibert de Venterol.

Moulin (Du). Pierre du Moulin, ministre protestant à Charenton (1599-1622), pasteur de l'église française de Londres (1625), né à Buhy le 18 octobre 1568, mort à Sedan le 10 mars 1658. Il était fils de Joachim du Moulin et de Françoise Gabet, et épousa Marie de Colignon (1599), puis Sarah de Geslay (1623). XXX.

Moyrans. *Moirans*, com^{ne}, c^{on} de Rives, arr^{t} de Saint-Marcellin (Isère). CXCII.

Murat (De). Jean de Murat, conseiller du roi, receveur général de l'extraordinaire des guerres et cavalerie de France, puis président à la chambre des comptes de Dauphiné (1609), démissionnaire en 1620. CXLV, CLIII, CXCI.

Mure (La) (I). CLXXXVIII, CCCXCVII, CD.

Murianette. Com^{ne}, c^{on} de Domène, arrond^{t} de Grenoble (Isère). CCLXXXII.

Murinais (De). Jean Buffevent de Murinais, procureur et syndic des états de Dauphiné, gentilhomme de la chambre du roi, fils de Jean Balthazard de Murinais, Sr de Bozancieu, et de Françoise d'Auberjon. Il épousa Léonore de Servient. CCCXCII.

Myron, Miron. Robert Miron, intendant des finances, ambassadeur en Suisse, prévôt des marchands de Paris, conseiller au parlement (1595), chargé des négociations relatives à la Valteline (1619-1624). Il mourut en 1641 âgé de soixante-douze ans. CCLXXXVIII, CCCXLVI, CCCLV.

Nantes. (I). CCLXXII, CCLXXXI, CCXCI, CCXCIV, CCXCIX.

Nante (De). Habitant de Lyon (1618). CCIV n

Naples (I). CCCVI.

Nassau (Maurice de). Voy. Maurice (Prince).

Nasseau (Cte de). Guillaume-Louis de Nasseau, fils de Louis de Nasseau et d'Anne-Marie de Hesse. Né en 1590; il épousa Anne de Nasseau en 1615 et mourut en 1640, XCVII n.

Navarre (I). XII n, CCXXIX n, CDXXXII.

Navarre (Roi de) (I). CCCXCVII, CCCXCVIII. CD, CDII, CDIII, CDIV, CDVI, CDVII, CDVIII, CDX n, CDXV.

Nemours (Duc de) (I. *à Saint-Sorlin*). I, XXIII, XXXVII, LXII, LXXI, LXXII, XCIII, XCIX, CI, CIV, CLXI, CLXII, CLXIII n, CXCIII, CXCIV, CXCVII, CXCVIII, CCXVIII, CCCIV n, CDXIII n. CDXVI, CDXXII.

Nerac (I). LXXXIV, CCLXXX, CCXCIX, CCCLXXXII, CCCXCVIII, CCCXCIX, CD.

Néron. Empereur romain. CCCXVI.

Neuchatel. Principauté, actuellement canton Suisse. CLVI n, CCLXXXVI n.

Neuville, Neufville. Voy. Villeroy.

Nevers (Duc de) (I). XXVI, XLII, XLV, LXXXI, CDXIX.

Nevers (Duchesse de). Catherine de Lorraine, fille du duc de Mayenne, née en 1585; elle épousa en 1599 Charles de Gonzague et mourut en 1618. XLVI, CVI n.

Nice de la Paille, Nizze (I). XLI, XLII n, XLV.

Nions. Voy. Nyhons.

Niort. Chef-lieu du départ^{t} des Deux-Sèvres. CCLIX n, CCLXVIII.

Nismes, Nimes (I). LXXXIV, LXXXV n, CCLXVI, CCCVII, CCCXC, CDX n.

Noel. Etienne Noël, ministre de la vallée d'Angrogne (1560), de Grenoble (1562), puis de Gap (1578). CD.

Nom. Il faut probablemnt lire *Noni*, qui doit être *Nonio*, com^{ne}, province et cercle de Novare (Italie). CXVIII.

Nonce (Le) (I). XLV, XLVI n, CDXXVII.

Nonce (Le) N.... Scarpi, nonce du pape en Suisse, évêque de Campana. CCCLXXII, CCCLXXVI.

NOUVELLE-FRANCE. Le Canada. CCCLVII.

NOVARE. Com^{ne}, mandement, cercle et province de Novare (Italie). CCCLXV.

NOVI, NOVY. Com^{ne}, mandement et cercle de Novi, province d'Alexandrie (Italie). CCCLIX.

NUISEMENT (DE). Jean Hatte, sieur de Nuisement, ministre réformé. Il était fils de N... Hatte et de Marie Marreau. CCXCVI.

NYHONS, NYONS, NIONS (I). XXXI, LXV, CCXXXV, CCXXXVII, CCCXCVII, CCCXCIX, CDIII.

OLERON. Oloron-Sainte-Marie, ch.-l. d'arr^t, dép^t des Basses-Pyrénées, CCC.

OLECH. Olleggio, com^{ne}, mandement d'Oleggio, cercle et province de Novare (Italie). CCCLXV.

OLLIER. Magistrat à Lyon (1618). CCIV n, CCIX, CCX.

OPPEDE (D'). Vincent-Anne de Forbin, baron d'Oppede, conseiller, président, puis premier président du parlement de Provence (1621-1631). Il était fils de Jean de Forbin et de Claire de Peruzzi, dame d'Oppede, et épousa Marguerite d'Oraison, puis Aymar de Castellanne. Il mourut en 1631. CCCLXIV.

ORAN. Magistrat à Lyon (1618). CCIV n.

ORANGE (I). CDVI, CDX.

ORANGE (Prince D'). Henri-Frédéric de Nassau, prince d'Orange, fils de Guillaume de Nassau et de Louise de Coligny. Il épousa Émilie de Solms ; monta sur le trône en 1626 et mourut en 1647, à soixante-trois ans. CCCLXXXIV.

ORGON. Ch.-l. de c^{on}. arr^t d'Arles (Bouches-du-Rhône). CDXX.

ORIAC (D'). Voy. AURIAC (D').

ORLÉANS. Chef-lieu du départ^t du Loiret. CLXIII n, CII n, CCLIX n, CCCLXXIII.

ORNANO (D'), COLLONEL (LE) (I). CDXI, CDXVI, CDXVII, CDXVIII, CDXXIII, CDXXXVII.

ORTHEZ, ORTAIS. Chef-lieu d'arr^t du départ^t des Basses-Pyrénées. CCXXIXn, CCLXXII, CCC.

OTOMAS (D'). Envoyé par Lesdiguières à Rohan (1622). CCCXVIII n.

OTTAGIO, OSTAGE. Ottiglio, com^{ne}, mandement d'Ottiglio, cercle de Casal, province d'Alexandrie (Italie). CCCLVI n, CCCLVIII.

OTTAVIO. Envoyé par le duc de Mantoue à celui de Savoie (1613). XLI.

OURS. (I. au mot Oulx). XXVII.

PADOUE. Mauvaise lecture (?). Il ne s'agit pas ici de la ville d'Italie qui porte ce nom, mais d'une localité du Dauphiné ou du Comtat CDVIII.

PAIS-BAS. Voy. PAYS-BAS.

PALATINAT. Palatinat du Rhin, Prusse-Rhénane. CCCLVII.

PAPE (Le) (I. à Clément VIII). CDX n, CDXXVIII.

PAPE (N. S. Père le). GRÉGOIRE XV. Grégoire XV, Alexandre Ludovisio, élu le 9 février 1621, mort le 8 juillet 1623. CCLXII, CCCXIX, CCCXX, CCCXXVII, CCCXLIX n, CCCLXXVI n.

PAPE (Le). Urbain VIII, élu le 6 août 1623, mort le 29 juillet 1644. CCCLXII.

PARAT. Député du Dauphiné à l'assemblée de Saumur (1611). XII n.

PARIS (I). XXVIII, XXX, CX, CXL, CXLVIII, CLXIIIn, CLXXIVn, CLXXXII, CLXXXIII, CCXIX, CCXXIX, CCXXX n, CCXXXVIII n, CCXL, CCXLI, CCXLIII, CCXLV, CCXLVI, CCXLVII, CCLI, CCLIX, CCLXVI n, CCLXXI, CCCXXXV, CCCXXXVI, CCCXXXIX, CCCXL, CCCXLIII, CCCXLIV, CCCXLV n, CCCLIII, CCCLXV, CDXXV n, CDXXVI, CDXXXIX.

PARTENNAY, PARTHENAY. Chef-lieu d'arrond^t (Deux-Sèvres). CCLIX n, CCLXXVI, CCLXXVII.

PARUTA. Laurent Paruta, ambassadeur de Venise près du duc de Savoie (1624). CCCXLIX.

PAS (DU). Mauvaise lecture : N... du Pan, député de la province de Bourgogne à l'assemblée de Grenoble (1615). LXXXV, C.

PASSAGE (DU). (I). CDXXXVI.

PAVIE. Pavia, province et cercle de Pavie (Italie). CXXIII n.

PAU. Chef lieu du départ^t des Basses-Pyrénées. CCXXIX n.

Pays-Bas, Pais-Bas (I). LXXII, CXIX, CXXV, CCCLXVI.
Pedro. (Dom), Pedro de Toledo (Dom). *Voy.* Gouverneur de Milan.
Pellot, banquier à Lyon (1617). CIX, CXI.
Pelloux, Pellous. Jean Pelloux, laquais de Charles de Créqui. CLII.
Pepoli (Dyamante). XXXV.
Perier (Du). Aymar du Perier, conseiller au parlement du Dauphiné, nommé en 1579, démissionnaire en 1595. CDXXI.
Perouze. *Voy.* Valperouse.
Perrière (Porte de la). A Grenoble. CCCXXXIV n.
Perrière ((B^{on} de la). Maître des comptes du duc de Savoie (1613). L.
Perullane (De). CDXXXIV.
Peveragne (Mis de), colonel au service de la Savoie (1625). CCCLVI n.
Peyrins (De). Gaspard de Chabrières, Sr de Peyrins, trésorier général du Dauphiné en 1626, fils de Pierre, ép. Lucrèce d'Arbaletier (1619). CCCIII, CCCXXXIV, CCCXCV.
Phelippaux, Phelypeaux. Paul Phelypeaux, Sr de Pontchartrain, fils de Louis et de Radegonde Garraut, né en 1569, mort en 1621. Il fut secrétaire d'État (1610), et épousa Anne de Beauharnais. C. CLXXXII, CCCLIX.
Philibert (Prince). Emmanuel Philibert de Savoie, grand prieur de Castille, généralissime des flottes espagnoles, vice-roi de Sicile, né en 1588 ; il était fils de Charles-Emmanuel, duc de Savoie, et de Catherine d'Autriche. Il mourut en 1624. CXXVII.
Philibert de Montalquier (De). *Voy.* Montalquier.
Philibert de Venterol (De), Mothe (De la). (I). LVII, CIII, CCXCI n, CCCXIII, CDXXXIV.
Picault. Courrier du roi de France. LXXVI.
Piedmore, Piemore les Gap. *Voy.* Puymore.
Piémont, Piedmont. (I). XXVII, LXXII, LXXIII, LXXVI, LXXVII, LXXXVII, LXXXVIII, XCII, XCVII, XCVIII, C, CI, CIII, CVI, CX, CXIII, CXVI, CXXVIII, CLXXIX, CCI, CCCLIII, CCCLX, CCCLXII, CCCLXV, CCCLXXXII, CDXVIII, CDXIX, CDXXIII, CDXXVIII, CDXXXII, CDXXXIV.
Piémont (Prince de). Victor-Amédée, fils aîné de Charles-Emmanuel, duc de Savoie, né le 8 mai 1587, épousa, le 9 février 1619, Christine de France, fille de Henri IV, succéda à son père le 26 juillet 1630 et mourut le 7 octobre 1637. XXIII n, XXVII, XLV, CXXXI n, CXXXVI, CXXXIX, CXLIII CLI, CLVIII, CLXV, CLXX, CLXXII, CLXXVIII, CXCVIII, CCXI, CCXII, CCXVIII, CCXXII, CCXXXVII, CCCVI, CCCXLIX n, CCCLIII n, CCCLXI, CCCLXV, CDXXXII, CDXXXIII.
Piémont (Princesse de), Chrestienne. Chrétienne ou Christine de France, fille de Henri IV, mariée avec Victor-Amédée, prince de Piémont, puis duc de Savoie. CCXI, CCXII n, CCXXXII, CCXXXVI, CCXXXVII, CCCXLIX n, CCCLIII.
Pierrelate (I). XI, LXXX, CCXCVIII.
Pierre Encise. Château fort, prison d'État à Lyon. CDXXII n.
Pignerol. CLII, CDXXXIII, CDXXXIV.
Pimentel. Général de cavalerie du duché de Milan (1625). CCCLVI n.
Pisançon (De). Jean de la Croix de Chevrières, Sr de Pisançon, capitaine au régiment de Sault, gouverneur de Serre, maistre de camp. Il était fils de Jean de la Croix de Chevrières et de Barbe d'Arzac et épousa (1610) Anne Bailly. Il mourut en 1632. CCCXC.
Pizieux. *Voy.* Puysieulx.
Plessis (Du). Plessis-Mornay (Du). Philippe de Mornay, Bon de la Forêt, Sr du Plessis-Marly, conseiller du roi, gouverneur de Saumur, fils de Jacques de Mornay et de Françoise de Bec-Crespin. Il naquit à Buhy le 5 novembre 1549 et mourut à la Forêt le 11 novembre 1623. Il avait épousé Charlotte Arbaleste et laissa un grand nombre d'ouvrages de polémique et de théologie. On l'avait surnommé le *Pape des Huguenots.* IX, XII n, XIV, XVII, XVIII, XX n, XXII n, XXVIII, XXX, XLII, LXXXI n, CCXIX, CCXXIX n, CCXXX n, CCXXXI, CCXL, CCXLIII n, CCXLIV n, CCXLVI n, CCLI, CCLII, CCLV, CCLXIV n, CCLXVI.

CCLXVIII, CCLXXI, CCLXXII, CCLXXIV n, CCLXXXI, CCXCVI, CCCXXVI, CDVI.

PLESSIS-BELLAY (DU). Zacharie du Bellay, Sr du Plessy-Bellay, envoyé par la Trémouille, en 1620, à Lesdiguières. Il avait épousé Jeanne Hébert. CCXLVII n.

Po. Fleuve d'Italie. CCCXXII, CCCXXIII, CCCLXV, CDXXXIV.

POET(DU)(I). CDVI, CDVII, CDVIII, CDXXIV.

POET-CELAR (Le). *Le Poët-Célard*, comne, con de Bourdeaux, arrondt de Die (Drôme). CCCLXXXI, CCCXCIII.

POET-LAVAL, POUET-LAVAL, comne, con de Dieulefit, arrondt de Montélimar (Drôme). CCLXXXIV.

POICTIERS (I. *au mot* Poitiers). CCXLI n, CCLXXXVIII n, CD n.

POICTOU. *Voy.* POITOU.

POIGNY (DE). Jean d'Angennes, Mis de Poigny, fils de Jean d'Angennes et de Madelaine Thierry. Il mourut en 1637. LXXV.

POITIERS. *Voy.* POICTIERS.

POITOU, POICTOU. Province de ce nom. XIII n, CCLIX, CCCVII, CCCXVI.

POLLAT. Arnoul Pollat, entrepreneur du pont de pierre à Grenoble (1623). CCCXXXV n.

POLLIGNY (DE) (I. *au mot* Poligny). CDXII.

PONAT. Jean-Louis de Ponnat, conseiller à la chambre des comptes, fils de Jean-Baptiste et de Jeanne de Garcin. LXXI.

PONCHOUD. Banquier à Lyon. X.

PONSONAS (DE) (I). CDXII.

PONTCHARTRAIN (I). LXXVIII, LXXXVII, CCIX, CCLXIV.

PONT D'AIN. Chef-lieu de con, arrondt de Bourg (Ain). CCXII, CCCLII.

PONT DE VEYLE, PONT DE VELLE. Chef-lieu de con, arrondt de Bourg (Ain). CXXIX, CLXXV, CLXXVI, CLXXXI, CCXXXIX, CCCXXXI.

PONT-EN-ROYANS (I). LXIV, CCCXXIX.

PONTESTURE *Ponte-Stura*, commune, mandement de Ponte-Stura, cercle de Casal, province d'Alexandrie (Italie). CCCLXV.

PONTS. *Pons*, chef-lieu de con, arrondt de Saintes (Charente-Inférieure). CCLXXV, CCLXXIX, CCLXXX.

PONT-SAINT-ESPRIT. *Voy.* SAINT-ESPRIT.

PORTE COLOMBE (La). Porte de la ville de Gap, ainsi nommée d'une chapelle de Sainte-Colombe. CCCXCIX n.

PORTES (Les). Passage conduisant du Dauphiné en Savoie dans la commune de Saint-Pierre-d'Albigny. CDXXXIV.

PORTES (DE). Pierre de Portes, Sr d'Amblérieu, conseiller du roi, greffier du conseil, trésorier receveur général du Dauphiné, fils de Claude, Sr du Chatellet, et de Louise Coste. Il épousa Marie-Claudine-Françoise Mignot qui, après sa mort, fut femme du maréchal de l'Hôpital et de Jean-Casimir, roi de Pologne. Pierre de Portes mourut en 1650. CLXIII n, CDXXXVII.

PORUS. Roi des Indes, vaincu par Alexandre. CDXXXIX.

POUILLIE (La), POULE (La), LA POULE. Fort bât par Brison sur les bords du Rhône (1625). CCCIII, CCCLXIX n.

POURRIÈRES. Comne, con de Saint-Maximin, arrt de Brignoles (Var). CDXVI.

POUZIN, POUSIN, POSIN-SUR-BAY. Comne, con de Chomérac, arrt de Privas, dépt de l'Ardèche. CCXLVIII, CCLXXX, CCXC n, CCXCI, CCXCII, CCXCIII, CCXCIV, CCXCV, CCXCIX n, CCCIII, CCCIV, CCCV, CCCX, CCCXI, CCCXII, CCCXXXIII, CCCXXXIV, CCCXXXIX, CCCXL, CCCXLII, CCCLXIX, CCCLXXII, CCCLXXXVII, CCCXC, CCCXCI, CCCXCV, CCCXCVI.

PRAGELA (I). CLXXIX.

PRATO (Cte). Ambassadeur en France pour le duc de Mantoue (1611). XXVII.

PRAVILLELM. Vallée vaudoise dans le marquisat de Saluces (Italie). CCCXXII.

PRÉSIDENT (Premier). Antoine Favre, premier président du Sénat de Chambéry; fils de Philibert Favre, procureur au bailliage de Bresse, né en 1554, il mourut le 1er mars 1624. Il avait été fait premier président le 20 juin 1610. CCIII.

PRINCE (Le). *Voy.* CONDÉ.

PRIVAS. Chef-lieu du départt de l'Ardèche. XXX, CCL n, CCLIV, CCLVI, CCLVII, CCLXI, CCCLXXXVII, CCCXC.

Protonotaire (Le). Diplomate italien, envoyé à Lesdiguières par le duc de Mantoue. CCCLXV.

Provence, Prouvence (I). CIII, CXXII, CXCI, CCCLIII, CCCLXIV, CDXIII, CDXX, CDXXIII, CDXXXIV, CDXXXVII.

Puisieulx. *Voy.* Puysieulx.

Puy (Du). Michel du Puy, conseiller au parlement de Grenoble, secrétaire de Lesdiguières, intendant du duc de Créquy-Lesdiguières, anobli en 1643, ép. Isabeau Disdier. CCCLXXVIII, CCCLXXIX, CCCXCIII, CCCXCIV.

Puygiron. Com[ne], c[on] et arrond[t] de Montélimar (Drôme). CCLXXXIV.

Puymore (I), Piemore lez Gap. Piedmore. LIV, CIII, CXXIV, CCCXCIX n, CD, CDIII, CDIV.

Puysieulx, Pizieux, Puisieulx. Pierre Brulart, Mis de Sillery, Vte de Puisieux, ministre et secrétaire d'État (1606), grand trésorier des ordres du roi (1607), ambassadeur en Espagne (1615); né en 1583, épousa Charlotte d'Étampes-Valencery en 1615, et mourut en 1640. LXXXVIII, CLXIII n, CLXXIV, CLXXXVIII, CCCVII, CCCXXVII, CCCXXXVIII, CCCXLIX n.

Quaire. *Quario*, hameau, com[ne] de Strona, mandement et cercle de Bielle, province de Novare (Italie). CCCLIX.

Queyras (l). CD.

Quillay (De). Sergent de bataille (1625). CCCLXI.

Rabbia. Don Joseph Rabbia. CCIII.

Ragny (Mis de). Léonor de la Madelaine, Mis de Ragny, lieut[t] pour le roi en Bresse, Bugey et pays de Gex, chevalier des ordres; fils de François de la Madelaine et de Catherine de Marcilly; il épousa Hippolyte de Gondi et mourut en 1628. CCCLIII.

Ragny (Mme de). Hippolyte de Gondi, fille de Albert de Gondi, duc de Retz, et de Claude Catherine de Clermont-Dampierre. Elle ép. Léonor de la Madelaine, Mis de Ragny, lieut[t] du roi en Bresse, Bugey et pays de Gex, mort en 1628. CLXXVI.

Raiz. (Cardinal de). Henri de Condi, cardinal de Retz, évêque de Paris (1598-1622), fait cardinal en 1618. Il était fils d'Albert de Gondi, duc de Retz, et de Claude-Catherine de Clermont. CCII n.

Rambouillet (Mis de). Charles d'Angennes, Mis de Rambouillet, Capit[ne] de 100 hommes d'armes, grand maître de la garde-robe, ambassadeur en Espagne; fils de Nicolas d'Angennes et de Juliette d'Arquenay, il épousa Catherine de Vivonne et mourut en 1652. XLVIn, LXVII n, LXXI, LXXII, LXXIII, LXXIV, LXXV, LXXVI, XCVII n, CII.

Rampini. CDXIX.

Ravaillac. François Ravaillac, assassin de Henri IV, né à Angoulême vers 1578; il commit son crime le 14 mai 1610 et fut écartelé quelques jours après. CDXXXVI n,

Raymond. Blaise Raymond, fournisseur de sel. CCCLV.

Ré (Ile de). (Charente-Inférieure). CCLIX n.

Reaux (De), Ruaux (De). Gabriel de Reaulx, Sr de Grisy, Athis, etc., maître d'hôtel du roi, maître de camp, capitaine, fils de Constantin de Reaulx et de Valentine d'Aucourt. Il épousa (1612) Guillemette de Marolles et mourut en 1644 à soixante-deux ans. CCCLIX, CCCLXI, CCCLXII, CCCLXV.

Rebuis. Juge de la terre de Pont-de-Veyle. CLXXVI.

Reilhannette. Com[ne], c[on] de Séderon, arr[t] de Nyons (Drôme). CCLXXXIV.

Reine-Régente (La), Reine Mère (La). Marie de Médicis. XXXIII, XXXVII, XXXVIII, XLI, LVII, LXIII, LXXXIX. CCXVII, CCXXV, CCXXVI.

Remollin. Chef-lieu de c[on], arr[t] d'Uzès (Gard). CCCXXVII.

Remoulon (l.*au mot* Remolon. CCXXIV.

Rennes. Ch.-l. du dép[t] de l'Ille-et-Vilaine. CCC.

Revillod. Genevois. CCCLXXXVI.

Rhone (Le). *Voy.* Rosne (Le).

Riconnière (De la). Jacques Durand, S[r] d'Alancon et de la Riconnière, visénéchal de Montélimar (1618-1641). Il épousa Jeanne de Joubert (1613); son fils lui succéda dans sa charge. CCCXXX.

Ricous (De). (I. au mot Ricou). CCL.

Rignac (De). Jean-Charles de Chabannes, Sr de Saint-Angeau et de Rignac, puis Mis de Curton, fils de François de Chabannes, Mis de Curton, et de Renée du Prat. Il épousa Louise de Margival, dame de Bournancel. LXXXI.

Rivardière (La). Daniel de la Tousche, Sr de la Rivardière, fils de François de la Touche. Il fut député à l'assemblée de Jergeau et vice-amiral de la Rochelle. Il fonda une colonie dans l'Amérique. CCLIX n.

Rivoire (De). Gilbert de Rivoire, Mis de Palais, fils de Balthazard de Rivoire et de Gabrielle de la Sarge, il fut gentilhomme ordinaire du roi, capitaine, puis colonel d'infanterie (1630). Il épousa d'abord Isabelle de Ligondes, puis Gilberte de Beaufort - Canillac - Montboissier. CXXXV, CXXXVI, CLXII, CLXXI.

Robert. Peut-être Jean Béatrix-Robert, Sr de Bouquéron, conseiller au parlement de Dauphiné, nommé en 1568, mort en 1586. Il était fils de Jean-Béatrix-Robert et d'Antoinette Coct, et épousa Anne de la Tour CCXCIX.

Roberty. Trésorier du duché de Savoie (1618). CLXXXIX.

Roc de Crupies. Crupies, comne, con de Bourdeaux, arrondt de Die (Drôme). CCLXXXIV.

Roche. Consul de la ville de Gap. LXVI.

Roche (Cte de la) (I). XXVIIn, CCCIV n, CDXXXIV.

Roche (De la), Roche de Grane (De la) (I). X, XXIV, LXI, CIX, CXI, CXIII, CCXXVII, CCXLVIII, CCLIV, CCLVI, CCLVII, CCLVIII, CCLXI, CCLXV, CCLXVIII, CCLXIX, CCLXX, CCLXXI, CCLXXII, CCLXXXVII, CCXCI n, CCXCVIII, CCCIII, CCCV, CCCX, CCCXI, CCCXII, CCCXXI, CCCXXIV, CCCXXV, CCCXXX, CCCXXXIII, CCCXXXIX, CCCXLII, CCCXLIII, CCCXLIV, CCCLXXV, CCCLXXXI, CCCLXXXII, CCCLXXXVIII, CCCXCIII.

Roche-Giron (De la). Aymar de Simiane, Sr de la Roche-Giron, fils de Bertrand Raymbaud de Simiane, Sr de Gordes, et de Perrette de Pontevez; il épousa Hortense Cénami. CDXXV.

Rochelle (La). Chef-lieu de la Charente-Inférieure. LXXXIV, CCXXIX n, CCXXX n, CCXLV, CCLIX, CCLXIV, CCLXVI, CCLXVIII, CCLXX, CCLXXI, CCLXXII, CCLXXIII, CCLXXIVn, CCLXXV, CCLXXX, CCLXXXI, CCLXXXII, CCXCI n, CCC, CCCXVI, CCCLVII, CCCLXVII, CDXXXIX.

Rochette (De), Rochete (De). Commissaire des guerres du duc de Savoie. CLXXI, CLXXII, CLXXVII, CLXXVIII, CLXXXIX.

Rocque (De la). Louis de la Rocque-Senezergues, fils de Guy de la Rocque et de Jeanne de Saint-Martial. Il épousa Anne Flory (1621). CXXXI.

Rohan (Duc de). Henri de Rohan, prince de Léon, Cte de Porhoët, duc et pair de France, chef des protestants français, généralissime des Vénitiens, général des Grisons, ambassadeur extraordinaire des cantons Suisses. Il était fils de René de Rohan et de Catherine de Parthenay-l'Archevêque; né à Blain le 25 août 1579, il mourut à Konigsfelden le 13 avril 1638. Il avait épousé Marguerite de Bethune et laissa des mémoires du plus haut intérêt. XVIII n, XXX, LXXVII n, LXXXI, LXXXII, CCXXIX n, CCLIX n, CCLXIV, CCLXXII, CCLXXXI, CCXC, CCXCI, CCXCIV, CCXCV, CCXCVI, CCXCIX, CCC, CCCII, CCCVII, CCCXIV, CCCXVI, CCCXVIII n, CCCXXVI, CCCLIX, CCCLXIX n.

Romaignan, Romagnano-Lesia, comne, mandement de Romagnano, cercle et province de Novare (Italie). CCCLXV.

Romans. (I). CCL, CDXIV, CDXV, CDXXX.

Rome (I). CXVI, CCXLI n, CCCXXVII, CCCXLIX n, CCCLVII.

Roncrol. Robert de Roncherolles, baron dudit lieu, fils de Robert de Roncherolles et d'Anne de Mailly. Il fut maistre de camp d'infanterie. CLXI.

Roque-d'Aran. Rocca d'Arazzo, comne, province d'Alexandrie, cercle d'Asti (Italie). CXVIII.

Rose (De la). Pierre de la Rose, capitaine d'aventures, né à St-Antonin. CCCLXXXII.

Rosne (Le), Rhone (Le), Rhosne (Le) (I). LVIII, LIX, LX, XCIII, CXXXII n, CCLXXX, CCXCI, CCXCV, CCXCVI, CCXCIXn, CCCIII, CCCLXIX, CDXXXVII.

Rossillon. *Rossiglione*, com^{ne}, mandement de Campopedde, province et cercle de Gênes (Italie). CCCLVI n.

Rouen. chef-lieu de la Seine-Inférieure. CXXXVII n.

Rouville (De). Jacques de Rouville, S^r dudit lieu, fils de Jacques et de Diane le Veneur, capitaine des chevaux-légers d'Allincourt ; il épousa Antoinette Pinart (1609), puis Élisabeth de Longueval (1621), et mourut en 1628. CCIV n.

Rouvray (De), Rouvré (De). Isaac de Rouvroy, Sr de Saint-Simon, Vte de Clastres, Bon de Benais, gouv^r de Saverne et Philisbourg, lieut^t du Mis de Cœuvres en Valteline, né vers 1575, mort au mois d'août 1643. Il était fils de Titus de Rouvroy et de Françoise d'Averhoult et épousa, en 1611, Marie d'Amerval XVII n, XXX.

Royans (Le). *Royan*, chef-lieu de c^{on}, arr^t de Marennes (Charente-Inférieure). CCCX.

Royne mère (La) (I). CCCXCIX, CDXXXVI, CDXXXVII.

Rozans (I). LIII.

Ruaux (Des). *Voy.* Reaux (Des).

Rumilly. (I. *au mot* Romilly) CDXXVIII.

Sables-d'Olonne. Chef-lieu d'arrond^t du dép^t de la Vendée. CCLIX n.

Sacramor de Birague. Charles, bâtard de Birague, dit le cap^{ne} Sacramor, fils de Ludovic de Birague, gouverneur de Chiavasso. Il fut naturalisé français en 1564, fut fait en 1580 gouv^r de la Mure, et fut tué en 1587 par le duc de Mayenne auquel il demandait avec trop de hauteur la main de sa belle-fille. CCCXCVII n.

Saigna, *Segna*, commune, mandement de Noli, cercle de Savone, province de Gênes (Italie). LXXXIX n.

Saint-Canard. Gaspard de Forbin, Sr de Saint-Cannat et Soliers, gouverneur du Puech, fils de Palamede de Forbin et de Jeanne de la Garde ; il épousa en 1586 Clarisse de Pontevez.

Sainteté (Sa). *Voy.* Pape (Le).

Saint-Agnin (De). Scipion de Polloud, Sr de Saint-Agnin, grand prévôt du Dauphiné, capitaine au régiment de Sault ; fils de Hugues de Polloud et de Jeanne-Antoinette de Rostaing. CXXXII.

Saint-André (De) (I). CDXIII CDXIV.

Saint-Anthonin. *Saint-Antonin*, com^{ne}, c^{on} de Mauvezin, arr^t de Lectoure (Gers), ou Ch.-l. de c^{on}, arrond^t de Montauban (Tarn-et-Garonne). CCCLXXXII.

Saint-Auban (I). LXIV, CCCXII, CCCLXXXn.

Saint-Bonnet (De). Humbert de Chaponnay, Sr de Saint-Bonnet, conseiller au parlement de Grenoble (1638). CCLXX, CCLXXI.

Saint-Chaumont (De). *Voy.* Mitte de Chevrières.

Sainte-Croix (De). CCCLXV.

Sainte-Croix (Mis de). Guilaume de Vipart, Mis de Sainte-Croix. CCIV n.

Saint-Damian. *San-Damiano-d'Asti*, com^{ne}, province d'Alexandrie, cercle d'Asti (Italie). XLIII, XLV, CLXXI.

Saint-Esprit (Le). (I. *au mot* Pont-Saint-Esprit). LVIII, LIX, LX, CCXCIV, CCXCV, CCXCVI, CCCXXIX, CCCXXX.

Saint-Forgeux (De). Pierre d'Albon, Sr de Saint-Forgeux, chevalier de l'ordre du roi, lieut^t de la compagnie d'ordonnance du duc de Savoie ; il était fils de Bertrand d'Albon et de Gabrielle de Saint-Chamond, épousa Anne de Gadagne, puis Marthe de Sassenage (1620), et mourut en 1635. I, CCIV n.

Sainte-Foy. Chef-lieu de c^{on}, arrond^t de Libourne (Gironde). LXXXII, CCLXXX, CCC, CCCVII, CDIX.

Saint-Georges (Guy de). Chargé d'affaires du duc de Savoie en Milanais (1617). CXXIII.

Saint-Germain. *San-Germano-Chisone*, com^{ne}, province de Turin, cercle de Pignerol (Italie). CXXII n, CLXI, CLXIII n, CDXXXIV.

Sainct-Germain-en-Laye. Chef-lieu de c^{on}

arr^t de Versailles (Seine-et-Oise). CLXIV n, CLXVII, CLXVIII, CCV, CCCXLI, CCCXLII, CCCLXII, CDV n.

SAINT-GERVAIX. *Saint-Gervais-les-Bains*, chef-lieu de c^{on}, arrond^t de Bonneville (Haute-Savoie). XCIII.

SAINT-GERY (DE). Jean de Saint-Gery, Sr de Magnas, fils d'Antoine et de Marguerite de Saint-Lary-Bellegarde. CCCLIII.

SAINT-GILLES. Ch.l. de c^{on}, arrond^t de Nîmes (Gard). CCCXXVIII.

SAINT-GUIGUES (Col de). Col séparant le Champsaur du Trièves CCXXIV.

SAINT-JEAN (DE). François de Calignon, Sr de Saint-Jean, fils de Soffrey de Calignon, chancelier de Navarre. et de Marie du Vache. Il mourut sans postérité. CCCXXXIV.

SAINT-JEAN. Courrier de cabinet. CCCLXV.

SAINT-JEAN-D'ANGELY, SAINT-JEAN. Chef-lieu d'arrond^t, dép^t de la Charente-Inférieure, CCLIX n, CCLXXX, CCCLVII.

SAINT-JEAN-D'HÉRANS (I). CCCXCVII.

SAINT-JUERS (DE) (I). CLXXXIX, CDXXXVII.

SAINTE-JULLE. Probablement *Saint-Julien*, comm^e, c^{on} et arr^t de Villefranche (Rhône). CIV.

SAINT-LAURENT (I), SAINT-LAURENS DE GRENOBLE. CDXIII n, CDXIV.

SAINT-MAURICE (DE), SAINT-MURIS. Jean de Brunel, Sr de Saint-Maurice, fils de Claude de Brunel et d'Élisabeth Borel. Il fut cap^{ne} de 100 hommes de pied, ép. en 1618 Madeleine de Soison. CDXII.

SAINT-MICHEL (DE). Louis de Pluviers, Sr de la Roque et Saint-Michel, gouverneur de Mâcon, de 1625 à 1628. CCCLXXXIX.

SAINT-MURIS. *Voy.* SAINT-MAURICE.

SAINT-PAOUL (DE). Balthazard de Gerard de Saint-Paul, colonel, maistre de camp, conseiller d'État, tué devant Thionville. Il était fils de Jean de Girard. CX.

SAINT-PAUL DE LA MYATTE. CDXIII.

SAINT-PIERRE (DE). Capitaine (1622). CCXCII.

SAINT-POL (Cte DE), SAINT-PAUL (DE). Henri d'Orléans, Cte de Saint-Pol, fils de Henri d'Orléans et de Catherine de Gonzague. Il épousa d'abord Louise de Bourbon, puis Anne-Geneviève de Bourbon et mourut en 1663. CXXI, CLXIII n.

SAINT-RAMBERT (Abbé DE). N... Vignon, abbé de Saint-Rambert. CCCXIX, CCCXX.

SAINT-RIZAN. Colonel (1625). CCCLVI n.

SAINT-SAUVEUR. Louis Calignon, Sr de Saint-Sauveur, sergent-major de Grenoble; fils de Louis Calignon et de CCCLX, CCCLXII, CCCLXIII.

SAINT-YA, SANTIA. *Santhia*, commune, cercle de Verceil, province de Novare (Italie). CX, CCCLXVI, CCCLXVIII.

SALLE (La). Fort élevé par les protestants près du Pouzin (Ardèche). CCCIII, CCCLXXXVII.

SALLUCES (Marquisat de), SALUCES (I). CLXV, CCCXXII, CCCXXIII.

SALON. Chef-lieu de c^{on}, arrond^t d'Aix (Bouches-du-Rhône). CXCI.

SALUCES (Marquisat de). *Voy.* SALLUCES.

SANCY (DE). Henri de Harlay, Bon de Maule, Sr de Sancy, maréchal de camp, capitaine, fils de Nicolas de Harlay et de Marie Moreau. Il se fit oratorien après la campagne d'Italie et mourut en 1667. CCCLIII.

SANTIA. *Voy.* SAINT-YA.

SARCHE (La). *La Charce*, comm^e, c^{on}, de Remusat, arrond^t de Nyons (Drôme). CD.

SARRAZIN. Jean Sarrazin, fils de Jean Sarrazin, protestant français réfugié à Genève, et de Marie Favre. Il fut élu membre du conseil de Deux-Cents (1611), de celui des Soixante (1625); nommé syndic (1632), chargé de missions diverses auprès de Lesdiguières, du roi de France et du duc de Savoie, il mourut en 1641. Il avait épousé Louise Stoër. CCLX.

SAULT (Cte DE). François de Bonne de Créquy, Cte de Sault, puis duc de Lesdiguières, fils de Charles de Créquy et de Madelaine de Bonne, ép. Catherine de Bonne, sa tante (1619), puis Anne de Ragny (1632). Il fut gouverneur du Dauphiné (1641-1661). LXXXVI, CCCXLII, CCCXLIV, CCCLIV. CDXXXVII.

SAUMUR, SAULMUR. Ch.-l. d'arrond^t (Maine-et-Loire). IX, XII, XIV n, XV, XVI, XVII, XVIII, XXVIII, LXXXIV, CCXXXI, CCXLI n,

CCLII, CCLV, CCLIX n, CCLXXIV, CCLXXV, CCXCVI n, CCCVII.

SAUNAS (DE). Colonel au service de la Savoie (1625). CCCLVI n.

SAULZE. Lieutenant du chevalier du gué à Lyon (1618). CCIV n.

SAVART. Diplomate au service de la princesse de Conti (1601). CDXXVIII.

SAVIGNY (Abbé DE). François d'Albon, abbé de Savigny, chanoine de Lyon, fils de Bertrand d'Albon, Sr de Saint-Ferreol et d'Antoinette de Galles. CCIV n.

SAVOIE, SAVOŸE (I). L n, CII, CIII, CX, CLXII, CXCI, CD, CDXIII, CDXVIII.

SAVOIE (Duc de), SAVOYE (Duc de), ALTESSE (Son), SÇAVOYE (Duc de), CHARLES-EMMANUEL, EMMANUEL. (I). I, XXIII, XXVII, XXXIV, XXXVI, XXXVIII, XXXIX, XLI, XLII, XLIII, XLV, L, LVI, LXV, LXVII, LXVIII, LXXI, LXXII, LXXIII, LXXV, LXXXVIIIn, LXXXIX, XC, XCII, XCIII n, XCIV n, XCVI n, XCVII, XCVIII, XCIX, CII, CVI, CIX n, CX, CXI, CXII, CXIII, CXV, CXVII, CXVIII, CXIX, CXX, CXXI, CXXII, CXXIII, CXXVII, CXXX, CXXXI, CXXXIII, CXXXV, CXXXVII, CXXXVIII, CXXXIX, CXL, CXLI, CXLII, CXLIV, CXLV, CXLVI, CXLVII, CXLVIII, CXLIX, CL, CLI, CLII, CLIII, CLIV, CLV, CLVI, CLVII, CLVIII, CLIX, CLX, CLXI, CLXII, CLXIII, CLXIV, CLXV, CLXVI, CLXVII, CLXVIII, CLXIX, CLXX, CLXXI, CLXXII, CLXXIII, CLXXIV, CLXXVII, CLXXVIII, CLXXIX, CLXXX, CLXXXIII, CLXXXV, CLXXXVI, CLXXXVII, CLXXXVIII, CLXXXIX, CXC, CXCI, CXCII, CXCIII, CXCIV, CXCV, CXCVI, CXCVII, CXCVIII, CXCIX, CC, CCI, CCII, CCIII, CCXI, CCXII, CCXIV, CCXV, CCXVI, CCXVII, CCXVIII, CCXX, CCXXI, CCXXIII, CCXXXIV n, CCXLI n, CCLXXXIX, CCCIV, CCCVI, CCCVII, CCCXXII, CCCXXIII, CCCXXXV, CCCXXXVI, CCCXLIX, CCCLIII, CCCLVI, CCCLXVIII, CCCLIX, CCCLXI, CCCLXII, CCCLXV, CCCLVIII, CCCLXXVI n, CDXIII, CDXVIII, CDXIX, CDXXIII, CDXXIV, CDXXVII, CDXXVIII, CDXXXII, CDXXXIII,

C DXXXIV, CDXXXV, CDXXXVII.

SAVONE, SAVONNE. Savona, comne, province de Gênes, cercle de Savone (Italie). XLII, XLV, CCCLIII n, CCCLXI.

SAVOYE (Cardinal de), SAVOIE (Cardinal de), le PRINCE CARDINAL. Maurice de Savoie, né en 1593, fait cardinal à quatorze ans, lieutt génl. en Piémond, épousa, après avoir abandonné les ordres, Marie de Savoie, sa nièce. Il était fils du duc Charles-Emmanuel et mourut sans postérité en 1657. CXXVII, CXXXV, CXXXVII, CXL, CLXXI, CLXXIV, CXCII, CXCIII, CXCIV, CXCVI, CXCIX, CCII, CCXI, CCXII, CCXIII, CCXIV, CCXVIII, CCXXIII, CCCVII.

SAVOYE (Catherine de). Françoise-Catherine, fille de Charles-Emmanuel, duc de Savoie, né le 6 octobre 1595, morte le 20 novembre 1641. Elle était religieuse du tiers-ordre de Saint-François. XXIII, CCCIV n.

SAVOYE (L'ambassadeur de). Voy. MARINI.

SCAGLIA (Abbé) XXXIV.

SÉGUR (DE) (I). Jacques de Ségur, Sr de Pardaillan, gentilhomme de la chambre du roi de Navarre. Il était fils de Berard de Ségur et d'Anne Brun. Il avait épousé Madelaine de la Vergne et mourut vers 1590. CCCXCVIII, CCCXCIX, CDI.

SENECEI (DE). Henri de Bauffremont, Bon de Senecey, lieutt du roi en Macconnais, fils de Claude de Bauffremont et de Marie de Brichanteau; il épousa Marie-Catherine de la Rochefoucault et mourut en 1622. CXXV.

SENETERRE (DE). Henri de la Ferté, Sr de Saint-Nectaire, chevr des ordres du roi, lieutt général en Champagne, ambassadeur en Angleterre, à Rome, ministre d'État. Il était fils de François de la Ferté et de Jeanne de Laval et mourut en 1662. CXVI.

SERIGNY (DE). CCCLXII.

SERRES, SERRE (I) CLIX, CCCXCIX, CD, CDIII, CDVIII.

SESSEL. Seyssel, Ch. l. de con, arrondt de Bellay (Ain). CDXXVIII.

SEVE. Banquier à Lyon (1617). CIX, CXI.

SILLERY (DE) (I). LIX, XCVII n, CDXXVIII.

SILLERY (Commandeur DE). Noël Brulart de

Sillery, commandeur de Malte, premier écuyer et chevalier d'honneur de la reine, ambassadeur de France en Espagne ; fils de Pierre Brulart et de Marie Cauchon. Il était entré dans les ordres. LXXIII, CCCXXVII, CCCXLIX n.

SIMIANE (DE). Claude de Simiane la Coste, président au parlement de Grenoble, intendant des armées et commissaire des guerres; fils de Jean-Baptiste de Simiane la Coste et de Marie de Portes ; il ép. en 1621 Marie du Faur de la Rivière. CCCXCII.

SISTERON (I). CDXXV.

SOISSONS (Cte DE). Louis de Bourbon, Cte de Soissons, fils de Charles de Bourbon et d'Anne de Montafié ; nommé gouverneur du Dauphiné en 1612, mort en 1641 à la bataille de la Marfée, sans avoir été marié. LXIII n.

SOISSONS (Ctesse DE). Anne de Montafié, Ctesse de Soissons, épouse de Charles de Bourbon, comte de Soissons. Elle mourut en 1644, et était fille de Louis de Montafié et de Jeanne de Coëme LXIII n.

SOLIER. Fournisseur du sel en Savoie (1618). CXXXVIII, CXXXIX.

SOLLEURE. Capitale du canton Suisse de ce nom. CCCLXXII, CCCLXXVI n.

SOTRÉE (DE). Secrétaire des princes pendant leur rebellion (1617). CVI n.

SOUBISE (DE). Benjamin de Rohan, Sr de Soubise, frère du duc Henri de Rohan, fils de Réné II, vicomte de Rohan et de Catherine de Parthenay-l'Archevêque. Il fut général des protestants sous les ordres de l'assemblée de la Rochelle, ne se maria pas et mourut expatrié en Angleterre en 1641. LXXVII n, LXXXI n, CCLIX n, CCLXXII, CCCII, CCCLVII, CCCLIX.

SOYANS. com^ne, c^on de Crest, arr^t de Die (Drôme). CCCLXXVIII, CCCLXXIX, CCCLXXX, CCCXCIV.

SPINOLA. Ambroise Spinola, Génois, général au service de l'Espagne en Italie et dans les Pays-Bas, mourut en 1630. CLXIII n.

SPINOLA. CCCLVI n.

SPINOLA. Beau-frère de Marini, ambassadeur de France en Piémont (1625). CCCLVI n.

SPIONO. *Spigno-Monteferrato*, com^ne, mand^t de Signo, cercle d'Acqui, province d'Alexandrie (Italie). CCCLXI.

STECK. Général (1622). CCLXXXVIII.

STRAVI. *Strevi*, com^ne, mandem^t et cercle d'Acqui, province d'Alexandrie (Italie). CCCLIX.

SUILLY. *Voy.* SULLY.

SUISSE, SUYSSE (I). XLI n, XLIII, CXCV, CCLXXXVI, CCLXXXVIII, CCCVII n, CCCXLIX, CCCLXXII n.

SULLY, SUILLY (I. *au mot* Rosny). III n, XII, XIII, XX, XLII n, LXXVII n, LXXXI, LXXXII.

SULTAN (Le). Ahmed I (1603-1617). LXXXIX n.

SUYSSE. *Voy.* SUISSE.

SUZE (I). XXVI n, XXVII n, CCCLXI, CCCLIII, CDXXIV, CDXXXIV.

SUZE (Cte DE LA). Louis de Champagne, Cte de la Suze, Mis de Normanville, lieut^t g^al des armées du roi, général des Bernois, député de l'Ile-de-France à l'assemblée de Grenoble (1615), défenseur de Soissons (1617), de Gergeau (1621), gouverneur de Montbéliard. Fils de Louis de Champagne et de Madelaine de Melun, il épousa Charlotte de la Rochefoucault et mourut en 1636. CCLXXXII.

TALLARD (I). XLVII, CXXIV.

TALART (DE) (I. *au mot* la Rochette). CCCLIII.

TARENTAISE (I). CDXXVIII.

TASSONI. Ottavio Cte Tassoni, envoyé par le cardinal Aldobrandini, légat du pape pour le représenter au traité de Lyon (1601). CDXXVIII.

TASTEVIN. Valet de chiens (1614). LXI.

TAVER. *Tanaro*, rivière qui prend sa source dans les Alpes-Maritimes et se jette dans le Pô, en passant à Alexandrie. CDXXXIV.

TERRAIL (DU). Thomas Terrail, Sr de Bernin et de Grignon, capitaine, mort sans postérité en 1660. Il était fils de David Terrail de Bernin et de Clémence de Ponnat. Il fut le dernier de la famille dont était Bayard. CCCLXV.

TEZIN, *Ticino*, rivière qui prend sa source au Saint-Gothard et se jette dans le Pô près de Pavie. CDXXXIV.

THESEN ? (Italie). CCCLXV.

THEVENET. CCCXLI.

THEVYN. Commissaire du roi pour l'exécution de l'édit de Nantes, en Bourgogne, Bresse et Lyonnais. CLXXXI.

THIEM (Mme DE). XXXV.

THOMAS (Prince). Thomas-François de Savoie, prince de Carignan, fils de Charles-Emmanuel, duc de Savoie et de Catherine d'Autriche. Il épousa Marie de Bourbon-Soissons et mourut en 1656. CCCLXV.

THOMÉ. Michel Thomé, conseiller au parlement de Grenoble, fils de Claude Thomé, juge à Romans. CCCXCIX.

THOU (DE) (I). VIII, LI, LII.

THOUARS. *Voy.* TOUARS.

THURIN, TURIN (I). XLV, LXXXIX, XC, XCI, XCII, XCVII n, CIV, CXII, CXVI, CXXII, CXXVII, CXXXI n, CLXXIV n, CCIII, CCCXXXVI, CCCLXI, CCCLXV, CCCLXVI, CCCLXVII.

TILLY. Jean Tzerclaès, Cte de Tilly, fils de Martin Tzerclaès, sénéchal de Namur; d'abord jésuite, puis général au service de l'Autriche, adversaire de Wallestein, de Mansfeld et de Gustave-Adolphe, né en 1559, il fut tué à la bataille de Lech en 1632. Il était fils de Martin Tzerclaès et de Dorothée Schirstœdt. CCCVII n.

TIROL. Province de ce nom, empire d'Autriche. CCCLIII.

TOLEDO. *Tolède.* CXXVII.

TOLLON, TOULLON-LES-PRIVAS. Le mont *Toulon*, près de Privas (Ardèche). CCLVII, CCCLXXXVII, CCCXC.

TONNARD (I). XVI, XXXIII, LXI, CLXXXII, CCXXXV, CCLXX, CCXCVI, CDXXXVII.

TOUARS, THOUARS. Ch.-l. de c^{on}, arrond^t de Bressuire, dép^t des Deux-Sèvres. CCXLII n, CCXLVII n.

TOUL. Ch.-l. d'arrond^t (Meurthe-et-Moselle). CLXIII n.

TOULLON-LES-PRIVAS. *Voy.* TOLLON.

TOUR-DU-PONT (Le) (I). CDXXVIII.

TOUR (Henri DE LA). *Voy.* BOUILLON.

TOURNON. Ch.-l. d'arr^t du départ^t de l'Ardèche. CCCXLIII.

TOURNON (DE). Just Henri de Tournon, Cte de Roussillon, lieut^t gén^{al} en Languedoc, chevalier du Saint-Esprit, fils de Just-Louis et de Madeleine de la Rochefoucault. Il ép. Catherine de Levis (1616), puis Louise de Montmorency. CCCXLIII.

TOURNUS. Ch.-l. de c^{on}, arrond^t de Macon Saône-et-Loire. CCCLII.

TOURS. Ch.-l. du départ^t d'Indre-et-Loire. LXXXI, CCXXXVII, CCLIX n.

TOUVET (Le). (I). CDXXVII, CDXXVIII.

TREFFORT. (Mis DE) (I). CDXVIII.

TRUCHIER (DE). Pierre de Truchier, de Saint-Paul-trois-Châteaux, contrôleur provincial de l'artillerie, gentilhomme de la maison du roi. Il avait épousé Marguerite de Perrache. CCCLXXX.

TREMBLAY (DU). Louis Trembley, fils de Louis Trembley, réfugié français à Genève, et de Pernette Gallatin; né en 1582, il fut membre du conseil des 200 (1605), conseiller d'État (1631) et mourut en 1641. Il avait épousé Catherine Sarrazin. CCCIX.

TRÈME (Mis DE). Colonel espagnol (1621). CCCLXI.

TREMON (DE). N. de Beauffremont, Sr de Tremon, colonel, fils de Claude de Beauffremont et de Marie de Brichanteau. CCCLII.

TREMOUILLE (Duc DE LA). Henri, Sr de la Tremouille, duc de Thouars, pair de France, prince de Talmond, chevalier des ordres, né en 1599 de Claude de la Tremouille et de Charlotte-Brabantine de Nassau. Il épousa, en 1619, Marie de la Tour de Bouillon, abjura le protestantisme en 1628, ce qui lui valut la nomination de mestre de camp et mourut en 1674. LXX, CCXLII, CCLVIIn, CCLXIV, CCLXXII, CCLXXIV, CCLXXV, CCLXXVI, CCLXXVII, CCLXXVIII, CCLXXIX, CCCI, CCCXVIII n.

TREMOUILLE (D^{sse} DE LA). Charlotte-Brabantine de Nassau, fille de Guillaume de Nassau, prince d'Orange et de Charlotte de Bourbon-

Montpensier, épousa en 1598 Claude, Sʳ de la Tremouille, duc de Thouars, pair de France, et mourut en 1631. LXX, CCLXXIV, CCLXXVI, CCLXXVII, CCCXXXVII.

TRESFORT (DE). *Voy.* VIGNON (Marie).

TRILLONS. Secrétaire de la conférence de Brusol, entre le duc de Savoie, le conseiller Bullion et Lesdiguières (1610). CDXXXII, CDXXXIII.

TURIN. *Voy.* THURIN.

UCHAR. Envoyé par les consuls et anciens du Pont-de-Veyle (1620). CCXXXIX.

VACHE (DU). Jean du Vache, conseiller au Parlement de Grenoble, nommé en 1568; fils de Joffrey du Vache. CDXIV.

VALCLUSON (I). CLII.

VALENCE, VALENCES, VALLENCES (I). III, IV, CCXLVIII, CCXLIX, CCLII, CCLXV, CCLXXXVIII, CCLXXXIX, CCXC, CCCII n, CCCIII, CCCIV, CCCV, CCCXXIV, CCCXXV, CCCLXXV, CCCLXXVIII, CCCLXXXIV, CCCXC, CCCXCI, CCCXCII, CCCXCIII, CCCXCIV, CCCXCV, CCCXCVI, CD, CDIV, CDXXXVI.

VALENTINOYS (I). CD.

VALLAY. *Valais* (Suisse). CXCV.

VALLENCE, VALENCE. *Valenza*, comⁿᵉ, mandᵗ de Valenza, cercle et province d'Alexandrie (Italie). CCCLIII, CDXXXIII.

VALLENCES. *Voy.* VALENCE.

VALETTE (LA) (I). CDXIII.

VALPEIROUZE, PEROUZE (I. *au mot* Pérouse). CLII, CLXXIX, CDXXXIV.

VALTELINE. Vallée, canton des Grisons (Suisse). CCLXXX, CCCVI, CCCVII, CCCXLIX n, CCCLIII, CCCLVII, CCCLXII, CCCLXXIIn, CCCLXXVI n.

VANDY (DE). Capitaine. CCCXXXVIII.

VANNELLE. Échevin de Lyon. CCV, CCVII.

VANNES. Colonel (1618). CX.

VANTADOUR. *Voy.* VENTADOUR.

VAUD. (Pays de) (I. *au mot* Vaulx). XXIII n, LVI n, LXVIII.

VEILLESEULLE (DE). Envoyé au roi par les protestants du Béarn (1619). CCXXIX n.

VELASCO. Banquier italien (1617). CXI.

VENDOSME (DE). César, duc de Vendôme, fils naturel de Henri IV et de Gabrielle d'Estrée, né en 1594, mort en 1665. Il fut chevalier des ordres, gouverneur de Bretagne et de Bourgogne, surintendant de la navigation. Il épousa Françoise de Lorraine, duchesse de Mercœur. CVI n.

VENEULLE (DE). *Venevelle*, envoyé par le prince de Condé à l'assemblée de Grenoble (1615). LXXVIII n.

VENIER (Christophe). Amiral vénitien, tué vers 1610 dans un combat naval. LXXXIX n.

VENISE, VENIZE (I). XXXIX, XLIII, LXXII, LXXXVIII, XCII, CVI, CX, CXVI, CCCVII n, CCCXLIX, CCCLIII, CCCLIX, CCCLXV, CCCLXVIII, CDXXIII.

VENTADOUR (DE), VANTADOUR. Anne de Levis, duc de Ventadour, pair de France, chevalier des ordres, gouverneur du Limousin et du Languedoc, fils de Gilbert de Levis et de Catherine de Montmorency; ép. en 1593 Marguerite de Montmorency, né en 1577, il mourut en 1660. CXVII n, CXXVIII, CLXXXIV, CCIV, CCV, CCVI, CCVII, CCVIII, CCIX, CCX, CCLIV n, CCLXI.

VENTEROL (I). CCCXIII.

VERCEIL. *Vercelli*, comⁿᵉ, province de Novare, cercle de Verceil (Italie). CVI n, CX, CXII, CXVI, CXVII, CXVIII, CXIX, CXXII, CXXXIII, CLXI, CLXIII, CLXVIII, CLXIX, CLXXI, CLXXIV.

VERCOIRAN (I). CD, CDII.

VERCORS (DE). Peut-être Jacques de Chypre, Sʳ du Vercors. CCL.

VERCOYRAN (DE). Louis des Massues, Sʳ de Vercoyran, mort sans postérité en 1620, fils de François de Massues et de Justine du Puy-Montbrun. III.

VERDOIN (DE), VERDUN (DE). Jean de Gilbert, Sʳ de Verdun, gentilhomme de la chambre, gouverneur de Livron et de Barraux, colonel, épousa Françoise de Glane de Cugie, et fut souvent chargé de missions diplomatiques par Lesdiguières. LXXVIII, LXXIX, XCVII, C, CX, CXVII, CCII, CCXII n, CCCIII, CDXXXVII.

VERPILLÈRE (La) (I). CLXXXIV, CXCII, CXCIII, CXCIV, CCI, CCII, CCXIII, CCXIV

CCXV, CCLXVI, CCLXX, CCCXXXIV, CCCL, CCCLI, CCCLIV.

Verrue. *Verrua-Savoia*, com^{ne}, province et cercle de Turin (Italie). CVI n, CX, CXLI, CXLII, CXLIII, CXLVI, CCCLIII n, CCCLXIV, CCCLXV, CCCLXXVI n.

Verrue (Cte de). Philibert Gerard Scaglia, Cte de Verrue, conseiller d'État, ambassadeur à Venise, pour le duc de Savoie, chevalier de l'Annonciade et grand majordome de Savoie (1618). LXXI, LXXII, CXXXIII, CXXXIV, CXXXV, CXLVIII, CLXXXIII, CCXIII.

Vervins (I). CCCLXII.

Vialya. Notaire à Saint-Bonnet, emprisonné à Tallard comme hérétique (1581). CD.

Vice-légat (Le). Guillaume du Broc, fils de François du Broc, Sr de Nozet, vice-légat d'Avignon de 1621 à 1623. CCLXXX, CCCXXVIII.

Vice-légat d'Avignon (Le). Dominique Grimaldi, archevêque et vice-légat d'Avignon, de 1585 à 1589. CDX.

Videl. (I). VII, CLXX.

Videl. Louis Videl, secrétaire de Lesdiguières, auteur de sa vie et de quelques autres ouvrages, fils de Jacob, châtelain et receveur de Briançon, et de Claire Autard de Bragard. LXIX, LXXXII n, CCXXXV n, CCCXIV, CCCLXXXII, CCCXCVI, CDV n.

Vienne, Vyenne (I). LVIII, LIX, LX, CXXVIII, CXXXII, CCIV, CCV, CCVI, CCVIII, CCIX, CCX, CCXCII, CCXCIII, CCCLXXI n, CDXI, CDXVI, CDXXXVIII.

Vignolles (de). Bertrand de Vignolles, dit la Hire, Sr de Casaubon, conseiller d'État, lieut^t gén^{al} en Champagne et Limousin, cap^{ne} de 100 hommes d'armes, maréchal de camp, né en 1566, mort en 1636. Il était fils de François de Vignolles et de Marie de Rochebeaucourt et ne fut pas marié. CCCLXII, CCCLXIV, CCCLXV, CCCLXVIII, CCCLXXII.

Vignon (Marie), Mareschalle (La), Tresfort (de). Marie Vignon, M^{ise} de Treffort, dame de Moras, femme en 1res noces d'Ennemond Matel, marchand de soie de Grenoble; en 2mes, de Lesdiguières; fille de Pierre Vignon. Elle survécut longtemps à Lesdiguières, testa et mourut en 1655. LXIV n, CLXI, CLXIII, CCCIV, CCCXX.

Villar (Du). *Voy.* Jarjayes.

Villar (Du). Daniel du Villar, 1er consul de Gap, Sr du Château, fils de Jean, cap^{ne} à Gap, et de Prudence du Bûcher, anobli en 1602. XLVII.

Villarnoul (de). Jean de Jaucourt, Sr de Villearnoul, gentilhomme de la chambre, conseiller d'État, fils de Louis de Jaucourt, chevalier des ordres, et d'Élisabeth de la Tremouille. Il épousa Marthe du Plessis, fille de Duplessis-Mornay. CCXCVI.

Villautrey. *Voy.* Villoutreys.

Villemur (I). XII n, CCXLI n.

Villeneuve-d'Avignon, Ch.-l. de c^{on}, arrond^t de Nîmes (Gard). XXXV.

Villeneuve-de-Berc. Ch.-l. de c^{on}, arrond^t de Privas (Ardèche). CCCXC.

Villeroy (I). XVII n, XXVI n, XLI, XLVI, LXIII n, LXXVII, LXXVIII, LXXIX, LXXXVIII, XCIV n, CVI, CX, CXVI, CXVII, CXVIII, CXIX, CXX, CXXI, CXXII, CXXV, CXXVII, CXXVIII, CXXXVII, CCIV n, CCLXXII, CCC, CDV n, CDXXVII, CDXXVIII, CDXXXIV.

Villeroy (Mis de). Charles de Neuville, Mis de Villeroy (1615), d'Alaincourt, conseiller d'État, chevalier des ordres, gouv^r de Lyonnais, Forez et Beaujolais, fils de Nicolas de Neuville et de Madelaine de l'Aubespine, épousa Marguerite de Mandelot, dame de Passy (1588), puis Jacqueline de Harlay (1596) et mourut en 1642, âgé de soixante-seize ans. CXIX, CXXII, CCXCVI.

Villeroy (de). Nicolas de Neuville, Mis de Villeroy, puis duc, pair et maréchal de France, gouverneur du Lyonnais, né en 1598 de Charles de Neuville-Villeroy et de Jacqueline de Harlay. Il épousa Madelaine de Créqui-Lesdiguières et mourut en 1685. CCCLXII, CCCLXIX.

Villeroy (de). Charles de Villeroy, capitaine d'aventures, surnommé Beauregard, né à Nérac. CCCLXXXII.

VILOUTREYS (DE), VILLAUTREY (DE). Nicolas de Villoutreis, trésorier de l'extraordinaire des guerres en Vivarais. CCCXI, CCCXL.

VINON. com^{ne}, c^{on} de Rians, arrond^t de Brignoles (Var). CDXXV.

VIRIVILLE. François de Grolée, Cte de Viriville, Châteauvillain et Chapeaucornu, fils de Jacques-Étienne de Grolée et de Claudine de Clermont. CXXI.

VISDOMINII. Hippolyte Vicedominii, Cte de Sayens, commandant des forces militaires du Comtat Venaissin. CDX n.

VIVARAIS, VIVARÈS, VIVARETS, VIVARET. (I). LX, CCLXXX, CCXC n, CCCXI, CCCXIV, CCCXL, CCCLXXII, CCCLXXXII n, CCCLXXXVII, CCCXC, CCCXCI, CDXXXVII.

VIVES (DON JEAN). Envoyé par Don Pédro de Tolède, gouverneur du Milanais (1617). CXXIII.

VOLLAND. Scipion Volland, de Belley, fils de Pierre. XXXII, XLIV.

VIZILLE, VIZILE (I). XIII, XV, XVI, XVII, XXI, LXXV, LXXX, XCVI, CIX, CX, CXIV, CLIV, CLV, CLXIII, CLXXXI, CLXXXVI, CCCIX, CCCX, CCCXI, CCCXLVII, CCCLXXXV, CDXXXV.

VOULTE (La). *La Voulte-sur-Rhône*. Ch.-l. de c^{on}, arrond^t de Privas, départ^t de l'Ardèche. CCLVIII, CCCXXI, CCCXXIV, CCCXXV.

VULPIAN. *Volpiano*, com^{ne}, province et cercle de Turin (Italie). CLXXI.

VULSON (I). XII n, XIX, LXIV n, LXXVII n, CDXIV n, CDXV.

VYENNE. *Voy.* VIENNE.

USCOQUES. Peuplade de pirates, habitant la Dalmatie. LXXXIX n, XCII.

UZEZ, UZES (I). CCC, CCCVII.

XAINTONGE. Province de Saintonge. XLII.

YSON. *Ison*, com^{ne}, c^{on} de Sederon, arr^t de Nyons. (Drôme). CCXXXV.

ZUCCAREL, ZUCCARELLO. Com^{ne}, mandement et cercle d'Albeny, province de Gênes (Italie.) CCCVII n, CCCLIII n, CCCLXII.

ZURICH (I). CCXIX n.

ADDITIONS ET CORRECTIONS

Pages.
31	— nº XXIX.	Commandant de Burcin, *lisez :* Commandeur de Burcin.
55	— nº LII.	*Lisez :* LIII.
56	— nº LV.	Lettre à Jeannin, *ajoutez :* Imprimée : *Album historique du Dauphiné*, par Champollion-Figeac. Paris, 1846-1847, 2me partie, p. 27.
58	— nº LVII.	Lettre à Jeannin, *ajoutez :* Imprimée : *Album historique du Dauphiné*, par Champollion-Figeac. Paris, 1846-1847, 2me partie, p. 28.
63	— nº LXIII.	Lettre à Jeannin, *ajoutez :* Imprimée : *Album historique du Dauphiné*, par Champollion-Figeac. Paris, 1846-1847, 2me partie, p. 29.
64	— nº LXIV.	Lettre aux députés du synode de Pont-en-Royans, *ajoutez :* Imprimée : *La Réforme et les Guerres de religion*, par Long. Paris, Didot, 1856, in-8ᵒᵗ p. 315.
107	— nº XCVII.	Lettre au roi, *ajoutez :* Imprimée : Brochure, s. l. n. d., in-4º, 3 pp.
109	— nº XCVIII.	Lettre à la reine, *ajoutez :* Imprimée : Dans la même brochure que la précédente.
113	— nº CI.	Lettre au duc de Nemours, *ajoutez :* Imprimée inexactement : *Album historique du Dauphiné*, par Champollion-Figeac. Paris, 1846-1847, 2me partie, p. 31.
113	— nº CII.	Lettre au roi, *ajoutez :* Imprimée : Brochure, chez Jean Poyet, à Vienne, 1617, in-8º, 13 pp. et datée du 9 décembre 1616.
126	— l. 22.	Attesse, *lisez :* Altesse.
291	— nº CCLXIV.	Lettre aux députés de la Rochelle, *ajoutez :* Imprimée : *Documents relatifs à l'assemblée de la Rochelle*, par A. de Barthélemy. Poitiers, 1879, in-8º, p. 41.
303	— l. 29.	8 avril, *lisez :* 6 avril.
312	— nº CCLXXIII.	Lettre à l'assemblée de la Rochelle ; cette lettre est du 5 mai 1621.
312	— même nº.	Même lettre, *ajoutez :* Imprimée chez Bacoc. Paris, 1621, in-8º.
326	— nº CCLXXXIV.	Ordonnance promettant l'oubli à tous les révoltés, *ajoutez :* La même ordonnance a été imprimée avec la date du 15 juillet 1622, chez Pierre des Oges. Lyon, 1622, in-8º.
327	— l. 1.	Le Baulme, *lisez :* La Baulme.
339	— l. 24.	Baysire, *lisez :* Bays, je.
397	— l. 29.	Aubry, *lisez :* Aubery.
403	— l. 26.	Aubry, *lisez :* Aubery.
406	— l. 6.	Regretterez, *lisez :* regetterez.
408	— l. 2.	*Ajoutez :* nº CCCLVII.
421	— l. 18.	Reancs, *lisez :* Réaux.
428	— l. 10.	Ruancs, *lisez :* Ruaux.

www.ingramcontent.com/pod-product-compliance
Lightning Source LLC
Chambersburg PA
CBHW071202230426
43668CB00009B/1044